DAVID HEYMANN

UNA MUJER LLAMADA JACKIE

PRIMER PLANO EDICIONES B GRUPO ZETA

Título original:
A Woman Named Jackie
Traducción:
Floreal Mazia

1.ª edición: noviembre 1989
La presente edición es propiedad de Ediciones B, S.A.
Calle Rocafort, 104 - 08015 Barcelona (España)

Printed in Spain
ISBN: 84-406-1090-4
Depósito legal: B. 36.661-1989

Impreso por Cayfosa
Ctra. de Caldes, Km. 3. Santa Perpètua de Mogoda
(Barcelona)

UNA MUJER LLAMADA JACKIE

DAVID HEYMANN

A Eugene L. Girden, Esq.
y el juez Harold R. Tyler h.,
dos de los mejores abogados
que jamás he conocido.

He vivido mucho y sufrido muchísimo. Pero también he gozado de un sinfín de momentos felices. He llegado a la conclusión de que no debemos esperar demasiado de la vida. Tenemos que darle tanto como recibimos de ella. Cada momento que se vive es distinto de los demás. Lo bueno, lo malo, la alegría, la tragedia, las penurias, el amor y la dicha están entretejidos en un todo indescriptible que se llama Vida. No es posible separar lo bueno de lo malo. Y tal vez no sea necesario hacerlo.

Jacqueline Bouvier Kennedy Onassis

Por favor, llámeme Jackie, ese nombre tan horrible.

Jacqueline Bouvier Kennedy Onassis
a James Fosburgh, 1961

1

Se habían adoptado medidas para que la madre en ciernes diese a luz en una clínica de Nueva York, pero el niño tardaba en llegar. Una semana después de la fecha calculada para el parto, cuando no había ocurrido nada, el inquieto futuro padre condujo a su esposa a East Hampton para pasar el fin de semana; volvieron a la residencia de verano de su familia el fin de semana siguiente... y también el otro. El bebé se negaba a aparecer. En total transcurrieron cinco semanas y la madre, aunque muy gruesa y un tanto incómoda, se adaptó de tal manera a la demora que acompañó a su esposo otro fin de semana más en East Hampton.

Se sentía muy bien el sábado, pero cuando despertó al día siguiente sufría fuertes dolores. Como su médico también pasaba el fin de semana en Long Island y no había tiempo para llevarla a Nueva York, la madre fue trasladada con urgencia a un hospital pequeño, pero eficiente, en South Hampton. Allí, el 22 de julio de 1929, seis semanas más tarde de lo esperado, dio a luz una niña de tres kilos setecientos gramos. La niña, su primer hijo, tenía sedoso cabello oscuro, nariz respingona, labios generosos y grandes y brillantes ojos. Los Bouvier la bautizaron Jacqueline («Jackie») Lee.

A los veintidós años, su madre era una morena delgada, de baja estatura, rostro bonito y modales agradables. Sus amigos describían a Janet Lee Bouvier como «muy ambiciosa, lista, agresiva como el demonio, una atrevida amazona que creía en el trabajo intenso y en ser autosuficiente». Como para subrayar sus antecedentes, ella misma se describía como «una de los Lee de Maryland». En realidad, sus abuelos eran inmigrantes irlandeses de clase media que habían huido del hambre y ganado dinero rápidamente en Norteamérica, a semejanza de los Kennedy de Boston.

Se dio a la niña el nombre de su padre, Jack Bouvier, cuyo nombre completo era John Vernou Bouvier III*. John tenía treinta y ocho años, era corredor de Bolsa y, hasta su matrimonio el año anterior, había sido considerado como uno de los solteros más buscados de la sociedad de Nueva York. Alto, musculoso y de aspecto exótico, de reluciente cabello negro, pómulos anchos, bigote fino y ojos azules oscuros muy separados, tenía un bronceado que le duraba todo el año, y un montón de apodos, entre ellos «El Jeque» y «El Príncipe Negro», pero el más adecuado era «Black Jack»... que no se refería a su tez morena, sino a su inclinación por las jóvenes hermosas. Janet, dieciséis años menor que él, encajaba en esa descripción.

La residencia de East Hampton donde Jack y Janet Bouvier esperaron el nacimiento de su primer hijo se llamaba Lasata, un nombre amerindio que quería decir «Lugar de Paz». Construida al estilo de las casas solariegas inglesas, y muy parecida a algo salido de una novela de F. Scott Fitzgerald, la finca de cinco hectáreas y media se encontraba en Further Lane, que en aquellos días era un tramo de camino arenoso que corría paralelo al mar. Lasata pertenecía al «Comandante» John Vernou Bouvier, Jr., el abuelo de Jackie, respetado abogado que más tarde se retiró e ingresó en la agencia de corredores de Bolsa de su tío M. C. (Michel Charles) Bouvier, una empresa muy lucrativa, y que a la larga heredó buena parte de la considerable fortuna de M. C.

Formal y puntilloso, el Comandante se adornaba con bastón de paseo y cuello alto almidonado, gafas *pince-nez*, traje de tres piezas y bigote de puntadas enceradas, todo ello muy de moda entre los caballeros de su edad y posición. A su anterior esposa, Maude Frances Sargeant, y a sus hijos, les debería de parecer remoto, pomposo, en ocasiones severo, a veces áspero y jactancioso. El abuelo de Jackie era un chauvinista, un patriota norteamericano que pertenecía a cualquier grupo, sociedad u organización concebibles que marchasen bajo la bandera de las franjas y las estrellas, desde la Cámara de Comercio hasta la Legión Norteamericana. Aficionado a las *belles lettres* y tacaño profesional, el Comandante enviaba un constante torrente de notas a los directores de los periódicos locales, sobre temas cívicos tales como el cobro de impuestos y la distribución de la correspondencia. En sus ratos libres creaba eslóganes y versos para distintas ocasiones, y los incluía en regalos y libros para sus hijos y nietos.

El padre de Jackie, nacido en 1891, era el mayor de los cinco hijos del Comandante. Su hermano, William Sargeant Bouvier, «Bud» para sus her-

---

* Obsérvese la alternancia de los nombres Jack y John, de igual valor en Estados Unidos. Ello explica que a John Fitzgerald Kennedy, protagonista de un buen número de estas páginas, se lo llame con frecuencia Jack, y así se ha mantenido en la traducción. *(N. del T.)*

manos, nació en 1893, seguido de Edith en 1895 y de las mellizas de cabello rubio con tonos rojizos Maude y Michelle, diez años más tarde. Como correspondía a su posición social, la familia pasaba los meses del verano y la mayor parte de los fines de semana en East Hampton, y el resto del año en Nutley, Nueva Jersey, y más tarde en Manhattan. Los varones concurrían a las mejores escuelas, aunque ninguno de ellos se destacó en especial. Jack, expulsado de Phillips Exeter por organizar partidas de póker semanales en el comedor de los estudiantes, perseveró en escuelas preparatorias menos prestigiosas, se matriculó en Yale, en 1910, y se graduó cuatro años más tarde. Bud, el hermano de Jack, también ingresó en Yale y se graduó en 1916. Ambos varones terminaron los últimos de su clase.

Tom Collier, compañero de Jack en Yale, lo recordaba como «amante de la diversión y osado, el clásico aficionado a las fiestas. Por cierto que no pertenecía a la categoría de los estudiosos. No recuerdo haberlo visto nunca abrir un libro o estudiar para un examen en Yale. Durante sus primeros años se dedicó a correr, pero poco a poco perdió interés en el deporte y se ocupó de perseguir a las chicas. Podía entrar en un salón repleto de mujeres y el noventa y cinco por ciento de ellas ansiaba estar con él... así de carismático era. Pero mostraba cierta confusión en relación con eso. Cuando había estado una vez con una mujer, perdía interés por ella y pasaba a la siguiente. Las trataba mal. Por la noche llevaba a una chica a su dormitorio y a la mañana siguiente aparecía una distinta. Las tenía esperando turno, tal vez tres o cuatro por noche, y luego las expulsaba a puntapiés en cuanto las había usado. Sólo conservaba su interés en una chica si ésta no se rendía ante él. Pero a la larga todas se rendían».

Edith Bouvier, hermana de Black Jack, se había casado con un abogado, Phelan Beale, que se asoció al Comandante para lanzar la firma neoyorquina de Bouvier, Caffey y Beale. Phelan Beale tenía diversos conocidos en el negocio del corretaje de Bolsa, uno de los cuales orientó a Jack Bouvier, quien acababa de licenciarse por Yale, a un puesto en la firma de corredores de Wall Street de Henry Hentz y Cía., de la cual Herman B. Baruch, hermano del financiero Bernard Baruch, era el socio principal. Black Jack ingresó para aprender la profesión, y en pocos meses ascendió al puesto de corredor. Con su atractivo juvenil, su carácter jactancioso y su amor por el dinero, el nuevo corredor de Bolsa parecía el perfecto candidato para la nueva profesión.

El único obstáculo perceptible en su camino era la guerra en Europa, guerra en la cual Estados Unidos participaba cada vez más, de día en día. Para inmensa desilusión de su patriótico padre, Jack Bouvier se negó a incorporarse en seguida, y esperó hasta el último momento posible para presentarse como voluntario. En agosto de 1917, varios meses después del ingreso de Norteamérica en la Primera Guerra Mundial, fue nombrado teniente del Cuerpo de Señaleros del Ejército de Estados Unidos. Mientras Bud, que se había incorporado en los primeros momentos de la campaña, se distinguía por su valentía en las trincheras de Francia, Jack libraba sus «batallas más duras —como escribía a un amigo— en los bares y burdeles repletos de humo de los barrios bajos y las callejas oscuras de Carolina del Norte y del Sur, a la espera de que terminase su pequeña guerra sucia...»

En 1919 Jack volvió a su puesto en Henry Hentz y Cía., y tres años más tarde, con la aprobación de su familia, decidió dedicarse a los negocios por su cuenta. El 6 de enero de 1922, Black Jack aceptó préstamos de su tío abuelo, M. C. Bouvier, de 40.000 dólares, 30.000 de Herman B. Baruch y 10.000 de su cuñado Phelan Beale, es decir, un total de 80.000 dólares, todo ello al 6 por ciento anual. Utilizó el dinero para adquirir su propia banca en la Bolsa de Nueva York.

En las condiciones del préstamo se estipulaba que si Jack ganaba más de 13.500 dólares por año, pagaría a los tres hombres el excedente como interés. Aceptó que sus gastos personales no irían más allá de los 6.500 dólares por año hasta liquidar su deuda. «Los restantes 7.000 dólares, de los 13.500 que se me permitía usar, eran para los pagos de intereses y gastos de oficina.» El pagaré consignaba, además, que Jack no debía «permitir que ninguna pérdida sufrida por mí fuese superior a tres octavos de un punto... Toda violación a este acuerdo por mi parte puede ser seguida por la venta de mi título de socio de la Bolsa de Comercio».

Black Jack se convirtió en lo que en la profesión se conoce como especialista en acciones, «corredor de corredores», es decir, un corredor que compra y vende una clase de acciones escogidas para otras firmas de corredores; entre las acciones que manejó estaban las de Kennicott Copper, Texas Gulph Sulphur, Colorado Fuel and Power y Baldwin Locomotives. Prosperó, empezó a llevar lujosos trajes europeos, compró un coche nuevo y alquiló un suntuoso apartamento en el 375 de Park Avenue. Sus gastos personales superaron con mucho la cantidad relativamente escasa que concedía el convenio del préstamo, y no consiguió reducir en mucho el capital inicial de dicho préstamo. Ganaba dinero —sus comisiones superaron los 75.000 dólares anuales a lo largo de los cinco años siguientes—, pero gastaba demasiado y no se cuidaba mucho de averiguar adónde iba el dinero.

Louis Ehret, hijo de un magnate de los bienes raíces de Nueva York y amigo de Black Jack, observó que éste carecía del sentido de la responsabilidad cuando se trataba de dinero o de asuntos financieros. «Gastaba dinero con entusiasmo —dijo Ehret—. Jugaba, bebía, lo derrochaba en mujeres. Durante su época de soltero ofrecía fiestas a diario en el 375 de Park Avenue a las que invitaba a la mitad de Nueva York. Black Jack nunca se ocupó de esquilmar a nadie. Era, lisa y llanamente, ingenuo en lo referente al dinero. Lo gastaba por todas partes. Cuando libraba un cheque, no se molestaba en averiguar su presunto destino final. Lo usaba para pagar su última deuda. También resultaba asombroso que esto no le trajera problemas. Sus tres acreedores, por ejemplo, no sólo no hicieron valer sus derechos, sino que le ofrecieron un segundo préstamo: en 1925 aumentó su deuda en otros 30.000 dólares.»

Louis Ehret concurrió a muchas de las veladas de Black Jack en Park Avenue y observó de primera mano el extraordinario éxito de su amigo con las mujeres. «Todas esas mujeres aleteaban a su alrededor como mariposas hambrientas de amor —dijo Ehret—. Las encontraba en todas partes: en los clubes campestres, en los tés danzantes, bares, clubes nocturnos, restaurantes. Tenía esa manera increíblemente varonil de acercarse a una mujer hermosa y mirarla desde arriba. Era como una prueba atlética. Los dos contrincantes se miraban el uno al otro, hasta que uno de los dos tenía que ceder. Jack ganaba invariablemente, la chica nunca sabía muy bien qué hacer, y por último apartaba la mirada por pura turbación. Jack salía triunfante de la situación. Era una manera de exhibir su masculinidad, de dominar a las mujeres. Daba resultado. Todas ellas se morían por ir a casa con él. Y a él no le importaba quiénes eran, ni de dónde venían, si eran solteras o casadas, ricas o pobres. Algunas de las chicas de Jack pertenecían a familias de renombre, muy prestigiosas y adineradas. Otras eran menos destacadas en términos sociales, menos acaudaladas, menos inhibidas y a menudo más divertidas. En general, todas eran iguales para él.»

Hubo frecuentes insinuaciones de inminentes compromisos, rumores en las columnas de chismorreos y en las páginas de sociedad, que vinculaban a Black Jack con tal debutante o tal otra niña de la alta sociedad. Su familia lo observaba con creciente aprensión, mientras él circulaba y creaba estragos emocionales, cortaba una ancha franja romántica entre las apretadas filas de las mujeres más elegibles de la sociedad. Su conducta frenética, en ocasiones ostentosa, no encajaba del todo en el código convencional y conservador de East Hampton, según el cual vivía la mayor parte de los nativos.

Black Jack no era el único Bouvier cuyo estilo de vida se apartaba de la norma aceptada. Para las mellizas Maude y Michelle la vida era una amplia ronda de fiestas, bailes, funciones posteriores a la presentación en sociedad y exposiciones de caballos y perros, pero Edith, la hermana mayor, que ahora tenía tres hijos propios, se dedicó a diversas excentricidades, que inclusive Black Jack debió de considerar inquietantes. *Chanteuse* y soprano frustrada, gastó más de 50.000 dólares en educar y refinar su voz, y terminó su matrimonio con Phelan Beale al mantener relaciones con una sucesión de vocalistas y profesores de canto. Convirtió su casa de East Hampton, Grey Gardens, en un salón literario; recibía y alimentaba a escritores, músicos y artistas, mientras trataba, en vano, de reencauzar las vacilantes carreras de todos ellos. Se vestía con lo que muy bien se puede describir como prendas bohemias prehippies, sombreros de ala ancha, echarpes de seda, largos vestidos flotantes, a la manera de Isadora Duncan.

Pero la causa más grave de las preocupaciones de la familia se centraba en Bud Bouvier, que había regresado de la guerra con un serio problema relacionado con la bebida. Él y su hermano reñían ahora casi sin pausa. Jack se mostraba enérgico y agresivo, y Bud vulnerable. Ambos hermanos bebían mucho, y Bud, por cierto, en exceso... resultado, según explicó, de haber visto a más de la mitad de su pelotón diezmado en una batalla.

Bud tenía otra buena razón para buscar alivio en la bebida. Su matrimonio con Emma Louise Stone, una rubia notablemente atractiva de East Hampton, había terminado en el divorcio cuando el único hijo de ambos todavía era pequeño. Incapaz de retener un trabajo de forma permanente, Bud fue sometido a un juicio por su atraso en el pago de la pensión; la publicidad que emanó de ello resultó desconcertante para una familia excesivamente preocupada por la imagen pública. Su padre trató el alcoholismo de Bud como una deshonra personal, y no como una enfermedad grave, y amenazó con desheredarlo. En cierta ocasión, que Bud fue arrestado por conducir a exceso de velocidad y en estado de embriaguez, lo describió como «un parásito despreciable y un condenado engorro».

En medio de estos abigarrados acontecimientos, Black Jack asombró a todos al anunciar su interés romántico por Janet Norton Lee. Janet se encontraba en los primeros años de su adolescencia cuando la familia de James T. Lee pasó su primer verano en East Hampton. Era la segunda de tres hermanas —Marion, Janet, Winifred— criadas en la deslumbrante década de los veinte como las hijas de muchos padres neoyorquinos de reciente ingreso en el sector acaudalado. Janet vivía en una casa amplia, con criados, asistía a la Escuela de la Srta. Spence, aprendía los modales de sociedad, hizo su presentación social en Sherry, pasó un año en la Universidad Sweet Briar y otro en Barnard, tenía automóvil propio (lo mismo que sus dos hermanas) y montaba su propio caballo.

Los Bouvier se consideraban socialmente superiores a los Lee, aunque ambas familias pertenecían al Maidstone, el club campestre más prestigioso de East Hampton. Las acciones sociales de los Bouvier habían ido en ascenso gracias a las exitosas parejas formadas en la familia con miembros de clanes norteamericanos tan bien establecidos como los Drexel, los Dixon y los Patterson. En comparación, los Lee eran, en términos relativos, unos recién llegados. James Thomas Lee, un hombre de baja estatura, calvo, físicamente poco destacado, había pasado por el City College y la Escuela de Abogacía de la Universidad de Columbia (de la cual el Comandante también era ex alumno). Luego labró su fortuna como empresario inmobiliario y financiero, y utilizó su inteligencia y su capacidad para adquirir una posición y un título: durante cuarenta años fue presidente del directorio del Banco Central de Ahorro de Nueva York. A diferencia de los Bouvier, ganó su dinero con esfuerzo... por el camino más duro.

El difunto Truman Capote señaló que «si a los Lee se los hacía parecer en algún sentido inferiores, los Bouvier, supuestamente aristocráticos, pero decadentes, sólo podían adjudicarse un poco de entereza irlandesa. Los Bouvier eran exhibicionistas. Parecía que tuvieran dinero, que fuesen de buena cuna y poseyeran poder, pero no era así. El abuelo de Jackie, el Comandante, había armado y publicado una imaginativa genealogía de los Bouvier que situaba los comienzos de la familia en la aristocracia francesa. Les adjudicó un escudo de armas e inventó miembros de la familia que nunca existieron. Por otro lado, la confianza que ello producía ayudó en gran medida a los Bouvier a concretar sus ambiciones sociales. Como querían ser aristócratas, sentían y se comportaban como tales. Jackie —y sus diversos parientes— adoptaron los más elevados principios aristocráticos, *noblesse oblige,* y trataron de adaptarse a ellos».

La «fantasía de la genealogía Bouvier» a la cual se refiere Capote era un volumen titulado *Our Forebears* (Nuestros antepasados), que el Comandante publicó por su cuenta en 1925 y reeditó varias veces después. La última edición apareció en 1947, un año antes de la muerte del Comandante. Dedicó el libro «A mis nietos y a quienes más adelante puedan sumarse a su alegre compañía», y envió ejemplares a diversas sociedades genealógicas e históricas, así como a cada uno de los miembros de la familia. La importancia de la crónica, como lo señala Capote, consistía en que mostraba que los Bouvier descendían de la aristocracia francesa, y remontaban sus raíces ancestrales a cierto François Bouvier (*c.* 1553), «de la antigua casa de Fontaine, cerca de Grenoble». El problema consistía en que François Bouvier, un noble del siglo dieciséis, terrateniente y «miembro del Parlamento», con su propio escudo de armas, nada tenía que ver con el verdadero antepasado de la familia, un caballero del mismo nombre pero de posición social muy inferior, quien vivió dos siglos más tarde y tenía una ferretería en Grenoble, y cuya esposa era una simple ama de casa.

El estudio del Comandante Bouvier estaba salpicado de errores, omisiones y exageraciones de todo tipo. La rama de la familia de Jackie debía su existencia, no a los aristócratas franceses, sino a la pequeña burguesía: pañeros, tenderos, sastres, agricultores y comerciantes de poca monta. El Comandante, mal equipado para aceptar lo mediocre o mundano, llegó inclusive a tomarse libertades con la historia de su propio abuelo, Michel Bouvier, primer dueño de lo que llegaría a ser un nombre propio común en la familia, y el primer Bouvier que emigró a Norteamérica*. Según *Nuestros antepasados,* Michel había llegado a Filadelfia desde la aldea francesa de Point-Saint-Esprit en 1815, y había prosperado como ebanista, fabricante de chapeados y especulador en bienes raíces. Nada se decía acerca de sus pobres comienzos, del hecho de que se iniciara como carpintero de poca monta, inculto, y cuya empresa unipersonal estuvo siempre en peligro de derrumbarse. El Comandante Bouvier también se refería en su genealogía a la íntima amistad existente entre Michel Bouvier y José Bonaparte, cuando en realidad apenas se conocían. El hermano de Napoleón, llegado a Norteamérica el mismo año que Michel, encargó en una ocasión —y eso fue todo— unos muebles en la pequeña carpintería de Bouvier.

El Comandante Bouvier no era el único que deseaba reescribir la historia. Los padres de Janet, James y Margaret Lee, poseían su propio legado de secretos bien guardados en la familia. Cuando Janet cumplió los quince, su padre y su madre ya no vivían juntos. Aunque nunca se divorciaron en forma oficial, ocupaban distintas habitaciones en diferentes pisos de una de las casas de James Lee en Manhattan. James culpó de la separación a la madre irlandesa de su esposa, quien compartía las habitaciones de Margaret y constantemente se entrometía en el matrimonio. Pero la causa definitiva de la separación fueron las relaciones amorosas de Margaret Lee con un hombre llamado William Norris, un abogado neoyorquino cuya esposa se mostraba tan inflexible como James Lee en lo referente a conceder el divorcio. La tensión de esa situación, unida a la necesidad de mantenerla oculta a la vista de todos, producía en los afectados grandes dolores y ansiedades. De común acuerdo, Janet había recibido el ingrato papel de intermediaria en la familia. Como tal, representaba el único medio de comunicación, no sólo entre sus padres, que no se hablaban, sino entre éstos y

---

* *Nuestros antepasados* afirma que André Eustache Bouvier se contaba entre los soldados franceses que combatieron a las órdenes de George Washington en la batalla de Yorktown en 1781, y que después regresó a Francia. No existe respaldo alguno para esta afirmación, que parece ser un invento más de este imaginativo genealogista de la familia. Sin embargo, permitió que el Comandante ingresara en la Sociedad de Cincinnati, compuesta de apuestos oficiales que habían servido en la Revolución Norteamericana. El Comandante, Bud y Black Jack exhibían con orgullo insignias, en sus solapas, que representaban su pertenencia a la sociedad. A propósito, Bouvier significa «boyero» en francés, cosa que refuerza, una vez más, el origen pequeñoburgués de la familia.

sus hermanas, quienes no podían hablar. En un esfuerzo, en parte, para liberarse de esa situación imposible, se dispuso a casarse con Jack Bouvier.

Según un miembro de la familia, por lo menos, Jack Bouvier fue en realidad la segunda opción de Janet. La pequeña Edie Beale, hija de Edith y Phelan Beale, otrora la rubia «Cuerpo Hermoso» del club Maidstone y primogénita de los once nietos del Comandante, insistió en que, desde el momento en que Janet lo vio, su primera elección había sido Bud Bouvier.

«De los dos hermanos, Bud era el más simpático —decía Edie—. Poseía la elegancia y sensibilidad que le faltaban a Jack. Lisa y llanamente, éste nunca creció. No era introspectivo. Su única preocupación en la vida se centraba en él mismo, la satisfacción de sus impulsos y necesidades, ya fuese que éstos significasen rondar por el "21", asistir a un combate de boxeo en el Garden o perseguir a las mujeres. En el mundo de Jack, todo giraba en derredor del dormitorio.

»Jack era magníficamente decadente y Janet absurdamente correcta. Eran como el fuego y el hielo. Dudo que ella hubiese querido de veras casarse con él. Adoraba a Bud, pero como estaba divorciado y era alcohólico, sus padres no se lo permitieron. Por lo tanto terminó casándose con Jack. No creo que él estuviese más ansioso que ella. Tan sólo lo hizo para demostrarse a sí mismo que podía hacerlo. No quería casarse con ella. No estaba enamorado de ella, ni ella de él. Ella estaba enamorada de Bud Bouvier.»

Más allá de la importancia en gran medida imaginaria del apellido de su familia —era miembro del círculo íntimo de East Hampton, pero sólo tangencialmente de lo que la señora Astor definiría como alta sociedad—, Jack Bouvier poseía muy pocos elementos que lo recomendaran como un esposo adecuado para una mujer en ascenso social como Janet Lee. Por añadidura a su insaciable persecución de mujeres y de su inflexible preferencia por los apostadores y los casinos, demostró lo que James Lee consideraba una falta total de sensatez comercial. Era un soñador y un intrigante, un hombre que debía miles de dólares a decenas de personas en concepto de deudas impagadas, y que siempre necesitaba nuevos préstamos. Los gastos personales de Black Jack eran invariablemente iguales o superiores a sus ingresos. El dinero le quemaba en los bolsillos y se los agujereaba. Gastaba por el puro placer de gastar. En cierto momento, al borde de la ruina financiera, debía nada menos que el precio de cuatro automóviles, entre ellos un Lincoln Zephyr negro y un Stutz marrón, que a menudo era conducido por un chófer de librea a juego.

James Lee percibió con facilidad la realidad de las dudosas prácticas financieras de su presunto yerno. Peter Bloom, contable de Lee, había ocupado antes el mismo puesto en una firma de propiedad de Bernard Baruch.

«Jack Bouvier pedía dinero prestado a todos —dijo Bloom—. Aceptó una cantidad en préstamo de los Baruch... no sólo para adquirir una banca en la Bolsa, sino para poner en marcha su negocio y para ayudar a pagar algunos de sus vicios más espectaculares, como el juego de azar y las mujeres. Sus pagarés pasaban sin cesar por mi escritorio, sólo que siempre en la misma dirección. Quiero decir que no había intento alguno por su parte, hasta donde podía ver, de pagar alguno de ellos.»

Fuese cual fuere la magnitud de sus reservas respecto de Jack Bouvier, James Lee no hizo nada para oponerse al compromiso de su hija en la primavera de 1928. Dada la sarta de compromisos rotos y de palabras no cumplidas por Black Jack, ese presunto matrimonio parecía correr peligro, aun sin necesidad de la intervención paterna. James Lee aseguró a sus amigos íntimos que, a pesar del compromiso, la pareja nunca caminaría por la nave central de la iglesia. Pero antes que terminara el verano se demostró que se había equivocado.

Se casaron en la iglesia St. Philomena, East Hampton, el 7 de julio de 1928, ante una reunión de banqueros, abogados, financieros, corredores de Bolsa y sus familiares, enjambres de atractivas muchachas y ambiciosos jóvenes... formidable representación de riqueza e influencia. Un inseguro pero sobrio Bud Bouvier, que había salido dos días antes de un sanatorio privado llamado Silver Hill, en New Canaan, Connecticut, actuó de padrino. Y Margaret Lee, la madre de Janet, llevó a cabo una de sus escasas presentaciones en público, en compañía de su esposo separado de ella.

The East Hampton Star proclamó que se trataba del acontecimiento social de la temporada. La media docena de madrinas llevaban vestidos de gasa color amarillo junquillo y sombreros de paja verde. La matrona y la doncella de honor, hermanas de Janet, eran reflejos idénticos de gasa verde y sombreros amarillos. La escena inspiró a uno de los periodistas de la sociedad neoyorquina a entonar la siguiente rapsodia: «¿Alguna vez ha visto usted el impresionante encanto de un cantero de junquillos verdes y dorados, bajo la luz del sol? Sin duda todos hemos visto a una majestuosa novia cubierta de raso, encaje y plata... Combínense estos efectos y se obtendrá un resplandeciente cuadro de la señora de John Vernou Bouvier III, que salió ayer a la luz del sol, por la puerta de la encantadora iglesia de St. Philomena, rodeada por sus acompañantes.»

Después de la ceremonia, quinientos invitados asistieron a una recepción, al mediodía, en la extensa finca que James Lee había alquilado para el verano, en Lily Pond Lane, no lejos de Grey Gardens. Las parejas bailaron en los porches y los prados, al compás de la música de la orquesta de Meyer Davis. De pronto, la alegría de la tarde fue interrumpida por una estrepitosa discusión dentro de la casa, entre el novio y su suegro recién adquirido, primera de las muchas discusiones por venir. Poco después, los recién casados se escabulleron para pasar su noche de bodas en el Savoy Plaza Hotel de Nueva York. A la mañana siguiente se embarcaron en el *Aquitania*, para una luna de miel europea de cinco semanas.

En mitad del Atlántico, el novio instigó un coqueteo en apariencia inocente, pero perturbador, con Doris Duke, la alta y angulosa heredera, de dieciséis años, de la fortuna del tabaco, que viajaba a Europa con su madre. «La adolescente más adinerada del mundo», como la bautizó la prensa, se sintió halagada por las atenciones de su compañero de viaje. No hubo más que eso, diría Black Jack a sus amigos, ni siquiera un beso para estimular la amistad. Pero es evidente que Janet no pensaba lo mismo. Demostró su temperamento violento y rápido haciendo trizas un gran espejo que adornaba la pared externa del camarote. La armonía sólo se restableció después de que los viajeros en luna de miel llegaran a su hotel, en París.

2

En una ocasión, Black Jack Bouvier le dijo a Louis Ehret que su ambición secreta en la vida era ganar cinco millones de dólares a los treinta y nueve años, y luego retirarse a una soleada aldea de la Riviera, con un yate y una tripulación totalmente femenina. Según Edie Beale, la expresión favorita de Jack era: «Si alguien necesita algo de ti, haz que te lo pague.» Según lo percibía Edie: «Al tío Jack nunca le interesó demasiado la alta sociedad; ése era el dominio de Janet. A Jack le importaba más el dinero. En esencia, era un mercenario total —nada en la vida es gratuito—, y contagió esa actitud a sus hijos.»

El dinero era por cierto el tema central para Jack el 24 de octubre de 1929, el día del derrumbe de Wall Street. La catástrofe del mercado de valores siguió de cerca a una tragedia personal mucho más aplastante: la muerte de Bud Bouvier a los treinta y seis años, de cirrosis hepática. Como se consideraba culpable en parte del lúgubre final de su hermano, Black Jack viajó al valle Santa Ynez, en California, donde Bud había pasado sus últimos días, para recoger su cuerpo y llevarlo a casa, a East Hampton.

Diez semanas después del fallecimiento de Bud, el 22 de diciembre de 1929, Jacqueline Lee Bouvier fue bautizada en la iglesia de San Ignacio de Loyola, en Nueva York. Bud Bouvier había sido el primer elegido para ser el padrino de Jackie. Janet Bouvier pidió a su padre que cumpliera esa función. Pero el día señalado, a la hora señalada, James T. Lee se encontró encerrado en un taxi en un atasco de tráfico, a kilómetros de la iglesia. Era preciso encontrar un sustituto de última hora, y esta vez el honor recayó en Miche Bouvier, hijo de Bud, de nueve años, quien más tarde definió el momento como «mi cita con el destino».

La animosidad de Black Jack hacia el «Viejo Lee», como ahora se refería a él a sus espaldas, crecía en proporción directa con sus ansiedades financieras, cada vez mayores. Como la mayor parte de las fuentes fiscales de Jack habían seguido el camino de su pequeña reserva personal, el *crack* y el comienzo de la Gran Depresión lo dejaron casi a merced de su suegro, en términos monetarios.

Consciente de la errática historia financiera de Black Jack, James Lee aceptó ayudarlo con préstamos sin intereses y un piso por el cual no pagaría alquiler, pero sólo sobre la base de condiciones muy estrictas. Primero, Jack debía aceptar la reducción de sus exorbitantes gastos y de su extravagante estilo de vida. Segundo, tenía que mostrarse dispuesto a abandonar algunos de los lujos que había llegado a aceptar como necesidades, incluidos todos sus automóviles menos uno, los numerosos clubes de los cuales era socio, su predilección por las modas continentales. No habría más corretos, más juegos de azar, más bebida, más inversiones o especulaciones con acciones de alto riesgo. Como expresión de su disposición a aceptar estas condiciones, presentaría un informe mensual de ganancias y pérdidas a los tenedores de libros de James Lee, en el cual daría cuenta de cada uno de los dólares gastados o ahorrados.

Mientras sus recursos personales continuaban disipándose, Black Jack trasladó a su familia a un elegante dúplex de once habitaciones, situado en el 740 de Park Avenue, un edificio de pisos que poseía y administraba el padre de Janet y que casualmente se encontraba apenas a una calle de un dúplex similar, perteneciente al padre de Jack, el Comandante, en el 765 de Park Avenue. Erizado de indignación ante la perspectiva de verse dependiendo financieramente de sus parientes políticos, Jack comenzó a gastar enormes sumas de dinero prestado para reconstruir y remodelar su nuevo apartamento. Sus planes inmediatos incluían una cocina renovada, hacer varios cuartos de baño de lujo (con grifería dorada), la construcción de un nuevo cuarto para los niños. Hizo derribar varias paredes, cubrir otras con nuevos artesonados, y al mismo tiempo dibujó planos para la transformación de una habitación para la doncella en un pequeño gimnasio equipado con aparatos para reducir peso, sauna, cintas vibradoras, mesa de masajes, lámparas ultravioletas empotradas. Contrató a un profesor de gimnasia y a una masajista para que lo mantuviesen en forma, una cocinera, dos doncellas, dos caballerizos para los establos de la familia, en Lasata, y una nodriza inglesa, Bertha Newey, para ocuparse de Jacqueline. Mientras redecoraban el piso, llevó a su esposa en su segunda luna de miel europea, dejando a la niña con su nueva nodriza. Cuando regresaron, un mes más tarde, iniciaron otras vacaciones, esta vez a White Sulphur Springs, Georgia, llevando consigo a la pequeña y a su nodriza.

Si bien el padre de Janet les financiaba el piso de Nueva York, quedó a cargo del Comandante avalar Rowdy Hall, el lugar de veraneo alquilado por Jack y Janet, en el 111 de Egypt Lane, East Hampton. La casa colonial de madera, de dos pisos, fue la sede del segundo cumpleaños de Jackie, a cuya fiesta concurrieron unos veinte niños. La importancia de la ocasión consiste en que señaló la primera aparición del nombre de Jackie en letras de molde, aparte del anuncio obligatorio de su nacimiento. Un reportero de *The East Hampton Star* cubrió el reciente acontecimiento: «La pequeña Jackie Bouvier, hija de Jack Bouvier y Janet Lee, no hará su presentación en sociedad hasta dentro de dieciséis años o más, pero fue una encantadora anfitriona en la fiesta de su segundo cumpleaños, ofrecida en casa de sus padres, "Rowdy Hall", en Egypt Lane. En la fiesta hubo juegos y cabalgatas en ponies para los chicos, seguidos por pasteles Jack Horner y una tarta de cumpleaños.»

Menos de un mes más tarde, Jacqueline, de gorro blanco y guantes de cabritilla blanca, fue citada de nuevo en *The Star*, esta vez por haber «exhibido» su primer animalito favorito, un lanudo cachorro escocés negro llamado Hootchie, en la exposición anual de perros de la Feria de la Aldea de East Hampton. «La pequeña Jacqueline Bouvier, de dos años —decía la nota—, subió haciendo pinitos hasta la plataforma de la exposición y exhibió con gran orgullo un diminuto terrier escocés, más o menos de su mismo tamaño.» Aunque Jackie ganó un premio, el reportero pareció más impresionado con la calidad del bronceado de Black Jack Bouvier. «El señor Bouvier está tan moreno —escribió— que parece uno de esos hermosos egipcios a quienes se ve volando en sus coches Rolls-Royce en El Cairo, en la tierra del Nilo.»

El 3 de marzo de 1933, la familia quedó completada con el nacimiento de la hermana de Jacqueline, Caroline Lee, quien llevaba el nombre de Caroline Maslin Ewing, su bisabuela paterna, más conocida por su labor en la organización del Hospital de Expósitos de Nueva York.

Jack Bouvier dio la nota al llamar Lee a su hija menor; todos insistían en llamar Jackie a la hermana mayor de ésta, aunque de niña le disgustaba el nombre y prefería el de Jacqueline.

Con la llegada de Lee, Jackie salió de pronto de la infancia a la madura edad de tres años y medio. Se trasladó a su propia habitación, y Lee heredó el cuarto de los niños y a la nodriza, Bertha Newey. Compartían una habitación de juegos en su dúplex de Manhattan, llena de juguetes y muñecas hechos a mano, de F. A. O. Schwarz. El favorito de Jackie era un viejo muñeco de trapo llamado Sammy, que la acompañaba a todas partes y con quien sostenía largas conversaciones imaginarias.

Uno de los cuentos, narrado con suma frecuencia, se desarrollaba menos de un año después del nacimiento de Lee. Mientras paseaba por Central Park, con su hermana pequeña y su nodriza inglesa, Jackie se alejó por su cuenta. Un agente de policía la vio, caminando sola y despreocupada por un sendero. Se acercó a él, lo miró a los ojos y le dijo con firmeza: «Parece que mi nodriza y mi hermana pequeña se han perdido.» Su madre recuperó a Jackie en el cuartel de policía más cercano.

Una de las narraciones más atractivas de su madre acerca de la infancia de Jackie y Lee es un ejemplo de una diferencia fundamental en las personalidades de ambas. De pequeña, Jackie era franca, directa y práctica. Lee era cortés, casi diplomática. El relato decía que en la casa había un ascensorista llamado Ernest, dotado de un mechón de cabello rubio que le sobresalía de la frente. Una mañana la pequeña Lee entró brincando en el ascensor y dijo:

—Ernest, hoy estás muy guapo.

Ernest estaba a punto de agradecer a Lee cuando Jackie interrumpió:

—¿Cómo puedes decir semejante cosa, Lee? No es verdad. Sabes muy bien que Ernest parece un gallito.

Otra de las características de Jackie era su espíritu revoltoso. Sus maestras de la Escuela de la Señorita Chapin, en la Avenida East End de Manhattan, donde se la inscribió después de un año en la clase preescolar de la Señorita Yates, eran unánimes en su impresión de que Jackie, aunque muy inteligente, era en realidad una niña con problemas.

En opinión de su madre, Jackie era hiperactiva e imperiosa durante su período de la escuela primaria porque se aburría allí: «La ambición intelectual de Jackie iba más allá de su edad cronológica. Era sumamente precoz, leía libros como *El mago de Oz*, *El pequeño lord Fauntleroy* y *Winnie the Pooh* antes de empezar siquiera el parvulario con la señorita Yates. Un día, cuando tenía seis años, la encontré leyendo un libro de cuentos de Chéjov. Le pregunté si entendía todas las palabras. "Sí —respondió—, sólo que... ¿qué es una comadrona?"

»Su problema, en Chapin, era, lisa y llanamente, el aburrimiento. Jackie terminaba sus lecciones de clase antes que cualquiera de los otros niños y, como no tenía nada más que hacer, molestaba a los demás. Sabía ser audaz y exigente, y hasta exhibicionista, un engorro para quienes tenían que ocuparse de ella.»

El aburrimiento era apenas una parte del problema. El verdadero motivo de que al principio no le gustara la escuela para niñas era que, como en muchas escuelas privadas elitistas de Nueva York, a las estudiantes se les exigía que usaran un uniforme tradicional, con blusón de hilo azul, y Jackie siempre se había rebelado contra la reglamentación.

Un día una compañera de clase le dijo a la madre de Jackie que ésta «era la chica de peor comportamiento de la escuela», y que sus maestras la mandaban «casi todos los días» a ver a la señorita Ethel Stringfellow.

—¿Qué ocurre cuando te hacen ir a ver a la señorita Stringfellow? —preguntó la madre de Jackie.

—Bien —contestó Jackie—, voy a su despacho, y la señorita Stringfellow dice: «Siéntate, Jacqueline. Me han dado malos informes sobre ti.» Me siento. Entonces la señorita Stringfellow dice muchas cosas... pero yo no las escucho.

Se concertó una entrevista entre la directora y los padres de Jackie, en la cual la señorita Stringfellow les dijo que tenía deseos especiales de canalizar la inteligencia de la niña y sus esfuerzos, porque «tiene la mentalidad más inquisitiva que hemos visto en esta escuela en treinta y cinco años».

Después de analizar la situación con los Bouvier y de enterarse, entre otras cosas, de que Jackie estaba «loca» por los caballos, la señorita Stringfellow tuvo una excelente idea en cuanto a la forma en que podía llegar a entenderse con su estudiante alborotadora.

En la siguiente ocasión en que Jackie se presentó en su despacho, la directora le dijo:

«Sé que adoras a los caballos, y tú misma pareces una potranca de pura sangre. Corres a toda velocidad. Tienes resistencia. Posees una buena contextura y un buen cerebro. Pero si no te domestican y no te adiestran bien, no servirás para nada. Supongamos que eres la dueña del mejor caballo de carreras del mundo, ¿de qué te serviría si no se lo adiestrase para que no se saliera de la pista, para que estuviese quieto en la línea de partida, para que obedeciera las órdenes? Ni siquiera sería capaz de tirar de un carro de lechero o de un carretón de basura. Resultaría inútil para ti y tendrías que desprenderte de él.»

La metáfora del caballo dio resultado: Jackie entendió. Tenía apenas un año de edad cuando la amazona de su madre la sentó por primera vez en un pony. Los Bouvier tenían siete ponies y varios caballos para cacerías; primero los alojaban en Lasata y más tarde en el cercano Club de Equitación East Hampton, una caballeriza privada dirigida por Arthur G. Simmonds, un veterinario nacido en Inglaterra que se convirtió en profesor de equitación de Jackie. El hijo de Arthur, Martin Simmonds, recordaba haber cabalgado y jugado con Jackie cuando ambos eran unos «pequeños mequetrefes», al igual que la hermana mayor de Martin, Queenie Simmonds-Nielsen.

«Mi papá era muy quisquilloso en lo referente a saber adónde llevaban los socios a sus caballos cuando cabalgaban —comentó Martin Simmonds—, pero la mayor parte de ellos montaban por las sendas, a través de los bosques. Teníamos algo más de treinta hectáreas de terreno. Había tres pistas circulares y vastas extensiones. En agosto, todos los años, el club patrocinaba su propia exposición de caballos. La exposición de caballos de East Hampton se convirtió en una etapa importante, camino a la Exposición Nacional de caballos del Madison Square Garden. Desde los cinco años, Jackie competía con regularidad en el circuito de exposiciones de Long Island. Comenzó a cabalgar en los torneos importantes y fue ascendiendo. Era muy osada. Si el caballo la hacía caer de la silla en un salto, al instante volvía a subir a él.

»Por otro lado, siempre parecía un poco altanera. Recuerdo que llegaba a sus clases de equitación en el Duesenberg de su padre, y el chófer se apeaba de un salto y le abría la portezuela; y después de la lección Mademoiselle solía limpiarle la ropa con una escobilla. Delante de los establos había un edificio del club, que dirigía mi madre, donde las damas bebían té y comían sandwiches de pepino por la tarde. Jackie y su Mademoiselle se quedaban muy a menudo para el té. La mayoría de los chicos de su edad sólo querían montar a caballo y cabalgar hacia el horizonte. A Jackie parecía encantarle el ritual del deporte tanto como el hecho mismo de cabalgar. Al igual que su madre, tenía la paciencia necesaria para dominar los aspectos más sutiles de la equitación.»

Queenie Simmonds-Nielsen recordaba que su padre, Arthur Simmonds, le dio a Jackie las primeras lecciones en el picadero: «Jackie se pasó todo un verano con su caballo al paso, alrededor del picadero, para aprender a sentarse. Al verano siguiente comenzó a trotar. Pasó mucho tiempo antes de que se le permitiera andar al galope corto o saltar. Mi padre enseñaba equitación al estilo clásico. No sólo había que aprender a cabalgar, sino también enseñar al caballo. Mi padre solía decir: un caballo siempre conoce el carácter de su jinete, y el hecho de adiestrarlo adiestra también al jinete. En cierto sentido, Arthur Simmonds, más que ningún otro de sus maestros de equitación, fue la primera gran influencia moral de la vida de Jackie.

»La madre de Jackie también montaba magníficamente, era una de las mejores del club y tuvo mucho que ver en el interés de su hija por los caballos. Su padre iba al club de vez en cuando para ver montar a su hija, pero terminaba pasándose todo el tiempo al teléfono, llamando a la Bolsa. Su única preocupación parecía ser los negocios.

»Janet era decididamente la fuerza impulsora en lo que se refiere a la equitación. Durante muchos años fue maestra juvenil de los Suffolk Fox Hounds. Todos los veranos patrocinaban dos o tres cacerías en East Hampton. En esa época había zorros en Long Island —todavía los hay—, pero en aquellos tiempos sólo buscaban las pistas. En todos los demás sentidos lo hacían con la mayor formalidad. Dicky Newton, de Watermill, adiestraba sabuesos para cazar zorros. Era muy, muy inglés. A la gente le encantaba vernos cruzar sus propiedades a caballo. Salían y nos saludaban con la mano cuando pasábamos. Jackie también participaba en la cacería. Pero ella y yo sólo cabalgábamos hasta la primera etapa y después nos traía de vuelta un caballerizo. La primera etapa es el lugar donde todo el grupo se reúne por primera vez. Era un ejercicio agotador para una niña, pero Jackie siempre parecía dispuesta a continuar cabalgando.

»Ésa es la cualidad de Jackie que recuerdo con más claridad: su intensa disposición competitiva —agregó Queenie—. Mi padre organizaba una competición especial para los chicos, llamada "cacería de papel". Cortaba en tiras cierta cantidad de periódicos viejos y luego partía por la mañana temprano y distribuía las tiras en lugares estratégicos de la senda. Solíamos tratar de seguir a caballo esa cacería del papel, hasta que llegábamos al final, donde había un premio esperando al ganador.

»También existía otra prueba para los niños: la carrera del huevo. Había que cabalgar de un lugar a otro sosteniendo una cuchara de madera con un huevo equilibrado en ella. Los más pequeños llevaban sus ponies al paso, los chicos mayores trotaban. Los ganadores recibían copas. Siempre se podía saber, por la expresión de la cara de Jackie, si había ganado o no. Era tan intensa su ansia de ganar que siempre arruinaba el interés de su hermana por el deporte. Los Bouvier tenían un pony pío, Dancestep, que una vez rodó y casi aplastó y mató a Lee. Entre ese incidente y la actitud agresiva de Jackie, Lee optó por su bicicleta y se olvidó de los caballos de muy buena gana.»

Samuel Lester, un amigo de la infancia de Martin Simmonds, adiestraba caballos en el Club de Equitación East Hampton. «Solía hacer caminar y ejercitar a los caballos. Jackie llevaba el suyo, o su madre el de ella, y yo los paseaba. Eso era cuando todavía alojaban sus caballos en Lasata. No me pagaban por mi trabajo. Lo hacía porque me gustaba montar.

»La madre de Jackie tenía un hermoso caballo zaino de exposición llamado Danseuse, que más tarde regaló a su hija. Todavía veo a Jackie con sus trenzas y su ropa de montar: sombrero de copa, corbata ancha, chaqueta con cuello, de distinto color, pantalones a juego con el cuello y altas botas de cuero, adiestrando a Danseuse. Ejercitaba al caballo horas enteras, y muy pronto llevó a casa muchas cintas azules.

»Jackie aprendía rápido. Se sentía feliz en las competiciones y a menudo se comportaba mejor en la exposición de caballos que en las sesiones de práctica. Cuanto mayor era el gentío, más eficiente se mostraba. Toda su familia asistía a los torneos... todos sus primos, su madre con su propia ropa de equitación, su padre con un traje de gabardina blanca, y su abuelo Bouvier con su sombrero panamá de paja. Si Jackie perdía en una prueba, los músculos faciales se le contraían y anudaban. La boca y la mandíbula le quedaban tensas como una cuerda. No se sentía feliz hasta que ganaba, hasta que derrotaba a todos los otros chicos.»

Jackie nunca reveló en qué momento había tomado conciencia de las grietas, tensiones y presiones que a la larga acabarían con el matrimonio Bouvier. Pasaron años antes de que pudiera admitir que algo andaba mal en la vida matrimonial de sus padres, quienes hacían lo posible para mantener ocultos los traumas y las tensiones. Frenada por los buenos modales y por la inconmovible decisión de no tener que avergonzarse nunca en público, Jackie se negaba a traicionar sus sentimientos, y ni siquiera lo hizo después, cuando sus padres siguieron caminos diferentes, y ella y su hermana se convirtieron en cabezas de turco en una atormentadora guerra durante el proceso de divorcio.

A pesar de la negativa de Jacqueline a reconocer en público la ruptura del matrimonio, la brecha, cada vez más amplia, entre sus padres, representaría un papel vital en la formación de su carácter y de su personalidad. Había llegado a un punto en el que incluso los de afuera podían ver que bajo la superficie de esa unión de personas que figuraban en el *Registro Social* existían diferencias que nunca se podrían borrar. En el centro de sus dificultades se encontraba el tema intemporal del dinero... la incapacidad de ambos de vivir según sus posibilidades, los interminables fracasos de Black Jack en la Bolsa. Aunque consiguió importantes ganancias al terminar la Ley Seca, mediante una inversión en acciones de bebidas alcohólicas, volvió a perderlo en el juego, en las carreras y en inversiones en bonos y acciones indefendibles. Los intentos para ocultar la magnitud de sus pérdidas sólo sirvieron para aumentar el dilema. Y, sin embargo, le resultaba cada vez más difícil compartir su carga personal con una mujer tan ambiciosa, enérgica y en apariencia materialista como Janet Bouvier, dado que él dependía financieramente de su suegro.

Tampoco le resultaba sencillo ocultar la discordia matrimonial a su familia. Aunque en general sus padres lo apoyaban, intervenían constantemente con consejos no pedidos. Las mellizas, responsables de la presentación de Jack y Janet, también se encontraron en medio de todo eso. Lee Bouvier se vio protegida en virtud de su juventud, pero Jacqueline no pudo aislarse. Los tensos silencios que se producían con mayor frecuencia cada vez entre sus padres estallaban muy a menudo en enormes altercados. Cuando se vislumbraba una discusión, Jackie era expulsada.

«¿Por qué no vas a entrenar un poco con tu pony?», se convirtió en un recurso común para sacarla del paso.

Ella se refugiaba en el cuidado de sus caballos, aunque también lo hacía con su conejo favorito que vivía en su bañera de Nueva York, y el bufonesco gran danés de su padre, King Phar, con el que correteaba a menudo en el huerto de su abuela, en Lasata.

Edie Beale recuerda que a su prima le gustaba dedicarse a los juegos imaginativos:

«Jackie, Lee y Shella, la hija de tía Michelle, jugaban en los terrenos de Lasata e imaginaban que veían guerreros y caballeros medievales cabalgando por entre los setos; crearon epopeyas dramáticas, escritas y dirigidas por Jackie, que cobraban vida gracias al maquillaje real y a las ropas de personas mayores. En esas obras de la infancia, Jackie siempre hacía el rol de reina o de princesa, en tanto que Lee y Shella representaban a sus doncellas.

»Jackie nunca superó el papel de princesa. Era una extraña mezcla entre chica retozona y princesa de ensueño. Trepaba a los árboles, pero tenía complejo de princesa de cuento de hadas. Incluso poseía una corona, parte de un disfraz circense, que usaba durante dichas representaciones. Era un juego, pero ella lo tomaba en serio. Un día, anunció su intención de irse de casa para convertirse en "Reina del Circo". Y en cierto modo supongo que lo hizo. Resulta asombroso cómo el mundo de ensueño de Jackie se hizo real más tarde para ella, y también el hecho de que haya sido tan desdichada.»

Evidentemente, el motivo de la «Reina del Circo» era un símbolo reiterado para Jackie. A los catorce años escribió una sarta de predicciones para cada miembro de la familia. Para sí misma preveía un futuro como reina del circo, que, aunque admirada «por los hombres más importantes del mundo», se casaba con «el hombre del trapecio volante», quien tal vez, en cierto sentido, era una prefiguración de John F. Kennedy.

La tía Michelle recordaba el aspecto de niña retozona de la personalidad en evolución de Jackie, y cómo se esforzaba por mantenerse a la altura del hijo de Michelle, Scotty, un chico de carácter avinagrado, corpulento, dos años mayor que ella: «Los domingos, Jackie perseguía a Scotty de habitación en habitación y de rama en rama por los frutales que sombreaban Lasata. Competían en tenis y béisbol, hacían carreras en la piscina de Maidstone, formaron su propia sociedad secreta llamada "Los Hermanos de Sangre". La hermana de Scotty, Shella, era el tercer miembro. Construyeron una casa para el club, y pintaron un cartel con el nombre de la sociedad en letras negras, sólo porque no encontraron pintura roja.»

Scotty era el payaso de la familia, un supremo inventor de travesuras. Su mayor placer consistía en arrojar triquitraques y arena a la gente, cuando no lo miraban. Era el proverbial «chico malo», un «pequeño bribón», según las palabras de un pariente aturdido. Una vez fue «desterrado» del Club Maidstone por balancearse en el extremo de una cuerda amarrada a las vigas y caer sobre una mesa de ancianos socios del club durante una cena formal, con baile. Pero a Jackie le atraían precisamente estas picardías; los dos primos eran las ovejas negras más jóvenes en un rebaño repleto de personajes de ese tipo.

El otro primo favorito de Jackie durante esos años fue Miche Bouvier, quien en muchos sentidos era casi como un hermano mayor. Él explicaba cómo Jackie y él habían crecido juntos: «Mi padre murió en 1929. Cuatro años más tarde mi madre se casó con un oficial de carrera del Ejército de Estados Unidos. A menudo viajaban a lugares lejanos, por lo que pasé bastantes veranos con la familia de East Hampton, a veces con mi abuelo, y otras con la familia de Jackie.»

A mediados de la década de los treinta Jack y Janet Bouvier dejaron Rowdy Hall y comenzaron a veranear en Wildmoor. Wildmoor dominaba campos de patatas y pastizales, pertenecía al Comandante y había sido la residencia de la familia en East Hampton antes de Lasata. En esa época Jack y Janet podían vivir allí sin pagar alquiler.

Miche recordaba los viajes en automóvil que hacían desde Nueva York hasta East Hampton, en lo que entonces era la carretera Vanderbilt: «El padre de Jackie tenía muy buena memoria, y mientras conducía contaba historias sobre su adolescencia y los tiempos de la universidad, y también sobre mi padre. Narraba el tipo de relatos que a los chicos les agrada escuchar.

»Smithtown, que entonces se encontraba en la ruta de East Hampton, estaba a mitad de trayecto. Solíamos detenernos allí para tomar helados de pistacho. Luego reemprendíamos el camino y Jack reanudaba sus relatos de la infancia. Se dejaba llevar tanto por ellos que invariablemente nos detenían por exceso de velocidad. Janet se sentía molesta. Ella me gustaba. Nos llevábamos bien. Pero Jack y ella se llevaban bastante mal.»

John H. Davis, hijo de tía Maude y autor, años después, de las muy bien recibidas historias de la familia de los Bouvier, así como de los Kennedy, tenía la misma edad que Jackie. Cuando hablaban del pasado de ésta, él recordaba que ella solía evadirse de sus problemas familiares en casa de Edith y Edie Beale en Grey Gardens.

«Sentía un gran cariño por tía Edith —dijo Davis—. Edith resultaba una agradable tregua entre las presiones que Jackie experimentaba en su propia casa. Existían buenas razones para esas presiones: las aventuras extramaritales de Black Jack; sus crecientes problemas financieros. Además de las otras cargas, debía ocuparse de Miche en esta coyuntura, por lo que intentaba mantenerlo interno. Era una responsabilidad que aceptó voluntariamente tras la muerte de Bud.

»Sus problemas no eran sencillos. Los corredores de Bolsa son inversores y jugadores. Black Jack era un jugador: compraba los martes, vendía los viernes. Era impetuoso. Él y mi padre compartían la misma oficina de corredores: mantenían firmas separadas, pero en la misma dirección. Mi padre proporcionaba a Jack, muy a menudo, nuevos clientes, aunque partían de distintas filosofías. Mi padre tenía una concepción conservadora. Él y Jack discutían interminablemente, pero nunca solucionaban el problema de las inversiones a largo o corto plazo. Coincidían en una sola cosa: Joseph P. Kennedy, el primer presidente de la Comisión de Bolsa y Cambio establecida por Franklin D. Roosevelt, era el culpable de todas las desgracias de ambos. Kennedy, padre del futuro presidente de Estados Unidos, había declarado ilegales todos los procedimientos y las normativas que le habían permitido amasar millones en la Bolsa. A pesar de sus distintas diferencias fiscales, ambos odiaban a Kennedy y se sentían ofendidos con sus tácticas. El hecho de que el padre de John Kennedy contribuyese a los problemas que acosaban al padre de Jackie era otra vuelta de tuerca en la compleja historia de ella.

»Cuando profundizabas, se observaba que una gran fuente de irritación unía a Jack y Janet Bouvier en sus respectivas orientaciones sociales. A Jack le importaban un rábano los llamados "400". Era un hedonista. Quería disfrutar. A Janet sólo le importaban los "400". Era irlandesa, y nunca consiguió olvidarlo. Era muy *nouveau*. Era una mujer "muy instruida", como dijo alguien alguna vez. Y ésas son las peores, y las más vigorosas en el cumplimiento de las reglas. Tenía que aprender a ser una dama. Sus padres buscaban en los libros las normas de buen comportamiento. Janet no había nacido en una casa solariega. Tenía que aprender, y por eso se volvió tan competente al respecto. No violaba las reglas. Su cabeza dominaba por completo su corazón; en cambio, con Black Jack ocurría lo contrario.

»Jackie se hallaba más o menos entre los dos. Como consecuencia de ello, se decantó hacia su tía Edith. Los sábados por la tarde, cuando Edith escuchaba óperas en la radio, Jackie la acompañaba. Y los domingos se incorporaba a menudo al resto de la familia, para un almuerzo tardío en Lasata. No hacía falta rogarle demasiado para que cantara. A la menor insinuación o sugerencia, recorría con sus gorjeos todo el repertorio: Puccini, Cole Porter, Kurt Weill, Wagner, Verdi, y cualquier cosa que le pidieran. A Jackie le encantaba, lisa y llanamente le encantaba. Como Edith era a la vez la proscrita de la familia y una artista frustada, al fin Jackie pudo identificarse con alguien.

»Edith alentó a Jackie a encontrar su propio modo de expresión. Pero el Comandante ejerció una influencia más directa. Cuando Jackie cumplió un año, le escribió el primero de los muchos poemas que le regalaría en el futuro. Hizo lo mismo con todos sus nietos. Eran poemas sentimentales, con alusiones clásicas, minuciosamente correctos en rima y métrica.»

Davis también recordó:

«Nos incitaban a responder de la misma manera. Jackie comenzó a escribir poesía y cuentos cortos a los siete u ocho años. También adornaba sus obras escritas con dibujos lineales. Sus primeros poemas se referían a la naturaleza, a la sucesión de las estaciones, a caminatas por la costa. Por lo general, sus cuentos cortos se relacionaban con los animalitos de la familia. Uno de sus cuentos, *Las aventuras de George Woofty*, narraba la relación romántica imaginaria de su terrier favorito con Caprice, una reluciente perra Bouvier-des-Flandres negra, que el padre de Jackie le había regalado por la similitud de los nombres. Era el tipo de escritura que se podía esperar de una niña ansiosa, dotada, solitaria.»

Pese a todos sus mecanismos de fuga, a Jackie le resultó imposible cerrar los ojos por completo ante la rápida desintegración del matrimonio de su beligerantes padres. Por la noche, las paredes de su dormitorio vibraban con el martilleo de las contiendas, con las palabras coléricas que repercutían por toda la casa. Es posible que Jackie no entendiera todo el significado de las palabras, pero seguía las arengas, mientras se atacaban mutuamente hasta llegar al agotamiento. En algunas ocasiones, como más tarde confesó a su madre, se escurría al corredor oscuro, donde podía escuchar algunas palabras: un ruidoso ultimátum de su madre, las feroces negativas y ácidas recriminaciones de su padre. Se pasaba horas enteras, de pie, escuchando, orando en silencio por una solución que sabía que nunca llegaría.

Judith Frame, una conocida de los Bouvier durante ese período recordaba a Jackie como «una niña inescrutable... nunca se sabía qué pensaba o cuánto sabía acerca de los problemas de sus padres. Era una niña hermosa, idéntica a su padre... los mismos ojos separados, chispeantes, la tez oscura, los pómulos salientes. Ella y su hermana iban siempre impecables, a menudo con ropa combinada. Tenían unos "vestidos musicales"... de hilo verde, con una escala y notas musicales bordadas en la parte delantera.

»Todo el mundo sabía que los Bouvier no se llevaban bien. Janet se cansó muy pronto de las noches de póker de Jack, de sus viajes de negocios y de las salidas nocturnas con los muchachos. "Muchachos" era un eufemismo relativo a las mujeres que solían acompañarle. No era nada fuera de lo común ver juntos a Jack y a Janet en una cena privada, en East Hampton, y encontrarlo de nuevo, unas horas más tarde, en el Devon Yatch Club, de Bahía Gardiner, con otra chica tomada de su brazo, sin Janet a la vista.»

Judith Frame recordaba también un relato muy bien documentado:

«En una de las fiestas de los Bouvier, en East Hampton, Janet vio que su esposo desaparecía entre los arbustos con la esposa de otra persona... la tomaba del brazo y se alejaban. En otra ocasión lo sorprendió en un intenso abrazo con una amiga de ella, llamada Tammy Welch.

»—No tenía importancia alguna —le dijo a Janet—. Estábamos bromeando —agregó.

»Black Jack era mortífero, absolutamente letal. Era muy hermoso y lo sabía. Solía pavonearse por Maidstone como un gallito, arreglándose el cabello, mirándose en los espejos, exhibiéndose ante las mujeres. Era un Don Juan: seductor, encantador, peligroso. Caminaba como si los ojos de todo el mundo estuviesen clavados en él. No sé qué estatura tenía. Uno ochenta, tal vez, pero parecía mucho más alto. Ello se debía a su forma de entrar en una habitación, a su forma de moverse. Por supuesto, toda esta exhibición pudo haber sido un modo de encubrir alguna inseguridad profunda, arraigada en él... No es fácil decirlo. Solía viajar en su descapotable a toda velocidad por los caminos, llamando la atención, envuelto en una bruma de champán y polvo.

»Las cosas llegaron hasta tal punto que Janet se negó a ser vista en público con su esposo. Cuando les invitaban a casa de alguien, en el último momento Janet fingía estar enferma, o inventaba otra excusa que le impedía ir. Se negaba a enfrentarse a todos los cuchicheos que circulaban a sus espaldas. Tenía demasiado orgullo. Pero su orgullo no era suficiente para abandonar sin más a su esposo... por lo menos hasta que medio mundo conociera los problemas de ambos.»

Anthony Cangiolosi, un joven caddy del Maidstone en los tiempos de apogeo del club, también tenía observaciones que hacer respecto a la lujuria compulsiva de Jack Bouvier:

«Era un mujeriego, todo un mujeriego. Cuando los caddies se reúnen y hablan, uno se entera de todas esas cosas. El Maidstone tenía uno de los mejores campos de golf de toda la región. Y para ser socio de ese lugar había que ser lo mejor de lo mejor, o por lo menos tener muy buenas credenciales.

»Yo tenía dieciocho años cuando empecé a trabajar de caddy allí, y dio la casualidad que me tocó serlo de Black Jack, como lo llamaban todos los caddies. Después de esa primera vez, siempre me buscaba. El hecho de que diera o no buenas propinas dependía de la Bolsa; si subía, recibíamos una moneda de un cuarto de dólar; si bajaba, diez centavos. Jack estaba más pegado a su dinero que la corteza a un árbol. Así de tacaño era. Pero su padre era peor. El Comandante era tan avaro que ni siquiera tomaba un caddy. Cada vez que jugaba una vuelta, hacía que Jackie o alguno de sus otros niños le llevaran los palos.

»Lo bueno de ser caddy de Black Jack era que nunca jugaba más de nueve hoyos. En el noveno hoyo había una cabaña del personal de mantenimiento, adonde llevaba a las damas para acostarse con ellas. Despedía al caddy: "Ya está bien, puedes llevar las bolsas al club."

»Por supuesto, uno fingía que regresaba, pero en realidad tiraba los palos por cualquier parte, casi siempre en el *rough,* y volvía para espiar por la ventana de la cabaña. Y ahí estaban ellos completamente desnudos. Lo que recuerdo con mayor claridad acerca de Black Jack es su cabello. Lo llevaba tan reluciente y pegado a la cabeza que debía de untarse con grasa de caballo.

»Para ser sincero, uno tenía suerte si pasaba del quinto hoyo con Black Jack. Por lo general, abandonaba después de unos pocos hoyos, y él y la mujer hacían una caminata por el bosque. No perdía el tiempo.

»De vez en cuando jugaba en un cuarteto. Pero casi siempre jugaba con las mujeres, algunas muy hermosas. Eran socias del club y estaban casadas. Uno era caddy de Black Jack y de la esposa de algún tipo, y tres días más tarde lo era de la mujer y su esposo. Y entonces decía: "¡Ah, mierda!" Si hubiese sido un poco más inteligente cuando era joven, me habría comprado una cámara fotográfica.»

Una de las ocasionales compañeras de golf de Black Jack era Virginia Kernochan, una mujer discreta, seria, varios años menor que Janet. A principios de junio de 1934, Virginia acompañó a los Bouvier a un torneo en la Academia de Equitación de Tuxedo Park, presuntamente para ver a Janet compitiendo con otros grandes jinetes del club. Por la tarde, Black Jack hizo una de sus escenas de desaparición, para entonces ya famosas, y se llevó a Virginia; reaparecieron cuatro horas más tarde, durante el acto de clausura de la jornada.

Un fotógrafo de United Press reconoció a Black Jack y a las dos damas cuando se disponían a irse. Janet aceptó posar para él, todavía con ropa de montar; se sentó en la baranda de la pista y Virginia se unió a ella, mientras Black Jack, por su parte, se ponía al lado de Virginia tomándole tiernamente de la mano. Como Janet miraba hacia el otro lado, no vio la escena, pero la publicación de esa foto en el *Daily News* de Nueva York del día siguiente dejaba muy poco espacio a la imaginación; la columnista de ecos de sociedad Maury Paul (Cholly Knickerbocker) levantó muy pronto el rumor, en letras de molde, de que los Bouvier y la señorita Kernochan «lo estaban pasando muy bien».

Aunque Janet conocía las hiperactivas aventuras sexuales de su esposo, y si bien su atractivo para otras mujeres le resultaba tentador, no tenía la menor intención de seguir tolerando esa conducta. Tampoco su padre. Como no quería que Janet repitiera el mismo error que él había cometido en su matrimonio, James Lee le dio el nombre de un destacado abogado matrimonialista de Nueva York, y la instó a que concertara una cita. Janet se resistió, al principio, convencida de que todavía podía salvar la relación y de que el libertino de su esposo se percataría del efecto pernicioso que su flagrante comportamiento tenía sobre el matrimonio.

La campaña para domesticar a Black fracasó muy pronto. Franklyn Ives, directivo de una compañía de seguros, había alquilado una casa al lado de Wildmoor, en Appaquogue Road, durante el verano de 1936, y conocía algunos de los hechos que llevarían a una disolución final.

«En mayo de ese año me encontraba allí por casualidad, poniendo en condiciones la propiedad para la temporada —dijo Ives—. Los veraneantes todavía no habían llegado, y East Hampton parecía una ciudad fantasma. Un viernes, a mediados de mayo, un Ford descapotable se detuvo ante la entrada del garaje de mi vecino y tres hombres descendieron de él. Eran Jack Bouvier y un par de amigos, corredores de Bolsa.

»Black Jack se mostró muy cordial. Cuando me vieron allí, él y sus acompañantes se acercaron y se presentaron. Yo había oído hablar de los Bouvier a los dueños de la casa que alquilaban. Sabía que había dos chiquillas muy simpáticas, con muchos perros de raza, una madre atractiva que adoraba los caballos y un padre corredor de Bolsa que pasaba por algunas dificultades financieras. Pero eso era sólo una parte del asunto.

»Una hora después de la llegada de Black Jack apareció otro coche y tres chicas se apearon de un brinco... todas de poco más de veinte años y sumamente atractivas. Una de las tres —una pelirroja escultural, con un cuerpo que cortaba el aliento y unas piernas maravillosas— estaba evidentemente con Jack.

»Pronto me enteré de que Wildmoor, con sus seis dormitorios y una vista impresionante, era el refugio de fuera de temporada de los amigos de Black Jack, quienes armaban su equipo de pesca y decían a sus esposas que partían a una rápida excursión, cuando en realidad se dirigían hacia las libertinas fiestas de fin de semana en Wildmoor, que por lo general incluían a varias jóvenes solteras.

»Durante el verano, la situación se invertía. Las esposas y los niños se pasaban toda la semana en East Hampton, mientras los hombres trabajaban en Nueva York. Después del trabajo, Black Jack organizaba fiestas para la misma gente, en su dúplex de Park Avenue, sin decir a nadie que el lugar pertenecía en realidad a su suegro. Todos creían que él nadaba en dinero.

»La pelirroja de las piernas fabulosas resultó ser una bailarina que trabajaba en un club nocturno. Ella y Jack formaron pareja ese verano, aunque él tenía otras chicas en sus anzuelos. Él y su esposa se habían convertido en desconocidos íntimos. Compartían la misma casa, pero no la misma cama. Cuando hablaban, reñían. Ya no les quedaba nada que decirse.

»En los tres o cuatro meses siguientes trabé amistad con Black Jack. Hasta donde lo conocía, no estoy del todo convencido de que tuviese plena conciencia de las consecuencias de sus acciones. Me pareció un hombre de contrastes extremos, una persona profundamente dividida por las emociones humanas más elementales: el amor y el odio. Era uno de esos personajes del escenario social de Nueva York que provocaban habladurías entre los demás. Circulaban decenas de rumores. Una vez oí decir que era bisexual, que de vez en cuando salía con hombres, que él y Cole Porter eran amantes. No sé si esto es cierto o no. Sé que él y Cole Porter estudiaron en la misma clase, en Yale. También estoy al tanto de que Jack tenía problemas para mantener la bragueta cerrada y de que una de sus válvulas de escape favoritas de Nueva York era Cerutti, un bar gay de la avenida Madison. En Cerutti había un magnífico pianista, llamado Garland Wilson. Pero sospecho que Jack iba simplemente para conocer el ambiente.»

Es probable que la descripción más sucinta del matrimonio Bouvier sea la que hizo Alexandra Webb, una mujer de sociedad que se movía en los mismos círculos que Jack y Janet.

«Janet se casó con él —insistía Webb— porque su nombre aparecía en los ecos de sociedad. Él se casó con Janet porque su padre dirigía un banco. Ella era una perra y él un canalla, y a la larga los dos quedaron desilusionados.»

3

Jack Bouvier terminó por avergonzar demasiado a su esposa. El 30 de septiembre de 1936, cuando Jackie tenía siete años, su madre pidió una separación de prueba de seis meses. Janet sólo seguía confiando en el Comandante. Aceptó que el abuelo de Jackie redactase los documentos de la separación, en los cuales se le concedía la custodia temporal de los niños y el padre podía visitarlos los fines de semana. Jack Bouvier también debía pasar a su esposa 1.500 dólares al mes, «para el sostén y la manutención de ella, de Jacqueline y Lee».

Black Jack se mudó del dúplex de Park Avenue a un cuarto pequeño pero soleado, en el hotel Westbury, en la esquina de la Avenida Madison y la calle 69. Aunque mantenía una actitud valerosa, muy pronto tuvo que encarar una nueva embestida de preocupaciones financieras, no sólo para el mantenimiento de su esposa e hijas, sino para un juicio iniciado contra él por los herederos de M. C. Bouvier, que querían recuperar miles de dólares de deudas vencidas (incluido un préstamo de 25.000 dólares, que databa de 1930), por no hablar de un juicio de embargo de más de 40.000 dólares, decretado por el Servicio de Rentas Públicas por impuestos atrasados.

A pesar de estos problemas, Black Jack seguía visitando a los niños los fines de semana con su habitual arrogancia y vivacidad. Tenían una señal secreta —una serie alternada de bocinazos largos y cortos desde su coche—, y al primer bocinazo Jackie (el apodo que le había puesto él era «Jacks») salía corriendo y se arrojaba al asiento delantero, junto a su padre. Lee («Pekes») llegaba inmediatamente después.

Tenían varias actividades favoritas y lugares a los que ir, entre ellos el zoológico del Bronx y Belmont Park, donde Black Jack presentaba, orgulloso, a sus hijas a los jockeys en el paddock, antes de las carreras del día. Paseaban en calesa por Central Park, compraban por la Quinta Avenida, visitaban el Metropolitan Museum of Art. A veces Black Jack invitaba a algunos de los amigos de sus hijas a almorzar en Schrafft, y luego los llevaba al cine y a comer helados. Otras veces viajaban a las afueras, a Baker Field, al estadio de atletismo de la Universidad de Columbia para ejercitarse por la tarde en los aparatos de prácticas de remo instalados al aire libre. También era un lugar apto para ver los partidos de béisbol en primavera y de fútbol en el otoño.

Como los perros de la familia estaban en Long Island, Jack contactó con varias tiendas de animales de Manhattan, para pedirles «prestados» sus perros. Muchas veces, los domingos, sus hijas y él entraban en una tienda, elegían varios de los cachorros más desdichados que podían encontrar, dejaban un depósito y los llevaban a dar un paseo por el Central Park. Después devolvían los perros y recuperaban el depósito.

Una vez, Black Jack convenció a Janet para que le dejase a las chicas un viernes por la mañana, pues quería llevarlas a dar una vuelta por Wall Street. John Ficke, tenedor de libros en una pequeña firma de corredores de Bolsa de Jack Bouvier, las acompañó a la Bolsa. «Había allí dos galerías, una para la chusma y otra para los corredores y sus invitados —explica Ficke—. Jack había tomado medidas especiales para reservar esta última galería para sus hijas. Hacía varias semanas que se jactaba de esa visita inminente, de modo que hubo bastante alboroto en la Bolsa cuando por fin llegaron. Ahí estaban esas dos chiquillas adorables, solas, frente a toda la gente de la Bolsa, y todo el mundo sabía que eran de Jack. El salón estalló en enloquecidos vítores y aplausos. A las chicas les encantó. Hicieron pequeñas reverencias a la multitud y hubo un nuevo estallido. Black Jack no habría podido sentirse más feliz si Wall Street le hubiese ofrecido un desfile con una lluvia de cintas de los indicadores de cotizaciones... estaba enormemente orgulloso de sus hijas.»

Judith Frame recordaba cuánto «disfrutaba Jackie en esas visitas con su padre. Esperaba con impaciencia el fin de semana para poder estar con él. Su padre era la persona más próxima a ella. Parecía resplandecer cuando estaba con él. De niña tenía más afinidades con su padre, de corazón cálido y franco, que con su madre, fría, metódica, menos emocional, aunque más tarde creo que esto se invirtió.

»Uno de los factores que contribuyeron fue la estrecha relación de Jackie con la familia Bouvier, en contraposición a la de los Lee. Se identificaba con los Bouvier, se consideraba una de ellos, estuvo siempre bajo su influencia. Y los Bouvier, con la posible excepción del Comandante, consideraban a Janet la culpable principal de la situación. Le reprochaban que hubiera roto el matrimonio. La acusaban de todo lo que había hecho o dicho. Hicieron un buen trabajo con Jackie. Si uno le dice constantemente a una niña que la madre es la culpable de que no pueda tener un pony, a la larga la pequeña comienza a resentirse con su madre.

»Janet tenía, además, la desgracia de ser perfeccionista. Su responsabilidad era impartir disciplinas a las niñas, enseñarles buenos modales, decirles que se sentaran erguidas, que se bebieran la leche, se cepillaran los dientes y se acostaran a la hora oportuna. Tenía una mentalidad práctica, los pies plantados en el suelo. Dentro de su molde convencional, Janet se vestía con discreción, se comportaba de la misma manera, e inculcaba en sus hijas ese modo de actuar. "El dinero no crece en los árboles", les recordaba constantemente.

»En cambio, el padre las mimaba... las llevaba al zoológico y a tomar helados, o a Saks, Bonwit Teller, Bergdorf Goodman y De Pinna para comprar ropas nuevas y joyas. Por muy escaso de fondos que estuviese, era desbordantemente extravagante y generoso cuando se trataba de sus hijas. Era enorme la diferencia entre la idea que Jack y Janet tenían de la educación de las chicas. La madre deseaba que se adaptaran a las normas de la discreción: el padre las estimulaba a caminar erguidas y a llamar la atención. No era mejor ni peor, sólo una cuestión de estilo. Por lo tanto, Janet se convirtió en un ogro: en cambio, Jack, a los ojos de sus hijas, nunca se equivocaba.»

Black Jack inició la reconciliación, que reunió de nuevo a la familia en abril de 1937. Janet abrigaba pocas esperanzas de que el matrimonio funcionara, pero aceptó intentarlo por el bien de las niñas. Ese verano alquilaron una cabaña que daba a las dunas de East Hampton.

Una versión de los hechos que siguieron aparece en una declaración jurada hecha en 1939 por Bertha Kimmerle, contratada por Janet para reemplazar a Bertha Newey como institutriz de Jacqueline y Lee. La partida forzada de Bertha Newey en un período crítico de la infancia de Jackie creó nuevas tensiones. Jackie había rogado a su madre que volviese a tomar a la señorita Newey, pero el episodio que condujo al despido de ésta había creado animosidad por ambas partes. Parece que la esposa de James T. Lee se presentó sin avisar en el dúplex de Manhattan donde vivían sus nietas, y, enfurecida de repente ante un desaire imaginario, trató de abofetear a Jacqueline. En un intento de proteger a la niña, Bertha Newey se adelantó y recibió la bofetada. Entonces, según sus palabras, con «toda justicia», se la devolvió*.

* Bertha Newey describe estos sucesos en una declaración jurada que aparece en *The Kennedys: Dynasty and Disaster*, de John H. Lavis, págs. 177-186. En el mismo volumen

La señorita Kimmerle, empleada de los Bouvier desde agosto de 1937 hasta diciembre de 1938, también despedida por Janet Bouvier, declaró que una semana después de su llegada advirtió que las relaciones entre los integrantes de la pareja eran hostiles. La madre de Jackie «era una dama indiscutiblemente voluntariosa que por lo general se dedicaba a hacer lo que quería, cuando quería y donde quería. Por lo tanto, ocurría —no todos los días pero sí con bastante frecuencia— que la señora Bouvier se ausentaba de casa, y las niñas se quedaban en mi compañía.

»También el señor Bouvier se quedaba solo, pero era evidente el amor que sentía por las niñas así como éstas por él. Lo adoraban, y ambas buscaban su compañía siempre que era posible... Especialmente Jacqueline... una niña extraordinariamente vivaz, apasionada por los caballos. La pequeña Lee era una ratita encantadora, no tan intensa ni despierta como su hermana, pero fuerte, dulce y afectuosa.»

La declaración de Kimmerle continuaba diciendo que Jacqueline y Lee se mostraban más reservadas en presencia de su madre que en la de su padre. Es posible que ello se debiera a los frecuentes accesos de mal humor de la señora Bouvier. «En verdad —afirmaba la señorita Kimmerle—, hacía menos de diez días que estaba en casa cuando la señora Bouvier propinó a Jacqueline una fuerte tunda porque la chiquilla se había mostrado demasiado ruidosa en sus juegos. Zurraba a Jacqueline con suma frecuencia y se irritaba a menudo con la niña, pero sin motivos que yo pudiese percibir.»

La señorita Kimmerle recordaba un incidente acaecido el domingo 26 de septiembre de 1937. «La señora Bouvier llamó a su padre a la casa. Entendí que estaba furiosa porque el señor Bouvier, estando en el centro, no había buscado a un abogado para determinada gestión. Sé que cuando los tres, es decir, la señora Bouvier, su padre Lee y el señor Bouvier, se enzarzaron en una discusión muy ruidosa, la pequeña Jacqueline corrió escaleras arriba a buscarme y me dijo: "¡Mira lo que le están haciendo a mi papá!", y en esa ocasión Jacqueline se hallaba bañada en lágrimas.»

Fue un verano perdido para Jackie. Martin Simmonds la veía cada vez que iba a recibir las clases en el Club de Equitación East Hampton. «En East Hampton no hay secretos —dijo Martin—. Todos saben lo que hacen los demás. Conocían lo relacionado con los Bouvier. Sus dificultades engendraban los peores rumores. Todos los chicos lo sabían, y algunos se de-

---

aparecen declaraciones de Bertha Kimmerle y Bernice Anderson, criada de la casa de los Bouvier, cuyo testimonio se analiza más adelante en este capítulo. Las declaraciones debían ser utilizadas por Jack Bouvier en su lucha por el divorcio con Janet, pero como éste no fue discutido en la audiencia llevada a cabo en Nevada, aquéllas nunca se presentaron. Estos documentos se encuentran ahora en poder de la señora Maude Davis, tía de Jackie y madre de John H. Davis.

dicaban a pinchar a Jackie. Pero cuando ésta no quería oír algo, no escuchaba. Para ser una niña tan pequeña, tenía mucho aguante.»

Fanny Gardiner, socia fundadora del Club de Equitación East Hampton, «sentía pena» por Jackie. «Nunca olvidaré a la Jackie que conocí entonces —señaló—. Era una niña ansiosa, que vagaba por el club de equitación como una gatita sin madre, conversando con los caballerizos y atendiendo a los caballos. Aparentemente su infancia era como la de otros niños: trepaba a los árboles, saltaba a la cuerda y jugaba al escondite con sus primos. Pero al mismo tiempo, se intuía que se encontraba a mil kilómetros de distancia, en un mundo de sueños fabricados.»

En septiembre, con el matrimonio a punto de derrumbarse, los Bouvier aceptaron una invitación de diez días en La Habana con Earl E. T. Smith y su esposa de entonces, Consuelo Vanderbilt. Smith, socio de la empresa financiera de Wall Street de Paige, Smith y Remick, se relacionaba con Black Jack de vez en cuando. «Mi esposa y yo jugábamos al golf con Jack y Janet —recordaba Smith—. Los cuatro éramos amigos. Cuando nos dimos cuenta de que su matrimonio estaba a punto de zozobrar, los invitamos a reunirse con nosotros en La Habana. Pensamos que si se encontraban lejos de Nueva York y en compañía de amigos, tal vez allanaran sus diferencias.»

A pesar de todo el brillo del período anterior a Castro, La Habana sólo fue el Waterloo de Black Jack. Antes del fin de mes, los Bouvier se encontraban otra vez en Nueva York, y de nuevo vivían separados. En esta ocasión, la pareja convino en considerarla una «separación definitiva». Black Jack dijo a todo el que quisiera escucharlo que había querido salvar el matrimonio, pero que había chocado contra la negativa de su esposa.

Desde el hotel Alcazar en Miami Beach, donde pasó sus vacaciones de Navidad de 1937, Jack escribió una carta, larga e inconexa, a su suegro, en la cual pedía al señor Lee que lo ayudara a reconciliarse con Janet, a la vez que acusaba a su esposa de haberse enamorado de otro hombre. Identificaba al «otro hombre» como Earl E. T. Smith y establecía el comienzo de la traición en la visita de ambos a Cuba. Aunque la carta no acusa a Janet de haber mantenido relaciones francas con Smith, las insinuaciones resultan bastante claras:

> *Estimado señor Lee:*
>   *Le escribo para pedirle ayuda y orientación en una situación tan vital para Janet, para mí y para nuestras dos hijas que ya ha llegado a proporciones abrumadoras. Como sin duda ya le habrá dicho Janet, ella cree o incluso sabe que está enamorada de Earl Smith, lo que en sí mismo es un golpe mortal, aunque lo veía venir desde hace tiempo. Pero todo este enamoramiento de Janet se desarrolló en un ambiente ideal, y Smith no la dejó respirar con su persistencia...*

Aparte de todo lo demás, nuestro viaje fue tremendamente frenético. Por supuesto, Janet ya no sentía gran cosa por mí. Y creo que buena parte de ello se debe al hecho de que en un acceso de celos malsanos, que al final culminaron, tras diez días de insinuaciones por parte de la señora Smith, dije algo [delante de ella] que no habría dicho si hubiese sido capaz de dominarme...

Tal vez merezca perder a Janet, porque no he sabido ser un buen esposo; es posible que esto sea un bumerang y sólo recibo lo que merezco. Pero todavía la amo y la adoro... y no dejaré que destruya su hogar, la vida de sus hijas, mientras exista una posibilidad de luchar para impedirlo.

En el reverso de la página junto a la firma, casi a modo de posdata, Black Jack escribió a lápiz: «Jacqueline y Lee sugieren que olvidemos y perdonemos, ahora que casi estamos en paz, y que, para cambiar, les cedamos la autoridad por partida doble.»

La reacción de Earl Smith, años después, fue en cierto modo una conmoción. «Me siento halagado —dijo—, pero nunca supe que Janet estuviese enamorada de mí. Por aquel entonces estaba casado y era muy feliz con mi esposa. Además sentía afecto por Black Jack. Me llevaba bien con él, o al menos así lo creía. Parece que él buscaba a alguien a quien poder acusar. Juro que nunca hubo relaciones entre nosotros. En rigor, no volví a ver a Janet hasta varios decenios después de su visita.»

James T. Lee hizo caso omiso de la carta. Había llegado a detestar a Black Jack y anhelaba la disolución legal del matrimonio. Su mayor pena era que todavía se encontraba de vez en cuando con Black Jack en el Club Maidstone, y para distanciarse de su familia pidió que el club le alquilase una nueva caseta, lo más lejos posible de la de los Bouvier.

Otros miembros de la familia Lee sentían un grado parecido de resentimiento. En 1936, Winifred Lee, hermana menor de Janet, contrajo matrimonio con Franklin d'Olier, hijo de un hombre de negocios de Filadelfia que describía a Black Jack como «un hombre de carácter dudoso», en tanto que la propia Winifred decía de él: «Black Jack no tiene excusa. Es un tipo terrible. El peor hombre que se pueda encontrar.»

En junio de 1938, Black Jack alquiló en East Hampton la misma casa que Janet y él habían compartido el verano anterior. La instó a pasar el verano con él y a hacer un último esfuerzo para salvar el matrimonio. Janet se negó y alquiló por su parte una casa para ella y las chicas en Bellport, a 65 kilómetros de East Hampton.

Según la declaración de Bertha Kimmerle, ese verano no se vio mucho a Janet. Hacía frecuentes viajes fuera de la ciudad, con los nuevos hombres de su vida, dejando a Jackie y a Lee al cuidado de la institutriz y una doncella. Bajo ningún concepto, dijo a las criadas, debían permitir que Black Jack entrase en casa.

Según la declaración, la mera mención del nombre de su esposo ponía frenética a Janet. Llegó al extremo de ordenar a la señorita Kimmerle que pegara a las chicas si lloraban por su padre.

Resulta evidente que Janet, que por lo general no era una mujer cruel o insensata, se sentía, en cierto modo, trabada en un combate mortal contra su distanciado esposo por el afecto de sus hijas. Bernice Anderson, la doncella de la familia, afirmó en su declaración que Jacqueline amenazaba a menudo con escapar a casa de su padre. «Una vez, cuando la madre no estaba —dijo la criada—, Jacqueline me pidió que la ayudase a encontrar el número de su padre en la guía telefónica, ya que se sentía muy desdichada y quería hablar con él sin demora.»

El acuerdo de separación, luego modificado en parte, establecía que las niñas pasarían el mes de agosto con su padre. Pero los buenos momentos que habían ansiado con tanta avidez nunca se hicieron reales. Existían varios impedimentos, entre ellos las propias niñas, en especial Jackie. La jovencita, antes vivaz, segura de sí, enérgica, había cambiado. Se volvió tímida, y para ocultar esa timidez adoptó modales más bien altivos, casi regios. No participaba en nada, se limitaba a observar.

Para acrecentar la angustia creada por la separación de sus padres, Jackie advirtió un cambio en la vida de Lasata. Aunque era demasiado pequeña para entender la importancia del asunto, los miembros de mayor edad de la familia se dieron cuenta de que el Comandante tenía una amante, una mujer treinta años más joven que él. La señora Mabel Ferguson era una atractiva inglesa que vivía en Nueva York y trabajaba para el Consulado británico. Además de verse con suma frecuencia, mantenían una voluminosa correspondencia. El Comandante adornaba sus floridas cartas victorianas con coplillas pícaras, originales poemas de amor y divertidas especulaciones sobre la naturaleza del amor, el sexo y el matrimonio. Le regalaba ropa y le prestaba dinero que nunca recuperó. «Se enamoró de ella —explica Edie Beale—, y cuando la abuela se enteró, se le hizo pedazos el corazón. Esas relaciones la mataron.»

«Los dorados veranos de Lasata», como los llamaba John Davis en su historia de la familia, habían terminado. Cuatro de los cinco hijos del Comandante se divorciaron, uno había muerto. El Comandante, considerado desde hacía tiempo como el integrante más recio de la familia, casi había abandonado a su abnegada esposa. Hombre dominante y conquistador, la había humillado por completo.

«La abuela Maude siempre había tratado de mantener unida la familia —dijo Edie Beale—. En realidad, no importaba con quién se casaban los diversos vástagos... los incorporaba a todos en la familia. Pero los divorcios, las separaciones, los mariposeos... todos estos factores derribaron el árbol familiar.

»La situación llegó a una etapa en la que todos los miembros de la familia se odiaban mutuamente. Se comportaban de forma espantosa. Discutían sobre cuál de los niños era más brillante, más hermoso o más popular. Era horrendo. Creaba un muro de animosidad y antagonismo que separaba a las distintas facciones de la familia.»

Bouvier Beale, el hermano abogado de Edie, veía la situación más o menos de la misma manera: «Los Bouvier siempre reñían. Todos se atacaban entre sí. No había ternura en la familia, ni amor entre los integrantes. Las reuniones dominicales en Lasata eran un tormento. Todos se congregaban, se estrechaban la mano y diez minutos más tarde trataban de estrangularse. Al cabo de tres horas se estrechaban la mano de nuevo y se iban. Y esto continuaba, un fin de semana tras otro. La abuela Maude era la única que podía mantenerlos unidos, pero al cabo de un rato todo volvía a desmoronarse.»

En septiembre, Jackie y Lee estaban de nuevo con su madre. Habían dejado el dúplex de Park Avenue por un piso más pequeño, en One Gracie Square, cerca de la Escuela de la señorita Chapin. Jackie recibía lecciones de ballet tres veces por semana, con la señorita O'Neill, en la antigua Metropolitan Opera House, y clases de danzas de sociedad, una vez por semana, en el club Colony, con la elegante señorita Hubbell, clase en la que los varones vestían chaquetas de Eton o pulcros trajes azules, y las niñas sus mejores vestidos de fiesta. Los fines de semana y al salir de las clases montaba a Danseuse; su padre había aceptado pagar la manutención y el alojamiento en Duranld, una caballeriza de la calle 66 Oeste.

A pesar de estas distracciones, la situación en casa empeoraba.

Después de trasladarse al piso de Gracie Square con Janet y las chicas, Bernice Anderson afirmaba que la señora Bouvier bebía en exceso, tomaba somníferos, raras veces se levantaba antes del mediodía y siempre parecía nerviosa y deprimida. La conducta tensa de Janet debe de haber ejercido una influencia inquietante sobre las chicas. Por primera vez descendieron las calificaciones académicas de Jackie. Su madre y ella tenían frecuentes enfrentamientos verbales, a gritos, en tanto que Lee sufría incontrolables accesos de llanto.

A mediados de 1939, Janet buscó su propio asesor para el divorcio: William Evarts, del bufete de abogados de Milbank, Tweed y Holt. Evarts le aconsejó enseguida que contratase los servicios de un investigador privado para reunir pruebas de infidelidad por parte de su esposo; el adulterio, explicó, era un motivo inmediato para el divorcio en el Estado de Nueva York, y garantizaría a Janet un generoso arreglo económico.

Evarts la remitió a un hombre destacado en la especialidad, y Janet lo llamó. En pocas semanas, el investigador le proporcionó un nombre: Marjorie Berrien, una joven de sociedad, la última de las numerosas conquistas de Black Jack. También descubrió las identidades de varias de las mujeres con las que Jack había salido mientras continuaba conviviendo con su esposa, incluidas las que concurrían a las fiestas que Black Jack ofrecía, fuera de temporada, en East Hampton.

Armado de nombres, fechas, horas, lugares e incluso fotos de las mujeres, el abogado de Janet recurrió a la prensa, El 26 de enero de 1940, el *Daily Mirror* de Nueva York publicó un artículo con el audaz titular de «JUICIO DE DIVORCIO CONTRA CORREDOR DE BOLSA DE LA ALTA SOCIEDAD», que complicaba a Black Jack en una serie de relaciones adúlteras y citaba a Marjorie Berrien como una de sus compañeras asiduas.

En virtud de su sesgo sensacionalista, el artículo fue objeto de amplia cobertura en los medios de comunicación. Las grandes agencias de noticias volvieron a reimprimirlo en casi todas las publicaciones y periódicos de Nueva York a California, estigmatizando a Jacqueline y provocándole una intensa turbación. No tanto por las infidelidades y las relaciones superficiales de su grupo social, sino más bien por el trauma de ver a su padre atacado en letras de molde y sufrir las inevitables injurias de compañeros de estudios y amigos.

Como Janet había iniciado su propia vida social, y su abogado temía una posible contrademanda a su juicio de divorcio (Black Jack se había tomado la molestia de reunir declaraciones juradas de muchos de los empleados de la casa), se decidió que pediría un divorcio en Nevada por motivos de «extrema crueldad mental». El 6 de junio de 1940, dos meses después de la muerte de Maude Sargeant Bouvier (la abuela de Jackie), Janet y las niñas tomaron un tren en la estación Grand Central y cuarenta y ocho horas más tarde llegaban a Reno, Nevada.

Salvo unas cuantas excursiones vespertinas al lago Tahoe y una serie de conferencias con su abogado de Reno, George Thatcher, de Thatcher y Woodburn, el principal bufete (y el más caro) de Reno, Janet pasó las seis semanas siguientes como huésped en el Lazy-A-Bar Ranch, cabalgando con Jackie y bañándose en la piscina con Lee.

El 22 de julio, a las 9.30 de la mañana, Janet, George Thatcher y Ruth Peigh, cuyo esposo era el propietario del Lazy-A, condujeron hasta la entrada lateral del juzgado de distrito de Washoe County, en el Rolls Royce negro de Thatcher. Janet vestía un traje blanco almidonado, zapatos blancos y un pulcro lazo blanco en el reluciente cabello negro. Entraron en el edificio por la parte de atrás y subieron las escaleras hasta la sala del tribunal, en el primer piso.

Fue una audiencia cerrada, con la presencia de sólo tres integrantes del personal: el escribiente, un estenógrafo y el Juez de Distrito William

McKnight. Jack Bouvier estaba representado *in absentia* por Charles Cantwell, un abogado local cuya única contribución fue una amplia sonrisa, tal vez porque preveía sus honorarios legales. En nombre de Janet hablaron su abogado y la señora Peigh, cuyo testimonio era necesario para establecer el hecho de que Janet había sido residente legal del Distrito Washoe «durante no menos de seis semanas». Después del breve testimonio de la señora Peigh, Janet ocupó el banquillo de los testigos y respondió a varias preguntas superficiales antes de ofrecer una declaración más amplia sobre las deficiencias de su matrimonio:

> *Mi esposo y yo estuvimos separados desde finales de septiembre de 1936 hasta abril de 1937; durante el año anterior a dicho período no se ocupó de mí. En una ocasión se ausentó de casa durante varios días sin decirme dónde estaba. Eso era muy inquietante, y cuando yo le censuraba su conducta solía encolerizarse, me maldecía e injuriaba de forma grosera. En abril de 1937 iniciamos una reconciliación, pero después su conducta no cambió, y durante el último período me decía cosas muy ofensivas, en especial sobre mi padre y mi familia, y en septiembre de 1937 nos separamos definitivamente... Eso me alteró mucho los nervios.*

La audiencia duró apenas veinte minutos, ya que las condiciones del divorcio habían sido negociadas previamente por los abogados de las partes. El acuerdo final establecía que Jack Bouvier debía entregar a Janet 1.000 dólares al mes... la mitad para alimentación, la otra mitad para la manutención de las niñas. Aparte de esta cifra básica, unos cincuenta dólares menos al mes que la cifra pagada durante la separación, ahora él también era responsable «de todos los gastos médicos, quirúrgicos, odontológicos y escolares de cada una de las niñas durante sus respectivas minorías de edad». También tenía que pagar «las escuelas diurnas o los internados, la instrucción primaria, la secundaria y la universidad, así como los gastos en actividades culturales o físicas no incluidas en la educación escolar». Por último, aceptó pagar 2.500 dólares en el acto, para cubrir los honorarios y gastos legales en los que había incurrido Janet.

A cambio de ello, se le concedía a Black Jack el derecho a visitar a las niñas sábados y domingos alternos, un día entre semana (después de las horas de escuela), la mitad de las vacaciones de Navidad y Pascua, y seis semanas todos los veranos (del 1 de agosto al 15 de septiembre). El único inconveniente inevitable era el derecho inalienable de Janet a volver a casarse y buscar otro domicilio, en cuyo caso el hecho de ver a sus hijas podía convertirse en una grave dificultad para Jack. Cuando esta situación se presentó en la práctica y Janet se casó de nuevo y se mudó, Black Jack se sintió impulsado a emitir una declaración pública sobre el caso. «Las mujeres son siempre las vencedoras en mi generación», dijo.

4

Jacqueline tenía casi once años cuando sus padres se divorciaron, edad suficiente para darse cuenta de que su mundo se derrumbaba; pero era demasiado pequeña para entender la importancia que eso tenía. Se encerró instintivamente en sí misma, y se creó un mundo en el que refugiarse. El bloqueo era su principal defensa, su medio de enfrentar el trauma y el estigma de la ruptura. Aprendió a participar en las cosas sin convertirse en parte de ellas, a observar sin ser vista. Se convirtió en una *voyeuse,* una espectadora; se creó un núcleo interior, un yo privado que nadie podía conocer ni tocar nunca.

En el aspecto externo, su vida siguió inmutable en lo fundamental. Se lanzó a muchas de las actividades que la habían sostenido en el pasado. Leía más que nunca, se dedicaba a la literatura romántica, devoró *Lo que el viento se llevó* y las obras completas de lord Byron, así como una biografía del poeta por André Maurois. Comenzó a formar su propia biblioteca de libros sobre danzas y continuó empecinadamente sus lecciones de ballet. Escuchaba música, escribía poesía, pintaba y dibujaba. En 1941 logró una doble victoria en la competición de equitación junior, en los Campeonatos Nacionales del Madison Square Garden. Con un atavío completo de india norteamericana ganó el primer premio en la Clase de Disfraces del Club de Equitación East Hampton. Más tarde llevó un anticuado vestido de encaje y condujo una calesa en el desfile anual de East Hampton, para reunir fondos, patrocinado por la Lady's Village Improvement Society (Sociedad femenina para la mejora de la ciudad).

Jackie siguió siendo una niña triste pero decidida, hosca en un momento dado y alegre al siguiente. Su firmeza se traslucía en los menores gestos. Cuando ponía un sello en un sobre, lo golpeaba con el puño. Si le gustaba un libro, insistía en leer toda la obra del autor. Stephen Birmingham dijo que tenía una extraordinaria influencia sobre la gente, «una extraña capacidad para lograr que las personas hicieran lo que ella quería, fuesen adonde ella deseaba, jugasen a los juegos que a ella le gustaban. "Adivinad el nombre de la canción que estoy pensando", dijo una mañana a un grupo de amigos, en East Hampton. Los amigos se pasaron todo el día sentados alrededor de ella, pensando, tratando de adivinar el nombre de la canción... para Jackie»[*].

A pesar de su capacidad de decisión y su empuje, Jackie se sentía impotente para hacer nada en relación con los complejos problemas que habían destruido el matrimonio de sus padres. Lee y ella no eran más que peones en una diabólica partida de ajedrez entre un par de adultos desilusionados y en pugna. Mientras ambas partes trataban de aferrarse con más fuerza a las niñas, Jackie se esforzaba por mantener su propio equilibrio.

Black Jack continuó conquistando las simpatías de sus hijas cuando les estableció una asignación mensual superior a los pagos impuestos por el acuerdo del divorcio. Liberado de las coerciones y presiones del matrimonio, Bouvier, de cincuenta años, dejó su habitación en el hotel Westbury y se trasladó a un apartamento de dos dormitorios en el 125 de la calle 74 Este, donde reanudó el estilo de vida libre que había saboreado antes del matrimonio. La única diferencia entre lo de entonces y lo de ahora era que podía disfrutar de algunos de los privilegios y alegrías que acompañaban a la paternidad.

Mientras Black Jack salía con algunas de las mujeres más jóvenes y más hermosas de Nueva York, Janet, diligente, trabajaba para ampliar sus propios horizontes. Por intermedio de la señora Eugene Meyer, una amiga que vivía en Washington, esposa del propietario del *Washington Post* y *Newsweek*, conoció a Hugh Dudley Auchincloss, hijo, un enorme oso juguetón, de ojos risueños y carácter agradable. Graduado por Groton, Yale y la Escuela de Abogacía de Columbia, entre 1924 y 1926, Auchincloss ejerció su profesión en Nueva York, donde se convirtió en agente especial de aeronáutica en la sección de aviación, recién formada, del Departamento de Comercio de Washington. Tras servir en la División de Europa Occidental del Departamento de Estado, bajo el presidente Herbert Hoover, renunció en 1931 para formar la compañía de inversiones bancarias Auchincloss, Parker y Redpath, con sede en Washington y filiales en Nueva York y otras grandes ciudades de la Costa Este. Aunque era siete años menor que Jack Bouvier, Hughdie —como lo llamaban afectuosamente

* Stephen Birmingham: *Jacqueline Bouvier Kennedy Onassis*, 1969, pág. 35.

sus amigos— era infinitamente más maduro y estable, y de su persona emanaba una solidez y una fuerza de carácter que Janet no había encontrado en su primer esposo.

Los Auchincloss descendían de escoceses. El primer miembro de la familia que se estableció en Norteamérica, en 1803, había fundado un negocio floreciente, de importación y distribución de hilado. Generaciones posteriores invirtieron en nitratos y ferrocarriles, o pasaron a la banca y bienes raíces, en tanto que otros se trasladaron a Nueva York o Rhode Island y formaron matrimonios altamente beneficiosos. Casi se puede oír el soplo y el silbido de la historia que pasan a través de los nombres de la ramificada tribu Auchincloss: Bundy, Grosvenor, Rockefeller, Saltonstall, Tiffany, Vanderbilt y Winthrop, entre otros.

El padre de Hughdie, Hugh D. Auchincloss, se casó con Emma Brewster Jennings, hija de Oliver B. Jennings, fundador, junto con John D. Rockefeller, de la Standard Oil. Más tarde pasó a manos de Hughdie una parte importante de la riqueza heredada por su madre. Los Auchincloss poseían una fortuna personal y una posición social mucho mayor de lo que jamás se hubieran podido imaginar los Lee y los Bouvier. Pero, como la mayoría de las familias patricias procedentes de Nueva Inglaterra, tenían un credo que exigía trabajo intenso, filantropía y no asomar demasiado la cabeza.

A pesar de todas sus credenciales, Hughdie tenía un historial poco decoroso de cara al altar. Cuando conoció a Janet, ya se había casado y divorciado dos veces. Su primera esposa, María Chrapovitsky, era hija de un oficial naval ruso; la segunda era Nina Gore Vidal, hija alcohólica de Thomas P. Gore, un senador ciego de Oklahoma y madre del escritor Gore Vidal (entonces conocido todavía como Eugene Vidal, hijo). Hughdie tenía tres hijos: Hugh Dudley III (apodado Yusha, aproximación rusa de Hugh), producto de su primer matrimonio; Nina Gore («Nini») y Thomas Gore del segundo.

«Yo vivía con mi padre en Merrywood, la finca de la familia en McLean, Virginia, cuando él comenzó a salir con Janet en 1941 —declaró Yusha Auchincloss—. Ese año, Janet nos visitó en Merrywood durante las vacaciones de Navidad, y trajo consigo a Jackie y a Lee. Yo era un par de años mayor que Jackie, pero ella era tan viva y perspicaz para su edad que la diferencia de edad existente entre nosotros desapareció en el acto.»

Janet y Hughdie siguieron viéndose con regularidad, muchas veces en los fines de semana, durante los cuales él se alojaba en un apartamento de Nueva York que mantenía en el 950 de Park Avenue. En marzo de 1942 llevó a Yusha consigo, y padre e hijo pasaron más de una semana con Janet y sus dos hijas.

«Aunque no cabe duda de que la idea del matrimonio cruzó por la mente de mi padre —dijo Yusha—, se guardó el pensamiento para sí. No me dijo nada. Su divorcio de Nina Gore, en septiembre de 1941, tras una prolongada batalla legal, le pesaba todavía en el espíritu. Y luego vino la guerra... Estados Unidos se había unido por último al esfuerzo bélico aliado. Papá quería hacer algo. La Oficina de Inteligencia Naval lo destinó a la unidad de planificación de Kingston, Jamaica, y le ordenó que se presentara a más tardar a mediados de junio de 1942. Janet viajó a Merrywood con Jackie y Lee, para despedirlo.

»El plan para casarse no fue urdido hasta un día antes de su ejecución. Fue estrictamente una decisión de último momento, provocada en parte por la idea de que en tiempos de guerra la gente tiene derecho a actuar según sus impulsos; se le permite concretar sus fantasías, e incluso se le incita a ello.

»La ceremonia se llevó a cabo en la mañana del día en que papá partió hacia Kingston. Janet y papá estaban de pie, cerca de una fuente, al borde de lo que antes había sido una pista de croquet, un gran calvero en medio del bosque. Yo fui el padrino. Jackie y Lee estuvieron presentes. Los únicos invitados fueron Wilmarth y Annie Lewis, el cuñado de mi padre y su hermana. La ceremonia apenas duró unos quince minutos. Más tarde, ese mismo día, Janet llevó a papá a la estación Union, en Washington, donde él subió a un tren militar, para después pasar a un transporte de tropas, rumbo a Kingston.»

El regreso de Hugh Auchincloss se produjo antes de lo esperado. En septiembre había muerto su madre, y los militares le dieron un nuevo destino, en un rutinario trabajo de oficina del Departamento de Guerra, en Washington. Para entonces había cinco niños viviendo en su casa —Tommy, Nina, Jackie, Lee y Yusha—, y dos más por venir. Janet nació en 1945 y Jamie dos años más tarde. El mérito de Janet consistió en haber podido organizar de alguna manera tantas vidas diferentes, todas juntas, bajo un solo techo.

La transición de Nueva York a Washington y Newport, donde Hugh Auchincloss poseía un segundo hogar ancestral, Hammersmith Farm, resultó menos complicada de lo que esperaba Janet. Se sintió aliviada por haber encontrado un hombre a quien no sólo admiraba, sino que además podía mantenerlas, a ella y a las niñas. Auchincloss tenía dinero y propiedades de sobra, además de barcos, coches, criados, caballos, cuadros y todas las galas de la fortuna y el poder. Era socio de los mejores clubes: Bailey's Beach y el Club Campestre Newport, de Newport; el Metropolitan de Washington; el Campestre Chevy Chase, de Chevy Chase, Maryland, y el Knickerbocker de Nueva York. Figuraba en la lista A del árbitro social más puntilloso de Washington, Rose Miriam, y concurría con regularidad a las fiestas ofrecidas por Laura Curtis, Pauline Davis, Virginia Baker, Gwen Cafritz y otras destacadas anfitrionas de la Colina del Capitolio. Algo más importante aún, parecía poseer muchas de las cualidades que Janet apreciaba en un hombre: era responsable, amable, cortés y afectuoso. Si se mostraba formal y firme en sus hábitos, no parecía molestar a nadie. Se sabía, por ejemplo, que repetía sus cuentos favoritos hasta dejar aturdidos a sus oyentes. Había uno sobre un viaje en tren a través de Bulgaria, en el que era atacado por las pulgas y usaba un polvo que producía picazón en lugar del polvo contra las pulgas. Después estaban las tartas de bacalao, que él afirmaba que eran la verdadera prueba del chef *cordon bleu;* podía desarrollar un largo monólogo sobre las tartas de bacalao. Incluso Janet lo encontraba aburrido en ocasiones. Una vez, cuando Jackie preguntó a su madre «¿A qué estrella de cine te recuerda el tío Hughdie?», Janet le sugirió el nombre de Harpo Marx... «sólo que es un poco mejor que Harpo, porque sabe decir "Sí, querida".»

El tío Hughdie —como lo llamaba Jackie— tenía cierta tendencia a ser un poco distraído, como cuando salió de su cabaña de Bailey's Beach y se dejó caer de vientre en la atestada piscina, sólo para descubrir que al quitarse la ropa no se había acordado de ponerse el traje de baño.

Su vicio más discernible, tal vez su único vicio, era un intenso interés por la pornografía. Hugh Auchincloss poseía una biblioteca completa de libros pornográficos raros, diapositivas, películas y manuales. En ese tesoro figuraba material fotográfico e ilustrado acerca de casi todas las facetas de la sexualidad humana, incluida la pederastia, el sadomasoquismo, la esclavitud, el dominio, la sumisión, la homosexualidad, la bisexualidad, la transexualidad, la bestialidad y la escatología. Durante años frecuentó los dos principales tramos de las luces de neón —la calle 9 y la calle 14—, en busca de tiendas especializadas en artículos sexuales, que satisfacían sus necesidades particulares de ver y leer; gastó una fortuna en libros y películas sobre sexualidad, postales «francesas» y otros elementos eróticos difíciles de hallar. Asimismo, la calle 9 ofrecía varios burdeles muy concurridos y de precios elevados, entre cuyos parroquianos se contaban algunas de las principales figuras políticas de Washington. Hughdie se convirtió en un cliente asiduo de dichos establecimientos, y satisfacía entre las prostitutas la misma amplia gama de intereses que con la pornografía.

Hugh Auchincloss solucionó varios problemas que habían acosado a Janet y sus hijas, y las ayudó a adoptar una visión del mundo más reposada y confiada. Se veía a las claras que Janet estaba en éxtasis con su nuevo matrimonio. Su hermana, Winifred d'Olier, caracterizó a Hugh Auchincloss como «uno de los mejores y más maravillosos caballeros que a una le gustaría conocer. En comparación con Jack Bouvier, era un santo absoluto».

En cuanto Jackie y Lee llegaron a Hammersmith Farm, las enviaron a pasar la última mitad del verano con su padre, en East Hampton. Edie Beale recordó que Jackie había llegado sin ropa de verano: «Janet acababa de casarse por segunda vez y no había tenido tiempo de reunir las pertenencias de Jackie. Mi madre recorrió el desván de Grey Gardens y sacó toda mi ropa vieja y la envió a Lasata, para Jackie. La pobrecita, querida, no se mostraba precisamente alborozada por tener que ponerse ropa usada, pero su padre no tenía intención de gastar en ropa nueva.»

Según la biografía de la familia Kennedy escrita por John Davis[*], el padre de Jackie había descubierto un nuevo interés amoroso ese verano, la joven esposa de un oficial del ejército británico que trabajaba en el Pentágono. La dama, cuya identidad Davis no divulga, había conocido a Black Jack mientras visitaba a unos amigos en East Hampton. A pesar de la presencia de sus hijas, Bouvier no hizo esfuerzo alguno para ocultar su apego hacia la esposa del oficial.

«La primera vez que tuve conciencia de su existencia —escribe Davis— fue cuando un día, al entrar en la sección masculina de la caseta de los Bouvier en el Club Maidstone, encontré al tío Jack entrelazado con esa encantadora dama, en el suelo del cuarto de las duchas. Ella se convirtió muy pronto, virtualmente, en un miembro de la familia.»

Pocos días más tarde, la dama casada se había trasladado a casa de Black Jack, alquilada para el verano, donde se la veía atareada preparando comidas y ocupándose de la casa para Jack y sus hijas. Participaba en los almuerzos dominicales de Lasata. Se convirtió en la compañera constante de Jack Bouvier en las cenas y funciones del club campestre. La pareja disfrutaba escandalizando a los pomposos habitantes de East Hampton, en exhibiciones públicas de su apasionamiento recíproco. Como lo describe John Davis: «Caminaban tomados del brazo, hacían manitas, se abrazaban y besaban sin miramientos, hacían el amor sin importarles demasiado dónde estuvieran: en la cabaña de los Bouvier, en casa de Jack, detrás de las dunas.» ¿Qué habrá pensado Jackie de todo eso a la impresionable edad de trece años?

En cualquier caso se puede dar por sentado, sin temor a equivocarse, que regresó a Merrywood, al final de sus vacaciones, en estado de confusión.

Black Jack y su enamorada siguieron juntos hasta el mes de junio siguiente, cuando el oficial británico y su esposa volvieron a Inglaterra. Varios meses después de su partida, nos dice John Davis, ella sorprendió a Jack con la noticia de que había dado a luz mellizos, un varón y una niña,

* Véase John H. Davis: *The Kennedys: Dynasty and Disaster,* págs. 192-193, 195-196.

«recordando a Jack que nueve meses antes del nacimiento de éstos no había estado viviendo con su esposo, sino con él». Black Jack era el padre, pero la dama y su esposo habían decidido criar a los niños como si fueran propios.

Jack Bouvier no tenía ni las ganas ni el dinero suficientes para discutir el problema. Aunque nunca vio a los chicos, sí lo hicieron otros miembros de la familia Bouvier, incluida Jackie, cuya curiosidad no tuvo descanso hasta que los vio personalmente. Durante un viaje a Inglaterra, en 1949, visitó a la ex enamorada de su padre y a los dos niños que él presuntamente había engendrado. Jackie señaló más tarde, en una carta a su padre, que los mellizos se parecían notablemente a él.

La posibilidad, y en verdad la probabilidad de que tuviese un hermanastro y una hermanastra viviendo en Inglaterra, llenaba a Jackie de horror. Según John Davis, llegó a sentirse especialmente preocupada a mediados de la década de los cincuenta, cuando John Kennedy comenzó a pensar con seriedad en presentar su candidatura para la presidencia. Jackie entendió el efecto que semejante revelación podía ejercer sobre el futuro político de su esposo y resolvió mantener en secreto, a toda costa, el conjunto de los hechos.

«Nadie había mencionado a los mellizos hasta que yo revelé su existencia en mi libro sobre Kennedy —dijo John Davis—. Y para entonces ambos habían muerto, víctimas de una macabra coincidencia. El niño tuvo una muerte trágica y prematura en un accidente automovilístico, en Inglaterra; la niña fue asesinada misteriosamente mientras vivía en el Midwest.»

En septiembre de 1942, Jackie volvió de sus vacaciones de verano en East Hampton y se mudó a Merrywood. La mansión de estilo georgiano, de ladrillos cubiertos de hiedra, se erguía en veinte hectáreas arboladas, en lo alto de la costa de Virginia, frente a Washington, al otro lado del Potomac, repleta de multitud de elementos lujosos: una piscina olímpica (con vestuarios construidos en el más puro estilo suizo), una pista cerrada de badminton, dos caballerizas, senderos para practicar la equitación, arroyos, barrancos, colinas y valles, un garaje para cuatro coches (con una máquina automática de lavado de vehículos), ocho dormitorios, una cocina inmensa (equipada para servir trescientas comidas o más), bodega, habitaciones separadas para los criados encima del garaje. Había tantos cuartos de baño, que un visitante sugirió, con ligereza, que la casa había sido construida, primitivamente, para la familia Crane de Chicago, que se contaban entre los primeros y más destacados fabricantes de artículos para tuberías de todo Estados Unidos. También había varios salones impresionantes, entre ellos, en un extremo de la casa, uno semicircular para juegos que Nina Gore, predecesora de Janet, decoró con muebles circulares y usó para reuniones de bridge.

La primera prioridad de Janet, al convertirse en la señora de Auchincloss, consistió en redecorar Merrywood y Hammersmith Farm, para lo cual contrató los servicios de Elisabeth Draper, decoradora de interiores de Nueva York.

«Janet desbordaba de energía —dijo la señora Draper—. Era una perfeccionista, muy selectiva, muy minuciosa en todo lo que hacía, desde la manera de sentarse hasta la forma de limpiarse los labios después de una comida. Prestaba gran atención a los detalles y tenía un toque ligero, que resultó muy útil cuando se trató de redecorar Merrywood. Las esposas anteriores de Hughdie lo habían llenado de gruesas alfombras y engorrosos muebles góticos. Las ventanas tenían contraventanas y postigos, las paredes se hallaban cubiertas de artesonados de madera oscura. Janet conservó la formalidad anterior, pero la hizo mucho más habitable.

»Lo mejor de Merrywood era el rumor del Potomac, abajo. Había grandes rocas que daban suficiente ondulación al río. Se oía con toda claridad desde el dormitorio principal del segundo piso, la habitación que eligió Jackie, una recámara de unos cinco metros y medio por tres y medio, que se encontraba un poco apartada del resto de la casa.»

Había una habitación al otro lado del corredor, frente al dormitorio de Jackie, que había sido ocupada por Gore Vidal, cuya partida, a los dieciséis años, coincidía más o menos con la llegada de Jackie. Acerca de sus seis años en Merrywood, Gore Vidal ha dicho: «Era una vida... pacífica, un poco al estilo de Henry James, un mundo de tranquilidad deliberada, alejado de la tensión del siglo veinte. Era una vida que ofrecía total seguridad, pero no demasiada preparación para el mundo real.»*

Aunque no se vieron frente a frente hasta 1949, Vidal había dejado tras de sí varios vestidos de manga larga que Jackie usó para cabalgar. Al principio, la equitación era la única actividad de la familia en la cual ella participaba. Los primeros días en Merrywood se los pasó sola, en la intimidad de su dormitorio, expresando pensamientos y sentimientos solita-

* Merrywood sirvió —con el nombre de Laurel House— como escenario para la novela *Washington,* de Gore Vidal (1967). Respecto a Jackie, Vidal dijo a la revista *Playboy* (junio de 1969): «No tuve conocimiento de ella hasta la década de los cuarenta, en que comencé a recibir informes de amigos que visitaban Washington, en el sentido de que se había presentado ante ellos diciendo que era mi hermana. En la etapa pre-Kennedy, yo era la personalidad notable de la familia. En 1949 por fin nos conocimos, y yo permití que siguiera en pie su afirmación de que era mi hermana. De todos modos, conozco, por cierto, cómo fue su infancia, ya que se asemejó mucho a la que yo había soportado.»

rios en poemas y dibujos que enviaba a su padre, a Nueva York, o incluía en sus libros de dibujos.

También escribía cartas a su padre (que a su vez éste compartía con otros miembros de la familia), en las cuales describía algunos de los problemas a los que se enfrentaba para adaptarse a su nuevo ambiente. Afirmaba que el tío Hughdie carecía de sentido del humor, y se quejaba de tener que estar en posición de firmes antes de las comidas, para recitar, como si fuese un rezo, el lema de los Auchincloss, que comenzaba diciendo «Obediencia a lo No Imponible» y seguía durante lo que parecían varias horas. Según parece, recitaba el lema en un susurro casi inaudible, pero después se veía obligada a repetirlo... en voz más alta y con mayor convicción.

Otro pequeño defecto Auchincloss era la frugalidad de Hughdie. Durante los meses de invierno insistía en mantener todas las comidas congeladas y los helados en largas mesas instaladas en la galería trasera de Merrywood. De esa manera, podía ahorrar dinero desconectando el congelador. Pero resultaba imperativo recordar que cuando la temperatura subía por encima de cierto punto era preciso llevar de nuevo los alimentos al congelador y ponerlo en funcionamiento. Cuando la temperatura descendía de nuevo, se invertía el procedimiento.

Aparte de escribir a su padre, Jackie enviaba frecuentes notas a su abuelo, el Comandante, expresando un vago sentimiento de estar desplazada y quejándose de Holton-Arms, la conservadora escuela diurna para niñas, que entonces se encontraba en el centro de Washington, donde la habían inscrito en el octavo curso. Le pareció que las otras chicas de la escuela eran poco amistosas, y el programa flojo y mediocre.

Tampoco le interesaban las clases de bailes de sociedad que su madre le hacía seguir en Washington, con la señorita Shippen, famosa entre las niñas bien de Maryland y Virginia. Jackie sentía que ya había aprendido todas las normas sociales y los pasos de baile que necesitaría en adelante; su madre opinaba lo contrario. Janet la obligaba no sólo a seguir las clases, sino, además, a concurrir a los bailes mixtos que la señorita Shippen ofrecía durante las vacaciones.

Para la fiesta de Navidad de 1942, Jackie se puso su primer vestido de noche: tafetán azul, falda larga, mangas abultadas; completaban la vestimenta, zapatos de cabritilla dorada, y como sus pies habían superado el crecimiento del resto de su cuerpo, agregó una breve inscripción a una foto suya, que pegó en un álbum familiar de su madre: «El primer vestido de noche de Jacqueline. Era encantador, de tafetán azul. Llevaba zapatones dorados, y un elegante corte estilo pluma.»

En el verano de 1943 Jackie pasó su primer período ininterrumpido en Hammersmith Farm, en Newport. Hughdie explicó que su familia había construido la finca en 1887, no en la elegante avenida Bellevue, con su imponente hilera de mansiones de mármol, sino en las cuarenta hectáreas de tierras agrícolas circundantes, porque «a los Auchincloss no les interesaba seguir las huellas de los Vanderbilt y los Astor; queríamos forjar nuestra propia identidad».

La casa principal constaba de veintiocho habitaciones, trece chimeneas, una terraza de ladrillo alrededor de toda la casa y un ascensor. Se alzaba al final de un largo camino para coches; el techo escalonado estaba coronado de gabletes y cúpulas; desde la casa se dominaba la reluciente bahía Narragansett, con su actividad de yates y veleros, y los prados y pastizales de color verde esmeralda, perfectamente cuidados. En la granja había caballerizas para caballos de labor y ponies, establos para bueyes y vacas Angus negras de Hughdie, corrales, pocilgas y gallineros para las ovejas, cabras y gallinas.

En el interior la casa era soleada, espaciosa, llena de plantas y flores de los jardines formales dispersos por toda la propiedad. Los muebles eran recios y anticuados. Cabezas de animales adornaban las paredes. En la habitación de Cubierta, llamada así porque miraba hacia el agua y parecía la cubierta de un barco, un surtido de alfombras y alfombrillas modernas, orientales y de pieles de animales, cubrían el suelo, en tanto que un pelícano embalsamado, congelado en un vuelo simulado, pendía del techo. En las habitaciones y corredores de abajo, las paredes eran blancas, las alfombras rojas. Para hacer juego con esta combinación de colores, Jackie sugirió que en adelante todos los perros de la familia fuesen negros: lo fueron.

Lo mismo que en Merrywood, Jackie se reservó un dormitorio aislado en el segundo piso. Daba a la bahía y por la noche podía escuchar las sirenas para niebla que resonaban en el mar y sentir los frescos vientos del verano. Su madre, con la ayuda de Elisabeth Draper, decidió decorarle la habitación con papel de color amarillo, coronado con un friso de flores pintadas a mano, bordeando el techo blanco. Los muebles de caña y madera blanca —escritorio, tocador, mesita de noche, cómoda, anaqueles y mecedora— le daban a la habitación un aire delicado y femenino. Había dos camas gemelas, con cabeceras haciendo juego, de incrustaciones de caño, y un pequeño estante para la colección infantil de Jackie, de animales de porcelana en miniatura.

Elisabeth Draper recordaba que cuando Hugh Auchincloss heredó Hammersmith Farm de su madre «la casa no se encontraba en buen estado. Estaba destartalada, y no resultó fácil encontrar ayudantes para ponerla en pie. Hammersmith Farm contaba en otro tiempo con un personal que incluía dieciséis criados para la casa y treinta y dos jardineros y agricultores. Pero en 1943, en plena guerra, apenas unos pocos de los trabajadores que solían ocuparse del cuidado de la propiedad habían sobrevivido al reclutamiento y a la caída de la economía. No había hombres y el mantenimiento de Hammersmith Farm era prohibitivo. Pero se negaban a venderla. Hugh Auchincloss había nacido en la casa y estaba decidido a morir en ella, cuando le llegara el momento. De manera que resolvieron renovarla, repararla y cuidarla ellos mismos, usando los materiales y los muebles que tuviesen a mano.

»La mayor parte de los muebles de madera eran heredados. En efecto, eran sus antigüedades personales. Hubo que revisar todos los armarios y habitaciones de depósito para ver lo que se podía rescatar. El objetivo principal de Janet al redecorar y acondicionar la casa era conservar el sentimiento de la antigua granja. Tanto dentro como fuera se respiraba un ambiente de granja campesina. Hammersmith Farm no habría podido ser ocupada por gente artificial. No había en ello nada de ostentoso o falso.»

Dada la falta de mano de obra de los tiempos de guerra, Janet se dedicó a reducir los cuidados jardines de Hammersmith Farm, incluidos dos de los cinco invernaderos de la propiedad. El resto del trabajo de granja lo repartió entre los chicos. Como Hammersmith Farm abastecía de leche y huevos a la base naval local, Yusha recibió el trabajo de ordeñar a las vacas y Jackie alimentaba todos los días a más de dos mil gallinas. Todos ayudaban a recortar los setos, los canteros de flores, a podar los frutales y segar el césped. Las restricciones de los tiempos de guerra obligaban a un único teléfono en la casa. Lo tenían en el sótano, y las chicas se turnaban para atenderlo.

La última tanda de cartas de Jackie a su padre reflejaba una rápida evolución de su sensibilidad. En tanto que varios meses antes sólo presentaba quejas, hacía poco había encarado de frente su nuevo ambiente. Disfrutaba de las responsabilidades que se le habían encargado, así como de las ventajas que ofrecía el nuevo matrimonio de su madre en el seno de una familia privilegiada. Informaba que había hecho largas caminatas con Hughdie. Mencionaba el placer que le producían todos sus nuevos hermanos. Aunque echaba de menos el alboroto de Nueva York, encontraba que el marco rural de Merrywood y Hammersmith Farm era muy relajante. Incluso había comenzado a disfrutar de Holton-Arms y había descubierto en la escuela una maestra estimulante: la señorita Helen Shearman. Enseñaba latín, y para su gran sorpresa, Jackie «se enamoró de la asignatura».

Si bien parecía casi inevitable que Jackie llegase a apreciar su nueva situación, a su padre le costó aceptarlo. Recurrió a la bebida para encontrar consuelo, pues se sentía abandonado por sus hijas. Culpaba a Janet por la deserción de éstas.

«Eso lo enloqueció —afirmó Louis Ehret—. Recuerdo que pasé por su apartamento una noche y lo encontré tendido en el sofá. Llevaba puestos unos pantalones cortos azules y zapatos de charol. Había estado bebiendo Martinis todo el día en el salón de almuerzos de la Bolsa y tenía un aspecto espantoso.

»En algún punto del camino había creado el famoso dicho de Wall Street —"Sufra una pérdida con Auchincloss"*—, y aunque lo repitió toda esa noche, en realidad su cólera estaba dirigida contra Janet. Parece que debido a la sutil insistencia de ésta, Jackie y Lee habían decidido pasar la Navidad de 1943 con los Auchincloss, en Virginia. Ésa fue la primera vez que no se unieron a su padre y los Bouvier en Lasata para las fiestas tradicionales.

»Durante toda la temporada de vacaciones, Black Jack se había mostrado muy apagado, e incluso el Comandante, aunque había muchos otros nietos alrededor, echaba mucho de menos a Jackie y a Lee.

»Esa noche la pasé sentado ahí —era a principios de enero de 1944—, viendo cómo se retorcía y revolcaba en el sofá, escuchando sus truculentos desvaríos contra Hugh y Janet, en especial contra Janet, de cómo le había robado a las chicas delante de sus narices y "atraído al pobre Hugh a la cama conyugal".

»Cuando bebía mucho, solía emerger un aspecto más oscuro, más violento de su personalidad. Comenzó a hablar de la Segunda Guerra Mundial y de "este judío y aquel otro judío". Era antisemita. Se trataba de una especie de prejuicio suburbano, porque también era antiirlandés y antiitaliano, e incluso antifrancés. Cuando bebía, odiaba a todo el mundo, y también a sí mismo.

»Cuando terminó, le señalé la cabeza y le dije que tendría que ver a alguien, porque resultaba evidente que algo no le funcionaba bien.

»—No me pasa nada —dijo—. El mundo es el que tiene problemas.

»—Eso no lo dudo —le repliqué—. Pero tú necesitas ayuda.»

A Ehret no le resultó sorprendente enterarse, varios meses más tarde, de que Black Jack se había entregado voluntariamente al programa de rehabilitación de alcohólicos de Silver Hill, el mismo sanatorio en el cual Bud Bouvier había buscado refugio dieciséis años antes. Con su hermoso mobiliario estilo Hitchcock, sus pistas de tenis de hierba, lozanos prados, un lago cercano y bosques de pinos blancos, Silver Hill tenía el ambiente relajado, exclusivo y todo el aspecto en general de un lujoso club campestre. Los pacientes eran en su mayoría de edad mediana, neuróticos y adinerados. Una habitación individual en la casa principal costaba mil dólares por mes, excluida la medicación y la atención psiquiátrica. Black Jack pasó

---

* Juego de palabras. El final del apellido, *loss*; significa «pérdida» en inglés. *(N. del T.)*

ocho semanas en Silver Hill, en 1944, y volvió como paciente en 1946 y en 1947. A pesar de esos y otros esfuerzos destinados a reducir su consumo de bebida, nunca abandonó del todo el hábito.

En 1944, con dos años de estudios en Holton-Arms a sus espaldas, Jackie se inscribió en la Escuela de la señorita Porter, en Farmington, Connecticut. Farmington (como se suele llamar a la escuela) no había cambiado mucho con respecto a los criterios de Sarah Porter, quien la había fundado en 1843 según el modelo educativo tradicional de Nueva Inglaterra. A pesar de los antecedentes parroquiales de la fundadora, la escuela siempre había buscado a los ricos y mundanos, a las niñas cuyos padres querían que se graduasen cultas, pero también educadas.

El ambiente de Farmington, en la época de Jackie, era claramente altivo, perfeccionista, superior, competitivo, esnob, frío y arbitrario. Se exigía que los estudiantes tomasen el té los viernes con las maestras y acudiesen a las conferencias de los sábados por la noche, dictadas por profesores visitantes, en la capilla de la escuela. Los sábados, a las chicas mayores se les permitía tener «visitas» masculinas —por lo común, las chicas de Farmington salían con jóvenes de las Universidades de Harvard, Yale y otras de categoría—, pero a los visitantes no se les permitía entrar en los dormitorios. Ni tampoco se permitía a las chicas salir del recinto de la escuela durante el período de clases sin una autorización especial. No se podía fumar, beber, jugar a las cartas. Existía incluso un reglamento respecto al tipo de novelas que se permitía leer a las chicas en su tiempo libre. Ni siquiera se las dejaba hojear las novelas populares románticas, o las «espantosas baratas», como se las conocía en las revistas femeninas de una época anterior.

Quienes asistieron a la escuela de la señorita Porter con Jackie la recuerdan, en su primer año, como una adolescente temperamental, recoleta, más bien tímida, a quien le agradaba hacer largas caminatas a solas por la periferia de los terrenos de la escuela, una zona llamada «El Círculo», bordeada de casas viejas y altos robles añosos. Una de las casas situadas a lo largo de ese camino pertenecía a Wilmarth y Annie Lewis, parientes de Jackie por parte de Auchincloss. Wilmarth, también conocido como «Zurdo», era un célebre erudito de Walpole y Blake. Annie, ex alumna de la señorita Porter, era dueña de una valiosa colección de grabados del siglo XVIII. A Jackie le agradaba visitar a la pareja y pedirles prestados libros de arte de su biblioteca privada. De vez en cuando llevaba a una amiga y se quedaban a cenar; preferían la comida preparada en casa a los mediocres platos servidos en la escuela.

Los dormitorios de Farmington, para las ciento cincuenta chicas, más o menos, de entonces, se componían de casas sencillas, anticuadas, de tres y cuatro plantas, muy parecidas a los edificios privados ubicados a lo largo de El Círculo. Durante su primer año, Jackie compartió una cómoda habitación, de alegre empapelado, con Susan Norton, también novata que pertenecía a una familia acaudalada de Nueva Inglaterra. En la clase de Jackie también estaba su prima, Shella Scott, y su ex compañera de Chapin, Nancy Tuckerman («Tucky»), cuyos padres, Roger y Betty Tuckerman, habían sido amigos de los Bouvier en East Hampton. Aunque no era una intelectual como Jackie, Tucky compartía su sentido del humor. Era reservada, discreta, y sabía guardar un secreto. Como compañera de habitación de Jackie en los dos años siguientes, tendría que guardar muchos secretos; con el tiempo se convertiría en la amiga más íntima y más dedicada de Jackie.

«A los quince años, mi prima era remilgada, pedante e imperiosa —dijo Edie Beale, también ex graduada de Farmington—. Escribía a mamá largas cartas desde la escuela, en las cuales examinaba en profundidad todos los cursos que le hacían seguir. La vi una sola vez durante ese período... las dos estábamos comprando zapatos en Nueva York. Jackie era demasiado... una chica realmente horrible. Por eso sus compañeras de clase la apodaron Jacqueline Borgia.

»Jackie siempre sabía cómo obtener lo que deseaba. Era una gran manipuladora. Su mayor preocupación parecía ser el dinero, en primer lugar porque no lo tenía. Su padrastro y sus hermanastros tenían dinero. Pero Jackie, aunque creció en un ambiente de lujo, dependía de la asignación de 50 dólares mensuales que su padre le enviaba a la escuela. En un lugar como Farmington, donde se daba por sentada una gran riqueza, cincuenta dólares no servían para gran cosa. Si una no tenía su propio caballo en la escuela, se la consideraba una proscrita. Eso le creó problemas a Jackie, porque ni su madre ni su padrastro querían pagar 25 dólares mensuales extras para alojar a Danseuse en Farmington. Y no se podía esperar que su padre soltara más de lo que ya le mandaba. De manera que Jackie escribió al abuelo, preguntándole si él pagaría, y a modo de soborno le incluyó copias de sus últimos poemas. Él le envió el dinero, seguido después por el caballo.»

Jackie ideó otro plan relacionado con Danseuse. Después de que la yegua llegara a Farmington, resultó que Jackie no poseía una manta para el caballo ni dinero para comprarla. Solucionó el problema escribiendo a su madre que Danseuse «usa una manta robada, que hurté a otro caballo». En el correo siguiente llegó de Merrywood un cheque para una manta nueva.

Entre los recuerdos más atesorados de Farmington se cuentan las visitas de fin de semana de su padre. Miche Bouvier, quien a veces acompañaba a Black Jack, recordaba que las compañeras de Jackie «casi se desvanecían al ver a su hermoso padre. Estaban convencidas de que se parecía a Clark Gable en el papel de Rhett Butler, en la versión cinematográfica de *Lo que el viento se llevó*. Su piel era tan atezada que más de una estudiante creyó que era negro. Pero en general sólo se mostraban ansiosas, y aunque eso complacía a Jackie, también la turbaba».

La tradición de Farmington exigía que los padres que iban de visita llevasen a sus hijas a comer en la Posada Elm Tree, hecho que era seguido por una tarde de actividades patrocinadas por la escuela. En una ocasión, Black Jack jugó en pareja con Jackie en un torneo de tenis de padres e hijas. Viajó para verla competir en los torneos hípicos de Farmington. Incluso se suscribió a *Salmagundy*, el periódico de los estudiantes, porque su hija tomaba parte de la redacción y de vez en cuando colaboraba con algunas caricaturas y poemas.

Disfrutaba especialmente al verla actuar en obras de la escuela. Ella se incorporó a «Los actores de Farmington», un grupo teatral de estudiantes que todos los años ponían en escena un cuadro navideño y dos obras largas. En su primer año representó el papel masculino de Bingsley, en una representación de *Orgullo y prejuicio*, la novela de Jane Austen. En otras ocasiones actuó en los llamados «alemanes», espectáculos de canciones y danzas que eran una especialidad de Farmington. Al final de su primer año, escribió y actuó en el «alemán» de despedida, y eligió como tema el de un circo que llegaba a la ciudad. En la presentación se destacaba el símbolo favorito de la infancia de Jackie, una reina de circo, en este caso transportada a través del escenario en una carroza, mientras llevaba en alto un árbol alrededor del cual bailaban un grupo de payasos de circo y bailarinas de alegres vestimentas.

«Utilizó muy bien su capacidad para actuar y su instinto para lo dramático —dijo Lily Pulitzer, que asistía a Farmington más o menos en la misma época que Jackie—. La forma en que caminaba y se movía derivaba de su interés por el escenario. Además parecía muy intelectual. Nunca la vi sin una pila de libros a mano, incluso cuando no estaba estudiando. Tuve la clara impresión de que durante ese período prefería los libros a los chicos. No salía mucho con éstos, en Farmington. Cuando lo hacía, generalmente era con un grupo reducido, o con chicos cuyos padres eran amigos de los de ella. Decía en broma, que terminaría como la señorita Shaw, una de las muchas solteronas de la escuela... «no casada y no querida».

Para otros, en Farmington, Jackie era la «perfecta inconformista». Se rebelaba contra las reglas de la escuela, así como contra las costumbres sociales. Fumaba en el dormitorio, hurtaba galletas recién horneadas en la cocina de la escuela, llevaba peinados extravagantes y demasiado maquillaje en las funciones escolares, y en una ocasión dejó caer una tarta de chocolate en el regazo de una maestra muy odiada. Además no se vestía como sus compañeras, prescindía de los jerseys de cachemira, las faldas de cuadros y los impermeables de popelina blanca, tan populares en la escuela; en cambio llevaba faldas menos formales y capa en todas las estaciones. Fuese cual fuere la última tendencia de la moda, se podía contar con que la desafiaría.

Su acción más audaz y tal vez más rebelde se produjo cuando aceptó posar ante la cámara de una condiscípula; la serie de instantáneas mostraron a Jackie con un hombro desnudo, un mohín lascivo, la cabeza echada hacia atrás y el ondulado cabello oscuro cayéndole sobre un ojo, en imitación de la estrella cinematográfica Veronica Lake.

Cuando una de esas instantáneas cayó en manos de Ward L. Johnson, director de Farmington, se lo notificó a la madre de Jackie, expresándole su congoja por el hecho de que alguien tan inteligente como Jackie (seguía manteniendo una media sobresaliente en Farmington) pudiese comportarse tan mal. Jackie reaccionó adornando las cartas que enviaba a casa con dibujos cómicos, irreverentes, del director. Cometió el error de enviar una de sus cartas ilustradas a su abuelo Bouvier, quien respondió en el acto con una nota de reproche: «Advierto en ti una evidencia de capacidad más que superficial para el mando, pero antes de dirigir a otros debemos dirigirnos nosotros mismos... No seas presuntuosa, ni te forjes la falsa impresión de que eres indispensable. Eso es muestra de pedantería...»

Cuando Jackie se graduó en la Escuela de la señorita Porter, en junio de 1947, el comentario sobre ella en el anuario de la clase reflejaba un sentimiento de rebeldía en nada atenuado. Al lado de «ambición en la vida», la graduada escribía: «No ser un ama de casa.» Esta afirmación parecía dirigida contra su madre, contra todo lo que su madre representaba y contra todo aquello en lo cual creía. Jacqueline no deseaba construir un hogar, ni ser una mujer del club social, sólo preocupada por las apariencias exteriores y los corrosivos rituales de la alta sociedad. La realidad material de esa forma de vida podía resultar promisoria para otras graduadas de la señorita Porter, pero no para Jackie.

Eilene Slocum, amiga íntima de Janet Auchincloss e integrante de uno de los clanes más formidables de Auchincloss, señaló que Jackie y su madre siempre fueron muy diferentes: «Eran distintas, y, sin embargo, Janet ejercía una influencia mucho mayor de lo que en general se ha reconocido. El ansia de Janet por destacar lo heredó Jacqueline. Eran diferentes en la medida en que Jacqueline poseía aspiraciones más elevadas que su madre. Nunca quiso ser una mujer corriente o hacer una vida común, en circunstancias comunes y entre gente común. Nunca se habría conformado con criar una familia y concurrir a reuniones para recolectar fondos. Fue, desde el comienzo mismo, enormemente ambiciosa. Era, a su manera, una de las jóvenes más ambiciosas que he conocido.»

Noreen Drexel, cuya caseta del Club Bailey's Beach, en Newport, se encontraba al lado de la de los Auchincloss, y cuyo esposo, John Drexel, estaba emparentado con Black Jack Bouvier, convino en que Jackie «ya de joven daba la impresión de que iba a llegar lejos. Era muy singular. Intelectualmente se hallaba por encima de su edad. Escribía cuentos para niños y luego se los leía a los del vecindario, incluso a mis propios hijos. Daba la sensación de que habría podido ser una excelente maestra, o tal vez una importante escritora. El único futuro que no habría podido predecir para ella era el de Primera Dama. No poseía la personalidad para ese puesto».

5

Una de las pocas tradiciones perdurables que la alta sociedad conservó después de la Segunda Guerra Mundial fue la puesta de largo, supuestamente ante los amigos de uno, y por lo tanto en sociedad. Si se tiene en cuenta sus aparentes reservas cuando se trataba de emular el estilo de vida de su madre, parecía extraño que Jackie expresara interés en su puesta de largo. Sin embargo, fue ella quien abordó al tío Hughdie y le preguntó si podía hacerla en Hammersmith Farm. Hugh Auchincloss aceptó al instante, y la madre de Jackie se ocupó de la organización. Lo que hizo que la fiesta fuese singular fue que Janet la planeó como un té, una recepción vespertina con baile para trescientas personas. Ese mismo día se celebraría el bautizo de Jamie Auchincloss, de cinco meses, en la iglesia Trinity, de Newport. Las invitaciones convocaban a los destinatarios a la residencia de los Auchincloss «para conocer a la señorita Jacqueline Lee Bouvier y al señor Jamie Lee Auchincloss».

La segunda etapa del debut de Jackie se llevó a cabo en julio, con una cena-baile formal en el Club Clambake, una antigua y venerable institución de Newport. En dicha ocasión, Jackie compartió los honores con Rose Grosvenor, una de las tres hijas de la familia de Theodore Grosvenor, vecinos de Newport y parientes lejanos de los Auchincloss. El club, encaramado en una cima de peñascos que daba al Atlántico, había sido decorado con festones de centenares de flores cortadas en los jardines de los Auchincloss y los Grosvenor, y la terraza donde tuvo lugar el baile se hallaba atestada de cables con diminutas luces azules.

De pie, juntas, en la fila de recepción de los invitados, Rose Grosvenor, rubia, de ojos azules, con hoyuelos en las mejillas contrastaba con la atezada y resplandeciente Jacqueline. Rose llevaba puesto el traje más costoso, un blanco original de Dior, sin embargo, el sencillo vestido de Jackie (el mismo que había llevado en el té-recepción de Hammersmith Farm) fue lo que los periódicos caracterizaron como «el sueño de un diseñador» y lo describieron como «un encantador vestido de tul blanco, con un escote que dejaba al descubierto los hombros, y faldas *bouffant*». El «sueño», admitió Jackie años más tarde, había salido de unos grandes almacenes de Nueva York y costaba menos de cincuenta y nueve dólares.

Sin embargo, el vestido que causó verdadera sorpresa esa noche fue el de Lee Bouvier, quien a los catorce años ya poseía una silueta de mujer y el deseo de exhibirla. Sylvia Whitehouse Blake, una de las amigas más íntimas de Jackie en Newport, señaló que «a Jackie le importaba un rábano la moda de esos días. Ella y yo pasábamos todo el verano en pantalones cortos y zapatillas. La única vez que nos vestimos fue durante la Semana de Tenis de Newport, el acontecimiento social más importante de Newport, pero ni siquiera entonces teníamos el aspecto de modelos salidas de las típicas láminas de moda de *Vogue*. Por otro lado, Lee, más baja que Jackie pero más desarrollada, de atractivo rostro en forma de corazón y facciones delicadas, minúsculas, nunca salía de casa si no iba vestida como para ir a Ascot».

El traje de Lee en la fiesta de su hermana parecía darse bofetadas con lo habitual en ella. Llevaba un vestido rosa ceñido, sin breteles, de raso, salpicado generosamente de diamantes de imitación y realzado con guantes de raso negro hasta los codos que dejaban descubiertos los dedos, salvo por una tira que cubría el dedo corazón. Lee destacaba entre el gentío remilgado y correcto de las jovenes de sociedad de Newport. Janet Auchincloss palideció al ver la vestimenta de su hija. Jackie, también escandalizada al principio, la encontró divertida una vez que se serenó. La hilera de chicos se dirigió en masa hacia Lee. Ésa fue la primera y última ocasión pública en la que le quitaría el primer lugar a su hermana mayor.

Más tarde, Jacqueline tomaba prestado a veces el «vestido de sirena» de Lee, como ambas lo llamaban, y afirmó haberlo llevado cuando Igor Cassini, el columnista de chismorreos de Hearst*, la nombró Reina de las Debutantes del Año, honor que otorgó a Lee en 1950, el año de su debut en las Reuniones Junior. La alusión de Igor a Jackie dice lo siguiente:

---

* Igor Cassini, a quien sus amigos llamaban «Ghighi», había reemplazado en la columna de Cholly Knickerbocker a Maury Paul. Sus notas, que se publicaban todos los días en el *New York Journal American*, el periódico más importante de Hearts, pasaban a centenares de periódicos de todo el país.

Norteamérica es un país de tradiciones. Cada cuatro años elegimos un presidente, cada dos años, a nuestros parlamentarios. Y todos los años coronamos a la Reina de las Debutantes... La Reina de este año, 1947, es Jacqueline Bouvier, una regia morena de facciones clásicas, con la delicadeza de una porcelana de Dresden. Es desenvuelta, habla con suavidad y es inteligente, cosas, todas, que debe exhibir una debutante destacada. Sus antecedentes son estrictamente de la vieja guardia... Jacqueline estudia ahora en Vassar. No hace falta leer gran cantidad de recortes de prensa par darse cuenta de sus cualidades.

El análisis de Igor Cassini parecía defectuoso por lo menos en dos aspectos: Jackie no era especialmente delicada, ni sus antecedentes eran «estrictamente» de la vieja guardia, a no ser que se pasara por alto el hecho de que era una Bouvier. No obstante, el ser coronada como Reina de las Debutantes en 1947, antes de la llegada de la televisión de costa a costa, equivalía a convertirse en suma sacerdotisa de la «sociedad de café», foco y blanco de decenas de columnas de chismes de los medios hambrientos de noticias. Representaba el estrellato y el reconocimiento inmediatos, y en algunos casos una buena proporción de atención indeseada.

«Yo nombraba todos los años a una Reina Debutante —dijo Igor Cassini—. Por lo general trataba de elegir a una de las chicas de sociedad más bonitas, más deslumbrantes. Jackie no era precisamente deslumbrante, y no hizo su debut en ninguno de los cotillones clásicos, como el Baile de Navidad, el Baile Internacional o el Baile de la Liga Junior. La había visto y conversado brevemente con ella, pero no llegué a conocerla hasta su matrimonio con John Kennedy. Sentí algo especial en ella, una elegancia discreta que más tarde perdió, pero que por entonces todavía poseía. Aunque tímida y sumamente personal, siempre destacaba. Tenía un no sé qué. No sé cómo expresarme con exactitud, para describir esa cualidad: belleza, encanto, carisma, estilo, cualquiera de ellas o todas. Fuese lo que fuere, lo poseía.»

La elección de Jackie como Debutante del Año ayudó a estimular su vida social hasta entonces adormecida, pero le favoreció muy poco a la hora de que sus compañeras de los primeros años de Vassar se encariñasen con ella, pues a muchas les molestaba el título y al mismo tiempo lo envidiaban. Jackie hizo todo lo posible para quitar importancia al espaldarazo y a la actitud que éste engendró. Pero durante buena parte del año los columnistas de chismorreos y ecos de sociedad continuaron escribiendo sobre ella. En diciembre de 1947, Elsa Maxwell señaló en su columna: «Jacqueline Bouvier... se ve acosada por ofrecimientos de todo tipo y peticiones de entrevistas y fotos... pero su conservadora familia se mantiene apartada de toda publicidad.» Walter Winchell exclamaba: «¡La desenvoltura de Jacqueline Bouvier! ¡Qué muchacha! Es la preciosa hija de la esposa de Hugh Auchincloss. ¡Bendecida con la apariencia de una princesa de cuento de hadas, Jacqueline no conoce el significado de la palabra "arrogante"!»

Charlotte Curtis, la futura escritora y directora del *New York Times*, ingresó en Vassar un año antes que Jackie, pero más tarde vivió a su lado, en el mismo dormitorio. «Las dos estábamos en el edificio principal —recordaba—. Nos veíamos a cada momento. Estaba enterada de lo del título de Reina de las Debutantes, pero no recuerdo que lo mencionara nunca. Creo que más bien le producía turbación. Por cierto que no tenía interés en convertirse en otra Brenda Frazier, la joven de sociedad que sólo podía acceder a la fama mediante una puesta de largo.

»A diferencia de Brenda Frazier y otras de su tipo, Jackie era inteligente, y muy desenvuelta para ser tan joven. Por otro lado, no parecía especialmente entusiasmada con Vassar; solía llamarla "esa maldita Vassar". Había tanto fermento intelectual y político en los claustros debido a que corría 1948 y, además, año de elecciones. Vassar era una magnífica institución para ese tipo de cosas. Era una universidad muy abierta, y toleraban toda clase de ideas.

»Se trataba de Truman o Dewey, pero Henry Wallace también presentaba su candidatura para la presidencia, y se hablaba mucho del comunismo. Había dos periódicos estudiantiles —el conservador *Vassar Chronicle* y el liberal *Vassar Miscellany News*—, y las preferencias de estudiantes y profesores se repartían entre ellos de forma pareja. Con sus antecedentes sociales, es posible que Jackie fuera demasiado refinada y *blasé* para dejarse arrastrar a la pelea. Además, en esa época acababa de descubrir cierto interés por los hombres, pero aún no por el nombre o el partido político del próximo presidente de Estados Unidos.»

La compañera de cuarto de Charlotte Curtis en el edificio principal era Selwa Showker, la futura «Afortunada» Roosevelt, periodista desde hacía tiempo y Jefa de Protocolo durante la Administración Reagan. «Conocí a Jackie en Vassar y me gustó mucho —dijo la señora Roosevelt—. Tenía una cualidad de verdadera inocencia. Ya entonces hablaba como si le faltara el aliento. No era fingido... hablaba así. Además, tenía un maravilloso sentido del humor. Siempre asomaba una chispa en sus ojos. Supongo que la borraron las tragedias que experimentó en años posteriores, pero entonces la tenía. Poseía una gran belleza. No creo que sea tan hermosa ahora, una vez más a causa de las tragedias. Pero de joven tenía una belleza natural y un color muy exótico.

»Además de sus otras cualidades, Jackie era sumamente modesta. Recuerdo que cuando nos daban nuestras calificaciones yo solía decir:

»—Oh, Jackie, he sacado una A en ciencias políticas y en economía.

»Jackie no respondía gran cosa; y yo me decía: "Oh, caramba, es proba-ble que haya tenido malas calificaciones y no quiera decirlo delante de na-die." Un día, mientras caminábamos juntas, le pregunté:

»—¿Jackie, no has sacado buenas notas?

»Ella respondió:

»—Oh, sí, son buenas.

»Resultó que la habían puesto en la Lista del Decano y todas sus notas eran A. Tenía mejores calificaciones que nosotras, pero no había dicho una sola palabra al respecto.

»No creo que ningún reportero o biógrafo haya logrado captar nunca la esencia de Jackie. Hay en ella algo evasivo, una timidez inexplicable. Nunca se revela, y siempre se ha mostrado muy protectora de su yo inte-rior. Me considero un tanto sensible y creo que tengo intuiciones respecto a ella, de aquellos días, que nunca me abandonaron, pero sería presun-tuoso decir que la conozco mejor que nadie, a pesar de que venía a mi dor-mitorio casi todas las noches. Y resulta evidente que cuando estaba en Vas-sar se protegía menos que en años subsiguientes, cuando se convirtió en una figura pública.

»Sé algunas cosas acerca de ella. Era muy curiosa en el plano intelec-tual. Por ejemplo, me preguntaba constantemente acerca de mi familia. Soy de procedencia libanesa y crecí en un pueblecito de Tennessee. Tales aspectos de mi vida fascinaban a Jackie. Quería saber todo lo relacionado con el viaje que hizo mi padre de joven como polizón en un barco para lle-gar a Norteamérica. También me preguntaba cosas sobre el Líbano. Yo te-nía fotos de mi familia en mi habitación, y Jackie escudriñaba los rostros y hacía preguntas acerca de distintos miembros de la familia, casi como una periodista que reúne material para un artículo. Su manera de fijarse en una persona te dejaba deslumbrada; era casi halagador.

»La cualidad más desconcertante de Jackie era su doble personalidad. Por un lado destacaba esa cualidad propia de una estrella: cuando estaba en una habitación nunca pasaba inadvertida, era una criatura tan exquisita. Al mismo tiempo era muy reservada. Tenía una foto de su padre en la ha-bitación, y todas solíamos entrar y decir "¡Oh, qué hombre tan guapo!" Considerábamos que era de ensueño. Pero ella nunca hablaba de él, nunca mencionaba siquiera el divorcio de sus padres. Salía con frecuencia. No se la veía en los claustros los fines de semana. Pero jamás mencionaba nom-bre alguno, nunca se abría.

»Resultaba extraño, porque todas las demás hablábamos de nuestras ci-tas. Nos enamorábamos y desenamorábamos mil veces. Con cada chico que conocíamos, pensábamos "¡Éste es el mío!" Por supuesto, no lo era.

Pero se comentaba el tema con las amigas, se analizaba y comparaba con lo que contaban las demás. Tal vez hablábamos con tanta libertad porque éramos inocentes. Nuestras costumbres y actitudes sobre la moralidad eran anteriores a la así llamada revolución sexual. En el fondo éramos unas ingenuas.»

Los laureles de la Reina de las Debutantes significaron para Jackie una considerable cantidad de pretendientes en Vassar. Los jóvenes afluían a Poughkeepsie, a 124 kilómetros de la ciudad de Nueva York, río Hudson arriba, para ver y conocer a esa fascinante joven recién coronada. Los fines de semana, Jackie viajaba a las principales universidades para varones, o iba a una que otra reunión de debutantes en centros sociales tales como Glen Cove, Rye o Greenwich, Connecticut. O se quedaba con su padre en Nueva York, se reunía con sus pretendientes bajo el reloj Biltmore, bailaba el fox en el Plaza y en el St. Regis con una fila de imberbes que desde hacía decenios se conocía con el nombre de «el grupo de St. Grottlesex». En otras ocasiones viajaba a casa, a Merrywood, para visitar a su madre y su padrastro, donde invariablemente se encontraba con Yusha Auchincloss, que por aquel entonces ya era un estudiante de los cursos superiores de Yale.

«Me adoptó como amigo y confidente, una especie de hermano mayor —dijo Yusha—. Me hacía más confidencias que a ninguna de sus amigas. Nos carteábamos con regularidad, y cuando estábamos en Merrywood o Hammersmith Farm yo me ocupaba de ella, la paseaba en coche, la presentaba a mis amigos, le organizaba citas con mis condiscípulos. Fue un período transitorio de su vida. Le agradaba conocer a todos, ser presentada a distinta gente: nadadores universitarios de Yale, estudiantes de medicina de Harvard, abogados y corredores de Bolsa en ascenso, de Nueva York.»

Aunque Jackie asistía a fiestas y salía a menudo, más tarde calificó a muchos de sus acompañantes como «aburridos monos de cejas peludas» y afirmó que nunca habría podido casarse con ninguno de ellos, «no por ellos mismos, sino por la vida que llevaban».

A pesar de su negativa a fijarse en nadie en especial, Jackie demostró ser eficiente en el juego de las citas. Jonathan Isham, estudiante de Yale cuando Jackie iba a Vassar, y uno de sus acompañantes más frecuentes, sugirió que trataba las citas casi como un juego de destreza, un medio de aguzar su desenvoltura social: «Era más inteligente y culta que la gente de su entorno, que la sublimaba. A veces se la veía como a una persona embobada, tonta. Era pura defensa. Cuando la llevaba al estadio de Yale, y faltaban cinco minutos para terminar, me decía: "Oh, ¿por qué batean la pelota?" Yo le respondía: "Vamos, Jackie, no me vengas con ésas." No era que simulara... no quiero insinuar eso. Pero era, y creo que es probable que siga siéndolo, muy aturdida. Jack Kennedy usó esa palabra para describirla, y creo que le va bien.»

Peter Reed, un amigo de Jackie de Newport, admitió que le gustaba hacerse la ingenua. Era su manera de protegerse. Tenía la fama de ser algo contenida frente a los hombres. Hablaba mucho de animales y de antigüedades. Pero todos la querían. Tenía un sentido del humor delicioso, extravagante.

«Solía llevarla a bailar a Bailey's Beach y al Club Campestre Newport. También salí varias veces con ella durante la época universitaria. Circulaba el ridículo rumor de que me había acostado con ella. Ojalá hubiese sido cierto. Habría sido un bonito recuerdo. Pero con Jackie no se podía llegar ni siquiera a la primera base.»

Columbus «Chris» O'Donnell, ex director de Resorts International, de Atlantic City, Nueva Jersey, también recordaba a Jackie de sus días de universidad: «Mi hermana, Nuala, esposa del senador Claiborne Pell, de Rhode Island, fue bastante amiga de Jackie. Todos lo éramos. Yo a veces salía con ella, pero siempre de manera muy informal.

»Aunque ella salía con hombres, yo la calificaría de solitaria. No salía en grupo. Era una chica poco común... muy selectiva, extraterrestre, guapa, inteligente, imposible de conocer.

»Su futuro esposo, Jack Kennedy, era un mujeriego reconocido. Pero sexualmente Jackie nunca fue una aventurera. En cuanto uno entraba en el camino para coches, después de una salida, ella le decía al conductor que no detuviera el taxímetro. "Déjelo en marcha, conductor." Uno sabía que no pasaría más allá de la puerta principal. Y tenía mucha suerte si conseguía darle un inocente beso en la mejilla.»

Al principio, cuando comenzó a salir, el padre de Jackie tomó el asunto con ligereza. Las primeras cartas que le envió a Vassar reflejan una actitud de cautela suave, pero afable:

> Supongo que no pasará mucho tiempo antes de que te pierda en manos de algún locuelo de aspecto extravagante, que te parecerá maravilloso por su aspecto romántico al anochecer y porque usa los aros de perlas de su madre como botones para la camisa, porque la adora tanto... Sin embargo, quizá tengas cabeza y esperes hasta cumplir por lo menos los veintiuno...

Pero muy pronto, Jackie prefirió pasar sus fines de semana en Yale o Princeton, antes que en Nueva York, con su padre, y las cartas de éste se volvieron más exigentes. En una ocasión, tras pasar el fin de semana en Yale y llegar a Vassar después del toque de queda del domingo por la noche, Jackie recibió una indignada carta de su padre, que comenzaba diciendo: «Una mujer puede tener fortuna, belleza y cerebro, pero sin una buena reputación no tiene nada.» Las líneas posteriores le advertían sobre la necesidad de «mostrarse difícil de conquistar» y de no «ceder». Black Jack citó como evidencia su propia experiencia personal y escribió que cuanto más rechazaba una mujer sus insinuaciones, más atraído hacia ella se sentía; a la inversa, perdía el respeto a la damita en cuanto ella se mostraba accesible.

Aparte de sermonearla sobre los peligros de la inmoralidad, expresaba su desilusión por el hecho de que Jackie no había llegado a ser miembro de la Cadena de las Margaritas, la sociedad honoraria de Vassar para las «Grandes Mujeres de los Claustros», y culpó de ello a su falta de participación en las actividades de la universidad. Sugirió que pasara menos tiempo en compañía de pretendientes potenciales y más en la universidad, para aprovechar las múltiples oportunidades que ésta le ofrecía.

Jackie señaló que a pesar de los fines de semana que pasaba fuera de la universidad, formaba parte de la Lista del Decano, y había conquistado las más altas calificaciones en dos de los cursos más difíciles de Vassar: Historia de la religión, de Florence Lovell, y la serie de disertaciones de Helen Sandison sobre Shakespeare. Para esta última, había aprendido de memoria todo el texto de *Antonio y Cleopatra*, que prometió recitar durante su siguiente visita a su padre. También se ofreció a ayudarlo a redecorar su apartamento del East Side, y en apariencia cumplió, cuando fue a Bloomingdale, en Nueva York, e hizo un pedido de cientos de dólares en telas y trapos, que anotó en la cuenta de él.

La muerte del abuelo de Jackie Bouvier, en enero de 1948, a consecuencia de unas complicaciones que surgieron tras una operación de próstata practicada el verano anterior, provocó nuevos enfrentamientos. La última voluntad y testamento del Comandante contenía algunas sorpresas desagradables, en especial para Black Jack, quien no recibió legado alguno, ya que el monto de los préstamos que había recibido cancelaba su parte de la herencia. Por otro lado, la amante del Comandante, nacida en Inglaterra, recibió un legado directo de 35.000 dólares. Las mellizas Maude y Michelle recibieron los mayores legados, en forma de acciones, bonos y el título de propiedad de Lasata, que más tarde vendieron para no tener que pagar los gastos de mantenimiento de la propiedad. Edith Beale, la que tenía la peor situación económica de la familia, recibió un fondo de fideicomiso de 65.000 dólares, con Black Jack como síndico del fondo. Cada nieto, incluidas Jacqueline y Lee, heredó 3.000 dólares en fideicomiso.

El hecho de que Black Jack administrara el fondo de fideicomiso de su hermana produjo conflictos en todos los frentes. Edith y Edie Beale lo acusaron muy pronto de varios pecados: el de haber perdido capital mediante una serie de malas inversiones a nombre de ellas, la reducción del monto de su herencia, que habría jugado en el hipódromo, y la malversación del dinero para su uso personal*. Janet Auchincloss también se unió a la discusión, y exigió que su ex esposo invirtiese los fondos de Jackie y Lee en Bonos del Tesoro de Estados Unidos y no en acciones o valores.

Mientras los mayores reñían (a la larga Janet se salió con la suya), Jackie aceptó una invitación para viajar por Europa con tres amigas durante los meses de julio y agosto de 1948. Dos de las compañeras de Jackie ese verano, Helen y Judy Bowdoin, eran hijastras de Edward F. Foley, hijo, entonces subsecretario del Tesoro. La cuarta integrante del grupo era Julia Bissell, de Baltimore. Helen Shearman, ex profesora de latín de Jackie en la escuela Holton-Arms, aceptó acompañar a las niñas en el viaje.

Helen Bowdoin (hoy, señora Helen Bowdoin Spaulding) todavía ve a Jackie de vez en cuando, y recuerda las circunstancias que rodearon el viaje por Europa: «Mi hermana y yo habíamos estado en Europa, con nuestros padres, pero entonces éramos pequeñas y no recordábamos gran cosa. Nuestros padres eran amigos de los Auchincloss, y cuando mi padrastro sugirió que Jackie nos acompañara, ésta aceptó enseguida. Tenían que obtener el permiso del padre, porque habíamos planeado hacer el viaje durante el período que por lo general ella pasaba con él. Janet Auchincloss convenció a la señorita Shearman para que nos acompañase. Era el primer viaje de Jackie al extranjero.»

Judy Bowdoin (la señora Judy Bowdoin Key) recordaba su viaje «como las siete semanas más abrumadoras y de programa más recargado que haya pasado nunca. Todo había sido organizado de antemano, cada uno de los minutos. Nada quedaba librado al azar. Subimos al *Queen Mary*, y a partir de ese momento se nos trató como a los plebeyos en West Point.»

Edward Foley había movido influencias para que las chicas pudiesen

---

* Según Edie Beale, Black Jack redujo el capital de la herencia de su madre, de 65.000 a 58.000 dólares. Su hermano, Bouvier Beale, afirma que Black Jack devolvió la diferencia y defiende el nombramiento de Black Jack por el Comandante como fideicomisario de Edith: «El abuelo no confiaba en la capacidad de mi madre para administrar sus propias finanzas. Tenía razón al poner en duda su idoneidad. Ella pasaba a través del dinero como si fuera agua. Se me pidió que interviniese y reemplazara a Black Jack, pero yo no quise. Mamá discutía demasiado. Ella y el abuelo reñían continuamente. Mamá era terca, un hueso duro de roer. Tenía una personalidad belicosa, poderosa. El abuelo quería menos a mamá que a las mellizas, y por eso les dejó más dinero a éstas que a ella.»

entrar en una fiesta del Royal Garden en el palacio Buckingham, durante su estancia en Inglaterra. «Pero ese día llovió a cántaros —contó Judy Bowdoin—. Centenares de invitados, las mujeres con enormes sombreros de paja y guantes blancos largos hasta los codos, y los hombres de esmoquin, tuvieron que buscar refugio en los tenderetes de bebidas. Aquello se convirtió en una escena de locura. Había una fila de recepción bajo uno de los tenderetes, y fuimos saludadas por el rey Jorge VI y la reina Isabel. Sir Winston Churchill también apareció en algún momento. Jackie pasó dos veces por la fila de recepción para poder estrechar por segunda vez la mano de sir Winston.»

Después de Londres y de una gira por la campiña inglesa, las niñas viajaron a París, para visitar los castillos medievales de Provenza, con dos días en Juan-les-Pins en la riviera francesa (donde volvieron a encontrar a Churchill); después, Lucerna, Zurich, Interlaken y el Jungfrau, en Suiza; Milán, Venecia, Verona, Florencia y Roma; luego, el regreso a París y a continuación tomaron el barco y el tren a El Havre.

«Un solo día más y me moriré —dijo Jackie a sus compañeras de viaje. Pero, en conjunto, se divirtió mucho y juró que volvería—. He echado una ojeada; la próxima vez quiero absorberlo todo —informó a su madre.»

La oportunidad para volver se presentó antes de lo esperado. A principios del segundo año académico, leyó un anuncio en el tablero de boletines de Vassar, que describía el programa de un viaje al extranjero del primer año de la Universidad Smith. El programa, abierto para candidatos de otras universidades, incluía visitas a tres o cuatro ciudades europeas. Jackie tenía la esperanza de apuntarse al programa de París, junto con el de la visita a La Sorbona.

Tenía varios motivos para querer participar en el programa, aparte del simple anhelo de volver a Europa. Ante todo, Jackie se había cansado del ambiente recargado y ultracompetitivo de Vassar. Estaba harta de las reglas que impedían la entrada de varones en los claustros durante la semana, y que limitaba la cantidad de fines de semanas durante las cuales se permitía a las estudiantes salir de la universidad cada semestre.

Mientras aguardaba una respuesta a la solicitud para el viaje, informó a su padre de que tenía la intención de abandonar la universidad y seguir la carrera de modelo. Poseía la cara y la silueta apropiadas para posar, y hacía poco había figurado en desfiles de modas de aficionados en Newport y East Hampton, con el fin de reunir fondos para obras de caridad. También recibió una pequeña suma de *Life,* por aparecer junto con otras modelos en un catálogo de fotos de un desfile de modas —para una obra de caridad— de la Universidad de Vassar.

Su padre se opuso rotundamente a la idea, y señaló que sólo «una mujer que anda en busca de hombres» podría pensar en entrar en el mundo de las modelos. No había gastado miles de dólares en su educación, se quejó, para que se convirtiera en la modelo de un fotógrafo.

Se mostró igualmente hostil respecto al último hombre de la vida de Jackie, el coronel Serge Obolensky, un distinguido príncipe, ruso blanco, y gran conocedor de los temas de sociedad, quien, entre otros logros, había restablecido con éxito la jerarquía social nada menos que de media docena de hoteles de Nueva York, entre ellos el Plaza, el St. Regis y el Sherry-Netherland. Era conocido por los lectores de las columnas de ecos de sociedad como «el mejor bailarín de vals» de Nueva York. De vez en cuando Obolensky llevaba a Jackie a bailar.

Jack Bouvier se apresuró a recordar a su hija de diecinueve años que el príncipe, que entonces sobrepasaba los sesenta, tenía edad suficiente para ser su abuelo.

Jackie le señaló que muchas de las acompañantes de su padre eran lo bastante jóvenes como para ser sus hijas.

La pasión de Black Jack en esos momentos, Sally Butler, empleada de las líneas aéreas Pan Am en Miami, no era mucho mayor que Jackie. Grace Lee Frey, amiga de Sally, describió a la joven de Florida como «notablemente hermosa, de cabello muy largo, que Black Jack sugirió que se cortase en un estilo reminiscente del de Norma Shearer. Sally lo hizo, con lo que todavía pareció más joven. En algún momento, Bouvier viajó a California con Sally, para conocer a sus padres. Los padres de Sally lo adoraban, pero no como esposo para la hija. La diferencia de edad los abrumaba».

Aunque nunca legalizaron su unión, Jack Bouvier y Sally Butler tuvieron un prolongado romance, con ciertas interrupciones. En una ocasión, Sally estaba de visita en casa de Jack en East Hampton, y Jackie y su padre se enzarzaron en una discusión feroz. Según parece, Jackie le preguntó a Sally si cierto vestido que quería llevar quedaba mejor con perlas o con una cadena de oro que le había regalado Jack. Sin saber la historia de la cadena, Sally sugirió las perlas. Al principio, Jack no dijo nada. De pronto estalló. Arrancó la joya del cuello de Jackie, gritándole mientras el collar se desgranaba y decenas de perlas rodaban por el suelo. Continuó gritando hasta que Jackie se puso la cadena de oro y se cambió de vestido.

Este tipo de enfrentamientos eran agravados por una creciente sensación de distanciamiento entre Jackie y los Auchincloss de su familia. Así como le resultaba desconcertante la tempestuosa conducta de su padre, también se sentía enfrentada a la vida socialmente aislada de su madre y su padrastro.

Jonathan Tapper, mayordomo de la familia durante muchos años, consideraba a Janet «como una mujer muy crítica, que esperaba obtener la perfección y la conseguía. Había devuelto a Hammersmith Farm el tipo de grandeza que por lo general se asocia con las casas solariegas y las plantaciones del Sur anteriores a la guerra. Para finales de la década de 1940 había reunido un personal de veinticinco criados. Tenía una doncella cuya única tarea era vaciar las papeleras. Su fetiche especial era la cocina. Todo tenía que estar impecable. La cocinera solía quejarse porque no podía cocinar sin tener utensilios a su alrededor. Janet entraba y le ordenaba que los guardase. Acerca del suelo de la cocina decía: "Quiero que esté tan lustrado como el de un salón de baile." Si una botella del bar no estaba llena, teníamos órdenes de tirarla. No quería dar a la gente la impresión de que éramos pobres.

»En ocasiones, Janet se excedía cuando trataba de imponerse. Creía en el decoro, y es posible que eso tuviera algo que ver con el hecho de tratar de ocultar la nueva situación. Había más criados en Hammersmith Farm que habitaciones en la casa. Hugh Auchincloss no lo aprobaba del todo, pero era incapaz de remediarlo. Jackie encontraba espantoso el exceso. Había tantos criados que alimentar a la hora de la comida que ella y Lee podían considerarse afortunadas si conseguían un emparedado en esos momentos. Y también estaban los gastos: las abrumadoras cuentas de electricidad, ropa de cama, alimentos y artículos de higiene que imponía la existencia de un personal tan amplio. Jackie insistía a su madre en que tantos criados no podían menos que "arruinar" a los dos pequeños, Jamie y Janet, hija, pero Jackie y su madre no coincidían en nada.»

Otras personas familiarizadas con el mundo interior de los Auchincloss relataban hechos igualmente penosos. La decana de Newport, Eloise Cuddeback, pensaba que Hugh y Janet eran «tediosos y aburridos». «Eran aburridos —manifestó— porque no tenían deseo alguno de incluir al resto de la civilización en su pequeño cosmos socialmente perfecto. La gente que vive en un universo cerrado, que lo hace todo y va a todas partes junta porque así se siente protegida, resulta difícil de aceptar, y a menudo sus veladas son muy poco estimulantes.»

Otro vecino de Newport, el autor Alan Pryce-Jones, consideraba a Hugh Auchincloss «un tipo almidonado, sin sentido del humor. En su favor diré que mostraba menos interés por la vida de club campestre que Janet. Ella florecía en Bailey's Beach. Podía ser encantadora, pero también horrible. Tenía un carácter tremendo. En una ocasión, amenazó con un cuchillo a una criada durante una discusión, y estuvo a punto de usarlo. Aterrorizaba a sus hijos. Lo hacía para que midieran las consecuencias de su conducta. Crecieron con un padrastro benigno, tranquilo, y una madre capaz de explosivos estallidos temperamentales. No era extraño que Jackie quisiera estudiar en París».

Después de que la aceptaran en el programa de viaje de la Universidad, Jacqueline se enfrentó al obstáculo más difícil: tenía que convencer a sus padres de que una estancia en Francia daría beneficios educacionales. La Sorbona atraía a la sensibilidad aristocrática de Janet, pero resultaba menos atrayente para Black Jack, aunque la consideraba una elección mucho mejor para Jackie que la de dejar de estudiar del todo. El viaje la alejaría de él, pero, razonaba, el clan rival de los Auchincloss también se vería privado de su presencia. Además, eso le daría la oportunidad de acercarse más a Lee. Más franca, más independiente y egocéntrica, pero también menos propensa que Jackie a los vaivenes emocionales, Lee (que también iba a la Escuela de la señorita Porter) era una buena compañera, consultaba más a su padre y escuchaba sus consejos, aunque no siempre los siguiera.

El año de Jackie en Francia comenzó a mediados de agosto de 1949, con un programa intensivo de seis semanas sobre el arte del lenguaje, en la Universidad de Grenoble, en el sur de Francia, período en el que se alojaba en casa de una familia francesa y hablaba sólo en francés. Disfrutó tanto de esa experiencia, que cuando llegó a París dio la espalda a Reid Hall, la residencia en la cual vivía la mayor parte de los estudiantes norteamericanos de la Sorbona, y fue a vivir con los De Renty.

La condesa Guyot de Renty vivía en un amplio piso en el 78 de la Avenida Mozart, en el *12.º arrondisement,* y alquilaba habitaciones a estudiantes. La condesa y su difunto esposo, combatientes de la clandestinidad francesa durante la Segunda Guerra Mundial, habían sido deportados a Alemania y apresados en distintos campos de concentración; el conde no sobrevivió. Pero su esposa y sus dos hijas salieron adelante. Jackie había trabado amistad con una de las hijas en Estados Unidos. Claude de Renty, de la edad de Jackie, había estudiado en la Universidad de Mt. Holyoke, de Massachusetts, e invitó a Jackie a visitarla en Francia. Ahora vivían juntas.

En una carta a Yusha Auchincloss, Jackie describía así a los De Renty: «Es una familia maravillosa. Con ellos me siento como en casa... una madre celestial... Claude, la hija, de mi edad... la hija divorciada, Ghislaine, y su hijo de cuatro años, Christian... y dos chicas norteamericanas que acaban de graduarse en Milton.» Daba la casualidad de que Jackie conocía a una de las dos chicas norteamericanas, Susan Coward, de Nueva York.

Apartada del clamoroso ambiente de Vassar y de la guerra entre sus padres divorciados, Jackie floreció. En años posteriores se refería a su estancia en París como «el punto más alto de mi vida, mi año más dichoso y libre».

«Jacqueline era muy alegre, muy fácil de satisfacer —reflexionaba la condesa de Renty—. Parecía apreciar todo lo que tratábamos de hacer por ella. Y no pudo haber resultado fácil para una muchacha acostumbrada a las comodidades de Norteamérica, porque en 1949 todavía existían severas restricciones de posguerra en Francia. Tenía una "tarjeta de racionamiento de comestibles" con la que compraba pan y carne. Su madre le enviaba paquetes con azúcar, café y otros alimentos difíciles de conseguir.

»Como la mayoría de las viviendas francesas, el piso de la Avenida Mozart carecía de calefacción central. Durante los meses del invierno, Jacqueline hacía sus deberes caseros en la cama, envuelta, como una momia, en bufandas, mitones, jersey y gorro con orejeras. Había un solo cuarto de baño con una antigua bañera de lata para los siete, pero el agua caliente escaseaba. Las alternativas eran, o bien una ducha fría, o si no el bidet. Los norteamericanos no se habitúan a las costumbres francesas en cuanto al baño. Un día de mucho frío, cuando Jacqueline trataba de tomar un baño caliente, estalló un calentador de agua, destrozando la ventana del cuarto de baño. Jacqueline pareció no inmutarse por el accidente. Era valiente, un soldadito, en el verdadero sentido de la palabra.

»Las tres chicas —Jacqueline, Susan Coward y Claude— salían a menudo juntas los fines de semana. Claude las presentó a sus amigas. Jacqueline iba a la ópera, al teatro, al ballet. Las entradas no eran caras. Adoraba el Louvre. Le agradaba ponerse un abrigo de piel, ir al centro de la ciudad y mostrarse elegante en el Ritz. También disfrutaba con el mundo encantador, tranquilo, estudioso, de La Sorbona. Extraía lo mejor de los dos mundos y se las arreglaba para vivir por el momento. Le presenté a un artista que conocíamos, un chico bohemio, que la acompañaba a todos los cafés y clubes de jazz. La llevaba en su motocicleta, y los sábados visitaban las galerías de arte y las tiendas de antigüedades.

»Jacqueline era modesta, tanto en su manera de vivir como en su vestimenta. Se vestía con negligencia. Es posible que el logro del poder la haya cambiado en años posteriores, pero en esa época no era una chica mimada. Su único defecto era su incapacidad para acercarse a la gente. Era reservada. Tenía una conversación banal encantadora, pero nunca revelaba sus pensamientos íntimos. No era superficial, sino difícil de conocer.»

La tendencia de Jackie a camuflar sus verdaderos sentimientos se traslucía con mayor claridad en sus relaciones con los hombres. Uno de sus acompañantes más frecuentes en París, Ormande de Kay, un ambicioso guionista cinematográfico, norteamericano, que vivía en el extranjero, caracterizó a Jackie como «muy atrayente en un sentido y muy autoprotectora en otro».

«Para decirlo con franqueza —admitió De Kay—, a mí me gustaba la compañera de cuarto de Jackie, Sue Coward, pero a ésta le interesaba un tipo llamado George. Recuerdo que una noche los vi besarse bajo una farola y me sentí sacudido. Solía llamar al piso con la esperanza de que Jackie estuviera ausente, pero si no era así... Bueno, teóricamente, yo era su amigo, uno de sus amigos.

»Ya no tengo lazos de amistad con ella, pero en aquellos tiempos se la veía plena de entusiasmo. Y era muy atractiva. Dejaba atónitos a todos mis conocidos franceses, cuando salía con ella... quedaban absolutamente abrumados por su belleza.

»Hicimos todas las cosas habituales que se espera que hagan las parejas jóvenes en París: viajábamos en metro, hacíamos cola en el cine del barrio, caminábamos a lo largo del Sena tomados de la mano, merodeábamos por Flore, Deux Magot, Dome y Coupole, donde abrigábamos la esperanza de ver a Camus o a Sartre. Cuando tenía dinero, cosa que no ocurría a menudo, la llevaba a un club nocturno de Montparnasse. Pero a ella no parecía importarle si uno tenía o no dinero. Lo pasaba bien sentada en la terraza de un café, viendo pasar a la gente.

»Tenía una característica inquietante, a saber, esos modales de chiquilla. Todavía la conserva, en cierta medida. Cuanto mayor se vuelve, más molesto resulta. Pero ya entonces era bastante desconcertante. Se componía de esa vocecita que ahora ya es familiar y una expresión absorta. Yo siempre se lo atribuía a su madre. Janet Auchincloss, que por lo general era una mujer agradable e inteligente, recurría de vez en cuando a un modo de conducta parecido: el de la damita en aprietos, llevado al extremo. Es una rutina del Sur, la de ser tonta y al mismo tiempo atractiva para los hombres. Así se conquista al hombre: desempeñando el papel de estúpida. Y aparentemente da resultado.»

Durante el año de la Sorbona, Jackie también trabó amistad con George Plimpton, que estaba terminando un curso de doctorado en literatura inglesa en la Universidad de Cambridge. Cuando Jackie visitó Londres durante las vacaciones de Navidad, ella y George se conocieron por casualidad*. Luego, se encontraban cada vez que George iba a París. Una vez se vieron (según una carta que Jackie escribió para el número del veinticinco aniversario de *The Paris Review,* una publicación literaria fundada y dirigida por Plimpton) «en un agujero sin ventilación, un club nocturno del bulevar Raspail». George, «más bien pálido con su jersey negro de cuello alto», contó a Jackie «cómo las notas azules de los saxofones, a través de la bruma llena de humo, anunciaban el alba para él», y cómo «caminaba por las grises calles de París, con la primera luz del día, de regreso a una cama extraña».

---

* En ese viaje (diciembre de 1949) Jackie conoció a los hijos de la amante de tiempos de guerra de su padre, sus presuntos hermanastro y hermanastra, cuya identidad juró mantener en secreto.

Jackie termina así su recuerdo de ese encuentro: «Tus noches parecían exóticas para quien las pasaba envuelta en jerseys y medias de lana, haciendo sus deberes de estudiante en cuadernos cuadriculados.»

Contrariamente a lo que ella afirmaba, Plimpton recordaba a Jackie disfrutando de una vida social más bien tumultuosa en París. «Esto no significa que descuidara sus estudios —decía—, pero era evidente que se las arreglaba para salir. Parecía conocer a todo el mundo en París. Conocía a muchos de mis amigos: Peter Matthiessen, Bill Styron, Clement y Jessica Leigh-Hunt Wood, John Marquand, hijo, así como a los intelectuales franceses y a los banqueros británicos que pasaban sus fines de semana cazando faisanes en la campiña francesa. Conocía a todos, pero a ella nadie la conocía.»

En febrero de 1950, durante las vacaciones del semestre, Jackie recibió en París la visita de su madre y su padrastro. Nunca les había escrito sobre la falta de comodidades en el piso —la bañera de lata y la falta de calefacción—, y al principio los dos se sintieron anonadados. Elegante según los criterios franceses, el piso no se encontraba a la altura de las expectativas de Janet. Jackie, obstinada como siempre, les aseguró que la vivienda satisfacía sus necesidades; no tenía la menor intención de mudarse.

Tras una semana en París, los Auchincloss llevaron a Jackie y a su compañera de cuarto, Susan Coward, a una gira por Austria y Alemania: Viena, Salzburgo, Berchtesgaden (donde visitaron las ruinas del refugio veraniego de Hitler), y después Munich y el campo de concentración de Dachau. Según Janet, Hughdie «quería que Jackie viera algo más del continente, y no sólo París y la Côte d'Azur. Quería que entendiera la importancia de la Segunda Guerra Mundial, y se diera cuenta de que Europa no era todo hechizo, brillo y oro».

Al final del año escolar, Jackie emprendió otra excursión, esta vez a través de Francia, en compañía de Claude de Renty. «Jacqueline viajó antes que yo, y me reuní con ella en Lyon —dijo Claude—. Tomé prestado el coche de mi hermana y nos turnábamos para conducir; nos deteníamos para merendar, nadar, pasear. Nuestro destino era Saint-Jean-de-Luz, y a lo largo del trayecto nos alojábamos en casas de amigos o acampábamos al aire libre. Entre los lugares donde nos detuvimos figuraban Auvergne, Toulouse, Montauban, Charente, Bordeaux, Landes y Nantes. Todo el viaje, incluida una semana en Saint-Jean-de-Luz, duró un mes.

»Como dos jovencitas cualesquiera, uno de nuestros principales temas de conversación eran los hombres. Jacqueline hablaba muy pocas veces en términos concretos. Conocía a varios de sus amigos de París, porque yo se los había presentado. Otros eran desconocidos para mí. Ninguna de sus relaciones parecía muy seria. Hubo un asesor de personal, de alto rango, del primer ministro Georges Bidault, con quien anduvo a caballo varias veces por el Bois de Boulogne, y salió a cenar, pero no creo que llegasen nunca a la etapa amorosa.

»Jacqueline tenía una enorme fuerza de carácter, pero también muchas debilidades. Las cosas no siempre le resultaban fáciles. Cuando uno es el tipo de persona que sólo quiere ser fuerte... bueno, ella sufría con eso. No sabía aceptar sus propias flaquezas. Ni tratar las de los otros. No toleraba a los hombres débiles. No era el tipo de mujer que mimase a un hombre en el plano emocional. Si no estimaba y admiraba a un hombre, si no lo veía superior a ella, lo dejaba en el acto.»

La última aventura de Jackie en Europa, ese verano, fue un viaje de tres semanas a Irlanda y Escocia, con Yusha Auchincloss. «Me había inscrito en una gira de servicio en la Infantería de Marina de Estados Unidos —recuerda Yusha—, pero primero decidí tomarme unas pequeñas vacaciones. Invité a Jackie. Ninguno de los dos había estado nunca en Irlanda o Escocia. Parecía un lugar adecuado para ir, ya que yo era medio escocés y Jackie medio irlandesa. Alquilamos un coche y parábamos en pequeñas posadas de campo. La actividad favorita de Jackie era detenerse y hablar con desconocidos. Siempre le fascinó la gente común y las cosas que le contaban.»

Jackie y Yusha volvieron a Estados Unidos a bordo del *Liberté*, y Jack Bouvier los recibió en el muelle. Para inmensa desilusión de Black Jack, Jackie sólo se quedó dos días, pues salió corriendo hacia Merrywood, para inscribirse en el último curso universitario, en la Universidad George Washington, de Washington. Al cabo de su año en París no tenía la intención de regresar a Vassar, «como una estudiante entre tantas otras», en particular porque en la George Washington habían decidido aceptar todas sus calificaciones universitarias anteriores y permitirle graduarse en dos semestres en el curso de literatura francesa.

A principios de 1951, mientras estudiaba para sus exámenes parciales, Jackie volvió a unirse a Ormande de Kay, su anterior acompañante en París. Con el estallido de la guerra de Corea, De Kay, suboficial de primera clase en la Reserva Naval, había sido destinado a un destructor que todavía estaba en la reserva, en los Astilleros Navales de Charleston, Carolina del Sur.

«Un día —cuenta él— sonó el teléfono del barco y por los altavoces se me indicó que bajase por la pasarela. Era una mujer de Washington, la señora Eve Tollman, famosa anfitriona, quien me comunicó que debía ir a Washington porque organizaban una fiesta con baile para celebrar el 200 aniversario de la fundación de Georgetown, y esperaban a la chica más hermosa. "¿No dirías tú que es la muchacha más guapa de Washington?", le había preguntado a su esposo. "Sí", fue la respuesta.

»Me pareció bien, de modo que llegué como pude a Washington y fui a ver a los Tollman, a Georgetown. A la fiesta acudieron generales de cinco estrellas, jueces de la Corte Suprema, embajadores, y todos parecían estar esperando la llegada de esa chica. Por fin se presentó, y para asombro de todos, incluso el mío propio, nos echamos el uno en brazos del otro. La chica resultó ser Jacqueline Bouvier. Nos soltamos y ella fue la belleza del baile. Con esa especie de nueva presentación, me sentí en cierto modo obligado a tener un romance con ella. Solía viajar desde Charleston y pasar mis fines de semana en Merrywood.»

En ese momento Jackie también se inscribió en el XVI Premio Anual de París, de *Vogue,* una competición literaria abierta para estudiantes de último año, que ofrecían al ganador un puesto de un año de práctica en la revista... seis meses en París y seis en las oficinas de Nueva York. Los participantes debían presentar cuatro trabajos técnicos sobre modas, un perfil personal, un proyecto para todo un número de la publicación y un ensayo sobre «Las personas que me habría gustado conocer» (en el mundo del arte, la literatura, la música, el ballet... personas ya fallecidas).

Jackie estaba tan decidida a ganar que asistió a un curso de mecanografía para secretarias en la Universidad George Washington y dedicó mucho tiempo a trabajar en su ensayo. Eligió a Sergei Diaghilev, Charles Baudelaire y Oscar Wilde como las personas a quienes más habría deseado conocer. Su diligencia dio frutos. Jackie ganó la prueba superando a 1.280 inscritos de 225 universidades acreditadas. Se la hizo viajar en avión a Nueva York, para que le sacasen la foto para *Vogue;* la hizo Horst P. Horst, y luego fue presentada a los directores de la revista, muchos de los cuales reconocieron el nombre de la ganadora por su título anterior de Reina de las Debutantes.

«Estaba con ella el día en que se lo anunciaron —dijo Ormande de Kay—. Recuerdo que vi el telegrama abierto, en la mesa del vestíbulo de Merrywood, y como es natural, no pude dejar de leerlo. Era de alguien de *Vogue,* que anunciaba a Jackie que había ganado el Prix de París. De pronto, me di cuenta, por primera vez, de que detrás de esa fachada de tonta —la que exhibía ante los hombres de su vida— se escondía una gran inteligencia.»

Aunque su madre pregonó la victoria, Hugh Auchincloss no estaba del todo seguro de que Jackie debiera aceptar el premio. Creía que otra estancia prolongada en París podía alejar por completo a su hijastra de su país natal y llevarla a establecerse en París para siempre. Convenció a Janet y unieron sus fuerzas para disuadir a Jackie de que aceptase el premio.

A cambio de ello, convinieron no sólo en permitirle pasar el verano de 1951 en Europa, sino en dejar que Lee la acompañase, y en pagar las cuentas de ambas. El viaje serviría como doble regalo de graduación: Jackie se había graduado en la Universidad George Washington; Lee había finalizado sus estudios en la Escuela de la señorita Porter, y en septiembre se matricularía en un curso de Historia del Arte en la Universidad Sarah Lawrence.

Para seguir las huellas de sus viajes del verano por Inglaterra, Francia, Italia y España, las hermanas hicieron un libro con recortes, dibujos y poesías de Jackie, y las anécdotas de Lee, que titularon *Un verano especial* y se lo entregaron a su madre al final del viaje. Descubierto entre los recuerdos de la familia, el libro de recortes fue publicado en 1974 por Delacorte Press y resumido, en extractos, en *Ladies' Home Journal.* A pesar del tono aniñado, a veces infantil, del libro, sigue siendo el registro más completo con el cual contamos de esa expedición henchida de acontecimientos.

Basándose en un comentario atrevido de Jackie sobre sus experiencias a bordo del *Queen Elizabeth,* Lee escribe acerca de un libanés que conoció en el viaje de ida: «¡¡Jackie me ha prevenido sobre lo retorcido de la vida sexual de los del Medio Oriente!!» Y después estaba el proboscidio persa que hacía girar a Lee por el salón de baile («Lo único que podía ver era... su nariz»), mientras Jackie valseaba graciosamente con el atractivo sobrecargo.

Las jóvenes permanecieron en Inglaterra el tiempo suficiente para alquilar un Hillman Minx y llevarlo en ferry a Francia, donde enseguida se cargaron el cambio de marchas. En París, Jackie presentó a Lee a algunos de los amigos que había conocido durante su año en La Sorbona, entre ellos Claude de Renty, quien en el acto advirtió diferencias fundamentales entre las hermanas: «Jacqueline era morena, seria, hosca y sumamente curiosa respecto al mundo. Lee, rubia y muy en su papel de hermanita menor, parecía tal vez más fácil de conocer. Era desenvuelta y afable, pero mucho menos profunda que Jacqueline. Ésta poseía la intensidad que le faltaba a Lee.»

Los hombres y las actividades sociales figuran en forma destacada en *Un verano especial.* Lee relataba el encuentro, en una base del ejército francés, «con los dos oficiales más guapos de este lado del Paraíso. Llevaban boinas azules y encantadores cordones dorados que chispeaban bajo sus brazos.» Por Jackie nos enteramos de la existencia de algunos «jóvenes ingleses y españoles muy agradables» con quienes trabaron amistad, así como del encuentro de Jackie con un periodista español que «acababa de terminar una serie de artículos sobre *Mujeres enamoradas* de [D. H.] Lawrence», y quería leérselos si iba «a su oficina esa noche».

En Venecia, donde Lee trató de encontrar a alguien que le diese lecciones de canto, sin conseguirlo, Jackie tomó lecciones privadas de dibujo con un joven y apuesto artista italiano. Lee señaló que «desde que estamos en Venecia, a Jackie le interesa terriblemente el arte. Por supuesto, hemos visitado museos, pero ahora parece que quiere aprender todo lo que pueda en relación con eso, y ha descubierto a ese profesor que tiene mucha experiencia, y toma lecciones de dibujo todos los días».

El profesor, cuya foto aparece en *Un verano especial,* parecía el paradigma del sueño europeo de las chicas norteamericanas románticas. Alto y delgado, llevaba cuadernos de dibujo bajo el brazo y la chaqueta de corte italiano echada sobre los hombros. A su lado (en la misma foto), con vestido ceñido, sandalias y gafas de sol, Jackie parecía hechizada y encantada con su hermoso acompañante.

Las hermanas redondearon su gira de verano visitando al crítico de arte y coleccionista Bernard Berenson, en *I Tatti,* su espaciosa finca de Settignano, en las afueras de Florencia (su consejo a Jackie: «Cásate con alguien que te estimule constantemente... y tú a él»), y a continuación una estancia de una semana en *Marlia,* una pintoresca casa de campo que otrora había pertenecido a la hermana de Napoleón, Ellsa Baciocchi Bonaparte, cuando era la duquesa de Lucca, y que ahora pertenecía al conde y la condesa Pecci-Blunt. El hijo de los condes, Dino, era amigo de John F. Kennedy.

«Lo que ocurrió en *Marlia* —dijo Roderick Coupe, un escritor norteamericano que en esos momentos residía en París— no llegó, por supuesto, a las páginas de ningún libro de las hermanas Bouvier. Permítaseme agregar que la madre de Dino, la condesa Anna Pecci-Blunt, ya fallecida, fue una de las más grandes figuras de la época; una mujer más bien aterradora, extremadamente divertida, muy brillante. Era extraordinaria. También lo era su casa de campo, más conocida por el vasto parque que la circundaba.

»Lo que les sucedió a Jackie y a Lee sólo habría podido ocurrir en Europa, donde la gente toma en serio valores tradicionales como los modales y la etiqueta social. Según parece, se fueron de la casa de campo sin despedirse de la condesa. Se iban a Norteamérica por la mañana temprano y no quisieron despertarla. La condesa lo consideró una gran grosería; pensó que esas dos muchachas norteamericanas no tenían modales, e hizo circular su opinión. Jackie y Lee se sintieron avergonzadas. Habían considerado más cortés no molestar a la condesa a semejante hora de la mañana. Más tarde se disculparon, pero eso fue un cubo de agua fría caído sobre el viaje. Ese desaire no pretendido, como algo salido de las páginas de Henry James, las marcó por muchos años.»

6

El regreso de Jackie a Estados Unidos, a finales del verano de 1951, renovó las enconadas hostilidades entre su padre, quien quería que viviese con él en Nueva York y aceptara un trabajo de media jornada en su pequeña agencia de Bolsa, y su madre, quien prometió procurar a Jackie un puesto mejor en la zona de Washington. Jackie sopesó las alternativas mientras permanecía en Newport y salía con varios miembros de la *jet set* de Bailey Beach. Uno de sus acompañantes más frecuentes, Steven Spencer, la llevaba en su avión monomotor personal. Otro, Bin Lewis, era un frecuente compañero de tenis. Un tercero, John Sterling, jugaba al golf con ella en el Club Campestre Newport.

«No veía a Jackie desde antes de su primer año en el extranjero —dijo Sterling—. Había cambiado, ya no tenía aspecto de "vecinita regordeta". Alta e imponente, con una estatura de 1,68, pómulos salientes y labios sensuales, parecía una mujer y se movía como tal. Pero seguía siendo tan fría y remota como la Jackie de antes, una absoluta princesa de hielo.»

La propia Jackie ha descrito este período como de «pura frustración». Sentía que su futuro ya le había sido trazado. Se quejó a Sterling de que sólo se esperaba de ella que «se casara bien». Eso era para lo único que se la había educado, y lo que hacían todas las mujeres que conocía... «lo mismo que sus madres, antes de ellas».

La única decisión concreta que adoptó Jackie en Newport fue la de establecerse en Washington, en lugar de Nueva York, con su padre. El hábito de la bebida de Black Jack, el del juego, su conducta errática, había hecho que la comunicación entre ellos resultara imposible. Padre e hija discutían más que nunca. Las quejas de él eran las mismas que había dirigido a Jackie en el pasado. La acusaba de ponerse en contacto con él sólo cuando necesitaba dinero, de ser demasiado extravagante, de salir con hombres cuyas intenciones no resultaban claras y de hacer caso omiso de él mientras adulaba a los Auchincloss. En otras ocasiones trataba de comprar su afecto ofreciéndole el uso ilimitado de sus cuentas en las principales tiendas de Nueva York. Se ofrecía a correr con todos sus gastos médicos, pero sólo si consultaba con los doctores y dentistas de Nueva York, no los de Washington o Newport.

Elaine Lorillard, esposa del vástago del rey del tabaco, Louis Lorillard, y residente en Newport, por aquel entonces acompañaba a Black Jack a beber cocktails en el apartamento de éste, y le asombraba la cantidad de fotos de Jackie que cubrían las paredes y reposaban sobre mesas y cómodas.

«Había fotos y óleos de Lee y de Jackie, pero aparentemente había más de Jackie. Se la veía por todas partes y Black Jack hablaba de ella sin parar.

Ansiaba tenerla junto a sí y se sintió desilusionado con su elección de Washington como hogar temporal. Pero llegó a la conclusión de que tal vez allí encontraría algún trabajo más interesante.»

Fue el tío Hughdie quien le abrió las puertas, al sugerir a Jackie que considerara una carrera en el periodismo. Uno de sus amigos íntimos, Arthur Krock, corresponsal en Washington de *The New York Times*, se ofreció a encontrarle un puesto adecuado.

Lo que ocurrió después se ha convertido en parte de la leyenda Kennedy, una historia que fue creciendo a medida que se contaba, una de esas agradables anécdotas de Jackie que ha contribuido a la leyenda. Krock telefoneó a Frank Waldrop, director en jefe y accionista del *Washington Times-Herald* (ahora desaparecido), quien otrora tomó a Kathleen («Kick»), hija del ex embajador Joseph P. Kennedy, como secretaria y a veces como columnista.

Otra ex columnista empleada por Waldrop era Inga Arvad, sospechosa de ser una espía nazi, cuya relación, en tiempos de guerra, con un joven oficial naval llamado John F. Kennedy crearía un escándalo en años posteriores.

«¿Sigues aceptando a chiquillas? —preguntó Krock a Waldrop, y agregó, sin esperar una respuesta—: Tengo una maravillosa para ti. Tiene grandes ojos, es inteligente y quiere ingresar en el periodismo.»

También mencionó, como por casualidad, que «la chiquilla» a quien se refería era la hijastra de Hugh Auchincloss, nombre bien conocido por Waldrop. Éste aceptó recibir a Jackie.

El *Times-Herald,* fundado por la excéntrica y muy adinerada Eleanor

«Cissy» Patterson*, era tal vez el periódico menos influyente de Washington. Su estilo editorial era claramente derechista; antes de la entrada de Norteamérica en la Segunda Guerra Mundial propugnó concepciones aislacionistas, que conquistaron muy pocos amigos en una ciudad que apoyaba con energía a Franklin Roosevelt. El propio Waldrop era un conservador sureño cuyos modales toscos, ásperos, duros, tendían a intimidar a los reporteros jóvenes. Pero Hugh Auchincloss aseguró a Jackie que lograría una invalorable educación si trabajaba para el periódico, en especial para un director tan entregado y experto como Frank Waldrop.

«El edificio del antiguo *Times-Herald* se encontraba en la esquina de las calles 13 y H —declaró Waldrop—. Jackie se presentó en mi oficina a principios de diciembre de 1951. Yo estaba habituado a ver llegar a los jovencitos que querían ingresar en el periódico porque era muy emocionante, muy incitante, un gran lugar desde el cual recorrer la ciudad y divertirse. Jackie era una más. Llegaban y se iban. Sentí curiosidad por saber si realmente quería hacer carrera en el periodismo, de manera que le pregunté si de veras deseaba aprender la profesión o sólo rondar por un periódico hasta casarse. Si quería seguir una carrera, le dije que yo le daría el tipo de tareas que la ayudarían; en caso contrario, le buscaría igualmente un puesto, pero nunca ocuparía el puesto de alguien que quisiera hacer carrera.

»Me contestó que quería una carrera. Admitió que no escribía bien a máquina y que no sabía nada sobre periodismo, pero que quería aprender. La creí. Le dije que volviera después de Navidad, y que entonces volveríamos a hablar. Regresó después de Navidad y se disculpó. Dijo que lo lamentaba porque primero había dicho que quería dedicarse a eso, pero que se había comprometido en Navidad y por lo tanto suponía que yo no querría contratarla. Y entonces le respondí: "Bien, háblame de él. No hablaste de ese chico antes de Navidad. ¿Dónde lo conociste, quién es?" Y entonces me enteré de que era alguien a quien había conocido hacía poco tiempo. "Oh, caramba —exclamé—, eso no tiene importancia. Ven el lunes por la mañana y ponte a trabajar."»

El anuncio de prensa del compromiso de Jackie apareció pocos días después de su incorporación al personal del *Times-Herald;* decía que el novio de Jackie, John G. W. Husted, hijo, había asistido a la escuela de Sum-

* Cissy Patterson era la nieta de Joseph Medill, propietario del *Chicago Tribune,* y hermana de Joseph Patterson, fundador del *Daily News* de Nueva York. El *Washington Times-Herald* era el primer gran periódico que sería dirigido y publicado por una mujer. Después del fallecimiento de Cissy Patterson en 1948, a los 67 años, el *Times-Herald* fue dirigido por un directorio ejecutivo de siete personas, nombradas en el testamento de Cissy como los nuevos dueños del periódico. Frank Waldrop se contaba entre los siete.

merfield, en Inglaterra, y se había graduado en St. Paul, Concord, New Hampshire, y en la Universidad de Yale; que había servido en la Segunda Guerra Mundial, en el Servicio Norteamericano de Campaña, incorporado a las fuerzas británicas en Italia, Francia, Alemania y la India. La familia de Husted, de Bedford Village, en el condado de Westchester, estaba en el negocio bancario, en tanto que John trabajaba para Dominick y Dominick, una destacada firma de inversiones bancarias en Nueva York.

Jackie y John Husted habían sido presentados por Mary de Limur Weinmann, entonces amiga de Yusha Auchincloss. «Dada mi amistad con Yusha, yo solía cenar de vez en cuando en Merrywood. Conocía a Jackie desde 1948. De joven tenía una mente muy activa, no podía quedarse quieta un momento. Además era muy perspicaz, rasgo que sin duda heredó de su madre.

»Recuerdo la forma en que Janet se sentaba a la mesa para cenar, rodeada de todos esos niños, todos parloteando al mismo tiempo, menos Janet. Seguía sentada allí, sonriendo, tranquila. Sus pensamientos parecían flotar, pero sabía con exactitud todo lo que estaba sucediendo. Jackie era igual. A veces daba la impresión de estar ausente, pero era una ilusión. Sabía exactamente todo lo que ocurría.

»No tenía gran intimidad con Jackie. No trabada amistad con facilidad. Pero me sentía lo bastante próxima a ella como para ayudarla. Le había hablado de ella a John Husted, y un fin de semana, a finales de 1951, él viajó en coche desde Nueva York para la fiesta en Washington. Jackie también estaba allí, y entonces fue cuando los presenté.

»John era alto, de buena contextura, muy hermoso según los cánones de los WASP, y Jackie era una belleza a su manera, muy personal. Sentí que tal vez podrían hacer buenas migas, pero nunca imaginé que las cosas llegaran tan lejos. Quedé asombrada. Para John fue un flechazo. Al cabo del fin de semana regresé a Nueva York con él, estaba absolutamente hechizado. Le resultaba imposible dejar de hablar de ella. Poco después supe que se habían comprometido.»

John Husted, que hoy vive en Nantucket y sigue siendo amigo de Jackie, «más amigo que cuando nos comprometimos», consideró «muy natural» que él y Jackie llegaran a conocerse. «Hugh Auchincloss había sido un gran amigo de mi padre, en Yale —explicó—. La madre de Jackie y mi madre se conocían desde hacía años. Mi hermana Anne y mi hermana Louise estuvieron en Farmington en el mismo período que Jackie. De manera que se podía decir que teníamos mucho en común.

»Me impresionó enseguida la originalidad de Jackie, su sensibilidad. Además era muy hermosa, con grandes ojos separados y rizos castaños oscuros, cortados estilo pluma. Parecía un gamo que hubiera surgido de pronto del bosque y visto al primer ser humano. Tenía esa expresión de permanente asombro dibujada en el rostro.

»Me presentó a su padre y pasamos la tarde juntos. Teníamos en común el haber pasado por Yale, el negocio de Bolsa y Nueva York. A él le parecía que en ocasiones Jackie podía resultar un tanto difícil, pero no tenía inconveniente alguno en que se casara conmigo, si era ése su deseo. Lo único que quería era verla felizmente casada y viviendo en Nueva York, a la que ella pertenecía.

»Francamente, no me importaba nada lo que dijera la gente. Estaba enamorado de ella. Una noche telefoneé a Merrywood y le dije que sería bonito que nos comprometiéramos. "Reúnete conmigo en el Polo Bar del hotel Westbury, el sábado al mediodía, y sabré que has aceptado", le dije. El Polo Bar era uno de los lugares favoritos de Black Jack, donde la gente joven se reunía para tomar una copa. Si uno tenía un apartamento muy pequeño, era casi obligatorio citarse allí.

»De todos modos, llegó el día y me dirigí allí. Nevaba, debí de esperar varias horas. Ni sombra de Jackie. Estaba a punto de irme cuando por fin llegó, y frente a un par de copas decidimos comprometernos. Unas semanas más tarde, Hugh Auchincloss organizó una fiesta de compromiso para nosotros en Merrywood, y allí le di un anillo de compromiso de zafiros y diamantes, que había pertenecido a mi madre.»

Dos de los invitados a la fiesta eran el periodista Philip Geyelin, quien más tarde se incorporó al *Washington Post*, y su esposa Cecilia Parker Geyelin, hija del socio de Hugh Auchincloss en la agencia de Bolsa de Auchincloss, Parker y Redpath. Según Cecilia, la fiesta fue muy lúgubre. «No me pareció que el lugar estuviese precisamente desbordante de alegría, amor y expectativas —señaló—. La gente parecía reservada y fría, y los principales personajes —Jackie y John Husted— casi parecían no conocerse. Apenas se hablaron, y cuando lo hacían, Jackie simplemente asentía con la cabeza y sonreía.

»Por supuesto, Jackie parecía el verdadero producto de una madre que debía de haberle dicho: "Querida, no te comportes como si fueras más inteligente que los hombres de tu vida, porque eso los ahuyenta. Hay otras maneras de hacerlo." Eso explicaría la sonrisita recatada de Jackie de ese día. Aun así, no pude entender qué hacían juntos ella y John Husted.»

Mary de Limur Weinmann también tenía motivos para dudar de la sinceridad de los planes matrimoniales de Jackie. Una semana después de la fiesta de compromiso, ésta llamó a Mary para agradecerle personalmente que le hubiera presentado a John Husted. «Llevaba guantes —recordó Mary—. Se quitó el de la mano derecha para mostrarme su anillo de compromiso, y vi que sus uñas estaban verdes. Me explicó que se habían vuelto verdes por el baño de revelado que usaba en el cuarto oscuro del *Washington Times-Herald*. En el acto se lanzó a una larga y detallada exposición de su trabajo en el periódico. Siguió y siguió sin parar. Por último, casi como si se le hubiera ocurrido en ese momento, mencionó que habían fijado la fecha de la boda para cierto día de junio, y que, por supuesto, yo recibiría una invitación. Parecía más bien indiferente ante la situación.»*

Mucho más que el matrimonio, la preocupación inmediata de Jackie parecía ser su carrera. En pocas semanas había pasado de su tarea de servir café y hacer diligencias para distintos directores a la de recepcionista de la sección de finanzas. Después, cuando uno de sus columnistas renunció y Frank Waldrop resolvió poner en el puesto una columna de encuestas con fotos, Jackie se ofreció para ello.

Hasta entonces, las encuestas ilustradas eran un puesto irregular en el periódico, una tarea rotativa compartida por varios reporteros y fotógrafos. Betty Fretz, reportera del *Times-Herald* que de vez en cuando cumplía con esa labor, opinaba así: «Cuando se nos destinaba al trabajo de fotógrafo investigador, solíamos bromear diciendo que estábamos en la perrera. Los fotógrafos lo odiaban aún más que los periodistas. Preferían sentarse en un bar, en cualquier parte, en vez de sacar fotos de personas que se detenían en alguna esquina a contestar a preguntas estúpidas. Nadie podía entender que alguien quisiera el puesto y que no sólo aceptara formular las preguntas, sino además tomar las fotos.»

Para convencer a Waldrop de que la pusiera a prueba, Jackie afirmó que podía manejar una cámara, aunque hasta entonces sólo había usado una Leica. La voluminosa Speed Graflex de los fotógrafos profesionales era una herramienta desconocida. Se inscribió en secreto en un curso acelerado de fotografía periodística, para aprender a usar el modelo más grande.

Después de un breve recorrido por comisarías de policía y salas de emergencia de hospitales, para habituarse a las idas y venidas de la existen-

---

* Poco después de la visita de Jackie, Mary de Limur Weinmann viajó a Roma con sus padres, y allí se encontró con Lee Bouvier: «Lee había ido a Italia con su madre, durante las vacaciones del semestre, supuestamente para aprender a cantar. Pero no mostró tanta atención respecto al canto como era de esperar, y Janet se mesaba los cabellos. Jackie siempre la instaba a cantar. "Canta, Lee, canta", le decía, y Lee cantaba. Pero no encaraba el canto con seriedad... sólo quería estar en Roma. Yo viajaba rumbo a París, y como era unos años mayor que Lee, Janet me preguntó si podía mandarla conmigo. No vi inconveniente alguno en ello. También hizo el viaje otra amiga mía. En el último momento decidimos hacer un rodeo por Kitzbühel, Austria, para esquiar un poco. Ninguna de nosotras había esquiado nunca. Lee encontró muy pronto a un joven monitor de esquí dispuesto a dedicarse a ella. No era tan curiosa o tan profunda como Jackie, pero a esa altura era lisa y llanamente divina. Los chicos la adoraban, y ella a ellos.»

cia urbana, Jackie se puso en manos de Betty Fretz y del fotógrafo Joe Heilberger, para que le orientaran en el trabajo.

«Entrevistaba a la gente y yo la ayudaba a armar el material —recordaba Fretz—. No sabía a qué distancia ponerse de la persona cuando le tomaba la foto, de modo que Joe Heilberger se tendía en el suelo para medir un metro ochenta y le decía que tomase todas las fotos a esa distancia.»

Las evaluaciones de los resultados y de la dedicación de Jackie al trabajo fueron casi todas negativas. Estelle Gaines, una periodista de la sección financiera del *Times-Herald*, encontró a Jackie muy deficiente en términos de antecedentes periodísticos: «Siempre me pareció que estaba pasando el rato. Obtuvo el trabajo porque era la hijastra de "Tenga una pérdida con Auchincloss". No tenía preparación y estaba muy asustada. Era torpe en los movimientos. Se veía a las claras que no sabía manejar una cámara. Sus fotos estaban siempre desenfocadas. Trató de hacerse amiga de varios de los fotógrafos del periódico, pero eran gente muy rápida y ruda.

»Una vez preguntó a uno de los tipos de la unidad fotográfica qué querían para Navidad. Cuando le sugirieron algo que viniese en una botella, prometió satisfacerlos. Envolvió la botella magníficamente, la depositó en una elegante caja con una lista de los nombres de todos ellos. Cuando la abrieron en la oficina, durante la fiesta de Navidad, encontraron una botella de leche. Si ella hubiera llevado después una botella de Cutty Sark, o de J & B, la broma habría valido la pena. Pero no lo hizo, y aquello, sencillamente, no dio resultado.

»La mayoría de las periodistas y directoras del periódico la asustaban. Muy pocas de nosotras estábamos interesadas por el escenario social de Washington y Nueva York. No manteníamos relaciones sociales con Jackie porque no era una de las nuestras. Su idea sobre la diversión era la de una noche en "la clase de baile", una serie de danzas de categoría, que se desarrollaba en el elegante club Sulgrave, un lugar en el que a ninguno de nosotros nos habrían pescado ni muertos.

»A Jackie le interesaba principalmente cubrir a los que figuraban en las listas del Libro Azul o el Libro Verde. Uno de sus pocos contactos femeninos entre el personal era Achsah Dorsey Smith, la directora de las páginas de sociedad. Se mostraba más amable con Jackie que la mayoría de nosotras, porque comprendía mejor su procedencia. Los demás habíamos crecido en el mundo de las noticias de policía. No era probable que sirviéramos a Jackie té con pastitas. Y no es que no fuésemos buenas personas. Sólo éramos competitivos, y estábamos demasiado atareados para los chismorreos sociales.»

Jack Kassowitz, subdirector gerente del *Times-Herald*, se convirtió en el supervisor de Jackie y en su compañero de algunos almuerzos. Pero mirando hacia atrás, también él tenía una visión muy pobre de la entrega profesional de Jackie: «Acababa de salir de la Universidad y era una mujer de sociedad, una persona impresionada con el mundo del periodismo, pero no dispuesta a realizar los sacrificios necesarios. Era una pobre niñita rica... de familia adinerada, pero sin dinero propio. Vivía en Merrywood para ahorrarse el alquiler, y tenía un descapotable Mercury negro, de segunda mano, que usaba para ir al trabajo y volver.

»Se comportaba como una trepadora social. Le gustaba bailar, comer en restaurantes elegantes y conocer a personas famosas y adineradas. Parecía inocente y un tanto ingenua en la superficie, pero sabía exactamente adónde iba y qué hacía... y eso tenía muy poco que ver con el negocio periodístico.

»Como periodista, en el mejor de los casos, era mediocre. Yo corregía sus trabajos, y tenía que volver a escribir casi todo lo que presentaba. Al principio, le sugería la mayoría de los temas para su columna, pero a la larga planteó los suyos propios. Era una columna superficial, con preguntas muy tontas. Una de las más corrientes podía ser: "¿Cuál es su ambición secreta?"... o "¿Una mujer alta puede casarse con un hombre bajo?"

»Su trabajo consistía en salir y entrevistar a ocho o diez personas, tomarles fotos y después montarlo todo. Se las arreglaba mejor con los niños y las celebridades que con el hombre o la mujer corriente de la calle. En el mundo real, le resultaba difícil abordar a los desconocidos. Había días en que sencillamente se negaba a salir; la lluvia más suave le ofrecía un pretexto para no abandonar el edificio.

»En el torvo ambiente de un caluroso y atestado salón de la sección de finanzas, resultaba agradable levantar la vista y ver a una muchacha atractiva como Jackie. Su belleza era su principal aporte al periódico. Muchos de los periodistas y fotógrafos la perseguían, pero ella rechazaba constantemente sus invitaciones a cenar. Supongo que aspiraba a la caza mayor, o que sencillamente no le agradaba salir con sus compañeros. Cuando se dieron cuenta de que ella no estaba disponible, se lanzaron sobre ella en masa. Le decían: "¿Qué hace en un lugar como éste una chica tan bonita como tú?", o "Todos nosotros estamos pensando en no venir hoy e irnos a tu piscina esta tarde, ¿qué te parece?"

»Una vez, durante un almuerzo, le pedí que me describiese su hombre ideal. Contestó que odiaba a los hombres perfectos. Le resultaban aburridos. "Miro a un modelo masculino —dijo—, y me aburro en tres minutos. Me gustan los hombres de nariz rara, de orejas salientes, dientes irregulares, hombres de baja estatura, flacos, gordos. Pero ante todo tienen que poseer una inteligencia aguda." No lo dijo, pero supongo que no estaba de más si tenían mucho dinero.»

Es muy posible que los recuerdos de Jack Kassowitz sobre Jackie hayan quedado manchados por una desagradable experiencia en 1955, después de que ella se casara con John F. Kennedy y dejara el *Times-Herald.*

«Ella y Kennedy pasaban sus vacaciones en Nassau, a bordo del yate del padre de éste, y yo también estaba por allí —dijo Kassowitz—. Envié mi tarjeta profesional y un ramillete de rosas. Jackie me desairó. No me invitaron a subir a bordo. Ni siquiera tuve una respuesta de ella. Ninguna contestación. Nada. Parecía no querer recordar a la gente que había conocido en su camino ascendente.»

Incluso las antiguas amigas y condiscípulas como Lucky Roosevelt se mostraban aprensivas cuando se trataba de hablar de las presuntas ambiciones profesionales de Jackie.

«Se hace mucho alboroto en torno a su vida de periodista, que en realidad fue nula —señaló la señora Roosevelt—. Iba de un lado a otro con su pequeña cámara y tomaba fotos. Pero como he sido periodista durante toda mi vida, puedo decirle que existe una gran diferencia entre ese tipo de actividad de aficionados, que se desarrolla en gran medida para divertirse, y el periodismo serio, redactando notas sueltas al principio, para continuar luego hacia arriba. Para ella sólo era una oportunidad de descubrir si en verdad quería ingresar en el periodismo, así como todos probamos algunas cosas cuando somos jóvenes. Pero no creo que sea posible considerarse periodista tras sólo dieciocho meses como encuestadora.»

A pesar de sus detractores, Jackie pudo firmar muy pronto sus trabajos y recibió un moderado aumento del salario, de 42,50 a 56,75 dólares semanales. Frank Waldrop la vio como «alguien que hace su trabajo. Era útil, porque de lo contrario no habría estado aquí».

Las preguntas que elaboraba mostraban una mentalidad caprichosa: «¿Los ricos disfrutan de la vida más que los pobres?» «Chaucer dijo que lo que más desean las mujeres es ejercer poder sobre los hombres, ¿qué cree usted que las mujeres desean más?» «¿Le parece que una mujer debería dejar que su esposo piense que es más listo que ella?» «Si a usted fueran a ejecutarla mañana por la mañana, ¿qué pediría como última comida en la tierra?» «¿Le agradaría introducirse en la alta sociedad?» «¿Cómo se siente si le lanzan un silbido de admiración en la calle?»

Varias de sus preguntas parecen ahora fantásticamente proféticas: «¿Qué Primera Dama le gustaría haber sido?» «¿Le gustaría que su hijo, de mayor, fuera presidente?» «¿La esposa de un candidato debería participar en la campaña con su marido?» «Si tuviera una cita con Marilyn Monroe, ¿de qué hablaría con ella?» «¿La muerte de qué persona destacada le ha afectado más?»

Las ambiciones periodísticas de Jackie a veces la impulsaban en extrañas direcciones. Un día dijo a un conocido redactor de deportes que quería entrevistar a Ted Williams en los vestuarios, cuando los Red Sox de Boston llegasen a la ciudad para jugar contra los Senators de Washington.

—No puedes hacer eso —respondió el hombre.

—¿Por qué no? —preguntó ella.

—Porque no puedes —insistió el reportero.

—No entiendo —dijo Jackie.

—Créeme. Eso no se hace —dijo el hombre.

En lugar de Ted Williams, Jackie se conformó con media docena de jugadores de los Senators de Washington. El equipo, que había perdido diez juegos sucesivos cuando Jackie entró en los vestuarios, tuvo una repentina racha ganadora. El gerente del club atribuyó el cambio de suerte a Jacqueline Bouvier.

Pero después de un tiempo Jackie comenzó a perder su entusiasmo por el trabajo. Angele Gingras, reportera de sociedad que se había iniciado en el *Times-Herald* al mismo tiempo que Jackie, recordaba que ésta se quejaba de que los directores la «empujaban» de un lado a otro, la obligaban a hacer ciertas preguntas y a entrevistar a determinados políticos.

«Un día se encaramó en mi escritorio —dijo Angele— y comenzó a quejarse contra "Dios", como llamábamos a Frank Waldrop, y contra todos los otros poderes de arriba. "Si tengo que entrevistar una vez más a ese aburrido Munthe de Morgenstern, dejaré este trabajo", protestó. En apariencia, Waldrop tenía buen concepto de Morgenstern, decano del cuerpo diplomático de Washington.

»El trabajo se convirtió en una tarea rutinaria para Jackie, aunque se las arregló para conservar su sentido del humor al respecto. Una tarde me topé con ella en la calle. Vagaba con su cámara colgada del hombro, en busca de personas interesantes que fotografiar y entrevistar. Mi tarea de periodista de sociedad exigía la misma dedicación... me pasaba el tiempo corriendo por las calles, llamando a los taxis para que me llevasen a distintos almuerzos y tés.

»Jackie sabía que había vivido en Francia durante un tiempo, de modo que me sonrió y me preguntó cómo iban las cosas... como una dama que caminaba por el equivalente en Washington del Boulevard des Italiens dirigiéndose a otra dama en las mismas circunstancias. Sonreí, sabiendo que se refería a las chicas de "Nunca en domingo" que patrullaban esa arteria de París.

»Por supuesto, había una huella de ironía detrás de ese humor. No sólo sentía que el periódico nos explotaba —trabajábamos en exceso y nos pagaban poco—, sino que además se unía un sentimiento de indignación personal. Jackie se daba cuenta de que los directores la consideraban como una persona perteneciente a la Liga Menor, útil pero no esencial. La tomaban con ligereza porque no aportaba noticias importantes. Sus colegas femeninas la denigraban porque pertenecía a la *jet set*. Algunas de esas mujeres sabían ser muy malévolas. Difundían rumores en el sentido de que Jackie se acostaba con tal tipo y tal otro. Algunas personas del periódico, que jamás la habían visto, contaban cosas acerca de ella. Lo que decían no era cierto. Eso no significaba que no se enamorase o no tuviera su parte de caricias u otras cosas, pero no andaba acostándose por ahí. Esto casi lo puedo garantizar.»

Los primeros meses de Jackie en el *Times-Herald* fueron dedicados a viajar de Washington a Nueva York, donde pasaba sus fines de semana con John Husted. De vez en cuando éste la visitaba en Washington, se alojaba en Merrywood y acompañaba a su prometida a sus rondas de entrevistas para su columna diaria. Con suma frecuencia la encontraba de talante juguetón, vibrante, riendo a carcajadas y haciendo bromas pesadas, estas últimas dirigidas casi siempre contra su hermana Lee, cuyos fines de semana en casa, de regreso de la universidad, atraían invariablemente a los muchachos. Jackie hizo una de esas farsas un domingo por la mañana, mientras Lee y un amigo holgazaneaban por la casa, y leían el periódico. De pronto una figura grotesca, envuelta de la cabeza a los pies en sábanas de seda blanca y emitiendo agudos chillidos, atravesó la sala a la carrera. Momentos más tarde se presentó de nuevo la aparición. Era Jackie, preguntando con su más dulce susurro teatral si alguien había visto a la «pobre tía Alice... parece que le han vuelto a dar sus ataques de demencia».

En el mejor de los casos, el sentido del humor de Jackie era como el mercurio. Había momentos en que podía mostrarse traviesa y estentórea como una maestra de escuela madura. A principios de 1952 John Husted llevó a Jackie a casa, a Bedford, para que pasara el fin de semana con sus padres. El sábado por la noche, mientras hojeaban algunos de los antiguos álbumes familiares, la madre de John preguntó a su nuera en ciernes si quería ver una foto de la infancia de John.

«Señora Husted —dijo Jackie—, si quiero alguna foto de su hijo puedo sacarla yo misma.»

Para marzo de 1952, la relación, que John Husted caracterizaba como «casta», había empezado a enfriarse. Janet Auchincloss había llevado a cabo discretas averiguaciones, por las que se enteró de que el joven sólo ganaba 17.000 dólares anuales en Dominick & Dominick, y si bien esta cifra no era en modo alguno pequeña, si se tiene en cuenta la época, a Janet se le ocurrió que era un salario demasiado reducido para mantener a una familia. Janet expresó su opinión, no a Husted («Era demasiado educada para hablar de dinero conmigo», dijo él), sino a su hija mayor.

A despecho de los factores financieros, el decreciente interés de Jackie por su novio parecía basarse ante todo en elementos psicológicos. John Husted poseía, sin duda, las cualidades del esposo norteamericano clásicos: recto, fiable, sin afición por las diversiones afiebradas ni por las indiscreciones demasiado vistosas. Regresaría del trabajo a tiempo para la cena, y sería un buen padre cariñoso. Recordaría los cumpleaños y los aniversarios de bodas, con regalos generosos, y en definitiva nunca dejaría que faltara nada en casa. Pero el hombre con quien Jackie quería casarse se ubicaría en otra categoría. Como Black Jack Bouvier, tendría que ser un amigo... experimentado, divertido, sencillo. Y si además ese hombre tenía dinero, tanto mejor (sobre todo si su fortuna procedía de familia). Jackie no tenía nada en contra de la riqueza heredada.

Mientras estaba comprometida, comenzó a salir con otros hombres, entre ellos John B. White, ex articulista del *Times-Herald,* quien en 1952 había ido a trabajar para el Departamento de Estado. White, hijo de un sacerdote episcopaliano, sureño, y en otros tiempos pretendiente de Kathleen Kennedy, había sido presentado a Jackie por Noreen Drexel, y se sintió «inmediatamente atraído por ella. Tenía todas esas cualidades de duendecillo que los hombres buscan en las mujeres.»

Aunque White no podía recordar que Jackie hubiese mencionado nunca su compromiso con John Husted, «tenía la clara impresión de que ella estaba harta de ir y venir de Nueva York. Al cabo de un tiempo comenzó a pasar sus fines de semana en los alrededores de Washington, y ella y yo salíamos de vez en cuando. Hablamos de su columna de encuestas, que en mi opinión constituía la mejor literatura de evasión que se producía entonces en el Distrito de Columbia. Pero no mencionamos ni su continuidad en dicho trabajo, ni siquiera en el periodismo en general, aunque tenía buena mano para la columna. Era competente en lo que se refiere a elaborar preguntas. Poseía una mentalidad curiosa y sabía conquistar la confianza de la gente... obtenía respuestas francas de sus entrevistados. Y le encantaba hablar con sus amigos de clase alta sobre las preguntas que era preciso formular a la gente de su columna. Eso también interesaba a sus amigos. Yo sugerí varias preguntas. Todos sus amigos lo hicieron. Y en varias ocasiones entrevistó a sus amigos y parientes y les formuló sus propios interrogantes.

»Siempre me pareció que Jackie poseía distintos tipos de talento. Me mostró un encantador regalo que había hecho para el cumpleaños de su madre, *Los zapatos rojos,* un librito delicioso, un cuento de hadas que había escrito para niños, y que ella misma había ilustrado y montado. Era un retoño de los cuadernos de recortes que había realizado de niña, un trabajo hermoso. Resultaba tan atrayente que le dije que quería encargarme de encontrarle algún editor. Ella se resistió a la sugerencia, pero al final me dejó el libro. Lo llevaba conmigo en una visita a Boston, y se lo presenté a algunos amigos del campo editorial, quienes lo consideraron magnífico pero no le vieron posibilidades de venta. Más tarde pensé que era una pena que no se lo hubieran publicado.

»Cuando dejó de ver a John Husted, comenzó a dar fiestas en Merrywood. Las organizaba cada vez que sus padres salían de la ciudad. Los invitados, muchos de ellos personajes importantes del escenario de Washington, eran casi todos cincuentones y sesentones. Yo soy casi una generación mayor que Jackie, pero esas personas le llevaban dos generaciones. Ella los manejaba de maravilla. Pero no tenía muchos amigos de su edad. Sentí curiosidad y pregunté a una amiga de Jackie, Mary de Limur Weinmann. Mary confirmó que Jackie tenía pocas amigas y que no echaba de menos la compañía de sus iguales, que se entendía espléndidamente con hombres y mujeres mayores, pero no con sus coetáneos.

»Realmente era algo extraño, de manera que un fin de semana la llevé a Nueva York y le presenté a algunas chicas que conocía. Le expliqué por qué lo hacía. "Deberías tener amigas de tu edad." La dejé a solas con ellas durante unas horas. Las muchachas se mostraron muy interesadas en Jackie y complacidas con ella, pero ella no sentía lo mismo. Lisa y llanamente, no podía congeniar con mujeres de su edad. Creo que ello se debe a que no le agradaba sincerarse. Era competente para lograr que otros hablasen de sí mismos, pero no podía hablar de ella, cosa que la gente joven exige. A las personas mayores no les molesta relatar sus experiencias; de hecho, disfrutan con la oportunidad, porque en general nadie les presta mucha atención.»

White también llevó a Jackie al St. Elizabeth, el hospital federal para enfermos mentales, de Congress Heights de Washington, adyacente a la base Bolling de las Fuerzas Aéreas con vistas al río Anacostia. Los terrenos del hospital, 160 hectáreas de prados ondulados, con densos bosques de olmos, robles y arces, habían formado parte, en otros tiempos, de un jardín botánico, y los árboles todavía exhibían placas de identificación en inglés y latín.

«En una ocasión escribí una serie de notas periodísticas sobre el St. Elizabeth, con sus 7.000 pacientes, enfermos mentales —explica White—, y con ese motivo trabé amistad con el director del hospital, el Dr. Winfred Overholser. Me pareció que a Jackie le agradaría conocerlo y también recorrer los terrenos, que no sólo eran muy tranquilos, sino que además ofrecían una vista vertiginosa de Washington.

»Llegamos en el coche y a Jackie le encantó el paisaje, y la institución le pareció atrayente. Corrían los días en que Ezra Pound, el famoso poeta norteamericano, se encontraba encarcelado en el St. Elizabeth, y destacados escritores como T. S. Eliot, H. L. Mencken, y Katherine Anne Porter iban a presentarle sus respetos.

»No vimos a Pound, pero el día de nuestra visita nos topamos con tres ancianos, sentados uno al lado del otro, en un banco, frente a Washington. Estaban absolutamente inmóviles, creo que catatónicos. Jackie y yo nos sentamos en otro banco, los observamos y nos preguntamos qué secretos se agazapaban en sus mentes, y si tal vez compartían sus pensamientos.

»Cuando presenté a Jackie al Dr. Overholser ella lo llevó a una fascinante conversación sobre el tema de Hércules. Se preguntaban por qué un ser mitológico encontraba tantas dificultades a lo largo de toda su vida y por qué tenía tantos accesos de mal humor que continuamente le ocasionaban problemas. Le preguntó al Dr. Overholser si Hércules era un caso diagnosticable de enfermedad mental. Overholser parecía opinar que Hércules habría debido de estar en un lugar como el St. Elizabeth, que era un esquizofrénico diagnosticable como tal.

»A Jackie le encantaba hablar sobre la gente y sus motivaciones desde un punto de vista psicológico. De vez en cuando ella y yo hacíamos un juego en el cual yo redactaba una lista de nombres de mujeres, nombres de la historia y de la literatura, que tenían ciertas cualidades en común con Jackie. Entonces yo los leía y ella los comentaba. Sólo así conseguía que hablase de ella, aunque sólo fuera en forma indirecta.

»El primer nombre de mi lista, por ejemplo, era Juana de Arco. Pero Jackie la desechó enseguida. Admiraba la persuasividad de Juana de Arco, y sentía que ella poseía la misma cualidad, pero no estaba dispuesta a sufrir el mismo destino final, prematuro y trágico, de Juana de Arco.

»Otro nombre era el de Safo, la poetisa griega. A Jackie le agradaba mucho esa idea, sólo que Safo era, supuestamente, lesbiana, y eso a ella no le interesaba en absoluto. Pero pensaba que le habría gustado vivir en tiempos lejanos y ser única, la mejor del mundo en poesía. Y aprobaba la idea de vivir en una pequeña isla remota, como Safo.

»A Jackie no le interesaba la Eva bíblica. Consideraba que Eva no había sabido comportarse. No le gustaba nada que no estuviese bien hecho. Tenía la misma reacción general respecto a Pandora. Admiraba el deseo de ésta de traer cosas buenas al mundo, pero sentía que habría podido ser más directa en relación con eso. Pandora se convirtió en la víctima involuntaria de muchas cosas malas y pocas buenas. Lo involuntario no le agradaba a Jackie, quien deseaba dominar los hechos hasta donde fuese posible.

»Las dos mujeres con quienes más se identificaba eran Madame de

Maintenon y Madame Recamier, las grandes *salonistes* de Francia en los siglos XVII y XVIII. Ambas mujeres eran sumamente atractivas y poseían la capacidad de hacer que se transluciera el ingenio de los demás, en especial de los hombres. No les gustaba que las mujeres rondaran demasiado; de este modo los hombres se reunían en sus salones y se agasajaban unos a otros. Es una idea deliciosa, al estilo de los planteamientos más contemporáneos de Gertrude Stein y Alice B. Toklas, o de la Mesa Redonda del Algonquin.

»A Jackie le encantaba la idea de dirigir un salón y de invitar a su casa a gente inteligente. La buena conversación era preciosa para ella. Tenía un gran talento para inspirarla, y le encantaba ver cómo la gente disfrutaba y se mostraba brillante. Sus fiestas de Merrywood tenían las características de un salón, y resultaba evidente que ella alentó ese ideal durante su reinado en la Casa Blanca.

»La propia Jackie mencionó a Leonor de Aquitania por un libro que había leído sobre ella. Leonor estaba en el centro de los acontecimientos de su época y era la fiel amiga de los hombres que modelaron esos hechos. Más que ninguna otra cosa, Jackie encontraba placer en tratar con los hombres que realizaban cosas importantes y estar cerca de ellos, no necesariamente para asesorarlos, sino más bien para ser su confidente. Jackie quería ser la confidente de un hombre importante. Ya entonces, su interés por la gente tendía a guardar relación directa con su importancia y su capacidad para divertir. Si una persona era buena, decente y todas esas cosas maravillosas, estaba muy bien; pero le resultaba mucho más vital alguien que fuese poderoso y encantador. Entonces, el carácter no importaba. En su valoración de la gente el poder y el carisma parecían ser superiores a todas las demás cualidades.»

Como John White descubrió con facilidad, Jackie era por sí misma una auténtica central eléctrica.

«Una tarde —señaló— resolvimos viajar a Fort Washington, en Virginia, escenario de varias escaramuzas menores durante la guerra de 1812. Era sólo una excusa para pasar unas horas en el campo. En el viaje de regreso a Washington, nos encontramos enredados en un enorme atasco de tráfico.

»Esa noche los dos teníamos sendas citas para cenar y se nos hacía tarde. El tráfico estaba detenido a lo largo de varios kilómetros. Yo me conformaba con llegar un poco tarde, pero Jackie no, y por primera vez vi en ella una veta de auténtica ferocidad. El coche era mío y conducía yo, pero ella comenzó a tomar las riendas.

»"Retrocede por aquí y toma ese caminito", dijo en cierto momento. Conocía el lugar, porque no estábamos lejos de Merrywood, de manera que resolví hacerle caso. Pero en cuanto seguí su primera indicación, se puso a darme todo tipo de órdenes: "Gira a la derecha, gira a la izquierda, mantente en tu carril". Incluso puso sus manos sobre las mías, en el volante, para asegurarse de que hiciera los giros que recomendaba, y sentí una mano enorme, fuerte, campesina. Ésta no es la mano de una dama. Es una mano grande, fuerte, poderosa. Y de pronto me di cuenta de que se trataba de una persona recia, muy recia.

»Ese vigor no digerido, contenido, residía en el núcleo mismo de la personalidad de Jackie. Y supongo que intimidaba a mucha gente. Me intimidó a mí... por cierto, que nunca intenté nada con Jackie, aunque intentaba cosas con casi todas las demás. No sé, tal vez me sentí protector con ella, o algo por el estilo. Quizá pensé que sería iniciar algo que ni ella ni yo podríamos manejar.

»Recuerdo haberle tomado la mano una vez. Y una vez más tuve la sensación de la mano grande y fuerte, ajena al carácter de esa voz apagada y esa aparente fragilidad... pero esta criatura no es en modo alguno frágil. Tuve el sentimiento de que no había tenido muchas experiencias sexuales, si es que había tenido alguna. Pero no se mostraba muy temerosa en ese aspecto. No era una mojigata. Cuando eso llegase, lo encararía en la forma que le dictaran esas manos duras.»

Entre las otras amistades superficiales de Jackie durante ese período se contaban Godfrey McHugh, un comandante de las Fuerzas Aéreas, diez años mayor que ella, y William Walton, corresponsal de *Time* y paracaidista en la Segunda Guerra Mundial. Los dos hombres eran solteros. Conoció a McHugh por medio de la madre y la hermana de ella, y John White le presentó a Walton.

«Llevé a Jackie a conocer a Bill Walton porque era un querido amigo íntimo —dijo White—. Y me pareció que le haría bien. Era listo e inteligente, muy atrayente en sus modales, de gran rapidez mental, culto, un tipo de ingenio irónico, seco.»

Aunque seguía siendo periodista, Walton estaba a punto de pasar a su segunda carrera como artista. Sus paisajes desnudos, pero luminiscentes, de Cape Cod, atraían a Jackie. Y al igual que ésta, Walton tenía afinidad por las celebridades poderosas, de nombres importantes. Su amigo íntimo durante la guerra había sido Ernest Hemingway.

«Sus fiestas —decía White— eran casi intrépidamente impresionantes. Uno se sentía un tanto avergonzado de estar en el mismo salón con algunas de esas personas, tan importantes eran.»

Jackie comenzó a concurrir a las reuniones de gala de Walton, y le devolvió las atenciones invitándolo a las de ella. Walton y White comían a veces juntos, y se reunían para tomar una copa a última hora de la tarde. En una ocasión, Jack Kassowitz se incorporó al grupo de los cócteles y vio que Jackie seguía «la conversación intelectual con tanta avidez como un espectador en un encuentro de tenis, riendo y sonriendo cada vez que Walton o White destacaban un punto impresionante en la conversación... y aun cuando no lo hacían».

Godfrey McHugh, un «extra» popular en el circuito de las cenas de Washington, era un trotamundos incansable. Cuando conoció a Jackie ya había viajado alrededor del mundo en incontables expediciones militares y personales.

«Por eso a Jackie le gustaba estar conmigo —dijo—. Le encantaba escuchar los relatos de mis viajes y sobre la gente que había conocido. Y a mí me encantaba la compañía de las muchachas hermosas y refinadas. Jackie era más que bonita. Tenía un atractivo increíble, lo que solía llamarse magnetismo animal. No hablaba mucho, pero cuando lo hacía, uno escuchaba.»

Otro integrante de la creciente legión de admiradores masculinos de Jackie era Charles Bartlett. El interés de Bartlett por Jackie databa de 1948, cuando llegó a Washington como un ambicioso y talentoso corresponsal del *Chattanooga Times*. En 1949 la invitó a la boda de su hermano David en East Hampton, L. I., y dice la información que estuvo a punto de presentarla a su amigo John F. Kennedy, representante del Distrito 11 en el Congreso por Massachusetts. Ese distrito de Boston había enviado a Washington, antes de Kennedy, al ex alcalde James M. Curley, quien tenía dos condenas a sus espaldas.

Bartlett, nativo de Chicago y graduado en Yale, había conocido a Jack Kennedy poco después de la guerra, cuando su familia pasó el invierno en Hobe Sound y prácticamente junto a los Kennedy, en Palm Beach.

«Conocía los gustos de Jack en materia de mujeres y me pareció que le agradaría Jackie, porque no se parecía a ninguna otra —dijo Bartlett—. En la misma recepción de la boda le presenté al ex campeón de boxeo de peso pesado, Gene Tunney. Se quedaron en un rincón y Jack en otro, hablando de política, como de costumbre. No era posible distraer ni apartar a ninguno de los dos, y cuando conseguí intervenir en la conversación personal de Jackie, Jack ya se había ido.»

La siguiente oportunidad para una presentación surgió en mayo de 1951. Charles Bartlett se había casado con Martha Buck, la millonaria hija de un magnate de la industria siderúrgica; vivían en Georgetown, a la espera del nacimiento de su primer hijo. Aunque Charles Bartlett siempre ha afirmado ser el que presentó a Jack y Jackie, la verdadera casamentera parece haber sido su esposa.

«Martha fue quien finalmente reunió a Jack y Jackie —insistía Lewis Buck, el tío de Martha y socio comercial del padre de ésta—. Lo hizo porque Charlie seguía interesado en Jackie. La llevaba a comer y por la noche la invitaba a cenar a su casa. Mientras Charlie y Jackie bebían unas copas en la sala, Martha, en el comienzo de su embarazo, preparaba la cena en la cocina. A la larga, Martha se cansó de eso y llamó a su padre y le preguntó: "¿Qué puedo hacer?"

»Su padre le contestó: "Lleva a alguien a casa para Jackie. Preséntale algún tipo." Y eso fue lo que sucedió. El tipo era John F. Kennedy. Ella organizó la cena, ahora histórica, invitó a Jack y a Jackie, y a otras parejas, de modo que no pareciera algo demasiado amañado. Ubicó a Jack y a Jackie juntos, en el sofá, les sirvió cócteles y entremeses y los dejó beber todo lo que quisieran. Charlie no tuvo nada que ver con eso.»

El recuerdo de John Kennedy sobre esa velada tan importante, evocado en una entrevista de la revista *Time,* en 1957, era que Jackie, que todavía estaba en último año de la universidad, parecía poseer más y mejor material que la mayoría de las jóvenes a quienes había conocido, un sentido más profundo de un objetivo en la vida, más allá de la pura exhibición de su belleza.

«De modo que me incliné por encima del espárrago y le pedí una cita.» (Acerca de lo cual Jackie comentó que esa noche los Bartlett no habían servido espárragos.)

En rigor, la velada terminó con una nota un tanto embarazosa. Charles Bartlett recordaba que después de la cena «todos se dirigieron a nuestro pequeño patio trasero, a jugar a lo que entonces se conocía como "El Juego", en realidad una especie de Charadas con dos equipos contrarios, que, en un tiempo brevísimo, debían interpretar con gestos y movimientos una palabra o frase dadas, sílaba a sílaba. El equipo primero en adivinar la palabra gana. Los Kennedy eran tan diestros para "El Juego" como para el fútbol... e igualmente competitivos. Pero Jackie, que era ultravivaz y había estudiado pantomima en la escuela de la señorita Porter, destacaba por sus propios méritos.

»Jack parecía impresionado, y cuando llegó el momento de irse, la acompañó al coche, que estaba aparcado delante de la casa. Le decía algo acerca de ir a alguna parte, para beber una última copa, cuando de repente hubo un alboroto. Nuestro fox terrier se había adelantado a ellos a la carrera, y saltó por una ventanilla abierta del coche y aterrizó, con un aullido inesperado, en el regazo de alguien. Resultó que el misterioso desconocido era un ex novio de Jackie, que vivía cerca; se dirigía a su casa cuando vio su coche y decidió sentarse en el asiento trasero para gastarle una broma pesada. Jackie se sintió tan asombrada como los demás al encontrarlo allí. Se ruborizó intensamente, pero se recuperó e hizo las presentaciones. Jack se sintió confundido. Se disculpó y se fue de prisa.

»Pero parecía interesado, porque telefoneó al día siguiente y comenzó a hacer preguntas. Después no tuvimos noticias de él hasta el otoño. En cuanto a Jackie, pasó el verano en Europa, con su hermana Lee.»

Jack y Jackie no volvieron a encontrarse hasta el invierno siguiente, en el que Jackie ya estaba comprometida con John Husted y trabajaba en el *Times-Herald,* en tanto que Kennedy se encontraba atareado, preparándose para su enfrentamiento senatorial en Massachusetts, contra el titular republicano, Henry Cabot Lodge. Una vez más, Martha Bartlett propició el encuentro; esta vez convenció a Jackie de que invitara a Kennedy como su acompañante a otra cena en casa de Bartlett.

«No teníamos una gran opinión sobre el novio de Jackie —dijo Charles Bartlett—. Era un buen tipo, pero no parecía digno de ella.»

La cena salió bien. La primera vez que salieron juntos, no mucho después de ese encuentro, Kennedy llevó a Jackie a bailar en el Salón Azul del Hotel Shoreham. Fueron con carabina: Dave Powers, el ayudante político de Kennedy, de Boston. La conversación de la noche alternó entre la política y el béisbol.

Después, los encuentros de Jack y Jackie siguieron una curiosa pauta personal... «espasmódica», fue la palabra que usó ella.

«Me llamaba desde algún bar especializado en ostras, del Cape, con gran tintineo de monedas, para invitarme al cine el miércoles siguiente...», dijo ella. Aunque hacía su campaña en Massachusetts, Kennedy estaba de martes a jueves en Washington, y en esos días se encontraban libres para reunirse. A veces Jackie lo visitaba en su apartamento y oficina de Boston, en la calle Bowdoin, pasando por delante de sus dos secretarias, Evelyn Lincoln y Mary Gallagher; ambas terminaron en la Casa Blanca, con Kennedy.

Para abril ya se veían con más regularidad, pero limitaban sus apariciones en público, y preferían las pequeñas cenas en casa de amigos íntimos o parientes. Iban a menudo a casa de los Bartlett, para jugar al bridge por la noche, o a las damas chinas o al monopoly. Otros integrantes de su círculo selecto, en aquel momento, eran el senador Albert Gore y su esposa, el senador John Sherman Cooper (con su esposa; el senador y ella se cortejaban, en realidad, al mismo tiempo que los Kennedy); y Jeff y Pat Roche (Jeff Roche, íntimo amigo de Charles Bartlett, era un periodista de Nueva York, de Hearst). En otras ocasiones, cenaban y pasaban la noche en Georgetown, en casa del hermano y la cuñada de Jack, Bobby y Ethel Kennedy.

«Después estaban las noches —según el ex compañero de habitación de

Jack en Choate, Kirk LeMoyne (Lem) Billings— en que sencillamente se besuqueaban en el asiento trasero del coche de Jack, y después él la llevaba a casa, a lo largo del Potomac y por el puente Rey, hasta Merrywood. Una noche se le estropeó el coche en mitad de la entrada del garaje de la casa de Jackie. Fue andando hasta la vivienda, donde ella le dio las llaves del coche de su padrastro. A la mañana siguiente, Hugh Auchincloss vio que faltaba su preciado Bentley azul y que un descapotable viejo, destartalado y con matrícula de Massachusetts, le bloqueaba el paso.

»No mucho después que comenzaran a verse en serio, Jack se encontró en una situación aún más embarazosa. Una vez, mientras estaban abrazados en el coche, los interrumpió un policía del Estado. Se encontraban estacionados en una tranquila calle lateral de Arlington cuando el policía se acercó, se apeó de su patrullero e iluminó con su linterna el asiento trasero del descapotable de Jack. Para entonces, éste había conseguido quitarle el sujetador a Jackie. Según parece, el policía reconoció a Jack, porque se disculpó y se retiró. Pero Jack tuvo visiones de posibles titulares: SENADOR INTENTA VIOLAR Y DESNUDAR A FOTÓGRAFA INVESTIGADORA. FOTÓGRAFA SORPRENDIDA SIN SOSTÉN. "Es posible que esté comprometida, pero por lo menos no está casada —dijo él—. Eso habría podido ser desagradable."»

Aunque no conocía todos los detalles, John Husted se hacía pocas ilusiones en relación con Jackie.

«Al principio, después de nuestro compromiso —señaló—, las cartas de ella era muy frecuentes y muy románticas. Pero pronto comenzó a escribir que su madre creía que estábamos precipitándonos, que teníamos toda la vida por delante y que tal vez deberíamos postergar un poco nuestros planes.

»Después recibí una extraña carta en la cual ella me decía: "No prestes atención a ninguna de las tonterías que oigas acerca de Jack Kennedy y yo. Son todas murmuraciones periodísticas y no significan nada." La carta llegó en un momento en que nos veíamos cada vez menos, de modo que comencé a entender la situación. Después me llegó una carta en la cual me decía que sentía que debíamos postergar indefinidamente la boda. No hace falta ser Einstein para saber lo que quería decir eso.»

Hacia mediados de marzo, Jackie invitó a John Husted a Merrywood, para pasar el fin de semana. Según lo relataba él, llegó antes que ella y le saludó la joven Nina Auchincloss, quien se hallaba sentada en la biblioteca con su pequeño uniforme azul de la Escuela Potomac, haciendo sus deberes. Nina acompañó al visitante durante una hora, hasta que apareció Jackie y la reemplazó, mientras Nina subía a su dormitorio.

Al principio, Jackie parecía totalmente tranquila y hasta efervescente. Tras unos minutos, John Husted y ella subieron y dedicaron una serenata a la desconcertada Nina. Husted se quedó a cenar esa noche, y pasó el fin de semana en la misma espaciosa habitación para huéspedes en la que solía alojarse cuando la visitaba.

El domingo al mediodía ella lo llevó en coche al aeropuerto, donde tomó un avión hacia Nueva York. Cuando entraron en la terminal de la línea aérea, Jackie se sacó del dedo, en silencio, el anillo de compromiso y lo dejó caer en el bolsillo lateral de la chaqueta de él.

«No dijo gran cosa, y tampoco yo —recordaba Husted—. No se podía decir mucho.

»Unas semanas más tarde recibí una carta de Hugh Auchincloss. Hugh me tenía aprecio, y creo que le sentó mal que las cosas no hubieran salido mejor. Dijo algo por el estilo en la carta, que terminaba citando el famoso verso de Tennyson. "Es mejor haber amado y perdido, que no haber amado nunca", y agregaba: "P. S. Y yo debería saberlo." Y creo que lo sabía, porque había estado casado dos veces antes de hacerlo con la madre de Jackie.»

Jackie experimentó una sensación de alivio por haber terminado su compromiso sin dificultades. Janet, alborozada por el resultado final, devolvió los regalos de compromiso e hizo publicar un anuncio en los periódicos en el cual afirmaba que «por mutuo consentimiento» ambas partes quedaban libres y volvían a ser elegibles.

Aunque desilusionado al comienzo, John Husted se recuperó con rapidez. En 1954, la página de ecos de sociedad de *The New York Times* informaba de su matrimonio con la señora Ann Hagerty Brittain, hija de la esposa de Raoul H. Fleischmann y del difunto Sherward Hagerty, de Filadelfia. Era el segundo matrimonio de la señora Brittain; el primero había terminado en un divorcio. Su padrastro era presidente y editor de la revista *The New Yorker*. Y al igual que Jackie, Ann había estudiado en la Escuela de la señorita Porter.

Ormande de Kay encontró a John Husted en el Club River, de Nueva York, «no mucho después de que Jackie lo dejara por Jack. Esto me recordó una carta que había recibido de Jackie, estando yo embarcado, durante la guerra de Corea. La carta, escrita en enero de 1952, había rebotado de una oficina de correos naval a la otra, y no la recibí hasta principios de la primavera. Ella escribía: "Quiero que seas el primero en saber que he encontrado al amor de mi vida, el hombre con quien quiero casarme." Era John Husted. Para cuando la carta llegó a mis manos, ella había dejado a Husted y perseguía a Jack».

Cuando Jackie informó a John White sobre su interés por Kennedy, éste le dijo que nada bueno saldría de eso.

«Había sido amigo de Jack desde que conociera a su hermana Kathleen —declaró White—. Salimos juntos, en pareja, en muchas ocasiones. Yo sabía lo mujeriego que era. Le dije a Jackie que no creía que él llegase a ser un buen esposo, que era agradable para salir con él, pero no una persona para llevarla a casa y presentársela a mamá.

»Creo que para Jackie el deseo de conquistar a JFK radicaba, ante todo, en el dinero, después en el desafío y por último en el hecho, hasta donde yo podía ver, de que ella tenía muy poca experiencia en lo referente al amor y no sabía qué debía esperar. En ese terreno, poseía menos conocimientos que su hermana Lee. Jackie era más recia, pero mucho más inocente que su hermana menor. Es posible que creyera que JFK no era el peor negocio del mundo. Y por cierto que le atraía la idea de que él seguía un camino ascendente.

»Yo había conocido a otras muchachas que trataron con él. Solía escuchar lo que contaban. Algunas de ellas decían que encarar un poderío tan desnudo y un desprecio tan franco —ser buscada en una libretita negra— era un tremendo desafío. Pensaban que podían quebrarlo. Y el hecho de que él fuese tan frío también desempeñó un papel importante. Tenía sangre caliente y corazón frío. La mayoría de esas mujeres habían tratado con otros hombres, y consideraban a JFK como una persona extraña, a quien era preciso atesorar. Era distinto... totalmente frío e implacable con las mujeres, algo que supongo que muchas de ellas encontraban encantador. Era casi como la idea de poder decir a la mañana siguiente que una estaba ebria y no sabía lo que hacía.

»No creo que a Jackie le importase mucho la moral de JFK. Más adelante hablamos de Jack, y para entonces Jackie entendía la situación y estaba dispuesta a aceptar el riesgo. Para ella, más importante que la moral de Jack era el hecho de que él se encontrase en el centro de los acontecimientos, que su comportamiento en ese sentido fuera adecuado y que le diera un papel decente en el drama. Es justo decir que los dos cumplieron con su parte del trato.

»Todo habría podido resultar muy distinto para Jackie. Habría podido parecerse más a su padre. Hablaba de Black Jack y parecía adorarlo, aunque con cierta aprensión y algunas reservas. Es probable que reconociera en sí misma algunas de las cualidades de su padre. Tuve la sensación de que ella se sentía con más bríos, y que podía viajar a París o a cualquier otro lugar por el estilo, y vivir totalmente independiente, pero en lugar de eso buscó la seguridad. Black Jack era una amenaza constante, una tentación resistida.»

7

En noviembre de 1952, después de la elección de Dwight Eisenhower como presidente y de John Kennedy como senador demócrata por Massachusetts, John Davis se encontró con su prima Jackie para comer en el Hotel Mayflower de Washington. Como lo describe Davis en *The Kennedys,** la conversación pasó muy pronto de los triviales temas de familia al más interesante de la relación de Jackie con John Kennedy: de cómo el senador (según Jackie) iba todos los días a visitar a un peluquero «para que le arreglaran el pelo»; de cómo se pasaba «horas enteras» hosco si en una fiesta o recepción nadie lo reconocía o le sacaba una foto. Después de bromear sobre la posibilidad de presentar a Jack Kennedy a la tía Edith Beale y su zoológico recién adquirido de cuarenta gatos, Jackie señaló que Kennedy era muy alérgico a los animales, en especial a los caballos y a los gatos.

«"¡Imagíname con alguien alérgico a los caballos!", bromeó. Su otro comentario memorable de esa tarde: "Los Kennedy son en realidad terriblemente burgueses."»

Burgués o no, el joven senador poseía, sin duda alguna, ciertas cualidades que atraían a Jackie: buen aspecto, encanto, un ingenio corrosivo y un padre enormemente acaudalado. Además, Jack Kennedy era excepcionalmente elegible, muy ambicioso y con los mismos antecedentes religiosos que Jackie. En términos políticos, se definía como «un idealista sin ilusiones». Cuando se le preguntaba cuáles eran sus mejores cualidades y cuáles las peores, decidía que la curiosidad era la mejor; la peor era su irritabilidad, su impaciencia frente a lo aburrido, lo vulgar y lo mediocre. Por de-

---

* Véase John H. Davis: *The Kennedys: Dynasty and Disaster*, págs. 150-151.

bajo de su exterior brillante, expansivo, parecía existir un aislamiento y una soledad que Jackie no sólo reconocía, sino además compartía. En lo profundo de él había un «estanque de intimidad», que ella también poseía. Se comparaba a sí misma y a Jack con icebergs, con la mayor parte de su vida sumergida, e insistía en que ambos «intuían eso el uno en el otro, lo que suponía un lazo de unión entre nosotros».

Había leído una entrevista periodística en la cual Jack Kennedy había entrado en detalles sobre el tipo de esposa que quería. «Una mujer agradable —dijo—. Inteligente, pero no demasiado cerebral.» Esta descripción la inquietó mucho menos que el hecho de que se diferenciase en forma tan drástica del tipo de mujer con el cual él solía salir: seductora, expansiva, curvilínea. Aunque no le molestaba, tenía plena conciencia de su cuerpo atlético, de pecho plano.

Jackie se concentró en modelarse como compañera cálida, entusiasta, vivaz, una muchacha enamorada del arte, la música y la literatura. Su rasgo más atrayente para los hombres era su capacidad para convertirse en «un hechicero faro de encantamiento», cuya luz, cuando estaba encendida, era intensa. Cuando le gustaba un hombre, se concentraba en él excluyendo a todos los demás que se encontraban en el salón, lo enfocaba con sus ojos separados, lo escuchaba «con una reluciente intensidad, sin aliento».

Para Jack Kennedy, la luz estaba siempre encendida. Jackie informó a Mary Van Rensselaer Thayer, una periodista amiga de su madre, que desde el comienzo se había dado cuenta de que Jack «ejercería una influencia profunda, tal vez perturbadora» sobre su vida. En un chispazo de percepción, también entendió que era un hombre que, a pesar de lo que les decía a los entrevistadores, en realidad no quería casarse. El advertir tal cosa la desmoralizó. Preveía alguna congoja, pero resolvió que tal angustia podía muy bien valer la pena y el esfuerzo.

El plan de acción de Jackie fue trazado con tanta minuciosidad como cualquiera de las posteriores campañas políticas de Jack Kennedy; se dejaron muy pocos detalles librados al azar. Cuando Jackie se enteró de que a veces él se llevaba el almuerzo al trabajo, en una bolsa de papel, y que comía a solas en su oficina senatorial, decidió visitarlo a la hora del almuerzo, con una caja de comida caliente para dos. Usó su columna periodística en forma muy ventajosa, para formular preguntas destinadas a empujar a Jack, poco a poco, en la dirección correcta. «¿Puede ofrecer alguna razón para que un soltero satisfecho tenga que casarse?», preguntó a un grupo de turistas, delante del Monumento de Lincoln. Otro día se inspiró en el autor irlandés Sean O'Faolain, y preguntó a una decena de transeúntes qué pensaban de la concepción de éste, de que «los irlandeses son deficientes en el arte del amor».

Una mañana Frank Waldrop sugirió que Jackie entrevistase a John Kennedy para su columna. Se dio cuenta de que Kennedy había llevado a Jackie al Baile Inaugural de Eisenhower, en enero de 1953; ella cubrió el festejo para el *Times-Herald*. Pero él no conocía el alcance de sus relaciones, ni que ella había hecho de coanfitriona en un cóctel que Kennedy ofreció en vísperas del Baile.

«Ve y entrevístale —le dijo Waldrop a Jackie—. Dile que te he enviado yo. Pero no te forjes demasiadas esperanzas. Es muy mayor para ti... además, no quiere casarse.»

Jackie puso los ojos en blanco, pero no dijo nada. Con la ayuda de la reportera Estelle Gaines entrevistó, no sólo al senador Kennedy, sino también al vicepresidente Nixon, a un par de miembros recién ingresados en el Congreso y a varios empleados del Senado. A éstos les preguntó: «¿Cómo se ve a los políticos cuando se los observa de cerca?», y a la inversa, a los políticos: «¿Cómo se ve a los bedeles cuando se los mira de cerca?»

La respuesta de Kennedy, aunque poco importante, contenía un toque de humorismo: «Siempre he pensado que el país podría estar mucho mejor si los senadores y los bedeles intercambiáramos nuestros puestos. Si alguna vez se promulga esa legislación, me alegraría dejar las riendas en otras manos...»

La persecución, por Jackie, del vibrante senador, no pasó inadvertida en la Colina. William «Carnada» Miller, portero del Congreso, recordaba a «Jackie Kennedy de cuando era Jackie Bouvier, una asustada muchachita periodista que trataba de comportarse con dignidad y como una mujer crecida... Venía a pedirme que la ayudara a tomar algunas fotos para su columna, que sencillamente implicaba hacer una pregunta por día».

Carnada se ofreció a ayudar a Jackie en su romance con Kennedy. Primero le previno que «no debía ni tocar» al hombre más deslumbrante y elegible de la fiesta. Luego dijo: «Pero si en verdad lo quieres, Jackie, te ayudaré a conseguirlo.»

«Carnada, pedazo de loco —replicó ella—. Si necesito ayuda, lo anunciaré.»

Otro ofrecimiento no solicitado procedió de Lem Billings, pero no antes de que tratara de disuadirla.

«La llevé a un lado, en una fiesta —dijo—, y traté de enseñarle "las cosas de la vida". En términos generales, describí los problemas fisiológicos de Jack —sus dolores de espalda, su enfermedad de Addison—, y hablé de algunas de las mujeres de su vida, subrayando los peligros de enredarse con una persona mayor, que ya tenía sus costumbres establecidas. También me interné en las ambiciones políticas de Jack, en su deseo de llegar a ser presidente y en lo que eso significaría en relación con el futuro de ella.

"En esta ciudad, uno no tiene importancia, salvo que la orquesta toque *Hail to the Chief* cuando uno entra en el salón. Si eso no ocurre, uno no es más que un alabardero."

»Después de decir eso, señalé cuán importante podía ser ella para la carrera de Jack. Añadí que llevaba una gran ventaja a las otras mujeres que él había conocido. "La mayoría de ellas no tienen una mentalidad propia —comenté—. Sólo quieren complacerlo, ser las anfitrionas perfectas. Leen *Time, Newsweek, U. S. News and World Report,* y *best-sellers* de ficción y de no ficción. Esto es lo único que hace falta en Washington. Es suficiente para hablar con cualquiera de cualquier cosa, pasar por una cena o un cóctel sin hacer el papel de tonto, siempre que no se mencione el tema del sexo o de la religión. Pero como los dos sabemos, eso no es lo que Jack necesita. Necesita una mujer con trato social, pero también alguien inteligente y con personalidad, como tú. Si quieres que hable con él, lo haré."»

Aunque declinó el ofrecimiento, Jackie tenía buenos motivos para poner en duda el futuro. Poco a poco, su trabajo periodístico había comenzado a ocupar un segundo lugar respecto a su relación con Kennedy. Demostró su dedicación (y su capacidad literaria) ayudándolo a corregir y escribir varios trabajos senatoriales, relacionados con Asia suroriental, y un trabajo sobre historia del arte para Teddy Kennedy, el hermano menor de Jack, que entonces era todavía estudiante de Harvard*. Tradujo varios libros para Jack, entre ellos la obra de Paul Mus, un escritor francés cuya especialidad era el tema de la participación de Francia en Vietnam. Se ocupaba de sus diligencias, le llevaba el maletín cuando le dolía la espalda, lo acompañaba a las cenas políticas, lo ayudaba a comprar ropa (hasta que apareció Jackie, Kennedy prestaba muy poco interés a la moda masculina) y descansaba con él, navegando o yendo al cine (él insistía en ver sólo películas del Oeste y de aventuras, que no ofrecían atractivo para Jackie; de todos modos, iba).

En el inicio de sus relaciones, en realidad cuando todavía estaba comprometida con John Husted, Jackie pasó un largo fin de semana con Jack en la finca de Palm Beach de los Kennedy, frente al océano. Rose Kennedy no estaba y Jackie no la pudo conocer, pero le envió una carta de agradecimiento, firmada «Jackie»**.

---

* La dependencia respecto a las capacidades de los demás, académicas u otras, se convirtió desde muy temprano en una pauta repetida en la vida de Ted Kennedy. Durante su primer año en Harvard (1950) convenció a un compañero de que se presentara al examen final de castellano en su lugar. Cuando se les descubrió, los dos fueron expulsados, pero se les volvió a aceptar un año más tarde.

** Véase Rose Fitzgerald Kennedy: *Times to Remember,* págs. 346-348.

«Pensé que era de un muchacho —escribió Rose en su autobiografía—. Nunca había oído hablar del nuevo amigo de Jack.»

La primera vez que Jackie vio a su futura suegra fue en el verano de 1952, cuando pasó varios días en Hyannis Port, Cape Cod, en los terrenos de los Kennedy. Si bien conocía a Bobby y Ethel y había sido presentada a las hermanas de Jack, la perspectiva de encontrarse con Rose Kennedy y con su formidable esposo llenaba a Jackie de ansiedad.

Pensó que había empezado mal porque su vestido de noche era un poco demasiado elegante para una cena de fin de semana en el campo. Jack bromeó al respecto de forma afectuosa.

—¿Adónde crees que vas? —preguntó. Rose Kennedy salió en su defensa.

—Oh, no seas malo con ella, querido —dijo—. Está encantadora.

Aunque se esforzaban por incluir a Jackie en todas sus actividades, la familia, toda junta, arrolladora, vital, segura en su espíritu de «todos para uno y uno para todos», no podía dejar de abrumar a una recién llegada a sus compactas filas. Jackie se vio arrebatada por el frenesí y la energía del clan, que se precipitaba de cabeza y sin pausa, de una actividad a otra.

«¿Cómo puedo describir a esta gente? —escribió más tarde—. Eran como gaseosa, y otras familias podían no tener efervescencia alguna. Hablaban de tantas cosas con tanto entusiasmo... O se dedicaban a distintos juegos. Durante la cena o en la sala, en todas partes, todos hablaban de algo. Tenían tanto interés por la vida... y eso era muy estimulante. Y tan alegre, abierto, pleno de aceptación...»

Según Dinah Bridge, amiga de la familia, los Kennedy se mostraron igualmente impresionados con el comportamiento de Jackie:

«Creo que se podría decir que se la hizo pasar por todas las pruebas. Y salió muy airosa del fuego graneado de preguntas de los Kennedy. Fue una verdadera cortina de fuego. Había que saber resistir, porque las bromas eran muy veloces, y también las réplicas. Pero ella salió muy bien de todo eso.»

Sin embargo, las visitas posteriores fueron más tensas. Comenzó a sospechar y a advertir, sin admitirlo siquiera para sus adentros, que existía un elemento de reserva en la actitud de los Kennedy hacia ella, que la mantenía apartada y que, a despecho de la maravillosa recepción ruidosa, la hacía sentir que la ponían a prueba.

La exuberante actividad que conoció en su primera visita pareció acelerarse. La competición —en fútbol, tenis, natación, vela, softball, golf, e incluso la conversación durante la cena— era casi demasiado feroz. Jackie comparó los terrenos de la familia con un campamento de boy scouts, su propia recepción en la fraternidad femenina de la universidad. Se refirió a las hermanas de Jack —Eunice, Jean y Pat— como «Las chicas hurrah-rah-rah», y describió su forma compulsiva de dedicarse a juegos como «los restos de una segunda infancia»; observó que cuando se aburrían de los deportes convencionales se dedicaban a la gimnasia en el trampolín o iban a la playa para practicar footing.

«Cuando no tienen otra cosa que hacer —le dijo a Lee—, corren en el mismo lugar. Otras veces se lanzan unas sobre otras como un grupo de gorilas.»

Las hermanas de Jack acosaban a Jackie sin piedad y la bombardeaban con sarcasmos, y con un humor estrepitoso, alborotado, muy enervante. La llamaban «la debutante», ridiculizaban su voz de «niñita», la obligaban a jugar al fútbol, la criticaban cada vez que corría en la dirección equivocada o no recibía bien un pase. Cuando les dijo que su nombre se pronunciaba «Jac-lean», Eunice respondió, entre dientes: «Rima con *queen*» (reina). También rieron cuando se negó a comer emparedados de mantequilla de cacahuete y jalea, una tarde de vela, y en cambio llevó paté y una botella de vino blanco. Las hermanas eran dirigidas por Ethel, quien siempre se enorgullecía de ser «más Kennedy que ninguno». Cuando Jackie dijo, en una confidencia y con cierta ingenuidad, que alguna vez había querido ser bailarina clásica, Ethel le señaló los zapatos y dijo: «¿Con esos pies? Será mejor que te dediques al fútbol, niña.»

Jackie se esforzó por seguir el ritmo demoledor de los Kennedy, hasta que por último resolvió volver a su estilo de siempre y a su manera más tranquila y reflexiva.

«A mí me basta con disfrutar de un deporte, sin necesidad de tener que ganar, salir segunda o empatada», le dijo a Jack cuando éste trató de convencerla de que se incorporase a su tripulación, para la regata anual del Día del Trabajo en el Club de Yates Hyannis Port. Ella y Joe Kennedy siguieron la regata con sus binoculares, desde una escollera privada, en la parte delantera de los terrenos.

«Joe se convirtió muy pronto en el más ardiente partidario de Jackie —declaró Lem Billings—. La admiraba por su individualismo. Y ella no le temía. Bromeaba con él, se burlaba, le replicaba. Él era el espíritu impulsor de todo el clan. Modelaba la vida de sus hijos, sus relaciones, sus pensamientos. Al conquistarlo a él, conquistaba a su hijo.»

Para poner a Joe Kennedy de su parte, Jackie se valió de la inseguridad social de éste, dejó caer insinuaciones sobre sus propios e ilustres antecedentes sociales, se jactó de sus antepasados católicos franceses, de su muy desarrollado sentido del estilo, a la vez que ocultaba el aspecto católico irlandés, duro y ambicioso, de su carácter. Intuyó en el acto que lo que atraía a Joe, a pesar de las burlas de sus hijas, era su refinamiento y su lustre. Cada uno de los varones Kennedy se casaba con mujeres de posición social más destacada que ellos mismos. Joe se casó con Rose porque el padre de ésta, John Francis Fitzgerald, era Representante de Estados Unidos y alcalde de Boston. Ascender en la escala social, alcanzar cierta medida de respetabilidad histórica, salir de los barrios bajos del East End: ésos eran los elementos que motivaban a Joe Kennedy. Su incapacidad, como católico irlandés, para irrumpir en el *establishment* de Boston, fue lo que lo impulsó a trasladar a su familia a Nueva York. Más tarde impresionó a todos los irlandeses de Norteamérica al conquistar el favor político de los británicos de sangre azul, durante su período de embajador en la Corte de St. James.

Jackie poseía todos los ingredientes sociales vitales que Joe Kennedy consideraba que ayudarían a Jack a llegar a la presidencia: la escuela de la señorita Porter, Vassar, La Sorbona, Reina de las Debutantes del Año, el Prix de Paris, Merrywood y Hammersmith Farm. Aunque sólo fuese eso, daba la impresión de poseer una gran riqueza, y eliminaba la idea de que pudiera ser una cazadora de fortunas. Su opulencia era en gran medida una ilusión, porque en realidad Jackie casi rozaba la miseria. Pero nadie lo supo hasta después del matrimonio. La única preocupación de Joe Kennedy por el momento era la diferencia de doce años que existía entre Jack y Jackie. Se daba cuenta de que un fracaso matrimonial podía resultar fatal para el futuro político de Jack. También veía que las experiencias de Jackie en la vida —su refinamiento y su madurez— la hacían parecer mayor que otras muchachas de su edad. Si había problemas en el matrimonio, provendrían de otras causas.

«Joe Kennedy no sólo no condenó el matrimonio, sino que lo ordenó —afirmaba Lem Billings—. "Un político tiene que tener una esposa —dijo—, y un político católico necesita tener una esposa católica. Debe poseer categoría. Es probable que Jackie tenga más categoría que ninguna otra joven que hayamos visto nunca por aquí."

»Después de eso esperaba una proposición en cualquier momento, aunque resultaba difícil imaginar a Jack diciendo "Te amo" a Jackie y pidiéndole que se casara con él. Le habría gustado que eso ocurriese sin tener que decir las palabras. No pertenecía precisamente al tipo de hombres que regalan flores y bombones.

»Aun así, a comienzos de la primavera de 1953 resultaba claro que la relación había avanzado mucho más que ninguna de las otras en las cuales había participado en el pasado. Por cierto, Jackie y él tenían relaciones íntimas. Ella no quería que sus amigos supieran que habían intimado sexualmente. Jackie no se sentía atraída por un hombre si no era "peligroso", como su padre. Era una cuestión freudiana. Jack conocía la atracción que sentía hacia Black Jack, e incluso llegó a hablar de eso con ella. Jackie no lo negó.

»En mi opinión, Jackie gozaba con el sexo, pero ante todo como un subproducto de una relación emocional profunda. El sexo es el más refinado de los juegos, y Jackie era muy refinada. Disfrutaba con el drama intrínseco en las relaciones. Le molestaba que Jack siguiera saliendo con otras mujeres, pero al mismo tiempo despertaba su curiosidad. Mantenía abiertas sus propias opciones y conservaba cierto grado de independencia arreglándoselas para que se la viera con todo tipo de hombres atractivos, jóvenes o mayores. La enardecía el desafío, el fingir que era "difícil", no siempre se encontraba presente cuando Jack la telefoneaba, y no siempre estaba libre cuando él lograba ponerse en contacto con ella.

»Para entonces, Jackie había visitado Hyannis Port en varias ocasiones y se acercaba poco a poco a los otros miembros del clan, incluidas las hermanas de Jack. Si éstas todavía rechazaban a Jackie, era por Jack. Después de la muerte de Joe, hijo, en una misión de bombardeo secreta durante la Segunda Guerra Mundial, Jack se convirtió en principal símbolo de esperanza para la familia. Sus hermanas se oponían a todas las mujeres interesadas en casarse con él.

»Los Kennedy pensaban primero en sí mismos, y después en todos los demás. El que quisiese ingresar en el santuario íntimo, como amigo o cónyuge, debía demostrar primero su lealtad. La suspicacia contra los foráneos se había visto reforzada por la resistencia del mundo exterior a la familia y por una serie de tragedias en ésta: la muerte de Joe, hijo, durante la guerra; la muerte de Kick Kennedy en 1948, en un avión que se había estrellado en Francia; la lobotomía prefrontal practicada a Rosemary Kennedy y su internación permanente en St. Coletta, un convento de Jefferson, Wisconsin.»

Después de lograr seducir a Joe Kennedy, Jackie organizó un encuentro entre Jack Kennedy y su padre. La presentación de los dos Jacks se llevó a cabo en febrero de 1953, durante una cena en un restaurante de Nueva York. Según Jackie: «Se parecían mucho. Hablaron de deporte, política y mujeres... cosas sobre las cuales les agrada hablar a todos los hombres de sangre ardiente.»

Más adelante, Black Jack dijo a Louis Ehret que, aparte de necesitar un corte de cabello, el joven señor Kennedy parecía «un tipo decente... no lo que yo esperaba. Pensé que se parecería más a su padre. Sea como fuere, Jackie está locamente enamorada de él.»

James Rousmaniere, uno de los compañeros de habitación de Jack Kennedy en Harvard, también oyó hablar de la reunión... desde la perspectiva de Kennedy.

«Black Jack era en verdad un hombre muy desdichado, y Jacqueline trató de sobrevivir a su recuerdo durante la mayor parte de su vida —afirmó Rousmaniere—. Era un espanto. Su afición a la bebida era legendaria. Se traslucía en él la sensación de un drama oculto, que engendraba nubarrones.

»Para cuando Jack Kennedy lo descubrió, Black Jack se encontraba en un estado de declinación, lenta pero visible. Aunque todavía seguía las actividades de la Bolsa, estaba a punto de vender su agencia. Jackie y Lee apenas le prestaban atención. De modo que Jack Kennedy hizo un verdadero intento de llegar a conocerlo, aun antes que Jacqueline y él se casaran.

»Visitó repetidas veces a su futuro suegro en Nueva York. Black Jack lo llevó al Club de almuerzos de la Bolsa y luego lo acompañó en una gira por Wall Street. En otra ocasión, Jack fue a su casa. Estaban solos y vieron juntos un combate de boxeo en la televisión. Black Jack parecía muy solo, y Jack hizo un esfuerzo para prolongar la visita. Black Jack estaba ebrio, o por lo menos bebía. Kennedy bebía relativamente poco, pero Black Jack lo hizo beber esa noche, y terminaron pasándolo muy bien.»

El 18 de abril Black Jack Bouvier hizo su primera visita a Merrywood. Su hija Lee ya se había ido de la Universidad Sarah Lawrence. Inició cursos de arte y lecciones de canto en Italia, trabajó por poco tiempo en *Harper's Bazaar* de Nueva York, consideró seriamente pero finalmente desechó la oportunidad de hacer una prueba para Paramount Pictures, y por último, a los veinte años, estaba a punto de encarar un nuevo proyecto: su matrimonio. El joven en cuestión era Michael Temple Canfield, hijo adoptivo de Cass Canfield, editor de Harper and Brothers. Graduado de Harvard y veterano infante de marina combatiente, Michael había salido esporádicamente con Lee, desde los días de debutante de ésta. Acababa de aceptar un puesto en la Embajada Norteamericana en Londres, y en esta ciudad él y Lee abrigaban la esperanza de establecerse[*].

La boda tendría lugar en la iglesia de la Santísima Trinidad de Washington, y la recepción en Merrywood. Por dura que fuese la prueba, Jack Bouvier se sintió obligado a aventurarse en territorio de los Auchincloss para entregar a su hija. Aunque llevó a cabo la primera parte de su misión con gran esfuerzo, pronto comenzó a experimentar remordimientos. Mientras recorría la mansión y los espaciosos terrenos de Merrywood, no

---

[*] Un rumor persistente afirmaba que Michael Canfield era hijo ilegítimo de la unión de cierta dama de la nobleza inglesa y el duque de Kent (hermano menor del rey). Los Canfield, supuestamente, lo habían adoptado para impedir que un escándalo conmoviera a la familia real británica. Según Cass Canfield, hijo, hermano de Michael, «El rumor no es más que eso... un rumor. No tiene base alguna en los hechos y comenzó porque Michael se parecía un poco al hijo verdadero del duque de Kent.»

podía dejar de pensar en su modesto apartamento de Nueva York. El contraste entre las dos residencias, la diferencia entre la riqueza de su rival y la limitación de sus propios medios, nunca había sido tan marcada. La conciencia de que nunca había podido dar a sus hijas tanto como les dio Hugh Auchincloss le dejó una cicatriz permanente.

Los efectos del matrimonio también fueron duros para Jackie, la dama de honor de Lee, ya que le recordaba su posición precaria: la de hermana mayor todavía no casada. Pero para mediados de mayo, Jack Kennedy había hecho lo que para él equivalía a una declaración de amor: le propuso matrimonio. Dijo a Jackie que en realidad había decidido casarse con ella un año antes. Quiso esperar, añadió, pero siempre había sabido que ella tenía que ser su esposa. «¡Qué fantástico por tu parte!», le respondió Jackie.

El anuncio formal de su compromiso tendría que ser demorado. *The Saturday Evening Post* tenía programado un artículo, «Jack Kennedy, el alegre y joven soltero del Senado», y Kennedy no quería proclamar su deserción de las filas hasta que la revista llegara a los puestos de venta de periódicos. Además, Jackie había aceptado acompañar a una amiga, Aileen Bowdoin (hoy Aileen Bowdoin Train), a la coronación de Isabel II de Inglaterra.

Aileen, la hermana mayor de dos de las chicas con quienes Jackie había hecho su primer viaje a Europa, había concebido la idea de la expedición:

«De pronto me sentí contagiada por el microbio de la coronación y el viaje, de manera que llamé a Jackie: "¿Quieres venir a la coronación, si yo puedo ocuparme del alojamiento y el viaje?", pregunté. Jackie, quien inmediatamente se vio invadida por el mismo microbio, dijo que tendría que hablar con su editor. Me llamó al día siguiente. El director quería que cubriera la coronación para el periódico.

»Mi padre, George Bowdoin, tenía un gran amigo en Nueva York, Alex Abel-Smith, cuya esposa era una de las azafatas de la reina Isabel. Se alojarían en el Palacio de Buckingham durante la coronación, de modo que consintieron en dejarnos su apartamento de Londres. Además, mi padre conocía al director de las Líneas U. S., y pudimos conseguir en el último momento un camarote a bordo del *United States*.»

Los artículos de Jackie sobre la coronación, que incluían una serie de dibujos rápidos, a tinta y pluma, se publicaron en la primera plana del *Times-Herald*. Lo abarcaban todo, desde los perros del duque y la duquesa de Windsor, que viajaban en la perrera, a bordo del *United States* (con su propia bomba contra incendios, portátil), hasta el Baile de Perle Mesta en Londonderry House. Ávida observadora de las celebridades, Jackie vio a Lauren Bacall bailando el vals con el general Omar Bradley (Humphrey Bogart se paseaba cerca), fue presentada al joven marqués de Milford Haven (quien le dijo que era preciso hacer una marca especial en la corona de San Eduardo el Confesor, para que no se la colocara mal en la cabeza de la reina), conversó con el pachá de Marrakesh en la cena con baile de la Embajada de Estados Unidos. Cuando no concurría a una fiesta, se podía encontrar a Jackie vagando por las calles de Londres, entrevistando a turistas norteamericanos, amas de casa británicas, obreros fabriles de los barrios bajos, estudiantes de las islas del Caribe. Las entrevistas constituyeron la base para un artículo sobre la concepción que la gente corriente tenía sobre la coronación.

Tras una semana en Londres, Jackie recibió un telegrama de Jack Kennedy (ARTÍCULOS EXCELENTES, PERO TE ECHAMOS DE MENOS) —era uno de sus raros mensajes románticos—, seguido por una comunicación telefónica. Jack acababa de regresar a Washington, de la boda de su hermana Eunice con Sargent Shriver, en Nueva York, y quería hablarle de ella. Después le preguntó si podía comprarle en Londres «unos cuantos» libros que estaban agotados en Estados Unidos —casi todos volúmenes de historia y legislación, así como algunos de Aldous Huxley—, y cuando ella aceptó, él le leyó una lista de títulos de cuatro páginas. Jackie tuvo que comprar otra maleta y pagar cien dólares por exceso de equipaje para llevar los libros a Estados Unidos.

Aileen Bowdoin señaló que «no muchas personas se dieron cuenta de que Jack Kennedy le había propuesto matrimonio a Jackie, antes que partiéramos. Mientras estábamos allí, ella trató de decidir si se casaría o no con él. Fue una decisión difícil. Jackie tenía su propia personalidad y la familia Kennedy, como todos saben, se compone de algunas personas bastante recias. A pesar de lo mucho que quería a Jack, sentía que perdería su independencia y su identidad ante la familia. Su trabajo en el *Times-Herald* nada tenía que ver con eso... se trataba de incorporarse a la familia y dejar que ésta se apoderase de ella».

Durante un año, Jackie sólo había querido casarse con Jack Kennedy, pero la realidad de la situación la llenó de vacilaciones. Al cabo de dos semanas en Londres, resolvió pasar otras dos semanas en París.

Una de las personas en las que Jackie buscó consejo en París fue John P. Marquand, hijo del célebre novelista de Nueva Inglaterra y a su vez novelista en ascenso, cuya novela *The Second Happiest Day* se había publicado el año anterior.

«Nos conocíamos —dijo Marquand— por medio de mi esposa Sue Coward. Sue había sido compañera de habitación de Jackie en París, cuando ambas estudiaban en La Sorbona. Además, el primo de Sue era Michael Canfield, el marido de Lee. Jackie y yo éramos muy íntimos antes de que ella se convirtiera en la Cleopatra de su era. Manteníamos una correspondencia constante, pero yo destruí buena parte de ella hace tiempo... no quería tenerla al alcance de la mano de cualquiera.

»Cuando Jackie apareció en París, después de la coronación, salimos a cenar varias veces. No creo que haya representado un papel de caja de resonancia, pero sé que comenzaron a circular rumores de que éramos una pareja de enamorados, y de que yo había desflorado a Jackie. Esta ridícula versión fue aceptada por Kitty Kelley en su libro sobre Jackie [*Jackie Oh!*, 1978, págs. 27-28], en el cual citaba a una fuente no identificada que habría afirmado, no sólo que yo era el primer amante de Jackie, sino que además decía después: "¡Oh! ¿Eso es lo único que pasa?"

»No tengo idea de dónde sacó Kitty Kelley todo eso, pues me negué a ser entrevistado por ella, pero me perjudica a mí mucho más que a Jackie. Quiero decir: ¿qué clase de imbécil andaría diciendo por ahí que había quitado la virginidad a Jacqueline Kennedy Onassis? Cuando Kitty Kelley publicó esta historia, la gente empezó a llamarme para hacerme reproches. Me sentí anonadado. Me puse en comunicación con Jackie, y ella me dijo: "No hablemos de eso. Olvídalo." De todos modos es una tontería totalmente apócrifa, categóricamente falsa.»

Jackie y Aileen optaron por volar de regreso a casa, en lugar de volver en barco. Partieron del aeropuerto de Orly el 14 de junio y llegaron a Boston a última hora de esa noche. Al otro lado del pasillo, en el avión, se hallaba sentada Zsa Zsa Gabor. Zsa Zsa recordaba más tarde: «A lo largo de las veinticuatro horas que pasamos en el avión no hizo más que preguntarme —no es broma—: "¿Qué haces para tener esa piel?" Y yo ni siquiera me molesté en preguntarle el nombre. No era la mujer más deslumbrante ni la más hermosa. Tenía cabello ensortijado y un cutis feo.»

Aunque Jackie no lo sabía, Zsa Zsa Gabor y Jack Kennedy habían formado pareja en otro tiempo. Jackie no dijo nada acerca de Jack, pero cuando se acercaban a la costa de Estados Unidos se mostró cada vez más inquieta. Empezó a preguntarse si él estaría en el aeropuerto para recibirla.

La actriz nacida en Hungría salió del avión antes que Jackie, pasó por la aduana y encontró a Jack Kennedy en la sala de espera, apoyado con negligencia en un mostrador. Cuando Kennedy vio a Zsa Zsa Gabor, la abrazó y la levantó del suelo.

—Mi dulzura querida. Siempre te he amado —dijo. Momentos más tarde Jackie entró en la sala de espera y vio a Jack con Zsa Zsa. Jack soltó a la actriz y sonrió cuando Jackie se adelantaba. Después presentó a las dos mujeres.

—La señorita Bouvier y yo pasamos varias horas juntas en el avión —dijo Zsa Zsa a Jack Kennedy—. Es una muchacha encantadora. No te atrevas a corromperla, Jack.

—Pero si ya lo ha hecho —susurró Jackie.

8

Al día siguiente de su regreso de Europa, Jacqueline Bouvier fue a ver a su jefe, Frank Waldrop, y con contrición fingida le entregó su renuncia.

«Me dijo que había estado en lo cierto al sospechar que podía terminar casada, en lugar de llegar a ser una periodista profesional —dijo Waldrop—. Estaba haciendo teatro, pero yo le respondí que me sentía desilusionado porque sus artículos sobre la coronación mostraban una veta promisoria. Luego le pregunté: "¿Quién es el afortunado?" "John Kennedy —me contestó—. Y esta vez va en serio."»

El anuncio oficial del compromiso de Jack y Jackie, el 24 de junio de 1953, fue seguido por dos fiestas de compromiso, una ofrecida por los Auchincloss en Hammersmith Farm y la otra por los Harrington, amigos de los Kennedy, en una enorme casa que tenían junto al Club de Golf Hyannis Port. Larry O'Brien, ayudante político de Kennedy y miembro de la mítica «mafia irlandesa», llegó a casa de los Kennedy varios días antes de la fiesta de Harrington.

«Mi esposa y yo estábamos sentados con Jack y Jackie —recordaba O'Brien—. Íbamos en traje de baño y bermudas, cuando aparecieron dos hombres jóvenes de negocios con trajes de tres piezas. Eran de Van Cleef y Arpels, la importante joyería de Nueva York. Querían entregar el anillo de compromiso de Jackie. Jack se lo colocó en el dedo. Era de esmeraldas y diamantes tallados. Mi esposa y Jackie se divirtieron intercambiándoselo y admirándolo. Jack se sintió tan complacido que invitó a los dos hombres a quedarse y unirse a nosotros para nadar un poco.»

Repitieron la ceremonia de los anillos ante los invitados en casa de los Harrington, disfrutaron de un almuerzo y participaron en las bromas y los juegos habituales, entre ellos una cacería durante la cual robaron un autobús escolar y el casco de un policía.

Jackie volvió a Hyannis Port una semana más tarde, para lo que esperaba que serían una merecidas vacaciones, con tenis, libros, dibujos y vela. En lugar de eso, fue presentada al fotógrafo de la revista *Life* y se le dijo que Jack y ella pasarían los tres días posando para centenares de fotos que se usarían para la portada de un artículo de su romance. Cuando ella se resistió, las hermanas de Jack le dijeron que era por el bien de la carrera de éste.

Durante el mes de julio, Jackie acompañó a Jack a Worcester, Massachusetts, escena de un reciente huracán, donde él entregó un cheque por 150.000 dólares de la Fundación Joseph P. Kennedy al Colegio de la Asunción, que había sufrido graves daños en la tormenta. A bordo del avión contratado había una docena de periodistas y fotógrafos. Cuando uno de ellos le preguntó si tenía muchas cosas en común con el senador por Massachusetts, Jackie respondió que algunas cosas las tenían demasiado en común: «Como Jack es una persona tan violentamente independiente y yo también lo soy, esta relación exigirá mucho esfuerzo.»

La futura novia fue una invitada frecuente en Hyannis Port ese verano. Cuando no los acosaba la prensa, ella y Jack navegaban en el *Victura* (el velero de Kennedy, de 24 pies), leían poesía en voz alta o se paseaban por la playa. Jackie incluso se unió a la familia para alguno que otro partido de fútbol americano, y se retiró de forma definitiva un año más tarde, cuando un robusto compañero de estudios de Ted Kennedy en Harvard le fracturó el tobillo al pisarla accidentalmente.

A mediados de julio la madre de Jackie invitó a Rose Kennedy a Newport para almorzar y tratar de los planes de la boda. Jack y Jackie también se hallaban en Newport ese fin de semana. Antes del almuerzo, los cuatro viajaron al Bailey's Beach Club. Janet y Rose iban con elegantes vestidos: sombreros de ala ancha, guantes blancos, vestidos de seda y perlas. Jack llevaba una camiseta vieja, pantalones cortos y un par de pantuflas.

«Las dos madres viajaban en el asiento delantero del coche y nosotros en el de atrás, como una especie de niños malos —declaró Jackie—. De todos modos [cuando llegamos al club], Jack y yo fuimos a nadar. Yo salí antes del agua; era hora de ir a almorzar, pero Jack se demoró. Y recuerdo que Rose, desde el sendero, llamó a su hijo que seguía en el agua: "¡Jack! ¡Jaaack!", y era como si fuese uno de esos chiquillos que no quieren salir de la piscina y fingen no oír a su madre... "¡Jack!", pero él no quería salir del agua. No recuerdo si bajó ella a buscarlo o si fui yo, pero él comenzó a salir mientras decía "Sí, mamá".»

Durante el almuerzo, Janet Auchincloss hizo saber que deseaba para

Jackie una boda muy pequeña, muy exclusiva, para Jackie... nada de fotos, ni periodistas, ni multitudes, apenas un discreto anuncio en el periódico de Newport y en los de Washington, y unos pocos amigos íntimos de la familia.

«Señora Auchincloss, su hija se casa con una figura política, un senador, un hombre que algún día puede ser presidente —protestó Jack Kennedy—. Habrá fotógrafos, nos agrade o no. De modo que la idea consiste en presentar a Jackie de la manera más ventajosa posible.»

Cuando la discusión se empantanó, Jack lanzó a su padre sobre Janet. Joe Kennedy voló a Newport. En cuanto Jackie vio que el embajador descendía del avión, avanzando hacia ellos a grandes zancadas desafiantes, se dio cuenta de que su madre no tenía la menor posibilidad de salirse con la suya.

La ceremonia que Joe Kennedy negoció con la madre de Jackie se llevaría a cabo en Newport, pero estaría más en consonancia con un acontecimiento destinado a los medios que a ser una boda de sociedad.

Ambos bandos se mostraron cautelosos el uno respecto al otro. Janet Auchincloss encontró a los Kennedy torpes, venales y testarudos; dijo a sus amistades que el matrimonio de Jackie era «un descenso, no un ascenso». Joe Kennedy le pareció irritante, brusco e irascible, «el tipo de hombre que le arranca la cabeza a una si no logra salirse con la suya».

Al referirse a los Auchincloss en particular, y a la gente de Newport en general, Joe Kennedy dijo a Red Fay, un compinche de Jack de la época de la guerra: «Ni siquiera saben vivir allí, en Newport. Su riqueza es obsoleta. La mayoría de ellos no hace otra cosa que mantener una fachada y están endeudados con todo el mundo. Si uno levantara las alfombras, encontraría probablemente toda la basura del verano acumulada allí, porque no tienen suficiente servidumbre para mantener en buen funcionamiento esas enormes casonas. Te digo que no saben vivir, en comparación con la forma en la que vivimos aquí.»[*]

En agosto, Jack Kennedy partió con Torberth H. «Torby» Macdonald, ex compañero de habitación de la universidad (y futuro miembro de la Cámara de representantes), en un crucero de placer de dos semanas por el Mediterráneo, dejando que Jackie se ocupara de las últimas disposiciones para la boda. La madre de Jackie se enfureció.

«Ningún hombre enamorado hace algo semejante —protestó—. Si uno está enamorado de una muchacha, desea estar con ella.»

---

[*] Los comentarios de Joe Kennedy aparecieron en el borrador original de *The Pleasure of His Company* (1966), de Fay, un libro sobre su amistad con John F. Kennedy. Jackie pidió que ese pasaje, al igual que varios otros, fuese eliminado antes de la publicación del libro. Fay satisfizo el pedido, bajo presión de la familia Kennedy.

Aunque lo negó, Jackie se sintió alarmada por la necesidad de lo que Kennedy llamó «un último revoloteo». Estelle Parker, diseñadora de modas con tiendas en Palm Beach y Newport, describió una escena en la cual, mientras tomaba las medidas de Jackie para su ajuar, se vio obligada a escuchar un largo torrente de expresiones de ansiedad premarital.

«Tenía varias preocupaciones —dijo Estelle Parker—, comenzando por la de los hombres que no saben asentarse. Quiso saber qué opinaba yo sobre los maridos que son infieles a sus esposas. Sentí que me hablaba a mí porque no podía hablar con su madre y no quería hablar con ninguna de las amigas de Janet.

»Yo sabía que los Kennedy no le gustaban demasiado. Se daba cuenta de que si se casaba tendría que obedecer todos los caprichos de la familia. Las mujeres Kennedy eran tratadas como ciudadanos de segunda clase. Tomarían virtualmente a Rose Kennedy por la nuca y la eliminarían físicamente de la habitación, cuando la conversación tomase un cariz serio. Jackie no estaba dispuesta a tolerar ese tipo de tratamiento.

»Parecía confundida, indecisa. Mientras se negaba a ser el segundo violín en la orquesta de los Kennedy, se preocupaba por su falta de experiencia en la organización de un hogar. No sabía cómo se llevaba adelante una casa. Había crecido rodeada de cocineras y criadas. Sabía todo lo referente a la presentación de una mesa para una recepción y de arreglos florales, pero no era capaz de hervir un huevo. Había dejado su trabajo en el periódico y trataba de aprender cómo dirigir una casa. Cuando yo le probaba su ropa en Newport, me preguntó si podía hacerle algunas sugerencias para ayudarla a salir del paso.

»Mi esposo y yo llenamos unas cuantas hojas sueltas con toda clase de informaciones, diciéndole qué debía tener en la nevera, como chuletas frías y cerveza para el senador y sus amigos políticos; cómo hacer que durasen más las flores cortadas; cómo, cuando se cambian las sábanas, se pone sencillamente abajo la sábana de arriba.

Por supuesto, unos años más tarde, cuando llegó a ser la Primera Dama, hacía cambiar las sábanas tres veces al día, pero al comienzo era más moderada. Cuando volví a verla, dos años después, todavía tenía esa información en su poder y me dijo que la usaba. "Sin ella me habría sentido perdida", confesó.»

El secreto mejor guardado en relación con la boda de Jackie fue el referente a la diseñadora de modas Ann Lowe, una negra norteamericana que durante cincuenta años fue modista, siempre con discreción, de algunas de las damas más destacadas de la sociedad norteamericana. Janet Auchincloss, siempre atenta a los costos, la contrató para que equipase a todo el grupo nupcial Jacqueline Bouvier/John Kennedy. Ese verano, Jackie viajó con frecuencia a Nueva York, para pruebas y modificaciones, sin decir a nadie quién era la responsable del diseño de su vestido de bodas.

Lois K. Alexander, director del Instituto de Modas de Harlem y amigo de Ann Lowe, recordó que una inundación en el taller de Ann, en la Avenida Lexington, unos días antes de la boda, causó estragos:

«Quedaron arruinados de diez a quince vestidos. Los cincuenta metros de gasa de seda color marfil de la cual se componía el vestido de boda, la *faille* de seda rosa y el raso rojo de las madrinas tuvieron que ser reemplazados por el proveedor.

»El vestido de novia, cuya confección había llevado dos meses, se completó en dos días de corte y tres de costura. Una ganancia calculada de 700 dólares se convirtió en una pérdida de 2.200, porque Ann se negó a hablar del accidente con los Auchincloss.»

Mientras Ann trabajaba con ahínco para terminar los vestidos, los Kennedy celebraban la inminente boda a lo grande, comenzando con una recepción en Parker House, de Boston, para 350 amigos políticos y colaboradores de la campaña de Jack. Después, el clan convirtió sus propiedades de Hyannis Port en una especie de parque de diversiones para amigos y parientes. Durante una semana, antes del 12 de septiembre de 1953, día de la boda, los prados hervían de actividad, siendo el principal acontecimiento la fiesta de cumpleaños, al aire libre, del mayor de los Kennedy. Cada uno de sus «niños» le regaló un jersey, y los pusieron uno tras otro, sobre su cabeza.

La escena se trasladó luego a Newport, donde Anthony y Jane Akers, amigos de los Auchincloss, organizaron un cóctel en honor de Jack y Jackie. Dos días antes de la boda, Hugh Auchincloss ofreció una cena de despedida de soltero para dieciocho personas, en el Club Clambake. Jack Kennedy dio la nota destacada con un brindis, con champán, por su ausente futura esposa («por mi futura esposa, Jacqueline Bouvier»), y luego invitó a todos a arrojar sus copas a la chimenea.

«Yo le había dicho a Jack, de antemano, que ése era el protocolo en tales recepciones —dijo Red Fay—. Pero me asombró que lo llevara a cabo, porque las copas eran hermosas, de cristal, y pertenecían a la familia de Hugh Auchincloss desde hacía generaciones. Éste hizo una mueca de dolor cuando dieciocho copas se estrellaron en la chimenea. Después que terminamos con ellas, el camarero las reemplazó por otro magnífico juego de fino cristal, también de Auchincloss, y volvió a llenarlas. Jack se puso de pie y dijo: "Tal vez no sea ésta la costumbre aceptada, pero quiero volver a expresar mi amor por la joven con quien voy a casarme. Brindo por la novia..." Todos bebieron su champán y las copas volaron de nuevo a la chimenea y quedaron destruidas. Hugh Auchincloss parecía muy alterado.

Como resultado del segundo brindis, el tercer juego de copas que llegó a la mesa habría estado muy bien en los estantes de un restaurante de diez centavos de Healy.»

La cena de bodas también se hizo en el Club Clambake. Allí, la noche anterior a la ceremonia, los asistentes a la boda recibieron sus regalos: paraguas de Brooks Brothers para los catorce padrinos, marcos de fotos de plata, con monogramas, para las diez madrinas. Después el novio pronunció un discreto discurso, en el cual reveló los motivos que lo habían impulsado a desposar a Jackie: quería alejarla de las filas del Cuarto Poder. Se había convertido en una reportera demasiado perspicaz, y como encuestadora representaba un peligro para su futuro político.

Jackie bromeó a su vez. Como cortejante, afirmó con ironía, el senador era un fracaso en determinados sentidos. Durante el cortejo no le había escrito cartas de amor, sino, apenas, una postal que envió desde las Bermudas. La levantó para mostrarla y leyó su mensaje en voz alta: «Ojalá estuvieras aquí. Jack.»

Mary de Limur Weinmann asistió a la cena de bodas y recordaba cuando Jack dio a Jackie su regalo.

«Era un brazalete de diamantes —dijo—. Yo me hallaba sentada junto a ella cuando él se acercó y lo dejó caer en su regazo. Ella se quedó profundamente sorprendida.»

El padre de Jackie proyectó una oscura sombra sobre la boda. Para el acontecimiento, Black Jack había pasado el mes de agosto tomando sol y haciendo ejercicios en el club Maidstone, en East Hampton. Se tomó varias semanas para elegir una vestimenta adecuada, una levita de corte perfecto, el alfiler de perlas de su padre para la corbata, zapatos y guantes del mejor cuero importado. Tomó una habitación en el Viking, el principal hotel de Newport, mientras sus hermanas mellizas y los respectivos esposos se alojaron en el cercano hotel Munchener King.

«Los Auchincloss vigilaron la organización social de la boda —recordaba Michelle, la hermana de Jack Bouvier—, y se ocuparon de que el padre de Jackie fuese formalmente excluido de toda participación activa. Janet se aseguró de que su papel quedase reducido al mínimo, de que no concurriera a ninguna de las fiestas anteriores a la ceremonia. Jack se sintió aplastado. Había abrigado la esperanza de ser invitado por lo menos a algunas de las funciones. Pero no ocurrió así. Aparte de los pocos minutos que pasó con ella durante el ensayo de la boda, ni siquiera vio a Jackie. Por consiguiente, la ceremonia comenzó a adquirir proporciones épicas en su cerebro. Estaba decidido a hacer su entrada con gran estilo. Escoltaría a su hija por el pasillo central y la entregaría al novio: ése era un privilegio que no podían arrebatarle.»

En Hammersmith Farm, al alba del día de la boda, Jackie estaba serena y resuelta. Janet y Lee le ayudaron a ponerse el vestido de novia y el velo de encaje que había pertenecido a la madre de Janet. No pareció tener importancia que el velo, que Janet había usado el día en que se casó con Jack Bouvier, hubiese soportado dos matrimonios anteriores, infortunados.

El vestido fue criticado, al menos por un experto en modas, como «una masa atroz de tafetán de seda, con excesivos adornos de volantes, alforzas, costuras y flores», opinión que Jackie tendía a compartir. Quería un vestido de bodas más moderno, dinámico, pero a la larga aceptó los deseos del novio. Jack Kennedy le había pedido que vistiera «algo tradicional y anticuado». Para que le diera buena suerte, llevó una liga azul.

La situación en el hotel Viking esa mañana era cualquier cosa menos serena. Las hermanas mellizas de Black Jack habían dispuesto que sus esposos —John E. Davis y Harrington Putnam— lo ayudaran a prepararse para la boda. Cuando llegaron, lo encontraron a medio vestir, y medio bebido, con un vaso alto vacío en la mano y una botella de whisky junto a él. Sus palabras eran confusas y apenas podía mantenerse en pie, y menos aún caminar en línea recta.

Los dos hombres telefonearon a sus esposas y les informaron sobre el estado de Jack. Maude y Michelle llamaron a Janet Auchincloss para decirle que, en apariencia, Black Jack había bebido un par de tragos, pero que les parecía que podía reponerse a tiempo para acompañar a Jackie por el pasillo central.

Janet se opuso en el acto. No tenía intención de sentirse avergonzada delante de tanta gente, en el momento más importante de la vida de su hija. El padrastro de Jackie reemplazaría a Black Jack. Si éste se atrevía a aparecer en la Iglesia Católica Romana de St. Mary, Janet lo haría expulsar por la fuerza. Aunque las mellizas trataron de razonar con ella —el deseo de Jackie era ser escoltada por su padre verdadero—, Janet ya había hecho su elección.

Según se informó en *The New York Times,* más de 3.000 espectadores se apiñaron en St. Mary esa mañana, para poder ver al novio, de 36 años, y a su novia, de 24. La policía rodeó al gentío con una cuerda de protección, y lo hizo retroceder hacia la acera de enfrente, mientras una limousine dejaba a Jackie delante de la iglesia.

Saint Mary, adornada con gladiolos rosados y crisantemos blancos, desbordaba con los más de 750 invitados. Los jóvenes hermanastros de Jackie, Jamie y Janet, hicieron las funciones de paje y ramilletera. Bobby Kennedy era padrino y Lee madrina de honor. Joe Kennedy había pedido al arzobispo de Boston, Richard Cushing, que celebrara la misa nupcial con la colaboración de monseñor Francis Rossiter y varios sacerdotes de alta jerarquía, entre ellos el reverendísimo James Kellor, de Nueva York, dirigente del movimiento de cristóforos, y el reverendísimo John J. Cavanaugh, ex abad de Notre Dame. El tenor Luigi Vena, de Boston, cantó el *Ave Maria, Panis Angelicus y Jesu, amor Mi;* su melodiosa voz contrastaba con la chirriante voz monótona de Cushing cuando terminó la misa formal dando a los recién casados una bendición apostólica del Papa Pío XII.

En una ceremonia totalmente tradicional, John White dio el toque de ligereza.

«Cuando Jackie se comprometió con JFK, yo le aposté que no llevaría las cosas adelante —dijo White—. Ella me dio una posibilidad de 2 a 1 en la apuesta. Si por algún motivo no se casaba, me pagaría dos dólares, y si se casaba yo le daría un dólar.

»En realidad yo esperaba ganar, pero cuando llegó la invitación recordé que había recibido invitaciones de las dos partes —de Jack y de Jackie—, cosa que en cierto modo me resultó divertida.

»Viajé a Newport para la boda y lo primero que vi fue a Jackie caminando por el pasillo del brazo de Hugh Auchincloss. De modo que agité el billete de un dólar. La gente que me rodeaba se echó a reír, pero nadie, salvo Jackie, entendió el significado del gesto. Me ofreció una amplia sonrisa y siguió adelante.»

Sylvia Whitehouse Blake, una de las madrinas de Jackie, se sintió impresionada por «la forma espléndida en que se comportó, por su capacidad para sobreponerse a los problemas del día, a saber, la ausencia forzada de su padre. Como madrina, no tenía conciencia de que estaba bebido en el hotel Viking, o donde fuese. Lo supimos después. Y por cierto que no lloró, ni se derrumbó, aunque todos los libros dicen que estuvo terriblemente trastornada. Pero supongo que tiene que haber sido una experiencia muy traumática para ella... sentir tanto afecto hacia su padre y, sin embargo, saber que él no era feliz».

Otra invitada a la boda, Eilene Slocum, había sido informada de la presencia de Black Jack en Newport, y se preguntó qué le había pasado.

«Cómo era posible no preguntárselo —dijo—... No estaba ahí para entregar a Jacqueline. Hugh Auchincloss había ocupado su lugar. La gente murmuraba, sobre todo en la recepción en Hammersmith Farm. Allí se reunieron más de 1.300 personas, una extraña combinación de políticos irlandeses y amigos republicanos de la familia de Hugh y Janet, muchos de los cuales estaban al tanto de la ausencia de Jack Bouvier.

»En otros aspectos, fue una de esas bodas "perfectas", un día soleado, ventoso, con caballos y vacas pastando en la pradera, todo el mundo radiante y animado; había varios entoldados enormes instalados en el prado trasero. Meyer Davis, que había tocado en la primera boda de Janet, tocó el violín como un loco. Los niños —los míos, los de Noreen Drexel y los dos más pequeños de los Auchincloss— intepretaron la Danza del Sombrero Mexicano ante las cámaras de los periodistas.»*

Tras firmar en el libro de registro, Jack y Jackie se incorporaron a la fila de la recepción, mientras quienes querían ofrecerles sus buenos deseos hacían cola para felicitarlos: senadores, gobernadores, gente de sociedad, corredores de Bolsa, consejeros políticos, lo más representativo de todas las familias participantes. El desfile ante la pareja llevó dos horas y media.

Jackie, deslumbrante y sin duda la estrella del espectáculo, se encontraba junto a Jack, quien parecía tranquilo, tal vez engañosamente sereno. Pero los invitados que lo vieron de cerca advirtieron en su rostro ostentosos rasguños y magulladuras, resultado de un encuentro de fútbol americano a primera hora de la mañana, con algunos de sus amigos. Los soportaba bien mientras sonreía para los fotógrafos y bailaba con su novia bajo el entoldado de franjas azules y blancas. Jackie bailó luego con su padrastro, ayudó al novio a cortar el pastel de bodas, de un metro y medio de alto, arrojó su ramillete de orquídeas blancas y rosadas a las madrinas, y desapareció para cambiarse para el primer tramo de la luna de miel.

Al final, en la intimidad de su dormitorio, el dominio de Jackie sobre sí misma se derrumbó. Los ojos se le llenaron de lágrimas (más que ninguna otra cosa, habría querido que su padre estuviese presente en ese día especial). Pero cuando se reincorporó a la fiesta con su traje Chanel gris (llevaba puesto el brazalete de diamantes de Jack y un alfiler de diamantes, regalo de bodas de su suegro), nuevamente se la veía entera. Abrazó a su madre, su hermana y algunos parientes más próximos, expresó su gratitud al tío Hughdie por haber reemplazado a su padre, y en medio de una tormenta de arroz y confeti partió hacia el aeropuerto con Jack; allí embarcaron en un avión privado, rumbo a Nueva York.

Pasaron la noche de bodas y el día siguiente en la suite nupcial del Waldorf-Astoria, y al tercer día, por la mañana temprano, volaron a Ciudad de México, con destino a Acapulco. Al llegar al aeropuerto de Ciudad de México se vieron frente a un equipo de funcionarios mexicanos de inmigración. Sus pasaportes estaban en orden, pero Evelyn Lincoln, la secretaria de Kennedy, no había incluido sus certificados de nacimiento. Al

---

* Ken McKnigth, que sirvió en el Departamento de Comercio durante la Administración Kennedy, declaró sobre la recepción de bodas: «La servidumbre (chóferes, etc.) estaba en un entoldado separado, y el proveedor cometió el error de darles el Moët que supuestamente debía ser servido a los invitados. Éstos, en cambio, recibieron el champán más barato. Después de la boda, los chóferes de 500 automóviles fueron «bombardeados», y con una sola carretera para regresar a la ciudad, sufrieron el peor atasco de la historia de Newport.»

cabo de una demora de tres horas, se les permitió continuar hacia su punto de destino final.

Ir a Acapulco había sido idea de Jackie. Días atrás, había realizado una corta visita al balneario, con su madre y su padrastro, y había visto una casa de campo que se le quedó grabada en la mente como el lugar perfecto para pasar su luna de miel. La casa, de piedra rosa, ascendía, escalonada, desde el Pacífico azul verdoso, contra un risco de arcilla roja. Lo que Jackie no sabía era que la casa pertenecía a don Miguel Alemán, presidente de México y antiguo conocido de Joe Kennedy. Cuando reconoció la casa por la detallada descripción de Jackie, Joe Kennedy se comunicó con Alemán y se enteró de que el presidente se alegraría mucho de recibir a los recién casados. Les abrió las puertas de su propiedad por el tiempo que desearan quedarse.

El primer acto de Jackie una vez instalada consistió en escribir a su padre una carta larga y afectuosa, diciéndole que sabía cuán presionado debía de haber estado y que, por lo que a ella respecta, sentía de verdad que él era quien la había acompañado por el pasillo central.

La carta tenía una gran importancia para Black Jack. Aunque no se la mostró a nadie, habló de ella a la gente, entre otros a Yusha Auchincloss.

«Jackie me había presentado a Black Jack —explicó Yusha—, y a lo largo de los años establecimos una estrecha relación. Después de la boda de Jackie sentí pena por él y resolví llamarle por teléfono. Eso fue una o dos semanas después de su regreso a Nueva York. Para entonces ya se sentía mejor. Los periódicos dijeron que se había enfermado, y que por eso no pudo entregar a Jackie. En realidad había estado asustado y nervioso con todo el gentío y los periodistas, en Newport, y todos haciéndose preguntas respecto a él y Janet.

»A propósito, no era cierto que él y mi padre no se llevaran bien. Por el contrario, mi padre trató de allanar las cosas entre Black Jack y Janet. Pero resultó imposible, porque ya existía demasiada hostilidad entre ellos.

»La carta de perdón de Jackie ayudó a restablecer la confianza de Black Jack en sí mismo. Fuese cual fuere la causa, no había cumplido con sus obligaciones de padre, y ésa era una carga que debería soportar. Pero el saber que no había perdido el afecto de su hija hacía que las cosas resultaran diferentes. Y cuando regresaron de la luna de miel, Jackie visitó a su padre en Nueva York y hablaron otra vez del asunto. Ella le explicó que no había sido invitado a las fiestas prenupciales porque no se habría sentido cómodo, nadie creía siquiera que quisiera asistir.»

Jackie escribió otra carta desde Acapulco, en este caso a Rose Kennedy, detallando las actividades cotidianas: una expedición de pesca en alta mar en la que Jack pescó un pez vela de dos metros setenta, que Jackie quería disecar como recuerdo de la luna de miel. Los estudios de castellano de Jack, en la Berlitz, y sus intentos, a menudo divertidos, de conversar en ese idioma; la dificultad de ella para el esquí acuático; sus maratonianos encuentros de tenis en el club Villa Vera Racquet. Incluía un largo poema, de densa construcción, que había escrito para Jack, en imitación de Stephen Vincent Benét: «Encontraría el amor/Nunca la paz/Porque debería continuar buscando/el Vellocino de Oro...» En la carta no se mencionaba para nada la fiesta a la que asistieron en la casa vecina, del arquitecto mexicano Fernando Parra, donde Jackie encontró a su esposo en la terraza, rodeado por tres jóvenes encantadoras, cada una de las cuales competía con las otras en atenciones hacia él. Lo que más le molestó fue que eso representaba sólo uno de tantos incidentes similares, que se produjeron durante la luna de miel.

Después de una quincena en Acapulco, volaron a San Francisco, para visitar a Red y Anita Fay, los amigos de Jack. Los Fay percibieron una creciente tensión entre los recién casados. Red Fay atribuyó el problema a «las presiones de la vida pública... para no hablar de las que sufren un marinero veterano y su esposa... [que] a menudo se interponían en el tipo de luna de miel que ansía cualquier novia joven»*.

Jack Kennedy tenía la costumbre de salir sin Jackie. Una tarde, Red Fay y él fueron a un partido de fútbol profesional, dejando que las dos damas se las arreglaran por su cuenta. Anita llevó a sus invitados a almorzar y luego a una agotadora gira en coche por la zona de la Bahía. Jackie no disfrutó. Le molestó que la dejaran con alguien a quien apenas conocía, y le molestó aún más el interés demasiado evidente de su esposo por otras mujeres. Jack Kennedy, que se describió ante Red Fay como «demasiado viejo a la vez que demasiado joven para el matrimonio», coqueteó desvergonzadamente con todas las mujeres atractivas e interesantes que se le cruzaron por el camino.

* Paul B. Fay, hijo: *The Pleasure of His Company*, pág. 163.

9

A mediados de octubre de 1953, de vuelta de la luna de miel en México, Jackie quedó con su amiga Selwa «Lucky» Roosevelt para almorzar en el restaurante Occidental, en Washington. Según recordaba Lucky, «Yo me había casado antes que Jackie y acompañé a mi esposo, Archie Roosevelt, a Turquía, de modo que nos perdimos la boda de ella. En el almuerzo nos pusimos al día con nuestras noticias. Ella parecía muy efervescente y excitada. Jackie y ella se habían presentado en el programa *Person-to-Person*, de Edward R. Murrow, que entonces era el programa más popular de las horas punta en la televisión. Recuerdo que durante nuestro almuerzo Jackie me dijo: "Oh Lucky, ¿no es maravilloso ser tan feliz y estar tan enamorada?"

»Al principio eso me pareció conmovedor, pero después comencé a dudar. Jack y ella no tenían una casa propia por el momento, y distribuían su tiempo entre la casa de los padres de ella, en Virginia, y la de los Kennedy en Hyannis Port y Palm Beach. Dijo que buscaban una casa porque pensaban tener hijos... "Y si hay hijos es preciso tener casa propia."

»Me pareció un poco extraño que vivieran con sus padres políticos, y pensé en la tensión que eso debía de suponer. ¿Qué relación había entre el hecho de tener hijos y el de poseer una casa propia? Si una está casada, debe tener su casa.»

En Nueva York, en una cena ofrecida por Charles y Jayne Wrightsman, conocidos de los Kennedy en Palm Beach, Jackie se encontró con otra antigua amiga, Jeanne Murray Vanderbilt, con quien había montado a caballo a menudo, en su infancia.

«Después de la cena —dijo Jeanne Vanderbilt—, Jackie y yo fuimos al dormitorio de Jayne. Jack Kennedy estaba en Washington y Jackie se encontraba sola en Nueva York. Parecía un poco desolada, un tanto perdida. En apariencia, era posible que tuviera problemas para adaptarse a su nueva situación, en especial debido a la naturaleza y las dimensiones de la familia Kennedy. Sabía que los Murray eran un extenso clan católico-irlandés, por lo cual me dijo: "Jeanne, tu provienes de una familia grande. ¿Cómo te las arreglas con ella?"

»No supe qué contestarle. Mencioné la importancia del hecho de mantener la propia identidad. "No puedes cambiarlos —dije—, pero tampoco trates de cambiar tú misma."»

Aunque bien intencionado, un consejo como ése era más fácil de dar que de aplicar: el mantenerse fiel a una misma entre los Kennedy creaba tantos problemas como los que resolvía, en especial cuando se complicaba con la intensidad de los vínculos de la tribu. Jack y Jackie pasaban buena parte de su tiempo con el resto de la familia, mucho más de lo que habría querido Jackie.

Jack y ella pasaron las Navidades de 1953 con los padres de él, en Palm Beach, y Jackie pudo ver otra característica menos atractiva de la familia. Como regalo de Navidad, le compró a Jack un costoso equipo para pintar al óleo.

«Casi al momento —contó Lem Billings—, todos los Kennedy se lanzaron sobre él, cogieron pinceles, sacaron pintura de los tubos, compitieron para ver quién podía producir el mayor número de pinturas en menos tiempo. Se dedicaron a eso desde la mañana temprano hasta muy avanzada la noche; comenzaron fuera, y luego, cuando apretó el calor se retiraron todos a la casa, dejando caer hilos de pintura y trementina por suelos y alfombras. Jackie quedó anonadada. Permaneció ahí, boquiabierta, a punto de estallar.»

Como había madurado viviendo con un presupuesto estrictamente controlado y dentro de los límites de un código de conducta igualmente estricto, esa arrogancia y derroche por parte de sus parientes políticos la escandalizó. Los recursos financieros de los Kennedy, que según los diversos cálculos iban de los 100 a los 750 millones de dólares, según el año y la fuente, parecían casi inagotables. Joe Kennedy había amasado una fortuna por medio de una serie de negocios que hoy serían vistos con desaprobación, pero eran comunes entre los corredores de Bolsa y los financieros de otros tiempos: desde vastas importaciones de «whisky medicinal» de Escocia, en el apogeo de la Ley Seca, hasta astutas especulaciones de valores y feroces transacciones comerciales que incluían la compra y venta de distintas compañías y corporaciones. Sus ganancias parecían provenir de todos los rincones del mercado: bienes raíces, petróleo, servicios, astilleros, películas, cinematógrafos, acciones y bonos, el Merchandise Mart Building de Chicago (de su propiedad), el hipódromo de Hialeah, en Florida (del cual era uno de los accionistas principales). Había trabajado para pagarse los estudios en Harvard, y en algún momento de su carrera fue el más joven presidente de banco del país. Si bien le obsesionaba la acumulación de riqueza, su verdadero objetivo era conquistar prestigio social para sí y para su familia. En 1925 estableció un fondo de fideicomiso de un millón de dólares para cada uno de sus hijos, y para mediados de la década de los cuarenta los fondos habían aumentado su valor en diez veces.

A pesar de toda su riqueza y temeridad, los Kennedy eran reconocidamente tacaños. El juez James Knott, ex director de la Sociedad Histórica de Palm Beach, los consideraba «increíblemente frugales. No hablo de frugalidad en un sentido financiero estricto; quiero decir que no eran generosos... nunca se introdujeron del todo en la vida social de Palm Beach. Nunca invitaban. Eran una gran familia con la organización de un clan, dirigida por un hombre que no era precisamente una joya de la sociedad. Joe Kennedy no poseía vivacidad en público, ni tenía buenas anécdotas que quisiera compartir. No era más que un hombre de negocios, muy listo y exitoso, pero carente de todo tipo de aspiraciones o hábitos sociales. Había sido embajador en Gran Bretaña, pero ciertamente no poseía pasta de embajador. Ocupó algunos otros puestos gubernamentales de menor relevancia: presidente de la Comisión Marítima de Estados Unidos, miembro de la Comisión Hoover, pero muy pocas veces hablaba de esas experiencias. Era socio del prestigioso Club Everglades, pero no alternaba con los demás socios. Recuerdo que en una ocasión se presentó en Bradley, el famoso casino de juego de Palm Beach, y no apostó ni una sola ficha. Una vez me confesó que no le agradaba perder».

George Vigouroux, propietario de las galerías de arte de Palm Beach y Nueva York, confirmó el punto de vista del juez Knott: «Hasta la última moneda que ganaba Joe Kennedy iba a parar a manos de la familia, o a las diversas campañas políticas de ésta. Como nunca invitaban a nadie, no les importaba el aspecto que pudieran tener sus hogares. Las casas necesitaban reparaciones. Joe pintaba el frente de su casa, pero nunca la parte trasera o los costados, porque la gente sólo veía la fachada. A pesar de la cantidad de dinero que poseía, Joe Kennedy siguió siendo en esencia lo que siempre había sido: el hijo de un inmigrante irlandés, dueño de una taberna, de mentalidad independiente.

»Rose Kennedy era más ahorrativa aún. Era una mujer que iba a misa cada día y nunca dejaba más de un billete de un dólar en la bandeja. El padre Jeremiah O'Malloney, de St. Edward, en Palm Beach, la toleraba porque la familia tenía un apellido importante. Pero le molestaban las míseras donaciones de Rose, y la censuraba delante de toda la congregación. A ella no le importaba. Sus hijas y ella llevaban su propia merienda al paseo campestre semanal de la iglesia, en lugar de comprar lo que ésta ofrecía. Pasaba como un vendaval por la casa, apagando luces para ahorrar electricidad; marcaba las botellas para que los criados no bebieran a sus espaldas; cobraba a cada criado diez centavos por cada botella de Coca-Cola que sacaban de la despensa entre horas. La servidumbre recibía una paga mísera. El apodo del hogar de los Kennedy era "La Casa del Salario Mínimo".

»Rose era amiga de Mary Sanford, de la alta sociedad de Palm Beach, ante todo porque Mary poseía una piscina climatizada. Hasta que Joe Kennedy tuvo un ataque en 1961, éste se negaba a instalar una unidad similar en su propia piscina. Cuando Rose iba a casa de Mary, llegaba invariablemente a la hora del almuerzo. Lo más divertido del caso es que disfrutaba nadando desnuda. Mary recibía a sus amigos para almorzar, y de pronto aparecía el cuerpo desnudo de Rose Kennedy, quien se lanzaba a la carrera en dirección a la piscina. Los invitados de Mary nunca sabían cómo tomárselo, y hacía tiempo que ella había dejado de molestarse en explicarlo.»

Más escandalosa tal vez que sus prioridades monetarias era la actitud chovinista que compartían los hombres de la familia Kennedy, desde Joe, el mayor, hasta el más joven de sus hijos. Joe Kennedy era un incansable perseguidor de mujeres. La más conocida de sus aventuras extramaritales era su relación con Gloria Swanson. A finales de la década de los veinte, él formó una compañía cinematográfica, *Gloria Productions,* que produjo su primera película hablada para la «Reina de Hollywood». La sedujo en la intimidad de su finca de Palm Beach, mientras su esposa se encontraba en otra habitación y el esposo de la Swanson, el marqués Henri de la Falaise, se pasaba el día pescando. La tomó a la manera de «un caballo amarrado, tosco, ardiente, ansioso por liberarse —escribió ella en su autobiografía—.* Después de un apresurado final, se tendió a mi lado, acariciándome el cabello.» De alguna manera, Gloria supo que ese «hombre extraño era mi dueño». La llevó consigo cuando él y su esposa viajaron a Europa y la mantenía en un bungalow privado, en Rodeo Drive, Beverly Hills. A lo largo de sus tres años de relaciones, ella vivió con el temor de quedar embarazada. Kennedy quería tener un hijo de ella, y le remarcó que durante todo un año su esposa no se había quedado embarazada, lo cual «demostraba» que había sido «fiel» a Gloria. La relación concluyó cuando Kennedy la reemplazó por Nancy Carroll, una actriz de notable parecido con la Swanson. Sólo más tarde Gloria descubrió que el bungalow y una notoria cantidad de extravagantes regalos que le había hecho Kennedy, entre

* Véase Gloria Swanson: *Swanson on Swanson,* págs. 356-357.

ellos un coche y un abrigo de pieles, habían sido cargados en secreto a la cuenta personal de ella.

La forma egocéntrica y dura con que Joe Kennedy trataba a las mujeres podía llegar a ser asombrosamente cruel. Marianne Strong, agente literaria y experta en relaciones públicas, recordaba un incidente que incluía a Joe Kennedy y a dos jóvenes modelos en el restaurante La Caravelle, en Nueva York.

«Mi difunto esposo y yo sabíamos que Joe Kennedy frecuentaba La Caravelle, e incluso se rumoreaba que era dueño, en parte, del restaurante, de modo que no nos asombró encontrarlo sentado cerca de nosotros. Tenía a esas dos hermosas y esbeltas muchachas, una a cada lado, y pronto se vio con claridad que estaba proporcionando placer a una de ellas por debajo de la mesa. Le había metido la mano debajo de la falda, y exhibía una sonrisa dura, desagradable, mientras cenaba con la otra mano.

»Mi esposo llamó al maître. "No hemos venido aquí para ver espectáculos —dijo—. Por favor, ¿puede darnos otra mesa?"

»El desdichado maître no logró encontrar una sola mesa desocupada en todo el salón. Podíamos quedarnos y cerrar la boca o irnos. Nos quedamos y soportamos el resto de la exhibición de Joe Kennedy.»

Doris Lilly, la vivaz ex redactora de ecos de sociedad del *New York Post*, de ojos chispeantes, también soportó una velada desagradable a manos del patriarca de los Kennedy.

«Joe Kennedy representaba el colmo de la vulgaridad —señaló—. No era más que un engreído. Perseguía a todas las muchachas que veía. Incluida yo. Una noche me llevó a cenar al "21". Corría la mitad del verano y hacía calor. En esos tiempos nadie tenía aire acondicionado. Yo bebí vino con la cena, y no estaba habituada a ello. Después me llevó a El Morocco y me hizo beber más. Finalmente me acompañó a mi apartamento. Nos hallábamos en el vestíbulo del edificio, cuando me preguntó: «¿Qué es eso que hay ahí?» «¿Dónde?», respondí. Volví la cabeza y él pegó su boca a la mía, me besó, corrí escaleras arriba y vomité. Era tan repugnante... Era un hombre asqueroso. Quería que fuese a Saratoga con él, yo le dije que estaba enferma, de modo que mandó un médico a mi casa.

»Tenía un montón de amigas. Conocí a una muchacha que fue su amante durante años. Era actriz. Joe le compró un apartamento en Beekman Place, en Nueva York, donde todos los tipos acaudalados mantenían a sus amantes. Era un lugar ideal, porque había poco tráfico y nadie la veía a una en la calle. Supuestamente, a él no le importaba gastar dinero en sus amigas, porque le hizo espléndidos regalos de joyas.

»Me dijo que a Rose no le interesaba saber cuántas mujeres mantuviese Joe, siempre que ella tuviese su familia. Rose sólo tuvo relaciones sexuales con su esposo con fines reproductores. Era una devota católica de ese tipo. Una vez que tuvo su familia, ya no le interesó. Muchas personas hablaban de "la sufrida Rose". Eso no es verdad. Rose no objetaba las mujeres de Joe, siempre que éstas no fuesen un obstáculo para su vida personal o familiar.»

«La vida de Joe Kennedy era un complicado acto de equilibrio —sugirió Slim Aarons, fotógrafo de la sección de sociedad en *Holiday, Town and Country* y otras publicaciones exquisitas—. Vivía entre los ricos, pero en realidad no era uno de ellos. No participaba del escenario social. Tenía tres intereses: la política, el golf y las mujeres. Era un hombre poderoso a quien no le molestaba herir a la gente, o por lo menos no se preocupaba cuando lo hacía. Ése era el secreto de su éxito.

»Yo solía visitarlo en Palm Beach. Me dejaba fotografiarlo allí, pero sólo si agregábamos una fecha a la foto. Quería que la gente creyese que vivía todo el año en Hyannis Port. Era mala política que se lo vinculara con Palm Beach, en especial, en esos días en que el único denominador común era el dinero. A los negros no se les permitía entrar después de las 7 de la tarde. Los clubes campestres eran los que imponían más limitaciones. Palm Beach podía constituir un desprestigio para cualquiera cuyo hijo quisiera ser presidente de Estados Unidos.

»Joe Kennedy andaba con mujeres todo el tiempo. Durante un período que pasé en su casa de Palm Beach, vivía con él una muchacha de 25 años. Ella se fue el mismo día en que llegó el padre Cavanaugh, de Notre Dame. El Padre Cavanaugh se fue y llegó Rose. Rose se fue y volvió la muchacha de 25 años. Siempre me pareció que su comportamiento mujeriego representaba una rebelión activa contra la moralidad limitativa que imponía el catolicismo irlandés. Quería mostrar al mundo que vivía libre de esas coerciones. Le encantaba exhibir a sus mujeres delante de los demás. Y ninguna mujer era sagrada para él: ni la esposa de uno, ni la hija de otro, ni las amigas que sus hijos llevaban a cenar a casa. Había algo inevitable en todo eso. Si una mujer era joven y atractiva y entraba en contacto con los Kennedy, podía tener la certeza de que uno u otro de los hombres intentaría llevarla a la cama, u obligarla a ello.»

Si bien escandalizaba a muchos, la vena de mujeriego de Joe Kennedy apenas sorprendía a Jackie, pues tenía la experiencia de su propio padre para medir las acciones de su suegro. Ella y Joe establecieron un tipo de intimidad que Jackie compartía con muy pocas personas. Poseían un sentido del humor muy parecido, y en una ocasión persiguieron juntos a una criada, hasta hacerla huir del comedor de la familia arrojándole costillas de cordero apenas mordisqueadas. Jackie escuchó cuando el embajador le habló de la timidez de Jack, al principio, en el escenario político.

«Nunca pensé que tuviera pasta para eso», dijo Joe Kennedy. Jackie criticaba a su suegro cuando éste expresaba lo que en opinión de ella eran puntos de vista racistas sobre los negros y los judíos, y señalaba que él sólo veía el mundo en términos absolutos, negro y blanco, en vez de verlo como era: una mezcla sutil de grises. Él apreciaba su franqueza.

«Es la única persona que hay por aquí, que muestra un poco de valentía», dijo a su esposa.

«Al embajador —comentó Lem Billings— le gustaba hablar sobre sus conquistas femeninas. Le hablaba a Jackie durante horas enteras sobre Gloria Swanson, Marion Davies y muchísimas otras, pasadas y presentes. Jackie y él compartían sentimientos y bromas personales. Cuando ella y Jack tenían problemas maritales, Jackie los descargaba ante Joe. Él la admiraba por su fuerza, por el hecho de que siempre mantenía su identidad. Era la única persona que podía enfrentarse al anciano y no tener problemas por ello.»

A pesar de sus estrechas relaciones con Joe Kennedy, sus vínculos con Rose, a quien encontraba «atolondrada» y «despótica», se deterioraron con rapidez. Langdon Marvin, asesor y ayudante por mucho tiempo de Jack Kennedy, conoció los primeros atisbos de dificultades entre las dos damas: las dos querían dominar el proscenio.

«En el otoño de 1953, en vísperas de Todos los Santos, visité a la familia en Hyannis Port —dijo Marvin—. Salía con Gloria Emerson, la escritora, y los dos volamos allá para pasar el fin de semana. Llegamos tarde y ellos ya estaban cenando. Para mi inmensa sorpresa, nos ofrecieron un cóctel de ron, aunque resultaba evidente que no debíamos entretenernos con él. Al viejo Joe no le agradaba que la gente gastara sus bebidas, cosa que resultaba extraña, ya que ganaba algo así como cincuenta centavos por cada botella de whisky que se vendía en Estados Unidos. Jackie me dijo: "Langdon, me alegro de que hayas venido. Éste es el primer trago que se me permite beber desde que regresamos a esta casa." Me pareció que eso era muy triste. Una mujer casada con un camionero, que vive en un apartamento sin agua caliente, de la Undécima Avenida de Nueva York, puede decidir si quiere una cerveza antes o después de la cena. En este caso había limitaciones. Y como Jackie vivía entonces con los Kennedy, debía hacer lo que éstos ordenaban.

»Recuerdo que esa semana fue muy fría, tanto más cuanto que Rose y Joe se negaron a encender la calefacción. Tuve que usar tres pares de calcetines y otros tantos jerseys prestados. Cuando Jackie mencionó nuestra incomodidad, Rose le lanzó una mirada furiosa: "Veremos una película —dijo Rose—, en el sótano hace más calor." Por lo tanto, después de la cena todos bajamos al sótano para ver una película en la sala de proyección de Joe. Yo no estaba de humor, pero sabía que no debía discutir con ninguno de los Kennedy. Primero vimos películas familiares de la boda de Jack y Jackie, seguidas por una un tanto aburrida de gángsters, con Edward G. Robinson. Ni falta hace decir que el sótano era, con mucho, el lugar más frío de la casa.

»Al día siguiente, sábado, Jackie me mostró un libro de caricaturas políticas en el que trabajaba en sus ratos libres. Recuerdo una caricatura sobre la esposa de un senador que aprendía a reconocer si el Senado continuaba en sesiones gracias a la luz encendida sobre el Capitolio y la bandera izada sobre la cámara. Había otra de Jack, de aspecto muy torvo, con pelos duros en las piernas, diciendo: "Exijo mis derechos maritales."

»Mientras hojeábamos el libro, mirábamos un partido de fútbol americano que se desarrollaba en el prado. Después de unas pocas jugadas, un grupo de Kennedys caían al suelo y luchaban entre sí. Jackie parecía casi ofendida. Se ofendió más cuando Rose Kennedy se acercó y le dijo: "Jackie, ¿por qué Langdon y tú no os unís al resto del grupo? El ejercicio os vendrá muy bien." Sin parpadear, Jackie replicó: "Es hora de que alguien empiece a ejercitar su cerebro, en lugar de sus músculos."

»No era un secreto para nadie que no se querían. Jackie se burlaba constantemente de Rose. Encontraba risible la costumbre de ésta de prenderse notitas a la ropa para recordar distintas cosas o tareas que debía realizar. Y Rose se divertía igualmente con el hábito de Jackie de abrir el grifo del agua cuando iba al cuarto de baño, para cubrir el ruido de sus funciones corporales.

»Todos saben que una vez, molesta por la tendencia de Jackie a dormir hasta tarde, preguntó a Mary Gallagher, entonces secretaria de Rose, si Jackie bajaría pronto. "Podrías recordarle que tenemos algunos invitados importantes para el almuerzo, y que sería bueno que nos acompañara." Cuando Mary transmitió el mensaje, Jackie respondió haciendo una malévola imitación del acento irlandés, nasal, de su suegra, y resolvió quedarse en la cama hasta que los invitados "importantes" hubiesen llegado y partido.

»Volví a ver a Jackie después de Todos los Santos, en enero de 1954. Fui con Gloria Emerson a Palm Beach. Los padres de Jack se hallaban ausentes, pero reinaba cierta agitación, porque esperaban a Rose. Ésta llegó a tiempo para el almuerzo, al día siguiente, y se sentó a la cabecera de la mesa. Unos minutos más tarde bajó Jack y entró en la sala. Allí, en la pared, donde otrora colgaba el precioso Renoir de su madre, Jackie había colgado el enorme pez vela, disecado, que Jack había pescado en la luna de miel. Jack se unió a nosotros para el almuerzo, pero no dijo nada. Por último, después del almuerzo, fuimos todos a la sala. Bien, Rose echó una mirada al monstruoso pez colgado de la pared y estuvo a punto de desvanecerse. Salió de la habitación sin pronunciar una palabra, buscó al hombre de mantenimiento, lo acusó de la sucia acción y despidió al desdichado en el acto.»

Nueve meses después del incidente del pez, con Jackie en Europa y Jack a punto de ser operado de la espalda en Nueva York, el senador pidió a Langdon Marvin que organizase una fiesta en Northeast Harbor, Maine, donde los padres de Langdon tenían una pequeña casa para el verano. Langdon sabía con exactitud qué quería decir Jack con «una fiesta en una casa», y aunque sentía mucho afecto por Jackie, no era cosa de él poner en tela de juicio las acciones de Jack. Hizo lo que se le pedía.

Recordaba las circunstancias:

«Éramos siete en la fiesta, contándome a mí, a mi condiscípulo de Harvard Joe Driscoll, Grace Ferro, Sally Alexander, Jack y dos más. Las chicas despedían todas un elegante atractivo. Establecí una regla para el grupo: siempre números impares: tres, cinco o siete en la casa o en la piscina cubierta, y nunca dos, cuatro o seis. De esa manera, nadie podría acusar de nada a Jack, y por lo tanto a mí.

»Reservé todo el primer piso de la antigua Kimball House. La señora Kelly, la conserje, fue informada de que Jack ocuparía su propia habitación. En nuestra primera noche fuimos al Club Pot-and-Kettle, un lugar muy exclusivo de Bar Harbor. Jack caminaba con muletas, a causa de su espalda. Al día siguiente vimos las regatas, y esa noche fuimos al baile del Club Campestre Bar Harbor. Jack no bailó, pero para entonces ya había corrido la noticia de que un senador de Estados Unidos estaba en la ciudad, y que no estaba solo.

»Es posible que esto no significara nada hoy, pero entonces era importante. Nos vimos sometidos a un espantoso espionaje... gente que escuchaba en el tablero telefónico, criados que irrumpían en la habitación de Jack con dos bandejas para el desayuno en lugar de una, doncellas del hotel que inspeccionaban las sábanas. Hicieron de todo, menos mirar debajo de la cama. Y la ciudad quedó de pronto repleta de periodistas que hacían preguntas y sobornaban al personal del hotel.

»A la mañana siguiente hablamos del asunto y resolvimos que la situación exigía que Jack llevase a la señora Kelly, una anciana viuda que usaba bastón y tenía cabellos blancos, níveos, a la misa matutina en la iglesia católica más próxima. Jack todavía estaba tocado de la noche anterior, de modo que lo metimos en una bañera de agua fría, le pusimos un traje y lo llevamos al vestíbulo. Allí estaba la señora Kelly, con el coche en el camino de acceso. Jack se introdujo en el vehículo y partieron, seguidos por una caravana de periodistas y fotógrafos. Después de eso no tuvimos más problemas: no más espionaje, ni periodistas, ni criados metiéndose en nuestras habitaciones.

»¿Cómo se las arreglaba Jackie con el mariposeo de Jack? La verdad es que nunca lo pregunté. Supongo que era consciente. Pero nunca me presentó una prueba contundente.

»Sólo puedo suponer que eso provocaba una gran tensión. No sé si existen evidencias médicas al respecto, pero a veces me pregunto si ésa no fue la razón de todo los abortos y otros problemas conexos que tenía Jackie. Había perdido un embarazo durante el primer año de matrimonio. Su médico le dijo que si seguía tan tensa era posible que tuviera problemas para procrear. Eso puso nervioso a Jack y es probable que lo indujera a tener más enredos amorosos. Quería una familia grande, de no menos de cinco hijos, pero desde el inicio de su matrimonio se dio cuenta de que no sería así.»

10

«Jackie me describió una vez a Jack Kennedy como una persona de cuerpo minúsculo y cabeza enorme —dijo Truman Capote—. Lo dijo en un momento de ira. No creo que se diese cuenta del problema en que se metía cuando se casó con él. Jack se encontraba en constante competición con su padre para ver quién podía conquistar más mujeres. Jackie no estaba preparada para una actitud mujeriega tan flagrante. No esperaba encontrarse abandonada en fiestas, mientras su esposo se iba con otra mujer. Tampoco esperaba convertirse en objeto de burlas entre las mujeres de su propio círculo, que conocían, como casi todos, lo que sucedía.»

La propia Jackie lo expresó en forma menos tajante, cuando confió a un amigo:

—No creo que existan hombres que sean fieles a sus esposas. Los hombres son una combinación de lo bueno y lo malo.

Capote lo dijo de manera más directa:

—Todos esos hombres Kennedy son iguales... son como perros, tienen que detenerse y orinar en cada farola.

Capote recordaba una pequeña cena a la cual asistió en Nueva York, unos dos años después del matrimonio Kennedy:

«Se llevó a cabo en un apartamento de Park Avenue, y los Kennedy se encontraban presentes, así como Babe Paley*. Las damas, entre ellas Jackie y Babe, habían dejado la mesa después de la cena, y se suponía que los hombres beberían coñac y fumarían puros, mientras un petrolero de Texas narraba sus experiencias con chicas de 1.500 dólares la noche, en Las Ve-

* Esposa de William Paley, presidente del directorio de la CBS.

gas. Conocía sus números de teléfono y su especialidad: chupar la verga, por delante y por detrás, lo que sea. Sabía cuán bien lo hacían, durante cuánto tiempo, hasta dónde, qué largo de pene podían recibir, y qué podían hacer con éste que no hubiese hecho ninguna otra. Así hablaba. Era repugnante, revolvía el estómago. Y Jack Kennedy lo saboreaba, prácticamente tomaba nota. Escribió algunos nombres y números en un trozo de papel. Más tarde, cuando Jackie y él ya se iban, ella le preguntó de qué habíamos hablado. "De política —respondió él—, de la misma política de siempre." Pero Jackie conocía la verdad. Lo sabía todo.»

Gore Vidal también entendía que Jackie a su vez conocía los correteos de Jack y los aprobaba tácitamente, o por lo menos cerraba los ojos. Vidal decía que el matrimonio Kennedy «era una cosa del siglo XVIII: una unión práctica para ambas partes». Sugirió, además, que Jackie, al igual que Lee, habían sido criadas para representar el equivalente moderno del papel de la cortesana clásica.

El senador George Smathers, de Florida, que compartía una suite con Jack en Washington, en el Hotel Fairfax, al principio se opuso al matrimonio de su amigo: «Jack me preguntó qué opinaba de Jackie. No ofrecí sólo mi opinión. Me preguntó qué opinaba del hecho de que se casara con ella. Yo percibía en Jackie cierta fragilidad, y le dije que pensaba que tal vez podía elegir mejor. Quería decir que quizá no iban bien el uno con el otro, al menos en apariencia. Me equivoqué al decírselo, porque Jack podía ser porfiado. Le dijo lo que había dicho yo, y ella, cuando ya era Primera Dama, habló de eso en la Casa Blanca. Estábamos bailando en una función presidencial y ella me susurró al oído: "Apuesto a que tú y Jack preferiríais estar de nuevo en Italia, solos." Luego mencionó lo que yo había dicho sobre ella, diez años antes. No creo que me lo perdonase nunca, tal vez porque me vinculaba con el Jack de los locos días de soltería.»

George Smathers reconoció que Jack Kennedy había heredado su «complejo mujeriego» de un padre exigente, que «no aceptaba de ninguno de sus hijos nada que no fuese lo mejor, lo primero». Smathers admitió que Joe y Rose «sólo se relacionaban para tener hijos, y por eso Joe se liaba tanto con otras mujeres. Mi sensación es que Rose, lo mismo que Eleanor Roosevelt, odiaba el sexo, no lo toleraba. Joe era chovinista, un tremendo cazador de faldas, y Jack tenía una libido igualmente activa. Cuando se trataba de mujeres, tenía una capacidad de atención muy breve. Disfrutaba con la variedad. Le encantaba la aventura. "Vivir todos los días como si fuera el último", ésa llegó a ser su filosofía. Podía ser muy serio, muy formal, pero también poseía un sentido muy desarrollado de la diversión. Era un don, tal vez su mayor don, esa capacidad de extraer la máxima ventaja de cualquier experiencia. No creo haber conocido a nadie que lo hiciera de la misma forma.»

James Rousmaniere veía a Jack, en sus años de estudiante en Harvard, como «una extraña mezcla de estudioso serio y de loco enamorado de la diversión y de las chicas». Rousmaniere describía las fiestas que ofrecía Jack en el dormitorio de Wintrop House: «Doscientos estudiantes irrumpían en habitaciones que normalmente no podían contener más de veinte. Jack solía contratar los servicios de Snowball, un legendario camarero de Cambridge, más conocido por un brebaje mortífero llamado "puñetazo del dragón verde". Un sorbo de esa mágica poción, y uno ya se encontraba en mitad del camino al paraíso.

»Jack siempre tenía éxito con las chicas. Mucho. Sólo necesitaba chasquear los dedos. Siempre se liaba con más de una amiga a la vez. Pero se reservaba sus favoritas. Tres que solía nombrar en aquel período eran Olive Fiedl Cawley, que más tarde se casó con Tom Watson, presidente de la IBM; Charlotte McDonnell, cuya hermana Anne se casó con Henry Ford II; Frances Ann Cannon, de los afamados Cannon Mills, que se casó con el escritor John Hersey. También había frenéticos jugueteos con una notable cantidad de estudiantes, modelos, azafatas, chicas del mundo del espectáculo y enfermeras. Tenía un abastecimiento interminable. Cada vez que iba a Nueva York un fin de semana volvía con diez nombres nuevos. Yo solía decirle en broma: "Jack, deberías buscarte una buena muchacha católica y asentarte." Su respuesta: "Preséntame una, y tal vez lo haga."»

Según Langdon Marvin, «un ambiente casi incestuoso» impregnaba el hogar de los Kennedy. «Quiero decir —continuaba Marvin— que los hombres Kennedy se pasaban a sus mujeres de mano en mano, como si fuesen una propiedad de la comunidad, se apoderaban de las chicas que salían con los otros, las intercambiaban. Jack, por ejemplo, salía con muchas ex amigas de Joe, hijo. Entre otras, Stella y Ana Cárcano —también conocidas por sus apodos de Bebe y Chiquita—, hijas de Miguel Ángel Cárcano, embajador argentino en Gran Bretaña. Joe, hijo, salía con Chiquita; Jack visitó la hacienda de la familia en Buenos Aires y entabló relaciones sociales con las dos hermanas. A la larga, éstas se casaron con ingleses: Bebe con lord Edmund; Chiquita, con el hijo menor de lady Astor.

»Después estaba Pat Wilson, la última amiga de Joe, hijo, una arrobadora viuda inglesa, joven, que había estado casada con el conde de Jersey; luego se divorció y se casó con Robin Wilson, que murió en la Segunda Guerra Mundial. Jack acompañaba a Pat a todas partes, al mismo tiempo que se veía con la famosa tenista inglesa Kay Stammers.

»Cuando Jack conocía a una chica que le gustaba, no perdía tiempo en preliminares o cortesías sociales. Les explicaba sin rodeos lo que esperaba de ellas. Si por casualidad se sentaba al lado de una muchacha atractiva, en un avión, concertaba una cita con ella y luego la llevaba a su habitación de hotel. O fijaba una cita con la azafata y hacía lo mismo. Cuando terminaba con la muchacha, por lo general le daba su número de teléfono a su padre o a uno de sus hermanos, y ellos, a su vez, hacían lo mismo con él.» Kennedy pasó parte del verano de 1940 en el sur de California, compartiendo un apartamento en Hollywood Hills con el actor Robert Stack, quien más tarde se destacó como el agente Eliot Ness, del FBI, luchador contra el delito, en la serie televisiva *Los intocables.* En su autobiografía de 1980, *Straight Shooting**, Stack deja muy pocas dudas en cuanto a las primeras hazañas de Kennedy con las mujeres: «He conocido a muchas de las grandes estrellas de Hollywood, y muy pocos de ellos parecían atraer la atención de las mujeres como JFK, incluso antes de que ingresara en el escenario político. Con sólo mirarlas, se desplomaban.»

Susan Imhoff, ex asistente de vuelo, conoció a Jack en el otoño de 1940: «Él concurría entonces a cursos de graduado en la Escuela Stanford de Administración Comercial en Palo Alto, y yo asistía a los primeros años de la universidad, cerca de San Francisco. Nos conocimos en una fiesta, en Nob Hill. Jack tenía un flamante Buick descapotable verde oscuro, con asientos de cuero verde. Después de la fiesta me llevó a casa y me invitó a salir la noche siguiente. Era atractivo, alto y delgado, de ojos brillantes, una saludable mata de cabello cobrizo y una sonrisa juvenil.

»Jack era simpático, listo y competente, pero también era terco, imperioso y arrogante. Hablaba sin cesar acerca de su padre, con quien parecía tener una extraordinaria intimidad. Sé que tenía problemas en la espalda, porque ya entonces dormía sobre una tabla de madera terciada y no podía conducir más de una hora sin tener que detenerse y estirarse un poco.

»A causa de su espalda, prefería hacer el amor con la muchacha encima de él. Le resultaba más estimulante que ella hiciera todo el trabajo, y recuerdo que no le gustaba estar abrazado después de hacer el amor, pero sí le gustaba conversar, y tenía un magnífico sentido del humor... le encantaba reír.»

Susan Imhoff no fue la única compañía femenina de Kennedy durante su breve carrera en la escuela de graduados. Edward Folger, estudiante en Stanford, graduado, citaba los nombres de Nancy Burkett y Harriet Price, «dos de las estudiantes más sexys y más populares de los claustros», que también habían salido con Jack. «Solía llevarlas a bailar al Mark Hopkins y al hotel St. Francis, de San Francisco, o cenaban en L'Omelette, un restaurante de moda en Palo Alto.

»Jack Kennedy tenía dos aspectos: el formal y británico y el informal y muy norteamericano. Llevaba a una muchacha a bailar a un hotel elegante,

---

* Robert Stack: *Straight Shooting*, págs. 72-73.

para impresionarla, pero en el fondo prefería "rondar". Le gustaba vestirse con negligencia, con viejos jerseys de tenis, mocasines sin calcetines, y a menudo no prestaba atención a sus modales. En realidad no los tenía, en el sentido de dejar pasar a la mujer primero por la puerta, o de abrirles la puerta, o de ponerse de pie cuando una mujer de más edad entraba en la habitación. En la mesa, sus modales no eran mucho mejores. Devoraba su comida y luego se levantaba, mientras los demás todavía comían. Hacía lo mismo cuando la conversación dejaba de interesarle. Sencillamente se iba, sin decir una palabra. En general, se mostraba amable con las personas, pero no prestaba atención a los sentimientos de ellas.

»Supongo que hay algo de atrayente para las mujeres en una figura brusca y enérgica. En Stanford, las muchachas se apiñaban para seguirlo. En los fines de semana largos, rechazaban otras citas con universitarios con la esperanza de que él las invitara a salir. Invitó a Harriet Price al partido de fútbol Berkeley-Stanford de ese año. Después fueron al albergue Del Monte, donde pasaron la noche con otras parejas de estudiantes, cosa que en esos días era una tradición en Stanford. Por la noche, había siempre una cena con baile formal, y a la mañana siguiente todos iban a la playa, en Carmel. Recuerdo que Jack y Harriet formaban una pareja sumamente atractiva. Pero después los japoneses atacaron Pearl Harbor, y Norteamérica entró en guerra. Jack Kennedy abandonó Stanford y se alistó en la Marina.»

Inga Arvad, una periodista danesa alta, de cuerpo robusto, trabajaba como columnista del *Washington Times-Herald* a finales de 1941, cuando su amiga Kathleen Kennedy se la presentó a su hermano Jack, entonces alférez en el Pentágono, en la Oficina de Inteligencia Naval (OIN). Jack Kennedy se sintió atraído al momento por aquella belleza nórdica de cabello rubio y ojos azules, que a los veintiocho años (cuatro más que él) parecía mucho más mundana y experimentada que cualquiera de sus anteriores amigas.

Inga era en verdad una mujer interesante. Nacida en Copenhague, en 1913, y educada en Londres, Bruselas y París, se casó con un joven diplomático egipcio y luego se divorció antes de cumplir los veinte años. Ganó un concurso de belleza en Francia y se convirtió en corresponsal en Berlín de un gran periódico danés; rápidamente conquistó el favor del Alto Mando alemán y realizó entrevistas exitosas a Hermann Goering, Joseph Goebbels y, en su momento, Adolf Hitler, quienes la invitaron personalmente a los Juegos Olímpicos de 1936 en Berlín. Cuando el Ministerio de Relaciones Exteriores alemán sugirió que Inga trabajase para el Tercer

Reich como agente encubierto en París, ella, por el contrario, volvió a Dinamarca y aceptó un papel de relleno en una película de bajo presupuesto y se casó con Paul Fejos, un director de cine nacido en Hungría.

Con un sentimiento de aventura compartido, la pareja se pasó dos años filmando documentales en las Indias Orientales holandesas, antes de llegar a Singapur, donde conocieron a Axel Wenner-Gren, un financiero sueco que había amasado una fortuna fabricando piezas de aspiradoras y cañones antiaéreos. Nadie parece saber con exactitud qué ocurrió después, pero en pocas semanas Fejos se encontró en los Andes, dirigiendo una expedición arqueológica a las ruinas incas de Machu Picchu, financiada por Wenner-Gren, mientras Inga y el sueco partían, a bordo de su yate de 300 pies, en un viaje alrededor del mundo. El viaje terminó en Nueva York, donde en 1940 Inga se inscribió en un programa de graduados, en la Escuela de Periodismo de la Universidad de Columbia.

Arthur Krock, profesor en dicha Escuela, fue quien más tarde encontró un puesto para Inga, con Frank Waldrop, en el *Times-Herald*.

«Krock era nuestro alcahuete extraoficial —reflexionaba Waldrop—. Nos envió a Kathleen Kennedy, Inga Arvad y Jackie Bouvier. Inga era, con mucho, la más talentosa de las tres. Podía sintetizar, en 300 palabras, intuiciones en términos de carácter y personalidad que la mayoría de los reporteros de hoy extienden en dos páginas. Su columna —*¿Vio por casualidad...?*— se publicaba tres veces por semana, y se componía de perfiles de entrevistas de personalidades semidestacadas de Washington, principalmente en los círculos políticos.»

El alférez Kennedy llamaba a su nueva compañerita «Inga-Binga», «Bingo» y «La escandinava escandalosa», y a menudo salían juntos con John White y Kathleen Kennedy, quienes también trabajaban entonces en el *Times-Herald.* Lo que Jack Kennedy no advirtió al principio —lo que no advirtió nadie— era que Inga había llegado a ser objeto de una intensa operación de vigilancia física y técnica del FBI. Debido a sus vinculaciones anteriores con importantes funcionarios alemanes y a su romance con Axel Wenner-Gren, sospechoso de ser un agente nazi por cuenta propia, el Departamento de Justicia tenía motivos para creer que Inga Arvad fuese un agente alemán clandestino.

«Cuando me enteré de que se sospechaba de que Inga espiaba para Alemania —dijo Frank Waldrop—, me di cuenta de que los Aliados no podían perder la guerra. Estoy dispuesto a repetir en cualquier parte, en cualquier momento, que si Adolf Hitler era lo bastante estúpido para hacer que Inga Arvad funcionara como espía, se merecía todo lo que le ocurrió. Inga era una chica inteligente, bien parecida, danesa, que trataba de abrirse camino en el mundo, como todos nosotros. Pero de pronto aparece J. Edgar Hoover, con su interminable torrente de carpetas y tarjetas de archivo, le interviene el teléfono, le coloca un micrófono debajo de la almohada, intercepta su correspondencia, registra su apartamento y la hace seguir como si la propia Mata Hari se hubiese dedicado a seducir y comprometer al futuro presidente de Estados Unidos.

»Así empezó eso. Cuando tuvieron a Jack Kennedy enfocado con su lente telescópica, hicieron intervenir a la OIN en la operación. Jack fue trasladado de Inteligencia Naval a los Astilleros de la Armada en Charleston, Carolina del Sur. Inga lo visitó en varias ocasiones. Por órdenes del presidente Roosevelt y del fiscal general Francis Biddle, el FBI instaló micrófonos en la habitación del hotel donde se alojaban. Ahora tenía cintas magnetofónicas de cuando Inga y Jack hacían el amor. Eso le convenía muchísimo al presidente Roosevelt. Éste había querido encontrar algo que le diese más posibilidades de retorcerle la cola a Joe Kennedy. El presidente se sentía traicionado por éste. Había enviado a Joe a Inglaterra, como embajador, y Joe se convirtió en un apaciguador y apologista del primer ministro británico, Neville Chamberlain, y aumentó sus delitos al comunicar a miembros del Parlamento que Roosevelt no era otra cosa que un títere de los comunistas y de los judíos, evaluación que se acentuó con la opinión de que la democracia estaba acabada en Gran Bretaña y que muy pronto el fascismo llegaría al poder. Eso hizo regresar a Joe Kennedy a Estados Unidos, pero necesitaban alguna forma para someterlo. Ahí aparece Inga Arvad.»

A la larga, la investigación del FBI reveló tantas cosas sobre los Kennedy como sobre Inga. Los agentes federales descubrieron, por ejemplo, que los hijos de Joe Kennedy compartían las tendencias aislacionistas de su padre. Mientras estudiaba en Harvard, Joe, hijo, se había unido a otros estudiantes de carrera en la Comisión de Harvard Contra la Intervención Militar en Europa, un grupo reaccionario que peticionaba ante influyentes funcionarios del gobierno y realizaba reuniones públicas en contra de la incorporación de Norteamérica al esfuerzo bélico europeo. La Oficina era más explícita en sus cargos contra John F. Kennedy, a quien acusaba de expresar «sentimientos antibritánicos y derrotistas, y de censurar a Winston Churchill por haber hecho entrar a Estados Unidos en la guerra... También parece que Kennedy había preparado, para su padre, por lo menos uno de los discursos que éste había hecho, o que pensaba hacer, en respuesta a las críticas contra su presunta política de apaciguamiento... Además, Jack Kennedy afirmó que en su opinión Inglaterra estaba acabada, y que el más grande error de su padre era no haber hablado lo suficiente, que había dejado de hablar demasiado pronto.»

Fuera de las consideraciones políticas, el grueso de los archivos del

FBI sobre Inga Arvad examina sus relaciones con John Kennedy; señala que ella lo veía en Charleston, los fines de semana, que se inscribía en hoteles distintos y viajaba bajo el supuesto nombre de Barbara White. El 9 de febrero de 1942 los agentes federales presentaron el siguiente extracto: «Vigilancia mantenida sobre el sujeto [Inga Arvad] desde el momento de su llegada a Charleston... hasta su partida para regresar a Washington. [Durante la estancia del sujeto en Charleston], Jack Kennedy, alférez de la Armada de Estados Unidos, pasó todas las noches con ella en su habitación del hotel Fort Sumter, donde tuvieron relaciones sexuales en numerosas ocasiones... Ella lo llamaba "Amor", "Querido", "Dulzura", "Mi miel salvaje", y le decía: "Te amo."»

Los mismos archivos contienen largas transcripciones de conversaciones telefónicas entre Jack e Inga. Aunque no resultan reveladoras en cuanto a las supuestas actividades de espionaje de Inga, nos dicen algo sobre el estado de ánimo de Jack Kennedy en esos momentos (5 de febrero de 1942):

J.: He oído decir que disfrutaste de una gran orgía en Nueva York.

I.: Te lo contaré. Te hablaré de ello durante todo un fin de semana, si quieres escucharlo. Mi esposo [Paul Fejos] tenía sus pequeños espías por toda la fiesta.

J.: ¿De veras?

I.: No, no es verdad. Pero me contó toda clase de cosas sobre ti, y ninguna de ellas halagüeña. Sabía cada una de las palabras que dijiste a tu padre sobre mí. Me hacían quedar como una mierda, pero me divirtió mucho.

J.: ¿Qué quiere decir «cada una de las palabras que dije a mi padre sobre ti»?

I.: Alguien que conoce muy bien a tu familia y a mi esposo, pero no sé quién es. Esa persona te conoce desde que eras un niño, y creo que vive en Nueva York.

J.: ¿Y qué pasa con él?

I.: Contó: «Jack Kennedy se encogió de hombros y dijo: "Ni siquiera soñaría en casarme con ella; ella me importa un rábano. Es algo que recogí en el camino."» Es muy divertido, querido. Dime, ¿cuándo te embarcas?

J.: Todavía me quedaré un tiempo. ¿Qué dijo tu esposo?

I.: Pues que podía hacer lo que quisiera. Dijo que le entristecía verme hacer cosas como éstas. Te lo contaré, y te juro que él no nos molestará y que no debes tener miedo de él. No piensa demandarte, aunque sabe perfectamente lo que podría lograr si lo hiciera.

J.: Si no me demanda sería un gran tipo.

I.: A fin de cuentas, es un caballero. Ocurra lo que ocurra, no haría algo semejante. Es muy correcto*.

La primera persona que informó a Jack Kennedy sobre la investigación del FBI fue Langdon Marvin: «Me enteré de que el FBI vigilaba a Inga por boca de un amigo mío, que fue agente especial de la agencia durante la Segunda Guerra Mundial. Ese amigo participó en la interceptación, y me habló de las cintas magnetofónicas de Jack e Inga-Binga haciendo el amor. Quiso saber si le podía informar sobre Inga. Le contesté que muy poco.

»Sólo sabía que era una de las tantas chicas atractivas que vivían en lo que yo llamaba el Palacio Peacock (Pavo Real), conocido también como Dorchester House, del 2480 de la Calle 16 NO**. Lo llamaba Palacio Pavo Real porque todos los corredores del edificio tenían las paredes cubiertas de espejos. Uno no podía dejar de pavonearse y posar cuando se dirigía hacia los ascensores. Jack compartió por poco tiempo un apartamento en el mismo edificio, con "Kick" Kennedy. Era un gran edificio para fiestas. Un amigo nuestro, Alfredo de la Vega, también vivía allí. Tenía una alfombra más gruesa que cualquier vecino. Invitaba a todos a jugar al fútbol americano en su sala. Había que jugar de rodillas y cruzar la alfombra, de pared a pared, para anotar un tanto.

»El padre de Jack se enfureció con el asunto de Inga Arvad. Hubo algún ajetreo, y a la larga Joe tuvo que tirar de algunos hilos para sacar a Jack de la OIN y trasladarlo al servicio activo en el mar. El astillero de Charleston sólo fue un destino temporal. El director de la OIN quiso expulsar a Jack, sin más, de la Armada, pero Joe Kennedy conocía a algunas personas en Washington. Una de ellas era James Forrestal, que llegó a ser Secretario de Marina, y otra era J. Edgar Hoover. Joe Kennedy era Contacto del Servicio Especial del FBI; dicho con otras palabras, era un informador no remunerado. Conocía Hollywood del derecho y del revés, y comenzó a mencionar nombres de simpatizantes y colaboradores comunistas de la industria cinematográfica. Joe entendió que Hoover poseía una enorme autoridad, y que sus archivos relacionados con Inga Arvad podían tener un efecto pernicioso sobre el futuro de su hijo.

---

* Es de suponer que en esta conversación Inga se refería a la posibilidad de que Paul Fejos, con quien todavía estaba legalmente casada, nombrase a JFK como codemandado en un juicio de divorcio. La conversación revela además que si bien JFK se sentía sexualmente atraído por Inga, no tenía intenciones serias de casarse con ella.

** Durante la investigación del FBI, Inga Arvad se mudó a un apartamento del 1600 de la Calle 16 NO. La mayor parte de las investigaciones del FBI se realizaron en esta dirección.

»Diez años más tarde, tras vencer a Henry Cabot Lodge en la carrera senatorial de Massachusetts, Jack se alarmó por los archivos del FBI: "Ese canalla; voy a obligar a Hoover a que me dé esas carpetas", me dijo. "Jack —le expliqué—, no tendrás que hacer nada. No le pedirás nada. Olvidarás que existen. Dejarás que acumulen polvo. Puedes estar seguro de que se harán una decena de copias antes de que él te las devuelva, de manera que no habrás avanzado ni un metro. Y si saben que las necesitas con desesperación, se darán cuenta de que te tienen en un puño."»

El 2 de marzo de 1942, Jack Kennedy visitó a Inga en Washington. El motivo ostensible de la visita era terminar con las relaciones de ambos, cosa que más tarde quedó reflejada en un breve memorándum interno del FBI:

> *Debido al hecho de que Jack Kennedy... salió de la ciudad sólo una hora... después de ver a Inga Arvad, se cree que Kennedy ha roto sus relaciones con Arvad, dando como motivo para ello el hecho de que algún amigo suyo [Langdon Marvin] le ha dicho que las autoridades navales [y el FBI] lo vigilaban y en apariencia tenían un micrófono en la habitación de ella...*

Es evidente que el 6 de marzo Jack Kennedy experimentó un cambio en sus sentimientos. Su llamada telefónica a Inga, desde Charleston, fue debidamente registrado por el FBI:

J.: ¿Por qué no vienes este fin de semana?

I.: Qué pregunta. ¿No recuerdas que ya hablamos de eso el domingo?

J.: Lo sé.

I.: Oh, ¿no crees que eso vaya a seguir?

J.: La vida es demasiado corta.

I.: ¡Oh Kennedy...! No renunciarás a lo que prometimos el domingo, ¿verdad?

J.: No, hasta la próxima vez que te vea. No sirvo demasiado, ¿verdad?

I.: Creo que eres perfecto, querido. Es probable que volvamos a encontrarnos.

J.: ¿La semana que viene, quieres decir?

I.: No iré. No sé. No intento ponerme tozuda. Sólo pretendo ayudarte. Lo sabes, ¿verdad?

J.: Me lo imagino...

I.: Todavía te amo como siempre, y siempre te amaré.

A la larga, la guerra fue lo que se interpuso entre Jack e Inga. Kennedy fue trasladado a una escuadra de lanchas rápidas y destinado al servicio activo en el Pacífico. Después de divorciarse por fin de su segundo esposo, Inga salió del *Times-Herald* y se trasladó a Nueva York, donde se acercó al maduro Bernard Baruch y pasó varios meses en la lujosa casa de la playa de éste, en Sand Point, Long Island.

Jack escribió a Inga desde las islas Salomón («Conocerte ha sido la parte más luminosa de 26 años muy brillantes»), y casi al final de la guerra incluso regresó junto a ella, esta vez en Hollywood, California, donde tenía un puesto de columnista en los ecos de sociedad en la North American Newspaper Alliance. Pero para entonces su romance se había enfriado, y ambos mantenían otras relaciones.

En 1947 Inga se casó con Tim McCoy, de 64 años, reconocido actor retirado de películas del oeste, que dirigía su propio espectáculo y rodeo viajeros. Los McCoy compraron una granja de cría de caballos cerca de Nogales, Arizona, se asentaron y criaron dos hijos. Después del asesinato de Jack Kennedy, Inga fue requerida por una cantidad de editores de libros, para que documentase sus relaciones con Jack. Aunque le ofrecieron importantes sumas de dinero, se negó. Murió de cáncer en 1973; mujer fatal en otros tiempos pero, en todo sentido y para todos los fines, el primer gran amor de Jack Kennedy.

Aunque el FBI no pudo descubrir ninguna vinculación significativa entre Inga Arvad y los arquitectos de la Alemania nazi, la Oficina estableció las bases para continuar una investigación sobre la vida personal de John F. Kennedy. Pocas de sus futuras relaciones o encuentros casuales pasarían inadvertidos o quedarían sin ser anotados. Los archivos «sociales» del FBI sobre John Kennedy, hace muy poco abiertos en su totalidad, contienen información, entre otras cosas, sobre una serie de breves relaciones en los años inmediatamente posteriores a la Segunda Guerra Mundial.

Según algunos de los nombres de esos archivos, parece que Jack Kennedy compartía la afinidad de su padre por las estrellas y no tan estrellas de Hollywood. En 1945, en una corta estancia en París, visitó a Hedy Lamarr, la actriz nacida en Viena cuya aparición desnuda, en *Éxtasis* (1932), ayudó a lanzarla en su carrera cinematográfica. En su autobiografía de 1966, *Éxtasis y yo: mi vida de mujer,* escribe que Kennedy la telefoneó para pedirle una cita. Ella lo invitó a su apartamento, y él llegó una hora más tarde, llevando una bolsa de naranjas. Como resultaba casi imposible obtener cítricos en el París de posguerra, el regalo fue muy apreciado. Jack y la encantadora señorita Lamarr pasaron juntos una noche muy agradable.

Menos famosa que Lamarr, pero igualmente encantadora, era Angela Greene, una modelo de la Agencia Powers convertida en actriz. Jack y Angela salieron juntos algunas veces, entre 1944 y 1946, año en que ella se casó con el acaudalado agente inmobiliario Stuart W. Martin, de Los Ángeles. Angela recordaba que Jack la llevó a algunos de los lugares nocturnos más importantes de Nueva York —Sardi, The Stork Club, El Morocco—, pero por lo general nunca tenía suficiente dinero para terminar la noche. Cuando fueron a misa en la Catedral de St. Patrick, él tuvo que pedirle dinero prestado para el cepillo. Angela pasó varios días con Jack en Hyannis Port y le asombró, como a cualquier otro visitante, el grado de rivalidad reinante en la familia y los constantes sermones de Joe Kennedy sobre la necesidad de terminar primero, ya fuese en una carrera presidencial o en una partida de Monopolio («Que jugaban como si en realidad fuesen dueños de la propiedad», habría dicho).

En un informe del FBI, se dice que Jack acompañó a Susan Hayward por Hollywood, en tanto que en otro se menciona que se lo había visto en compañía de Joan Crawford. También se vinculó su nombre a la actriz Peggy Cummins, la ex campeona de patinaje sobre hielo Sonja Henie (a quien llamó «una verdadera destrozadora de corazones») y Lana Turner. En los archivos no se menciona a Olivia de Havilland, aunque Jack la conoció en 1945, en una fiesta de Beverly Hills ofrecida por el productor cinematográfico Sam Spiegel. Jack volvió a verla en una fiesta organizada por Gary Cooper. Unos días más tarde ella le invitó a tomar el té. Chuck Spalding, amigo de Jack y ejecutivo publicitario de Nueva York, lo acompañó para alentarlo.

«Jack quedó fascinado con Olivia —dijo Spalding—. Se esforzó por mostrarse tan atractivo como le era posible. Se inclinó hacia ella y le clavó la mirada, realizando el máximo esfuerzo por penetrarla... Por último, nos pusimos de pie para irnos, y Jack todavía continuaba insistiendo para conseguir que fuese a cenar con él. Pero ella tenía otra cita y no quería anularla. Luego, al despedirse, Jack, incapaz de quitar los ojos de Olivia, puso la mano en el picaporte y entró en el guardarropa del vestíbulo. Raquetas y pelotas de tenis, todo tipo de cosas le cayeron sobre la cabeza...

»Esa noche, más tarde, fuimos a cenar a un restaurante y Olivia estaba allí con el escritor-artista Ludwig Bemelmans. Jack dijo: "No puedo entenderlo. ¡Mira a ese tipo! Ya sé que tiene talento, que tiene grandes facultades, ¡pero de veras...! ¿Te parece que puede ser porque me metí en el guardarropas? ¿Crees que fue por eso?"»

Joan Fontaine, la hermana menor de Olivia, también fue objeto de las atenciones de Jack. Para frenarlo, ella le contó la vez en que su padre le hizo proposiciones en su casa. Jack escuchó, y luego dijo: «Sólo espero ser como él cuando llegue a esa edad.»

El más serio enredo de Jack Kennedy con una actriz durante ese período fue con Gene Tierney. Se conocieron en 1944, en una fiesta ofrecida por Betsy Bloomingdale, de la *jet* de California.

La relación de ambos, de dos años, se inició en 1946, cuando Kennedy, que todavía vestía el uniforme de la Marina de Estados Unidos, volvió a Hollywood y apareció en el plató de la última película de Gene, *Dragonwyck*. Mientras representaba una escena, ella se giró y se encontró «mirando los que me parecieron los más perfectos ojos azules que jamás haya visto en un hombre... Me sonrió. Mi reacción pareció salida de una novela romántica. El corazón, literalmente, se me detuvo».

Gene se encontraba a punto de divorciarse del diseñador de moda Oleg Cassini, y se enfrentaba al trauma de tener que internar a una hija retrasada en una institución, situación que Jack —a causa de su hermana Rosemary— comprendía. Gene y él comenzaron a salir juntos, principalmente en Nueva York, cada vez que ella viajaba al Este. Para entonces ella decía a la familia y a los amigos que había conocido a un tipo que no sólo era un héroe nacional de la guerra (gracias a la publicidad producida por el comentario elogioso de John Hersey, en el *New Yorker,* sobre las aventuras de JFK en la lancha *PT-109*)*, sino que además postulaba su candidatura para el Congreso y sin duda sería presidente algún día. «Ésa era su meta —escribe ella en unas memorias personales—. Hablaba de ello de una forma franca y abierta.»

Gene advirtió que si bien Jack parecía tener muy poco de romántico en la sangre, «le entregaba a una su tiempo, su interés. Conocía la fuerza de la frase "¿Qué te parece si...?"»

En unas vacaciones de una semana en Cape Cod, donde también ella conoció a la familia de él, Gene recordó que cuando la recogió en la estación «iba vestido con vaqueros azules remendados... Pensé que se parecía a Tom Sawyer». En otra ocasión: «Por Jack me puse por primera vez uno de

---

* John Hersey estaba comprometido con Frances Ann Cannon, antigua amiga de JFK, cuando conoció a Jack durante la guerra, escuchó su relato sobre la *PT-109*, investigó y escribió el artículo. «Ocurrió —dijo— que los Kennedy reprodujeron el artículo y publicaron un extracto en *U. S. News and World Report* sin respetar el derecho de autor y sin mi permiso. Escribí a JFK y le pregunté si había oído hablar de las leyes de derecho de propiedad intelectual. Me contestó con una carta encantadora, diciéndome que, como compensación por su error, le alegraría mucho concederme los derechos de reproducción de *Why England Slept,* un libro terrible que había escrito él, basado en su tesis de último año de Harvard. Por supuesto, fue elegido presidente, y por supuesto, *Why England Slept* se reimprimió, pero nunca volví a oír hablar de eso. Entretanto, Joseph Kennedy se ocupó de que el artículo sobre la *PT-109* se publicase en *Reader's Digest,* e incluso lo usó como folleto para la campaña de su hijo. Cuando hicieron la versión fílmica en 1963, Jack quiso que Warren Beatty interpretara el papel de él; pero se lo dieron al menos atractivo Cliff Robertson.»

los vestidos New Look que Dior había hecho famosos, y que llegaban hasta los tobillos». La reacción de Jack ante el vestido: «Por Dios, Gene, ¿qué es eso?» La melancólica reminiscencia de ella indica que Jack sólo meneaba la cabeza cuando Gene hablaba de modas. «Más tarde se casó con una dama muy elegante, pero creo que es justo decir que la ropa no era una de las debilidades de él.» Tampoco, en apariencia, lo eran las estrellas cinematográficas episcopalianas divorciadas. Un día, durante el almuerzo, sin previo aviso manifestó:

—¿Sabes, Gene?, nunca podré casarme contigo.

Al final de la comida, cuando él estaba a punto de salir del restaurante para ir a tomar un avión, ella dijo con suavidad:

—Adiós, Jack.

—¿Qué quieres decir? Eso parece muy definitivo —contestó él.

—Lo es —repuso ella.

El malhadado romance fue «dulce», dijo Gene desde un punto de mira posterior, recordó a Jack como «un joven serio, dueño de un sueño», y como una persona que «tomaba la vida como venía»*.

Los rumores dicen que Jack Kennedy estuvo casado «en secreto» con una mujer a quien cortejaba en la década de los cuarenta, Durie Malcolm, de Palm Beach, cuya familia él conocía desde su juventud. Jack salió con Durie en 1939 y después, a principios de 1947, cuando la llevó al partido del Orange Bowl, en Miami. Fue el mismo año en que Durie se casó con Tom Shevlin, ex estrella del fútbol americano en Yale y heredero de una fortuna de la industria maderera.

Aunque era lo bastante intensa para llamar la atención de los observadores de la sociedad de Palm Beach, la relación entre Durie y Jack no culminó en el matrimonio. El relato, que salió a la luz en 1962, cuando Kennedy era presidente, sugería que los dos se habían casado en 1939 en forma subrepticia, para divorciarse en Reno, en 1948, pero que el divorcio fue invalidado y que el arzobispo Cushing había obtenido una anulación papal del matrimonio, a comienzos de 1953. Basado en una anotación errónea respecto a Durie, descubierta por un investigador de una genealogía de familia *(The Blauvelt Genealogy)*, el rumor sobre el matrimonio adquirió vuelo y fue utilizado por publicaciones archiconservadoras, extremistas y racistas, en un esfuerzo por atacar políticamente a Kennedy.

* JFK también persiguió a Austine «Bootsie» McDonnell, la esposa separada del columnista de ecos de sociedad Igor Cassini, y por tanto cuñada de Gene Tierney. Bootsie se casó más tarde con William Randolph Hearst, hijo, cuya historia oral en la Biblioteca JFK señala que Jack Kennedy era «muy popular y muy guapo, muy vehemente y muy buscado por las chicas, eso lo puedo asegurar». Véase también Gene Tierney con Mickey Herskowitz, *Self-Portrait*, págs. 141-157.

Los archivos del FBI contienen material, no sólo sobre el asunto Durie Malcolm-Jack Kennedy, sino acerca de un presunto romance, en 1951, entre JFK y Alicja Purdom, esposa del actor inglés Edmund Purdom, que surgió a la luz diez años más tarde, cuando un semanario italiano publicó un artículo sobre las supuestas relaciones de Alicja con Kennedy.

El artículo, según lo tradujo el FBI, afirma que Alicja Purdom, de soltera Barbara Maria Kopczynska, nació en 1926 en Lodz, Polonia, se comprometió con el presidente Kennedy y habría podido llegar a ser la Primera Dama de Norteamérica, de no haber sido porque el padre del presidente se opuso, debido a que ella era una refugiada polaco-judía que había entrado en Estados Unidos en 1939. Vivió con su madre en Boston, hasta 1951, año en que se trasladó a la ciudad de Nueva York, que fue donde Kennedy y ella tuvieron su romance. El artículo sugiere, además, que un pago de 500.000 dólares solucionó un juicio que ella había iniciado contra Kennedy.

El FBI desarrolló su propia investigación y llegó a la conclusión de que, en efecto, se había entablado un juicio contra John Kennedy («el aspecto central [del cual] parecía vincularse con una relación entre JFK y "una mujer", como resultado de la cual la mujer quedó embarazada»), pero que todo el registro del pleito había sido sellado por un tribunal de Nueva York. Supuestamente, las actas selladas de los tribunales contenían fotos incriminatorias de JFK y la señora Purdom, así como otro tipo de documentación que habría podido resultar perniciosa para el presidente.

Los archivos del FBI incluyen un memorándum de 1963, de J. Edgar Hoover a Robert Kennedy, entonces Fiscal General, que dice, en parte: «Cuando el juicio fue entablado en Nueva York, antes de que el presidente asumiera su cargo, usted fue allí, según parece, y logró un arreglo extrajudicial del caso por 500.000 dólares.»

En una entrevista reciente, «la mujer» de quien se trata (ahora la señora Alicja Corning Clark, viuda de Alfred Corning Clark, heredero de Máquinas de Coser Singer) admitió que había conocido a JFK en 1951 («conocí a toda la familia»), pero negó haber estado comprometida con él o entablado un juicio contra él, aunque reconoció haber tenido tratos «con algunos abogados corruptos». También afirmó que nunca había recibido dinero de la familia.

Semejante confusión resulta comprensible, si se considera la profusión de mujeres existentes en la vida de John Kennedy, en particular en esa etapa de su carrera. John y Clay Blair, hijo, en su enciclopédico relato *The Search for JFK*, ofrecen una lista de las amigas de él, entre las que se encuentran un par de enfermeras, Ann McGillicuddy y Elinor Dooley; las dos estuvieron enredadas con Jack hacia el final de la guerra. También estaba Pamela Farrington, de Boston, una modelo de cabello negro y ojos color zafiro, frecuente compañera de viajes, que disfrutaba tomando baños de sol desnuda. Cuando Kennedy fue candidato para el Senado en 1952, sus ayudantes se volvieron frenéticos por una fotografía en libre circulación, en la cual se veía a Jack tendido al lado de Pamela, desnuda y de cuerpo muy bien formado, en una playa desierta de Florida. El candidato no hizo más que reír entre dientes cuando vio la instantánea y señaló: «Sí, la recuerdo. ¡Era magnífica!»

John Sharon, ayudante entre 1950 y 1952 del parlamentario Charles Howell, de Nueva Jersey (Sharon después fue ayudante de Adlai Stevenson), llegó a conocer a Jack y comenzó a mantener relaciones sociales con él: «El parlamentario Kennedy tenía un despacho al lado del nuestro, en el quinto piso del Antiguo Edificio de Oficinas de la Cámara... Y muchas veces... salíamos con nuestras respectivas parejas por la noche. A él le interesaba una joven que salía conmigo. Se llamaba Hermila Anzaldua. Formamos dos parejas en su casa, con una chica llamada Lolita Delosorios. Fue entonces cuando me preguntó con cuál de las chicas salía yo. Se lo dije, y él sonrió... y concentró su atención en la otra, cosa que yo consideré muy caballeresca.»

«Caballeresco» no fue precisamente el término que se le ocurrió a la presentadora de telediarios Nancy Dickerson, cuando describía a JFK.

«Tenía un gran atractivo sexual —admitió—, pero era un machista de tomo y lomo. Veía en las mujeres, ante todo, un objeto de placer. No las denigraba, pero tampoco las idealizaba, a decir verdad. Recuerdo cuando fue a buscarme una noche, para salir, y no entró en casa; se quedó en su coche e hizo sonar la bocina, nada más. Eso no me gustó, y no volvió a hacerlo.

»Salimos antes de que se casara con Jackie. Además de ser joven, rico y guapo, era enérgico... una no podía dejar de sentirse impresionada por él. Pero el sexo tenía para Jack tan poca importancia como una taza de café. Se ha afirmado que yo ya dije eso alguna vez, y es verdad. Solía decir a sus amigos que si no tenía relaciones sexuales por lo menos una vez al día, le causaba una fuerte jaqueca y no podía dormir durante la noche. Estoy segura de que la persecución tenía más importancia para él que el acto mismo.»

Durante sus años en el Congreso, Kennedy carecía muy pocas veces de compañía femenina, aunque entre muchas mujeres de Georgetown circulaba la voz de que producía un gran desencanto como compañero sexual, y que había en él cierta predisposición para hacer el amor con un ojo puesto en el reloj. George Smathers dijo a Kitty Kelly: «Contando el tiempo que pasaba con una mujer, era un pésimo amante. Le interesaba más la cantidad que la calidad.» El propio Kennedy se jactó una vez ante los periodistas: «Nunca termino con una chica hasta que no la he tenido de tres maneras diferentes.»

La historiadora Dra. Margaret Louise Coit*, ganadora del premio Pulitzer, conoció a John F. Kennedy a comienzos de la primavera de 1953, mientras investigaba una biografía de Bernard Baruch. «John Kennedy era el muchacho de oro de la política liberal, el soltero más apetecible de Nueva Inglaterra —dijo—. Todas las chicas de Massachusetts y Washington querían salir con él, y yo no era una excepción.»

Una hora en la atareada oficina senatorial de Kennedy y un rápido recorrido por la ciudad con el senador dejaron a Margaret Coit en un estado de excitación total, sin aliento: «En su oficina firmaba sin cesar sus propias fotos abrillantadas, de joven hechicero, para enviarlas a sus electores; atendía llamadas telefónicas, dictaba cartas a cinco o seis integrantes de su personal, hojeaba informes legislativos, pasaba la vista por los periódicos, leía su correspondencia, y mientras tanto continuaba su conversación conmigo. Poseía una enorme energía y era muy exigente consigo mismo. En un momento dado me preguntó cómo había hecho su fortuna Bernard Baruch. "De la misma manera que hizo su fortuna tu padre —le respondí—. Deberías preguntárselo a él." Cambió de tema. Señaló sus anaqueles, que desbordaban de libros. "Pregúntame por alguno de esos —dijo—. Los he leído todos."

»Me condujo a la pensión donde me hospedaba. Cuando pasamos ante la Casa Blanca, se puso extraordinariamente serio, casi solemne. "Algún día éste será mi hogar", dijo. Lo miré. Pensé que se había vuelto loco. Pero yo era joven e impresionable, y cuando me invitó a un fiesta de compromiso en su casa, que se haría unos días más tarde, para su hermana Eunice y Sargent Shriver, aproveché la oportunidad.

»Richard Nixon, Alice Longworth y Stuart Symington se contaban entre los invitados. También estaban las hermanas de Kennedy, muy elegantes y a la moda. Tenían el cabello empolvado. Era la primera vez que veía polvos en el pelo.

»Kennedy y Symington se pasaron todo el tiempo de pie en un rincón, hablando de política. Me sentí abandonada. Me había invitado a su casa, pero no me dirigía la palabra. Luego, hacia el final de la fiesta, se dio cuenta y se acercó a mí. Me llevó al vestíbulo y me pasó el brazo alrededor del cuerpo. Estábamos en público y me sentí un tanto molesta, pero no dije nada.»

---

* *John C. Calhoun: American Portrait*, de Margaret Louise Coit, ganó el premio Pulitzer de biografía en 1951.

Margaret Coit vio a Kennedy una vez más, varios días después. Él volvió a llevarla a su casa, y en esa ocasión ella cometió el error de invitarlo a entrar.

—Una amiga mía me había prevenido de que no debía quedarme a solas en una habitación con Joe Kennedy, pero nadie me dijo que no lo hiciera con Jack —declaró—. Lo invité a pasar porque parecía cansado. Pensé que le apetecería sentarse y descansar unos minutos.

Cuando se sentaron en el sofá de la sala, Jack se lanzó de repente sobre Margaret. Forcejearon y ella logró rechazarlo.

—No manosees tanto —reprochó ella—. Ésta es nuestra primera cita.

Kennedy insistió, la manoseó de nuevo.

—Déjame que te explique —dijo Margaret—. Yo tengo unas normas, lo mismo que tus hermanas. Supongo que quieres que haga algo que no te agradaría que hicieran tus hermanas, ¿verdad?

Kennedy le contestó que no le importaba lo que hicieran sus hermanas. La aferró por tercera vez.

—¿Y qué hay de tu sacerdote? —preguntó Margaret—. ¿Qué le dirás a él?

—Oh, él me perdonará —contestó Kennedy. Sonrió, la aplastó contra el sofá. Ella consiguió liberarse y se levantó para ir a buscar un vaso de agua a la cocina. Kennedy la elogió sus bien torneadas piernas. Cuando ella regresó al sofá, él reinició sus actividades donde las había interrumpido.

—Ésta es nuestra primera cita —reiteró Margaret—. Tenemos tiempo de sobra.

Kennedy levantó la cabeza y la miró profundamente a los ojos.

—Yo no puedo esperar —dijo con voz fría, maquinal, como la de un robot—. Tocaré todo lo que quiera. ¿Sabes?, no tengo tiempo.

La misma actitud implacable funcionó mejor con algunas de las otras amigas de Jack. Mientras cortejaba a Jackie Bouvier tuvo enredos con otras tres mujeres, por lo menos: Ann McDermott, que había llegado a Washington para encontrar un trabajo en el Gobierno; Noël Noël, amiga íntima desde hacía tiempo de Philip Graham, del *Washington Post*, y compañera, en algún momento, de JFK; Florence Pritchett, brillante, atractiva, elegante, integrante del grupo social de los cafés de moda, cuya amistad con Jackie duró desde mediados de la década de los cuarenta hasta el final de Camelot.

«Flo Pritchett y Jack tenían una relación maravillosa —dijo Lem Billings—. Si uno se sentía decaído, sólo quería estar con ella, porque siempre decía algo que provocaba una sonrisa. Flo era la única persona con quien se podía contar para que hiciese sonreír a Jack. Era una espléndida compañía. Cuando él no se sentía bien, cuando le dolía la espalda o estaba deprimido, ella era la única persona a quien quería ver.

»Antes de conocer a Jack había estado casada con Richard Canning, hijo del rey del chicle. Si no hubiese estado casada y divorciada, sospecho que Jack la habría desposado de buena gana. En cambio, se convirtió en la segunda esposa de Earl E. T. Smith y vivió al lado de los Kennedy, en Palm Beach. Después de eso hubo varias versiones de interludios secretos entre Jack y Flo, encuentros afiebrados en el tramo de terreno arenoso que unía los respectivos hogares. Aunque yo nunca presencié personalmente ninguno de esos encuentros, no dudo ni por un instante de que existieran.»

Arriba izquierda, Jacqueline Bouvier (Sigma). *Derecha,* a los seis años, con el gran danés de la familia. *Abajo izquierda,* con su padre, John (Black Jack) Vernon Bouvier III, y su abuelo, John Vernon Bouvier, en East Hampton, en 1943. *Derecha,* «La boda del año».

Arriba, John y Jackie Kennedy (Keystone/Sigma). *Abajo,* John Kennedy, candidato a la presidencia, con Jackie.

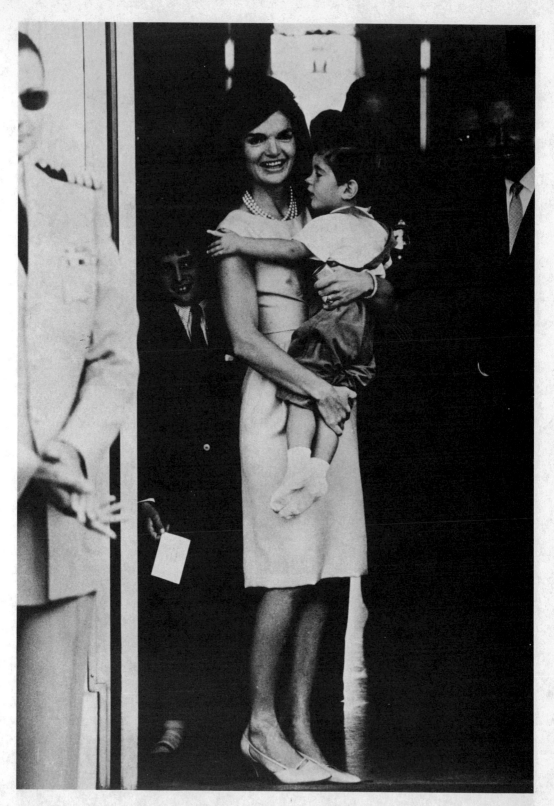

Con su hijo John en 1960 (Stanley Tretick/Sigma).

Arriba, Washington, 22 de enero de 1961. John Fitzgerald Kennedy presta juramento en la ceremonia de investidura, ante la atenta mirada de Jackie. *Abajo*, John y Jackie Kennedy en la Casa Blanca (Sigma).

Jackie hizo de la Casa Blanca un feudo propio. Aquí, con John Kennedy a los pocos días de acceder a la presidencia (Sigma).

Mayo de 1961. Charles De Gaulle recibe al matrimonio Kennedy en París
(Keystone/Sigma).

Arriba, retrato de los Kennedy con Habib Bourguiba, presidente de Túnez, y su mujer, el 6 de mayo de 1961 (Keystone/Sigma). *Abajo,* Nehru Gandhi y su hija Indira reciben a Jackie en el aeropuerto de Palan el 16 de marzo de 1962 (Keystone/Sigma).

Arriba, Dallas, 22 de noviembre de 1963. Jackie y un guardaespaldas se abalanzan sobre el cuerpo herido del presidente (Keystone/Sigma). *Abajo izquierda,* en el entierro de John Kennedy, Jackie aparece entre Robert y Edward Kennedy. Delante de ellos, su hijo John dirige un último saludo a su padre (Keystone/Sigma). *Derecha,* apenas cinco años después Jacqueline aparece flanqueada por sus hijos en el funeral por Robert Kennedy (Jean-Pierre Laffont/Sigma).

11

A comienzos de la primavera de 1954, Jack y Jackie Kennedy vivían en una pequeña casa municipal, alquilada, del siglo XIX, ubicada en el 3321 de Dent Place, en Georgetown. La casa se encontraba en el centro de una hilera de residencias casi idénticas; un embajador y un almirante retirado vivían enfrente, pero en la manzana había también casas de pensión y apartamentos de estudiantes. Éstos habitaban en el vecindario porque Dent Place se encontraba apenas a cuatro calles de la Universidad de Georgetown; a una calle de la casa de ellos había un parque público donde Jack y su hermano Bobby jugaban a veces al fútbol americano.

Una noche por semana, Jack viajaba en su coche a Baltimore, para seguir un curso de lectura veloz con un instructor de la Universidad Johns Hopkins. Jackie, lectora rápida por naturaleza, se inscribió en un curso de historia norteamericana con el profesor Jules Davids, en la Escuela de Relaciones Exteriores de la Universidad de Georgetown. Jack y ella hablaban todas las mañanas, durante el desayuno, sobre los trabajos que le encargaban a Jackie en su curso. Ofrecían pequeñas cenas en casa, y en una ocasión tuvieron ocho comensales, incluida la madre de Jackie.

«Creo que podría agasajar a un rey o una reina con menos aprensión que a mi madre, cuando hay otros invitados presentes», dijo Jackie. Cogieron una cocinera fija, Mattie Penn, y ofrecieron grandes cenas en Merrywood, donde se alojaban cada vez que los padres de Jackie salían de la ciudad.

Pero como declaró ésta más tarde, eso no era lo que ella quería.

«Durante nuestro primer año de matrimonio éramos como gitanos con una maleta a rastras —dijo—. Era una vida ajetreada. Jack pronunciaba discursos en todo el país, y nunca estaba en casa más de dos noches seguidas.

»Para que las cosas resultaran todavía menos estables, alquilamos una casa en Georgetown por seis meses, y cuando venció el arrendamiento nos trasladamos a un hotel.

»Nos pasamos todo el verano en casa del padre de Jack en Hyannis Port. Teníamos un cuartito en la planta baja, que Jack solía ocupar. No me llevó mucho tiempo darme cuenta de que sólo cabía una persona.

»Ese primer año ansié tener mi casa propia. Tenía la esperanza de que eso produjese algunas raíces en nuestra vida, alguna estabilidad. Mi ideal en esa época era una vida normal, deseaba que mi esposo volviera todos los días a casa del trabajo a las cinco. Quería que pasara los fines de semana conmigo y con los hijos que abrigaba la esperanza de tener.

»Una mañana, en el primer año de casados, Jack me dijo: "¿Qué comida has pensado para los cuarenta invitados que tendremos a almorzar?"

»Nadie me había dicho nada acerca de eso. Eran las 11 de la mañana y se esperaba a los invitados para la una. Me sentí presa del pánico. En cuanto pude serenarme, corrí a una fonda griega (del vecindario) que hacía magníficos guisados.

»El almuerzo fue un éxito: guisado, ensalada y frambuesas. Juré que nunca más volvería a inquietarme cuando Jack trajese invitados a casa sin avisarme.»

A pesar del juramento anterior de Jackie, de que nunca terminaría haciendo la vida de un ama de casa suburbana, ahora parecía no aspirar a mucho más que eso.

«Lo principal para mí era hacer lo que mi esposo quisiera —señaló—. No podía, ni quería, estar casado con una mujer que tratase de compartir con él la luz de los focos.

»Me pareció que lo mejor que podía hacer era buscarme una distracción. Jack vivía la política y la respiraba todo el día. Si volvía a casa para seguir con las reuniones alrededor de una mesa, ¿como podría descansar?»

Su primera prioridad fue la de asegurarse de que su esposo tuviese tres comidas sanas por día, en lugar de la dieta de comidas rápidas que había soportado de soltero.

En su deseo de convertirse en una buena ama de casa, Jackie dedicó tiempo y esfuerzo a aprender a reconocer el año de la cosecha de los grandes vinos. Según los amigos, Jack comenzó a enorgullecerse muy pronto de los gustos de *gourmet* de su esposa.

Después de la cena, fumaba de vez en cuando un puro cubano, que según él le ayudaba a digerir la comida.

«Además —dijo Jackie—, criticaba menos el hecho de que yo fumase cigarrillos.»

Jackie abordó la tarea de organizar el armario de su esposo. La actitud negligente de éste respecto a la ropa era bien conocida. Ted Reardon, hijo, su ayudante administrativo senatorial, recordó una ocasión en que Kennedy, todavía soltero, se vistió con una impecable chaqueta Brooks Brothers de sarga azul, una corbata parda y un viejo par de pantalones negros descoloridos para un importante asado político. Reardon expresó su congoja ante la combinación, pero Jack no pudo entender su objeción.

En el momento de su casamiento, el vestuario de Jack ofrecía muy poco para elegir. Igor Cassini, invitado a la boda, señaló en una de sus columnas de ecos de sociedad que en 1954 «Kennedy poseía cuatro trajes de invierno, más otros dos que no había tenido tiempo de probarse. (Su vestuario habría podido ser más amplio, a no ser por su costumbre de irse de un hotel y dejar olvidado un traje en el armario.)»

Jackie modificó todo eso.

«Puse cierta medida de orden en la vida de Jack —afirmaba—. Teníamos buena comida en casa... no sólo los alimentos insulsos que él solía ingerir. Ya no salía por la mañana con un zapato marrón y otro negro. Su ropa estaba planchada, y llegaba al aeropuerto sin precipitaciones, porque yo le preparaba las maletas.»

Los esfuerzos de Jackie en beneficio de él no carecían de cierta cuota de humor. Para poder reemplazar a la cocinera en su noche de salida, se inscribió en un curso de cocina. Su primera oportunidad llegó el día en que terminó el curso.

«Me llamó Evelyn Lincoln y me dijo que Jack salía de la oficina, de manera que lo empecé a preparar todo —contaba—. Había oído todas esas historias estúpidas sobre que a la esposa se le quemaba la comida, pero por el momento todo iba bien, hasta que de pronto, no sé qué salió mal, pero no se veía nada a causa del humo. Y cuando traté de sacar las chuletas del horno, la puerta de éste se derrumbó. La fuente resbaló hacia afuera y la grasa se derramó. Una de las chuletas cayó al suelo, pero de todos modos la puse en la fuente. La salsa de chocolate hervía a borbotones. ¡¡¡Qué olor!!! No pude sacar la cuchara del chocolate. Estaba como una piedra. El café había hervido hasta quedar reducido a borra. Me quemé el brazo, que se me puso púrpura. Tenía un aspecto horrible. Y entonces llegó Jack y me llevó a cenar fuera.»

Las presuntas contribuciones de Jackie no eran todas domésticas. Aunque tímida y reservada en público, hacía lo posible para cumplir el papel de la esposa de un senador, para lo cual seguía los debates del Senado, se integraba con el público de la galería cuando Jack pronunciaba un discurso importante, leía el *Congressional Record* y contestaba mucha correspondencia de la oficina de su esposo. Asistía a reuniones y recepciones políticas, así como a cócteles y almuerzos. Se incorporó a las Damas de la Cruz Roja del Senado (aprendió a enrollar vendas) y a un grupo cultural de esposas de senadores, que reunían fondos para los museos y las sociedades musicales locales. No se divertía en los grupos de damas, pero seguía en ellos, al menos por el momento, por el bien de Jack.

Y todavía más, ayudó a convertir a Jack en un orador público más eficiente. Al principio, Kennedy carecía de habilidad y de la confianza fundamentales, aunque había estudiado en la Escuela de Oratoria de Staley, en Boston. Tenía una postura desgarbada cuando hablaba, y a menudo introducía las manos en los bolsillos. Mostraba tendencia a hablar sin parar, casi siempre con demasiada rapidez, sin saber cuándo tomar aire y cómo subrayar un punto de su discurso. Su voz era estridente y chillona. Sobre la base de sus estudios para teatro en la Escuela de la señorita Porter y su inclinación natural por el teatro, Jackie lo hizo hablar con mayor lentitud, lo ayudó a modular la voz y a dar una expresión más clara a sus ideas. Le demostró la manera en que ciertos gestos podían hacer que pareciera más relajado. Le enseñó los beneficios del lenguaje corporal y lo adiestró de manera que contuviese su energía sobreabundante.

Trató de reforzar sus funciones en muchos aspectos. Helen McCauley, anterior integrante del Libro Verde de la sociedad de Georgetown, recordaba los esfuerzos de Jackie para aprender a jugar al bridge.

«Una amiga me llamó por teléfono para decirme que la señora Kennedy creía que su esposo jugaba bastante bien al bridge, y que le preocupaba el hecho de que su juego no estuviera a la altura de las circunstancias. Quería jugar más regularmente, para mejorar. Mi amiga sabía que yo jugaba todas las semanas con Ann Covington y Ann Clark, cuyos esposos trabajaban para el gobierno, y que buscábamos a alguien para reemplazar a una cuarta dama, que se había mudado hacía poco. El problema era que jugábamos con puntajes de torneos internacionales y que todas éramos jugadoras más bien avanzadas. Mi amiga se lo explicó a la señora Kennedy, que a su vez contestó que jugaría por la cantidad que quisieran, si eso le permitía perfeccionar su juego. Le pregunté a Ann Clark qué le parecía, y me respondió: "Oh, es casi como si me contrataran para jugar."

»Bueno, mi esposo acababa de morir y yo me sentía sola, de manera que le dije a mi amiga: "Dile a la señora Kennedy que trataré de encontrar otras dos damas, y ella podrá incorporarse al juego." Y eso fue lo que hicimos; nos reuníamos una vez por semana en casa de la señora Kennedy, ella era absolutamente encantadora. Lo primero que me dijo fue: "Tienes que indicarme todo lo que haga mal." Yo la corregía a medida que jugábamos, y su juego mejoró. Aprendía con rapidez. Además era muy modesta. Más tarde me enteré de que era jugadora de scrabble en torneos, una de las mejores del país. Pero de todos modos, siempre la admiré por llegar a tales extremos para poder jugar al bridge al nivel de su esposo.»

Para poder mantenerse a la altura de él, Jackie también tomó lecciones de golf. Hugh Sidey, corresponsal en la Casa Blanca para *Time* y autor de una biografía de John F. Kennedy, cuenta una anécdota que ocurrió en el Club de Golf de Hyannis Port, en el verano de 1954:

«Sucedió en el hoyo diecisiete; Jack vio que Jackie estaba metida en una trampa de arena de la que no lograba salir. "Abre el palo, síguelo —gritó desde el cochecito de golf—. "Deja que te enseñe", dijo por último, y tomó el palo. Hizo un par de movimientos de práctica, de aspecto profesional, levantó el palo en un arco lleno de gracia y luego lo bajó con limpieza y energía. La pelota se elevó medio metro y volvió a caer en la arena. Kennedy la miró con serenidad, devolvió el palo a Jackie y dijo: "¿Ves?, así es como tú lo haces."»*

A pesar de todos sus esfuerzos, el matrimonio de Jackie con John Kennedy estuvo señalado por el dolor y la tragedia. El 11 de octubre de 1954 él ingresó en el Hospital de Cirugía Especial, del Centro Médico de la Universidad de Cornell, en Manhattan, para someterse a rayos X y a otros exámenes médicos preliminares. Sus médicos querían determinar la causa exacta del estado crónico, doloroso, de la parte inferior de la espalda, que había exigido una operación de la columna en 1944.

Langdon Marvin vio a Jack durante la primera semana de su estancia en el hospital y lo encontró en un estado de ánimo asombrosamente plácido.

«Ocultaba muy bien su sufrimiento —dijo el visitante—. Había colgado un cartel de Marilyn Monroe, en pantalones cortos y jersey ceñido, en la pared, sobre su cabeza; había animales disecados dispersos por toda la cama; alguien había instalado una pequeña pecera de peces tropicales dorados. Jackie lo visitaba a menudo, para hacerle compañía y comentarle los últimos chismorreos. Se había mudado a casa de Jean, la hermana de Jack, y aunque las circunstancias estaban muy lejos de ser las ideales, parecía disfrutar con su regreso a Nueva York. En el salón de belleza de Helena Rubinstein de la Quinta Avenida descubrió a una nueva peluquera, Kenneth Battelle, la misma Kenneth cuyos servicios utilizaría durante años. En esos días, Kenneth apenas comenzaba, y Jackie no era más que una joven de Washington, en prolongada visita a Nueva York.

»A pesar del estado de Jack, no me habría asombrado enterarme de que al menos una media docena de enfermeras se acostaba con él. Ellas tenían la vista clavada en Jack y Jackie la tenía clavada en ellas. Pero la prin-

---

* Véase Hugh Sidey: *John F. Kennedy, President,* pág. 247.

cipal preocupación de Jack parecía ser la política: el asunto de la votación del Senado, de censura a Joe McCarthy, el senador de Wisconsin que se dedicaba a la cacería de rojos, y cuya Comisión de Actividades Antinorteamericanas había envenenado el ambiente político. El padre de Jack era amigo de McCarthy. Había contribuido al fondo de la campaña de éste, así como en otra ocasión hizo su aporte al fondo de la de FDR; su hija Eunice había salido con McCarthy, y Bobby Kennedy había actuado como el primer asesor legal de la comisión. Personalmente, siempre vi a Bobby como una persona idónea para investigador juvenil del gobierno. Pero Jack sentía que no podía oponerse de manera justificada a McCarthy. Dadas las circunstancias, creo que consideró su estancia en el hospital como una bendición a medias: infortunada pero oportuna.»

El médico de la familia Kennedy, la Dra. Sara Jordan, de la Clínica Lahey de Boston, se opuso a la idea de una operación de cirugía mayor en la espalda. Le preocupaba —y con razón— el hecho de que la insuficiencia de adrenalina de Jack (debida a un caso bien documentado de enfermedad de Addison) pudiese producir un shock, una infección y otras graves complicaciones postoperatorias. La cirugía implicaría algo más que la gama habitual de riesgos. Por su parte, Jackie aceptó seguir adelante con cualquier cosa que Jack resolviera.

«Prefiero morir antes que pasarme el resto de la vida con muletas», le dijo él, y optó por la solución quirúrgica.

El 21 de octubre, un equipo de cuatro médicos de Cornell, encabezado por el Dr. Philip Wilson, ejecutó una operación de doble fusión en la columna vertebral con el objetivo de estabilizarle y fortalecerle la espalda. La delicada operación pareció salir bien, pero en pocos días se instaló la infección y el estado de Jack empeoró. Durante tres semanas permaneció en la lista de casos críticos del hospital.

Charles Bartlett visitó a Jack a mediados de noviembre:

«Para entonces había superado la crisis, pero siguió hospitalizado y muy, muy mal de salud. Jackie se portó magníficamente con él. Tenía una fantástica habilidad para ponerse a la altura de las circunstancias. Permanecía sentada durante horas junto a él, le apretaba la mano, le secaba la frente, le daba de comer, lo ayudaba a bajar de la cama y a volver a acostarse, le ponía los calcetines y las zapatillas, lo entretenía leyéndole en voz alta y recitándole poemas que conocía de memoria, le compraba cositas, y juguetitos tontos para hacerlo reír, jugaba con él a las damas, a las veinte preguntas. Cuando su salud mejoró lo suficiente, alentó a los amigos a que lo visitaran con la mayor frecuencia posible. Cualquier cosa, con tal de distraerlo de su dolor.»

El coraje y la elasticidad de Jackie frente a los problemas médicos de su esposo le conquistó, a regañadientes, el respeto de la familia de Jack. Entre sus otras capacidades, mostró su destreza para manejar a figuras sociales y políticas destacadas. Adlai Stevenson telefoneó a Jack para animarlo y a cambio de ello recibió de Jackie una carta afectuosa, en la cual decía que su llamada había «transformado absolutamente a Jack». Lyndon Johnson, recién nombrado jefe de la mayoría del Senado, recibió una carta igualmente encantadora en respuesta a un telegrama. A Bernard Baruch, que pasó por el hospital y fue rechazado por una enfermera demasiado protectora, le escribió: «Si supiera cuán anonadados quedamos por no haber podido verlo... sé que Jack se siente desdichado... le habría encantado verlo... pero estoy segura de que mis deseos eran mucho mayores... porque prefiero verlo a usted antes que a ninguna otra persona en el mundo, y ahora siento que es como un barco que ha pasado en la noche.» En respuesta a una carta de aliento del presidente Eisenhower a su esposo, escribió: «Usted hizo por él más de lo que habría podido hacer cualquier médico.»

Una noche, en una pequeña cena en Nueva York, Jackie encontró a Grace Kelly y logró que la actriz la acompañara a la habitación de Jack en el hospital.

«Soy la nueva enfermera nocturna», susurró Grace al oído de Jack. El paciente sonrió, pero estaba tan aturdido por la medicación, que a la mañana siguiente casi no podía recordar que había tenido una visita.

Cerca de finales de diciembre, sus médicos sugirieron que Jack podría recuperarse con más rapidez en el ambiente familiar de una de las casas de su padre. Partió del hospital en una camilla, acompañado por Jackie, una enfermera particular y un ayudante personal; le llevaron en ambulancia al aeropuerto de La Guardia, donde el grupo subió a bordo de un avión con destino a Miami. Allí fueron recibidos por una segunda ambulancia, que los llevó a la finca de los Kennedy en Palm Beach.

Dos meses más tarde estaba de nuevo en Nueva York y en el hospital de Cirugía Especial. La infección había vuelto a estallar, lo que exigía una segunda operación para quitar una placa metálica implantada en la operación anterior. Kennedy fue dado de alta tres semanas más tarde y volvió a Palm Beach. A lo largo del mes siguiente tuvo a su lado a la enfermera, que antes de irse le enseñó a Jackie a vendarle la herida.

George Smathers visitó a Jack en Palm Beach.

«Fui allá con mi hermano —dijo—. Jack había perdido unos veinte kilos. Su hermana Eunice hacía bromas al respecto. "No es nada grave, sólo se trata de la manera de cocinar de Jackie", dijo. Él se encontraba tendido boca abajo, porque no podía soportar peso alguno en la espalda. Jackie había salido de compras ese día, de modo que él me pidió que le cambiara el vendaje. Le quité la gasa y encontré ese enorme agujero abierto en el centro de la espalda, supurante, de aspecto horrible. "Mira eso", le dije a mi hermano, que se inclinó para echar una ojeada. "Dios mío, está saliendo materia verde", dijo él. Era, en verdad, una visión espantosa. Se veía a las claras que las píldoras que le habían recetado no servían para nada, porque padecía grandes dolores. Tanto, que no podía dormir por la noche, y dormitaba durante el día. Me di cuenta de que había juzgado mal a Jackie. Cualquiera que pudiese mirar esa herida enconada, día tras día, y pasar por todo ese tormento con su esposo, debía ser dueño de una gran resistencia. El propio Jack lo sabía.»

«Mi esposa es una muchacha tímida, tranquila, pero cuando las cosas se ponen feas sabe manejarse muy bien», dijo acerca de Jackie. Tiene que haber sido un período muy difícil para ella. Vivía con sus parientes políticos, cosa que nunca resulta fácil para una esposa. En cierto sentido, su aspecto la traicionaba. No era frágil. Era recia. Joe Kennedy reconoció su fortaleza desde el principio. Es cierto que había ansiado la relación con los Auchincloss, y que sabía que Newport estaba un escalón más arriba que Boston, en la escala social. Pero ante todo quería para Jack alguien que tuviese la energía y la presencia de espíritu necesarias para acompañarlo en la carrera a la presidencia.

Cuando Jack recuperó las fuerzas, Jackie lo alentó a leer, escribir y pintar. La tarea de pintar, que realizaba en la cama, se interrumpió cuando Rose Kennedy comenzó a quejarse de las cuentas de la lavandería. Entonces él se dedicó a escribir un libro sobre el tema de la valentía política, y continuó el proyecto después de que él y Jackie se mudaran a Merrywood, varios meses más tarde. Un visitante de la residencia de los Auchincloss señaló que Jack todavía no podía sentarse, pero que usaba una tabla para escribir y que lo hacía casi boca abajo en la cama.

Jackie, que ayudó a dar forma al tema general del libro, realizó buena parte de las investigaciones iniciales, escudriñó numerosos volúmenes históricos enviados por la Biblioteca del Congreso, tomó notas y redactó largos pasajes. El libro se concentraba en ocho figuras importantes (entre ellas John Quincy Adams y Daniel Webster), y en sus logros frente a temibles obstáculos. Lo tituló *Profiles in Courage* («Perfiles de coraje»), y reconoció los méritos que le correspondían a Jackie:

> *Este libro no habría sido posible sin el estímulo y las críticas ofrecidos desde el comienzo por mi esposa Jacqueline, cuya ayuda durante todos los días de mi convalecencia no podré nunca agradecer adecuadamente.*

Profiles se publicó a principios de 1956 y fue objeto de críticas embelesadas, muchas de las cuales fueron sin duda enviadas expresamente; un generoso presupuesto de promoción, proporcionado por Joe Kennedy, lo ayudó a figurar en las listas de los libros más vendidos. El libro también obtuvo el Premio Pulitzer de ese año en la especialidad de biografías, cosa que emocionó a Jack Kennedy. Escribir, dijo a sus amigos, habría podido muy bien ser la carrera de su elección si su hermano mayor hubiera sobrevivido a la guerra. En una ocasión habló a Margaret Coit de su breve paso por International News Service, la asociación de prensa de Hearst, como periodista, y agregó que prefería ganar un Pulitzer en lugar de llegar a ser presidente de Estados Unidos.

Pero el premio planteó dudas en cuanto a la participación real de Kennedy en la redacción del libro, e incluso algunas vinculadas a su volumen anterior, *Why England Slept,* defensa unilateral de la controvertida posición aislacionista de su padre durante la Segunda Guerra Mundial. Lo mismo que *Profiles in Courage,* había sido candidato a figurar en la lista de libros más vendidos.

Blair Clark, amigo de Kennedy y ex compañero de habitación en Harvard, recordaba haber concurrido a un almuerzo en el hotel Blackstone durante la Convención Demócrata de 1956, en Chicago, en la cual las obras escritas por John Kennedy surgieron como un tema de conversación:

«Había muchas personas a nuestra mesa, entre ellas Jack Kennedy y el columnista periodístico Joe Alsop, y analizábamos el tema de si Jack había escrito en verdad *Profiles in Courage.* Medio en broma le dije: "Bueno, Jack, por supuesto recordarás cuando tú y yo nos encontramos en la Biblioteca Widener, en Harvard, y me pediste que reescribiera algunas partes de *Why England Slept.*" Se enfureció ante este comentario. Pero en verdad me había pedido que reescribiese partes de su primer libro. Supongo que confió en mí porque yo era el director de *Harvard Crimson,* la publicación estudiantil, y a su petición lo ayudé a obtener un puesto en la redacción.

»Por lo que recuerdo, fue en la primavera de 1940 cuando tropecé con Jack en Widener. Estaba de permiso en Inglaterra durante un semestre, elaborando su tesis final. La llevaba consigo cuando lo vi en la biblioteca, y quiso que yo la leyese e hiciera algunas revisiones. Me pasé tres o cuatro tardes, sudando la gota gorda, con el manuscrito. Puede que haya escrito unos cuantos párrafos originales, pero en la mayor parte de los casos reescribí y corregí. Francamente, me asombró que encontrase un editor para eso.»

Blair Clark no fue la única persona que contribuyó a dar forma al manuscrito. Mucho mayor fue el papel desempeñado por Arthur Krock, quien, como ahora sabemos, tomó la tesis terminada y la reelaboró en una prosa publicable. Krock, colega de Joe Kennedy, sugirió luego que Henry

Luce, con quien Kennedy también mantenía una gran amistad, fuese abordado para pedirle que escribiera un prefacio de *Why England Slept.* Unas pocas palabras del fundador de *Time* podían ayudar en la viabilidad comercial del libro.

Pero Joe Kennedy dio un paso más. Para asegurar la aparición del libro en la lista de los más vendidos, envió a varios representantes a recorrer el país, para que comprasen la existencia de todos los volúmenes, en las librerías que lo tuviesen. Tom Hailey, estudiante universitario contratado en horarios reducidos para realizar diversas tareas en la finca de los Kennedy en Hyannis Port, recordaba un incidente que se produjo a comienzos de la década de los cuarenta: «Me pasé una semana en el desván y en el sótano de la casa de Joe Kennedy, contando ejemplares de *Why England Slept* —dijo Hailey—. Estaban apilados del suelo al cielo raso, en cajas y cajones. Nunca había visto tantos libros en un solo lugar, hasta entonces, todos del mismo autor. Habré contado entre treinta y cuarenta mil ejemplares.»

Joe Kennedy entendía el valor publicitario de figurar en las listas de los más vendidos y de los premios literarios prestigiosos, como el Pulitzer, y comunicó estos conocimientos a sus hijos. A pesar de sus severos y clamorosos pronunciamientos en contra, Jack Kennedy, en apariencia, tuvo muy poco que ver con la versión final de *Profiles in Courage,* menos de lo que estaba dispuesto a reconocer.

Aunque vaciló en adjudicarse los méritos que le correspondían en el proyecto, Ted Sorensen, que por entonces trabajaba para Jack, escribió partes importantes de los distintos borradores. Otra voz destacada pertenecía a Jules Davids, ex profesor de historia norteamericana de Jackie en la Universidad de Georgetown. A Jackie se le ocurrió la idea de hacer participar a Davids en la empresa.

«Sorensen y yo realizamos buena parte del trabajo en *Profiles in Courage* —afirmaba Davids—. Arthur Schlesinger hijo, James MacGregor Burns y Arthur Holcombe también contribuyeron. Alan Nevins escribió el prefacio y ofreció algunas sugerencias. Pero Sorensen y yo dimos forma al volumen y escribimos buena parte de él. Casi se lo podría llamar un trabajo del gobierno, un trabajo de posición, con varios borradores y versiones preparados por editores, ayudantes investigadores, secretarios y asesores.»

Jackie se encargó de buscar a un editor para el proyecto. Angele Gingras, que no veía a Jackie desde los tiempos del *Washington Times-Herald,* se topó con ella, en la primavera de 1955, en Lord y Taylor, en Nueva York. Jackie le preguntó a Angele sobre posibles editores.

«Nos encontramos en la sección de telas, acercamos un par de sillas y nos quedamos sentadas ahí, parloteando, durante una hora —dice Angele—. Jackie describió los problemas de la espalda de su esposo. Luego mencionó *Profiles in Courage*. Dijo que Jack se ocupaba de la escritura y ella lo ayudaba. Abrigaba la esperanza de encontrar un editor y quería enterarse de todo lo relacionado con los agentes literarios, si era preciso tener uno y si yo podía recomendarle alguno. También se preguntaba si era necesario hacer envíos múltiples; es decir, remitir el manuscrito a más de un editor a la vez, práctica habitual en la actualidad, pero que no se daba en esos tiempos. Le aconsejé que tratase directamente con los editores, de uno en uno.»

Jackie recurrió a Cass Canfield, en Harper and Brothers, ante todo porque el hijo de éste, Michael, estaba casado con su hermana Lee. Canfield leyó un primer borrador del manuscrito, lo encontró esquemático pero interesante, ofreció a Kennedy un anticipo moderado y asignó el libro al editor Evan W. Thomas, hijo del dirigente socialista norteamericano Norman Thomas.

A su debido tiempo, Canfield y Thomas visitaron a los Kennedy en Merrywood. La espalda de Jack, según Thomas, «todavía continuaba tan dolorida que no podía tomar el manuscrito de la mesa próxima a su silla. Después de esa reunión, nos comunicábamos principalmente por teléfono. Si Jack no escribió *Profiles in Courage,* conocía el contenido del libro del derecho y del revés. Podía responder a preguntas respecto a determinadas páginas, párrafos y frases. Lo único que recuerdo acerca de Jackie es que cada vez que Jack y yo teníamos una sincera disidencia editorial, ella se ponía invariablemente de parte de su esposo. Resulta difícil decir quién hizo qué cosa en lo que se refiere al libro. No cabe duda de que Ted Sorensen prestó una gran ayuda. Si esto significa que Jack no fue el único autor del libro sigue siendo una duda que acaso nunca se aclare.»

La polémica *Profiles in Courage*-Premio Pulitzer-JFK volvió a surgir en el programa televisivo de Mike Wallace, en la ABC, el 7 de diciembre de 1957, cuando el columnista Drew Pearson afirmó de manera específica que era un escándalo nacional que se le hubiese otorgado a Kennedy un Pulitzer por una obra que no había escrito. Jack Kennedy vio el programa y a primera hora de la mañana siguiente llamó al abogado Clark Clifford, de Washington, que había llevado varios problemas legales de menor cuantía para la familia Kennedy. «Enseguida iré para allá», informó a Clifford.

«Mientras Jack se sentaba frente a mí —recordó Clifford—, su padre telefoneó para decir: "¡Póngale un juicio a ese canalla por 60 millones!"

»"Ésa no es la manera de encararlo", le contesté.

»Jack y yo volamos a Nueva York y pasamos un par de días allí, trabajando con la gente de la ABC; llevamos diversas anotaciones que Jack había escrito cuando guardaba cama a raíz de la operación de la espalda. Los convencimos de que presentaran una retractación en el programa de la semana siguiente, aunque estoy seguro de que todavía abrigaban dudas en cuanto a la autoría del libro. Sé que Drew Pearson tenía dudas. Pero Jack y su padre parecían felices con los resultados.

»En verdad no tenía la menor idea de por qué se mostraban tan agitados al comienzo. Más tarde lo entendí, porque cuando estábamos en Nueva York, o en nuestro viaje de regreso a Washington, me di cuenta de que Jack estaba preparándose para presentar su candidatura a la presidencia, y por eso se habían sentido tan molestos. Habría sido una pesada carga que soportar si, mientras competía por la presidencia, alguien lo hubiera acusado oficialmente de la tergiversación de hacerse pasar por un autor de éxito, cuando en realidad ni siquiera había escrito el libro.»

Al cabo de siete meses de ausencia, John Kennedy volvió a hacerse cargo de sus obligaciones senatoriales. No quería usar muletas en público, rechazó una silla de ruedas y caminaba sin ayuda, pero todavía sufría dolores en la espalda. Fue a ver a un nuevo médico de Nueva York, Janet G. Travell, que le ordenó que usara un aparato especial de apoyo para la espalda, durmiese en un colchón duro, de pelo de cola de vaca, descansara en una mecedora y usara zapatos correctivos, dos centímetros y medio más alto uno que el otro.

«La fusión lumbar no solucionó los problemas de espalda de John Kennedy —dijo la Dra. Travell—. Un programa no quirúrgico, que utilizaba algunos de los métodos que propuse, además de un régimen de calistenia y ejercicios, resultó más beneficioso. Le recomendé masajes, baños calientes y tratamientos con almohadillas calientes. Por supuesto, yo tenía la ventaja de la visión retrospectiva. Resulta fácil mirar hacia atrás y decir: "Bien, la operación no dio resultados. No habría debido llevarse a cabo." Pero en aquel momento les pareció que tenían que hacer algo por él, y la cirugía parecía ser la medida más lógica.

»En una ocasión, cuando terminé de examinar a Jack, Jackie me preguntó si era posible darle una inyección de algo que le aliviase el dolor por completo. Le contesté que sí, que esa inyección existía, pero que le eliminaría toda la sensibilidad de cintura para abajo. Jackie arrugó el ceño y Jack sonrió y añadió: "Bueno, eso no podemos aceptarlo, ¿verdad, Jackie?"»

Para mediados de junio, Jack quiso ofrecer una fiesta de gala en la finca de los Kennedy en Hyannis Port, para unos 400 legisladores del Estado, funcionarios de la Cámara estatal y miembros del Congreso, así como sus respectivos cónyuges. La reunión sirvió para anunciar el retorno de Kennedy a sus funciones e insinuó que pronto tendrían lugar sucesos políticos de mayor importancia. Jackie hizo de anfitriona, siempre con su amplia sonrisa, pero se sentía vagamente inquieta. Le molestó que su esposo la tomara del brazo y la empujara hacia adelante con las palabras: «Quiero que conozca a mi esposa... Jackie.» Le desagradaban las funciones políticas y, en especial, las personas que las ejercían.

La esposa de John F. Kennedy tenía una visión especialmente altanera de la política. Para ella los hombres eran toscos chacales, mascaban cigarros, sus esposas eran aburridas y predecibles: se comportaban como si siempre estuvieran en la televisión, hacían todo lo que se esperaba de ellas, decían siempre lo mismo. Según Jackie, las mujeres no hablaban de otra cosa que de colgajos y vestidos, hijos y nietos, dietas y libros de cocina. Intercambiaban recetas y hacían comentarios, entre risitas, acerca de «la buena gente, mis vecinos», las masas cuyo voto colectivo determinaría si sus esposos volverían a Washington.

«Jackie no era Elsie de Wolfe o la maharani de Cocch-Behar, pero era más refinada que la mayor parte de las esposas de esos políticos —dijo Truman Capote—. Era ingenua en ciertos aspectos, astuta en otros. No toleraba a esas mujeres. Se burlaba de su desaliño y de su babeante devoción por las carreras políticas de sus esposos. "Son tan tontas...", solía decir.

»El tipo de refinamiento de Jackie provenía del hecho de haber crecido en Nueva York, de concurrir a las mejores escuelas y de sus frecuentes viajes al extranjero. Era adquirido, no heredado. No había nacido de su hogar. Pero la ubicaba en una categoría distinta, comparada con las mujeres cuyos esposos elegían una carrera de servicio público o en el gobierno. Tenía más olfato, mejor gusto, más imaginación que ellas.

»Yo solía sentarme con ella en el bar Carlyle y escuchaba todas las simpáticas y pequeñas sagas acerca de su familia: de cómo llevaron a su hermanastra menor, Nina, de compras para adquirir su primer sostén, y de cómo, dos años más tarde, en la boda de Nina con Newton Steers, hijo, Jackie se metió en una bañera vacía, totalmente vestida, para demostrar los beneficios prácticos y el uso correcto de una ducha vaginal ("Mejor usa vinagre, del blanco —aconsejó a Nina—. ¿Sabes que puedes quemarte por dentro si no está bien diluido?"). Ahora bien, en serio, ¿es posible imaginar a Eleanor Roosevelt, Bess Truman o Mamie Eisenhower explicando el delicado arte del empleo de una ducha vaginal femenina?»

A finales del verano de 1955, en relación con las funciones de Kennedy en la Comisión de Relaciones Exteriores del Senado, Jack y Jackie realizaron una gira de dos meses por Europa. El viaje, que abarcaba diez días en Polonia y una audiencia con el Papa, debía ser unas vacaciones de trabajo. En Roma fueron agasajados por Clare Boothe Luce, el embajador norteamericano en Italia, en una cena a la que asistió el primer ministro francés Georges Bidault. Después Kennedy y Bidault se mostraron ansiosos por conversar, pero se encontraron con la barrera del idioma.

Llamaron a Jackie para que actuase como intérprete. Más tarde Bidault le escribió. «Nunca he conocido tanta sabiduría revestida de tanto encanto.»

En París, Jackie se encontró con su hermana Lee; fueron a tiendas de antigüedades y desfiles de modas. Una noche, en una reunión social, fueron presentadas al historiador social norteamericano Cleveland Amory, que se encontraba en París trabajando en un libro sobre la duquesa de Windsor, que nunca terminaría.

«Yo trabajaba con la duquesa en ese proyecto, y las dos hermanas mostraron una gran curiosidad por ella —dijo Amory—. Hicieron toda clase de preguntas. Al día siguiente le pregunté a la duquesa por Jackie. Sabía todo lo relacionado con los Kennedy, y dijo: "Oh, debe de ser muy difícil estar casada con un hombre como ése. Me pregunto cómo hace para mantenerlo refrenado." Dijo eso con las cejas enarcadas, insinuando que los Kennedy tenían problemas.»

Jackie parecía tener un único método para «refrenar» a su esposo, o bien para tratar de mantenerlo de esa manera. Se enfurruñaba muy a menudo. JFK no podía soportar que nadie se mosqueara... eso lo enloquecía. Pero Jackie practicaba también otros métodos para dominarlo.

En todo sentido, se contaba entre las mejores especialistas del «arte de aplastar». Disfrutaba desinflando ciertos egos masculinos con su punzante ingenio. Hacia el final de la gira por Europa, acompañados por el dramaturgo británico sir William Douglas-Home, los Kennedy concurrieron a una fiesta en el sur de Francia, a bordo del yate de Aristóteles Onassis, el magnate naviero griego. Esa tarde, también se encontraba a bordo sir Winston Churchill. A diferencia de su padre, Jack Kennedy llegó a admirar poco a poco a Churchill. Se puso ropas formales para la ocasión y se mostró muy solícito con el anciano, con la esperanza de causarle una buena impresión. Pero Churchill, que sin duda alguna se sentía mal ese día, casi no prestó atención al senador. Cuando los Kennedy se iban del yate, Jackie señaló el esmoquin blanco de su esposo y dijo: «Me parece que se ha creído que eras el camarero, Jack.»

De vuelta en Estados Unidos, en octubre, los Kennedy iniciaron el proceso gradual de trasladarse a una residencia más permanente. Adquirieron una de las casas de los terreros de los Kennedy en Hyannis Port, una de las tres cuyos patios traseros se unían y en cada una de las cuales vivían miembros de la familia Kennedy. Además, Jack Kennedy pagó la última cuota del precio de compra total, de 125.000 dólares, de Hickory Hill, una finca de estilo georgiano, de ladrillo blanco, ubicada en dos hectáreas y media de tierras boscosas, en McLean, Virginia, a tres kilómetros y medio de Merrywood. La casa, cuartel general del general George B. McClellan durante la guerra civil, se erguía en la cima de una pronunciada pendiente, con un largo camino de acceso en forma de U, que pasaba ante la puerta principal. Había caballerizas y huertos en la propiedad, y una piscina al pie de la colina detrás de la casa, muy útil si Jack pensaba cumplir con la rutina de los ejercicios recomendados por la Dra. Travell.

Para dominar los ocasionales espasmos musculares que todavía sufría en la espalda y en el cuello, Kennedy se aplicaba con regularidad inyecciones de novocaína, y 25 a 50 mg de cortisona, por vía oral, cada veinticuatro horas. Además, si bien él y sus ayudantes políticos negaban públicamente que padeciera de la enfermedad de Addison, se lo trataba para ella desde hacía algún tiempo. Su dolencia había sido llevada con bastante éxito por medio de un programa de acetato de desoxicorticosterona (ADOC), en píldoras de liberación lenta, de 150-300 mg, implantadas cada tres meses en una diminuta incisión en los músculos de sus muslos. El ADOC, una forma sintética de la cortisona, en conjunción con las tabletas de cortisona que tomaba todos los días, tendía a estimular, no sólo sus glándulas suprarrenales poco activas (causa principal de la enfermedad de Addison), sino también su actividad sexual.

«Había en eso algo cómico —dijo el Dr. Gerald Ehrlich, especialista en condicionamientos y perturbaciones psicosexuales—. Si se administra a un hombre grandes dosis de cortisona, es frecuente que se vuelva milagrosa, maravillosamente priapista, o por lo menos exuberante. En el caso de Kennedy, es probable que toda esa cortisona durante un período prolongado aumentase sus impulsos sexuales. Pero más vitales que sus necesidades físicas eran las presiones psicológicas que lo incitaban a esas conductas, la necesidad de ponerse a prueba, el impulso compulsivo de correr riesgos, el sentimiento de que las reglas sociales no regían para él.»

Mientras Jackie Kennedy se dedicaba a redecorar el nuevo hogar, y prestaba especial atención al cuarto de los niños, su esposo reanudaba su vida amorosa extramarital, hasta hacía poco adormecida. Los archivos del FBI indican que desde mediados de 1955 hasta finales de 1959 mantuvo un apartamento en el octavo piso del Hotel Mayflower, de Washington. Un informador anónimo del FBI llama «cuarto de juegos personales de Kennedy» al apartamento, y señala que concurrió a una fiesta en el Mayflower, en la que el senador John Kennedy y el senador Estes Kefauver, otro distinguido mariposón, y «sus respectivas citas, hicieron el amor a la vista de los concurrentes. Cuando terminaron, los dos senadores cambiaron de pareja y volvieron a comenzar».

Otras acusaciones por el estilo fueron dirigidas contra John Fitzgerald Kennedy por Robert Parker, en su libro de 1987, *Capitol Hill in Black and White* (La colina del Capitolio en blanco y negro), una memoria-anecdotario del ex maître del comedor del Senado*. A mediados de la década de los cincuenta, Parker trabajaba para Harvey, un popular restaurante de Washington, prácticamente vecino al Mayflower. «A diferencia de la mayoría de los otros senadores —escribe Parker—, Kennedy comía muy pocas veces allí. Al principio, solía aparecer para encargar la cena, que yo llevaba a su nido de amor... en el Hotel Mayflower. Al cabo de un tiempo comenzó a pedirla por teléfono, y yo y los demás camareros, según cuántos fuesen los amigos invitados por JFK, llevábamos la comida a la habitación 812 y la servíamos... Kennedy siempre parecía estar organizando fiestas allí. A veces estaba a solas con una mujer; en otras ocasiones se trataba de una reunión reducida, con unos pocos hombres y sus acompañantes femeninas. Él o un ayudante me llamaban temprano, por la mañana, y me pedían que preparase la habitación. Yo instalaba el bar, preparaba los bocadillos y me ocupaba de que hubiese hielo en abundancia.»

Aparte de las reuniones más íntimas, Jack Kennedy organizaba grandes fiestas en el Mayflower para celebridades tales como Audrey Hepburn, Betty Grable, Judy Garland, Marlene Dietrich (con quien el padre de Jack afirmaba haber tenido relaciones íntimas durante sus vacaciones en la Costa Azul, en 1939), Bing Crosby y Frank Sinatra. Sinatra, una fuente inagotable de nombres y números telefónicos de mujeres atractivas y disponibles, recibía de Kennedy el «tratamiento de la alfombra roja». «Kennedy pedía langostas... y Harvey las cocinaba y las servía con todos los aderezos», escribe Robert Parker. Kennedy le devolvía el favor abriendo diversas puertas políticas y arreglándole entrevistas con algunos de los hombres más influyentes de la Colina.

Entre Sinatra y Kennedy se estableció un vínculo en 1955 por la boda de Peter Lawford, miembro de la conocida «Manga de Ratas» de Sinatra, y Pat Kennedy, la hermana de Jack, unión a la cual Joe Kennedy se opuso con energía. «Si hay alguien a quien odiaría como yerno, ese alguien sería un actor —dijo el embajador al conocer a Lawford—. Y si hay alguien a quien odiaría más que a un actor como yerno, es un actor inglés.»

Aunque Joe Kennedy y Peter Lawford siguieron en gran medida en pugna (Lawford se alojaba muy pocas veces en casa de su suegro, cuando visitaba Hyannis Port o Palm Beach), el actor inglés se convirtió en un firme y fiel partidario del futuro presidente, y le proporcionó todas las diversiones imaginables, desde citas con actrices y chicas del mundo del es-

---

* Robert Parker: *Capitol Hill in Black and White*, págs. 84-85.

pectáculo, hasta una casa segura en California, donde Kennedy podía organizar sus citas en la Costa Oeste. Como Langdon Marvin y otros seguidores y empleados de JFK, Lawford actuaba a menudo como colaborador de Jack en ese terreno: distraía a la prensa y proporcionaba una fachada conveniente para Jackie.

Y no es que Kennedy no supiera arreglárselas por su cuenta. Cultivaba la mayor parte de sus propias relaciones, adoptaba una actitud de tan elevada visibilidad que a veces parecía estar exhibiendo a su última conquista. Lance Morrow, periodista de *Time* y autor de *The Chief: A Memoir of Fathers and Sons* (El jefe: una memoria sobre padres e hijos), cita a Bobby Baker, un protegido de Lyndon Johnson, como testigo ocular del senador Kennedy, en el otoño de 1955, saliendo de un cine de la calle G con una rubia espectacular: «Era maciza y medía un metro ochenta», informó Baker a sus compinches*.

La rubia puede muy bien haber sido la reina del *burlesque* Tempest Storm, cuyo cabello parecía cambiar de color de actuación en actuación y cuyos atributos físicos parecían algo más que un poco intimidatorios. Kennedy conoció a Tempest en 1955, cuando ella actuaba en el Casino Royale de Washington, y continuó viéndola ese año, siempre que se presentaba por la zona. Ella describe las relaciones de ambos como tempestuosas, pero sexualmente satisfactorias, y comenta que Kennedy parecía ser casi insaciable en la cama.

Philip Nobile (con seudónimo V. De Foggia) redactó un artículo, «JFK y la Adolescente», para el número de julio de 1955 del *Forum* de *Penthouse*, de la que entonces era director; en dicho artículo sugería que Kennedy estuvo enredado de la misma manera, a mediados de la década de 1950, con una estudiante de Radcliffe que más tarde trabajó por poco tiempo en Washington. En apariencia, Kennedy no ocultó sus relaciones con la estudiante, y a menudo conducía su coche hasta el edificio de Radcliffe donde estaba el dormitorio de las chicas y lo estacionaba fuera. McGeorge Bundy, decano de Harvard y después Asesor de Seguridad Nacional bajo Kennedy, advirtió a Jack, según se dice, que no debía «ser tan evidente». Atrevido y muy confiado en sí mismo, Kennedy hizo caso omiso del consejo de Bundy.

«Puede que no haya habido muchos testigos de la vida amorosa de Jack Kennedy, pero existían suficientes pruebas circunstanciales para condenarlo una y mil veces —dijo Marianne Strong—. Antes de convertirme en agente literario, cuando todavía era responsable de sociales del *New York World-Telegram*, recuerdo haberlos visto a él y a Vivi Stokes Crespi,

* Lance Morrow: *The Chief: A Memoir of Fathers and Sons,* pág. 100.

acurrucados en un rincón, en el antiguo Hotel Ambassador de Park Avenue, ambos dedicándose mutuas atenciones. Jackie no se hallaba presente. Jackie y Vivi habían sido amigas durante sus años de debutantes, y ésa es la razón de que lo primero que advirtiese en la fiesta fuera el extraño cuadro que ofrecían.»

Emile de Antonio, destacado cineasta y puntal de la escena artística de Nueva York, conocía muchas de las mujeres con las que se relacionó Kennedy durante ese período.

«Yo estaba en la clase de JFK en Harvard, en el 40 —declara De Antonio—, y puedo certificar el hecho de que salía con un número considerable de mujeres de la alta sociedad. Como el poder era el afrodisíaco supremo de nuestra época, JFK podía explorar y poner en práctica sus más locas fantasías. Ése fue el motivo principal de que la familia no quisiera una investigación del asesinato de JFK. Mientras ocupaba su cargo, se enredó con muchas mujeres socialmente destacadas... y por motivos evidentes los Kennedy no querían que esa información llegara al público.

»Esto no significa que todas sus relaciones con mujeres fuesen de índole sexual. También tenía relaciones platónicas. Conocí a una de sus amigas, una muchacha de Boston llamada Kay-Kay Hannon, ahora casada con Douglas Auchincloss, pariente de Hugh Auchincloss. Kay-Kay estuvo casada con Shipwreck Kelly, antes esposo de Brenda Frazier. Estuvo casada, asimismo, con un miembro de la familia King, hacendados de Texas. Jack la conoció en los comienzos y en los finales de su carrera. Eran íntimos, pero no sé qué grado de intimidad existía entre ellos. Lo que dicen las personas cuando están juntas depende de un tipo especial de química individual. Si uno quiere hablar de todo lo que tiene en la cabeza, incluso de sus problemas con su esposa, es evidente que buscará a alguien especial. No estoy convencido de que JFK compartiera esos pensamientos con nadie. Puede ser que ése fuese el dominio de Kennedy. Es probable que ella lo conociera mejor que nadie, y es posible que en definitiva eso haya sido lo que los mantuvo juntos.»

Ormande de Kay visitó a los Kennedy en Hickory Hill a principios de mayo de 1956. «Fue la primera vez que vi a Jackie desde su matrimonio —dijo—. Habría unas seis personas para cenar. Jackie estaba embarazada y esperaba dar a luz en septiembre. Su madre y ella habían estado decorando la casa. Había rollos de tela y muestras de papeles sobre la mesa del café. Resultaba imposible decir cómo se llevaban Jack y Jackie. Él se refería de pasada a los imposibles atascos de tráfico, todas las mañanas, entre McLean y Washington, y ella apenas contestaba.

»Después de la cena él reveló los planes políticos de la familia Kennedy, que resultaban fascinantes cuando se mira hacia atrás. Iban a llevar a los tres hermanos al Senado. Jack ya era senador, de manera que se concentraba en lograr un cargo más elevado, tal vez el de vicepresidente, en las elecciones. Harían que Bobby fuese elegido senador por Nueva York. Y preparaban a Teddy para que fuese a Arizona, donde se enfrentaría a Barry Goldwater. En apariencia, no tenían una gran opinión de éste.

»De toda la gente con quien podía casarse, me pareció muy extraño que Jackie eligiese a un político henchido de ambición. La política parecía tan alejada de los antecedentes de Jackie... Y además Jack era un mujeriego, igual que el padre de ella. Ambos pertenecían al tipo de hombres que podían engendrar con cualquier cosa que se moviese. Creo que eso formaba parte de su atractivo para Jackie: la idea de que triunfaría allí donde la madre de ella había fracasado... encararía de lleno al polígamo de su esposo y le pondría freno.»

En una presentación como parte de un reportaje, en «De cara a la nación», de la CBS, el senador Kennedy declaró: «No soy candidato a vicepresidente, y dudo de que sea nombrado vicepresidente.»

Luego ofreció cuatro razones en cuanto a su creencia de que no figuraría en la candidatura del Partido Demócrata para ese año, con Adlai Stevenson: era católico; a los 39 años, se lo podía considerar demasiado joven; era probable que se buscara a un hombre del Sur para equilibrar la fuerza de Stevenson en el Nordeste; y su voto en ciertos proyectos de ley había sido impopular. Pero —agregó rápidamente— se sentiría honrado y, por supuesto, aceptaría si se presentara su candidatura.

Tres semanas más tarde voló a Los Angeles para grabar su narración en una película de veinte minutos sobre la historia del Partido Demócrata, encargada para que sirviese como prólogo del discurso central en la inminente Convención Nacional Demócrata de Chicago. Estaba programada para ser exhibida inmediatamente antes del discurso central del gobernador Frank Clement, de Tennessee[*].

La película fue organizada por Dore Schary, jefa de producción en la Metro-Goldwyn-Mayer, y la escribió Norman Corwin. En los círculos políticos corrió el rumor de que la producción había sido financiada por Joe

* Cuando se exhibió la película en la convención, la transmitieron la NBC, la ABC y la Mutual, pero CBS prefirió cortar y pasar al salón de la convención, para realizar entrevistas con los delegados. Como la película formaba parte de la presentación principal, los demócratas se enfurecieron con la CBS y emitieron una enérgica protesta. El corte fue tomado como un insulto, no sólo a los demócratas, sino a la convención, a los televidentes y al senador Kennedy. Pero el senador se mantuvo imperturbable.

Kennedy, y de ahí la elección de Jack como su narrador, pero en realidad la película había sido encargada por la Comisión Nacional Demócrata, y la elección de Jack Kennedy como su narrador se llevó a cabo de forma «chapucera y casual». Cuando Corwin terminó el guión, Schary y él discutieron el nombre del posible narrador. Convinieron en que tenía que ser una figura política, antes que un actor... pero ¿qué figura política? Dio la casualidad de que Corwin iba a almorzar con un antiguo amigo, Edward R. Murrow, y sugirió a Schary que tal vez Murrow, recién llegado de Washington, tuviese alguna buena idea al respecto. Así fue. Sugirió al gobernador John Winant, de New Hampshire, una hermosa figura lincolniana, pero retiró en seguida la idea y presentó el nombre del senador Jack Kennedy, a quien carecterizó como «joven, inteligente, carismático y decididamente en ascenso». Cuando Corwin preguntó por la disponibilidad de Kennedy, Murrow contestó: «Es probable que se muestre ansioso por hacerlo. Con eso aumentarán sus acciones en el partido.»

Corwin comunicó a Schary el nombramiento de Murrow, que lo aprobó y lo transmitió a Paul Butler, presidente del Comité Nacional. Kennedy aceptó el papel sin vacilaciones y voló para reunirse con Schary y Corwin en casa de aquél en Brentwood. Durante la cena discutieron el guión. Jack sugirió dos cambios de poca monta, uno consistía en eliminar cualquier posible relación con su padre. Con una risita entre dientes, señaló que sería prudente para la película sobre la noble historia del partido pasar sobre ese punto a toda prisa.

Como era de esperar, Jack no hizo el viaje a Los Angeles solo. Si bien no aceptó acompañarlo a la cena en casa de Schary, su compañera era una belleza de la *jet*, adinerada y con buenas relaciones, que se hacía llamar «Pooh», pero a quien los íntimos conocían sencillamente como «P». «Era deslumbrante, pero no muy brillante —dice Langdon Marvin—. Dada su belleza, no tenía por qué serlo. Jack estaba fascinado con ella. En apariencia era muy poco inhibida.»

Acompañado de Jackie, ahora embarazada de siete meses, Kennedy llegó a Chicago para el inicio, el 13 de agosto, de la Convención Demócrata, sintiendo que tal vez tenía alguna posibilidad de ser elegido como el compañero de fórmula de Stevenson. Mientras Jack y sus dos hermanos ocupaban habitaciones contiguas en un hotel del centro de Chicago, Jackie se alojó en el apartamento de Sarge y Eunice Shriver, en Lake Shore Drive. El apartamento de lujo formaba parte del puesto de Sargent Shriver como gerente del Merchandise Mart de Joe Kennedy en Chicago.

Pese a su delicado estado y en medio de una ola de calor en Chicago, que duró una semana, Jackie concurrió a un desayuno de «unidad» en el hotel Palmer House para los delegados partidarios de Nueva Inglaterra, asistió también a varias funciones de la convención, e incluso al discurso de nominación de su esposo para Adlai Stevenson. Un fotógrafo tomó una instantánea de Jackie y Jean Kennedy, recién casada con Stephen Smith, hombre de negocios de Nueva York, de pie en sus asientos, en el palco de la convención, agitando excitadas banderines de *Stevenson for President*.

Aunque trató de participar en el alboroto, Jackie reconoció que nunca entendió bien a qué venían tantos gritos. Le faltaban la comprensión y los conocimientos políticos de la familia Kennedy, y si bien más tarde los adquiriría, todavía no se habían convertido en parte de su personalidad. La única persona presente en la convención que se esforzó por tratar de explicarle la mecánica del acontecimiento fue Josefa Moss, la hermana de Lyndon Johnson. Cuando Josefa murió de cáncer en 1960, Jackie escribió a lady Bird Johnson recordando la presencia de aquélla en la convención... «y en esos días afiebrados... llegué a quererla tanto. Fue la única persona a quien ansiaba ver todos los días... cuando volvía a esa escena de frenesí».

En la segunda noche de la convención, Jackie acompañó a su eposo a la «fiesta con champán para las esposas de la campaña» de Perle Mesta, en el hotel Blackstone, una reunión ruidosa y chillona, donde Jackie casi no conocía a nadie. «Era demasiado tímida e insegura», reconoció más tarde. Un periodista de un diario de Boston la describió de pie, sola en medio de la refriega, con los ojos entreabiertos, «como una chiquilla en una fiesta para adultos... No parecía incómoda, precisamente. Pero estaba fuera de lugar, no participaba de verdad en lo que ocurría».

Perle Mesta, «la anfitriona amazona», no recordaba a Jackie de su Baile de la Coronación en Londres, en 1953, y no pareció demasiado impresionada con ninguno de los Kennedy. En una entrevista posterior a la fiesta, dijo: «No estaba preparada para que Jack Kennedy usara mocasines marrones con esmoquin.» Se refirió a la señora Kennedy diciendo que era una *beatnik,* y observó que ni siquiera se había molestado en ponerse un par de medias.

Jackie no olvidó el desaire. Cuando llegó a ser la Primera Dama, en 1961, declaró que las fiestas de Perle Mesta eran «demasiado vulgares», y que Perle se comportaba muy a menudo como «la esposa de un destilador». Perle Mesta ofreció muy pocas fiestas en Washington durante la administración Kennedy y, por primera vez en muchos años, no fue invitada a concurrir a ninguna de las de la Casa Blanca.

En 1952, cuando llevaba las encuestas en el *Washington Times-Herald,* Jackie escribió a la periodista Bess Furman, expresando sus sentimientos respecto de la prensa: «Ahora estoy tan enamorada de ese mundo... Creo que admiro a la gente del periodismo como cuando a los 10 años a una le da por venerar a las estrellas de cine.» Cuando Jackie se vio a su vez como objeto de persecución, sus sentimientos cambiaron con rapidez. Había empezado a mostrarse cautelosa respecto a la prensa poco después de casarse con John Kennedy; para 1956 consideraba a los medios de comunicación como sus enemigos personales.

Maxine Cheshire, una joven y ambiciosa periodista de *The Washington Post*, trató de entrevistar a Jackie en la Convención Nacional Demócrata. «Poco después que la convención aclamó a Stevenson, vi a Jackie sentada en el palco de los Kennedy, en el salón de la convención —escribe Cheshire—. Quise conocer sus opiniones, pero dejó de prestarme atención en cuanto oyó la palabra "periódico"... Cuando se levantó, salió del palco y comenzó a cruzar el salón, la seguí. Al bajar por la escalera que llevaba al aparcamiento subterráneo, la perseguí. Cuando vio, en el garaje, que todavía me encontraba tras ella, se recogió el vestido y echó a correr.»*

El «peso agregado» del embarazo de Jackie no constituyó un obstáculo visible, ya que en pocos instantes le había sacado la delantera a la periodista del *Post*. Y ésa fue la última vez que Maxine Cheshire la vio aquel día.

Jackie volvió a estar presente durante el recuento de votos para la vicepresidencia. En un intento de infundir excitación en la convención, Adlai Stevenson había resuelto que después de su victoria en la primera votación dejaría que los delegados eligieran su compañero de fórmula, en lugar de designarlo él mismo. La táctica fue un golpe para el campus de los Kennedy, que continuaba esperando el apoyo y la aprobación de Stevenson.

La única vez que Jacqueline participó de manera directa en alguna maniobra táctica fue en la afiebrada noche anterior a la votación presidencial, cuando se unió a Teddy, Bobby, Sargent Shriver, Jean Kennedy Smith, Ted Sorensen, Charles Bartlett, John Bailey, presidente de la delegación de Connecticut, y otros en la habitación del hotel de Jack.

«No recuerdo con exactitud si Jack estuvo allí, pero recuerdo buena parte del alboroto, y que Bobby dijo que debíamos tratar de reunir todos los votos para el día siguiente —declaró más tarde—. Me acuerdo de que Bobby me preguntó si conocía a alguien en Nevada o algún otro Estado. Esa noche permanecí allí mucho tiempo. Pienso que cuando empieza algo así y cobra impulso, una lo aprecia, sí...»

George Smathers recordó que el teléfono sonó en su habitación del hotel a las 2.30 de la mañana: «Era Jack, que me pedía que lo nominara para vicepresidente. Le dije que se pusiera en contacto con el gobernador de Connecticut, Abe Ribicoff. Dijo que ya había hablado con Ribicoff, pero que quería que yo apoyase la nominación. "Kefauver se trae algo entre ma-

---

* Véase Maxine Cheshire: *Maxine Cheshire, Reporter*, págs. 49-50.

nos", le contesté. Insistió en presentarse, dijo que la votación sería abierta. Por último acepté, sólo para poder dormir un poco.

»Cuando fui allí al día siguiente, a las 8 de la mañana, el centro de la convención se encontraba semivacío. No supe qué demonios decir. Cuando Jack se inició en el Congreso, era, en lo fundamental, un joven recién llegado, un mequetrefe con grandes ideas y un padre adinerado. Al avanzar hacia el Senado, no se mostró especialmente diligente o influyente como legislador, y parecía muy preocupado, para ser un senador tan joven, por un cargo más elevado. La ambición resultaba inconfundible, pero era una ambición casi por completo carente de metas para el país. El objetivo de ganar era sencillamente ganar. No creí que tuviese la menor posibilidad de conquistar la vicepresidencia. Bien, empecé a hablar de John F. Kennedy como héroe de la Segunda Guerra Mundial... de la *PT-109* y todo lo demás. El tipo, en verdad, no había hecho nada en política. De manera que después hablé de su destacada familia. Repetí eso tres o cuatro veces. De pronto sentí un dolor tremendo en la espalda y el pecho. Pensé que tenía un ataque cardíaco... ahí mismo, en la televisión, delante de todo el mundo. Era Sam Rayburn, el presidente de la convención, que me clavaba su mazo en las costillas para recordarme que se habían terminado mis dos minutos. "McCormack está aquí", me susurró al oído. John McCormack debía pronunciar el otro discurso de apoyo, y me alegré muchísimo de alejarme del micrófono.

»El discurso de McCormack pareció más desorganizado aún que el mío, y si Bobby Kennedy no lo hubiese empujado a la plataforma, no lo habría pronunciado. A la larga, Jack perdió y Estes Kefauver ganó, pero Jack estuvo más cerca de lo esperado. Joe Kennedy, que estaba de vacaciones en la Riviera francesa, pensó que Jack podía considerarse afortunado por haber perdido. "Stevenson no puede enfrentarse a Eisenhower —dijo—. Es mejor que Jack se quede sin eso. Si acompaña a Stevenson, le echarán la culpa de haber perdido por el hecho de ser católico. Además, si uno va a ser derrotado, hay que serlo compitiendo por el primer puesto, no por el segundo. En el 60 tendrá mejores posibilidades de competir por el primer puesto."

»Vale la pena señalar que después de la convención, Joe Kennedy financió un estudio en relación con los católicos de Estados Unidos: ¿podía haber un presidente católico? El estudio llegó a una conclusión afirmativa. Si se tienen en cuenta las credenciales políticas más bien limitadas de Jack, había tenido un magnífico comportamiento, al ubicarse en una posición en la cual podía convertirse, en su momento, en el primer presidente católico.

»Cuando todo terminó, nuestro grupo se reunió un rato en la habitación de Jack en el hotel. Jack se puso de pie en la cama y pronunció un discurso improvisado. Jackie derramó algunas lágrimas mientras él hablaba. Me asombró que ella tomara la derrota tan en serio. A fin de cuentas había sido un esfuerzo de último momento. La importancia del asunto vicepresidencial del 56 consistió en que Jack trabajó durante veinticuatro horas y le faltaron 30 votos para ganar el segundo puesto. Para decirlo con franqueza, creo que sólo presentó su candidatura porque Stevenson arrojó el guante en el salón de la convención. Jack no sabía resistirse a un desafío. Ningún Kennedy sabía hacerlo.

»Antes de la convención, Jack, Teddy y yo habíamos hecho planes para navegar frente a la costa de Italia. En ese momento parecía una cosa que podía llegar a ser divertida. Pero dada la reacción de Jackie ante la convención y su avanzado estado de embarazo, tuve mis dudas.

»Jackie insistió en que fuéramos. "Debéis hacer ese viaje —dijo—. Habéis trabajado mucho, y en especial Jack. Se merece un descanso."

»Por lo tanto, fuimos, pero Jack habría debido de pensarlo mejor. Jackie había sufrido un aborto el año anterior, lo cual significaba que podía haber complicaciones. Además, había cuidado de él hasta que recuperó la salud, después de la operación de la espalda. Ahora que lo necesitaba, él parecía abandonarla.»

12

Inmediatamente después de la Convención Demócrata de 1956, Jack Kennedy regresó a Boston con su esposa, y apartó a los periodistas en el Aeropuerto Logan, explicando que estaba extenuado y ella agotada.

«No tengo nada que decir —objetó—. Ya he aparecido bastante en las noticias.»

Jackie había decidido pasar varias semanas de descanso en Hammersmith Farm, con su madre y su padrastro. Entretanto, Jack y Teddy partirían muy pronto a París. Pasaron su primera noche en el hotel George V y al día siguiente viajaron a Val-sur-Mer, en la Riviera francesa, donde Joe Kennedy había alquilado una casa de campo para la temporada. Entre los invitados a la casa del embajador se contaban Clare Boothe Luce y William Douglas-Home y su esposa. Sir William le comentó a Jack cuán orgulloso estaba su padre con su espléndida carrera para la nominación vicepresidencial.

«Dentro de dos años —dijo sir William—, el único nombre que recordarán de la convención será el suyo.»

Jack había ido a Val-sur-Mer para pedir consejo a su padre antes de decidir su futuro rumbo político. Pero mientras se encontraba en la Riviera recibió consejos de una fuente en todo sentido inesperada: Winston Churchill. Aristóteles Onassis envió un mensaje desde Montecarlo, invitando a Jack a acompañarlo en su yate. Winston Churchill estaba con él. Al recordar su encuentro infructuoso con Churchill, el año anterior, y deseoso de contar con una segunda oportunidad, Jack partió enseguida.

Onassis lo recibió con los brazos abiertos a bordo del yate, y llevó a Jack ante Churchill, que se encontraba sentado en una silla de tijera, en cubierta, en su lugar favorito. Claramente consciente del importante apoyo recibido por Kennedy en la reciente Convención Demócrata, Churchill le preguntó por sus perspectivas presidenciales para el futuro.

—Resulta difícil decirlo —respondió Kennedy—. Soy católico, ¿sabe?

—Siempre se puede cambiar de religión —señaló Churchill. Y luego agregó—: Pero en su lugar, yo utilizaría lo del catolicismo. No dé la impresión de que trata de ocultarlo. Exhíbalo. La gente lo admirará por su valentía, si lo hace.

Jack volvió a Val-sur-Mer y transmitió el consejo de Churchill.

—Ésa es la primera opinión sólida que he oído de ese hombre —dijo el embajador.

Jack y Teddy se pusieron en comunicación con George Smathers, unos días más tarde, en Cannes, donde fletaron una nave de cuarenta pies, con capitán y cocinero. Entre otros marineros de cubierta se contaban «P», la amante de sociedad de Jack en esos momentos, y una tórrida estrellita francesa que hacía poco los columnistas de ecos de sociedad habían vinculado con Ali Khan.

Aunque George Smathers negó que hubiese habido mujeres en el crucero, un corresponsal del *Washington Star* entrevistó más tarde al capitán del barco, que informó que «había visto a varias mujeres jóvenes a bordo». Según parece, otro periodista conoció y entrevistó a un amigo de «P». El amigo confirmó que «P» era «la misteriosa mujer que hacía compañía a JFK en su crucero por el Mediterráneo, después de la convención». El mismo amigo declaró que Jack le dio a «P» un libro (presuntamente *Profiles in Courage*) que contenía la siguiente inscripción: «A P - En recuerdo de momentos pasados juntos / Antes y en el futuro / John Kennedy.»

El 23 de agosto, mientras continuaba recuperándose de la tensión de la convención, Jackie tuvo una hemorragia interna y fuertes calambres abdominales. Su madre la llevó de prisa al hospital de Newport. En un esfuerzo por salvar al bebé, los médicos practicaron una cesárea de urgencia. El niño, una mujercita sin nombre, falleció antes de inspirar su primera bocanada de aire.

Cuando Jackie volvió en sí después de la intervención quirúrgica, la primera persona que vio, sentada junto a su cama, fue Bobby Kennedy. La madre de ella se había comunicado con él en Hyannis Port, y él trató en vano de ponerse en contacto con Jack por teléfono. Según parece, la embarcación de Jack no podía comunicarse con tierra por radio. Bobby viajó en el acto a Newport para ocupar el lugar de su hermano. Fue él quien informó a Jack de la muerte de la niña. Muchos años más tarde, Jackie se enteró de que su cuñado también se había ocupado del entierro. «Una sabía que, si tenía problemas, siempre podía contar con él», expresó Jackie.

El 26 de agosto, tres días después de la tragedia, llegó Jack a Génova y habló directamente con Jackie. Su primera reacción fue de leve disgusto. Después de la llamada, George Smathers lo metió en cintura:

«Será mejor que muevas el culo y vayas a ver a tu esposa, si alguna vez quieres ser candidato a la presidencia.» Jack voló a casa dos días más tarde.

Al día siguiente de llegar a Newport, con Jackie todavía ingresada, Kennedy asistió a una cena ofrecida por Louis y Elaine Lorillard en el Club Clambake.

«Lo senté a mi derecha, fue un compañero de cena jovial y encantador —dijo la señora Lorillard—. No reveló la existencia de la menor grieta entre él y Jackie. Todos estábamos enterados del aborto, por los periódicos. Pero Jack insistió en que Jackie estaba bien, y que en un par de días más estaría en pie.»

A pesar de la serenidad exterior de Kennedy, su matrimonio había llegado a un punto crítico. Un portavoz del hospital atribuyó el aborto (su segundo embarazo frustrado en otros tantos años) a «la tensión y el agotamiento nerviosos posteriores a la Convención Demócrata». Charles Bartlett dijo que se debía a que Jackie no había dormido la noche anterior a la carrera presidencial. Rose Kennedy culpó a la adicción nicotínica de Jackie (fumaba un cigarrillo tras otro, cuando se ponía nerviosa), en tanto que Janet Auchincloss hizo responsable a Jack Kennedy («Habría debido estar aquí, contigo», le dijo a Jackie).

La situación resultó exacerbada por varios factores, entre otros, dos nacimientos en la familia Kennedy. El 25 de agosto, dos días después del fallecimiento de la hija de Jack, Pat Kennedy y Peter Lawford tuvieron una niña, Sydney Lawford. Era el segundo hijo, y la primera niña. Y el 9 de septiembre nació Mary Courtney Kennedy, hija del matrimonio de Ethel y Robert Kennedy. Era el quinto hijo que tenían los esposos, y la segunda niña. Estos jubilosos nacimientos, después de la trágica pérdida de Jack, sólo sirvieron para acentuar su sentimiento personal de fracaso y desesperación.

«Aunque los Kennedy nunca lo mencionaron delante de ella —dijo Peter Lawford—, siempre había en el ambiente, cuando ella estaba presente, la incómoda sensación de que, en lo que se refería a embarazos, era mejor que se olvidara de ellos. Criticaban a espaldas de ella. Sugerían que tal vez era de "cuna demasiado elevada" para tener hijos. Quiero decir que los hijos brotaban, literalmente, de esas mujeres, en tanto que Jackie tenía problemas al respecto.

»Resultaba irónico. Pat y yo tuvimos nuestro segundo hijo apenas dos días después que Jack y Jackie perdieran el de ellos. Pero no estuvimos en Chicago para la convención del 56. Pat se quedó en casa, en Santa Mónica, durante los últimos meses de su embarazo. Jackie fue quien apoyó a Jack durante su batalla cuerpo a cuerpo con el senador Estes Kefauver. Si alguien representó el papel de aristócrata de alto rango fue Pat, no Jackie.

»Lo que es más, Jackie tuvo que soportar el peso de la carga por sí sola. Para su eterna deshonra, Jack no fue capaz de entender la situación: la pérdida que ella había sufrido antes, el aborto, las consultas médicas, la necesidad de cesáreas, las transfusiones de sangre, las prolongadas recuperaciones hospitalarias. Era algo a lo que él no podía enfrentarse, y en mi opinión, a pesar de lo mucho que lo quería y admiraba, representaba un enorme fallo por su parte, una grave debilidad.»

Cuando Jackie recuperó las fuerzas suficientes para abandonar el hospital, volvió a Hammersmith Farm. En el estado de ánimo de esos momentos, no tenía deseos de ir a Hickory Hill, que había decorado y planeado pensando en un bebé. La casa vacía no hacía más que aumentar su tristeza y desilusión, y le recordaba todas las noches que había permanecido allí, sola mientras su esposo se ausentaba para sus actividades políticas y mujeriles, o para ambas. «Todo iba mal», declaró en relación con ese período.

«Como ocurre a menudo en tiempos de confusión, las diferencias de puntos de vista entre Jack y Jackie, sus intereses y modales, se convirtieron en otros tantos obstáculos —manifestó Lem Billings—. Ambos se sentían amargados, desilusionados, concentrados en sí mismos, silenciosos, como si temieran que la conversación ahondara la herida. En ese sentido, los dos se mostraban reprimidos; no podían hablarse directamente. Jackie confesó a su hermana Lee que sospechaba que era físicamente incapaz de dar a luz. Pero en presencia de Jack culpaba de la desgracia a su abrumadora participación en la Convención Nacional Demócrata del 56. Jack reaccionaba ante ese tipo de afirmaciones volviéndole la espalda y dedicándose a la campaña de Stevenson y Kefauver.»

La brecha entre Jack y Jackie se ensanchó. Comenzaron a circular rumores de un divorcio inminente, y a la larga llegaron a las columnas de chismorreos. Jack Kennedy vendió Hickory Hill (a precio de coste) a su hermano Bobby. Jackie fue a Nueva York, a visitar a Lee, que se había separado de Michael Canfield el año anterior, y cuyo matrimonio a la larga sería anulado.

«Ciertamente se habló de divorcio entre Jack y Jackie —reconoció Peter Lawford—. Pero no eran más que rumores. *Time* informó acerca de un encuentro entre Jackie y Joe Kennedy, en Nueva York, en el cual, presuntamente, éste le habría ofrecido un millón de dólares para que continuara casada con Jack. Hubo tal encuentro, pero no el ofrecimiento. En rigor, cuando Jackie vio el artículo de *Time,* telefoneó a Joe y le dijo: "¿Por qué un millón, por qué no diez millones?" Lo preguntó riendo. El mismo rumor circuló en 1960. En esa ocasión se decía que Joe le había ofrecido el dinero a ella para que se quedase junto a Jack durante la campaña. Ninguna de las dos versiones es correcta. Se habían reunido, y no cabe duda de que Joe dijo a Jackie que Jack la amaba, aunque no siempre diera esa impresión. Es probable que le hablara de su propio matrimonio con Rose y que le hiciese conocer su antigua argumentación acerca de que el sexo y el amor son dos cosas separadas y distintas para un hombre*.

»Me inclino a creer que el trato de Jack con otras mujeres no era un problema importante para Jackie. Su padre, su abuelo y su suegro eran todos mujeriegos. No es que le gustara, pero no era causa suficiente para pedir el divorcio. Había presenciado el efecto del divorcio de sus padres y no quería que eso se repitiera. No digo que no se haya vuelto un tanto cínica respecto al matrimonio. Tal vez, si hubiera podido tener hijos en una etapa anterior, las cosas habrían sido distintas. Quizá se habrían acercado antes.

»Pero lo que en verdad desazonaba a Jackie era la carrera de Jack. No le interesaba la política, su crianza la había llevado a pensar que la mayoría de los políticos eran estafadores y pillastres, y el ambiente de la política le parecía estar en pugna con su propio interés por la literatura y el arte. Es posible que si Jack no hubiera alcanzado su meta en 1960, Jackie lo habría empujado a otra carrera o le hubiera abandonado para irse a vivir a Europa. Supongo que nunca lo sabremos.»

Aunque el encuentro de Jackie con Joe Kennedy nada tuvo que ver con el intercambio de dinero, Jackie presentó varias exigencias que quería que se cumplieran, entre ellas un retiro parcial del abrazo, a menudo sofocante, de sus parientes políticos. Durante las vacaciones y los veranos, era costumbre de todos los Kennedy —los hermanos y hermanas de Jack, y los hijos de ellos, y todos los demás parientes (y amigos de la familia) que estuviesen por ahí— cenar todas las noches con la madre y el padre de Jack. Pero ahora Jacqueline decía: «Una vez por semana es suficiente. No todas las noches.» Joe aceptó.

También aceptó que Jack y ella se mudasen de nuevo a Georgetown, y en pocos días les encontró una finca de alquiler en el 2808 de la Calle P

---

* Lady Mary (May) Sommerville Lawford, la madre de Peter Lawford, contradice a su hijo. En su autobiografía de edición póstuma, *«¡Bitch!»: The Autobiography of Lady Lawford* (como fue narrada a Buddy Galon, pág. 77), afirma: «El viejo Joe Kennedy ofreció a su nuera un cheque. ¡El cheque era por un millón de dólares! La compensación: seguir casada con Jack. Ella respondió: "Que sea libre de impuestos, y trato hecho."» Entrevistado por esta autora antes de la publicación de ese libro, Peter Lawford dijo: «Mi madre solía difundir rumores malévolos y a menudo falsos acerca de los Kennedy, en especial sobre Jackie. También yo, mucho me temo. No crea todo lo que lea.»

NO, donde permanecieron de enero a mayo de 1957, cuando adquirieron el 3307 de la Calle N NO, una casa municipal de ladrillo rojo, construida en 1812. En el piso principal había una sala larga, con un hogar doble. Una ventana interior daba a un patio trasero enladrillado, sombreado por magnolias de hojas brillantes. A lo largo de un estrecho corredor se encontraban el comedor, la cocina y una diminuta antesala. Por insistencia de Joe Kennedy, Jack dio plena libertad a su esposa para decorar la casa, y Jackie aprovechó a fondo el ofrecimiento.

A pesar de éstas y otras varias concesiones (Jack ya no podía recibir llamadas telefónicas de larga distancia durante la cena), Jackie continuaba teniendo ramalazos de resentimiento. Ese invierno, en Palm Beach, disgustó a Rose Kennedy, una tarde, al poner una y otra vez el mismo disco de Cole Porter. Escandalizó deliberadamente a Rose Kennedy al presentarse a la hora del almuerzo con pantalones cortos de hilo color fresa, una camisa de seda amarilla, sin mangas, pantuflas Capezio azul oscuro con bordados de perlas y un cinturón pintado con murciélagos donde se leía «Murciélagos en tu campanario.»

Su comportamiento en los días que siguieron a la pérdida del embarazo fue impredecible. Jack Kennedy, que en una ocasión describió a su mujer como «un temblor», caracterizó su irregular comportamiento trazando una línea temblorosa a través de una hoja de papel, por encima trazó luego una línea gruesa y recta que representaba su propio comportamiento, equilibrado. Jackie confirmó esa visión al decir: «Es una roca, y yo me apoyo en él para todo.»

«Recuerdo una discusión de sobremesa en Hyannis Port, en que el tema era el de si presentar o no la candidatura a la presidencia en 1960 —dijo Lem Billings—. Bobby, que había declarado en público que Jackie era "poética, artística, caprichosa, provocativa, independiente y, sin embargo, muy femenina", hizo un comentario acerca de si estaría a la altura de la campaña, y si su amor por el ballet, la cacería del zorro y las antigüedades y grabados del siglo XVIII no ahuyentarían al votante medio. Jackie insistió en que haría lo que ellos quisieran que hiciese, con la esperanza de apuntalar las posibilidades de Jack.

»"Ahora que está preparada para la campaña —dijo Jack—, la pregunta debería ser: ¿la campaña está preparada para Jackie? Y mejor aún: ¿Norteamérica está preparada para Jackie?"

»Jack bromeaba, pero Jackie se sintió visiblemente molesta. Se levantó de su silla de un brinco, y salió a toda prisa de la habitación. Jack fue tras ella y la trajo de vuelta. Uno de los problemas de Jackie era que sabía hacer bromas, pero no soportarlas. Era demasiado sensible para su propio bien.»

Poco después de este incidente, a principios de 1957, un periodista escuchó una discusión de la familia Kennedy desde una mesa cercana, en Le Pavillon, en Nueva York. Jacqueline pidió la cuenta, mientras decía a Bobby Kennedy: «Os voy a dejar. ¡Los Kennedy sólo pensáis en la familia! ¿Alguna vez alguien ha pensado en mi felicidad?»

«No cabe duda, los Kennedy eran imposibles en ocasiones —dijo George Smathers—. Rose Kennedy y Jackie no se llevaban muy bien. Jackie comparaba a Rose con "un dinosaurio sin cerebro". Además estaban las hermanas de Jack, jactándose siempre de la cantidad de capitales que dominaba la familia, de lo poderoso que era Joe, de la influencia que poseía y de que Jack sería elegido presidente en 1960. Podían volver loco a uno con esa clase de parloteos. No cabe duda de que enloquecieron a Jackie, y es probable que también ella las pusiera contra la pared.»

Igor Cassini recordaba las dificultades que tenía Jackie en ciertos acontecimientos sociales, «en especial en las famosas fiestas Kennedy... veladas salvajes, alborotadas, con gente que caía en la piscina o les empujaban a ella... Y no sólo en Hickory Hill, durante Camelot. Sino también en las fiestas de Hyannis Port y Palm Beach, cuando Jack todavía era senador.

»Recuerdo una fiesta a la que asistieron los Kennedy, en la finca de Palm Beach de Charlie y Jayne Wrightsman. Entonces yo estaba casado con Charlene Wrightsman, hija de un matrimonio anterior de Charlie. Jack Kennedy había cortejado a Charlene durante sus tiempos de juventud, cuando todavía Jack no era una persona destacada. Charlie, un republicano de Taft y más derechista que Luis XIV, había dejado claro que consideraba inadecuado a JFK. Pero Jack y Jackie, principalmente gracias a mis esfuerzos, trabaron amistad con Charlie y Jayne. Ni falta hace decir que los Kennedy eran conscientes de que si se podía convencer a Charlie de que cambiara de colores, llegaría a ser tal vez un importante contribuyente a la futura campaña de Jack. Y eso fue precisamente lo que ocurrió. Charlie se convirtió en un fanático de JFK y dio a los Kennedy un considerable apoyo financiero y constantes regalos.

»En esa fiesta todos los Kennedy, con excepción de Jack y Jackie, se alborotaron bastante. Bobby, Teddy, Stephen Smith y Peter Lawford se embriagaron un poco y se dedicaron a jugar al rugby en la sala de los Wrightsman. Como consecuencia de ello destrozaron una docena de copas de baccarat y un inapreciable juego de sillas de firma. Los Wrightsman descubrieron luego que Peter Lawford había hecho varias llamadas telefónicas a California, dejándoles una voluminosa cuenta sin pagar.

»Jackie no podía soportar ese tipo de conducta. La ponía sumamente nerviosa, la enfurecía. Se la podía ver contraerse. Se mordía las uñas y se retorcía las manos. Era una reacción excesiva, pero no podía evitarla.»

Pero también hubo un lado positivo, ya que Jackie se encontraba presente con su esposo cuando algunos destacados políticos demócratas deliberaban respecto a la elección de una ciudad para su convención de 1960, aquélla en la que John Fitzgerald Kennedy recibiría el aval de su partido para el cargo más alto del país. En una pausa del debate, alguien preguntó a Jackie qué ciudad elegiría ella.

«Acapulco», respondió sin pensar, y todos los hombres rieron ante lo que consideraron que era la idea que tenía Jackie de una broma.

Es decir, todos menos Jack. La miró durante unos instantes, y luego le tomó la mano y se la apretó con fuerza. Ella le dedicó una brillante sonrisa, tal vez demasiado brillante, y luego él sonrió a su vez... con una sonrisa amplia, asombrosa, comprensiva.

El año 1957 siguió siendo un período de altibajos, espectaculares los primeros, inconexos los segundos... un tiempo que puso seriamente a prueba los recursos íntimos de Jackie y el sentido de su personalidad*. En marzo, para su gran placer, se enteró de que estaba embarazada de nuevo. Esta vez resolvió evitar todas las actividades y presiones provocadoras de ansiedad que habían perjudicado su anterior embarazo.

»Jackie trató de limitarse a la decoración de la casa recién adquirida en la Calle N —manifestó Elisabeth Draper, decoradora de interiores de Janet Auchincloss—. Yo la había ayudado en Hickory Hill, y me invitó a echar

---

* Según Kitty Kelley, (*Jackie Oh!*, págs. 75-78), la existencia fracturada de Jackie la indujo a pasar por una sesión de terapia de electroshock en Valleyhead, una institución psiquiátrica privada de Carlisle, Mass., cuyas puertas fueron cerradas en 1977. Esta afirmación parece ser falsa. La fuente proviene de la esposa de un anestesiólogo anónimo que trabajaba durante los fines de semana en Valleyhead. Kelley insinúa que la sesión se llevó a cabo en 1957, pero no ofrece una fecha exacta. Pero lo que hace que su declaración resulte especialmente inverosímil es que Jackie no se hallaba bajo los cuidados de un psicoterapeuta, en forma regular, en esa época, e incluso, por admisión de la propia Kelley, «estaba muy avanzada en los cuarenta y vivía en Nueva York» cuando comenzó a ver a un psicoterapeuta. Habría resultado casi imposible, en el caso de una persona que no se encontrase bajo el cuidado directo y permanente de un psicólogo, psiquiatra o psicoanalista diplomados, recibir un tratamiento de electroshock en Valleyhead o en cualquier otra institución responsable. Más increíble aún resulta la aparente insinuación de Kelley de que la terapia de electroshock es o fue administrada de una sola vez, según la conveniencia del paciente. Si Jackie hubiese sido objeto de una terapia de electroshock, se la habría sometido a una serie de tratamientos administrados durante un lapso más extenso que el único fin de semana que Kelley afirma que Jackie pasó en Valleyhead. Según Lyle Stuart, primer editor de *Jackie Oh!*, Kelley asegura que fue a Valleyhead con un grabador oculto, para entrevistar a los miembros del personal. Sigue en pie el hecho de que no mencionó el nombre de un solo integrante del personal que hubiese visto a Jackie en Valleyhead. Además, no se halló a ningún pariente o amigo de Jackie que pudiese o quisiera confirmar las afirmaciones de la autora. En una palabra, si bien la prensa popular ya la ha aceptado hace tiempo como un hecho, la declaración de Kelley, de que Jackie fue objeto de una terapia de electroshock, parece ser otro ejemplo de un dato imposible de respaldar.

una mirada a la nueva propiedad, aunque contrató a una decoradora de Nueva York, la señora Henry "Sister" Parish, para realizar el trabajo concreto.

»Jackie depositaba grandes esperanzas en la casa de la Calle N. "Bessie —me había dicho—, tiene que ser aquí. Basta de ir de un lado a otro." Por supuesto, había hecho el mismo juramento cuando se mudó a Hickory Hill. Yo sentía pena por Jackie... ella y Jack iban de casa en casa. Eso daba al matrimonio una especie de tonalidad temporal, una sensación de "nada es permanente". No sé cómo decirlo con exactitud: todas las casas en las cuales vivió eran como un hostal para una sola noche.

»Pero esta vez las cosas serían distintas. Jack le dio carta blanca para decorar la casa. Él no tuvo mucho que ver en eso. Como la mayoría de los hombres, se dedicaba a temas de mayor relevancia. No le interesaban los pequeños adornos.

»A Jackie sí. Le encantaba rodearse de objetos hermosos: sencillos ramos de flores, grabados franceses, apliques de pared dorados, con velas; tazas y platillos de porcelana rosa dorados, que usaba para poner cigarrillos y como ceniceros; ropa blanca bordada, toallas esponjosas, sillas Luis XVI en el comedor, frágiles sillas Luis XV para la sala, mesas de marquetería de madera blanca, tapices raros, telas de colores suaves. Habíamos decorado Hickory Hill, en gran parte, con raso azul y blanco, atractivo pero no muy práctico. No parecía adecuado que John Kennedy volviese a casa después del trabajo y tuviera que apoyar los pies en un taburete forrado de raso blanco. Jackie quería que su nuevo hogar fuese tan de él como de ella... en otras palabras, menos bonito. Se dedicó a ello con el típico método que la caracterizaba: tomaba nota de cada matiz de los colores en una libreta, redactó una lista con cada uno de los muebles, estudió centenares de muestras de alfombras y tapices, trazó dibujos en escala del cuarto de los niños, del segundo piso. No pertenecía al tipo de personas que se sientan y dejan que el decorador de interiores se haga cargo de todo.»

A principios de julio, a medida que avanzaban los trabajos en la casa, Jackie recibió una inquietante llamada telefónica de Yusha Auchincloss. Yusha había hecho una de sus visitas periódicas al padre de Jackie, en Nueva York, y volvió convencido de que el vividor de otrora, ahora un recluso furioso y frustrado, se encontraba gravemente enfermo. Jackie fue a verlo. Él se quejó amargamente de la falta de atenciones de ella en los últimos años, salvo cuando ella misma necesitaba algo, pero no ofrecía indicios de estar enfermo. Jackie regresó a Hyannis Port, donde estaba pasando el invierno.

En realidad estaba muy enfermo, pero no sabía que tenía cáncer de hígado. El 27 de julio experimentó agudos dolores y fue internado en el hospital Lenox Hill, para ser sometido a una serie de análisis. Jackie fue de nuevo en avión, pero como todavía no conocía la magnitud de la enfermedad de él y «pensando que estaba bien», resolvió pasar su cumpleaños con su madre, en Newport.

Una llamada telefónica, en la mañana del 3 de agosto, informó a Jackie que su padre había entrado en coma. Acongojada porque no se la había mantenido informada acerca de su estado, Jack y ella tomaron medidas inmediatas para volar a Nueva York. Miche Bouvier los aguardaba en el hospital cuando llegaron. Llegaban una hora tarde. La última palabra de Black Jack, según una enfermera, fue «Jackie». En el momento de su fallecimiento tenía 66 años.

Jackie quedó profundamente conmovida y agobiada por el remordimiento, por no haber advertido antes la gravedad de la enfermedad de su padre. Se sintió aplastada por el hecho de no haber estado presente para consolarlo en sus últimas horas, y se reprochó su falta de atención para con las necesidades de él. Triste y alicaída, se hizo cargo del funeral.

Mandó a Miche Bouvier y a tía Maude a elegir un ataúd, pero fue en persona a ver a una de las amigas de Black Jack, quien poseía una foto de él que le parecía adecuada para publicarla, y luego se sentó y redactó la nota necrológica. Pidió a su esposo que llevase el texto y las fotos a *The New York Times,* con instrucciones específicas de entregarlos personalmente al director gerente.

Eligió la Catedral de St. Patrick para los servicios fúnebres, y sólo se lo notificó a los familiares inmediatos y a una decena, más o menos, de las relaciones comerciales y personales más íntimas de su padre. Cestas blancas, de mimbre, llenas de capullos de vivos colores, daban un aspecto informal al pequeño funeral. Antes de cerrar el ataúd, Jackie se quitó un brazalete de eslabones que llevaba puesto, regalo de graduación de su padre, y lo colocó en la mano de él. Después, el ataúd cerrado fue cubierto con una gruesa capa de margaritas y botones de azulejos.

«Lloré cuando murió Jack —dijo Edie Beale, la prima de Jackie—. No pude contenerme en el funeral. Nadie más lloró. Jacqueline no lloró. Nunca demostraba nada. No me gusta la gente que encubre sus emociones. Jacqueline no derramó una sola lágrima en St. Patrick, y ni una sola en el panteón de la familia, en East Hampton, cuando fuimos a enterrarlo.

»Entre los afligidos, en St. Patrick, había siete u ocho de las pasiones de Jack Bouvier en otros tiempos. No se las había invitado formalmente, pero llegaron sin necesidad de ello. Iban vestidas de negro, de la cabeza a los pies, y se sentaron juntas, como una familia, en el último banco de la iglesia. En realidad, eran más bien un club de fanáticas que una familia. He oído decir a alguna mujer que cuando se había estado con Black Jack Bouvier, ningún otro hombre resultaba ya interesante.»

13

Una vida por otra vida: el 27 de noviembre de 1957, al día siguiente del de Acción de Gracias y cuatro meses después de la muerte de Jack Bouvier, Jacqueline Kennedy dio a luz en el New York's Lying-In Hospital, del Centro Médico de la Universidad de Cornell, a una niña completamente sana. Nacida de cesárea, Caroline Bouvier Kennedy pesaba 3 kilos 250 gramos, y según su padre parecía «tan robusta como un luchador de sumo».

La pequeña Caroline tenía apenas tres semanas cuando Jackie la envolvió en el mismo manto suave que había usado en su propio bautismo y, acompañada por el padre, radiante, la llevó a la Catedral St. Patrick, para ser bautizada por el cardenal Cushing, de Boston. Para sus padres, el nacimiento de Caroline representaba algo así como un triunfo. Jackie estaba extática, y Jack, que en los últimos tiempos se culpaba de los fracasos anteriores de su esposa, se sintió aliviado y tranquilizado. El espíritu del matrimonio tomó un rumbo claramente ascendente.

Acompañados por Maude Shaw, la pequeña nodriza británica, canosa, contratada para atender a Caroline, regresaron a Washington y se instalaron en su nueva casa de Georgetown. Jackie había entrado en posesión de un óleo de caballos árabes de Shreyer, que su padre le había legado en su testamento. Además de un ornamentado escritorio para Lee, el testamento estipulaba una cantidad de pequeños legados en efectivo para sus sobrinos y sobrinas, y uno simbólico de mil dólares para «cada nieto que nazca en adelante». Jack Bouvier dividía su herencia en partes iguales entre Jackie y Lee, cada una de las cuales recibía más o menos 80.000 dólares, descontados los impuestos. Su herencia, mucho menor de lo que habría podido ser si su padre hubiese manejado sus fondos en forma eficiente, permitió a Jackie, sin embargo, comprar a su esposo un exorbitante regalo de Navidad: un esbelto coche de sport Jaguar, blanco, que a él le pareció demasiado ostentoso y que cambió enseguida por un Buick nuevo.

Por primera vez, quizás, en su matrimonio, Jackie se sintió cómoda en su nuevo hogar, bastante aislada de la poderosa garra de la familia Kennedy y lo suficientemente alejada de su propia madre, crítica y dominante, como para desarrollar un verdadero sentido de identidad e independencia. Jack y Jackie recibían amigos con regularidad, a la hora de la cena, aunque nunca más de seis u ocho por vez; en ocasiones iban a ver una película e incluso concurrieron al Baile Abril en París, en el Waldorf-Astoria de Nueva York.

Fuesen cuales fueran los sentimientos de inferioridad que Jackie tuviese respecto a su comportamiento en el escenario político y público, no cabe duda de que habían aumentado por sus dos fracasos en los respectivos partos. Pero el nacimiento de Caroline le otorgó una nueva sensación de confianza. Al cabo, admitió para sus adentros que los Kennedy eran figuras públicas que se alimentaban de la publicidad, y que si bien ella necesitaba conservar cierta medida de intimidad en su propia vida, también debería aprender a dejar lugar a la familia en cuyo seno había ingresado por casamiento.

Afirmó a un periodista: «Yo no diría que estar casada con un político es la vida más fácil a la que adaptarse. Pero una lo piensa y encuentra la mejor manera de hacer las cosas: de mantener la casa funcionando de manera correcta, de pasar tanto tiempo como sea posible con el esposo y los hijos... y a la larga descubre que está bien adaptada... Lo más importante para el éxito en un matrimonio es que el esposo haga lo que más le agrade y mejor sepa hacer. De ello se seguirá la satisfacción de la esposa.»

Jackie aceptó posar con su hermana Lee para una separata de modas en el número de diciembre de 1957 de *Ladie's Home Journal*, un artículo que, incluso para diversión de Jack, afirmaba que Jackie había dicho: «No me gusta comprar mucha ropa y tener los armarios llenos. Un traje, un buen vestido negro y un vestido de noche, corto: eso es lo único que hace falta para viajar.»

Lo que los lectores de la revista no sabían era que después de la sesión fotográfica Jackie y Lee exigieron que se les diese la ropa que habían usado para las tomas. Bruce Gould, entonces director de *Ladie's Home Journal*, recordaba la proposición: «Nos hicieron comprometernos a darles los vestidos que habían usado. Una cosa por la otra, ¿sabe?... Las dos chicas no tenían mucho dinero, y les agradaba vestir bien. En realidad, no poseían suficiente dinero para vestirse como les hubiera gustado, y en rigor, cuando

Jackie llegó a ser la Primera Dama, el presidente le hacía furiosos reproches por todo el dinero que gastaba en ropa. Es muy probable que por eso llegase a casarse, a la larga, con Onassis. Estaba loca por la ropa, y de una u otra manera estaba decidida a conseguirla.»

Las orgías de Jackie en materia de modas comenzaron, en apariencia, mucho antes de llegar a la Casa Blanca. «Jack empezó a quejarse de sus gastos poco después del matrimonio —señalaba George Smathers—. Hacía un fetiche de la ropa cara. Y también de los adornos para el hogar. Yo entendía esta última parte. No había nada más importante para ella que tener un hogar bonito. Era prácticamente patológico, y es probable que datara de la infancia, cuando se la trasladaba de una casa a otra —del campo a la ciudad, del apartamento de su padre al de su madre— y no se le permitía que echara raíces. El comienzo de su matrimonio con Jack había sido una continuación de ese proceso. Su pasión por las casas, por decorarlas y amueblarlas, persistió durante años.

»"Me está rompiendo el culo", solía decir Jack acerca de los gastos de ella. Compraba ropa y adornos, y ocultaba las facturas, y después trataba de pagarla con su asignación mensual. Al principio, Jack no veía las cuentas. Pero cuando ella no podía pagar, éstas llegaban a la oficina de contabilidad de la familia, en el 277 de Park Avenue, en Nueva York. Los Kennedy empleaban una batería de inspectores, contadores y expertos en impuestos para que vigilaran las finanzas. Un día, Joe Kennedy repasó un manojo de declaraciones financieras y descubrió las enormes cantidades de dinero que gastaban sus hijos y las esposas de éstos. Esa noche lanzó su andanada: "¿Dónde demonios estaríais todos vosotros sin mí? —gritó—. No tenéis la menor idea de lo difícil que es ganar el dinero, ni del valor que tiene."

»Poco después, Joe me dijo: "Es posible que Jack sepa equilibrar el presupuesto federal, pero no entiende gran cosa acerca de las finanzas personales. Me desconcierta no saber por qué no se interesa un poco más por la situación del patrimonio. No sabe cómo funciona su propio fideicomiso. Tú eres su amigo, y eres abogado... enséñale."

»Por lo tanto dediqué una hora a Jack y repasé su economía, le mostré que su fideicomiso daba cierto monto todos los meses y que debía poner límites a sus gastos. Pero no me hice entender. En realidad, no creo que supiera —que nunca supiese— gran cosa acerca de eso, o que le importara mucho. Lo único que ocurrió fue que empezó a reñir con Jackie por las facturas. En ese sentido, eran como cualquier otro matrimonio: ella gastaba y él se enfurecía.»

Los gastos y la intimidad de ella siguieron siendo grandes problemas en el hogar de los Kennedy. Cuando Jack, ya metido a fondo en su campaña para su reelección como senador de Massachusetts, aceptó recibir a un fotógrafo de *Life* en el cuarto de la pequeña Caroline, Jackie presentó la primera de muchas objeciones que seguirían a semejante intrusión. Al final aflojó, pero sólo después de que Jack le prometiera un viaje a París en el verano de 1958. También convino en limitar el uso de fotos de la pequeña en el futuro.

Antes y después de las vacaciones en París, Jackie desempeñó un papel activo en la campaña de Jack en todo el Estado, excelente terreno de adiestramiento para lo que le esperaba después. Dado el cargo de Bobby Kennedy, en esos momentos, como Jefe de Asesores de la Comisión del Senado contra la Extorsión Laboral (JFK serviría en la misma comisión), la dirección de la campaña de Jack quedó en manos de su hermano Ted. Larry O'Brien también estaba al timón. Como reconoció la capacidad potencial de Jackie, O'Brien la convirtió en su ayudante principal.

«A medida que pasaba el tiempo y nos internábamos en la actividad política, descubrí que todo eso era muy nuevo para ella —explica él—. Nunca había participado en nada parecido... la política tipo Massachusetts... los apretones de manos, las palmaditas en la espalda y demás, que son más bien tradicionales. Estaba dispuesta a trabajar de la forma que le fuese posible, pero por lo mismo, en mi opinión, no se podía tomar a una persona completamente alejada de ese tipo de actividad y carente de antecedentes o experiencia, y dejar que se zambullera, por decirlo así. Fuimos avanzando, al reconocer que necesitaba conocer a la gente, hacerse con el procedimiento, enterarse de la política en general, y que eso llevaría tiempo.

»Ese año Jackie hizo algunas cosas en el Estado, por su cuenta —recepciones que organizábamos juntos, visitas de diversa índole—, y en otras ocasiones se unía a Jack durante las campañas de él. Además participó en la producción de un programa de televisión de treinta minutos, que exponía la carrera y la vida doméstica de Jack, uno de los primeros ejemplos de una nueva forma de propaganda política.

»En general, ella representó un agradable cambio respecto a la esposa corriente de un candidato, porque no se molestaba en fingir entusiasmo por todo lo que veía y por cada uno de los políticos locales que conocía. La gente intuía eso y le impresionaba. Cuando Jackie viajaba en el furgón de cola de los Kennedy, el gentío era el doble de numeroso.

»Yo había oído todo lo que se decía acerca de que Jackie supuestamente odiaba la política. Mi impresión es que la política le divertía y en cierto modo le provocaba curiosidad, así como la gente y el puro espectáculo político. ¿Qué es, en definitiva, la política si no el teatro callejero llevado a su extremo? Había algunos momentos muy graciosos y deliciosos. Recuerdo uno en el cual participó "Mugsy" O'Leary, un tipo de Boston contratado como chófer de Jack. Un día Mugsy condujo a Jackie a hacer algunas compras. Llegaban tarde a una reunión política a la cual había prometido acudir, y Mugsy no sabía cómo sacarla de la elegante tienda. Por último, asomó la cabeza por la puerta y le gritó: "Vamos, Jackie, por amor de Dios, mueve el culo."»

La capacidad de Jackie para hablar francés, castellano e italiano resultó invalorable. William DeMarco, un veterano dirigente demócrata de distrito, recordó la aparición de Jackie en la Escuela Michelangelo, en el North End de Boston, dominado por los italianos:

«La mayor emoción de mi vida ocurrió el día en que Jacqueline Kennedy habló ante una multitud de unas 800 personas, en la escuela, cuando su esposo era candidato al Senado. La graciosa dama se irguió ante la muchedumbre, y los italianos, la gente de edad que había allí, no sabían quién era. Pero cuando abrió la boca y se presentó en italiano, y puedo decir que en un italiano fluido, como la esposa del senador Kennedy, estalló el pandemonio. Toda la gente se acercó y comenzó a besarla, y las ancianas le hablaban como si hubiese nacido en el North End. Y creo que su discurso fue lo que cimentó las relaciones entre el senador Kennedy y los ítalonorteamericanos del distrito. Entendieron que él no era sólo el representante del distrito, sino uno de ellos.

»Durante el desfile del Día de Colón, Jackie marchó por las calles con Jack, y la gente pensó que eran la pareja ítalonorteamericana ideal. No se podía decir a los ítalonorteamericanos del North End que los Kennedy eran irlandeses. No, eran italianos porque Jackie hablaba muy bien el idioma.»

Lem Billings entendía que la fuerza especial de Jackie residía en su capacidad para orientar y aconsejar a Jack de una manera que los ayudantes y colaboradores de éste no podían utilizar. «No era posible contar siempre con O'Brien y O'Donnell y Powers y los demás para que ofreciesen la evaluación más sincera. Eran como adiestradores de pugilistas, el hombre que está en el rincón y le dice al púgil que está atrasado o que lleva puntos de ventaja, según lo que crean que lo estimulará. Jackie podía permitirse el lujo de ser más objetiva, más veraz. Uno de sus talentos era su aguda capacidad para juzgar a la gente. Podía oler a un tipo falso a un kilómetro de distancia y no temía advertir a Jack que le estaban engañando. Cuando pensaba que éste cometía un error, también se lo decía. En una ocasión él se enredó en una discusión con un importante periodista europeo. Jackie terminó la reyerta dando a Jack un buen puntapié rápido por debajo de la mesa.

»En muchos sentidos, Jackie surgió como el principal arquitecto de toda la imagen Camelot. Pero un punto importante que parecía escapársele tenía que ver con los amigos y los enemigos del mundo de la política. Cuando a Jack le irritaba determinado político, Jackie compartía enseguida su actitud, y si se presentaba la oportunidad dirigía una mirada fría a la persona en cuestión. Pero llegó a aprender que tal persona no era por fuerza un enemigo, y que en política es posible tener presuntos adversarios que no son contrincantes, sino sólo colegas con quienes en algún momento se vería forzada a hablar, u obligada, por las circunstancias, a trabajar con ellos.»

Un destacado ejemplo de la ingenuidad de Jackie en ese aspecto se dio en una noche de nevada, de marzo de 1958. Dean Acheson, ex secretario de Estado, esperaba en un andén de la estación Pennsylvania, en Nueva York, cuando un mozo lo invitó a guarecerse del frío y entrar en la oficina del jefe de la estación. Allí encontró a una joven elegantemente vestida, atrayente, a quien conocía de Georgetown: Jacqueline Kennedy.

Jackie y Acheson se sentaron a beber una taza de café, a la espera de la llegada del tren. Jackie comenzó a acosar a Acheson en relación con una afirmación que había hecho en un libro reciente, *Power and Diplomacy,* según la cual criticaba un discurso que Jack Kennedy había pronunciado en el Senado... en 1957. El discurso de JFK pedía a Francia que concediera a Argelia la independencia inmediata y exigía que Estados Unidos censurase a Francia en las Naciones Unidas si no se otorgaba la independencia. Acheson opinó que ésa era una manera irrespetuosa de tratar «al aliado más antiguo y sensible de Norteamérica».

Jackie se encaró a Acheson, no sólo para pedirle una explicación de esos comentarios, sino porque el estadista había dicho hacía poco al padrastro de ella, Hugh Auchincloss, que Joe Kennedy era un «contrabandista, un trepador social, que había sido condenado al ostracismo por la aristocracia de Boston y que más tarde se vengó comprando para su malcriado hijo un escaño en el Congreso»*.

* El comentario de Acheson en cuanto a que Joe Kennedy «compró» a JFK un escaño en el Congreso se refiere a un préstamo de 500.000 dólares que Joe hizo en 1952 a John Fox, editor del *Boston Post,* con lo cual indujo al periódico a apoyar a JFK y no al primero por quien había optado, Henry Cabot Lodge. En otra ocasión, Acheson se refirió a Joe Kennedy diciendo que era «un traficante prototipo de Wall Street, un hombre adinerado, corrupto, cuyo mentor político era Honey Fitzgerald, el desacreditado ex alcalde de Boston y padre de la esposa de Joe Kennedy». En abril de 1960, Acheson escribió a Harry Truman que abrigaba la esperanza de bloquear la nominación de JFK para la presidencia: «Tal vez todos deberíamos ofrecer una buena resistencia frente al dinero de Jack... o de Joe.» A pesar de sus diferencias, Acheson actuó como asesor de Relaciones Exteriores de JFK durante la Administración Kennedy.

Acheson escuchó la queja de Jackie y luego señaló que era probable que pasaran unas horas juntos... ya que al mirar sus billetes comprobaron que tenían asientos contiguos.

—Podemos pasar nuestro tiempo bien peleándonos, bien de forma agradable —observó Acheson.

—Muy bien, que sea de forma agradable —respondió Jackie.

Después de una prolongada demora, el tren salió de Nueva York, pero no llegó a Washington hasta las 7 de la mañana siguiente. Acheson y Jackie pasaron su difícil viaje nocturno conversando y durmiendo a ratos.

De regreso en Washington, Jackie reanudó la discusión por carta, y le preguntó a Acheson: «¿Cómo es posible que alguien capaz de emplear un tono tan olímpico pueda volverse tan duro cuando ataca diferencias políticas?» Acheson le escribió a su vez, sugiriendo que, hasta donde sabía, «los olímpicos parecen haber sido gente muy dura».

Jackie dijo la última palabra. Al escribir para agradecer su carta a Acheson, dijo que ahora veía que la mejor manera de establecer un argumento era «atacar» al oponente... «pero eso significa que una convierte en enemigo a todos aquellos con quienes disiente, porque las palabras ásperas no dejan mucho espacio para una conciliación futura. La vida se vuelve tan aburrida cuando todos los días se agrega otro nombre a la lista de personas que no quieren hablar con una...»

Otra lección que Jackie aprendió poco a poco fue la importancia que tenía establecer sus propias relaciones en las combativas filas femeninas de la sociedad de Washington. «Jackie siempre se había resistido a cultivar amistades con otras mujeres —dijo Lem Billings—. Reflejaba una aureola de fragilidad que parecía atraer a los hombres más que a las mujeres, y que al mismo tiempo reducía a jalea a todos los hombres con quienes trababa conocimiento. Entonces conoció a la pujante e irreprimible Alice Roosevelt Longworth. Alice fue la primera mujer cuya voz política Jackie admiró. Alice solía invitarla a tomar el té. Llamaba y le pedía a Jackie que dejara todo y fuese en el acto, y Jackie iba. Se sentaban en derredor de una mesa —Alice, Jackie y algunos otros invitados elegidos— y comían delgadas rebanadas de pan con mantequilla. Era el tipo de ceremonia que Jackie normalmente detestaba. Al principio sólo iba porque Alice era una figura muy poderosa en la sociedad de Washington. Jack la obligaba a ir. "Uno no se enfrenta a la señora Alice Longworth y vive para contarlo", le dijo. Poco a poco Jackie aprendió a apreciar a Alice. Era una figura tan entretenida, tan histriónica y agradablemente excéntrica, que no era posible dejar de divertirse.»

En uno de los tés de la señora Longworth, Jackie conoció a la señora de Herbert Lehman, esposa del ex gobernador del Estado de Nueva York.

La señora Lehman, que mantenía con su esposo una suite en el Sheraton de Washington, también ofrecía tés formales a los cuales Jackie asistía de vez en cuando. Otros de sus contactos en ese grupo era la señora de Richard Neuberger, cuyo esposo era senador por Oregon. Cuando falleció en 1960, Marine Neuberger fue la primera a quien se eligió para cumplir el período inconcluso de su esposo, y después para su propio período completo en el Senado. Los Neuberger vivían a una calle de los Kennedy, y las dos parejas se turnaban para ser anfitriones en las fiestas que ofrecían.

Jackie también había mantenido su amistad con la esposa de John Sherman Cooper, que le pasó varias informaciones confidenciales que había recogido mientras acompañaba a su esposo en la campaña, en Kentucky. «Recuerdo que me dijo que llevaba consigo tarjetitas, y que cada vez que se iba de una ciudad o un pueblo hacía una anotación —dijo Jackie—. Me dijo que hiciera eso en las campañas... En cuanto una sale, escribe una notita: "Querido Fulano, gracias por tal cosa o tal otra", porque de lo contrario todo se acumula y una se olvida.»

Lorraine Cooper enseñó a Jackie la importancia de recordar los nombres y las caras. Jacob Javits, el extinto senador por Nueva York, conoció a Jackie en una función política bipartidista, en 1958. «Tenía capacidad para relacionar los nombres con las caras —recordaba Javits—. Es un talento que la mayoría de los políticos desarrollan a medida que avanzan, sólo que ella lo desarrolló hasta llevarlo a un nivel más significativo. Podía encontrarse con alguien una vez y recordarlo para siempre. No me refiero a una anónima ama de casa en una fila de recepción en Iowa. Hablo de funcionarios políticos de rango menor: un alcalde, un gobernador o un delegado a una convención. Además la vi excepcionalmente cortés y amable. Me pareció que si JFK pensaba presentar su candidatura a la presidencia, Jackie sería un elemento importante, una gran captadora de votos.»

La propia Jackie emitió señales confusas en relación con su papel recién adoptado. A principios de 1958 dijo: «Llevo la política en la sangre. Sé que aunque Jack cambiase de profesión, yo echaría de menos la política. Es la vida más emocionante que se pueda imaginar... siempre relacionada con las noticias del momento, conociendo a personas enormemente vivas, trabajando con ellas, y todos los días una se ve atrapada en algo que le interesa de verdad. Eso hace que muchas otras cosas parezcan menos vitales. Una se habitúa a la presión que nunca afloja, y aprende a vivir con ella como pez en el agua.»

Pero cuando la máscara se deslizaba revelaba una personalidad en todo sentido distinta. Un día un periodista vio el coche de Kennedy estacionado delante de un convento en Lowell, Mass. Jack estaba dentro, presentándose ante la Madre superiora y las monjas. («Ellas también votan», había recordado a su esposa.) Fuera, Jackie se hallaba sentada en el asiento trasero del coche, con aspecto fatigado y aburrido, volviendo con gesto hosco las hojas de una revista de modas.

En otra ocasión, mientras una caravana de la escolta de Kennedy avanzaba centímetro a centímetro por las apiñadas calles del centro de Boston, ella se enterró en el asiento trasero de la limousine y leyó furtivamente las memorias del general Charles de Gaulle... en francés. Otra vez se la vio leyendo *En busca del tiempo perdido* de Proust. Y después estaban las mañanas en que sencillamente se negaba a salir de campaña con Jack e insistía, en cambio, en hacer caminatas a solas por el canal de Georgetown.

Si algo le impedía ser una participante más entusiasta en las campañas, era su temor y desconfianza innatos por la prensa. «Nada me molesta tanto como los entrevistadores y periodistas —dijo a Yusha Auchincloss—. Ése es el problema de una vida a la vista del público. Siempre he odiado la publicidad de las columnas de ecos de sociedad sobre la vida privada de hombres públicos. Pero si una se gana la vida en un cargo público, es propiedad de todos los contribuyentes. Toda tu vida es un libro abierto.»

«Jackie odiaba a Jack Anderson y a Drew Pearson, porque siempre publicaban informes contrarios a JFK, o por lo menos así le parecía a ella —observó George Smathers—. En apariencia, no le importaba que ése fuera el trabajo de ellos. Mostraba una asombrosa antipatía hacia la prensa en general, y a medida que pasaba el tiempo aumentaba su encono. Olvidó que una vez ella había sido una encuestadora que perseguía con avidez a las figuras públicas. Ahora que la prensa la perseguía a ella, lo consideraba una invasión de su intimidad.»

Mary Tierney, periodista del *Boston Herald-Traveler,* se ocupó de la cobertura de Jackie durante la campaña senatorial de reelección, en 1958, y la carrera de John Kennedy, en 1960, para la presidencia, y encontró que era «un hueso duro de roer». El desprecio de Jackie hacia la prensa resultó enseguida evidente para Tierney. «Tenía esa sonrisa vacía que parecía haber sido fijada en ese lugar por un yesero. Yo la consideraba un apéndice de la familia Kennedy. Era una pequeña actriz, pero sin sus bocadillos estaba perdida. Quiero decir que es una de esas personas a quien uno le dice "Hola" y se queda pensando la respuesta. Si le hacen tres preguntas, es como si la aplastaran. Sólo se permitían tres preguntas de la prensa en cada parada de la campaña, una regla impuesta por Larry O'Brien*.

»—Nada más que tres preguntas —dijo él.

---

* Larry O'Brien niega haber puesto nunca un límite a la cantidad de preguntas que estaba permitido dirigirle a Jackie, pero admite que ésta se mostraba reticente y que era posible que hubiese impuesto esa moratoria por su cuenta.

»—Por Dios, no queremos abrumar su cerebro —repuse yo.

»A Jackie no le agradaban las entrevistas largas, a menos que pudiera dominarlas. Sinceramente, me pareció que era un maniquí. No creí que fuese capaz de hablar demasiado de ningún tema, y menos aún de temas políticos. Tenía un enfoque jadeante, y no daba la impresión de interesarse demasiado. Odiaba las campañas. Viajaba en un coche separado, o iba con Jack en el mismo y después desaparecía cuando él se detenía a trabajar con la gente. Ella y Jack no compartían el mismo sentimiento con respecto a la campaña. A Jack le gustaba el apretujamiento de la carne. Ésos eran sus momentos. Irradiaba simpatía y popularidad. Los irradiaba, y eso era todo. Poseía ese atractivo y todos clamaban por estrecharle la mano y estar cerca de él.

»Jackie miraba con desprecio a la persona común del mundo de la política. Por cierto que no le agradaba la mafia irlandesa que rodeaba a Jack. No eran lo bastante buenos para ella. No le importaba esa clase de gente. Es una esnob. Creo que hacía la campaña porque se esperaba que lo hiciera. Para ser alguien que en un momento dado había sido una encuestadora, era una persona muy fría. No tenía un hueso cálido en el cuerpo.

»Era una mujer muy extraña. Era un plomo, un enorme cero. Intelectualmente no era estúpida —le agradaba Adlai Stevenson porque éste era un intelectual—, pero no le interesaba la política *per se*. Comenzó a disfrutarla cuando llegó a la Casa Blanca, pero no antes. Su matrimonio fue un asunto de conveniencia. Quería la supuesta fascinación, y los Kennedy deseaban esa cualidad no irlandesa, la dimensión agregada. Toda esa historia irlandesa —la ronda de las tabernas, los relatos, las canciones, la política de barrio— aburría mortalmente a Jackie.

»Recuerdo una vez, en la campaña, en que todos viajamos juntos a Worcester. Ese día hacía frío y Jackie quería ponerse su abrigo de visón, pero Jack le dijo que no sería adecuado. Worcester era un pueblo de clase obrera. Por lo tanto se puso un abrigo de mezclilla azul y estuvo enfurruñada durante todo el viaje.

»Volvió sola a Boston. Yo viajé en un coche con JFK y otro periodista. Jack era candidato a la reelección como senador, pero pensaba en la presidencia. Quería reunir una gran mayoría en la carrera senatorial para convencer a los dirigentes del partido de que podía optar a la presidencia. Durante el viaje no habló de otra cosa que de la presidencia. La deseaba mucho, pero en apariencia existía esa preocupación no enunciada por el papel de Jackie en una campaña por toda la nación. Si viajar de Boston a Worcester le molestaba, ¿qué sucedería en un viaje a Wyoming o Mississippi o Nuevo México?»

Aunque al principio limitaba sus recorridos de larga distancia, Jackie pareció sentirse mejor en la gira nacional que durante las salidas en Massachusetts. Acompañó a Jack a un viaje de recolección de fondos para el Partido Demócrata, a Los Angeles, en la primavera de 1958. Joseph Cerrell, más tarde director ejecutivo del Partido Demócrata en California, recordaba el efecto de la presencia de Jackie.

«La había conocido en la convención de Chicago, en el 56 —dijo—, pero ésta era la primera vez que la veía en California. Tuve la sensación de que California no le interesaba mucho, pero que quería presentarse por el bien de su esposo. De todos modos, recuerdo que provocó una gran conmoción porque era la primera vez que los californianos veían a alguien que llevase la falda por encima de las rodillas. Su hechizo y su belleza nada convencional llamaron la atención y atrajeron a los medios periodísticos, para los cuales la pareja se había convertido en un símbolo de juventud y vitalidad... un nuevo símbolo para una Nueva Era. Parecían más estrellas cinematográficas que la mayoría de las estrellas cinematográficas.»

Jackie y Jack pasaron su quinto aniversario de bodas en una conferencia demócrata del Medio Oeste, en Omaha, Nebraska, y asistieron a una recolección de fondos del Día de Jefferson-Jackson en Des Moines, Iowa. Más cerca de casa, Jackie acompañó a su esposo a una reunión en Baltimore, acontecimiento cubierto por Nancy Dickerson para la cadena de televisión NBC. Después de la asamblea, Nancy viajó de regreso a Washington con los Kennedy.

«Jack viajaba a sus habituales 140 kilómetros por hora, y Jackie empezó a marearse —dijo Dickerson—. Por lo tanto cambiamos de lugar: ella se tendió en el asiento trasero y yo me senté delante, con Jack. Sospeché que las náuseas de Jackie se debían a las multitudes de la reunión política más que a la manera de conducir de Jack. No le agradaban mucho los gentíos que se apiñaban alrededor de ella en las campañas. La asustaban, la enfermaban.»

Un incidente más o menos parecido se produjo durante el invierno de 1958. James Rousmaniere, que entonces trabajaba en Nueva York, recibió una llamada telefónica de Jack Kennedy. «La Escuela de Leyes de la Universidad Fordham me concederá un título honorario —dijo Kennedy—. Jackie y yo volaremos mañana a Nueva York. Espéranos en el aeropuerto de La Guardia y viajaremos juntos.»

Rousmaniere los recibió en el aeropuerto. Nevaba, y resultaba evidente que habían tenido un vuelo muy difícil desde Washington, porque Jackie no se sentía bien.

«Se sentó en el asiento trasero del coche —dijo Rousmaniere—. El tiempo y el tráfico pesado habían reducido los caminos a fango puro. El viaje a Nueva York pareció interminable. Media hora más tarde Jackie vomitaba en mi asiento trasero. Fue una situación tremendamente molesta para ella, no por culpa mía, y estoy seguro de que le dejó un recuerdo imborrable de mí que quería olvidar.»

Jackie le confesó más tarde a Larry O'Brien que había aprendido más acerca de la naturaleza humana, en la gira de la campaña, que en todas sus anteriores experiencias juntas.

«Se unió a nosotros en la tradicional gira de vísperas de elecciones, en los barrios de Boston, que en esos días culminaba en la Tienda de Comestibles G y G de la avenida Blue Hill, en Dorchester —dice O'Brien—. Compartió una bolsa de chocolate conmigo, y como no creía que debieran verla fumando, yo le aguantaba un cigarrillo encendido y de vez en cuando ella le daba una calada furtiva. Estábamos extenuados, pero felices. Jack, Bob y Ted se subieron a una mesa y cantaron *Corazón de mi corazón*... desafinando, pero exuberantes.»

A la larga, los esfuerzos tuvieron su recompensa. John Kennedy derrotó a un abogado de Boston llamado Vincen Celeste, por un margen de 874.000 votos, una relación récord de tres a uno. Los medios de comunicación ofrecieron una excelente cobertura a la abrumadora victoria de Kennedy. Había dado un paso gigantesco hacia 1960.

14

Una semana después de la reelección de JFK como senador, durante una cena privada con Joe Kennedy y otros miembros de la familia, en Le Pavillon, en Nueva York, Lem Billings hizo una observación ingeniosa pero cáustica acerca de Jack. Éste no se hallaba presente. El embajador, que por lo general se mostraba divertido ante un buen chiste, no rió, por el contrario, se lo reprochó para luego explicarle que nunca debía volver a hablar de esa manera sobre Jack en público.

«LeMoyne —dijo—, usted es una de las personas que tiene que entender esto. Nunca puede saberse quién podría estar escuchando. De ahora en adelante, debe pensar en Jack, no tanto como en un amigo, sino como en un candidato en potencia a la presidencia de Estados Unidos. —Hizo una pausa, y luego agregó—: Le diré ahora mismo que llegará el día en que no llamará "Jack" a Jack. Lo llamará "Señor presidente".»

El rumor sobre la intención de Jack Kennedy, de postularse para la presidencia, se difundió con rapidez. Nancy Tenney Coleman, vecina de los Kennedy en Hyannis Port, acudió a un baile en el hotel Plaza de Nueva York, durante la fiesta de la Navidad de 1958. Entre los invitados se contaban Loel y Gloria Guinness, Mary Sanford, el príncipe Juan Carlos, pretendiente al trono de España, el duque y la duquesa de Windsor, Nelson Rockefeller, gobernador de Nueva York, Averell Harriman y Jack y Jackie Kennedy.

«Yo bailaba con Charlie Bartlett —dijo Nancy Coleman—. Hacía tiempo que no veía a JFK, de modo que propuse: "Vamos a saludar a Jack." Fue entonces cuando Charlie me habló del plan de Jack, de presentar su candidatura para la presidencia.

»—Charles, estás bromeando —respondí—. No va a ser candidato a presidente.

»—Oh, sí, lo será —contestó Charlie.

»—Bueno, se lo preguntaré yo misma —dije.

»—Oh, Nancy, por favor, se dará cuenta de que te lo he dicho yo —replicó él.

»—¿Y qué? —repuse—. Soy una antigua amiga de él.

»Crecimos juntos en el Cape. Él tenía un magnífico sentido del humor. Era divertido. Una persona normal y simpática. Ni en mil años habría pensado que llegaría a ser presidente.

»De modo que lo detuve en la pista de baile. Siempre lo llamaba Ken. Le dije:

»—Ken, me han dicho que serás candidato a la presidencia. No puedo creerlo.

»Él tenía un cigarro Upmann en la boca, aunque estaba bailando. Se sacó el cigarro y dijo:

»—No sólo seré candidato a la presidencia, sino que voy a ganar.

»—Por Dios, Ken —respondí—. Arruinarás las calles de Hyannis Port. Vendrán manadas de turistas. La ciudad nunca volverá a ser la misma.

»Y en verdad, eso fue lo que sucedió cuando llegó a la presidencia.»

Según George Smathers, la candidatura presidencial de JFK fue orquestada desde el principio hasta el final por Joe Kennedy.

«Llegó a ser la carrera de Joe por el éxito, tanto como la de Jack —dijo Smathers—. Joe Kennedy dirigió toda la campaña, como había dirigido el ingreso inicial de Jack en la política, después de la muerte de Joe, hijo. "Vamos a vender a Jack como se venden copos de maíz", se jactó. Había empezado reclutando a los caciques políticos ya en 1957, comenzando por el alcalde Richard Daley, de Chicago. Es probable que haya sido el primero en utilizar las encuestas. Contrató a Lou Harris, y éste solía permanecer sentado, con su regla de cálculos, a 500 dólares la hora. Pero esa información era una herramienta invalorable. Joe Kennedy fue también el primero en entender el aspecto de la política vinculado con las relaciones públicas. Entendía que lo que uno hacía era vender un concepto, y tenía suficiente experiencia en Hollywood y en el negocio cinematográfico como para andar tanteando por todo ese territorio, cosa que se ha convertido en una práctica común.

»La campaña de 1960 fue en todo sentido un trabajo de Joe, pero se las arregló para organizarla entre bambalinas. Dados sus antecedentes anteriores, se vio obligado a no presentarse bajo las luces de los reflectores. Pero él daba las órdenes, y se podía intuir su influencia y su sello en muchas de las ideas de Jack.»

Peter Lawford visitó Palm Beach con Frank Sinatra, a comienzos de 1959, para realizar alguna planificación preliminar con vistas a la campaña presidencial. Sinatra, ya profundamente comprometido con Kennedy, había rebautizado por el momento a la Manga de Ratas como la «Manga de Jack», y en la misma vena llamaba a Peter *brother-in-Lawford**.

Lawford recordaba que Sinatra se había alojado en casa de Morton Downey, el más antiguo amigo de Joe Kennedy en Palm Beach, mientras él se hospedaba con Frank y Betty McMahon. McMahon, un petrolero canadiense, era miembro del grupo de Palm Beach.

«Joe Kennedy dirigía la campaña desde un recinto al aire libre, cerca de la piscina —dijo Lawford—. Lo llamaba "el corral del ganado". La estructura no tenía techo. Dentro había un teléfono y una silla de tijera. Joe se pasaba las mañanas al teléfono, ladrando órdenes a atemorizados empleados y secuaces. Lo que parecía extraño en esa organización era que hacía sus llamadas desnudo, de ahí la explicación de la existencia del cercado. Y éste es el mismo hombre que me censuró por ir descalzo mientras jugaba al golf en Palm Beach, con Jack.

»Joe Kennedy era el hipócrita más grande del mundo. Su filosofía era muy sencilla. "Haz lo que digo, no lo que hago." Pero su mayor don, su genio, si se quiere, era que sabía simplificar un problema, en lugar de hacerlo más complejo, como hacemos casi todos. Veía un solo camino en vez de muchos, y lo seguía. La mayoría de nosotros, también yo, somos víctimas de nuestra imaginación. Joe, no. Tenía un solo concepto del destino.»

Durante la visita de Sinatra, Joe Kennedy adoptó el rol que esperaba que desempeñara el cantante, a saber, el de recolector de fondos y director social. El valor de Sinatra en cualquier campaña política tenía que ser el amplio espectro de gente a quien conocía, no sólo en el campo del espectáculo, sino en el mundo de los grandes negocios y la industria, los bienes raíces, y aun en el juego de azar y en los bajos fondos. En lo que respecta a la parte menos pesada, Joe quería que Sinatra grabase una canción de campaña para Jack. Se decidieron por *Grandes esperanzas* y convencieron a Sammy Cahn y al arreglista personal de Sinatra, Jimmy Van Heusen, para que reelaborasen la letra.

«Después Joe recurrió a mí —dice Peter Lawford—. "Tienes que encontrar la manera de hacer callar a tu madre —dijo—. Sus denuncias públicas no ayudan precisamente a la causa." Mi madre, lady May Lawford, hablaba con franqueza, por no decir otra cosa. Su último estallido, dirigido contra mi esposa, había sido recogido y publicado por Walter Winchell: "Patricia Lawford es una puta, una puta de verdad. Tiene millones, pero deja que

---

* Juego de palabras con *brother-in-law*, cuñado. *(N. del T.)*

Peter pague todos los gastos de ellos. Se jacta de que la finca de ensueño de un millón de dólares que tienen en Santa Mónica, que antes era propiedad de Louis B. Mayer, tiene una piscina de mármol, rosaledas y una sala de proyecciones tapizada de cuero rojo. Pero la casa y todos los muebles que contiene pertenecen a mi hijo." Algo por el estilo.

»Mi madre y Joe Kennedy eran enemigos a muerte. Pero ¿qué podía hacer yo al respecto?

»—Es mi madre, Joe. No puedo matar a esa mujer —dije.

»—No —respondió—, pero yo sí puedo.

»Luego agregó:

»—Dale un poco de dinero, cómprala. Se callará. Si no lo haces tú, lo haré yo.

»Resultaba evidente que Joe Kennedy no conocía a mi madre. Ningún dinero del mundo habría comprado su silencio. Cuando Jack hizo la campaña para la presidencia en Los Angeles, ella alquiló un elefante y lo condujo por el bulevar Wilshire, con un cartel en el cual instaba a los votantes a respaldar a Richard Nixon.»

No mucho después de su visita a Palm Beach, Frank Sinatra invitó a Joe Kennedy al Pabellón Cal-Neva, un club nocturno y hotel rústico de madera con vistas a la pintoresca costa norte del lago Tahoe. La frontera del Estado pasaba por el medio, con las mesas de juego y máquinas tragaperras del lado de Nevada, y la parte de comidas y baile en California. Sinatra era dueño de una parte del pabellón, lo mismo que Sam Giancana, de Chicago. Llegó a ser conocido como un lugar en el cual las celebridades cinematográficas y los jefes de los bajos fondos podían codearse entre sí, y salir y entrar a voluntad.

Peter Lawford también se encontraba presente en Cal-Neva cuando llegó Joe Kennedy: «En los dos años siguientes habrá ido una docena de veces. Siempre iba solo. Frank se ocupaba de que lo pasara bien.

»Además de por la diversión, iba para ver a un tipo llamado Norman Biltz. Biltz poseía propiedades en el lago. Era un hombre muy rico y además tenía acceso a grandes cantidades de dinero ajeno. Lo llamaban "El Rey de Nevada". Era un viejo duro de roer. Controlaba a los republicanos y a los demócratas del Estado, aunque él era republicano. Pero a Biltz no le importaba si una persona pertenecía a un partido o a otro.

»Contaba anécdotas fascinantes sobre la política de Nevada y los dos partidos. Había estado casado dos veces, pero su esposa en esos momentos, y hasta su muerte, era Esther Auchincloss, la hermana de Hugh Auchincloss. De ahí que fuera Jackie la que organizara el primer encuentro entre Biltz y Joe Kennedy.

»Hugh Auchincloss era el paradigma de la tacañería. Contribuyó nada menos que con 500 dólares a la campaña de Jack. Normalmente aportaba 10.000 dólares al candidato presidencial del Partido Republicano. Es cierto que permitió que Janet organizara recolecciones de fondos para JFK, pero habría preferido que Jack fuese republicano. Biltz era diferente. Joe Kennedy y él tenían mucho en común, en su enorme poderío e influencia. Se adoraban a sí mismos, me atrevería a decir que eran unos sinvergüenzas encantadores. Antes de terminar, Biltz había reunido más de 15 millones de dólares para la campaña de Jack y atraído a gente como Wilbur Clark, dueño de la Desert Inn de Las Vegas y jefe de la delegación demócrata de Nevada. Joe Kennedy debió soltar unos 30 millones de su propio dinero. Otros también contribuyeron, entre ellos varias figuras de la Mafia. Marilyn Monroe dio 25.000 dólares, y también otras estrellas. Fue la campaña presidencial más subsidiada en la historia del país. Eso, el voto femenino y Jackie Kennedy figuraron como los factores principales de la carrera.»

Joe Kennedy, gran manipulador y estratega, también incluyó a las damas Kennedy en la gran película, iniciando los famosos tés femeninos que se habían hecho tan populares en las distintas campañas de JFK en Massachusetts, y también se ocupó de que el ritual continuase en toda la nación. Joe Alsop, que sintió que el punto de viraje en la carrera de Jack era la serie de peligrosas operaciones que había soportado en 1955, asignó gran importancia al papel que desempeñaban en la campaña presidencial las mujeres Kennedy. Le impresionaba la belleza anticuada de éstas, sus «magníficas piernas largas», sus maravillosas cabelleras; era como si todo el grupo «atacase a los votantes en masa». Alsop no recordaba nada parecido en ninguna campaña política anterior. La consideraba una «exhibición extraordinaria».

Langdon Marvin visitó a los Kennedy en Palm Beach, a principios de 1959 y le asombró «lo optimistas que parecían todos en relación con las perspectivas presidenciales de Jack, en especial las mujeres de la familia. Rose, Eunice, Pat, Jean y Ethel se apiñaban en la cocina, sobre un pastel de chocolate que devoraban con rapidez, mientras elaboraban excitados planes para la campaña inminente. Cuando a una u otra se le ocurría lo que parecía una idea promisoria, corrían todas a la sala para discutirla con Bobby, que era el administrador de la campaña de Jack.»

«Todo el clan, todos ellos, eran animales políticos, henchidos de un verdadero deseo de afectar el rumbo de la historia del momento —dijo Slim Aarons—. Si uno quería contar con la amistad de ellos, tenía que estar dispuesto a apoyarlos a fondo. Cuando JFK comenzó su actividad en la campaña, recibí una llamada telefónica de Chuck Spalding. Chuck había llegado a ser el director de la campaña en el Estado de Nueva York. Quería que ofreciese algunas charlas en ella, para Jack. Le contesté que no podía debido a una gran cantidad de tareas fotográficas pendientes, que no me era posible postergar. Entre otras cosas, debía mantener a mi familia. "Pero Jack te necesita", dijo Chuck. "Me doy cuenta de eso —respondí—, pero de veras, tengo compromisos." Después de eso me soltaron como si fuese una patata caliente.»

Durante 1959 y en la primera mitad de 1960, cuando Jackie volvió a quedar embarazada, se unió a Jack en muchas de sus salidas para la campaña, primero en New Hampshire, para continuar en Wisconsin, Virginia Oeste, Virginia, California, Oregon, Ohio, Rhode Island y Nueva Jersey. En los meses posteriores volvió a los mismos Estados que había visitado antes y agregó a su itinerario Maryland, Delaware, Tennessee, Maine, Kentucky, Carolina del Norte, Nueva York y Pennsylvania. Habló en español en la ciudad de Nueva York, en francés en Eau Claire, en italiano en Siracusa y en polaco —un poco— en Milwaukee. Grababa mensajes en idiomas extranjeros para la radio y la televisión. Se presentó en numerosos programas de entrevistas televisivas, incluido el espectáculo *Hoy*, con Dave Garroway. Ofreció almuerzos en su casa de Georgetown. Visitó supermercados y habló con los parroquianos por los altavoces de los locales. Jack y ella atravesaron el país a bordo del *Caroline*, un Corvair bimotor descapotable, adquirido anteriormente por Joe Kennedy por 350.000 dólares. La utilización del avión privado les concedía una amplia ventaja sobre la oposición, que tenía que depender de los horarios a menudo variables de las líneas aéreas comerciales para llegar a sus puntos de destino.

«La campaña tenía dos fases —recordaba Larry O'Brien—. Primero teníamos que ganar la nominación demócrata; después había que derrotar a Richard Nixon. La primera fase le resultó más fácil a Jackie, porque no estaba embarazada. Y para entonces se había habituado a los viajes, aprendiendo a subsistir con "comidas rápidas" y a vivir en el camino con sólo tres vestidos —uno para la mañana, otro para la tarde y un tercero para la noche— y un sombrero para la iglesia. Sus joyas se reducían a un collar de perlas. También llevaba consigo una plancha de viaje y un costurero. Para entonces había aprendido a abrirse paso en medio de una muchedumbre, trepar a una plataforma delante de 5.000 desconocidos que gritaban, estrechar 10.000 manos sin derrumbarse de fatiga.»

«Una estrecha centenares de manos por la tarde y más centenares por la noche —señalaba Jackie—. Queda tan cansada, que se sorprende riendo y llorando al mismo tiempo. Pero establece su ritmo y sigue adelante. Lo ve como algo que es preciso hacer. Sabía que llegaría, y sabe que vale la pena.

»Los lugares se desdibujan al cabo de un tiempo, de veras. Recuerdo a las personas, no las caras, de una hilera de recepción. Lo que se obtiene de esas personas es un sentimiento de timidez y ansiedad, y de deslumbrante expectativa. Esas mujeres que vienen a verme en una reunión son tan tímidas como yo. A veces nos quedamos ahí, sonriéndonos, sin decir nada.»

La primera prueba importante de Jackie no surgió hasta marzo de 1960. Kennedy hacía grandes esfuerzos para triunfar contra Hubert Humphrey en las primarias presidenciales de Wisconsin. Llegaron informaciones de Washington acerca de la inminente votación en el Senado sobre leyes de derechos civiles. No podía permitirse el lujo de faltar a esa votación.

«Ve a Washington y vota, Jack —dijo Jackie—. Yo te reemplazaré.»

Y lo reemplazó. Acompañada por Ted Kennedy, viajó de pueblo en pueblo, pronunciado breves discursos en cada parada. En Marshfield habló ante setenta y cinco personas, en un almuerzo en el hotel Charles: «Hemos estado trabajando mucho en Wisconsin, y sé que si ustedes consideran conveniente apoyar a mi esposo verán que su confianza ha sido bien depositada. En los últimos años ha actuado en la Comisión de Bienestar Público y Trabajo del Senado, y ha hecho tantas buenas obras para los trabajadores de este país como cualquier senador de Estados Unidos. Si es elegido presidente, seguirá haciendo todo lo que esté a su alcance.»

En Neillsville habló en una radio local, y dijo sencillamente: «Ha servido a su país durante catorce años en la Armada y en el Congreso. Le preocupa mucho el bienestar de esta nación y como presidente proporcionará la mayor contribución al futuro de ella.»

En Fairchild se detuvo en una escuela elemental para visitar a algunos niños de parvulario, así como a sus maestros y padres. Dijo a los niños que la hacían añorar a Caroline, y aseguró a los adultos que la esperanza y la preocupación de su esposo eran los jóvenes de la nación.

La reacción del público ante los esfuerzos de Jackie recorría toda la gama de las posibilidades. Edmund Nix, fiscal del distrito de Eau Claire recordó una andanada de mala prensa cuando se vio a Jackie «caminando por la calle fumando un cigarrillo». Por su parte, Nix consideró que Jackie había hecho «un muy buen trabajo y producido una muy buena impresión» al reemplazar a Jack.

Jerry Bruno, responsable de la campaña de JFK, entendía que Jackie «fue sumamente útil en Wisconsin. En Kenosha, mi pueblo natal, John Kennedy se demoró en la sede de la Legión Norteamericana, cuando supuestamente debía estar en el centro, en una recepción con café y té. En la recepción había un gentío que desbordaba la capacidad del salón. Jackie subió a la tribuna y pronunció un discurso. Alan Ameche, el jugador de fútbol profesional, se hallaba presente. Entre Ameche y Jackie mantuvieron entretenida a la multitud hasta que por fin llegó Kennedy.

»A Jackie no le gustaba el trabajo de la campaña, pero tampoco le molestaba. Sus pensamientos se concentraban mucho en Caroline. Mencionaba lo mucho que echaba de menos a su hija. "Me pregunto cómo estará Caroline", solía decir. Estaba furiosa con cierto periodista del *Milwaukee Journal* que no paraba de escribir artículos sobre una posible ruptura entre Jack y ella. Era un periodista político que parecía prestar más atención a los chismes que a la política. Hacía frecuentes referencias a los rumores de que se encontraban al borde del divorcio. Eso le hacía hervir la sangre a Jackie. También la enfurecía el hecho de que ese periodista hablase siempre del tema religioso. Si había 10.000 personas en una reunión, escribía que 9.000 de ellas eran católicas. No importa dónde fuéramos en Wisconsin, el tipo informaba que el 99 por ciento del público era católico. Por último, Jackie no pudo aguantar más y declaró: "Me pregunto si este sujeto hace una encuesta personal en cada función, sobre los problemas de esta campaña. ¿De qué otra manera podría conseguir sus estadísticas?"»

Frank Thompson, viejo amigo de JFK, describió un divertido incidente que se produjo en Wisconsin. «Estaban todos en Madison —señaló Thompson—. Ivan Nestinger, más tarde subsecretario de HEW, era el alcalde y conducía a Jack en un coche muy pequeño, en un día sumamente frío. Jackie había salido por su cuenta, para hacer campaña en las iglesias negras de las afueras de Washington. Hacia la noche la recogieron, y ella se sentó en el asiento trasero, entre otras dos personas, y Jack, que estaba adelante, preguntó:

»—Jackie, ¿cómo te ha ido?

»—Oh, me ha ido muy bien —contestó ella—. He conocido al párroco más encantador de la iglesia negra más encantadora, y tiene todo tipo de problemas financieros. Me pareció que sería bueno ayudarlo, de manera que le di 200 dólares.

»—Bueno, me parece muy bien —dijo Jack. Luego, pensándolo mejor, agregó—: Maldición, no sería mi dinero, ¿verdad?»

Cuando se conocieron los resultados de las elecciones primarias de Wisconsin, en las que Kennedy derrotó a Hubert Humphrey por 106.000 votos, pareció que la presencia de Jackie pudo haber dado a su esposo ese margen de victoria. Jackie nunca hizo semejante afirmación. La prensa la atribuyó a la gran cantidad de votantes católicos en Wisconsin. Virginia Oeste, un Estado con predominio de protestantes, sería una prueba más importante.

Charles Peters, director del *Washington Monthly,* era uno de los organizadores de JFK en Virginia Oeste. Cuando Bobby Kennedy le informó que Jackie se incorporaría a la campaña de las primarias en su Estado natal, Peters se opuso a la idea con vehemencia. «Supuse que Jackie saldría perjudicada de la comparación con Muriel Humphrey, la esposa de Hubert, una mujer sencilla y mucho más parecida a los habitantes de Virginia Oeste. Me parecía que Jackie era demasiado deslumbrante. En rigor, consideraba que JFK era demasiado deslumbrante para Virginia Oeste. Lo mismo opinaba mi madre, que también se ocupaba de la organización del Partido Demócrata en Virginia Oeste, y que no creía que debieran intervenir en la carrera primaria. Pero lo hicieron, y mirando hacia atrás hay que decir que estuvieron en lo cierto al hacerlo.

»Yo me encargaba del Distrito Kanawha, el más grande del Estado. Hice campaña con Jackie dos veces. Parecía muy satisfecha con su papel. Se intuía una leve contención de su parte, pero sólo eso. Por lo que oía decir, sospeché que deseaba trabajar en la campaña. Quería ayudar. Para entonces, se mostraba decididamente ansiosa por ingresar en la Casa Blanca.

»Lo que más me asombró, creo, fue la manera en que reaccionaba la gente frente a Jackie. Tuve la sensación, ante la creciente popularidad de Jackie, de que algo estaba ocurriendo en la sociedad norteamericana. No se trata de que se identificaran con ella, fenómeno que se daba en mayor medida en Muriel Humphrey. Era evidente que querían a Jackie. Tenían una expresión de asombro en la mirada cuando la veían. Después del desaliño de Eleanor Roosevelt, Bess Truman y Mamie Eisenhower, buscaban una imagen aristocrática. Y los Kennedy realizaron una labor superlativa en lo que se refiere a vender esa imagen.

»Su campaña estuvo extraordinariamente bien organizada. JFK poseía una mente sutil en el plano político, y Joe Kennedy era el maestro del negocio fraudulento. Todos los Kennedy tenían un profundo deseo de ascender de nivel social y percibían que el encumbramiento social podía ayudarlos en el plano político, primero en Massachusetts y después en toda la nación. Creo que la razón por la que Jack Kennedy se casó con Jackie fue que ella le daba categoría. Por lo menos existía la percepción de esa categoría, ya que los antecedentes de ella eran, en rigor, los mismos que los de ellos.»

La victoria de Kennedy en las elecciones primarias de Virginia Oeste representó un punto crítico en la campaña. «En ese momento nos dimos cuenta de que él podía ganarla toda —dijo Charles Peters—. Si hubiese perdido, habríamos sabido que lo perdería todo. Resultaba claro que muchos elementos dependían de eso. Nunca en una primaria tan reducida, en un estado como Virginia Oeste, se habían conjugado tantos intereses.»

Lo que llamó la atención a quienes rodeaban a JFK fue la falta de exuberancia posterior a la victoria por parte de Jackie. En la noche de las primarias, Jack y Jackie, acompañados por sus amigos Ben y Toni Bradlee, fueron a un cine del centro de Washington. Querían ver *De repente, el último verano*, pero llegaron cuando ya había comenzado la película, de modo que cruzaron la calle, para entrar en un cine de películas porno. Vieron *Propiedad privada,* el relato «sexplosivo» de una esposa descarriada y sus tórridas relaciones con lecheros, mecánicos, distribuidores y cualquier otro que se le cruzara por el camino.

Cuando terminó la película, el cuarteto volvió a casa de los Kennedy en la Calle N. En cuanto abrieron la puerta comenzó a sonar el teléfono. Era Bobby: Jack había ganado con facilidad en Virginia Oeste. Éste llamó en el acto a su padre y luego alertó a su tripulación para que preparase el *Caroline* para la partida inmediata. Acompañados por los Bradlee, y también por Steve y Jean Smith, Jack y Jackie volaron a Kanawha, Virginia Oeste, para agradecérselo personalmente a sus partidarios. «Creo que ya hemos enterrado de una vez por todas el tema religioso», dijo Kennedy a los periodistas, en el aeropuerto de Kanawha.

La celebración de la victoria se llevó a cabo en el hotel Kanawha. Mientras fluía el champán y resonaba la música, Jackie se escurrió por una puerta lateral, localizó el coche que la había llevado al aeropuerto, se deslizó en el asiento trasero y se sentó allí, fatigada y sola, a esperar el viaje de regreso a Washington.

El malestar y el fastidio de Jackie se hicieron evidentes en otros momentos de la campaña. Elizabeth Gatov, una dirigente del Partido Demócrata en California, se dio cuenta en el acto de que a Jackie «no le agradaba mucho, en realidad, la política, ni tampoco los políticos ni la gente vinculada con ella. Fue varias veces a California, con JFK, y muy pronto advertí que no quería entrar en una habitación que estuviese llena de gente...

»Mi propia sensación es que en realidad se sentía tímida frente a esa clase de personas, que no le resultaba fácil relacionarse con el tipo de individuos que existen en el contexto político. No se sentía cómoda con ellos y por lo tanto, cuando estaba con JFK, yo trataba de encontrar un par de personas —hombre atrayentes, más bien corteses— para pasar ese rato con ella... y ayudar a que las cosas le resultaran tan agradables y fáciles como fuese posible.»

Clara Shirpser, otra organizadora política californiana, expresó una reacción similar respecto a la aparente falta de interés de Jackie por la campaña: «La gran recepción Kennedy en el hotel Fairmont, de San Francisco, exhibía hileras de gente que se extendían a través del vestíbulo, desde las aceras, para ver a Jack Kennedy y estrecharle la mano. Jack y Jackie estaban aquí. Había pasado una media hora, y Jackie sin aparecer. Yo me encontraba en la fila de la recepción, cerca de Jack. Todos preguntaban: "¿Dónde está Jackie? ¿Dónde está Jackie?"

»Me volví hacia Jack. Me hallaba lo bastante cerca como para poder hablar con él, y le dije:

»—Todos preguntan por Jackie. ¿Por qué no ha venido?

»—Es evidente que no quiere bajar —respondió él.

»—De veras, creo que deberías traerla. A fin de cuentas, sería muestra de buena voluntad —continué yo.

»—¿Quieres subir a pedírselo?

»—No —negué—, no me hará caso.

»—Tengo noticias para ti: tampoco me hace caso a mí —me dijo algo así.

»—Por favor, manda a alguien a quien ella acepte escuchar. De veras, tendríamos que conseguir que baje —añadí yo por tanto.

»Creo que por último fue Jack en persona. Jackie bajó pero de pésimo humor y casi sin pronunciar palabra. Alguien le decía algo agradable, y ella respondía con brusquedad: "Gracias." "No", o "Sí". No se mostraba amable, ni amistosa. Era una de las esposas de campaña con quien más difícil resultaba tratar. Le gustaban los privilegios, pero no las responsabilidades.»

Por encima de cualquier otra cosa, Jackie era polémica. Tenía tantos partidarios como críticos. Así, mientras algunas personas pensaban que era demasiado rígida, formal y altanera, otros la admiraban y valoraban su carácter, su porte y su comportamiento. Aunque varios de sus detractores la acusaron de perder tantos votos como los que ganaba su esposo, sus numerosos fanáticos señalaban que había representado un papel de importancia en el espectacular ascenso de JFK.

Aunque no siempre participó directamente en el torbellino político, Jackie se las arregló para hacer sentir su presencia. Lanzó una campaña nacional de mujeres «Llamando a Kennedy», para lo cual efectuó una llamada a once mujeres de once Estados. Ayudó a organizar «El Comité Femenino de las Nuevas Fronteras», que se reunió en varias ocasiones, durante la campaña, para discutir temas tales como el cuidado de la salud para los ancianos, el desempleo y la educación en las escuelas públicas. Encantó al Dr. Benjamin Spock y a Reinhold Niebuhr (teólogo y filósofo protestante), hasta el punto de llevarlos a respaldar la candidatura presidencial de su esposo. Por consejo de la esposa de John Sherman Cooper, escribió «Esposa de Campaña», una columna semanal para mujeres, que el Comité Nacional Demócrata distribuyó a diversos periódicos. También defendió con tesón el honor político de su esposo, leyó el manuscrito de una biografía de Kennedy proyectada por el historiador James MacGregor Burns y luego lo criticó en una larga y enfurecida carta.

El periodista Peter Lisagor nunca olvidó la recepción de la cual fue objeto después de interrogar a JFK en un segmento de *Frente a la Nación*. «Cuando eso terminó —dijo—, Jacqueline me miró como si hubiese salido arrastrándome de algún agujero y atacado con dientes y veneno el talón de su esposo.» Se dedicó a reprenderlo por hacer a JFK unas preguntas tan «absolutamente horribles».

No hay que subestimar la importancia de Jackie para la campaña de JFK. Siempre fotogénica, misteriosa, reservada e impredecible, produjo un innegable impacto en la psique de Norteamérica. Se la vio más que a ninguna de las otras mujeres de Kennedy, ante todo porque era diferente; no era «la chica de la casa de al lado y lo sabía... y no trató de vender su imagen como si lo fuera». Desafió la tradición política al admitir que muy pocas veces cocinaba y que no le interesaba en especial la mecánica del cuidado de la casa. Dejó en claro que una institutriz cuidaba de Caroline y que también había otros criados en la casa. Su franqueza era refrescante. Indicó que había hecho la campaña con su esposo, porque de lo contrario no lo habría visto nunca. Dijo que le resultaba enervante bajar para el desayuno y descubrir a una decena de hombres con trajes arrugados, sentados alrededor de la mesa, fumando cigarros y hablando sobre la estrategia de la campaña. Admitió que gastaba dinero en ropa, no los 30.000 dólares anuales que *Women's Wear Daily* afirmaba que invertía —«No podría gastar tanto aunque usara ropa interior de marta cebellina»—, pero confesaba que había adquirido varias creaciones de Hubert de Givenchy y Balenciaga, y que frecuentaba a varios modistas europeos. No sólo era diferente en sus modales, sino también en su aspecto. En mitad de la campaña, su madre le dijo: «¿Por qué no puedes parecerte un poco más a Muriel Humphrey o a Pat Nixon?»

También su sentido del humor la distinguía de las demás. Era un humor pícaro, lascivo, atrevido. Francis Lara, un periodista francés que estuvo en Washington de 1959 a 1966, encontró que la sensibilidad de Jackie era «muy europea. Era una burlona implacable, adoraba intercambiar bromas y alfilerazos... nada maliciosos, sólo un humor veloz, casi siempre de naturaleza sexual. Yo le decía: "Ben Bradlee me ha dicho que te veías con Fulano de Tal", y le nombraba a alguien famoso, como Cary Grant. Ella hacía lo mismo conmigo. Se reía de todo. Era muy suave, lista, calculadora. Sabía lo que hacía».

Es posible que el mejor ejemplo del sentido del humor de Jackie sea la tarjeta para el día de San Valentín, comprada en una tienda, que envió a Arthur Krock en 1959. En el anverso de la tarjeta había un dibujo de una rubia ampulosa, de vestido ceñido, semitransparente, con el cuerpo contorsionado en una posición parecida a la postura de Betty Grable en la histórica foto de la Segunda Guerra Mundial. El mensaje impreso en la tarjeta decía: «MUY BIEN, señor Valentín, ¡¡AHORA DESATORNÍLLAME!!» Abajo, Jackie había escrito: «Cariños de la esposa de uno que corre hacia adelante, Muriel Humphrey, por supuesto.»

15

Cuanto más parecía acercarse John Kennedy a la presidencia, más frenética se volvía su búsqueda, al azar, de mujeres. Los archivos del FBI sobre Kennedy se referían a «un par de azafatas a quienes el sujeto ve en California». Otro punto indica la conexión John Kennedy-Frank Sinatra: «Kennedy y Sinatra han participado, en el pasado reciente, en fiestas en Palm Springs, Las Vegas y la ciudad de Nueva York. Respecto de la información Kennedy-Sinatra se dice que la revista *Confidential* tiene declaraciones juradas de dos prostitutas mulatas de Nueva York.» Otra anotación de los archivos afirma que durante 1957-1958 Kennedy hizo varios viajes a La Habana, Cuba, para visitar a Flo Pritchett Smith, esposa de Earl E. T. Smith, embajador norteamericano en Cuba con Eisenhower. Según parece, otras reuniones entre Flo y Jack durante esta fase se realizaron en Miami y Palm Beach durante las visitas de la primera a Estados Unidos.

En septiembre de 1958, Jack Kennedy y George Smathers asistieron a una fiesta en la embajada italiana en Washington. Otro invitado de la misma fiesta era Sophia Loren. Jackie se encontraba fuera de la ciudad y Sophia parecía estar sin compañía. Jack se mostró interesado. En lugar de abordar de forma directa a la actriz, esperó en el patio y envió al senador Smathers a que hiciera su invitación.

Smathers utilizó su encanto. Abordó a Sophia y explicó, en un suave gangoseo sureño, que su amigo, el senador Kennedy, que pronto se convertiría en el presidente Kennedy, quería que la señorita Loren lo acompañara a su casa de Georgetown, para una cena tardía. El champán, agregó, ya estaba puesto en hielo.

Otra invitada, la periodista Maxine Cheshire, se encontraba por casualidad cerca de Sophia Loren, y sin proponérselo escuchó la proposición y la negativa cortés pero firme de la actriz. Como el inglés de Sophia era todavía un poco defectuoso en esos días, Smathers pensó que no le había entendido. Se lo volvió a pedir, y lo rechazó de nuevo.

Cheshire podía ver a Kennedy fuera, en el patio, meciéndose impaciente, sobre sus tacones. No pensaba aceptar una respuesta negativa, y envió a Smathers para que hiciese un segundo intento.

Esta vez Sophia miró a Cheshire en busca de ayuda, como si implorase a la periodista que hiciera entender a Smathers su falta de interés en él o en su amigo. Por la reacción de Sophia, Smathers tuvo la impresión de que Cheshire, a quien no conocía, era una especie de acompañante o traductora, destinada a la actriz durante su estancia en Washington. Sonrió a Sophia, y dijo en un tono inconfundiblemente exasperado: «Oh, qué demonios, tanto da que traigas a tu amiga. Seremos cuatro.»

Otra actriz que logró eludir a Kennedy fue Jean Simmons. El ex esposo de ésta, Stewart Granger, en su autobiografía, recuerda la vez en que Jean volvió del rodaje en escenarios naturales, en Boston, de una película de 1958, llamada *Home Before Dark*. «Me habló de ese senador tan atractivo que la había cortejado con flores y que a la larga terminó derribando prácticamente la puerta de su dormitorio.» Con una sonrisa, Jean agregó que «tenía una sonrisa tan encantadora que estuve a punto de dejarlo entrar». Erizado, Granger le preguntó si conocía el nombre de él. «Sí, es un senador muy importante llamado John Kennedy.» Y agregó Granger: «Nunca había oído hablar de él.»[*]

A Jack le fue mejor con Pamela Turnure, una principiante de 21 años, de Georgetown, que se parecía mucho a Jackie, igualmente altanera, e incluso hablaba casi como ella. Pam ocupó un puesto de secretaria en la oficina senatorial de Jack, y más tarde se incorporó a su equipo de la campaña presidencial. El fotógrafo Bob Phillips, que recorría los mismos círculos que Pam, la describía como «vivaz, atractiva, elegante, amable, salía con hombres a quienes yo conocía, y ofrecía unas fiestas encantadoras. Yo nunca salí con ella, pero llegamos a ser amigos íntimos. Aun así, ella nunca me mencionó a Kennedy en ningún contexto que no fuese el de su trabajo. Sólo mucho más tarde conocí los detalles románticos.»

Las frecuentes reuniones de Pam con Jack, a última hora de la noche, resultaron de interés algo más que pasajero para los caseros de ella en Georgetown, una estricta pareja católica, Leonard y Florence Kater. Se sintieron ofendidos, instalaron magnetófonos en varios lugares estratégicos, incluido una salida de aire del sótano que daba directamente al dormi-

---

[*] Stewart Granger: *Sparks Fly Upward*, págs. 380-381.

torio de Pam, en el primer piso. Los resultados fueron tan indiscutibles como las fotos que tomaron a la 1 de la mañana del 11 de julio de 1958, de John Kennedy en el momento en que salía del apartamento de Pam. Copias de las instantáneas fueron a parar no sólo a manos del FBI, sino a los periódicos, revistas y cadenas de televisión. Con una excepción —un breve artículo aparecido en el *Washington Star*—, no se prestó atención a los Kater. J. Edgar Hoover agregó las fotos de ellos en sus carpetas ya abultadas sobre John Kennedy, pero se negó a encontrarse personalmente con ellos.

Los Kater llevaron su campaña a las calles y comenzaron a presentarse en reuniones políticas de JFK con carteles hechos a mano en los cuales denunciaban al candidato como adúltero. Lo siguieron hasta Independence, Missouri, donde él visitó al ex presidente Harry S. Truman. Telefonearon a Joseph Kennedy, que rechazó con brusquedad la queja de la pareja, y fueron a Boston a ver al cardenal Richard Cushing. Cuando todo lo demás fracasó, la Sra. Kater se plantó ante la Casa Blanca.

Hacía tiempo que Pam Turnure había dejado su apartamento en la casa de los Kater, y, por recomendación de John Kennedy, se trasladó a casa de Mary Meyer en Georgetown. Mary, hermana de Toni Bradlee, era una artista independiente. Graduada en Vassar, Mary tenía amistad con Jackie Kennedy. Hasta que Jackie se convirtió en la Primera Dama, Mary y ella a menudo hacían caminatas matutinas por Washington.

«Sin quererlo, Mary Meyer se encontró atraída por una red de intrigas —dijo James T. Angleton, director de relaciones encubiertas de la CIA y confidente de Mary—. Pam Turnure vivía con Mary y veía a John Kennedy a hurtadillas. Mary estaba enterada de la relación. Pero también mantenía amistad con Jackie Kennedy. Cuando los Kennedy ingresaron en la Casa Blanca, JFK sugirió que Pam se convirtiese en la secretaria de prensa de Jackie. "¿Para qué necesito una secretaria de prensa?", preguntó Jackie. Pam no tenía experiencia alguna en el trabajo con la prensa. Pero por último Jackie cedió, dándose cuenta de que de ese modo podría vigilar a Pam. Sin embargo, no contaba con el hecho de que Jack abandonaría a Pam y se dedicaría a Mary Meyer.»

Deirdre Henderson, otra joven y atractiva mujer que trabajaba en el equipo de la campaña presidencial de Kennedy, no pudo decidir si debía sentirse insultada o aliviada por el hecho de que su jefe no le hubiera presentado proposición alguna. «Comencé a trabajar para él en 1958 —señaló—. Primero fui entrevistada por Ted Sorensen y luego por Kennedy. Más adelante, Kennedy me mandó que entrase en otra habitación y mecanografiara una lista de los que consideraba los diez temas más importantes en política exterior en esos momentos. Según parece, mi lista fue aprobada por él, porque me preguntó si quería que fuese su redactora de discursos.

Yo no creía saber lo suficiente para eso. "¿Por qué no me deja que realice investigaciones para Ud.?" sugerí. Por último se le ocurrió la idea de enviarme a Boston para que hiciese de enlace con la comunidad intelectual.

»Me mudé a un apartamento de Cambridge y organicé un cóctel para que Kennedy se reuniese con algunas de las personas de Harvard y del Instituto Tecnológico de Massachusetts, que más tarde se incorporarían a su administración, muchas de las cuales ocupaban puestos claves. Fue tal vez el cóctel más importante de la campaña, porque allí a Walt Rostow se le ocurrió el término "la Nueva Frontera" y comenzó a insistir en él ante Kennedy. A la larga se convirtió en su caballito de batalla. Puedo decir con sinceridad que en mi presencia Kennedy siempre se comportó como un perfecto caballero. Jamás intentó nada conmigo. Pero durante la campaña hizo algo que en cierta medida me asombró. Se enteró que uno de sus principales ayudantes, un hombre casado, tenía relaciones con una joven del equipo. Quién sabe por qué, eso le molestó. Telefoneó al ayudante y se dedicó a censurarlo. Si se tiene en cuenta la historia y la reputación personales de Kennedy, me pareció muy extravagante el método que utilizó para manejar la situación.»

Una de las amistades menos públicas de Kennedy parece haber sido la que mantuvo con lady Jean Campbell, la hija del duque de Argyll y nieta del poderoso magnate de la prensa británica lord Beaverbrook. Russell D. Hemenway, administrador de campaña de Adlai Stevenson, se consideraba un colaborador cercano a Jean y la vio con frecuencia entre mediados y finales de la década de los cincuenta, en compañía de Kennedy. «Era una morena voluptuosa, de poco más de veinte años, independiente, brillante, y en general una joven nada complicada. Se convirtió en la compañera de Henry Luce, lo abandonó para convertirse en la tercera esposa de Norman Mailer y de alguna manera consiguió introducir entre uno y otro a JKF. Nunca conocí del todo la magnitud de las relaciones. Los veía juntos en cenas de Nueva York, y en lugares como el Stork Club, y ambos parecían muy cómodos el uno con el otro.»

Menos intensa pero más prolongada fue la relación de Jack con Joan Lundberg, una divorciada de California, con dos hijos, a quien él conoció en Santa Mónica, a finales de 1956, y con quien continuó saliendo, de forma esporádica, durante 1959. Según Joan, ella y algunos amigos se encontraban en un bar de Santa Mónica llamado el Sip'n'Surf, y allí estaban los Lawford sentados con John Kennedy. Decidida a no perderse la oportunidad de conocerlo, se deslizó hasta el tocadiscos automático que se encontraba cerca de la mesa de él, e inició una conversación con la evidente excusa de que se interesase por el disco que estaba a punto de poner.

Kennedy salió primero, y poco después de su partida ella recibió una llamada telefónica de él, en el bar. La invitaba a una fiesta en casa de los Lawford. Cuando llegó a la fiesta, ella descubrió que él había invitado también a otras mujeres, pero, para su placer, eligió pasar la noche con ella.

Ella comentó más tarde que le atraía debido a su gran semejanza con su hermana Pat, semejanza que los ayudó a viajar juntos, ya que a menudo se los confundía con una pareja de hermanos. Pasaba el tiempo con él, tanto en casa de los Lawford como en el recorrido de la campaña. Como mantenía a sus dos hijos pequeños, Kennedy le pagaba los gastos de viaje. Joan afirmó que las relaciones de ambos terminaron cuando los amigos de los dos comenzaron a formular preguntas, y más tarde fue excluida de la residencia de los Lawford.

Durante la campaña presidencial, la mayor parte de la compañía femenina de JFK procedía del grupo pasajero conocido en su equipo como «las chicas Kennedy», las modelos, anfitrionas y directoras de los vítores universitarios reclutadas en todas las ciudades, distritos y estados por los hombres de la avanzadilla del candidato, para que agregasen fervor y entusiasmo a la carrera. Janet DesRosiers, la azafata del *Caroline*, consideraba que si Jackie hubiese trabajado más en la campaña de Jack, la oportunidad y necesidad de tales jugueteos se habría reducido en gran medida.

«Lo malo es que a Jackie no le agradaba la campaña —dijo DesRosiers—. El ritmo le parecía demasiado afiebrado y no le gustaba codearse con la gente de pueblo. Cuando participaba en la campaña se mantenía distante, silenciosa, sola. Era muy reservada. Creo que Jack habría podido tratar de alentarla un poco más. Representaba una parte importante de la máquina productora de la imagen Kennedy, y debe de haberle resultado desconcertante que ella no lo acompañase con más frecuencia o no mostrase más entusiasmo o empuje cuando lo hacía.

»Una de mis funciones como azafata, que no habría podido agradar demasiado a Jackie, eran los masajes de cuello y hombros que le hacía todos los días a JFK. Si se practica un masaje a alguien, la gente supone, en el acto, que algo está pasando. Pero alguien tenía que hacerlo. Él trabajaba hasta quedar lleno de nudos, trajinaba a lo largo de horarios interminables, se levantaba a las cuatro de la mañana para estrechar manos en algún remoto aeródromo, con un tiempo helado. El hombre pronunciaba hasta treinta discursos por día, siete días a la semana, tres semanas seguidas.

»Tenía problemas con la voz y la espalda. Los masajes ayudaban en este segundo aspecto. David Blair McCloskey, profesor de la Universidad de Boston, era su terapeuta de la voz y su adiestrador en ese terreno. McCloskey le ordenaba ejercicios para fortalecer las cuerdas vocales, y me pidió que lo mantuviese callado cuando viajara en avión. Yo le di una libreta y él se comunicaba por escrito.»

Conservadas para la posteridad por Janet DesRosiers, varias de las anotaciones de JFK en dichos viajes proporcionan visiones íntimas de su fijación respecto de la satisfacción sexual. Al expresarse respecto de la posibilidad de derrotar al entonces vicepresidente Richard Nixon en la elección nacional, escribió: «Supongo que si gano, mis días de *poon* habrán terminado», *«poon»* es una expresión familiar en la Armada con relación a la actividad sexual. Otro día garabateó: «Supongo que se dedicarán a golpearme con algo antes que hayamos terminado»... Aparente referencia a su sospecha de que el campo de Nixon trataría de explotar sus relaciones extramaritales. En la parte posterior de un sobre comercial, escribió con frialdad: «Me metí dentro de la rubia.» También expresó sus planes en caso de que no lograse la nominación demócrata: «Si pierdo... la vuelta al mundo en 180 días». Es evidente que pensaba en una versión ampliada de la bacanal del Mediterráneo que había seguido a su derrota, en 1956, en la Convención Nacional Demócrata de Chicago.

No importa cuán apretada fuese la agenda de JFK, siempre dedicaba tiempo a Frank Sinatra. El 7 de febrero de 1960, cuando volaba de Texas a Oregon, Kennedy decidió desviarse un poco, hacia el lado de Las Vegas, donde Sinatra actuaba en esos momentos en el hotel Sands.

Blair Clark, que entonces trabajaba para la CBS-Radio como moderador de su propio noticiero emitido todas las noches, se encontraba a bordo del *Caroline* en ese vuelo: «Había sólo cinco o seis personas de noticieros en el avión: un par de hombres de los servicios cablegráficos, alguien del *New York Times,* Mary McGrory y yo. Todos nosotros pensamos: ¿Cuán importante puede ser encontrarse con Sinatra en el Sands?

»Cuando llegamos al hotel, Mary y yo fuimos invitados a las habitaciones de Sinatra para beber unos tragos mientras el cantante terminaba de vestirse para su espectáculo. Tenía consigo a toda su pandilla: Dean Martin, Sammy Davis Jr., Joey Bishop, Peter Lawford. Acababan de terminar la filmación de *Ocean's 11,* y Lawford describió con todo detalle el argumento.

»Al cabo de un rato bajamos al Sands Lounge. Nos sentamos a la mesa de Sinatra y la gente iba y venía sin cesar, se ponía de pie de un salto y se sentaba. De pie alrededor de nosotros estaban todas esas preciosidades y muchachas del mundo del espectáculo. Y además había una mujer, muy atractiva, de ojos azules y cabello negro como el azabache, cuyo nombre era Judith Campbell (Exner). En ese momento el nombre no me dijo nada, años más tarde las piezas comenzaron a ubicarse en sus respectivos lugares.»

Exner, de 26 años y divorciada, era una actriz fracasada de Hollywood, pero siempre estaba en las fiestas de la Costa Oeste. Ella y Sinatra habían tenido unas relaciones tempestuosas, y fue Frank quien la puso entre los brazos de Kennedy. Aunque JFK la invitó a cenar y a beber vino al día siguiente, en el patio de las habitaciones del hotel de Sinatra, las relaciones sexuales de ambos no comenzaron hasta el 7 de marzo (en el día de la víspera de las elecciones primarias de New Hampshire), cuando se citaron en el Hotel Plaza de Nueva York.

A lo largo de sus relaciones, que duraron hasta mediados de 1962, hubo muchos encuentros; en Las Vegas, Los Angeles, Chicago, Miami Beach, Palm Beach, Palm Springs, Washington y Nueva York. Se encontraban en hoteles, moteles, en casa de Jack en Georgetown (mientras Jackie tomaba vacaciones en Florida), y, en ciertas ocasiones, en la Casa Blanca. En apariencia, Kennedy abrumó a Exner con regalos, entre ellos un gran broche de diamantes y rubíes, y un cheque de 2.000 dólares, para cubrir el costo de un nuevo abrigo de visón diamante negro que ella se había comprado. Además, mantenían constante contacto telefónico. Los libros de la Casa Blanca revelaban incontables llamadas entre ambos, durante los primeros dieciocho meses de Kennedy en su cargo.

El aspecto más curioso de la relación fue la posterior revelación de las vinculaciones de Exner con la Mafia, en especial con figuras tales como el jefe de los bajos fondos de Chicago, Sam Giancana, y su teniente en California, John Roselli, ambos reclutados más tarde por la CIA, junto con el jefe de la Mafia de Florida, Santo Trafficante, en un malhadado intento de asesinar al dictador cubano Fidel Castro, y al mismo tiempo comprometer al presidente Kennedy.

En un intento por capitalizar sus relaciones con JFK, Exner escribió un libro en 1977, *My Story*, en el cual recorre el camino de su amistad con Kennedy y Giancana (a quien Frank Sinatra también se la presentó), y admite que Giancana se convirtió en su principal benefactor, le proporcionó alojamiento y le hizo valiosos regalos, pero a la vez se preguntaba si de alguna manera no estaría utilizándola porque «¿acaso no era yo la chica del presidente?»

La versión siguiente de Exner apareció el 29 de febrero de 1988, cuando la revista *People* publicó un artículo, «El lado oscuro de Camelot», por Kitty Kelley, en esencia una amplia entrevista con Exner, en la cual la ex chica de fiestas «que ahora agonizaba de cáncer» admite, no sólo haber mentido en su libro, sino también ante la Comisión Selecta del Senado de Estados Unidos, en 1975, que investigaba la fracasada travesura de asesinato a Castro. La última narración de Exner afirmaba que, además de «servir sexualmente» a JFK, había sido su correo personal, y entregaba con regularidad sobres de Kennedy a Giancana y Roselli, y con menor frecuencia llevaba otros a Kennedy. Es de suponer, según Exner, que esos sobres contenían comunicación secreta entre Kennedy y la Mafia, en la que solicitaba la intervención de ésta en las elecciones primarias de Virginia Oeste y, más tarde, como presuntos «asesinos a sueldo» en la trama anticastrista. Exner también declara a *People* (ella y Kelley se distribuyeron un pago de 100.000 dólares por el artículo) que había organizado diversas reuniones personales entre Kennedy y Giancana, a una de las cuales, por lo menos, asistió ella en persona.

A pesar de los numerosos errores e incoherencias en las diversas versiones de Exner, sigue en pie el hecho de que mientras salía con Kennedy, ella mantenía relaciones con la Mafia, y que Kennedy, a pesar de conocer dichas vinculaciones, siguió viéndola*. También sabemos, por documentos del FBI e interceptaciones telefónicas, que JFK tenía contacto directo con las figuras de la Banda Meyer Lansky y Joe Fischetti, y es muy probable que se beneficiase políticamente del dinero y los pistoleros de la Mafia en Texas, Illinois y Virginia Oeste**.

«A Judith Exner le agradaba halagarse a sí misma —afirmaba Peter Lawford—. Comenzó a creer que significaba algo para Jack. Pensó que le agradaba. Pero Jack no era de los que confunden el sexo con amor, ni siquiera cuando se trataba de alguien tan deslumbrante y famoso como Marilyn Monroe.»

Jack y Marilyn se encontraron por primera vez en casa de Peter y Pat Lawford, en 1957, pero se vieron en muy escasas ocasiones hasta 1959, cuando JFK decidió pasar varios días sin interrupciones, en Palm Springs, con Marilyn. Allí, comenzaron sus relaciones.

Peter Lawford tenía consciencia desde el comienzo de los peligros, así como de los beneficios potenciales que podían acarrear sus relaciones. Como los productos a menudo se venden porque son respaldados por las estrellas, la intimidad de Marilyn podía ser un beneficio para la campaña

---

* Un análisis de algunos de estos errores e incoherencias aparece en el apéndice de referencias (capítulo 15) del final de este libro.

** Los documentos del FBI indican que Sam Giancana, ansioso por eliminar una operación federal dirigida contra el sindicato del crimen de Giancana en Chicago, trató de obtener el favor de JFK, para lo cual despachó al operador de casinos ilegales de Atlantic City, Paul «Skinny» D'Amato a Virginia Oeste, con instrucciones para distribuir dinero de sobornos a sheriffs locales y otros funcionarios. Pero los mismos documentos establecen con claridad que la influencia de D'Amato era, en el mejor de los casos, muy reducida. El factor más importante de las elecciones primarias de Virginia Oeste fue tal vez la presencia, en el campo de JFK, de Franklin D. Roosevelt, hijo. Había sido idea de Joe Kennedy reclutar al hijo del presidente difunto, cuyo apellido era reverenciado a lo largo de todo el Estado. El presidente Roosevelt fue el que concedió a los mineros el derecho a organizarse y ganar un salario decente.

de Kennedy. A la inversa, la amistad de él podía afectar la dicha futura de ella. Por supuesto, la otra posibilidad era el peligro de la divulgación. Nadie elegiría como presidente a un hombre de quien se sabía que engañaba a su esposa y humillaba a su familia. Reinaba la preocupación entre los ayudantes de JFK, en especial cuando se enteraron de que Marilyn Monroe pensaba estar con él durante la Convención Nacional Demócrata de 1960, en Los Angeles, mientras Jackie se quedaba en Hyannis Port.

Aparte de la elección de Lyndon Baines Johnson como su compañero de fórmula, la victoria de John F. Kennedy en la primera ronda de votación en Los Angeles, el 13 de julio de 1960, ofreció muy pocas sorpresas. Bobby Kennedy había llegado a la ciudad con una semana de anticipación y establecido un puesto de mando en un apartamento de cuatro habitaciones en el hotel Biltmore. Joe y Rose Kennedy se alojaron en la mansión de Marion Davies en Beverly Hills. Joe había hecho instalar una batería de teléfonos junto a la piscina, y hacía todo lo posible para mantenerse fuera de la vista, mientras permitía que Rose lo representara en la Convención (los oponentes de JFK decían que: «Jack y Bobby dirigen el espectáculo, en tanto que Ted se ocupa de ocultar a Joe»). Jack Kennedy reservó sus propias habitaciones en el Biltmore, pero también realquiló al actor Jack Haley el apartamento del último piso del 522 de Boulevard Rossmore Norte, así como un segundo apartamento en la misma dirección, apenas a diez minutos en coche desde la sede de la Convención, la Memorial Sports Arena de Los Angeles.

Como era de esperar, Jackie permaneció en Hyannis Port, y se conformó con seguir las actividades en un pequeño aparato de televisión alquilado, satisfecha de ahorrarse la presión y el caos que había supuesto la Convención Demócrata en Chicago, cuatro años antes. También hablaba todos los días con su hermana Lee, que asistía a la Convención con el príncipe Stanislas «Stas» Radziwill, el bigotudo y rechoncho noble polaco con quien se había casado en marzo de 1959. Stas, veinte años mayor que Lee, había emigrado a Inglaterra en 1946 e ingresado en el ramo de construcciones y bienes raíces. Como otros miembros de la familia, había sido reclutado para la campaña de JFK, y ofrecía discursos en Boston, Newport, Los Angeles, San Francisco y Milwaukee. Durante la Convención, los Radziwill ocuparon una suite en el Beverly Hilton.

Joe Cerrell, presidente del Partido Demócrata de California, observó que Frank Sinatra desarrollaba una «gran actividad entre bambalinas»: organizó una cena para la recolección de fondos de 100 dólares el cubierto, en el Beverly Hilton, a la cual concurrieron cerca de 3.000 partidarios de JFK, entre ellos las estrellas de Hollywood Janet Leigh, Tony Curtis, Angie Dickinson, Milton Berle, George Jessel, Rhonda Fleming, Judy Garland, y toda la Manga de Ratas. Jack se sentó al lado de Judy Garland, en la mesa principal, en tanto que Sinatra se sentaba en el extremo de la misma mesa, con otros candidatos demócratas: Adlai Stevenson, Stuart Symington y Lyndon Johnson.

Sinatra y sus Ratas se hicieron notar durante la Convención, inaugurándola el 11 de julio con una versión jazzística del himno nacional, y merodeando por el salón en un esfuerzo por influir sobre los delegados indecisos. Peter Lawford y él se turnaban en el servicio de bebidas, en un cóctel organizado por John Kennedy en la mansión de los Davies. Convenció al comediante Mort Sahl para que pronunciase uno de sus monólogos satíricos antes del discurso de aceptación de JFK.

«En Los Angeles, durante esa semana llena de acontecimientos, reinaba un ambiente de euforia —dijo Peter Lawford—. La administración Eisenhower había sido como un enorme tranquilizador nacional. Los demócratas tenían por fin un candidato que podía inyectar cierta emoción e idealismo, una vez más, en el torrente sanguíneo norteamericano.»

Las acusaciones de que John F. Kennedy era demasiado joven, demasiado católico («Es un católico tan *pobre*», declaró Jackie al columnista Arthur Krock), demasiado rico y demasiado enfermizo, siguieron escuchándose mucho después de su nominación. Cuando Lyndon Johnson gruñó que «no se dejaría zarandear por un chico de cuarenta y tres años», se refería a JFK. Eisenhower lo llamaba «ese joven». La doctora Janet Travell recordaba el intento de robo del historial clínico de Jack de su consultorio de Nueva York, y la posterior revelación, del equipo de Johnson, de que a pesar de su edad, JFK tenía una enfermedad misteriosa (la enfermedad de Addison), que podía impedir que completase siquiera una sola legislatura en el cargo.

Betty Carson Hickman, integrante del personal de Lyndon Johnson en el Senado, señaló que «todos los delegados [a la Convención] del grupo de Kennedy recibieron algún tipo de agasajo, incluidas bebidas y mujeres en sus habitaciones. Se entendía que la campaña de Jack la pagaba Joseph Kennedy: creo que ésa era la sensación general de todos. Resultaba lamentable que así fuera.»

El único tema no mencionable entre los miembros de la prensa y los adversarios políticos de Kennedy eran sus mariposeos. Según explicaba Betty Carson Hickman: «Había una especie de acuerdo entre caballeros, en Washington, en el sentido de que tú no hablas de mi vida privada y yo no hablo de la tuya... Me alegro de que ahora salga a la luz. No por las personas que ya se han ido —lamento que eso se divulgue a causa de sus hijos—, sino que pienso que ahora nuestros políticos se dan cuenta de que tienen que vivir una vida más limpia y defender los principios morales un poco mejor, cosa que creo necesaria.»

En su libro sobre las relaciones de ambos, Judith Exner escribe acerca de un encuentro con él en una suite del Beverly Hilton, en la noche de inicio de la Convención, en la cual trató de convencerla de que participase en un *ménage à trois*, y le presentó a una mujer «alta, delgada, con características de secretaria, cercana a los treinta años, cabello castaño y facciones más bien afiladas». Cuando Exner se resistió, Kennedy le dijo: «Te conozco; sé que te gustará.»*

Según parece, Frank Sinatra trató de introducirla en la misma actividad sexual. Ella había rehusado antes, y volvió a hacerlo esta vez.

El tiempo libre que Kennedy lograba tener durante el resto de la Convención, lo pasaba ante todo con Marilyn Monroe, cuyo matrimonio con el dramaturgo Arthur Miller estaba a punto de disolverse. También había participado poco antes en unas relaciones de gran renombre con Yves Montand, su pareja en la película, tan adecuadamente titulada *Let's Make Love* (Hagamos el amor, 1960), que la desilusionó muchísimo al terminar las relaciones. Él no quería dejar a su esposa, Simone Signoret. Marilyn había abrigado la esperanza de que fuese algo más que una relación pasajera. Entonces comenzó a fijarse en John Kennedy.

En la segunda noche de la Convención, Marilyn acompañó a Kennedy a cenar a Puccini, restaurante local de propiedad de Frank Sinatra y un puñado de socios anónimos. Los acompañaban Peter Lawford y Ken O'Donnell.

«De entre todas sus "otras" mujeres, Marilyn era, tal vez, la mejor para él —opina Lawford—. Lo pasaban muy bien juntos. Ambos poseían carisma, y los dos tenían un gran sentido del humor. Marilyn manifestó esa noche que la conducta de Jack era "muy democrática" y "muy penetrante". También se le ocurrió la magnífica frase: "Creo que eso le ha hecho sentirse mejor de la espalda."

»A Jack le agradaba palmearla y apretujarla. La tocaba aquí y allá, debajo de la mesa, cuando de pronto sus facciones se cubrieron con esa expresión tan de él, de asombro. Marilyn dijo más tarde que había introducido la mano por debajo del vestido de ella y había descubierto que no usaba ropa interior.»

Marilyn formaba parte de la multitud de 100.000 personas que llenó el Coliseo de Los Angeles el 15 de julio, para escuchar a Kennedy en su entusiasta discurso de aceptación. Esa noche asistió a una fiesta en casa de los Lawford, donde todos se arrojaron a la piscina desnudos, y un día más tarde se presentó en la reunión de la victoria que Joe Kennedy ofreció para su hijo en Romanoff.

«Hubo mucha mezcla de emociones en el restaurante de Romanoff

---

* Judith Exner, con Ovid Demaris: *My Story,* págs. 164-165.

—reflexionaba George Smathers—. Algunos miembros del equipo de Kennedy se sintieron traicionados porque JFK había elegido a Lyndon B. Johnson como su compañero de fórmula. Sin Johnson, Jack nunca habría ganado la elección, pero la gente de Kennedy era implacable en sus críticas contra LBJ.

»Buena parte de ello estaba relacionado con el sencillo hecho de que provenía de Texas, una región que evoca imágenes de cowboys, sombreros altos, rodeos, asados al aire libre, perros, machismo y El Alamo. Desde ese punto de vista, LBJ parecía el texano quintaesencial: corpulento, estrepitoso, enérgico, terco, impulsivo, vulgar y combativo. Ni los integrantes de la familia Kennedy ni los seguidores de Jack reconocieron ninguno de sus puntos positivos. Poseía una notable energía, una mentalidad intensamente analítica, un raro talento para la comicidad y una tendencia populista que lo volvía ansioso por hacer que la vida mejorase para las masas del pueblo. Era gregario, amistoso, cortante como un cuchillo y tal vez el mejor legislador que haya tenido este país.»

Después de pasar un día más en Los Angeles para estar con Marilyn Monroe, Jack Kennedy voló a Boston el 17 de julio, saludó a unos 13.000 partidarios en el Aeropuerto Logan, cambió de avión y voló a Cape Cod.

En previsión a su llegada, Jackie había completado su dibujo de JFK vestido como George Washington, viajando a Hyannis Port a bordo del *Victoria*, y saludado en el muelle por perros, gatos, niños, abuelas, una banda de música (encabezada por un estandarte que decía «BIENVENIDO, SEÑOR JACK») las inevitables hordas, así como Caroline y Jackie.

Ese día temprano, dos peluqueras habían ido a su hogar para peinarle el cabello al «estilo alto y esponjoso que le agrada», antes de la llegada del avión de su esposo al aeropuerto municipal Barnstable, en Hyannis, esa noche. Luego realizó una conferencia de prensa de cuarenta y cinco minutos, en el porche delantero de la casa de Joe Kennedy, contestando a las preguntas de un amplio coro excitado de corresponsales internacionales de periódicos, radio y televisión. La entrevista continuó durante otros noventa minutos, cuando de pronto un grupo más reducido siguió a Jackie al interior de su propia casa, formulando preguntas a gritos, mientras caminaban.

A mitad de la tarde, Jackie descansaba en su dormitorio. Dos días antes, JFK había quedado con su vecino de Hyannis Port, Larry Newman, para que la llevase al aeropuerto. Algún otro del equipo de los Kennedy había pedido a Frank Morrissey, un antiguo amigo de los Kennedy, que hiciese lo mismo. Morrissey viajó desde Boston y llegó poco después de las seis de la tarde. Encontró a Newman.

—No se preocupe por Jackie —dijo Morrissey—. Yo me ocuparé de ella.

—Buena suerte —respondió Newman.

Morrissey entró en la casa y le dijeron que fuese al dormitorio de Jackie, en el primer piso. Subió y comenzó a hablarle. Por un momento, y con una voz muy alta, cosa poco común, se la pudo escuchar en toda la casa.

—¡Salga! ¡Fuera! ¡No quiero tener nada que ver con usted!

Al regresar al coche, Morrissey se cruzó con Newman.

—Parece haber cambiado de idea —dijo Morrissey—. Dice que no quiere ir.

Newman subió a la habitación de Jackie y la encontró sentada en la cama. Lo había pensado mejor, dijo, y ya no tenía deseos de ir.

—No iré porque el avión de Jack aterrizará y yo seré recibida por alguna mujer del comité del Partido Demócrata, con un ramillete de mustias rosas rojas. Luego Jack se dirigirá al portón y yo me quedaré en mitad del aeropuerto, sola.

—Bien, Jackie, te diré lo que podemos hacer —dijo Newman—. Cuando llegues al aeropuerto, no estarás sola, porque yo permaneceré allí hasta que ladre el último perro.

—Oh, está bien, iré —cedió Jackie, resignada a su suerte.

Acompañada por su hermanastra de quince años, Janet Auchincloss, Jackie y Newman viajaron al aeropuerto y llegaron a tiempo para recibir el avión. Cuando éste aterrizó, ella subió en el acto, reapareció con su esposo detrás de ella, en la puerta abierta del avión, mientras la multitud que se apretujaba contra una alambrada y las barricadas policiales emitía un rugido.

«¡Bésalo, Jackie!», gritaron varios fotógrafos al unísono.

Kennedy se desprendió y fue a la cerca para estrechar manos. Una mujer del comité del Partido Demócrata se presentó y entregó a Jackie un ramillete de rosas rojas, antes de desaparecer en medio del gentío. Jackie lanzó una mirada significativa a Newman. Los dos se encontraban en el centro de la pista, viendo cómo Jack hacía su trabajo electoral a lo largo de la cerca.

—¿Qué te he dicho? —preguntó Jackie.

—¿Y qué te he contestado yo? —dijo Newman.

—Vamos —pidió ella—. Volvamos a casa.

Habían llegado hasta Jackie noticias sobre Jack y Marilyn Monroe. Caviló acerca de las últimas relaciones de su esposo y presuntamente manifestó a su amigo Walter Sohier, integrante de la alta sociedad de Georgetown, que no estaba segura de si la reciente nominación de Jack «era señal de un comienzo o de un final».

Visitó a Truman Capote en Nueva York.

«Gracias a Dios que estoy embarazada —le dijo—. No participaré en todas esas horribles cenas de pollo.»

«No tenía deseos de reanudar la campaña —confirmó Capote—. Sentía que ya había hecho su parte. Había ayudado a Kennedy en la nominación demócrata. Lyndon Johnson y éste tendrían que derrotar a los nominados del Partido Republicano Richard Milhous Nixon y Henry Cabot Lodge, hijo, por su propia cuenta.»

Lem Billings visitó a los Kennedy en Hyannis Port donde intervino en una discusión entre Jack y Jackie sobre el futuro papel de ésta en la carrera. «Jack le dijo que Pat Nixon estaría detrás de su esposo, y que si ella no hacía lo mismo no podría ganar. Lo único que debía hacer era sonreír y hablar acerca de Caroline.»

Billings se fue y llegó Norman Mailer, decidido a entrevistar a JFK para un artículo que se iba a publicar en breve en *Esquire,* titulado «Superman llega al Supermercado», que después reapareció en su libro, *Presidential Papers.* Mailer, inadecuadamente vestido con un traje negro formal («sudando la gota gorda»), se encontró en la sala amarilla y blanca de Jackie con un grupo integrado por Arthur Schlesinger y su esposa; Stas Radziwill; el escritor Peter Maas, del *Saturday Evening Post;* el fotógrafo de la campaña, Jacques Lowe; y el secretario de prensa de JFK, Pierre Salinger. Jackie le ofreció helado, con una hoja de menta, y mantuvo un diálogo privado con el autor. Mailer advirtió que Jackie controlaba su exasperación por tener que atender a este pequeño grupo de invasores. La encontró distante, indiferente, irritada y abstraída. Cuando apareció el artículo, Jackie le escribió una carta, algo así como un «gracias por sus buenas palabras»; y él le respondió con: «Gracias por su agradecimiento.»

Hacer de anfitriona y escribir cartas parecía ser la medida en la cual Jackie deseaba participar, a estas alturas de la lotería presidencial. Escribió a Arthur Krock para decirle que ni siquiera había leído el programa demócrata, ni tenía intención de hacerlo. Ofreció un exitoso almuerzo para unos sesenta directores y periodistas de Washington, y dirigió un liviano almuerzo dominical para representantes de varios grupos de derechos civiles.

Después de la convención republicana, Lyndon y lady Bird Johnson llegaron a Hyannis Port para visitar a los Kennedy. Mientras los dos hombres conversaban con varios de los asesores de JFK, Jackie y lady Bird dieron una vuelta por la casa. Después Jackie dijo:

—Me siento tan absolutamente incompetente, tan desconcertada... Justo ahora, en los momentos en que Jack más me necesita, estoy embarazada y no sé hacer nada.

—Bien, ¿sabes una cosa? —respondió lady Bird—. Tienes una casa encantadora, con tu toque en todos los rincones. En tu lugar, yo buscaría uno o dos periodistas y los haría venir y hablar sobre tu casa. Puedes hacer eso.

Acompañados por Betty Carson Hickman, los Johnson volvieron a casa de los Kennedy al día siguiente. Según Hickman, «Jack Kennedy no había podido ser más amable. Se acercó a nosotros tres o cuatro veces. "Betty, ¿puedo traerte más café? ¿Qué puedo hacer?" Y fue amable con todos. Pero Jackie ni siquiera le dirigió la palabra a lady Bird.

»Casi no advirtió nuestra presencia en la habitación y... se fue a otra parte de la casa... se mostró muy por encima de todo. Para mí, eso no era ser una dama. Ese tipo de cosas me molestaba de veras, y me temía que los Johnson no fuesen tratados con el debido respeto.»

En último análisis, las dos personas más responsables por el resurgimiento de Jackie en la carrera fueron Joe Alsop, el columnista, y Joan Braden, la esposa de Tom Braden, el director del periódico liberal de California. Alsop visitó a Jackie en Hyannis Port ese verano y la encontró en un estado de gran agitación, preocupada, no sólo por su embarazo, sino además por el persistente ataque de la publicidad y la implacable embestida de los medios contra su intimidad, protegida con tanto celo. Expresó reservas en cuanto a llegar a ser la Primera Dama, se quejó de que no tenía nada en común con lady Bird, denostó a la prensa por revelar que había comprado su ajuar de maternidad en Bloomingdale y pagado 34,95 dólares por un nuevo vestido de seda, para el té, en las estanterías de Lord y Taylor.

Jackie le dijo a Alsop que la anonadaban algunas de las preguntas personales que formulaban los miembros de la prensa, y que le disgustaban los fotógrafos que perseguían «a la pobre pequeña Caroline con sus lámparas de magnesio, en su deseo de convertirla en una espantosa y pequeña Shirley Temple». Del mismo modo, se sentía harta de las hermanas Kennedy: «Adoran a Jack y harían cualquier cosa por que sus nombres aparecieran en letras de molde.»

Alsop hizo entender a Jackie que cuando trataba de eludir la publicidad lo único que lograba era llamar más la atención hacia sí, y que no pasaría inadvertida, llegase o no a ser la Primera Dama. Aunque fuese la simple señora Kennedy de Nueva York, Londres y la Riviera, la gente sabría dónde compraba su ropa, dijo él. ¿Pero qué tenía eso que ver con su personalidad?

Ser candidato a presidente, según Alsop, era el único juego que valía la pena. Dijo a Jackie que ella no mostraba respeto por el poder, tal vez porque le había llegado tan de repente sin que tuviese que esforzarse para conseguirlo: el poder por matrimonio. Pero si todo salía bien, aceptaría de buena gana el poder, y era de esperar que lo utilizara para las cosas que más le importaban.

Joan Braden, presentada a los Kennedy por Joe Alsop, representó un papel más directo y práctico en el redespertar de Jackie: «Sugerí seis cosas que Jackie podía hacer para ayudar en la carrera. Jack y Bobby dijeron que sí a todas ellas, pero no sabían cómo convencer a Jackie. Yo sólo logré convencerla porque las dos estábamos embarazadas. La única diferencia consistía en que yo no perdía a los bebés y ella sí, de modo que resultaba esencial que no fuese más allá de los límites de su capacidad de resistencia. Yo estaba habituada a trabajar embarazada. Mi esposo y yo éramos los protagonistas de la serie televisiva *Eight is Enough* (Con ocho basta). Gracias a ello, no sólo pude detallar las obligaciones de Jackie durante la segunda fase de la campaña, sino que la ayudé a llevarlas a cabo.

»Si teníamos ofrecimientos para la televisión nacional, por ejemplo, era yo, muchas veces, quien tomaba las decisiones: si haría ella tal o cual espectáculo; si se presentaría aquí o allá. Luego la acompañaba al estudio de televisión, o si lo hacía desde su casa, me quedaba allí con ella. Cuando Jackie no quería hablar con la prensa, cosa que se negó a hacer en repetidas ocasiones, los periodistas acudían a mí. Había ejercido el periodismo y dejado de ejercerlo, y escrito artículos periodísticos; y mi esposo, por supuesto, pertenecía a esa profesión. Yo vivía en ese mundo, y muchos amigos nuestros trabajaban en la radio y la televisión. Jackie no poseía esa experiencia, aunque había sido una fotógrafa investigadora. Pero eso no es lo mismo que el periodismo. Si alguien como el columnista Joe Kraft quería formular una pregunta a Jackie, era muy frecuente que me llamase para hacérmela.

»Durante la campaña, Jackie me dijo en varias ocasiones que temía perder al bebé. Había volado a Delaware y Maine con tiempo muy inclemente para trabajar en la campaña con Jack. No pensé que fuese muy importante si dejaba de ir a algunos Estados. Los ayudantes de Jack consideraban que Nueva York era fundamental, y querían que ella hiciese el viaje. Tuvo que soportar fuertes presiones. Yo le dije que no fuese. Su ginecólogo, el doctor John Walsh, le aconsejó también que no lo hiciera, pero Jackie dijo: "Si yo no voy y Jack pierde, jamás me lo perdonaré."

»Fue. Habló en español en el Harlem español, en italiano en la Pequeña Italia, y en francés en un vecindario haitiano. JFK ganó en Nueva York. Yo los acompañé. Nos hospedamos en el Waldorf. Jackie no concurría a todas las actividades. Una tarde, para relajarse, ella y Bill Walton fueron a recorrer galerías en la Avenida Madison. Ése era el tipo de cosas que a ella le encantaba hacer. Todavía era lo bastante desconocida como para poder hacerlo sin crear una escena de multitudes agolpadas. Y, por supuesto, nadie conocía a Walton. Recuerdo que en un almuerzo de la campaña, en Nueva York, Jack y Jackie se encontraban sentados a cinco asientos de distancia uno del otro, y Jackie dijo: "Esto es lo más que he podido acercarme a almorzar con mi esposo en varios meses. No lo veo desde el Día del Trabajador."

»La parte más importante de la campaña para Jackie fue el desfile, bajo cintas de receptores de cotizaciones, a través del distrito financiero de Nueva York, donde, encaramada con Jack en la parte trasera de un coche descapotable, experimentó al mismo tiempo temor y júbilo, mientras una enorme multitud se empujaba y apretujaba y se interponía en su camino. El hecho de estar en Wall Street hizo que Jackie recordase a su padre. Más tarde comentó que éste se habría enorgullecido de ella.»

El apogeo de la campaña de John F. Kennedy se alcanzó gracias a sus cuatro «debates» de una hora, en la televisión nacional, con Richard Nixon, en septiembre y octubre de 1960. Si bien los debates han sido una tradición política en Estados Unidos desde los tiempos de Lincoln y Douglas, ésos eran los primeros debates en la historia que se trasmitían por televisión. En una carrera política tan reñida como ésa, el resultado de los debates casi determinaba al ganador de las elecciones.

El 26 de septiembre, Langdon Marvin, acompañó a Jack a Chicago para el primer debate. «El viaje me recordó una escena salida de la película *El Candidato*, con Robert Redford —dijo Marvin—. Esa película debe de haberse basado en parte en la campaña de Jack, en especial en cuanto respecta a la sexualidad.

»Hacía poco habíamos regresado de Nueva Orleáns, donde Jack se pasó veinte minutos haciendo el amor con Blaze Starr, una artista de *streap-tease,* en el vestidor de una suite de hotel, mientras el prometido de ella, el gobernador Earl Long, ofrecía una fiesta en la habitación contigua. En el vestidor, Jack encontró tiempo para contarle a Blaze la historia del presidente Warren G. Harding haciendo el amor con su amante Nan Britton, en un vestidor de la Casa Blanca.

»La noche anterior al debate, Jack me dijo: "¿Hay alguna chica lista para mañana?" De modo que tomé las medidas necesarias para que una chica lo esperase en una habitación de Palmer House. Lo llevé allí unos noventa minutos antes del momento de tomar el avión, subí en el ascensor con él, le presenté a la muchacha (que había sido pagada previamente por sus servicios), y luego monté guardia en el corredor, fuera de la habitación del hotel. Es evidente que Jack disfrutó, porque salió quince minutos más tarde, con una sonrisa de oreja a oreja.

»Durante el debate fue la imagen misma del aplomo y la buena salud. Mientras tanto, Nixon parecía un convicto fugado de la cárcel: pálido, sudado, con los ojos fuera de las órbitas. Jack se sintió tan encantado con los resultados, que insistió en que le tuviésemos lista a la chica antes de cada uno de los debates.»

Mary Tierney recordaba haber cubierto una serie de reuniones ante el televisor que provocaron debates en los que Jackie ejercía de anfitriona y a las que asistieron mujeres de la convención nacional y sus esposos, y el presidente del Estado y los co-presidentes de ciudadanos en favor de Kennedy-Johnson, así como amigos, parientes, y miembros de la prensa.

«Jackie se encontraba embarazada en aquel entonces, y todas tuvimos que sentarnos allí y observar sus reacciones frente al debate —dijo Tierney—. Se retorcía las manos con frecuencia. Mantuvo la actitud de una colegiala tonta, preguntaba: "¿Qué digo? ¿Qué hago?" Resultaba ridículo... Era tan tonta...

»Nosotros le preguntábamos: "¿Bien, qué piensas, Jackie?" Y ella respondía: "Bueno, sabes..." Adoptó el enfoque más estúpido e infantil de todo este asunto.»

Jackie también participó en una entrevista televisiva dirigida por el actor Henry Fonda en la cual, en apariencia, se comportó con un poco más de vivacidad. Dorothy Schiff, entonces dueña y directora del *New York Post*, dijo a Kennedy que le parecía que Jackie se había comportado bien en el espectáculo. Kennedy convino en que su esposa actuaba mejor en la televisión que en las entrevistas personales. Al relatar su encuentro con JFK, ante un biógrafo, Schiff señaló: «Se mostró absolutamente frío en sus observaciones respecto a ella, tuve la sensación de que Jackie le interesaba muy poco, salvo en la medida en que ello afectase a su campaña.»[*]

En una de las últimas entrevistas de Jackie antes de las elecciones, Betty Beale le preguntó si, en caso de llegar a ser la Primera Dama, tenía la intención de seguir metiéndose de un brinco en su coche y precipitarse a Middleburg, Virginia, para participar en una cacería con sabuesos en el Club de Caza de Orange County.

Jackie respondió, proclamando una vez más su independencia: «Eso es algo que no abandonaré.»

El 8 de noviembre, otra de las elecciones, Jack y Jacqueline fueron juntos a la sección de escrutinio de la Biblioteca del West End, en Boston. Jackie llevaba puesto un pequeño imperdible de oro, en forma de asno (el símbolo del Partido Demócrata), con un zafiro en el ojo y minúsculos diamantitos en las orejas. JFK le regaló un imperdible idéntico a lady Bird Johnson en agradecimiento por su ayuda en la campaña.

Frente a sendos Bloody Mary, Jackie informó más tarde a Arthur

---

[*] Jeffrey Potter: *Men, Money and Magic: The Story of Dorothy Schiff*, pág. 261.

Schlesinger que había emitido un solo voto... por Jack: «Es extraño poder votar por tu propio esposo como presidente de Estados Unidos, y no quería diluir la sensación votando por ningún otro.»

Debido a su embarazo, Jackie había votado en realidad por adelantado; acompañó a su esposo a los lugares de votación para complacer a la prensa. Pero a la inversa de lo que dijo a Schlesinger, también había votado por Eddie McLaughlin para vicegobernador. Tip O'Neill, un firme partidario de Kennedy, expresó su gran desilusión ante el hecho de que Jackie no lo respaldara para el Congreso: «Me sentí aplastado, y no pude entender por qué me había hecho eso.» Otros demócratas de quienes Jackie había hecho caso omiso también se sintieron desilusionados.

La dureza política de Jackie se extendió también a miembros de su propia familia. Por ejemplo, el matrimonio de su hermanastra Nina Auchincloss con Newton Steers, ayudante de campaña de Richard Nixon, cortó por un tiempo los lazos familiares. Steers recordaba una conversación entre Jackie y Nina sobre política: «Jackie seguía hablando con mi esposa de entonces, quien, tal vez por mí dijo a Jackie que tendría que apoyar a Nixon. "¿Quieres decir que votarás por Milhous?", preguntó Jackie. Pareció anonadada. Uno de los semanarios nacionales publicó más tarde un artículo acerca de la brecha abierta entre ellos, mencionándome como "un republicano en el círculo Kennedy". A JFK no le parecieron bien nuestras opiniones. Lo vimos la noche anterior al día en que llegó a la presidencia, y no volvimos a verlo hasta después de su funeral. Lo vimos en la televisión, pero nada más. Nunca fuimos invitados a la Casa Blanca. Me atrevo a decir que si no hubiese estado políticamente involucrado, mi esposa habría integrado algunos de los círculos Camelot de Kennedy, pero no fue así.»

Jackie describió el período entre el cierre de los centros de votación y el momento de la victoria como «la noche más larga de la historia». Ella y Jack, Ben y Toni Bradlee, y Bill Walton cenaron con discreción en la casa de Hyannis Port, y hablaron de arte en lugar de discutir sobre política. Después de la cena se acomodaron en la sala, para informarse de las cifras que llegaban poco a poco por la televisión. Jackie pasó parte de la noche estudiando un montón de fotos que les habían sacado, a ella y a Jack, durante la campaña, para usarlas si ganaban. Se les unió Ted Sorensen, mientras en casa de Bobby, al lado mismo, el resto de la familia y los ayudantes reunían informes telefónicos de activistas de todo el país, antes que fuesen registrados por los comentaristas de los noticieros televisivos.

A las 10.20 de la noche, cuando los primeros recuentos indicaron una ventaja importante para Kennedy, Jacqueline susurró:

—Oh, Bunny, ahora eres presidente.

—No... no... todavía es demasiado pronto para decirlo —respondió Jack.

A las 11.30, Nixon se ponía a la par y luego se adelantaba un tanto. Jackie fue a acostarse. Jack la siguió a las 3 de la mañana, con la elección todavía indecisa. Pero a las 5.45 de la mañana, el Servicio Secreto se puso en movimiento para establecer un sistema de seguridad y rodear la casa y los terrenos de Hyannis Port. Cuando despertó, a las 7 de la mañana, John Fitzgerald Kennedy era el presidente electo más joven de la historia, y su margen de victoria era tan reducido —menos de 115.000 de los casi 70 millones registrados—, que Robert Kennedy, de pie en su sofá, en calcetines, dijo a los reporteros que era ni más ni menos que «un milagro».

«Todos, incluido yo mismo y Janet Auchincloss, llamamos a JFK "Sr. Presidente" —dijo Hugdie Auchincloss—. Cuando fue elegido, pasamos, de la noche a la mañana, de Jack a Sr. Presidente.»

Pero hubo quienes se resistieron a utilizar el título formal, en especial quienes habían conocido al presidente electo desde su juventud. El farmacéutico Robert Green recordaba el período de transición en Palm Beach, durante esos jubilosos meses en que Jack elegía su Gabinete y se recuperaba de la campaña. «En verdad, nada había cambiado en él. Seguía siendo un tipo completamente natural. Todavía iba hasta Green para pedir una hamburguesa en la barra. Tomaba un par de revistas de deportes de la estantería y las hojeaba mientras comía, y luego las dejaba de nuevo en su lugar. Nunca llevaba dinero encima. Le dije que pagaría yo, y que ésa era mi contribución al arca de los recursos para la guerra.

»Jack siempre manifestó una gran astucia. Podía clavársela a cualquiera y hacer que les encantara. Fue siempre así, antes y después de ser elegido presidente. La única diferencia consistió en que después de la elección siempre se hallaba rodeado por esos gorilas del Servicio Secreto. Pero la gente de Green continuaba llamándolo Jack. Un día, cuando ya era presidente electo, entró para comer su hamburguesa. Los hombres del Servicio Secreto no pudieron dar crédito a lo que oían cuando lo llamábamos Jack. "Es el Señor Presidente", me dijo uno de ellos. "Tal vez para ustedes lo sea —respondí—, pero para mí es Jack".»

Marty Venker, ex agente del Servicio Secreto, señaló que antes de que Kennedy aprendiese a confiar en su pelotón del Servicio Secreto, se pasaba el tiempo «tratando de escabullirse de ellos. Le volvían la espalda y él saltaba a su descapotable y partía. Entonces ellos tenían que recorrer todo Palm Beach en su busca.

»En una ocasión hizo que su ayuda de cámara, un anciano negro llamado George Thomas, lo envolviese en una manta y lo depositara en el asiento trasero de su coche. El agente de servicio detuvo el coche en el portón de adelante. Kennedy se removió y el agente vio que la manta se movía. Extrajo su pistola, la aplicó a la sien de Thomas y dijo: "Si vuelves a hacer algo por el estilo, te volaré tu maldito cerebro".»

En otra ocasión, JFK logró eludir al Servicio Secreto. Los agentes llamaron al FBI y por fin recurrieron al jefe de policía de Palm Beach, Homer Large. Homer, un fiel amigo de la familia Kennedy, sabía con exactitud dónde encontrar a Jack. Se hallaba en la casa de al lado, en la piscina de Earl E. T. Smith. Él y Flo Smith estaban solos y, como dice Homer: «No se dedicaban precisamente al *crawl* australiano.»*

La inminente perspectiva de ingresar en la Casa Blanca no disminuyó la necesidad de JFK, de nuevas conquistas femeninas. Enredado con Flo Pritchett Smith, Judith Exner y Marilyn Monroe, agregó entonces a su ilustre lista a la estrella cinematográfica y televisiva Angie Dickinson. Angie nunca ha confirmado públicamente una relación con Kennedy, pero ha emitido observaciones de naturaleza sugestiva y coqueta.

«Es el único candidato presidencial que alguna vez me ha enardecido —dijo—. Por supuesto, se dijo, se publicó, que éramos amantes. Aunque lo niegue ahora, no se me creerá.»

En la *Revista PM* de televisión, declaró hace poco, acerca de JFK: «Era maravilloso. Es lo único que diré. Sería de mal gusto decir algo más.»

Una revista de amplia difusión llamada *Celebrity Sleuth* informa que Angie conserva todavía una foto del difunto presidente en su cómoda, con la siguiente inscripción: «Angie. A la única mujer que he amado.»

Abundan otras referencias. Betty Spalding, ex esposa de Chuck Spalding, hizo especulaciones acerca de que la relación con Dickinson habría podido ser seria, pero que «él iba a ser presidente, y está claro que no podía llevar consigo a Angie Dickinson a la Casa Blanca». La biógrafa de Jackie Kennedy, Frieda Kramer (*Jackie: An Intimate Biography,* 1979) formula una clara referencia a «una encantadora actriz rubia, que más tarde se convertiría en esposa de un célebre compositor, y que durante un tiempo provocó el interés de Jack.» (Angie Dickinson se casó más tarde con el compositor Burt Bacharach.) Judith Campbell Exner escribe acerca de un encuentro con la actriz, en el cual Angie exclamó: «¡Judy Campbell! John

* Según Earl Smith, «JFK quería designarme embajador en Suiza, pero Fidel Castro se opuso porque Estados Unidos y Cuba ya no mantenían relaciones diplomáticas, y Suiza representaba a Estados Unidos en Cuba. Como yo había sido embajador en Cuba bajo Eisenhower, Castro afirmó que mi designación en Suiza representaba un conflicto de intereses. Por lo tanto se retiró mi nombre, y mejor así, porque yo no coincidía con JFK en términos políticos.» Varios libros sobre los Kennedy han sugerido que JFK quería enviar a Earl Smith a Suiza para poder tener a Flo para sí, cosa muy improbable, ya que no cabe duda de que la esposa de Earl habría acompañado a su marido.

me ha hablado tanto de ti.» Exner entendió que se refería a John Kennedy.

Slim Aarons, un frecuente visitante de Palm Springs, recordaba que «Angie y JFK desaparecían durante dos o tres días en Palm Springs, durante el período anterior a la ocupación de su cargo por JFK. Se alojaban en una cabaña y no volvían a salir. Todos estaban enterados de eso».

Joe Cerrell «no sabía tanto acerca de la vida personal de JFK, pero tenía información respecto a sus vínculos con Angie Dickinson. Lo sabía todo, acerca de eso, en aquella época».

En un perfil de Angie Dickinson publicado en las páginas habitualmente almidonadas de *TV Guide,* la actriz confiesa que siempre consideró «atractivos a los hombres poderosos». Cita como ejemplo de ello a Frank Sinatra, y habla con franqueza de sus relaciones con John Kennedy: «Desde el momento en que lo conocí quedé atrapada, como todas las demás. Era el político más sexualmente atrayente que he conocido nunca. Era irresistible, un hombre abrumadoramente hermoso, encantador... uno de aquellos con quienes tu madre abriga la esperanza de que no te cases.»

Para Jackie, «la nueva era» comenzó con nuevas vacilaciones. Había oído a su esposo preguntar a un hombre del Servicio Secreto qué grado de seguridad consideraba posible para el presidente y su familia. «Bien, es evidente que hay muchas brechas —repuso el agente—. Si alguien quiere, puede hacerlo.»

Walter P. Reuther, presidente de los Trabajadores del Automóvil Unidos, y Jack Conway, futuro director delegado de la Oficina de Oportunidades Económicas, visitó ese otoño a los Kennedy en Hyannis Port. Era un día fresco, pero el sol calentaba, y los trabajadores, sentados en un banco, conversaban con Jacqueline. «Se sentía realmente obsesionada —dijo Conway más tarde— con la idea del cambio de su vida, el cambio en la vida de Kennedy, y de cómo hacer para protegerse del asesinato.» El propio Reuther, herido por pistoleros del hampa, trató de asegurarle que el Servicio Secreto usaba los métodos y estrategias más refinados que le permitía la ley, y que no tenía nada que temer.

Es probable que la obsesiva necesidad de Jackie de proteger su identidad fuese lo que la impulsó a comenzar a escribir una autobiografía a esas alturas. Al narrar su propia historia, abrigaba la esperanza de disuadir a otros de encarar el tema, a la vez que reforzaba muchos de los mitos que habían rodeado a la familia Bouvier, el mayor de los cuales consistía en afirmar que eran descendientes de un clan francés de clase alta, del mismo apellido.

Mary Van Rensselaer Thayer, amiga íntima de la familia, aprovechó la oportunidad de trabajar con Jackie en el proyecto, y *Ladies' Home Journal* se ofreció a pagar 150.000 dólares por los derechos de la primera serie norteamericana; la primera de cuatro partes se publicaría en el mismo mes en que Kennedy ocupase su cargo. Doubleday publicaría más tarde una versión en forma de libro*.

Mary Bass Gibson, entonces directora ejecutiva del *Journal,* recuerda haber visto «los primeros capítulos, y pensó que eran deliciosos. Describían la infancia de Jackie y su participación en exhibiciones de caballos; su poesía, su amor por la naturaleza, su amor a su padre, cosas todas muy atrayentes en Jackie Kennedy. Y por supuesto, terminarían con la elección de su esposo y su ejercicio de mando como presidente.

»No estaba destinada a ser un relato total. Pero no me di cuenta, hasta muy avanzado el proyecto, que era la propia Jackie quien escribía. Usaba papel rayado, amarillo, y no salía de la cama. Mary tomaba las páginas terminadas y las revisaba. El material entraba todos los meses, casi en las fechas de cierre. Sólo el nombre de Mary aparecía como el de la autora, pero la narración era de Jackie, y Jackie era quien escribía. Para bien o para mal, es probable que se trate de la única obra autobiográfica extensa que ella produzca nunca.»

Jackie continuó con el proyecto hasta el Día de Acción de Gracias, que celebró en su casa de Georgetown, con Jack y Caroline. Después de cenar, Kennedy se disponía a partir hacia el aeropuerto, donde su avión privado lo aguardaba para llevarlo, con sus ayudantes, a Palm Beach. Jackie, que esperaba a su bebé en un plazo de tres semanas, había pasado buena parte de la tarde discutiendo con su esposo. Los periodistas y fotógrafos apostados ante la puerta de la casa vieron que ésta se abría y Jack se iba.

El *Caroline* se encontraba a mitad de camino hacia Florida cuando el avión recibió un mensaje urgente, por radio: «La señora Kennedy ha sentido los primeros síntomas del parto y una ambulancia la ha llevado a toda prisa al hospital de la Universidad de Georgetown.»

En el aeropuerto de Palm Beach Oeste, Kennedy se enteró de que a su esposa le practicarían una cesárea de emergencia. En el acto subió al avión de prensa que había acompañado al *Caroline* y regresó a Washington. Todavía se hallaban en vuelo cuando recibieron la información de que Jackie había dado a luz un varón, John, hijo, muy pequeño, de 2,800 kgs., que se encontraba en la incubadora, pero disfrutaba de buena salud.

Al recuperar el conocimiento, Jackie desechó el dolor y la incomodi-

---

* La edición de Doubleday, una biografía titulada sencillamente *Jacqueline Bouvier Kennedy,* por Mary Van Rensselaer Thayer, se publicó en 1961.

dad, y pidió ver a su bebé. Mientras la llevaban en silla de ruedas al pabellón de maternidad, un fotógrafo de un periódico salió de golpe de un pequeño cuarto de ropa, en el corredor del hospital, y la apuntó con la cámara. Cuando Jackie lo vio lanzó un grito y aparecieron un par de agentes del Servicio Secreto, cayeron sobre el intruso, le confiscaron la cámara y velaron la película.

El episodio del fotógrafo llegó a la prensa, pero el domingo siguiente al día del nacimiento ocurrió un incidente que ha permanecido oculto hasta hoy. Thomas L. Souder, entonces teniente en el Séptimo Distrito del Departamento de Policía de Washington, se encontraba a cargo de la seguridad policial durante la estancia de Jackie en el hospital de la Universidad de Georgetown. Ese domingo, el teniente Souder era capitán de policía interino.

«Teníamos a varios policías dentro del hospital y en derredor de él —recuerda Souder—. Pero fue una enfermera quien vio primero a ese sujeto de unos veinte años, que se paseaba por un terreno herboso, debajo de la ventana de Jackie. La habitación de ella estaba en el quinto piso, y las ventanas se encontraban abiertas.

»La enfermera llamó a la policía y un patrullero lo interceptó. Llevaba un paquete que contenía cinco cartuchos de dinamita. Cuando llegué, el paquete estaba en el suelo y los policías habían arrestado al hombre.

»Llamé a los artificieros del Ejército y, cuando se llevaron la dinamita, me comuniqué con George Waldrodt, jefe interino de policía. ¿Qué querían que hiciera con el detenido? Waldrodt dijo que me llamaría. Me telefoneó unos minutos más tarde. "Mándelo al centro —me dijo—. Queremos interrogarlo. Después envíeme un mensajero con un informe, y olvide que esto ha ocurrido. No haga copias, no lo mencione... ni ahora, ni nunca.

»Lo llevaron arriba y lo barrieron bajo la alfombra. No inscribieron al tipo en el registro, porque ello habría implicado todo tipo de publicidad indeseada. Supongo que alguien, arriba, habló con el Servicio Secreto, éste lo discutió con el presidente electo y el presidente electo dijo algo así como "No quiero ningún alboroto innecesario. Eso sólo asustaría a Jackie". Y ahí terminó todo, hasta ahora... veintiocho años más tarde.»

Afortunadamente desconocedora de la situación, Jackie recuperó sus fuerzas poco a poco. Durante los cinco primeros días estaba demasiado agotada para salir de su cama, y sólo empezó a recuperarse cuando sacaron al niño de la incubadora. Jack Kennedy volvió a Palm Beach y Jackie se puso al día con los periódicos atrasados de una semana. En el *Washington Post* leyó que la habían llevado de urgencia al hospital para su cesárea cuando le comenzó una hemorragia. Por intermedio de Pierre Salinger, hizo saber al *Post* que el uso de ese término le parecía de dudoso buen gusto. Maxine Cheshire, que había escrito la nota, se quejó a su director de que Jackie empezaba a parecerse a alguien salido de una novela del siglo XIX: era demasiado aristocrática para ser descrita en términos clínicos.

Una semana después de dar a luz, Jackie se hallaba sentada a solas, pensativa, envuelta en una larga chaqueta de ante negra, en la terraza cerrada del hospital. Pasó otra paciente y reconoció a Jackie. «Perdón, ¿no es usted la señora Kennedy?», preguntó. Jackie inclinó la cabeza y suspiró, resignada. Unos minutos más tarde regresaba a su habitación.

Cuando se sintió mejor, reanudó su autobiografía y se dedicó al delicado asunto de elegir el personal de la Casa Blanca, incluida su propia modista. Aunque lady Bird Johnson se había ofrecido a hacer que Stanley Marcus (del afamado binomio Nieman-Marcus) enviase a Jackie dibujos para un vestido destinado a la ceremonia de la investidura, Jackie ya se lo había encargado a Ethel Franco, directora del salón de diseño de modas de Bergdorf Goodman. Pero Jackie se dio cuenta de que necesitaría su propia costurera en la Casa Blanca, y comenzó a pensar en nombres adecuados. El único requisito previo era que fuese un norteamericano, nativo o naturalizado. Acudió a su memoria el nombre de su amigo Oleg Cassini, un judío ruso criado en Florencia, que había llegado a Norteamérica en 1936. Lo mandó llamar. Él interrumpió unas vacaciones con Jill St. John en Nassau, y llegó al hospital de la Universidad de Georgetown llevando una carpeta de dibujos.

Aunque Jackie admiraba la destreza de Cassini como diseñador de moda, lo que le atraía en especial de él eran sus modales continentales. Ayudaba mucho el hecho de que él hubiese hecho una generosa contribución al fondo para la campaña de las primarias de JFK en Virginia Oeste y que a lo largo del camino hubiese conquistado la eterna gratitud de Joe Kennedy al presentarle un enjambre de atractivas jóvenes. Pero el elemento de más peso, desde el punto de vista de Jackie, era el ofrecimiento del embajador Joe, de pagar todos sus gastos de ropas, si elegía a Cassini*.

Jackie quería ir vestida, escribió más tarde a Cassini, como si Jack «fuese el presidente de Francia». Se daba cuenta de que «era mucho más interesante en cuanto tenía que ver con la moda que otras primeras damas», pero no quería que la administración de su esposo «fuese acosada por historias de moda de índole sensacionalista». Insistió en que no quería ser «la

* Mortimer M. Caplin, ex director del Servicio de Rentas Internas bajo el presidente Kennedy, dijo al autor que Joe Kennedy le preguntó una vez: «Dado todos los vestidos que Jackie tiene que usar para ocasiones especiales, ¿son deducibles?» Caplin pensó que Joe Kennedy bromeaba. Pero no era así, porque formuló la misma pregunta a su propio contable.

María Antonieta o la emperatriz Josefina de la década de los sesenta» y en que no deseaba «dar la impresión de que compraba demasiado». Por lo tanto insistió en aprobar cualquier publicidad que emitiera Cassini, y pidió que «se asegurase que ninguna tenga exactamente el mismo vestido que yo... quiero que todos los míos sean originales y que no haya por ahí mujercitas gordas usando el mismo vestido». Pero sobre todo, exigía «protección»... «ya que parece que estoy tan implacablemente al descubierto que no sé cómo encarar esto. Esta noche leo que me tiño el cabello porque es de color gris rata.»

El 9 de diciembre, día en que John, hijo, fue bautizado en la pequeña capilla del hospital de la Universidad de Georgetown, Jackie tuvo una cita con Mamie Eisenhower para recibir las tradicionales instrucciones sobre el manejo de la casa del ama entrante en la Casa Blanca. El agente del Servicio Secreto había telefoneado previamente para que una silla de ruedas esperase a la señora Kennedy cuando llegara, ya que todavía era presa de accesos de vértigos y agotamiento. Como se imaginó teniendo que empujar a su sucesora por los largos corredores de la mansión, la señora Eisenhower ordenó a su personal que mantuviesen la silla de ruedas fuera de la vista, en un armario, y que sólo la sacaran cuando Jackie la pidiera.

No la pidió. Se sentía demasiado tímida. También se sentía incómoda en presencia de su anfitriona. Cuando ésta se fue, Jackie no sólo pareció fatigada, sino molesta. Dijo a Letitia Baldridge, su nueva secretaria, que el lugar parecía «un hotel decorado por un mayorista de muebles aprovechando las rebajas de enero».

Ese mismo día Jackie llevó a sus hijos —John, hijo, y Caroline, de tres años— a la casa de los Kennedy en Palm Beach, decidida a mantenerse recluida hasta la instalación definitiva, en enero, y tal vez hasta más allá de esa fecha.

Pero no sería así. El domingo por la mañana, el 11 de diciembre, dos días después de la llegada de Jackie, se produjo un incidente relacionado, una vez más, con explosivos, pero esta vez fue imposible mantenerlo en secreto. A las 9.50 de la mañana un coche que viajaba por uno de los bulevares costaneros de Palm Beach aminoró la marcha y se detuvo frente a la finca de Joseph P. Kennedy. Dentro de la casa estaban los miembros de la familia Kennedy, entre ellos el presidente electo, su esposa y sus dos hijos pequeños.

Según los archivos del Servicio Secreto, el conductor del coche era un empleado de correos retirado, de 73 años, de Belmont, New Hampshire, llamado Richard P. Pavlik, que anteriormente ya había amenazado contra la vida de John F. Kennedy y cuyo nombre era ya familiar para quienes protegían al próximo presidente. Más tarde se sabría que el coche de Pavlik contenía siete cartuchos de dinamita (otros tres fueron hallados en su habitación de un motel), que se podían hacer detonar por el cierre de un simple interruptor de cuchilla. La intención de Pavlik, según se detalló en una confusa declaración, consistía en esperar hasta que Kennedy se introdujese en su coche y luego conducir el suyo propio hacia el del presidente, cerrar el interruptor y hacerse volar a su vez, junto con JFK, los agentes del Servicio Secreto y cualquier otro que se hallara cerca.

Sin ser visto, Pavlik vigiló el frente de la casa. De alguna manera sabía que poco antes de las 10 de la mañana Kennedy iría a la misa del domingo. Veía el coche del presidente electo. Un agente del Servicio Secreto se hallaba sentado detrás del volante y otro de pie al lado de la portezuela trasera. Minutos más tarde se abrió la puerta de la calle y salió John Kennedy, flanqueado por otros miembros de su equipo de agentes del Servicio Secreto, así como por Jacqueline, Caroline, varias sobrinas y sobrinos, y John, hijo, en brazos de la nodriza de la familia, Luella Hennessey. El asesino en potencia los vio abrazarse y reír. Y en ese instante Pavlik experimentó un impulso pasajero de remordimiento, culpa e incluso fascinación. Más tarde dijo que «no quería hacer daño a la señora Kennedy o a los niños. Decidí derribarlo en la iglesia o en algún otro lugar». Kennedy saludó a su familia con la mano, se introdujo en su coche y partió. Pavlik condujo en dirección contraria. Su plan nunca llegó a realizarse. El jueves 15 de diciembre fue arrestado por conducir con negligencia y entregado a los agentes del Servicio Secreto, quienes lo acusaron de intento de asesinato y de posesión ilegal de dinamita. Después pasó seis años en diversas prisiones federales e instituciones para enfermos mentales.

El incidente produjo un efecto escalofriante en todos, salvo en Kennedy. Unos días más tarde, el farmacéutico local Robert Green se cruzó con Jack por la calle y le paso un brazo por los hombros. Tres agentes del Servicio Secreto echaron mano a sus armas. Nadie se sintió más sacudido que Jackie. «No somos otra cosa que figuritas en una barraca de tiro al blanco», se lamentó.

«Desde ese día —dijo Lem Billings— se convenció de que tarde o temprano todos ellos serían hechos trizas.»

16

El 16 de junio de 1961, seis semanas después de salir en dirección a Palm Beach, Jackie regresó a Washington a bordo del *Caroline.* Iba sola. Todas las mujeres Kennedy y su propia madre se encontraban en la «Recepción para damas distinguidas» en la Galería Nacional de Arte. Vestida con un traje de mezclilla negro y blanco, y tocada con un pequeño turbante rojo, Jackie se deslizó en el asiento delantero de un sedán verde conducido por un agente del Servicio Secreto, camino de su casa de Georgetown. Había dejado a los niños en Palm Beach.

La casa estaba desordenada: cajas, cajones y maletas dispersos por todas partes, ropa apilada sobre más ropa, adornos y libros en sofás y sillones. Tish Baldridge dirigía las idas y venidas abajo; la criada hispanoparlante de Jackie, Providencia Parades, «Provy», parecía estar al mando del resto de la casa.

Los primeros perfiles toscos de Camelot comenzaban a adquirir forma en la mente de Jackie. Mientras estuvo en Palm Beach trató de situar en perspectiva el incidente Pavlik, concentrándose en la tarea inmediata de prepararse para la Casa Blanca. El conserje principal, J. B. West, había enviado álbumes de fotos prolijamente anotadas, de muchas de las 132 habitaciones de la Mansión Ejecutiva, que ella estudió y analizó hasta quedar familiarizada con cada uno de los detalles.

Había hablado largo rato sobre la Casa Blanca con Sister Parish, quien había sido su decoradora de interiores en la casa de la Calle N, así como en la de Hyannis Port. Sister llegó a Washington con ideas y con una gran cantidad de muestras de muebles, alfombras y papeles de pared.

«Yo sólo había visto fotos del interior de la Casa Blanca —dijo la señora Parish—. No entré en ella hasta la víspera del día de la investidura. Recorrimos una habitación tras otra, abrimos puertas de armarios, atisbamos en los rincones oscuros. Mi primera reacción fue que era preciso hacer algo. Había muchas cosas que no me gustaban, muchas que deberían ser desechadas y reemplazadas.

»Las habitaciones privadas se encontraban en un estado lamentable: manchas en las alfombras, yeso que caía, huellas de dedos en las paredes, papeles despegados, colgaduras en harapos. Todo eso podía corregirse con facilidad. El problema más importante tenía que ver con los salones públicos de etiqueta. Ya no estaban la mayor parte de los muebles primitivos. Los salones de etiqueta contenían una mezcolanza de mesas y sillas. Los muebles carecían de relevancia histórica. No eran muebles que hubiesen pertenecido a ninguno de los presidentes, eran cosas que la Casa Blanca había ido recogiendo sobre la marcha.

»Le dije a la señora Kennedy que, para hacer justicia a la Casa Blanca, sería preciso restaurarla de arriba abajo. La realización de un proyecto de tal magnitud exigía la colaboración de una comisión, y tal vez de varias comisiones. De lo contrario, harían falta varios años para terminar. Sugerí que la señora Kennedy lo convirtiese en su proyecto prioritario.

»Ella me pidió que eligiera a las personas que me parecieran adecuadas para dicha comisión. Así comenzó todo. Elegí la primera comisión. Otros miembros fueron reclutados con fecha posterior. La comisión primitiva evolucionó hasta convertirse en toda una organización. Había constantes reuniones, casi siempre en la Casa Blanca. La señora Kennedy participaba en todo. Eran muy pocas las reuniones a las que no asistía. Se convirtió en una especie de inspectora, coordinaba las actividades de todos, cosa que no resultaba fácil porque tantos egos frágiles intervenían en ello. De vez en cuando, las reuniones se volvían muy explosivas.»

La otra gran preocupación de Jackie había sido la ceremonia de investidura, que incluía la ropa que se debía usar en los distintos actos. Aunque Bergdorf diseñó el vestido para la ceremonia del juramento, Oleg Cassini creó un largo abrigo de lana del color del cervato, con un cuello (para usar sobre el vestido) y un manguito a juego (sugerencia de Diana Vreeland, decana de la moda) para las manos, ambos de marta cebellina. Halston fue quien diseñó el sombrero, adornado con piel, que Jackie llevaba echado hacia atrás. El sombrero, que, de hecho había estado dando vueltas por ahí durante años, ayudó a empujar a «Su Elegancia» (como *Women's Wear Daily* designó a Jackie) a la cima de todas las listas de las mujeres mejor vestidas de Europa y Estados Unidos, cosa que hizo nacer «el estilo Jackie», una revolución en materia de moda que incluía los tacones bajos, los abrigos de tela de colores vivos y los trajes de tipo Chanel. El «estilo Jackie» fue el comienzo del estilo Courrèges, o del llamado «estilo juvenil». En una palabra, una deslumbrante apariencia de muñequita, adoptada por una mujer madura. En muchos sentidos, Jackie fue la primera cuáquera juvenil*.

«El error más común respecto a ella es el creer que quería llegar a ser una dictadora de la moda —dijo Oleg Cassini—. Nada podría estar más alejado de la verdad. En lo fundamental, Jackie tenía su propio estilo cuidadosamente orientado. Se vestía para sí misma. Quería llamar la atención, no que la copiaran. Pero, desde el principio, fue evidente que cualquiera con la belleza exótica y la gran notoriedad de Jackie tenía que ejercer una profunda influencia sobre la moda.»

Cassini diseñó los vestidos que Jackie iba a utilizar en los otros actos de la investidura, siguiendo casi siempre instrucciones precisas que emitía la propia Jackie. Se encargó calzado a Eugenia, de Florencia. Tish Baldridge, otrora empleada en Tiffany's, consiguió que la joyería le prestara a Jackie un centelleante conjunto de diamantes para la ocasión. Jackie pidió que su masajista de Palm Beach (una sueca que en una ocasión le había dicho que Jackie tenía la piel más fresca que nunca hubiera tocado) volara a Washington, lo mismo que Kenneth, su peluquero estilista. Kenneth llevó a su ayudante, Rosemary Sorrentino, quien había peinado a Jackie desde que ésta era cliente de Michael Kazan.

Una tarea a la cual Jackie se dedicó con emociones encontradas fue la confección de una lista de parientes, que abarcaban ahora cinco familias, para invitarlos a la ceremonia de investidura y a varias reuniones privadas que seguirían al acto del juramento. Los Bouvier, los Auchincloss, los Lee, los Fitzgerald y los Kennedy eran tan incompatibles como las tribus de Babilonia, y Jackie temía la perspectiva de tener que enfrentarse a todos a la vez. A la lista de familiares agregó los nombres de antiguos compañeros de estudios, de conocidos preferidos, de parientes de colaboradores y ayudantes políticos, y de importantes relaciones personales y comerciales. Cada invitación iba acompañada del complicado itinerario del día de la in-

---

* «Le daré dos ejemplos de la influencia que Jackie ejerció sobre la industria de la moda —dijo Halston—. El día de la toma de posesión, cuando llevó el sombrero alto que yo había diseñado, hacía mucho viento y, al salir de la limousine, se llevó la mano al sombrero para impedir que se le volara. Lo abolló un poco. La abolladura apareció en todas las fotografías. Las mujeres se dedicaron a abollar sus sombreros altos, y los diseñadores llegaron a crearlos con el defecto de origen. En otra ocasión, JFK le había comprado un abrigo de piel de leopardo por 3.000 dólares. Yo diseñé un sombrero que hacía juego. Ella usó el conjunto para la portada de *Life*. Hubo una demanda tal de abrigos en piel de leopardo, que el precio saltó a 40.000 dólares por cada prenda y el animal pasó muy pronto a la lista de especies en peligro de extinción, en la cual sigue estando todavía.»

vestidura, de sus actos y de detalladas instrucciones para llegar a los distintos puntos de mejor situación. Jackie fue meticulosa en las disposiciones para recoger a los parientes y amigos en estaciones ferroviarias y aeropuertos, y llevarlos a sus hoteles y a los actos; así como en la preparación de listas especiales de quienes, por causa de su edad o de enfermedad, tenían derecho a coches oficiales de la Casa Blanca. Se fletaron tres autocares para transportar a los invitados por Washington.

Los cuidadosos planes de Jackie resultaron quebrantados en parte por una fuerte nevada que cayó sobre Washington el día anterior a la investidura, lo que hizo cerrar el aeropuerto y obligó a miles de visitantes a abandonar sus coches y llegar a pie, penosamente, hasta los hoteles. Trescientos hombres de la Guardia Nacional fueron movilizados para despejar de nieve las calles y abrir un camino para el desfile del día siguiente a lo largo de la Avenida Pennsylvania.

A las ocho de la noche del día 19, Jack y Jackie (acompañados por Bill Walton) asistieron a una recepción para Eleanor Roosevelt antes de ser conducidos, entre la nieve arremolinada, a un concierto previo a la investidura en el Convention Hall y, luego, al National Guard Armory para un espectáculo de variedades plagado de estrellas, organizado por Frank Sinatra y Peter Lawford. Diez mil invitados pagaron 1.000 dólares cada uno para costear el déficit de la campaña del Partido Demócrata y poder ver a la Primera Dama, esplendorosa en organdí blanco. Con dos horas de retraso sobre el horario previsto, la gala ofreció actuaciones de Harry Belafonte, Louis Prima y Keely Smith, Ella Fitzgerald, Bette Davis, Leonard Bernstein y sir Laurence Olivier. Ethel Merman, aunque era una republicana fervorosa, cantó *Everything's Coming up Roses,* y Sinatra la siguió con *That Old Jack Magic.*

Al final del espectáculo, Jackie estaba visiblemente fatigada. Se disculpó y fue llevada a casa «tan cansada, que habría podido dormir metida en una armadura». Jack, quien no habría podido estar más despierto ni más excitado, se unió a las estrellas en una cena organizada por su padre en el restaurante de Paul Young, y llegó a la Calle N apenas una hora antes de la salida del sol.

El día de la toma de posesión amaneció intensamente frío. El presidente electo estaba ya vestido cuando, a las once menos veinte de la mañana, la limousine Lincoln del presidente se detuvo ante la casa. Cuando se dirigía hacia la puerta, llamó a Jackie, quien todavía se hallaba arriba aplicándose maquillaje. «¡Jackie, por el amor de Dios!» Su disgusto se disipó cuando ella apareció en lo alto de la escalera, deslumbrante pero digna, con atavíos que destacaban por su sencillez.

Acompañados por el presidente de la Cámara, Sam Rayburn, los Kennedy llegaron al Pórtico Norte de la Casa Blanca para recoger al presidente y a la señora Eisenhower. Eisenhower les mandó recado de que esperaba que su sucesor y la nueva Primera Dama los acompañasen antes a tomar café. También esperaban el vicepresidente saliente, Richard Nixon, y esposa; el vicepresidente entrante, Lyndon Johnson, y esposa; el senador Henry Styles Bridge (presidente del Comité Político Republicano) y otros integrantes del comité de investidura. No fue una reunión jovial. Jackie se sintió incómoda y desdichada cuando se encontró sentada al lado de Pat Nixon, quien hizo caso omiso de ella y se mantuvo encerrada en una conversación con el senador Bridge.

A las doce menos veinte, bajo el intenso frío, el presidente Eisenhower y John F. Kennedy, seguidos de sus esposas en un segundo coche, fueron conducidos al Capitolio para la ceremonia del juramento. En el Capitolio, los Kennedy fueron conducidos a una sala pequeña para que disfrutasen de unos momentos en privado. Jackie fue la primera en salir. Todas las miradas se encontraban clavadas en ella cuando se deslizó en su puesto en la tribuna entre Mamie Eisenhower y lady Bird Johnson*. Parecía aturdida mientras observaba el desarrollo de la ceremonia: Robert Frost, deslumbrado por el resplandor del sol, desechó un poema que había escrito para esa ocasión y recitó, en su lugar, otro de memoria; el cardenal Cushing entonó las oraciones y el Primer Rabino la bendición; el presidente de la Corte, Earl Warren, tomó juramento del cargo, y el trigésimo quinto presidente (después de quitarse el abrigo a pesar del frío) lo repitió con voz firme, libre de tensiones; luego, vino el discurso de investidura del presidente; y, finalmente la interpretación de *The Star-Spangled Banner* por Marian Anderson. Cuando todo terminó, Jackie, autora de la idea de incorporar a Frost y a Anderson a la ceremonia, se adelantó y acarició con suavidad la mejilla de su esposo. «Has estado magnífico», dijo. Al día siguiente, declaró: «No podía besarle delante de tanta gente.»

Después de la ceremonia, Jack y Jackie fueron llevados al almuerzo oficial de la investidura en los antiguos salones de la Corte Suprema, en el Capitolio, mientras otros miembros de la familia subían en autobuses para acudir a un buffet ofrecido por Joe y Rose Kennedy en el Salón Este del Hotel Mayflower. John Davis recordó un suculento servicio de cangrejos, camarones y salmón «en una gran mesa alargada en el centro del salón, rodeada de mesas circulares preparadas para seis u ocho comensales. Cada una de las cinco familias se acomodó en distintos sectores del salón. Joe Kennedy nos miró de arriba abajo, como si fuéramos seres de otro sistema

---

* No menos de ocho ex y futuras Primeras Damas se hallaban presentes en la toma de posesión de JFK: Edith Wilson, Eleanor Roosevelt, Bess Ford y Jacqueline Kennedy.

solar. No pronunció una sola palabra. Las tres hermanas Kennedy —Eunice, Jean y Pat— sólo hablaban entre sí. Nadie habló con Hugh Auchincloss».

Miche Bouvier coincidió en que «poca gente alternaba entre sí. Yo lo intenté, pero sin éxito. El salón se dividió en dos grandes grupos: los Bouvier, los Lee y los Auchincloss a un lado, los Kennedy y los Fitzgerald al otro. Luego, se dividieron en familias. Daba la impresión de que Joe Kennedy preferiría estar en otra parte, cosa que coincidía con los deseos de los Bouvier».

El mismo grupo volvió a reunirse a las cinco de la tarde para una recepción en familia en la Casa Blanca, tras el principal acontecimiento de la tarde, el desfile inaugural, que Jackie abandonó al cabo de menos de una hora. Extenuada y con frío, había ido a la Casa Blanca para prepararse con vistas a los cinco bailes de investidura a los que todavía debía asistir.Había reservado el Salón de la Reina, en el primer piso, mientras una cuadrilla de mantenimiento de la Casa Blanca renovaba las habitaciones del presidente, instalaba un nuevo cuarto para niños, una despensa, una cocina y el comedor para la familia.

Jackie descansó mientras sus parientes iban al Salón Comedor.

«Los Bouvier llegaron primero —dijo Edie Beale—, seguidos de los Lee, los Auchincloss y, después, los demás; los Kennedy fueron los últimos en llegar porque habían soportado el frío durante más tiempo. Todos buscamos café o té calientes, ponche picante, champán, cócteles, cualquier cosa con tal de descongelarnos; después, volvimos a nuestros respectivos clanes.

»Yo me acerqué a Hugh Auchincloss. Nunca me había sido presentado y él no me conocía. "Yo sé todo lo relacionado con usted", le dije. Estuve a punto de escupirle a la cara. Le dirigí reproches en nombre de Jack Bouvier, el padre de Jackie.

»Los Kennedy parecían muy desdichados. Yo no podía entender por qué, después de haber concretado su sueño, estaban tan lúgubres. Parecían animados y lúgubres al mismo tiempo. Nunca he visto tanta infelicidad en un salón.

»Me acerqué a Joseph P. Kennedy, el patriarca, y le dije que había estado a punto de comprometerme con su hijo mayor, Joe, hijo. Conocía a éste de una fiesta en una casa, en Princeton. Él estaba de visita en Princeton, y yo también. De modo que le dije a su padre que, si el "casi comprometidos" se hubiera convertido en realidad, y, si Joe, hijo, hubiese vivido y llegado a ser presidente de Estados Unidos, yo, la pequeña Edie Beale, sería ahora la Primera Dama, y no la prima Jackie. Él se apartó de mí moviendo la cabeza.

»Me hubiera gustado conocer a Ethel Kennedy pero, en cambio, conocí a Joan Kennedy. Era educada, sencilla e ingenua. A mí no me gustaban las hermanas de Kennedy; sin embargo, Joan era muy dulce y cariñosa. No hacía valer su rango, a diferencia de sus hermanas y de Ethel.

»Aunque JFK hizo una presentación simbólica en la reunión, Jackie se mantuvo encerrada en su habitación; supuestamente, desanimada porque Lee no había ido a la ceremonia de investidura.

»Lee no podía ir. Había tenido un accidente automovilístico y se recuperaba en Suiza.

»Para decirlo con franqueza, John Kennedy no me impresionó demasiado. Fue, más bien, grosero conmigo. En la única ocasión en que traté de entablar conversación con él, no me dirigió una mirada. O, mejor dicho, me dirigió la típica de ojos vidriosos.»

Al cabo de una hora en la fiesta, Janet Auchincloss subió a ver qué pasaba con su hija. Encontró a Jackie sentada en la cama; a su alrededor, corrían de un lado a otro ayudantes y miembros del personal de la Casa Blanca, y tenía una bolsa de agua caliente en la parte inferior de la espalda.

—¿No vas a reunirte con nosotros? —preguntó Janet—. Algunos de tus parientes han viajado miles de kilómetros sólo por estrechar tu mano. No te han visto desde el día de tu boda.

—No puedo —respondió Jackie con tristeza—. Sencillamente, no puedo.

Miche Bouvier, el único miembro de la familia invitado a la habitación de Jackie, entendió el dilema de ésta: «Cualquiera que hubiese sufrido poco tiempo antes una cesárea y, luego, se hubiese helado el trasero en un discurso de investidura para, después, tener que congelarse el otro extremo presenciando un desfile interminable y, a continuación, vestirse para asistir a cinco o seis bailes esa misma noche, querría dormir unas cuantas horas.»

Rosemary Sorrentino y Kenneth trabajaron duro con el cabello de Jackie.

«Yo se lo había arreglado el día anterior —dijo Rosemary—. Ahora, sólo se trataba de cepillarlo y darle forma. Cuando Jackie y su madre dejaron de reñir por la reunión familiar, la señora Auchincloss empezó a quejarse del cabello de su hija. No aprobaba su peinado, y trató de convencerla de que se lo cambiase.

»Como no lo logró, se volvió hacia Kenneth y le pidió que la instara a modificarlo. Pero la decisión de la nueva Primera Dama era tan firme como su extenso moño.»

Mientras su esposa comenzaba a vestirse, John Kennedy se duchó, se cambió y asistió un momento, él solo a una pequeña cena en casa de George y Jane Wheeler, fieles partidarios suyos. Entre los invitados se encontraban Angie Dickinson y Kim Novak, cuyos acompañantes a la investidura eran Red Fay, recién nombrado subsecretario de Marina, y el arquitecto Fernando Parra. Fay, cuya esposa estaba en Europa, había aceptado acompañar a Angie por indicación de Jack.

El presidente regresó a la Casa Blanca y encontró a Lyndon y lady Bird Johnson esperándole en el Salón Rojo. Cinco minutos más tarde, Jackie entró flotando en medio de un susurro de gasas con el espectacular vestido de baile creado por Cassini, blanco, plateado y tachonado de diamantes, y cubierto por una capa de delicada trama que le llegaba casi a los tobillos. El presidente aprobó con un movimiento de cabeza. «Tu vestido es hermoso —dijo—. Nunca has estado tan encantadora.»

El regio aspecto de Jackie cautivó a todos los que se hallaban presentes en el salón de baile del Hotel Mayflower para el primero de los cinco bailes de investidura de esa noche. No causó una impresión menor en la multitud reunida en el Statler-Hilton, sede del segundo baile. Los Johnson y ella se habían acomodado apenas en el palco presidencial cuando el presidente pidió que le disculparan. Frank Sinatra hacía de anfitrión de muchos de los intérpretes de la gala de la noche anterior, en una fiesta privada en uno de los pisos superiores en el mismo hotel. Kennedy se precipitó escaleras arriba para un segundo encuentro fugaz con Angie Dickinson, y volvió a su asiento treinta minutos más tarde con aspecto un tanto jadeante y llevando bajo el brazo un *Washington Post*, como si sólo hubiera salido para conseguir un ejemplar.

«¿Ocurre algo interesante en el mundo esta noche?», le preguntó Jackie. Él sonrió con timidez; ella le lanzó una mirada helada.

El tercer punto de destino era el arsenal, donde más de un millar de invitados les dedicaron, de pie, una ovación de veinte minutos. Rose Kennedy escribió más tarde acerca de «la ola de amor y admiración» que «envolvió» al presidente y a la Primera Dama. Pero ni la madre del presidente ni él mismo se dieron cuenta de que la sonrisa que se veía en el rostro de Jackie era forzada y fija. Parecía tan atrayente y tan radiante que habría resultado difícil creer, aunque ella lo hubiera admitido, que, una vez más, comenzaba a decaer.

Su decisión (unida a un par de tabletas de dexedrina que había tomado antes, ese mismo día) la mantuvo a flote hasta que Ted Kennedy sugirió que pasaran a la siguiente fiesta. Era medianoche cuando Jackie, como Cenicienta, proclamó que su velada había terminado. «Sigue tú, Jack —dijo—. Yo tendré que regresar.»

Antes de dar por terminada la velada, el presidente Kennedy asistió a otros dos bailes y a una fiesta en casa de Joe Alsop. Lo de los Alsop fue también la última parada para media docena de estrellitas importadas por Peter Lawford para la ceremonia de la investidura.

Según Lawford, «las seis querían estar con el presidente. Organizaron una fila como lo habrían hecho en el burdel de Madame Claude en París, y Jack eligió a dos de ellas. Ese *ménage à trois* puso un resonante cierre a su primer día en el cargo.»

17

Jackie despertó a la mañana siguiente con el nauseabundo olor de la pintura fresca y con los golpes de martillo. Los Eisenhower se habían llevado sus muebles y sus cuadros, y los de ella no habían llegado todavía de la Calle N. El vacío la deprimía, y los trabajadores de la Casa Blanca, con sus herramientas, su pintura y sus escaleras, hacían muy poco para que el ambiente resultara soportable. Se quedó en la cama. No esperaba visitas y se sobresaltó cuando alguien llamó a la puerta. Entró su esposo, seguido por el primer visitante oficial, el ex presidente Harry S. Truman. Al ver a la Primera Dama bajo las mantas, Truman sonrió, saludó con la mano y se retiró rápidamente.

Jackie se pasó la tarde discutiendo los planes de restauración de la Casa Blanca con Sister Parish, Bill Walton, David E. Finley (presidente de la Comisión de Bellas Artes) y John Walker (director de la Galería Nacional de Arte y antiguo amigo de los Auchincloss). Cuando terminaron, se unió a su esposo en una de las salas de arriba. Al intentar encender la chimenea, el presidente y la Primera Dama quedaron enseguida envueltos por el humo y el hollín. Kennedy corrió a la ventana pero no pudo abrirla. «Hace años que nadie abre las ventanas», explicó J. B. West. Con grandes dificultades, el conserje principal consiguió abrir una ventanita lateral, y una ráfaga de aire gélido hizo que Jackie saliera corriendo de la habitación.

El estado de la Casa Blanca no se encontraba en modo alguno a la altura de lo que hubiera podido esperarse de la Primera Casa del país. Jackie descubrió que su ducha no funcionaba, y tampoco la cisterna del inodoro. No había papeleras ni anaqueles para los libros. «¿Eisenhower no leía?», preguntó. También quiso saber por qué un agente del Servicio Secreto debía apostarse al otro lado de la puerta cada vez que ella usaba el lavabo. «Por lo menos, que arreglen los inodoros», murmuró.

El domingo 22 de enero, los Kennedy ofrecieron su primera comida informal en la Casa Blanca, en la que invitaron a las familias de Franklin Roosevelt, de Joseph Alsop, de Tom Braden y de Leonard Bernstein. Bernstein, apasionado como de costumbre, abrazó a Jackie y le depositó un beso húmedo en la mejilla, gesto que ella no siempre apreciaba. Al ver su disgusto, el presidente le dijo a Bernstein: «¿No hay uno para mí?» Bernstein le complació. Los Kennedy empezaron con el champán y el caviar, regalo del primer ministro soviético Nikita Krushchev, y, más tarde, guiaron a sus invitados en un alegre recorrido por su nuevo hogar.

«La casa estaba vacía —dijo Roosevelt—, y ellos se hallaban lejos de encontrarse instalados. Jackie me dijo: "Oh, ¿sabe qué acabo de descubrir? Hay veinte calígrafos escribiendo, todos ellos, en el sótano." Yo los recordaba de los tiempos de mi padre, pero suponía que habrían sido reemplazados hacía tiempo por una imprenta. Sin embargo, resultaba evidente que no era así, porque todas esas tarjetas impresas con grabados en cobre, las listas de comidas y todo lo demás seguían estando allí.»

Joe Alsop, quien tampoco visitaba la casa desde hacía años, encontró que se parecía ahora a la suite presidencial del Hotel Muehlebach de Kansas City: no había en ella una sola cosa bonita, y todo era falso o artificial; los muebles que quedaban de la administración Eisenhower eran todos reproducciones de los respectivos originales*.

Alsop recordó una anécdota de cuando estaban arriba, en la vivienda del presidente, un sector que abarcaba siete habitaciones. En una de ellas, advirtió un par de lo que le parecieron troneras en la pared. «¿Qué demonios es eso?», le preguntó a Jackie. Se encontraban situadas una a cada lado de una de las puertas. Entró J. B. West. «¿Para qué son esas troneras?», preguntó también Jackie. West las abrió. Resultaron ser los televisores empotrados del presidente Eisenhower y de su esposa. El conserje principal explicó que a los Eisenhower no les gustaban los mismos espacios de televisión, pero que les agradaba ver juntos sus respectivos programas; de modo que cenaban con bandejas, uno aquí, la otra allá, y las troneras estaban abiertas mientras miraban; Ike, una película del oeste; Mamie, un musical o una comedia de enredo.

El lunes, primer día de trabajo para Jackie, recibió a los integrantes del personal doméstico de la Casa Blanca. Los hicieron pasar de tres en tres mientras ella estaba sentada en la esquina de un gran escritorio en las habita-

---

* Al principio, cuando se mudó, Jackie comparó la Casa Blanca con Lubianka, la tristemente célebre prisión soviética.

ciones de la Primera Familia. Iba vestida con pantalones de montar, una blusa de seda blanca y botas pardas, bajas, y parecía, según una de las criadas del piso de arriba, la dueña de la mansión pasando revista a sus esclavos.

«¿Cómo puede ver lo que está mirando con esa mata de pelo cayéndole sobre la cara?», susurró el ama de llaves principal, Mabel Walker, empleada en la Casa Blanca a lo largo de cinco administraciones. Jackie oyó el comentario y Mabel fue la primera en ser despedida para ser reemplazada, en su momento, por Anne H. Lincoln, graduada de Vassar, amiga de Jackie y, hasta su promoción, ayudante de Tish Baldridge.

Aunque, en algunas ocasiones, el personal ponía en duda la dedicación de Jackie a su trabajo, la nueva Primera Dama (detestaba el título e insistía en que se la llamara señora Kennedy) demostró ser firme, ambiciosa y hacendosa. Escribía frecuentes notas a diversos integrantes del personal de la Casa Blanca, las cuales se convirtieron en el libro de orientación oficial para la administración de la mansión presidencial. West se dio cuenta en el acto de algo que a otros les había llevado mucho tiempo entender: «Cualquier deseo de Jackie, murmurado con un "¿Le parece que...?" o un "¿Podría, por favor...?", equivalía a una orden. Cuando le decía a uno que saltase, uno saltaba.»

«Si hay algo que no puedo soportar son los espejos victorianos; son espantosos —escribió a West—. Haga que los quiten y los releguen al montón de basura.»

Siguieron otras notas, en rápida sucesión:

«Nada de rosados tipo Mamie en las paredes, salvo en la habitación de Caroline; nada de muebles restaurados de Grand Rapids; nada de ceniceros o chucherías de cristal y de bronce... Quiero hacer de ésta una gran casa...»

«Maud Shaw no necesitará gran cosa en su habitación. Búsquenle una cesta de mimbre para sus pieles de plátanos y una mesita para que deje la dentadura postiza para la noche...»

«No puedo enseñarles nada a las doncellas (no tengo tiempo para hacerlo) cuando están tan asustadas, ya que sienten demasiado pánico como para recordar nada. La única manera de que lleguen a ser buenas criadas... es que estén alrededor de la familia y en la casa el tiempo suficiente para que les desaparezca algo de ese terror...»

«Es preciso hacer algo con los visillos de las ventanas en toda la Casa Blanca. Son enormes, y tienen poleas y cuerdas. Después de bajarlas, me siento como un marinero tras arriar las velas.»

En los primeros días, la señora Kennedy vagaba por los corredores de la mansión, descubría «tesoros» y desterraba «horrores», y se aseguraba de que las habitaciones de la familia fuesen objeto de la atención principal.

Una habitación para huéspedes, renovada por los Truman y situada sobre el salón Grand Entrance, dejó paso a la cama con capullos de rosas y dosel blanco de Caroline Kennedy, y a los caballitos-mecedora hechos a mano. Un cuarto para huéspedes contiguo se convirtió en la habitación en blanco y azul de John-John, con la cuna y el corralillo blancos, y una colección de animales disecados.

«Quiero que mis niños se críen en un ambiente más personal, no en habitaciones ceremoniosas —dijo Jackie a J. B. West—. Y no quiero que sean criados por nodrizas y agentes del Servicio Secreto.»

Por mediación de John Walker y David Finley, los Kennedy pudieron pedir prestados cuadros, grabados y litografías a la Galería Nacional y a la Smithsonian. Jacqueline descubrió también el acopio de muebles y elementos domésticos que se había acumulado en la Casa Blanca desde los tiempos de Theodore Roosevelt. No existía una relación de los muebles depositados, de manera que Jackie se embarcó en lo que denominó «expediciones de desentrañamiento» para ver qué era posible rescatar. Se subieron del sótano varias alfombras Aubusson. En un baño para hombres, se localizaron bustos de mármol de presidentes anteriores. Jackie descubrió el escritorio del *Resolute,* que encontró su sitio en el Despacho Ovalado. Se recobraron butacas Bellange y una consola de un depósito del Gobierno y, posteriormente, fueron restauradas. Se inició el primer inventario de todos los artículos depositados y exhibidos. Los sectores y las habitaciones públicas se llenaron de imaginativos arreglos florales creados por la amiga de Jackie, Bunny Mellon, quien también ofreció los fondos para una nueva rosaleda en la Casa Blanca. Se encargó ropa de cama en colores pastel y con lunares para los dormitorios del piso de arriba. Se puso en circulación una nota sobre el cuidado de la casa, que esbozaba las responsabilidades cotidianas del personal:

> Hay que arreglar los 18 dormitorios y los 20 cuartos de baño del piso superior; mantener limpias 147 ventanas; dejar 29 hogares listos para ser encendidos; lustrar 412 picaportes; encerar y pulir 2.800 m² de suelos en el piso de arriba; fregar y restregar 2.000 m² de mármoles; pasar la aspiradora a las alfombras tres veces al día (por la mañana, al mediodía y por la noche); limpiar el polvo de las 37 habitaciones de la planta baja dos veces al día (por la mañana y por la noche).

Jackie dictó también varias órdenes más; entre ellas, la suspensión de los recorridos vespertinos por la Casa Blanca, que consideraba demasiado molestos para los trabajadores que se dedicaban a las obras de renovación. «¿Cómo van a enyesar y a pintar, con centenares de turistas correteando de un lado a otro?», preguntaba en una de las notas al conserje principal.

Un miembro del personal de la Casa Blanca insistía en que el verdadero motivo era que Jackie y sus hijos se echaban la siesta por la tarde y no podían descansar con las hordas que recorrían toda la casa. En lo que se refiere a las siestas, Jackie insistía en que sus sábanas debían ser cambiadas antes y después. También insistía en la renovación de las toallas del baño y las del lavabo tres veces al día.

Hubo que instalar un nuevo sistema central de aire acondicionado en los aposentos de la familia, a un costo de 85.000 dólares, y las cuentas debieron ser aprobadas por Bernard L. Boutin, director de Servicios Generales de la Administración. Boutin encontró que Jackie era «extraordinariamente eficiente en la forma en que se las arreglaba para conseguir todo lo que necesitaba. Me habían dicho que era ingenua, pero no lo era en absoluto. Creo que ése es el término que menos la describiría».

En el primer mes, agotó los 50.000 dólares asignados por el presupuesto de la Casa Blanca para la renovación de la vivienda de la Primera Familia. Recurrió a West y a Boutin, y señaló que los aposentos presidenciales habían sido pensados para una pareja de edad (los Eisenhower) y no para padres jóvenes con dos hijos pequeños. De ese modo, obtuvo una partida adicional del Gobierno, de 125.000 dólares, para fines de decoración y se comprometió a reunir fondos suplementarios por su cuenta. Cuando les contó el problema a sus adineradas amigas Jayne Wrightsman y Bunny Mellon, Jackie encontró el respaldo necesario para completar sus habitaciones personales.

Cuando se mudó a su propio dormitorio, decorado con buen gusto (contenía una cama aparte, al lado de la de ella, para el presidente; aunque tenían dormitorios separados), emitió una declaración en cuanto a lo que esperaba que fuese su función principal: «Creo que el papel fundamental de la esposa del presidente consiste en cuidar al presidente y a sus hijos.» A la periodista Charlotte Curtis, su ex compañera de dormitorio en Vassar, le dijo *off-the-record* que no sabía si lo lograría. «La Casa Blanca es un ambiente tan artificial... —dijo—. Es como un nido de víboras. Si no tengo cuidado, me volveré loca.»

«Jackie usaba tantas máscaras que resultaba imposible descifrarla —dijo Charlotte Curtis—. Con su ascenso a la posición de Primera Dama, se volvió más esquiva aún, más reservada, más dramática. Es probable que se sintiera más vulnerable. Indudablemente, era un blanco fijo para la prensa, un blanco más grande de lo que había sido como esposa de un senador.»

Agudamente consciente de que su intimidad corría peligro, Jackie obligó a los miembros del personal de la Casa Blanca a firmar una carta en la cual juraban que nunca hablarían o escribirían acerca de los años pasados con los

Kennedy. El documento no tenía fuerza legal verdadera (fue firmado bajo una presión evidente) y, a la larga, sólo creó resentimiento y publicidad negativa. Y no impidió que el personal escribiese sobre sus experiencias en la Casa Blanca; antes bien, fue un estímulo para que lo hicieran.

Jackie desarrolló su política de discreción en una larga nota a Pam Turnure que comenzaba diciendo: «Creo firmemente que la publicidad en esta época se ha desbordado por completo; y debes proteger de veras mi intimidad y la de mis hijos, pero sin ofender (a la prensa).»

Continuaba: «Mis relaciones con la prensa serán dar la mínima información con el máximo de cortesía...»

«No concederé entrevistas, ni posaré para fotos, etc., durante los próximos cuatro años...»

J. B. West, destinatario de más notas internas, por parte de Jackie, que ninguna otra persona, recibió un buen número de ellas respecto a la intimidad de los niños mientras jugaban en South Lawn. Jackie en persona había investigado el tema y había descubierto el punto exacto de la alta cerca de hierro que rodeaba a la Casa Blanca, desde el que los turistas y los fotógrafos de prensa podían tomar fotos de Caroline y de John, hijo, mientras jugaban.

Trazó un diagrama del prado.

«Si uno está en el campo de juegos de los chicos, se puede ver que muchísimas personas tienen la posibilidad de tomar fotos desde el punto marcado con una X», escribió a West.

Luego, después de preguntarle si podía hacer plantar en «X» un «muro compacto» de arbustos o árboles, agregaba:

«¿Quién será el primer presidente lo bastante valiente para construir una pared de ladrillos?»

Jean-Paul Ansellem, el peluquero de Jackie en Washington —en ocasiones especiales, hacía viajar a Kenneth en avión desde Nueva York—, se presentaba en la Casa Blanca un promedio de tres veces por semana, y recordaba que el tema favorito de conversación de Jackie eran las «filtraciones de noticias»: «Quería saber cómo la gente de *Women's Wear Daily* sabía qué ropa iba a ponerse para una fiesta antes de que se la pusiese.»

«Jackie exigía una dedicación total —recordaba Zella West, la viuda de J. B. West—. Cuando tenía un problema, llamaba a mi esposo a casa a cualquier hora. Pero muchos de esos problemas los creaba ella misma. Por ejemplo, ella y Sister Parish habían terminado apenas los aposentos presidenciales cuando llevó a otro decorador, un francés llamado Stephane Boudin, y, de esa manera, se inició un diseño de decoración totalmente nuevo. Las habitaciones tuvieron que ser pintadas y amuebladas de nuevo.»

Jackie y el presidente habían alquilado Glen Ora, en Middleburg, una propiedad de 150 hectáreas con siete dormitorios, para los fines de semana y las vacaciones; y Jackie desmanteló todo el interior de la casa y lo redecoró como si fuese de su propiedad. Cuando el dueño (Gladys Tartiere) vio las modificaciones, insistió en que los Kennedy volviesen a dejarla en su estado primitivo. Se negó a renovarles el contrato.

Con gastos pagados por el Gobierno, Jackie instaló a muchos de sus empleados en la Casa Blanca: su doncella personal, su secretaria, el ayuda de cámara de su esposo, la nodriza de los niños, una secretaria de prensa y una masajista. Eso creó problemas en la medida en que el salario de ellos provenía de la nómina de la Casa Blanca, lo cual significaba que los miembros permanentes del personal debían ser excluidos o trabajar con salarios muy reducidos. Cuando J. B. West sugirió que los Kennedy podían absorber los gastos añadidos de esos empleados, Jackie respondió: «No tenemos tanto dinero. Mi esposo es un empleado federal, lo mismo que el resto del personal de la Casa Blanca.»

West y algunos otros consideraban que Jackie desairaba a la prensa —en especial, a las mujeres periodistas— y que era demasiado puntillosa cuando se trataba de decidir a qué actos oficiales de la Casa Blanca tenía que asistir. Encontraba poco o ningún tiempo para las Exploradoras de Norteamérica, la Asociación de Distrofia Muscular, la Asociación Norteamericana contra la Crueldad a los Animales o la Cruz Roja Norteamericana, la Comisión para los Ciegos y los Disminuidos Físicos. «Que se los pasen a lady Bird», ordenó a Tish Baldridge. Durante su primer año en la Casa Blanca, Jackie pidió a la señora Johnson que la reemplazara en más de cincuenta ocasiones distintas.

Herbert H. S. Feldman, un abogado y escritor británico que conoció a Jackie en 1961, la describió como «dura, egoísta, sin mayores ambiciones de logros personales, pero con un gran amor por las luces de la publicidad, del aplauso. Su boca la traiciona. Es como la de un tiburón. En verdad, los Kennedy y los Bouvier eran gente que congeniaban muy bien».

Otra detractora de Jackie, la periodista May Craig, criticó su cara estática, su armadura de acero, su impredecibilidad y su amor adulador por los famosos. Como prueba de esto último, citó la resistencia de Jackie a encontrarse con estudiantes de periodismo de la escuela de Miss Porter y de Vassar, dos instituciones a las que ella misma había asistido, a la vez que extendía una invitación a tomar el té a George Balanchine, director del Ballet de Nueva York («parecía una gatita», dijo él después), así como a Greta Garbo, quien fue a una cena muy reducida y privada en la Casa Blanca con los Kennedy y Lem Billings. Garbo y Billings se habían conocido varios años antes, en la Riviera francesa.

«Jackie no se limitaba sólo a proceder con mucho cuidado —explicó Billings—. Saqueaba el cerebro de esa gente. Así es como actuaba. Invitaba a distinguidos artistas con el fin de poder conseguir los nombres de otros artistas distinguidos para que actuaran en la Casa Blanca.»

Su método daba resultados. Balanchine arregló las cosas de modo que Margon Fonteyn y Rudolf Nureyev actuaran en una cena de gala, mientras Garbo plantaba una semilla al mencionar a Pau Casals, el gran violoncelista español que vivía, en un exilio impuesto por sí mismo, en Puerto Rico. Aunque Casals había jurado no volver a actuar nunca en un país que reconociera al generalísimo Franco, hizo una excepción cuando los Kennedy le invitaron personalmente a tocar en la Casa Blanca para el gobernador de Puerto Rico y la señora Muñoz-Marín. La clave de la aceptación de Casals se debió a la oportuna intervención de su representante norteamericano, el abogado Abe Fortas, quien le comunicó la petición del presidente y llevó a cabo las disposiciones oportunas para la estancia de un día en Washington del maestro violoncelista*.

La calidad de las actuaciones de la Casa Blanca y de las bien planeadas recepciones de Jackie le granjearon grandes elogios en muchos sectores. Lo mismo ocurrió con su belleza y su estilo. La comentarista de moda Hebe Dorsey señaló que «el estilo de Jackie cambió la moda existente, ayudó a anular cierto puritanismo que siempre había existido en Norteamérica y que insistía en que estaba mal usar joyas, llevar peinados raros, vivir de forma elegante y graciosa, y usar ropas hechas a la medida, abrigos de pieles o faldas que llegasen más arriba de las rodillas.

»Jackie sabía por intuición qué debía hacer. Era negligente pero moderna. Poseía un gran encanto. Y, además, aprendía sobre la marcha. Y, si bien hoy tiende a quitarle importancia, es probable que sea más elegante que nunca.»

Bajo la égida de Jackie, Washington se convirtió en un lugar más vivaz, más alegre, más intelectual, más romántico y divertido. Las grandes cenas que ofrecía en la Casa Blanca contrastaban de manera directa con los estrepitosos y tumultuosos cócteles a los que los políticos estaban habituados a asistir en las casas de matronas tales como Gwen Cafritz y Perle Mesta. Jackie surgió muy pronto como la primera anfitriona de la ciudad y orga-

* El gobernador de Puerto Rico proporcionó a la Casa Blanca una lista de españoles residentes en Estados Unidos, a quienes quería que se invitara al concierto de Casals. JFK invitó a todos, menos a uno: José Ferrer. En 1952, el año en que ganó el Premio de la Academia, Ferrer fue citado ante la Comisión de Actividades Antinorteamericanas de la Cámara. «Tal vez consideraron que dos izquierdistas sospechosos como Casals y yo eran demasiados para una cena en la Casa Blanca», dijo Ferrer. En una ojeada retrospectiva, la decisión de JFK, de excluir a Ferrer, parece tan irrespetuosa como cobarde.

nizó numerosas reuniones con idéntico éxito: una fiesta informal una noche y una juerga con camisas almidonadas a la siguiente. Eliminó buena parte de las posturas preestablecidas, introdujo la informalidad y, con la ayuda de Robert Meyzen y de Roger Fessoguet, copropietarios de Caravelle, contrató un chef francés, René Verdon, y un reportero, Ferdinand Louvat. Atacada por la prensa por emplear a «extranjeros» en la Casa Blanca y por imprimir en francés los menús de las cenas de gala, Jackie dio instrucciones al presidente para que acelerase los documentos de nacionalización de Verdon y Louvat por las vías correspondientes.

Quisquilloso y excesivamente dramático («me hubiera dejado matar por el presidente Kennedy», escribió Verdon a este autor), René no era apreciado por todo el mundo. Liz Carpenter, secretaria de prensa de lady Bird Johnson, señaló: «Era una prima donna. Era un chef francés, y la mayoría de ellos llegan con una enorme presión sanguínea. Saben hacer buenas salsas, pero el patrón tiene que soportarlos... Le resultaba muy difícil llevarse bien con los ayudantes.»

Haute cuisine aparte, lo que daba su tono especial a estas fiestas con cena y baile de la Casa Blanca era la lista de invitados. Estaba adornada con nombres de personas de talento y célebres, la mayor parte de ellas procedentes del mundo del arte, de la música, de la danza, del teatro, del cine y de la literatura. Los nombres de los invitados iban desde Carl Sandburg a Igor Stravinsky, de Aaron Copland a Isaac Stern, de Tennessee Williams a Andrew Wyeth. Una velada se dedicó a los norteamericanos laureados con el Nobel; otra, a conmemorar Mount Vernon. Y las diversiones posteriores a la cena iban desde orquestas sinfónicas a cantantes de ópera, conjuntos de ballet, actores shakespearianos, poetas o músicos de jazz.

Jamie Auchincloss, el hermanastro de Jackie, estaba convencido de que lo que perdura de la era Kennedy son «esas deslumbrantes veladas culturales alentadas e inspiradas por Jackie. No era tanto un espíritu creativo como alguien que podía hacer cosas y agitarlas. Se daba cuenta del valor potencial de su posición y de las posibilidades que ofrecía, y explotó con éxito ambas cosas.

»Es cierto que existían aspectos en su trabajo que nunca abarcó. Se sentía frustrada con algunas de las fiestas más superficiales, las que exigían muchas palmaditas y zalamerías. Pero, cuando se trataba de las artes, estaba decidida a hacer por el país lo que ninguna Primera Dama había hecho nunca.

»El fuerte de Jackie era su capacidad para tomar una idea y llevarla adelante. Un ejemplo, por el cual la recuerdo y la admiro, ocurrió en 1961. Yo había ido a una tienda de discos de Washington y le había preguntado al encargado qué pieza de música orquestal norteamericana, más o menos reciente, podía recomendarme, y él mencionó *La Suite del Gran Cañón*, compuesta por Ferde Grofé. Compré el disco y lo puse a últimas horas de la noche durante una de las visitas de Jackie a Hammersmith Farm. Yo estaba sentado en el Salón de Cubierta y Jackie pintaba un cuadro al otro extremo del salón, y preguntó: "¿Qué es esa música?" Le dije de qué se trataba y le mostré la carátula del álbum; y seis semanas más tarde, volví al internado y, cuando compré el *Time*, leí que Jackie y el presidente habían recibido a Ferde Grofé en la Casa Blanca, y que *La Suite del Gran Cañón* fue interpretada esa noche para los invitados. El disco que compré por 2,99 dólares se convirtió en un álbum de gran venta, gracias a que yo lo había puesto una noche mientras Jackie pintaba en la misma habitación.

»Todo lo que hacían Jack y Jackie era magnificado mil veces por el intenso resplandor de la publicidad. Un ejemplo: mi padre tenía un raro ejemplar de un libro de retratos de indios norteamericanos, de George Catlin, que Jack vio por casualidad mientras se recuperaba de su operación en la espalda, en Merrywood, en 1955. Cuando llegaron a la Casa Blanca, Jackie preguntó al Smithsonian si tenían algun cuadro de Catlin. Resultó que tenían casi la única colección verdadera de Catlin de todo el mundo, la pusieron a disposición de la Casa Blanca y se convirtió en el arte que decoró las habitaciones privadas de la Primera Familia. Una vez más, la publicidad creada en derredor de un artista, hasta entonces oscuro, hizo de George Catlin uno de los artistas norteamericanos más conocidos; por el solo hecho de telefonear al Smithsonian y decir: envíenme un cuadro.»

No cabe duda de que saber que era el centro de tanta atención pública contribuyó a los repetidos accesos de ansiedad por parte de Jackie. En ocasiones, trataba de reprimir esa ansiedad con toques de humor sardónico, como cuando denunció a dos periodistas del servicio cablegráfico de noticias ante el Servicio Secreto, e insistió en que la perseguían «dos extrañas mujeres de aspecto hispano». Resultó que las dos corresponsales eran Fran Lewine y Helen Thomas. «La información llegó hasta nosotros, como era la intención —escribe Thomas en *Dateline: White House*–. Fue un brillante golpe de carambola, ya que Fran es judía y yo de ascendencia árabe.» Un agente abordó a las dos mujeres delante de la Casa Blanca. Ellas presentaron sus credenciales de prensa y fueron detenidas en el acto.

Una vez, cuando Jackie se presentó en la Casa Blanca con un nuevo cachorro de pastor alemán, la prensa le preguntó con qué le alimentaría. «Con periodistas», replicó ella. En una concurrida recepción de la prensa en la Casa Blanca para el Sha y la emperatriz de Irán, un corresponsal del *Women's Wear Daily* le preguntó a la Primera Dama si leía ese periódico. «Procuro no hacerlo», respondió Jackie.

También podía ser un poco menos que humorística. Cuando la fotografiaron cayendo de su montura durante una exhibición hípica, le puso a Jack una conferencia y le pidió que eliminara la foto. Él se negó. «Jackie —dijo—, cuando la Primera Dama se cae de culo, eso es noticia...»

En cierta ocasión, ordenó al Servicio Secreto que confiscaran unos carretes de los fotógrafos de prensa que habían sacado fotos de la familia sin su permiso. Sacó la lengua a un grupo de turistas que visitaban la Casa Blanca y, luego, previno a un reportero del *Boston Globe* que había presenciado el incidente que le haría expulsar de la Casa Blanca si lo mencionaba en letras de molde.

Después de leer una nota periodística sobre Charlie, el terrier escocés de ellos, Jackie salió como un ventarrón para buscar el cuidador de las perreras de la Casa Blanca, Traphes Bryant. «No les des una sola cosa más a esos malditos periodistas fisgones», gritó.

También censuró a Tish Baldridge por colaborar en exceso con determinados miembros de la prensa. »Tu primera responsabilidad es para con la familia, no para con la Casa Blanca.»

Pierre Salinger señaló: «Como el diluvio de publicidad continuaba sin disminuir lo más mínimo, la cólera de Jackie creció hasta llegar al punto de la ferocidad. Como yo era el secretario de prensa del presidente, soporté el peso de su indignación.»

La furia de Jackie se expresó en una serie de notas manuscritas a Salinger:

«... Tenía entendido que habías hecho un pacto con los fotógrafos para que no sacaran a los chicos jugando en la Casa Blanca. Ya tienen todas las fotos de Macaroni [el pony de Caroline] que pueden necesitar. No quiero más, lo digo en serio, y, si eres firme y te tomas tu tiempo, puedes terminar con eso. Así que, por favor, hazlo. ¿Para qué es un secretario de prensa...? Para ayudar a la prensa, sí..., pero también para protegernos a nosotros.»

Después de recibir la nota, Salinger pidió a los fotógrafos de la Casa Blanca que respetaran los deseos de Jackie, y así lo hicieron durante varios meses. Entonces, un día, los periódicos volvieron a llenarse de instantáneas de los niños mientras estaban jugando... hechas por un aficionado que las había vendido a la Associated Press. Otra nota de Jackie llegó al despacho de Salinger:

«No te preocupes —una nota serena y amable—. Tu política de nada de fisgoneos funcionó a las mil maravillas durante todo el otoño. Si ahora se salen con la suya en este caso, me temo que volverán otra vez de lleno. Y ¿se le puede censurar a la AP por comprarlas... si fueron hechas por un turista? Habría que decir a los guardias que cuiden de que no haya gente fotografiando a través de las verjas. Los guardias de la entrada podían haber impedido esto. Si es necesario, haz que un hombre patrulle de arriba abajo, por fuera, ante la puerta del suroeste.»

Cecil Stoughton, fotógrafo oficial de la Casa Blanca durante la administración Kennedy, entendió el dilema de Salinger: «Jackie tenía entablada una batalla permanente con Pierre en relación con el hecho de impedir que los niños apareciesen en la prensa. El presidente entendía las ventajas políticas de hacer que los niños fuesen fotografiados, en tanto que Jackie lo veía como una invasión de la intimidad de todos ellos. Pierre programaba sesiones fotográficas con los niños cuando Jackie estaba fuera de la ciudad y, luego, culpaba al presidente cuando Jackie se lanzaba tras él. Jackie sentía que no podía hacer nada ni ir a parte alguna sin conocimiento del público. Para ella la Casa Blanca significaba perder el dominio de su vida, convertirse en el blanco de los comentarios y los chismorreos políticos.

»A mucha gente de la prensa le resultaba difícil creer que Jackie hubiese sido alguna vez reportera gráfica. Se identificaba tan poco con los medios que parecía increíble que, alguna vez, hubiese trabajado para un periódico. Siempre pensé que su labor periodística había sido algo así como un hobby de niña bien: le daba acceso a los círculos selectos.»

La timidez de Jackie y su obsesión por preservar la intimidad se convirtieron en un factor central y dominante durante su primer año en la Casa Blanca. Hizo todo lo que pudo para eludir el cuerpo de prensa de ésta y desechó sus ruegos de entrevistas personales. Escapaba de la prensa y de las presiones de la Casa Blanca pasando fuera de Washington tanto tiempo como le resultaba posible. Cuando su esposo la obligó a responder a la prensa («Pobre Jack —dijo una vez—. Cree que, si no les presto atención, se le pondrá en tela de juicio»), recurrió a lo que su personal llamaba ERC: El Rechazo Cortés.

Demostró esta técnica el 11 de abril de 1961, en el almuerzo anual de la Casa Blanca para las Damas de la Prensa, un grupo de unas 200 periodistas y directoras de todos los Estados de la Unión. La señora Kennedy eligió el Salón del Este para dar el buffet porque el comedor de gala era demasiado reducido para contener a todas las damas sentadas a la mesa. Fue la primera vez que René Verdon preparó comida para un reunión amplia.

Jackie dio la bienvenida a las damas, una por una, a medida que pasaban a su lado. Saludó a Doris Fleasons con un tibio «Pero, Doris, ¿qué haces aquí?» Más despectivo fue su recibimiento a Angele Gingras, su ex colega del *Times-Herald*. Garnett Stackleberg, una amiga de Angele, recordaba la ocasión porque ella estaba casualmente detrás de Angele en la cola.

«Angele había ayudado mucho a Jackie en los primeros días —dijo Garnett—. Pero, cuando avanzamos en la fila de recepción y llegamos a Jackie, ésta le tendió a Angele dos dedos para estrecharle la mano, dos dedos flojos y un rígido "Hola", sin la menor señal de reconocimiento, nada de "Oh, hola, Angele, ¿cómo estás?" Así era Jackie.

»Creo que disfrutaba con el poder, la gloria, los vestidos, las fiestas y todo eso, pero mostraba desprecio por la prensa. Fingía mucho. Era puro teatro. Representaba el papel con gran idoneidad. Incluso lo hacía mejor cuando se trataba de rechazar a la prensa. Estoy segura de que Angele no se pudo sentir muy complacida por la forma en que la trató Jackie.»

Hope Ridings Miller, directora de la revista *Diplomat*, caracterizó el almuerzo como «encantador pero tenso, porque había tarjetas que indicaban el lugar en que cada una debía sentarse. Jackie se sentó entre alguien de *The New York Times* y alguien de *Time*, cosa que encolerizó a las otras chicas.

»Mi impresión es que no se sentía demasiado interesada. Estaba hastiada, como si hiciera las cosas a desgana. Se mostró amable conmigo, pero sólo porque yo no cubría la Casa Blanca con regularidad. Lo que no podía soportar era el cuerpo de prensa.»

El fracaso de Bahía de Cochinos se produjo una semana más tarde y señaló el primer revés político de la Administración. El presidente, más preocupado que nunca por las relaciones públicas, alentó a Jackie a ser más tolerante en su trato con la prensa. Según la periodista Esther Van Wagoner Tufty, su charla estimulante surtió muy poco efecto:

«La primera recepción en la Casa Blanca después de Bahía de Cochinos fue para el presidente de Túnez, Habib Bourgiba y su esposa. Había un montón de periodistas en el cóctel del Salón Azul, antes de la cena, y Jackie hacía lo posible por no prestarnos atención; se paseaba con su pitillera de oro, que ofrecía al primer hombre que tuviera cerca cuando quería fumar.

»El presidente la vio dirigirnos miradas rencorosas. Se acercó a ella y la aferró con fuerza, cogiéndola por el brazo izquierdo. La llevó hasta donde estábamos nosotras y, con una voz más encantadora, dijo: "Saluda a las chicas, querida." Después que ella susurrara "Hola", le soltó el brazo, y todavía se podían ver las huellas de la mano en la carne de ella.

»Lo que hacía muy difícil el trato con Jackie era su carácter de todo punto impredecible. A veces se mostraba muy considerada. En 1961, ingresé en el hospital para ser operada y me envió un hermoso ramillete de rosas. En otras ocasiones, nos trataba como si fuéramos basura. Muchas veces, se refirió a las mujeres de la prensa llamándonos "arpías". En una nota que vi por casualidad, sugería "mantener a raya a las arpías apostando cerca de ellas un par de guardias con bayonetas". Con franqueza, nunca pude entender cuál era su problema con la prensa. ¿Sabes?, si una no quiere que su identidad sea violada, no debe llegar a Primera Dama. Así lo entiendo yo.»

Jackie no lo veía de la misma manera. Su guerra de independencia contra la prensa no terminó nunca. La conducta de los periodistas en las cenas de gala de la Casa Blanca le molestaba hasta tal punto que sugirió que se les permitiera ver el comedor antes de la cena («...pero sólo por un instante y desde lejos»). No quería que volvieran después de la cena: «En ese momento, es cuando hacen preguntas a todos, y no creo que sea correcto tenerlos rondando por ahí. Siempre me hacen sentir como una anfitriona con ansias de trepar en sociedad. También me molestan sus libretas, aunque tal vez se debería permitir que las tengan ya que, por lo menos, de ese modo, una sabe que son de la prensa, pero creo que habría que hacer que usaran distintivos visibles y sacarles de allí en cuanto nos sentamos a cenar.» En una nota aparte, sugería que a los miembros de la prensa se les permitiese «asistir a las recepciones importantes pero manteniéndolos fuera de la vista, detrás de columnas y de macetas con palmeras. Son demasiado fisgones. Rodean a nuestros invitados y los monopolizan. La otra noche, nadie pudo acercarse a John Glenn. Además, en cuanto los fotógrafos terminen sus tomas, deben ser acompañados a la puerta de la calle, de modo que la Banda de la Marina pueda comenzar con *Hail to the Chief*».

Lem Billings admitió que Jack y Jackie reñían a menudo, a veces de forma muy furiosa, en relación con la manera que tenía ella de tratar a periodistas y fotógrafos. La pareja también discutía sobre sus gastos personales; en especial, a la luz de la decisión de él de donar a obras de caridad su salario anual de 100.000 dólares. Jack consideraba que se vería mal que lo aceptase, dada la fortuna de su padre. A Jackie le disgustaba su aparente dependencia respecto a los consejos de su padre. Durante la invasión de Bahía de Cochinos, telefoneó al embajador cada hora. Jackie se sintió desilusionada. Pero el asunto de los periodistas tenía gran importancia en su espíritu.

«En cierto modo, no era posible reprochárselo —dijo Lem—. Hiciera lo que hiciese, la crucificaban. La crucificaron por recibir lecciones de tenis, por usar un helicóptero del Gobierno para volar a Glen Ora, por nadar en las aguas de Florida infestadas de tiburones, por negarse a asistir a ciertos tés y almuerzos de la Casa Blanca, por irse de Washington cada vez que su suegra llegaba a la ciudad, por bailar el twist con el secretario de Defensa, Robert McNamara, por estar presente en una de esas veladas en la casa de Bobby y Ethel en las que todos terminaban vestidos dentro de la piscina, por subvertir la tradición de la Casa Blanca al prescindir de la levita y de los sombreros de copa en los actos formales, y por eliminar las anticuadas mesas de banquete en forma de "U" para cuarenta personas y preferir las mesas redondas para no más de una docena de invitados. Jackie hizo, en relación con Washington y la Casa Blanca, lo que hicieron los modernistas con la poesía: simplificaron, cortaron hasta el hueso. A pura fuerza de voluntad, transportó el pesado mecanismo al siglo xx, y lo único que los demás pudieron hacer fue escribir y publicar chismorreos relacionados con ella.

»Había momentos en que se excedía de los límites permitidos. Una vez, cuando las esposas de los congresistas le ofrecieron un almuerzo, se escabulló para acudir a una función del London Royal Ballet en Nueva York. En otra ocasión, faltó a un almuerzo de prensa fingiendo una enfermedad y, luego, fue a pasar la tarde en la Galería Nacional de Arte con André Malraux, entonces ministro de Cultura de Francia.

»Otra vez, no fue a una recepción para varios miles de estudiantes de intercambio, en el South Lawn. En aquel caso, cuando un periodista le preguntó a Tish Baldridge la razón de la ausencia de Jackie, éste respondió: "Los mismos problemas de siempre con la sinusitis." El reportero investigó un poco y, pronto, se enteró de que Jackie no tenía problemas de sinusitis: sólo se trataba de que, ese día, quería ir a una cacería de zorros.»

Las damas de la prensa disfrutaban convirtiendo a Jackie en su blanco. Compraban prismáticos de gran potencia, alquilaban cruceros y la seguían cuando viajaba en el *Honey Fitz*, el yate presidencial de 29 metros de eslora. La vigilaban con los prismáticos y ella las vigilaba a su vez con los suyos. La siguieron a Glen Ora, a Newport, a Hyannis Port, a Camp David, el refugio presidencial en las montañas Catoctin de Maryland y, hacia el final, a su nueva finca Atoka, en la montaña Rattlesnake, la casa que Jack hizo construir para ella cuando expiró el contrato de la vivienda de Glen Ora.

Poco a poco, Jackie comenzó a disfrutar de su posición en el pedestal y a entender más a fondo lo que ella significaba para el pueblo norteamericano, aunque nunca logró llevarse bien con la prensa. Continuó odiando a los periodistas tan profundamente como siempre. Eran el veneno de su existencia, las espinas de su corona. Tenía muy pocos problemas con los hombres, los niños o los animales. Pero, cuando se trataba de mujeres periodistas, se mostraba constantemente nerviosa y antipática.

18

El otro gran problema de Jackie durante sus años en la Casa Blanca fue el Servicio Secreto, que la mantenía en un estado de constante agitación: le informaba sobre planes de secuestro de sus hijos; sobre la trama de un piloto cubano para asesinar a su esposo; de un violador convicto que le escribía cartas (interceptadas por el Servicio Secreto) en las que le declaraba su amor imperecedero y prometía darle una «sorpresa» en la siguiente visita de Jackie a Nueva York. «Había mucho de bazofia romántica en lo referente al Servicio Secreto —diría más tarde a sus amigos—. Su mejor momento fue supuestamente el del asesinato de Jack, cuando protegieron a Lyndon Johnson, quien, de todos modos, no era objetivo del atentado, mientras Jack era asesinado. Lo más peligroso de ellos era que, si una no los conocía, podía inclusive llegar a sentirse segura con esos tipos alrededor.»

Resultaba fácil dejarse acunar por un falso sentimiento de seguridad infundido por el Servicio Secreto. Eran un grupo pequeño, selecto, cuyos integrantes recibían el nombre de «protectores». Su tamaño era amedrantador, su aspecto pretendidamente intimidatorio, tenían un físico poderoso y musculoso y las armas abultaban con el fin de ahuyentar a los posibles causantes de problemas. En muchas ocasiones, el protector era el único ser humano con quien entraban en contacto el presidente o la Primera Dama. Toda la familia llegó a depender de ellos, a confiar en ellos. Hasta les hacían confidencias. El agente personal de Jackie era Clint Hill. Clint y ella hacían largas caminatas a lo largo de la playa, en Hyannis Port. Él rondaba a su alrededor, la seguía a todas partes.

El agente del Servicio Secreto Marty Venker observó que pertenecer al pequeño grupo de protección personal del presidente Kennedy era considerado, en general, como el mejor destino en un historial del Servicio Secreto. «Los que tenían la buena suerte de trabajar en este destacamento —dijo Venker— entendían muy pronto el significado de la broma intemporal de Ted Sorensen: "Esta administración hará por el sexo lo que la anterior hizo por el golf." Los agentes jóvenes, recién destinados a la custodia de Kennedy, no podían creer lo que veían, aunque aprendían muy pronto a guardarse los comentarios para sí mismos. Kennedy disfrutaba teniéndolos cerca. No sólo le llevaban mujeres, sino que, además, participaban en sus fiestas. Eran jóvenes, hermosos, gente bien educada que gozaba con las mujeres, la bebida y las drogas. Era la época de James Bond y a Kennedy le subyugaba toda la mística del Servicio Secreto. Se identificaba con nosotros y sabía que nunca le traicionaríamos. Existía un acuerdo tácito en la Agencia, algo así como: "Tú proteges mi trasero y yo protejo el tuyo." No hablarían de las aficiones sexuales de él porque ellos hacían más o menos las mismas cosas. Eso no quiere decir que no les asombrara su conducta. En fin de cuentas, era el presidente de Estados Unidos. No podían entender que ese tipo de cosas ocurrieran en la Casa Blanca. Decían: "Maldición, la gente llegará a enterarse de esto." Pero nadie soñaba siquiera en hablar o en comunicarse con la prensa. Hacer tal cosa habría sido no sólo traicionar al presidente sino también a la Agencia. Se habría producido un inmediato estrechamiento de filas. Cualquier agente que hablara hubiera sido excluido del grupo a la puesta de sol y, como era el puesto más codiciado, nadie abría la boca. Y, si uno de ellos hubiese hablado, todos los demás habrían cerrado la boca o hubiesen negados las versiones*.

»Estar con Kennedy era como concurrir a una fiesta de una fraternidad universitaria itinerante. Siempre había fiestas, fiestas, fiestas. Existía la sensación de que nada podía nunca salir mal. Uno subía al *Air Force One* y ya estaba en otro mundo. El avión, que Jackie había decorado, era más cómodo que una mansión. Pedías un churrasco y te servían un churrasco. No era comida recalentada de avión; lo hacían delante de ti: ¡bistecs de ocho centímetros de grosor! El presidente tenía sus propias instalaciones para dormir y, a menudo, recibía la visita de mujeres cuando Jackie no estaba a bordo. Me dijeron que a Jackie le aburría todo el tema de la Casa Blanca y que prefería irse sola. Y, por supuesto, Kennedy la alentaba a hacerlo para poder dedicarse a sus fiestas.

---

* Aunque los agentes del Servicio Secreto de JFK no hablaban con la prensa, parece que varios de ellos presentaron informes confidenciales, en su oficina central, sobre las actividades sexuales del presidente. El autor ha recibido copias de dichos informes según la Ley de Libertad de Información.

»Al llegar a los hoteles, el presidente ponía en marcha, en el acto, dos reuniones: una, de carácter político, con su jefe de personal; y la otra, con el destacamento del Servicio Secreto, casi siempre con el agente avanzado, que había estado en esa ciudad o país por lo menos desde dos semanas antes de la llegada del presidente. De modo que había dos tipos de ocupaciones: políticas y sociales. Kennedy se reunía, invariablemente, primero con el agente avanzado, cosa que da una pista al respecto de sus prioridades personales. No quería saber nada de seguridad, sino de hembras. Se suponía que el agente debía establecer citas para el presidente. Si era nuevo en su trabajo y no estaba enterado de ese hecho, Kennedy se lo hacía saber muy pronto. Le decía algo por el estilo de "¿Hace ya dos semanas que está aquí y todavía no tiene ninguna hembra preparada para mí? Ustedes tienen todas las que quieren. ¿Qué tal si hacen algo por su comandante en jefe?" Lo decía en tono semijocoso, pero hablaba en serio. Los que ya estaban enterados sabían que debían tener preparadas las mujeres. Por supuesto, todas las bellezas locales querían acostarse con el presidente. Era un deber patriótico. Si nos encontrábamos en suelo extranjero, lo hacían por la aventura o por lo novedoso de la experiencia. Piensen en lo mucho que se divertían cuando contaban a sus amigas que se habían acostado con el presidente de Estados Unidos.

»De todos los presidentes de la historia reciente, Kennedy era el más lujurioso y descarado. Era descarado no sólo con respecto a las mujeres sino también en relación con los asuntos políticos. Dejaba siempre abiertas las puertas, aun las del Despacho Ovalado. Podía estar en una reunión de máximo secreto con la puerta abierta de par en par. Se podía ver y escuchar todo.

»Cuando llevaba a cabo sus fiestas en la Casa Blanca, casi siempre se desarrollaban alrededor de la piscina. Debido a sus problemas con la espalda, el agua de la piscina se calentaba a más de 30º C. Su padre había encargado al artista francés Bernard Lamotte que pintara un mural del muelle de St. Croix para la piscina. Instalaron altavoces estereofónicos para la música y un mecanismo especial de iluminación. Un movimiento del interruptor y, en St. Croix, reinaba la luz del mediodía. Otro movimiento, y era medianoche, con el brillo de la luna y las estrellas en el techo oscurecido. A una puerta que daba a la piscina, se le habían cambiado los cristales normales por otros esmerilados para que nadie pudiese espiar al presidente. En las fiestas, participaban muchas veces Kennedy y dos o tres mujeres. Se preparaba de antemano una jarra de daiquiris, que se enfriaba en una nevera portátil; en un calentador portátil, había salchichitas de Viena envueltas con bacon. Los camareros y el personal de la casa tenían casi siempre asueto o se les ordenaba que se mantuviesen alejados de la piscina. Cuando Jackie se hallaba ausente, usar el ascensor podía resultar peligroso para la salud. Una noche, el cuidador de la perrera se dirigía hacia el sótano y, en el momento en que se abría la puerta del ascensor, salió corriendo de éste una muchacha rubia, desnuda, que casi le derribó; luego, se detuvo y le preguntó si sabía dónde podía encontrar al presidente. Pero, incluso entre el personal de la Casa Blanca existía una conspiración de silencio para proteger a Kennedy e impedir que Jackie conociera sus secretos.

»El presidente conocía los movimientos de su esposa: su agente del Servicio Secreto mantenía contacto por radio con el de Jackie. De esa manera, siempre sabía dónde estaba ella. Participaba en una fiesta, en la piscina, y Jackie aterrizaba en la base Andrews de la Fuerza Aérea. Kennedy y las chicas seguían adelante hasta el último momento, en que Jackie entraba en los terrenos de la Casa Blanca.»* Los cuerpos desnudos se dispersaban por todas partes. Un agente o un conserje entraba corriendo y recogía las bebidas y los vasos, así como cualquier otra evidencia delatora. Kennedy continuaba en la piscina, dedicado presuntamente a sus ejercicios para la espalda, en tanto que se hacía salir a las mujeres por la puerta trasera de la Casa Blanca.

»Se contaban algunas cosas divertidas en cuanto a que Jackie había estado a punto de pescarlo in fraganti. Todo el mundo sabe lo de la doncella de la Casa Blanca que encontró unos panties negros de seda en la cama del presidente. Como creyó que pertenecían a Jackie, se los entregó a la Primera Dama. La vez siguiente que Jackie vio a su esposo, le tendió los panties y le dijo: "Toma, averigua a quién pertenecen. No son de mi talla."

»Oí otro relato que sé que era cierto porque yo tenía lazos de amistad con el agente involucrado en el incidente. Cuando usaba la piscina, siempre apostaba a un agente al otro lado de la puerta. "Que no entre nadie —decía—. ¿Entendido? Nadie." Un día, Ken O'Donnell se presentó ante la puerta de la piscina. Explicó al agente que tenía una cita para ver al presidente.

»—Lo siento, señor —contestó al agente—, pero no puede entrar.

» O'Donnell lanzó una mirada de furia al agente.

»—¿Me está diciendo que no puedo ver al jefe? —bramó.

»—Ésas son las órdenes que tengo, señor —dijo el agente—. Que no entre nadie.

»—No eres más que un agente del Servicio Secreto, un empleaducho —dijo O'Donnell—, y yo voy a entrar.

»Pasó junto al agente, entró en el sector de la piscina y encontró a

* El código que el Servicio Secreto usaba para identificar a Jackie era «Encaje». El del presidente, «Lancero», tenía evidentes connotaciones sexuales.

Kennedy descansando en el agua con dos jovencitas. Los tres estaban desnudos. Kennedy se enfureció. Salió de la piscina y le gritó a O'Donnell:

»—¡Pedazo de imbécil! Cuando un agente te dice que no entres, no tienes que entrar... ¡Y, ahora, vete!

»El hecho de defender al agente ante O'Donnell fue lo que le hizo conquistar a Kennedy la fidelidad de la Agencia.

»Mi inspector, Tony Sherman, relataba un episodio que ocurrió en Puerto Rico. Tony trabajaba en la División de Protección Presidencial, la sección de elite del Servicio Secreto, y conocía algunas de las anécdotas de Kennedy. Ésta se relacionaba con un agente relativamente nuevo, asignado al destacamento presidencial a finales de 1961.

»El nuevo agente montaba guardia frente a las habitaciones del hotel de Kennedy en San Juan cuando, de pronto, se abrió la puerta del piso y el presidente apareció envuelto en una toalla de baño llevando en la mano un cigarrillo sin encender. El agente de servicio vio con claridad a una rubia, desnuda, acostada en la cama de Kennedy. Éste pidió fuego al agente. El hombre se puso a buscar en el bolsillo y sacó lo primero que parecía ser un librito de fósforos. Por desgracia, había sacado un preservativo enrollado, no usado, que depositó en la mano extendida del presidente. Cuando Kennedy vio lo que le había dado, se echó a reír histéricamente, lo desenrolló y se lo mostró a la joven tumbada en la cama, quien también aulló de risa. Durante varias semanas, el agente se preocupó por la posibilidad de perder su trabajo pero, por supuesto, el presidente tomó el incidente como una broma y no hubo consecuencias.»

El presidente Kennedy recibía ayuda, en sus actividades extramatrimoniales, no sólo del Servicio Secreto sino, también, de los integrantes de su personal inmediato. Uno de los secuaces de Jack abordó a Doris Lilly mientras se encontraban en Palm Beach, en la primavera de 1961.

«Yo estaba allí, escribiendo para el *New York Post* —relata ella—. El presidente Kennedy ofreció una rueda de prensa en la casa de su padre, en la playa, así que yo también fui. Nos habíamos encontrado una sola vez, diez años antes, en un avión, en un viaje a Europa. Eso fue antes de que se casara con Jackie, cuando todavía era diputado. Nos pasamos toda la noche conversando. Le dije que, una vez, había salido con su padre. Al final del vuelo, intercambiamos nuestros números de teléfono pero, quién sabe por qué, no nos llamamos nunca.

»Llegué a mitad de la rueda de prensa. Vi que me miraba. Parecía estar tratando de recordar dónde me había conocido. Entretanto, seguía contestando a las preguntas. Después de la rueda de prensa, cuando se llevaron las cámaras de televisión, se permitió a los periodistas adelantarse para formular otras preguntas. De modo que comencé a caminar hacia él, pero había cincuenta periodistas entre nosotros y, después de hacer varios intentos sin éxito, decidí marcharme.

»Regresé a mi habitación del hotel y, unos minutos más tarde, recibí una llamada telefónica de uno de los ayudantes principales de JFK. El presidente me recordaba y quería establecer una cita. Tenía algo que quería discutir y quería que me encontrase con él en un lugar llamado The Swordfish Motel. Ése era el nombre. Se suponía que me encontraría con él en el espacio de una hora. La persona que llamaba no sabía de qué quería hablar el presidente conmigo pero sugirió que, sin duda, era muy importante. Yo sabía de qué se trataba y respondí que no podía ir. El hombre siguió insistiendo y afirmó que no me vería desilusionada. Yo sabía con exactitud lo que se esperaba de mí. Tendría que haber sido muda, ciega y sorda para no saberlo. Pero no fui, y nunca lo lamenté.»

La «dosis diaria de sexo» de JFK, como dice Garry Wills en *The Kennedy Impresonment* (1981), se convirtió en la parte más destacada de su legado, más que ningún logro político. Las mujeres eran el defecto fatal de la personalidad de Kennedy; no sabía resistirse a ellas. No pudo desaprovechar la oportunidad de conocer a Jayne Mansfield, un símbolo sexual de Hollywood, comparada a menudo, por su aspecto y su estilo, con Marilyn Monroe. Jayne, cuya capacidad como actriz era mínima, poseía, sin embargo, ambición e inteligencia, y tal vez una visión más realista de los hombres que su rival más célebre.

«Jayne parecía una rubia tonta, pero en modo alguno era estúpida —dijo Peter Lawford, quien se la presentó a su cuñado durante uno de los viajes de Jack a California—. Hubo tres encuentros, que yo sepa: uno en Beverly Hills, otro en Malibú y otro en Palm Springs. Jayne, cuyo matrimonio con Mickey Hargitay se tambaleaba en ese período, solía llamar Mister K. a Jack. Jack hablaba de la capacidad sexual de ella. Tenía el mejor cuerpo de Hollywood, piernas largas, grandes pechos firmes y una cintura minúscula. Pero no podía sentir nada con un hombre si no estaba drogada.

»Jayne era mucho más superficial en lo referente a los hombres que Marilyn Monroe. Marilyn se lanzaba a las relaciones de cuerpo y alma; Jayne las tomaba tal como venían. Podía salir con un jugador de béisbol, con el camarero de un bar o con el presidente de Estados Unidos: para ella, todos eran hombres y los hombres eran todos iguales.

»Cuando se encontraron en Palm Springs, Jayne estaba embarazada de María, su cuarta hija, y Jack sólo se dio cuenta de ello cuando se reunieron. Estaba visiblemente embarazada. Parece que su estado le enardeció, cosa que me asombró.»

Raymond Strait, agente de prensa de Jayne Mansfield durante diez años, confirmó por lo menos dos de los encuentros de Jack y Jayne en su libro sobre la difunta actriz, *The Tragic Secret Life of Jayne Mansfield* (1974). El presidente, escribe Strait, dijo una vez a Jayne que su voz era muy parecida a la de su esposa. «Jayne [se sintió] insultada, pero nunca se lo hizo saber. No hablaba como ella, se quejó [a mí]. La voz de Jackie no sonaba a nada.»

Jayne Mansfield registró otra queja contra Kennedy. Le dijo a Lawford que «había en él una frialdad, una dura e insulsa frialdad que debía de hacer que su vida personal con Jackie fuese menos que satisfactoria».

Una semana después de su cita con Kennedy en Palm Springs, Jayne estaba sentada con Strait en el Polo Lounge del Hotel Beverly Hills, cuando recibió una llamada telefónica. «Jayne había bebido un poco y se sentía aturdida —escribe Strait—. No supe con quién estaba hablando hasta que se puso a discutir... por teléfono. Terminó la conversación diciendo: "Mira, tú sólo serás presidente durante ocho años, como mucho. ¡Yo seré estrella de cine siempre!" Y cortó.»

Otra calaverada inspirada por Lawford tuvo que ver con una prostituta de Nueva York, muy cara, llamada Leslie Devereux. También ella consideró a Kennedy «maquinal y frío, de duros ojos vidriosos y una sonrisa de elevada potencia. Peter Lawford nunca explicó la situación, sólo me dio una dirección y me dijo que me encontrase allí con él. Resultó que la dirección era la del Hotel Carlyle. Subimos juntos a un dúplex del último piso, y allí estaba el presidente de Estados Unidos. Sonrió y dijo: "Muy bien, Peter. Desaparece."

»Le vi cuatro o cinco veces en el Carlyle. Al principio, todo fue sexo corriente; más tarde, se hizo más sofisticado. Yo había estado con un montón de políticos poderosos, y una cosa que siempre les agradaba era un poco de sadomasoquismo suave. Así que hicimos algo de eso: le até las manos y los pies a los barrotes de la cama, le vendé los ojos y le hice cosquillas; primero, con una pluma y, después, con las uñas. Parecía gustarle.

»Le visité dos veces en la Casa Blanca; la primera vez, apenas durante unos quince minutos, en un cuartito que se comunicaba con el Despacho Oval. Sus secretarios ni siquiera movieron un párpado cuando me vieron. Me hicieron pasar y, después, me abrieron la puerta, al salir, como lo habrían hecho con el secretario de Estado.

»En mi segunda visita, me encontré con él arriba, en sus habitaciones privadas. Un agente del Servicio Secreto me hizo pasar a una habitación oscura y sombría, llena de pesados muebles de madera, y dijo: "Póngase cómoda, enseguida estará con usted". Señaló una enorme cama de madera color chocolate con complicadas tallas. "Ésa es la cama de Abraham Lincoln", dijo. "¿Quiere decir —respondí— que tengo que acostarme ahí, en la cama de Abraham Lincoln?" "Es lo mejor que tenemos", contestó.

»Muy pronto, me abrió la puerta y un mayordomo de guantes blancos entró con champán en una bandeja de plata. Después, apareció el presidente y pasamos varias horas juntos. Le dije que me parecía sacrílego violar la cama de Abraham Lincoln. Se rió y me habló de la leyenda de la Casa Blanca, de que, cuando se formula un deseo en la cama de Lincoln, siempre se hace realidad. "Formula un deseo", dije. Cerró los ojos y yo me puse encima de él. "¿Ves? —comentó—. Nunca falla".»

Stanley Tretick, fotógrafo de la revista *Look*, recordaba una conversación que sostuvo una vez con Clark R. Mollenhof, un periodista de *Look*, respecto al carácter mujeriego de Kennedy. «Clark solía pedirme que documentara a las chicas que JFK introducía en la Casa Blanca, y yo le respondía: "¿Cómo, demonios, se puede hacer eso?" "Ve a la puerta suroeste, quédate ahí y mira esos camiones de reparto que van y vienen", respondió. Le dije que, si entraban por esa puerta, lo hacían de contrabando, con la bollería, las coronas de flores y cosas por el estilo. Insinuó que así era.»

Ned Kenworthy, un corresponsal de la oficina de Washington de *The New York Times*, admitió al director-periodista Philip Nobile que había visto cómo una de las jóvenes de Kennedy, una muchacha no mayor de veinte años, era conducida por una escalera hasta las habitaciones privadas de Kennedy, por Dave Powers. En cuanto Powers vio a Kenworthy, trató de disimular lo que hacía señalando un cuadro que había en el hueco de la escalera y proclamando: «Este cuadro fue ofrecido a la Casa Blanca por James Madison.»*

En una investigación de otras versiones, Nobile descubrió una cantidad de aventuras de JFK. Durante una breve visita a Chicago, Kennedy entró por accidente en la suite de un hotel donde tres azafatas de líneas aéreas celebraban una fiesta con sus amigos. JFK inició una conversación negligente con las perplejas personas allí reunidas. Uno de los amigos, un periodista, se disculpó y fue al cuarto de baño. Cuando volvió, descubrió que JFK se había fugado con su amiga.

A la mañana siguiente, el periodista preguntó a la azafata qué había sido de ella. «¿Cómo pudiste dejarme de esa manera?», preguntó.

«¿Cuántas veces puede acostarse una con un presidente?», replicó ella.

---

* Dave Powers, en la actualidad administrador de la Biblioteca JFK, fue siempre un obediente seguidor de JFK, de boca cerrada, quien llegó a escribir, en *Johnny, We Hardly Knew Ye*, que, cuando Jackie salía de Washington, Jack y él cenaban juntos y, luego, el presidente rezaba sus oraciones y se iba a la cama solo. Powers, como otros miembros del personal de JFK, no sólo era cómplice del presidente sino que, además, según parece, le conseguía mujeres. Una historia que se ha publicado muchas veces dice que Powers preguntó en cierta ocasión al presidente qué quería para su cumpleaños. El presidente nombró a una conocida actriz de televisión de California. Su pedido fue satisfecho.

También hubo lo de la *babysitter* de los hijos de un famoso periodista, quien acompañó a la familia a Camp David durante un fin de semana. El periodista escribía un perfil en profundidad del presidente. Se enteró —pero no lo escribió— de que Kennedy había instituido la costumbre de bañarse desnudo en la piscina de Camp David, que, desde hacía poco, tenía agua caliente. También descubrió que su *babysitter* tenía ardorosas relaciones con Kennedy. Lo que no sabía era que ella había quedado embarazada de éste y que tuvo que sufrir un aborto en Puerto Rico, procedimiento que no era el primero que financiaba JFK.

A pesar de su elevada posición, no todas las aventuras eróticas del presidente terminaban en el dormitorio. Shirley MacLaine se alojaba en la finca de Frank Sinatra en Palm Springs, a principios de 1961, cuando el presidente decidió hacer una visita. A modo de broma, Sinatra envió a Shirley en su limousine para recibir a Jack en el aeropuerto. En cuanto JFK cerró la portezuela de la limousine, sus manos comenzaron a recorrer el cuerpo de ella. Sobresaltada, Shirley huyó del coche en el momento en que éste arrancaba. Cayó al suelo y se raspó la rodilla. El coche se detuvo para recogerla. Volvió a meterse en el coche y fue inmediatamente censurada, por un agente del Servicio Secreto, por demorar la partida y poner en peligro la vida del presidente.

Aunque Shirley y Jack nunca llegaron a ser amantes, ella hizo un comentario que muy bien habría podido convertirse en el epitafio del presidente: «Prefiero tener un presidente que jode a una mujer, y no un presidente que jode a todo el país.»

Philip Nobile proporcionó nuevos nombres, pero todos eran fácilmente accesibles para quien tuviese la curiosidad suficiente como para pedirlos.

«La princesa Isabel de Yugoslavia era bella, bella, bella —dijo Doris Lilly—, y siempre rondaba por la Casa Blanca.» La belleza, el encanto, el refinamiento y la sangre real la hacían enormemente atractiva. «En contraste con mujeres como Jackie y Pam Turnure, frías e impersonales, Isabel de Yugoslavia era dulce y cálida», afirmó Lem Billings. Su esposo por aquella época era Howard Oxenberg, un afable y acomodado fabricante de ropa de la Séptima Avenida, quien no recordaba «nada en especial en relación con la Casa Blanca de Kennedy». Conocedor de las murmuraciones, agregó: «Todos conocen la fábrica de rumores de Washington. Allí les encanta hablar.»

Uno de los encuentros más singulares de JFK durante su tiempo en el cargo se relacionó con Marlene Dietrich, quien contó al director de cine Josh Logan que había sido invitada a la Casa Blanca y que, una vez allí, el presidente se precipitó sobre ella. Dietrich, dieciséis años mayor que Kennedy, logró desviar el ataque sin mayores dificultades. Cuando la acompañó en el ascensor, al salir, Kennedy le dijo a Dietrich que tenía una pregunta que hacerle. «¿De qué se trata?», dijo ella. «¿Alguna vez te acostaste con mi padre? —preguntó Kennedy—. Él siempre decía que sí.»

Existían conjeturas en el sentido de que muchos de los viajes de Jackie fuera de Washington eran producidos en gran medida por el disgusto que le provocaban las atenciones de su esposo para con otras mujeres; en especial, con Marilyn Monroe quien, disfrazada con una peluca negra, grandes gafas de sol y un vestido viejo, se alojó con Kennedy en el Hotel Carlyle de Nueva York, viajó con él a bordo del *Air Force One* (a la tripulación se le dijo que era la secretaria privada de Peter Lawford) y se hospedó con él en la casa de Lawford en la playa de Santa Mónica. Lawford organizó muchos de sus encuentros y, por lo menos en una ocasión, hizo fotos de Marilyn practicándole una felación a Kennedy mientras éste se encontraba sumergido en una gran bañera de mármol.

Lawford fue amigo de Marilyn y de una íntima amiga de ésta, Patricia Newcomb, una agente de prensa que, probablemente, sabía sobre Marilyn tanto como nadie y que fue enviada al exterior, durante varios meses, por Averell Harriman, a petición de los Kennedy, después de la muerte de Marilyn en 1962. Tan íntima, en años posteriores, de Bobby Kennedy, como antes lo había sido de Jack (en 1964 trabajó para Bobby, cuando él era candidato a uno de los asientos del Senado de Estados Unidos por Nueva York), Pat era presuntamente una invitada en la Casa Blanca cuando Jackie salía de la ciudad.

«Una sola vez vi a Jackie perder la compostura a causa de otra mujer —dijo Lem Billings—. Fue por Odile Rodin, la joven esposa francesa de Porfirio Rubirosa, el embajador dominicano, *playboy* conocido por sus numerosas conquistas femeninas y por su matrimonio con las acaudaladas herederas Doris Duke y Barbara Hutton. Jack y Rubi fueron presentados por Igor Cassini. Tenían algo en común: un ardiente interés por las mujeres. Se hicieron amigos; Jack y Odile se hicieron aun más amigos. Rubi, nunca muy propenso a los caprichos de los celos, pareció no sentirse molesto por ello; a Jackie, le molestó mucho.

»No pude entender qué había en ella para enfurecer tanto a Jackie, a no ser que, sencillamente, concentrase sus frustraciones en Odile. Jack podía ser descarado en su sexualidad, les levantaba el vestido a las mujeres y cosas por el estilo. Las acorralaba en las cenas de la Casa Blanca y las invitaba a pasar a la habitación contigua, para alejarse del ruido, donde podían tener una "conversación seria". Si bien es posible que esas mujeres fuesen serias, él no lo era. Desapareció con Hjordis Niven, la esposa de David Niven, bajo la cubierta del yate presidencial durante unos diez minutos, cuando él cumplía 44 años. No es posible extraer conclusiones apresuradas del incidente, pero era típico de la forma en que se comportaba con las mujeres.»

Purette Spiegler, que trabajó para Kennedy desde 1954, cuando éste era senador, y continuó en la Casa Blanca como una de las varias ayudantes de Tish Baldridge, señaló que «era imposible trabajar para los Kennedy y no tener conocimiento de sus dificultades matrimoniales. Yo sabía, por ejemplo, que Pam Turnure estaba enredada con JFK cuando éste llegó a la Casa Blanca. Pam era muy sensible en ese sentido, cosa muy natural. No sé si eso le molestaba a Jackie. No estoy segura de que Jackie tuviera conocimiento de los mariposeos de su esposo, o en qué medida los conocía. Iba de un lado a otro, preguntando a la gente si creían que él veía a Pam, lo cual demuestra que no estaba segura.

»No hay que olvidar que Jackie estaba ausente muy a menudo. Su lugar era ocupado, en las funciones de la Casa Blanca, bien por lady Bird Johnson o por Ethel Kennedy. Jackie sólo se encontraba presente cuando quería. Parecía sumamente lista y penetrante, de manera que, si no sabía todo lo concerniente a las citas de su esposo, era sólo porque no quería saberlo.

»Recuerdo haber ido a París cuando Kennedy ya era presidente. Allí conocí a un politicastro cuya amiga, una mujer de negocios francesa, había visitado hacía poco la Casa Blanca con un grupo de industriales europeos. Hubo una recepción y, en cuanto Kennedy la vio, según el amigo de ella, le pidió que pasara la noche allí. En mi cargo, escuchaba estas anécdotas día y noche. ¿Eran ciertas? Lo dudo. Es posible que algunas fuesen verdaderas pero si todo lo que se decía sobre JFK era verdad, ese hombre nunca habría trabajado.»

«Si sólo una décima parte de las mujeres de quienes se rumoreaba que se habían acostado con el presidente lo hubieran hecho en realidad, el número todavía resultaría increíble —dijo el periodista Francis Lara—. Y el número era de verdad increíble. También era asombroso que sus compañeras sexuales nunca le denunciaran. Y, en apariencia, no inhibían su capacidad para funcionar como presidente.

»Venían de todas partes. Una modelo de las páginas centrales de *Playboy* llegó a la Casa Blanca llevando una carta para el presidente, de un conocido de éste en California. Kennedy escribió más tarde a su conocido: "Recibí tu mensaje, los dos."

»Las mujeres preguntaban constantemente a Pierre Salinger o a Ken O'Donnell si podían ver al presidente "un minuto". Se las hacía pasar. Si el minuto se extendía a varias horas..., ¿qué importancia tenía eso?

»Una atractiva modelo escandinava fue un día a la Casa Blanca, entró en la oficina de Salinger y preguntó si podía "ver" al presidente. Vi que Salinger la llevaba a la oficina de JFK y salía dejándola a solas con Kennedy. Este argumento, con variaciones, se repetía a menudo en esos días.*

»Los norteamericanos podrán escandalizarse por semejante conducta, pero los europeos la dan por sentada. Un hombre atractivo en el puesto más poderoso del mundo: un europeo daría por sentado que tendría una o dos amantes. Cuando Kennedy se encontró con el primer ministro británico Harold Macmillan en Bermuda, a finales de 1961, resultaba evidente que aquél mantenía relaciones con una de las secretarias que había llevado consigo. Macmillan pensó que, para su propia protección, Kennedy habría debido ser tal vez más reservado, pero no mostró reservas éticas o morales.

»Otro ejemplo de la actitud europea en relación con el amor y el matrimonio puede encontrarse en la siguiente anécdota: una vez, JFK recibió a dos periodistas en la Casa Blanca; una de ellas era Oriana Fallaci, la conocida corresponsal italiana, quien, según parece, le dijo al presidente: "Me gustaría presentarle a la amiga de mi esposo..."»

Un punto de vista un tanto diferente fue el proporcionado por Phillipe de Bausset, jefe de la oficina en Washington del *Paris Match*, quien entendió que «el régimen Kennedy representaba un nuevo tipo de manipulación de la Avenida Madison en relación con las fuerzas políticas. Estaba orientado hacia los jóvenes; representaba la esperanza. Pero no se basaba en la verdad. La prensa sabía, por ejemplo, que Jack y Jackie no se llevaban bien, aunque JFK trataba de proteger la imagen de un hombre con una esposa enamorada e hijos hermosos, todos contentos y sonrientes. El público esperaba un relato de ensueño, de manera que eso fue lo que le dimos. En privado, le decía a mi director algunas cosas que creía ciertas, y él me ordenaba: "No escribas eso."

»Ya habíamos tenido problemas por la publicación de una nota que apuntaba que Caroline era infeliz y veía a un psiquiatra infantil varias veces por semana. Pierre Salinger estalló cuando lo vio, dijo que éramos un "periodicucho" y amenazó con plantearnos un pleito porque la versión no era cierta. Jackie debió de echarse sobre él ferozmente. Paul Mathias, corresponsal en Nueva York del *Match*, que tenía trato personal con ella, tuvo que apaciguarla con una cantidad de regalos que le compró y que cargó en la cuenta de gastos del *Match*.

* Cuando Gore Vidal escribió *The Best Man*, una obra basada en parte en la campaña presidencial Kennedy-Nixon, el libertinaje de JFK surgió como un subtema. El personaje JFK (William Russell) se pregunta cómo hará para introducir mujeres, a hurtadillas, en la Casa Blanca. Cuando JFK ya era presidente, Vidal envió ejemplares de la obra teatral a Jack y a Jackie. Ellos leyeron en la cama, juntos, sus respectivos ejemplares. Jackie le dijo a Jack: «Éstos no podemos ser nosotros, ¿verdad?» «No —respondió JFK—. Es pura ficción.»

»Una noche, asistí a una recepción formal en la Galería Nacional de Arte, para André Malraux y el cuadro de la *Mona Lisa.* Malraux había hecho que el Louvre colgara la *Mona Lisa* y la *Madre* de Whistler, como un préstamo personal a los Kennedy. Los dos cuadros fueron exhibidos por separado en la Galería Nacional (y, más tarde, en el Museo de Arte Metropolitano de Nueva York). Asistí a la recepción con un fotógrafo. Éste sacaba fotos del presidente Kennedy alternando con los invitados. En un momento dado, conversó de forma muy íntima con una francesa excepcionalmente hermosa. Yo le dije al fotógrafo: "Hazles una foto. Son una hermosa pareja." El presidente vio lo que hacíamos, vino directo hacia nosotros, apoyó un dedo en mi pecho y dijo: "No publiques esa foto, ¿entiendes?" "Muy bien —respondí—, no lo haremos." No quería que se le viera con esa persona.

»Esa clase de manipulaciones era algo corriente en los años de Kennedy. La Administración Kennedy era un enorme espectáculo de relaciones públicas. Yo solía pensar en la sorpresa que se habría llevado el país de haber sabido que Jacqueline Kennedy, supuestamente la mujer más deseable y excitante del mundo, no podía satisfacer a su esposo. La culpa no era sólo de ella. Kennedy estaba demasiado dedicado a divertirse por su cuenta. Puede que ello no haya obstaculizado su capacidad para dirigir el país, pero tampoco ayudó. De no haber muerto, muchas de sus indiscreciones habrían llegado a ser de dominio público. No habría sido reelegido. Dadas las circunstancias, no llegó a concretar su programa político. Éramos prisioneros de un mito que habíamos ayudado a crear. Los fabricantes profesionales de imágenes construyeron una imagen; los periodistas se tragaron la propaganda y, más tarde, se vieron obligados a seguir adelante con ella.»

A pesar de las afirmaciones de que el libertinaje de Kennedy no afectaba a sus obligaciones presidenciales, Langdon Marvin recordaba dos casos que, aunque humorísticos, habrían podido tener resultados desastrosos. «Los dos tuvieron lugar en el Hotel Carlyle de Nueva York —explicó—. En el primero, Jack decidió asistir a una fiesta privada que organizaba una amiga nuestra en una casa situada enfrente del Carlyle. La anfitriona, una mujer famosa en la sociedad neoyorquina que, a menudo, le conseguía chicas a Jack, había prometido un montón de atractivas jovencitas para esa ocasión, y Jack no quería que el Servicio Secreto le siguiera los pasos. Yo conocía una salida indirecta del Carlyle por el sótano del hotel. Conseguimos eludir al Servicio Secreto y llegar a la fiesta sin que nos siguieran. En pocos minutos, Jack había elegido a su compañera para esa noche y se había ido a su apartamento. Momentos más tarde, llegó el Servicio Secreto. ¿Dónde estaba el presidente? Nadie lo sabía. En la calle, delante de la casa, había un teniente del ejército, con un maletín sujeto a la muñeca por unas esposas. De pronto, me di cuenta. Jack se había ido a acostarse con una chica y el hombre del maletín negro se había quedado atrás. Los rusos podrían habernos mandado al infierno con una bomba y nosotros no habríamos estado en condiciones de impedirlo.

»El segundo percance ocurrió cuando Jack extravió su libretita negra con números de teléfono. La había dejado caer en la acera, en algún lugar de Arizona, durante una visita con funcionarios del Estado. Por fortuna, un ex compañero de estudios mío, de Harvard, el gobernador de Arizona en esos momentos, la recogió, o lo hizo alguno de sus ayudantes, y dijo: "Envíensela al presidente, al Carlyle." Hasta hacía poco, el presidente había ocupado en el Carlyle la habitación del último piso que daba al este. La otra habitación, la que daba al oeste, tenía un dormitorio más. En cuanto quedó disponible, Jack se cambió de una habitación a la otra. Cuando el ministro de Relaciones Exteriores soviético hizo una visita a Estados Unidos para dar una conferencia, le dieron la habitación anterior de Jack. Desconocedor del cambio, el ascensorista del Carlyle dejó el paquete que contenía la libretita negra de Jack en una mesa del vestíbulo del ministro de Relaciones Exteriores soviético.

»Un día más tarde, Jack me llamó, presa del pánico. "¿Dónde está esa maldita libreta? El ascensorista insiste en que la dejó en el vestíbulo, pero no está ahí."

»No hizo falta mucho tiempo para advertir que había habido una terrible confusión. Imaginé todo tipo de titulares acerca de nuestro presidente, el maníaco sexual, en *Pravda* y en *The New York Times*. Me precipité al Carlyle, localicé al ascensorista, le di un par de billetes de veinte dólares y le dije que encontrase una llave para el último piso lado este. "¿La habitación del presidente?", preguntó. "No —contesté—, la anterior habitación del presidente." Buscó una llave y subimos juntos. El paquete que contenía la libreta negra se hallaba todavía en la mesa del vestíbulo, donde la habían dejado; para mi mayor alivio, nadie lo había tocado.»

El síndrome de «la otra mujer» afectaba a Jackie de distintas maneras en diferentes ocasiones. A intervalos, se recogía, abatida, durante períodos prolongados, alejada de todos y glacialmente fría con el presidente. En esas ocasiones, es cuando salía a hacer compras: gastaba miles de dólares en joyas, en ropa de diseño exclusivo, en cuadros; cualquier cosa que cautivase su imaginación.

El gran día de la compensación llegó para Jackie cuando el presidente le dio el dinero necesario para diseñar y construir «Wexford», su propio lugar de retiro para los fines de semana, en Atoka, al oeste de Middleburg, en las onduladas colinas de Virginia. Las tierras fueron vendidas a los Kennedy, mediante un pago simbólico, por Paul y Bunny Mellon. Wexford limitaba con los vastos terrenos de los Mellon y, hasta que ella construyó sus propias caballerizas, Jackie guardaba sus caballos en la finca de aquéllos. «Necesito un lugar al que pueda ir para estar sola», decía a los amigos que se preguntaban por qué prefería Wexford en lugar de los terrenos de los Kennedy en Hyannis Port. Se trataba del sentido de independencia de Jackie, de su reconocimiento de que ella y Jack necesitaban estar separados de vez en cuando; eso la ayudaba a mantener su matrimonio.

«Jackie llevaba ventaja en la medida en que le importaba muy poco lo que pensara la gente y, por lo tanto, podía salir de la Casa Blanca cualquier día si se le antojaba —observó Peter Lawford—. También sabía que Jack se sentía celoso de que viese a otros hombres, porque estaba convencido de que hacía las mismas cosas que él. Ella jugó con sus celos, en represalia por su promiscuidad, y se sintió complacida y un tanto tranquilizada cuando él reaccionó. En una función de gala de la Casa Blanca, Jackie bebió demasiado champán, se quitó los zapatos y bailó y coqueteó con todos los hombres que había a la vista. Echaba la cabeza hacia atrás y reía, o lanzaba miradas profundas a su compañero de baile. No cabe duda de que el juego funcionó: Jack se dio cuenta... y también los demás invitados de esa noche en la Casa Blanca.»

Jack y Jackie renovaron sus hostilidades durante un viaje de Semana Santa a Palm Beach. Un domingo por la mañana, cuando el presidente se resistió ante la perspectiva de ir a la iglesia, se oyó que la Primera Dama le decía: «Vamos, hijo de puta. Te metiste en esto y sabes que tu público lo exige. Así que ponte tu maldita corbata y la chaqueta, y vámonos.»

El Viernes Santo, después de otra pelea doméstica, Jackie fue a misa con un pañuelo en la cabeza, un vestido corto y sin mangas, gafas de sol y sandalias sin medias, y miró ceñuda a los reporteros gráficos mientras le sacaban fotos. Para empeorar las cosas, Peter Lawford fue a buscarla, después de misa, con bermudas y descalzo.

Benno (Gilbert) Graziani, un periodista italiano que llegó a estar cerca de Jackie y, más aun, de Lee Radziwill, conoció otro aspecto de la Primera Dama. «Mientras Jackie recorría la Casa Blanca con Benno —informó Francis Lara—, abrió de pronto la puerta de una oficina en la que estaban sentadas dos muchachas. Jackie se volvió hacia Benno y dijo: "Ésas dos son amantes de mi esposo."»

El Servicio Secreto conocía a las dos bajo los apodos de «Fiddle» y «Faddle»*. «Eran compañeras de cuarto en la universidad y querían traba-

---

* «Fiddle-faddle»: expresión idiomática que significa «tontería», «disparate», etc. (N. del T.)

jar en la campaña de Kennedy —dijo Pierre Salinger—. Cuando resultó elegido, pasaron a trabajar en la Casa Blanca. Priscilla Weir (Fiddle) ayudaba a Evelyn Lincoln; Jill Cowan (Faddle) trabajaba conmigo. ¿Jack jugueteaba? Digamos que separaba el trabajo del placer. Y que era un ser humano con debilidades humanas.»

El grado de reacción de Jackie ante los jugueteos extramatrimoniales de Jack variaba según su estado de ánimo. Pero, a medida que pasaba el tiempo, se volvía cada vez más filosófica. En algunas ocasiones, llegaba a provocarle, a burlarse de él en cuanto a su necesidad de otras mujeres. Durante unas vacaciones en Palm Beach, cuando ella y los Lawford habían ido a nadar, volvió a la casa y le dijo a Jack: «Será mejor que vayas allá enseguida. He visto a dos que te encantarían.» En otra oportunidad, en una cena de la Casa Blanca, le sentó entre dos de sus últimas conquistas... sólo para verlo en apuros.

Según Truman Capote, las únicas relaciones extramatrimoniales de Jackie eran las que se desarrollaban dentro de su cabeza: «Se murmuraba mucho acerca de Jackie, pero había muy poco escándalo. La mayor parte de sus supuestas calaveradas eran producto de la imaginación. Llevaba un registro de coitos mentales que encabezaba como un coloso André Malraux, seguido por el Dr. Christian Barnard, Henry Kissinger, Alistair Cooke, Cary Grant*, Robert McNamara, el general Maxwell Taylor y Rudi Nureyev, hasta que vio fotos de hombres que correteaban desnudos en el cuarto de invitados de Rudi. Entonces, decidió que sólo "admiraba" a Rudi. También mencionaba al príncipe Felipe, a John Glenn y a Eugene R. Black, presidente del Banco Mundial. Corrían constantes rumores que la vinculaban con washingtonianos como Clark Clifford y Franklin Roosevelt, hijo; Gianni Agnelli, dueño del imperio automovilístico Fiat, era otra posibilidad mencionada con frecuencia. Todo era ficticio. Jackie no era realmente coqueta, y no había en ella nada de seductor o sensual.»

Algunos disentían de Capote. Muchos de los amigos y conocidos de Jackie la consideraban una gran coqueta, una mujer con maravillosos modales seductores. Era ultrafemenina. Adoraba a los hombres tanto como su esposo a las mujeres. Una de las murmuraciones afirmaba que Jackie se había enredado con uno de sus agentes del Servicio Secreto. La verdad es que el agente había simpatizado con Jackie y cometió el error de dar a conocer sus sentimientos. Jackie respondió insistiendo en que el agente fuese trasladado a otra unidad. En general, afirmaba que esos rumores la desconcertaban. «¿Qué puedo hacer? —le preguntó a Toni Bradlee—. Ceno con al-

---

* Cary Grant también agradaba a JFK. El presidente llamaba al actor de vez en cuando «nada más que para escuchar esa voz impecable».

guien, bailo con alguien más de una pieza, hago una caminata con alguien, soy fotografiada con alguien, sin Jack al lado... y, en el acto, la gente dice: "Dios mío, deben de estar manteniendo relaciones..." ¿Cómo se reacciona ante algo por el estilo?»

«No creo que Jackie traicionara nunca a Jack —dijo Peter Lawford—. Por otro lado, no era totalmente sincera respecto de sí misma. Había alterado sus antecedentes de familia. Inventaba mentiras para no tener que presentarse en determinados actos públicos. Decía casi cualquier cosa a la prensa para quitársela de encima. Entretanto, resultaba evidente que estaba enterada de las historias de Jack. Me dijo que las conocía. En una ocasión dijo que le había pescado in fraganti. Estoy seguro de que quería que yo supiera que era consciente de mi papel en la vida amorosa de Jack. Si se tiene todo esto en cuenta, es posible que Jackie haya optado por tener sus propias relaciones. Lo dudo, pero es posible. Le encantaba oír hablar de las indiscreciones de otras personas; también a Jack, ya que estamos en eso. Pero Jackie nunca hablaba de sí, en tanto que, si uno acuciaba a Jack, se franqueaba de vez en cuando. Ella sentía que existía una diferencia entre ser curioso y ser sincero. Recuerdo algo que dijo una vez: "Es posible que algún día se sepa todo lo que tiene que ver conmigo, pero no será con mi colaboración."»

Joe Acquaotta, conductor del servicio de limousines Esplanade, de Palm Beach, recordaba un incidente que tenía relación con Jackie y que ocurrió durante una de las muchas visitas de ella a la zona.

«Un día, a eso de las tres y media de la mañana, recibo una llamada para recoger a alguien en el Hotel Biltmore, en mi limousine. Llego y veo a un hombre y una mujer que parecen muy enamorados, cogidos de la mano y con los ojos empañados. La mujer se separa y se mete en el coche. Es Jackie Kennedy. La había llevado unas cincuenta veces en Palm Beach, de modo que, por supuesto, sabía muy bien quién era. "Hola, Jackie —le digo—. ¿Cómo estás esta noche?" "No soy Jackie", me contesta. La vuelvo a mirar por el espejito retrovisor. Es Jackie, sin duda alguna. Me mira a su vez y no dice nada. Por último, me da una dirección y la llevo hacia allá. Es la casa frente al mar del coronel C. Michael Paul que, como sabe todo el mundo, es el lugar donde se alojan ella y el presidente en esa visita. Cuando se apea, le digo: "Buenas noches, Jackie." Me dirige una mirada furiosa y se aleja. No tengo la menor idea de lo que hacía cogiéndole la mano a un tipo delante del Hotel Biltmore a las tres y media de la mañana, pero estoy seguro de que era ella. Apostaría mi vida.»

19

El encubrimiento más difundido perpetrado por la Administración Kennedy incluía la relación de Jack y Jackie con el Dr. Max Jacobson, un médico neoyorquino también conocido como «Dr. Feelgood» y «Miracle Max», un refugiado alemán cuyas anfetaminadas inyecciones de vitaminas múltiples, esteroides, hormonas, enzimas y células orgánicas condujeron a la larga a una audiencia de revocación de la licencia en la oficina del fiscal general del Estado de Nueva York. Max había estado inyectando anfetaminas —el poderoso estimulante que la cultura de la droga llama *speed*— en las venas de decenas de los más famosos artistas, escritores, políticos e integrantes de la *jet-set* de todo el país a lo largo de más de una década. Aunque repleta de nombres de celebridades, la clientela de Jacobson abarcaba a personas de toda las esferas; entre ellas, unos cuatrocientos enfermos de esclerosis múltiple, muchos de los cuales continuaron consultándole tiempo después de que su licencia médica fuese revocada.

Muchos de los pacientes de Jacobson ponían toda su confianza en las pociones que fabricaba en su consultorio del número 155 de la Calle 72 Este, e insistían —sin saber a veces qué había en las inyecciones— en que les había ayudado a conseguir buena salud y mucho éxito. La mayor parte de ellos afirmaban que sus inyecciones les proporcionaban una energía ilimitada, una vida más productiva y placentera, y la capacidad necesaria para trabajar durante muchas horas sin fatiga.

Pero unos pocos de los pacientes, por lo menos, abandonaron los tratamientos, con quejas por las reacciones secundarias y la dependencia esclavizadora de las anfetaminas. Usada durante un período prolongado, en dosis medianas o grandes, se ha sabido que la droga produce pérdida de memoria, alucinaciones, depresión, ansiedad, pérdida de peso, paranoia, esquizofrenia e hipertensión. En años posteriores, el inspector médico de la ciudad de Nueva York afirmaría que uno de los pacientes de Max había muerto de «envenenamiento anfetamínico agudo».

A pesar de todos los riesgos de sus tratamientos, la lista de seguidores del Dr. Jacobson parecía un «Quién es quién» de los ricos y famosos*. Las enfermedades que padecían recorrían una amplia gama, pero la técnica del doctor era siempre la misma. De cabello oscuro, ojos pardos, mejillas rosadas, vital, siempre paseándose de un lado a otro, Jacobson hacía el papel de gurú y de médico. No creía en los análisis prolongados o en las medicaciones convencionales. Era brusco, enérgico, dogmático y humorístico, un diagnosticador compulsivo que se basaba en su intuición antes que en los complejos diagramas, gráficos e informes utilizados por la mayoría de sus colegas. Inconformista e iconoclasta, trabajaba con frecuencia dieciocho horas o más al día, siete días por semana; se inyectaba él mismo antes de inyectar a un paciente con una nueva sustancia de su vasto arsenal. Los pacientes de Max esperaban muchas veces durante horas enteras antes de entrar en las diversas habitaciones de su consultorio. Aparecía de golpe, a menudo con pantalones anchos y una chaqueta de cirujano manchada de sangre, aplicaba una inyección, intercambiaba unas cuantas palabras y salía precipitadamente en busca del siguiente paciente. Cuando el paciente le acosaba con preguntas, se encontraba de pronto hablando a la espalda del médico. Max Jacobson mantenía un equilibrio en su huida, algo rayando en el movimiento perpetuo.

El primer contacto de John Kennedy con Max se produjo en el otoño de 1960, una semana después de hablar ante un grupo de pastores protestantes en Houston (su dramático discurso sobre la separación de la Iglesia y el Estado) y una semana antes de su primer debate televisado con Nixon. Kennedy había establecido un demoledor ritmo de campaña, y las largas

---

* Además de Jack y Jackie Kennedy, entre sus pacientes más conocidos se contaban Winston Churchill, Cecil B. DeMille, Judy Garland, Marlene Dietrich, Peter Lorre, Alan Jay Lerner, Van Cliburn, Otto Preminger, Emilio Pucci, Edward G. Robinson, Tennessee Williams, Truman Capote, Billy Wilder, Hermione Gingold, Eddie Fisher, Margaret Leighton, Anaïs Nin, Henry Miller, Anthony Quinn, Yul Brynner, Arlene Francis, Martin Gabel, Franchot Tone, el senador Claude Pepper, Burgess Meredith, Rita Moreno, Chita Rivera, Hedy Lamarr, Kurt Baum, Leontyne Price, Franco Zeffirelli, Serge Stavitsky, Maynard Ferguson, Andy Williams, Eddie Albert, Mel Allen, Mickey Mantle, Roscoe Lee Browne, Tony Franciosa, Roddy McDowall, Mabel Mercer, Stavros Niarchos, Rebekah Harkness y Pat Suzuki. Suzuki afirmó que visitar la oficina de Max «era como entrar en la Agencia William Morris. Y es claro que todas esas celebridades se volvieron atrás y le traicionaron cuando las cosas se pusieron un poco duras para él. Le repudiaron. No querían publicidad.»

horas y los viajes interminables cobraban por fin su tributo. Chuck Spalding hizo comentarios acerca de lo cansado que estaba su amigo. Le dijo que conocía a un médico, Max Jacobson, que le había curado de un caso muy serio de mononucleosis.

No era la primera vez que Kennedy oía el nombre. Mark Shaw, otro de los pacientes de Jacobson, era fotógrafo de *Life* y, en ese momento, tenía la tarea especial de fotografiar a Kennedy y a su familia. Shaw y su esposa, la actriz Pat Suzuki, estrella de la comedia musical de Broadway *Flower Drum Song*, mantenían de vez en cuando relaciones sociales con los Kennedy. Mark, quien a menudo hacía reportajes de moda para *Life,* le llevaría más adelante a Jackie fotos, antes de ser publicadas, de las *premières* de Londres y de París, de manera que ella pudiera estudiar los últimos diseños y, luego, enviar a un amigo a adquirir tal o cual prenda elegida. «Como Primera Dama, se daba por supuesto que Jackie sólo debía comprar ropa norteamericana, y afirmaba que así lo hacía; pero, en realidad, utilizaba muchos diseñadores europeos —dijo Pat Suzuki—. Usaba diseñadores europeos y, probablemente, se limitaba a arrancar las etiquetas.»

Mark Shaw habló en términos tan elogiosos de Jacobson que Kennedy le dio el visto bueno a Chuck Spalding para que le consiguiera una cita. El único ruego de Spalding fue que Max despejara su consultorio de los demás pacientes y dejase sólo el personal necesario. Por razones evidentes, explicó Spalding, la consulta tenía que ser privada y confidencial.

Max aceptó, y el candidato a la presidencia por el Partido Demócrata llegó al consultorio solo, después de haber logrado «perder» a su escolta del Servicio Secreto. Le dijo a Max que Mark y Chuck le habían recomendado y hablado de que los había ayudado a soportar la tensión de la actividad profesional.

Kennedy dijo que las exigencias de su campaña política habían sido física y mentalmente agotadoras; que le resultaba difícil concentrarse por espacios prolongados y que, a menudo, se sentía tenso y débil.

El Dr. Jacobson redactó un breve historial clínico, formuló varias preguntas en cuanto al estado de Kennedy, le informó de que padecía estrés y le aseguró que el tratamiento del mismo era una de sus especialidades.

Para demostrarlo, le puso una inyección. El futuro presidente sintió que una oleada de calor se extendía por todo el cuerpo. «Después de su tratamiento, me dijo que su debilidad muscular había desaparecido —escribiría Jacobson en una autobiografía inédita—. Se sentía... sereno y muy despierto. Le di un frasco de gotas vitamínicas para tomar por vía oral y, después, se marchó.»

Jacobson trató a Kennedy por segunda vez poco después de ser elegido presidente y le visitó a Hyannis Port, con Mark Shaw y Pat Suzuki. Luego, asistió a la ceremonia de investidura como invitado de otro paciente, el senador de Florida Claude Pepper y su esposa*, pero no volvió a saber de Kennedy hasta poco antes de que el presidente y su esposa viajaran a Canadá en la que sería su primera visita de Estado a un país extranjero. Jacobson recibió una llamada telefónica de la Dra. Janet Travell, la médica personal del presidente, quien le hizo preguntas detalladas acerca de su tratamiento del estrés.

—¿Esto tiene relación con el presidente? —preguntó Jacobson.

—La tiene —contestó Travell.

Max le dio a la doctora de la Casa Blanca un informe detallado de su tratamiento del estrés pero, cuando se ofreció a enviarle la misma información por escrito y un material de muestra para análisis, ella declinó el ofrecimiento.

El 12 de mayo de 1961, cuatro días antes del viaje a Canadá, Max recibió una llamada telefónica de la Casa Blanca. ¿Quería tener la bondad de volar a Palm Beach para ver al presidente?

—¿Cuándo? —preguntó Max.

—Ahora mismo.

A su llegada, le recibió un coche que le condujo a la residencia de Charles y Jayne Wrightsman, donde se alojaban los Kennedy. Se sentó y esperó en un vestíbulo de la parte de atrás durante varios minutos hasta que apareció el presidente. Kennedy fue al grano. Estaba preocupado por la salud de Jackie en general. Desde el parto de John, hijo, había padecido depresiones periódicas y jaquecas intensas. Quería saber si podría soportar la tensión del inminente viaje a Canadá pero, cosa más importante, si podría acompañarle a París, Viena y Londres a principios de junio para una conferencia en la cumbre con el primer ministro soviético, Nikita Khrushchev. Max dijo que, para responder a la pregunta con precisión, tendría que ver a la paciente.

Jackie reposaba en el dormitorio de Jayne Wrightsman. «Parecía desdichada y se quejaba de una fuerte migraña —escribe Max—. Después de una breve conversación, le dije: "Lo menos que puedo hacer por usted es detenerle la jaqueca." Lo hice. Le administré una inyección. En pocos mi-

---

* Claude Pepper y su esposa se hicieron pacientes de Max a finales de la década de los cuarenta. Siguieron siendo firmes partidarios de él mucho después de la anulación de su licencia médica. «Durante más de treinta años —dijo Pepper—, padecí un intenso eczema en las manos y el escroto. Había estado en el Hospital Walter Reed, en varios hospitales militares, en especialistas de la piel y en la Escuela de Medicina de Harvard. Ninguno de ellos me mejoró en nada. Y, entonces, apareció Max, me puso algunas inyecciones y el prurito desapareció.»

nutos, el dolor de cabeza había desaparecido. Eso rompió el hielo. El estado de ánimo de ella cambió por completo.»

A pesar de varios desacuerdos menores entre el primer ministro John Diefenbaker y el presidente Kennedy, la conferencia de Canadá se desarrolló bien a no ser por una desgracia que nada tuvo que ver con la diplomacia. Durante una ceremonia de plantación de árboles en los terrenos de la Casa de Gobierno en Ottawa, Kennedy se inclinó para cavar la tierra con una pala y se dislocó la espalda. Volvió a Washington con dolores agudos; apenas podía caminar.

Varios días más tarde, la recepcionista de Max recibió una llamada telefónica urgente de la señora Dunn desde Washington. «Dunn» era el nombre clave que había sido asignado por el Servicio Secreto para indicarle que se trataba de llamadas de la Casa Blanca. Atendió la llamada y se le pidió que volara a Washington. Las líneas aéreas comerciales tenían vendidos todos los billetes, pero Mark Shaw, piloto durante la Segunda Guerra Mundial, era copropietario de un bimotor Cessna y consintió en llevarle a Washington.

«Me habían reservado habitaciones en el Sheraton de Washington —escribe Max—. A la mañana siguiente, un coche me llevó a la Casa Blanca. Para no llamar la atención de los turistas y de la prensa... llevé mi instrumental médico en una cartera para documentos y no en un maletín médico. Desde la entrada, fui conducido al bufete del Servicio Secreto que vigilaba el ascensor... Me acompañaron arriba y me sentaron en el vestíbulo. Al cabo de un rato, apareció Providencia Parades y me ofreció un desayuno en el comedor de la familia. Después, me hicieron pasar a la salita y me anunciaron a la señora Kennedy. Me sorprendió encontrarla de asombroso buen ánimo. Sentía temor respecto al inminente viaje europeo y al forzado programa de éste. Después de su tratamiento, dijo: "Jack quiere verle."

»George Thomas... apareció en la puerta y me condujo, por un corredor que unía los dos dormitorios, ante el presidente. El presidente Kennedy me saludó con cordialidad y me pidió que me sentara.

»Confirmó los recientes informes de prensa sobre que se había agravado el estado de su espalda mientras plantaba un árbol en Canadá. Tenía ante sí un itinerario muy tenso y temía que su espalda volviese a provocarle problemas durante su viaje a Europa, en el cual debería estar horas enteras sentado o de pie. La Dra. Travell le había aliviado el dolor rociándole la espalda con cloruro de etilo, que adormece la piel con la que establece contacto. Este método se había usado alguna vez en Rusia para, luego, abandonarlo... a causa de su falta de valor terapéutico...

»Le mostré un ejercicio para fortalecer los músculos de la espalda.

Luego, le administré su primer tratamiento [para la espalda], no sólo para aliviar su dolencia local sino para proporcionarle fuerzas adicionales con el fin de enfrentar el estrés. Inmediatamente después de terminar el tratamiento, se puso de pie y caminó varias veces de un lado a otro. "Me siento mucho mejor", dijo. Yo respondí en broma: "Lamento enterarme de eso."

»Se rió y dijo: "Me gustaría que viniera a Europa conmigo la semana próxima. Espero que pueda arreglar sus asuntos." Mi respuesta fue: "No hace falta decir que lo considero un pequeño servicio, no sólo hacia usted, sino al cargo que [me] hizo posible escapar de la persecución de Hitler y establecerme como ciudadano norteamericano."»

Según la autobiografía de Jacobson y los archivos del Servicio Secreto, que sirven como corroboración, Max pasó cuatro días seguidos en Washington, tratando al presidente y a la Primera Dama, antes de regresar a Nueva York. En su segundo día en la Casa Blanca, tuvo que hacer frente a una agitada Jackie Kennedy. Había descubierto un frasco de Demerol en el cuarto de baño del presidente. Nuevas investigaciones revelaron que un hombre del Servicio Secreto le había proporcionado a su esposo la droga no autorizada. El agente fue despedido en el acto.

«Eso no fue suficiente —escribe Jacobson, quien se oponía a la mezcla de alcohol y de cualquier opiáceo con su tratamiento por anfetaminas—. Durante mi siguiente encuentro con el presidente Kennedy, relaté los hechos del día anterior con el descubrimiento del Demerol. En términos muy claros, le señalé que, al contrario de lo que afirmaba la creencia popular, el Demerol no sólo era muy adictivo sino que, además, constituiría un obstáculo para sus funciones. Y lo que era más, si continuaba usándolo, yo no seguiría atendiéndole.»

Truman Capote describió el efecto corriente del tratamiento anfetamínico de Jacobson como de «euforia instantánea. Te sientes como Superman. Vuelas. Las ideas brotan a la velocidad de la luz. Trabajas setenta y dos horas seguidas sin parar para tomar café. No necesitas dormir, no necesitas comer. Si lo que buscas es sexo, puedes pasarte toda la noche en eso. Y, luego, te desplomas: es como caer en un pozo, como lanzarse al vacío sin paracaídas. Quieres aferrarte a algo y no hay nada, sólo aire. Vas corriendo a la Calle 72 Este. Buscas un mosquito alemán, el insecto del aguijón mágico. Te pica y, en el acto, vuelves a elevarte en el aire».

Los Kennedy ya tenían una leve adicción para el 31 de mayo, la fecha de su partida hacia París. El presidente insistió en que Max le inyectara a bordo del *Air Force One* cuando todavía estaban en tierra, en Idlewild. Max desembarcó después y, con su esposa Nina, quien también había hecho el viaje, subió a un avión de Air France. Fue «el vuelo más extraño que nunca haya experimentado. Nina y yo éramos los únicos pasajeros en el avión. Los sobrecargos y las azafatas pasaron momentos maravillosos y nosotros recibimos la atención más espantosa».

El costo astronómico de fletar un avión transatlántico para dos pasajeros —con el fin de disfrazar su presencia como parte del séquito presidencial— sería absorbido por el contribuyente norteamericano, lo mismo que su lujoso alojamiento en el hotel. En París, se destinó a los Jacobson a una enorme suite en L'Hôtel Napoleon, que, por entonces, seguía siendo uno de los hoteles más caros de la ciudad.

Los parisienses se sintieron encantados con la radiante presencia de *la belle Zha-kee* y con su aspecto de «Madonna gótica». Desde el momento en que Charles De Gaulle saludó a los Kennedy en el aeropuerto de Orly, con una salva de 101 cañonazos, todas las miradas se clavaron en Jacqueline, cuya principal función política en Francia era la de embajadora de buena voluntad, una intermediaria en lo que JFK describía como «mis difíciles conversaciones con Charles De Gaulle».

«No creo que sea totalmente incorrecto que me presente yo mismo —dijo JFK—. Soy el hombre que acompañó a Jacqueline Kennedy a París... y lo disfruté.» El presidente, el hombre que iba detrás de su mujer, expresaba su orgullo por la tumultuosa recepción que los europeos otorgaban a su esposa.

Era el momento de triunfo de Jackie. Se sentía como una emperatriz. Se alojó en el Quai d'Orsay, en el Palais des Affaires Étrangères, un gran castillo que miraba al Sena; durmió en la *Chambre de la Reine,* en una cama que, la última vez, había sido ocupada por la reina Fabiola de Bélgica; se bañó en una bañera de mosaicos plateados, en un cuarto de baño de madreperla; fue conducida de un lado a otro en una limousine Citroën negra con una escolta de jinetes con plumas que cabalgaban a su lado. Alexandre, peluquero de Greta Garbo y de Elizabeth Taylor, fue llamado para peinar a Jackie. Hubert de Givenchy diseñó el vestido que usaría en la cena de gala de Versalles. Para ese acto, su cara sería maquillada por la mundialmente famosa Nathalie.

Sus modelos y peinados se convirtieron en el tema de conversación de la ciudad. Aunque la reacción general fue muy positiva, Jackie tenía sus detractores. La condesa Consuelo Crespi, asesora de moda de *Vogue,* encontró que el aspecto Givenchy era «pasmoso», pero que el trabajo de Alexandre «no le sentaba para nada. No era Jackie Kennedy. Llevó el cabello peinado hacia abajo en un almuerzo formal con De Gaulle, en el Palacio Elysée, pero las mujeres europeas no llevan el cabello peinado hacia abajo en las ocasiones formales. Después, para la primera velada de gala, lució un majestuoso peinado del siglo XIV, con un penacho; en la segunda noche —una cena a la luz de las velas, para 150 invitados, en el Salón de los Espejos del Palacio de Versalles, seguida por una función de ballet en el teatro Luis XV del palacio y una exhibición de fuegos artificiales al aire libre—, hizo gala de un gran moño coronado por una frágil tiara de diamantes. Era la primera vez que se cambiaba el peinado desde que era Primera Dama. Fue un error. No resultó».

Resultaba evidente que Jackie pensaba lo contrario. Pidió a Alexandre que la acompañara a Viena y a Londres. Más tarde, le invitó a visitar la Casa Blanca y continuó utilizando sus servicios de vez en cuando, años más tarde, cuando se convirtió en la señora Onassis. El general De Gaulle decía que era una mujer «encantadora y arrebatadora, de cabello y ojos extraordinarios». Medía cada una de las palabras que pronunciaba ella y, en un momento dado, se inclinó hacia adelante y murmuró al oído del presidente Kennedy: «Su esposa sabe más de la historia de Francia que la mayoría de las mujeres francesas.» «Y que la mayoría de los hombres», añadió Kennedy. Fue Jackie quien entregó a De Gaulle el regalo oficial de su país: una carta original de la correspondencia Washington-Lafayette, comprada para esa ocasión por Charles y Jayne Wrightsman por un total de 90.000 dólares.

Después del primer almuerzo, Jackie hizo una escapada a un centro de atención y educación para niños. Enormes multitudes se apiñaban en todas las esquinas para poder ver a Jackie y a las bien protegidas personalidades que la rodeaban, un grupo en el que se contaban Rose Kennedy, Eunice Shriver, Lee Radziwill, Miche Bouvier (quien, entonces, vivía en París y trabajaba en Grumman Aircraft) y Tish Baldridge, que trató de explicar a la prensa extranjera la popularidad de Jackie. «John Kennedy es nuestro presidente, pero ella es nuestra estrella cinematográfica.»

Aunque Janet Travell acompañaba a los Kennedy como doctora de la Casa Blanca, Max Jacobson era quien aseguraba el tratamiento médico de ambos. Michael J. Samek, amigo y paciente, había equipado para Max un estuche especial, de cuero, con bolsillos para frascos y medicinas. Estuche en mano, Max llegó al Palais des Affaires Étrangères inmediatamente después de la cena inaugural.

«Era muy poco común encontrar a Jackie tan locuaz, en contraste con su actitud reservada para conmigo —escribe Max—. Miré en torno, en su habitación, y advertí una irregularidad en el perfecto trabajo de detalle de las molduras. Sospeché la existencia de un micrófono. Le llamé la atención, señalando esa dirección, y me llevé la otra mano a los labios. Entendió enseguida. Después de nuestra reunión, fui a la habitación del presidente...

»El presidente estaba muy tranquilo... Me preguntó si habíamos tenido un vuelo cómodo y me dijo que quería verme a la mañana siguiente, temprano. Con el cambio de horario, sumado a un día agotador, le indiqué que era importante que pasara la noche descansada.»

A la mañana siguiente, después de ser tratado por Jacobson, Kennedy se reunió con De Gaulle para otra ronda de conversaciones en tanto que Jackie, conducida por la señora De Gaulle y por André Malraux, recorría las pinturas impresionistas exhibidas en el Museo del Jeu de Paume, viajaba a Malmaison (el refugio campestre de la emperatriz Josefina) y asistía a un almuerzo para gastrónomos en La Celle St. Cloud, el refugio, hacía tiempo, de Madame de Pompadour*.

Hacia el final de la tarde, pero con un solo agente del Servicio Secreto a la zaga, Jackie usó un coche sin identificaciones para visitar algunos de sus lugares favoritos de la *Rive Gauche*. Por primera vez desde su llegada, no fue reconocida. Esa noche, todavía hablaba de su pequeña excursión cuando el grupo del presidente llegó al Palacio de Versalles.

Más de una vez, esa noche, Jackie tuvo que actuar como intérprete de su esposo y el presidente francés de imponente estatura. En el Teatro Versalles, después de la cena, ella y De Gaulle discutieron sobre literatura y poesía francesas. Al día siguiente, Jackie le dijo a Max Jacobson que no recordaba ninguna ocasión en que se hubiese sentido mejor o más segura de sí misma.

Nina Jacobson se quedó en París mientras Max acompañaba al presidente, a la Primera Dama y a sus treinta y cinco baúles a bordo del *Air Force One* para el vuelo a Viena. Aterrizaron en medio de una fuerte tormenta de lluvia y, enseguida, se dividieron en dos caravanas de coches. Una siguió a Jacqueline a su compromiso con la señora Nina Khrushchev. La otra siguió al presidente a la residencia privada del embajador norteamericano en las montañas de Semmering, a las afueras de Viena, donde debía realizarse la primera reunión con Khrushchev.

«En cuanto llegamos, me llevaron de prisa arriba, a las habitaciones y al cuarto del presidente —escribe Jacobson—. "Se supone que Khrushchev ya viene hacia aquí —dijo éste—. Será mejor que me dé algo para mi espalda."

»Durante la reunión, esperé en el vestíbulo, donde me senté en un ancho alféizar y admiré el espectáculo de las montañas... No había comido nada desde el desayuno, en el avión, y me alegré mucho al ver que Provi [Parades] y George [Thomas] se acercaban a mí con una fuente de sand-

---

* «Jackie es única como esposa de un presidente norteamericano», le dijo André Malraux a De Gaulle, después de que los Kennedy se marcharan de Francia. «Sí, es única —convino De Gaulle—. Me la imagino dentro de diez años en el yate de algún petrolero griego millonario.»

wichs de jamón cocido vienés. A medida que pasaban las horas, me pregunté cómo andaba todo. Sentí un temor cada vez mayor. Y, entonces, apareció el presidente en la puerta. Le pregunté: "¿Cómo se siente, señor presidente?" "Permítame que orine un poco antes de contestarle", me dijo. Cuando regresó, afirmó que la reunión estaba a punto de terminar y que él se sentía bien. Podía retirarme a mi hotel.»

A pesar del apoyo psicológico proporcionado por las inyecciones de anfetaminas, las reuniones del presidente con Khrushchev no iban bien. El secretario de Trabajo, Arthur Goldberg, y el secretario de Estado, Dean Rusk, le habían aconsejado a Kennedy que demorase la cumbre —no había pasado suficiente tiempo desde el desastre de la invasión de Cuba— pero, en un esfuerzo por reducir la tensión de la guerra fría, JFK decidió seguir adelante; el resultado fue una sólida tunda verbal a manos de un luchador de más edad, más listo, más habituado.

Si la cumbre representó un fracaso táctico para JFK, proporcionó en cambio otro triunfo a Jacqueline. Lo mismo que en París, deslumbró a las muchedumbres, a los dignatarios extranjeros y a la prensa internacional. Incluso impresionó a Nikita Khrushchev.

El banquete de gala tuvo lugar en el Palacio Schönbrunn, el equivalente de Versalles en Viena. Durante la mayor parte de la cena, hubo una enorme multitud reunida frente al palacio barroco cantando el nombre de la Primera Dama: «¡Jaah-kiee! ¡Jaah-kiee!» El cántico se hizo tan fuerte que los guardias de palacio tuvieron que dispersar al gentío.

«Parece que la aprecian», le dijo Khrushchev a Jackie. Ella estaba radiante. Él le dijo cuán «exquisito» encontraba su vestido blanco largo —llegaba hasta el suelo—, adornado con cuentas de color rosa. Los doscientos cincuenta invitados a la cena no pudieron dejar de advertir que había acercado su silla a la de ella. Hablaron de caballos y de danzas populares ucranianas. Cuando él le informó de que la Ucrania soviética tenía más maestros que la Ucrania zarista, ella respondió: «Oh, señor presidente, no me aburra con estadísticas.» Él se echó a reír. Cuando ella le preguntó por los perros rusos que eran lanzados al espacio exterior, él le prometió que le enviaría uno, y lo hizo. Un fotógrafo de un periódico británico le preguntó si querría posar para una foto con el presidente Kennedy, y el dirigente soviético replicó: «Prefiero posar con su esposa.»

Godfrey McHugh, que había hecho el viaje como ayudante del *Air Force One* de JFK, recordaba lo «caídos» que se sintieron todos en el vuelo a Londres. «Fue como viajar con el equipo perdedor después del Mundial de béisbol. Nadie hablaba mucho. El presidente se había sentido intimidado por Khrushchev; en especial, respecto al problema de Berlín; la frontera existente quedaría legalizada, Berlín Oriental estaría bajo el completo dominio de Alemania Oriental, en tanto que Berlín Occidental sería considerada una ciudad internacional. Si Norteamérica trataba de obstaculizar esos planes, dijo Khrushchev, habría guerra. JFK señaló que, si alguna vez estallaba una guerra nuclear entre las dos grandes naciones, morirían más de setenta millones en los primeros diez minutos. Khrushchev le miró a los ojos y dijo: "¡Así será!"

»Jackie también parecía deprimida. Mientras viajaba a bordo del avión, le escribió una larga carta al general De Gaulle con comentarios sobre la cumbre y expresándole su gratitud por haber hecho que su estancia en París resultara tan memorable. Estaba en francés y me pidió que la corrigiera.

»—Es una carta maravillosa, Jackie —le dije—, pero resulta incorrecto que una dama se dirija a De Gaulle llamándole *mon général*. —Le expliqué que *mon général* es, estrictamente, una forma masculina de trato—. Los franceses son muy quisquillosos en lo referente a la etiqueta adecuada. Podría ofenderse.

»—En ese caso, el Departamento de Estado puede escribir por su cuenta la maldita carta —dijo, y regresó furiosa a su asiento.»

El *Air Force One* fue recibido en el aeropuerto de Heathrow por el primer ministro británico Harold Macmillan, el embajador norteamericano David Bruce y una multitud de británicos que vitoreaban. Mientras el coche presidencial avanzaba hacia la residencia Radziwill, una casa georgiana de tres pisos en el número 4 de Buckingham Place, a la vuelta del Palacio Buckingham, Max Jacobson se reunió con su esposa en el Claridge. Apenas habían entrado en su habitación del hotel cuando sonó el teléfono. Era el agente del Servicio Secreto del presidente. A éste volvía a dolerle la espalda: ¿querría el Dr. Jacobson acercarse?

«El coche me llevó a la entrada trasera —escribe Jacobson—. El conductor me escoltó por el jardín hacia la puerta de atrás, que no se abrió enseguida; el motivo era que daba a un cuarto de baño para los criados que, en ese momento, parecía estar ocupado.

»De ahí, subimos por una escalera empinada hasta un amplio vestíbulo que contenía esculturas victorianas del siglo XIX sobre pedestales de mármol. Subimos por otra escalera hasta el segundo piso... Entré en el dormitorio de Lee Radziwill, donde Lee, el presidente y Jackie... conversaban. El presidente y yo nos retiramos a una antesala, donde le atendí. Después de atender también a la señora Kennedy, bajé de nuevo por la escalera hasta el vestíbulo... De pronto apareció un hombre guapo, con levita, me estrechó la mano y sonrió; se presentó como "Stas". Era el príncipe. Salí y regresé al Claridge.»

Max agregó muy pronto a los Radziwill a su caballeriza de pacientes subyugados. Fue a un safari con Stas y visitó a los Radziwill en Londres y en la casa de campo Reina Ana, próxima a Henley-on-Thames. Como a Max le encantaba la natación, los Radziwill instalaron una enorme piscina interior en su propiedad de Henley. También veían a Max cuando aparecían por Nueva York, donde poseían un dúplex de doce habitaciones en la Quinta Avenida.

El motivo principal de la escala en Londres fue el bautismo de Anna Christina Radziwill, la hija pequeña del príncipe y la princesa Radziwill. La ceremonia se llevó a cabo en la Catedral de Westminster el 5 de junio, y fue coronada por una recepción en la residencia de los Radziwill, entre cuyos invitados se contaban el duque y la duquesa de Devonshire, Randolph Churchill, lady Elizabeth Cavendish, sir Hugh y lady Antonia Fraser, y Douglas Fairbanks, hijo. Los Kennedy concurrieron más tarde a una cena ofrecida por la reina Isabel y el príncipe Felipe en el Palacio de Buckingham. Otros invitados eran Harold Macmillan, Louis Earl Mountbatten, David Ormsby-Gore (embajador británico en Estados Unidos y antiguo amigo de la familia Kennedy) y otros dignatarios británicos.

Después de la cena, a las doce menos cuarto de la noche, el presidente volvió a subir a bordo del *Air Force One* para el regreso a Washington. Jackie se quedó, en espera del viaje de una semana a Grecia que planeaba hacer con su hermana y con su cuñado.

Dos días después de su llegada y de un informe televisado a la nación, el presidente Kennedy voló a Palm Beach, donde aceptó conceder una entrevista exclusiva a Hugh Sidey, de *Time Life*. Sidey cenó con Kennedy, Chuck Spalding y «un par de secretarias» en la casa de los Wrightsman. Aunque no dijo nada a este respecto en su artículo para *Life*, parece que a Sidey la llamó la atención la manera ostentosa con que JFK exhibía su estilo de vida de *playboy*.

Mientras su esposo retozaba en Palm Beach, Jackie y los Radziwill aprovecharon al máximo la estancia en Grecia. El Gobierno griego les había proporcionado una cómoda casa de campo y un yate de 38 metros de eslora para una gira por las islas Cícladas. Visitaron la colonia de artistas de Hidra, el pequeño puerto de Poros y las ruinas del Templo de Poseidón en Sunion. Jackie se dedicó a la natación, hizo esquí acuático, bailó el chachachá al compás de *Never on Sunday* en un club nocturno de Atenas, vio la Acrópolis, visitó Delos, la cuna de Apolo (la isla fue cerrada a los turistas el día de la visita de Jackie), y se paseó por las calles empedradas de Mikonos mientras cientos de periodistas, fotógrafos y ciudadanos locales la seguían.

Al regreso de Jackie a Washington, los Kennedy comenzaron a utilizar los servicios de Jacobson con regularidad; por lo menos, una vez por semana y, de tanto en cuando, hasta tres y cuatro veces. Para el verano de 1961, ambos tenían ya una fuerte dependencia de las anfetaminas. Como muchos de los pacientes de Max, descubrieron que funcionaban con mayor eficacia, se sentían más enérgicos y necesitaban dormir menos de lo que les había hecho falta hasta entonces durante muchos años.

«El 18 y el 19 de septiembre de 1961 —escribe Jacobson—, me encontraba en la Casa Blanca cuando nos enteramos de que Dag Hammarskjöld*, secretario general de las Naciones Unidas, había muerto en un accidente de aviación ocurrido en África. Hubo una gran conmoción, porque los rusos entablaron una batalla en lo referente al nombramiento del sucesor. Circularon rumores (más tarde confirmados) sobre que el avión no se había estrellado de forma accidental. Kennedy quiso presentarse ante la Asamblea General para convencerla de que rechazara la propuesta rusa de crear una *troika* (triunvirato) en lugar de continuar con un único secretario general. En opinión de Kennedy, ello provocaría una parálisis en el funcionamiento de las Naciones Unidas en el caso de una catástrofe nuclear (o de cualquier otra).

»En la mañana del 25 de septiembre, temprano..., me llamaron por teléfono. Me dijeron que fuese inmediatamente al Carlyle. Llegué una hora y media antes del programado discurso de Kennedy en la Asamblea General. Fui directamente a sus aposentos del último piso, donde David Powers me abrió la puerta. Parecía que habían estado reunidos toda la noche, a juzgar por los vasos vacíos y semivacíos, y los ceniceros llenos dispersos por toda la habitación. Powers me condujo al dormitorio del presidente. El presidente Kennedy estaba todavía con la ropa de dormir y me saludó con un susurro tan ronco que apenas pude entender lo que decía. Me desafió, diciendo: "¿Qué piensa hacer al respecto?" Era imperativo que pronunciara en persona su discurso ante la ONU. Su presencia era necesaria para derrotar la propuesta rusa. Le dije al presidente que le haría recuperar la voz... Le pondría una inyección subcutánea, un poco más abajo de la laringe... Todavía veo la expresión de asombro del rostro de Kennedy cuando pudo hablar de nuevo con voz normal.»

«Las anfetaminas no eran ilegales en aquellos días, y representaban apenas uno de los ingredientes de muchas de las inyecciones de Max —subrayó Michael Samek—. Tenía un laboratorio en su consultorio, en el cual experimentaba con sus medicamentos. A veces, le ayudaba a preparar

---

* Hammarskjöld mostró alguna vez irritación al respecto de la publicidad de Jackie y se burló de su belleza; le dijo a Adlai Stevenson: «No sé a qué viene tanto alboroto. Ni siquiera se molesta en asistir a las fiestas que las esposas de los parlamentarios organizan en su honor. Pero, a pesar de todo su desdén, resulta imposible abrir un periódico sin leer algo relacionado con ella.»

las inyecciones. Estaba influido por el Dr. Paul Niehans, fundador de "La Prairie", la famosa clínica suiza. Niehans se especializó en la inyección de células animales —principalmente de ovejas— en la circulación de la sangre humana. Al igual que Niehans, Max creía que, si bien no le era posible prolongar la vida humana, podía mejorar la calidad de ésta. Su filosofía era: "¿Por qué sufrir cuando no es necesario?" Max usaba en sus inyecciones mucha placenta y hueso. Utilizaba el calcio, que producía en el paciente una oleada de calor en cuanto se introducía en el organismo. Usaba bastante las células de hígado. Las empleó para vigorizar a Jackie. En un momento dado, comenzó a experimentar con gimnotos. Le parecía significativo que las anguilas no tuvieran riñones. Yo me ofrecí voluntariamente para una inyección de gimnoto. Su hijo Tommy, quien entonces era médico internista, se asombró ante mi confianza. En efecto, yo confiaba en Max. Creía en él más que en cualquier otro médico, anterior o posterior.

»En apariencia, también los Kennedy creían en Max*. Nunca preguntaron qué contenían las inyecciones, y él nunca les dio información. Si tenía algún defecto, era su impaciencia para responder a las preguntas médicas de los pacientes. Además, era desordenado. Una vez por semana, yo solía poner orden en su maletín médico, lo limpiaba, limpiaba los frascos y demás. De esa manera, por lo menos tenía aspecto profesional; en particular, cuando iba a ver a los Kennedy. En general, a Max no le interesaban mucho las apariencias. Era un improvisador. Su consultorio no correspondía a las normas de un consultorio médico estándar. Yo era su mayor crítico. Solía decirle: "Max, tienes que ordenar este consultorio y llevar correctamente tus registros." De manera que el arreglo de su maletín se convirtió en mi responsabilidad. También ordené algunos de los muebles de la sala de espera. Max era muy impaciente. No tenía tiempo para esas "tonterías". Digo "tonterías" porque así las habría considerado él.

»Otra cosa, en lo que se refiere a Max: no mantenía relaciones con hospitales u organizaciones médicas convencionales. No era miembro de la American Medical Association. Consideraba que la mayoría de los doctores eran simples hombres de negocios con afán de lucro. Su desprecio por la medicina establecida, unido a su éxito al tratar a muchos pacientes muy conocidos, produjo bastante animosidad profesional contra él. La American Medical Association fue a por él. Max era un anarquista médico, un fu-

* En 1962, Norteamérica envió medicinas, equipamiento agrícola y alimentos a Cuba, como precio por el rescate de los prisioneros tomados durante la invasión de Bahía de Cochinos. El principal «barco de rescate», de propiedad privada de un multimillonario llamado Piero Johnson, fue rebautizado como *S. S. Maximus* en honor de Max Jacobson. El nombre fue sugerido por JFK.

turista. Quería más racionalidad en la medicina. Otros médicos intentaban "curar" a sus pacientes con esclerosis múltiple, mientras que Max sólo deseaba hacerles más soportable la vida. Odiaba los hospitales, la enfermedad, la muerte y los funerales; y también los odiaba John Kennedy. Era el paciente ideal para Max, porque amaba mucho la vida. Existe una anécdota según la cual Caroline mostró una vez a su padre un pájaro muerto que había encontrado en el césped de la Casa Blanca, y que él se crispó y dijo: "Saca esa cosa de aquí, llévatela." Lo mismo que hubiera hecho Max.

»Una vez fui a Hyannis Port, con Max, cuando trató a Jack y a Jackie. Mark Shaw también se encontraba presente. Conocí a Jackie por primera vez. La trató y, después, esperamos al presidente. Mientras estábamos sentados en la sala, Max dijo: "¿Qué les parece? Heme aquí, el hijo de un carnicero *kosher* de Berlín esperando al presidente de Estados Unidos."

»Max trataba a Jackie en el Carlyle cada vez que ella llegaba a Nueva York y, en la Casa Blanca, cuando atendía a su esposo. Cuando ellos estaban de vacaciones, él viajaba en avión hacia donde estuviesen. Mark Shaw solía llevar a Max en avión a Glen Ora y a Wexford, usando una pista privada de aterrizaje que pertenecía a los Mellon. Un día, se vieron obligados a aterrizar en un pastizal para vacas y esquivaron por poco un grupo de árboles. Pero a Max le encantaban el misterio y la aventura vinculados con esos viajes. Otro día, cuando yo le acompañaba, fuimos a la Casa Blanca. A Max se le permitía subir al piso de arriba, pero a mí no. Tuve que esperar abajo. Y aun Max debió darse prisa ese día. El motivo era que Alexei Adzhubei y su esposa, yerno e hija de Nikita Khrushchev habían sido invitados por los Kennedy a un almuerzo privado. Alexei era periodista, y existía la preocupación de que pudiese informar acerca de la presencia de un médico. Lo último que quería Kennedy era que los rusos supiesen que no gozaba de la mejor salud.»

Hubo comentarios menos elogiosos sobre la actividad de Max; entre ellos, uno de Ruth Mosse, una enfermera que trabajó con él durante una parte de la Administración de JFK: «Cuando Jackie llegaba de visita a Nueva York, el Servicio Secreto telefoneaba al consultorio y decía que iba a enviar un coche para Max. Entonces, le aseábamos un poco. Salía con ellos del consultorio y, más tarde, le traían de vuelta. Jackie nunca iba al consultorio. Iba él al Carlyle. Durante ese período, tampoco el presidente Kennedy acudía al consultorio. Max siempre iba a verle.

»Me asombraba que le consultaran. Max era un charlatán redomado. Sé que lo era. Yo estaba allí. Veía qué se hacía y qué no. Usaba médula ósea, la cocía y se la inyectaba a la gente. Algunos resultaban con infecciones. Otros se desvanecían y teníamos que asegurarnos de que pudiesen volver a caminar. Pero todos los importantes acudían a verle. Creían en él igual que los fanáticos creen en la religión.

»Max estaba loco de remate. Cuando aplicaba una inyección, volcaba en la mesa el contenido de su maletín y revolvía, en medio de una mezcla de frascos sin etiquetar y sustancias químicas sin especificación del nombre, hasta hallar lo que buscaba. Sus uñas estaban perpetuamente negras a causa de las sustancias que manipulaba. Si un paciente preguntaba qué tipo de inyección se le estaba administrando, Max le respondía: "Si se lo dijese, ¿lo entendería?" Su actitud era: ¿se le hacen preguntas a Dios? Max estaba loco. Veía a treinta o más pacientes por día. Trabajaba 24 horas diarias, a veces durante varios días seguidos. Era un carnicero. Todas sus chaquetillas blancas estaban salpicadas de sangre. Por eso hacíamos que se cambiara cuando venían a buscarle para Jackie. Y, como él mismo se inyectaba sus mejunges, hablaba frecuentemente con dificultad. En ocasiones, se hacía difícil entender lo que decía. Mi padre, que era psiquiatra, me hizo dejar el puesto porque temía que Max comenzara a inyectarme a mí también.»

Los temores de Ruth Mosse eran compartidos por varios de los íntimos de Kennedy. Pierre Salinger no entendía por qué el presidente consultaba a alguien de una apariencia y un comportamiento tan poco profesionales como Max Jacobson, y le preocupaba que esta relación pudiese llegar a ser conocida por la prensa. La Dra. Janet Travell trató de discutir con el presidente el asunto de la adicción a las anfetaminas. Él no le prestó atención, como tampoco la prestó a las frecuentes advertencias de su hermano Bobby. Los archivos del FBI indican que, en 1961, Bobby envió a los laboratorios del FBI, para su análisis químico, cinco frascos de medicinas que Jacobson había dejado en la Casa Blanca. El informe posterior del FBI indicaba la presencia de anfetaminas y esteroides, en elevadas concentraciones, en cada uno de los cinco frascos.

Chuck Spalding tuvo también un enfrentamiento con Max. La ruptura de ambos se produjo en un coche que conducía Max, rumbo al aeropuerto de La Guardia, donde Max, Chuck y Ken McKnight (otro de los compinches de Max y administrador en el Departamento de Comercio) iban a abordar el siguiente avión a Washington. Max tenía una cita para ver a Kennedy. Iban por Sutton Place, en Manhattan, cuando Spalding, en mitad de una conversación, le dijo a Max: «Detén el coche. Me bajaré aquí mismo.»

«No se "bajó" del coche —recordaba Ken McKnight—. Saltó de él y echó a correr. Me volví y le vi correr calle arriba; el faldón de su camisa ondeaba con la brisa.»

«Pensé que Max se comportaba de forma irracional, y que ya era hora de dejarle —sostiene Spalding—. No me avergüenzo de haber ido a verle como paciente, pero no hay que exagerar los milagros médicos de Max. Habíamos llegado a un punto en que, aunque atraído al principio por el tipo, sentí que ya me había hartado de él. Había demasiado de grotesco en relación con lo que estaba haciendo. Al principio, me estimuló mucho pero, más tarde, pareció mostrarse cada vez más indeciso. Sabía que usaba anfetaminas y que la mayoría de sus pacientes, personas como Alan Jay Lerner y Eddie Fisher, miembros del grupo de gente del mundo del espectáculo, necesitaban mantenerse por encima de sí mismos, en el colmo de su capacidad, y que ésa era la base de su clientela de elevada posición. Pero, detrás de eso, pude ver que el tipo era muy diferente. Nos venía con todos esos cuentos fantásticos acerca de cómo había conseguido... un elefante recién muerto, y cómo le había extraído el corazón para inyectar las células en el pecho de alguien. Luego, explicaba con detalle el asunto de cómo podía vivir casi sin dormir, cómo iba a revolucionar todo el ciclo de la vida humana. La gente de la Casa Blanca empezó a hacer preguntas acerca de él. Al cabo de un tiempo, todo eso cayó sobre mí.»

«Llegó el momento en que Max quiso dejar de tratar a JFK —recordaba Michael Samek—. Me pasé la mitad de la noche con él intentando redactar una carta para el presidente, en la cual él estipulaba sus razones para no querer continuar tratándolos, ni a él ni a Jackie. Max estaba molesto porque sentía que ciertos miembros del círculo íntimo de JFK, como, por ejemplo, Robert Kennedy y Chuck Spalding, le trataban mal, le desairaban. En cuanto a Janet Travell, no puedo imaginar que le entusiasmara mucho el tener a Max rondando siempre por ahí.»

Max registró la ocasión en sus memorias: «En casa, después de pensar las cosas, preparé una carta para el presidente, que le entregué al comienzo de nuestra siguiente sesión.

»La abrió y leyó que me había sentido feliz de poder prestarle mis servicios en el pasado pero que, para evitar una controversia que podía envolverme, le pedía permiso para interrumpir mis actividades en la Casa Blanca. Se rió, rasgó la carta y dijo: "Ni hablar de eso."»

Aunque Jacobson siguió tratando a Jack y a Jackie, Robert Kennedy continuó una persistente campaña para desacreditarle. La nueva jugada de Bobby consistió en sugerirle a Jack que todos los medicamentos que tomara fuesen sometidos primero a un análisis por la Food and Drug Administration. Después de muchas presiones y con evidente molestia, el presidente le preguntó a Max si le molestaría aceptar esa sugerencia. Max la aceptó y envió a la oficina del fiscal general quince frascos de medicamentos. Una semana más tarde, la FDA confirmó las conclusiones de los laboratorios del FBI: los medicamentos contenían anfetaminas y esteroides. «No me importa que sea orina de caballo —replicó el presidente—. Dan resultado.»

«La combinación de esteroides y anfetaminas, no cabe duda, aumentó la energía sexual de Kennedy —dijo Tom Jacobson, el hijo de Max, quien reemplazó a su padre en diferentes ocasiones—. Traté a Jackie una vez, cuando mi padre se fue a Londres con Alan Jay Lerner para visitar a los Radziwill. Jackie tenía un resfriado. Fui al Carlyle con Ken McKnight. Él esperó fuera con dos agentes del Servicio Secreto, uno de los cuales era Clint Hill. Me pasé algo así como una hora con Jackie y le administré una inyección.»

Los momentos de brillo se mezclaban con tiempos de crisis en la Casa Blanca, cosa que aseguraba la necesidad de la constante participación de Max. Cuanta más tensión experimentaba Kennedy, más tratamientos con anfetaminas exigía. «Recuerdo con claridad una tarde en que había una recepción muy importante en la Casa Blanca —escribe Max Jacobson—. En esos momentos, la nación sufría el impacto de la crisis [de la huelga] siderúrgica. Kennedy estaba tenso y con miedo. Después del tratamiento sonrió y dijo: "Ahora puedo bajar y estrechar la mano a varios centenares de amigos íntimos."»

En septiembre de 1962, cuando James Meredith se convirtió en el primer norteamericano negro que se inscribió en la universidad de Mississippi y Kennedy solicitó tropas federales para impedir disturbios raciales, Max Jacobson le puso al presidente una serie de inyecciones. Lo mismo hizo durante los primeros días de la crisis cubana de los misiles y se mantuvo preparado cada vez que el país enviaba al espacio a uno de sus astronautas.

«A Max le fascinaba la NASA y el Programa Espacial —dijo Michael Samek—. Hablaba del tema durante horas enteras con Kennedy. Estaba convencido de que eso iniciaría una nueva era de descubrimientos médicos.»

Otro tema que discutían con frecuencia era el programa de capacitación física del presidente. Cuando surgió el tema de la caminata recomendada, de 80 kilómetros, Kennedy le dijo que había apostado con Stas Radziwill que éste nunca podría igualar la última hazaña de Bobby Kennedy: la de cubrir la distancia de 18 horas o menos. Apostaron 1.000 dólares, y el cheque del perdedor debería ser extendido a nombre de la Constructive Research Foundation, una institución iniciada por Max Jacobson para llevar adelante sus trabajos con pacientes de esclerosis múltiple. Cuando Eunice Shriver se enteró de la apuesta amistosa, apostó otros 1.000 dólares contra Stas.

«Decidí unirme a quienes iban a participar en la marcha, entre los que se contaban Chuck Spalding*, Stas y Mark Shaw —escribe Max en sus me-

* Max y Chuck ya se habían peleado, pero continuaron manteniendo relaciones lo bastante amistosas como para participar en la marcha de los 80 kilómetros.

morias—. Apenas pude tomar el último avión de Nueva York a Palm Beach la noche anterior al día fijado. Cuando llegamos al hotel, Mark y yo no nos molestamos en desnudarnos, ya que sólo nos quedaba una hora antes de la partida, poco antes del alba. Debía de estar dormitando cuando, de pronto, oí el teléfono. La recepción nos informaba de que la señora Jacqueline Kennedy aguardaba en la entrada con un agente del Servicio Secreto y un coche... »Nos introdujeron en el coche y me encontré sentado en el regazo de Jackie, pero demasiado cansado para apreciar mi situación como correspondía. Había una distancia muy corta hasta el principio de la carretera que unía a Palm Beach Oeste con Miami, elegida para la ruta. Jackie regresó a su residencia y apareció otro coche, con alimentos, oxígeno (que había pedido yo) y un hombre del Servicio Secreto para controlar nuestra distancia y nuestro tiempo...

»Yo había discutido antes con Stas la necesidad de salir a una hora tan atroz como las cuatro de la tarde, a fin de reducir la exposición al calor y ver si, para el mediodía, podíamos cubrir por lo menos la mitad de la distancia. Si no lo lográbamos, sugerí que él abandonase, porque tenía problemas cardíacos. Cuando salió el sol, marchábamos, valerosos, por la carretera. Después de unos veinticinco kilómetros apareció un camión... y nos dispersó en todas direcciones. Di un paso en falso y rodé por una cuesta empinada. Cuando recuperé la compostura, descubrí que tenía el tobillo izquierdo hinchado y dolorido. Decidí viajar en el coche, donde podría atender mi lesión. Poco después del mediodía, llegamos a nuestra meta, al cubrir los primeros cuarenta kilómetros. Nos acomodamos para un bien merecido descanso. Mientras reposábamos, Mark Shaw continuó su documentación fotográfica del viaje. Cuando llegó el presidente, acompañado de Jackie, Lee y Arkadi Gerney, amigo de los Radziwill, Mark... le hizo un carrete entero al presidente. Después de reponer la película, le pidió a Jackie que sacara algunas fotos de todos nosotros, incluido él mismo. Antes de devolverle la cámara a Mark, la ex fotógrafa abrió por accidente la cámara y expuso la película...

»Alcanzamos la línea de llegada a las diez menos cuarto de la noche, quince minutos antes de lo previsto. Agotados, nos derrumbamos a la limousine, que dio la vuelta para llevarnos de nuevo a Palm Beach. El viaje de regreso parecía no terminar nunca, y no nos podíamos creer que un ser humano hubiese podido recorrer a pie esa distancia.

»JFK se encontraba en la entrada de la casa de los Wrightsman, y nos felicitó uno por uno; nos prendió, en broma, medallas de papel en las camisas empapadas de sudor. Se había preparado una cena fría, y un tocadiscos emitía los compases de *Bei Mir Bist Du Schoën*, grabado por las Andrews Sisters.»

Ken McKnight recordó una visita que Max Jacobson hizo a la Casa Blanca a principios de 1962, coincidente con la ruptura del matrimonio Eddie Fisher-Elizabeth Taylor. «Elizabeth Taylor había abandonado a Eddie por Richard Burton, y Eddie sufrió un derrumbe total —dijo McKnight—. Acababa de regresar de Roma. Max le cuidaba, le inyectaba para mantenerle tranquilo. Temía que Eddie se arrojara por una ventana. La prensa estaba por todas partes y teníamos que llevar a Eddie de un lado a otro, de modo que terminamos con él en unas habitaciones del piso 38 del Hotel Pierre. El teléfono sonaba a cada instante y Eddie no quería hablar con nadie, y menos aún con los periodistas. Ni siquiera deseaba hablar con antiguos amigos como Jack Benny o Eddie Cantor. Se sentía desolado, totalmente aturdido. Estaba muy enamorado de Elizabeth Taylor, y ella le había castrado, lisa y llanamente, en público.

»Hablaba de ella durante horas enteras, la describía con los detalles más íntimos. Contaba cómo se enardecía cuando hacía el amor, cómo se arrastraba por el suelo apoyada en las manos y las rodillas ronroneando como una gatita en celo, y cómo la montaba él por detrás, y que ronroneaba cada vez más fuerte según se iba calentando.

»"¿Por qué no dejas de torturarte, Eddie?", le dije. Pero él no podía parar. Entonces, llamó Max. Tenía que ir a Washington a ver a los Kennedy, pero no quería dejar a Eddie. Eddie era más que un paciente para él; era como un hijo. "Vamos a tener que llevarnos a Eddie con nosotros", dijo.

»Fuimos al aeropuerto. Con nosotros iba Milton Blackstone, el administrador de Eddie y antiguo paciente de Max. Habíamos envuelto a Eddie en un viejo abrigo para que nadie pudiese reconocerle. En Washington, nos alojamos en el Hilton. Max salió rumbo a la Casa Blanca. Media hora después, sonó el teléfono. Era Max. Había dejado en la cómoda un frasco de medicina, y lo necesitaba enseguida. Quería que yo tomara un taxi y se lo llevase a la Casa Blanca. Eddie quiso acompañarme, pero Max dijo que no. A pesar de que los Kennedy deseaban conocer a Eddie, era demasiado arriesgado como para que pudiesen manejarle en esos momentos. Le dejé con Milt.

»Hice el encargo y regresé al hotel. Eddie Fisher se paseaba, nervioso, de un lado a otro. Quién sabe cómo, la prensa se había enterado de que se alojaba allí y trataba de entrevistarle por teléfono. El gerente del hotel llamó varios minutos más tarde para informar que unos cincuenta periodistas esperaban en el vestíbulo y en el aparcamiento. Había huéspedes que se quejaban y la centralita estaba colapsada por las llamadas. Max había vuelto y Eddie estaba fuera de sí. El aeropuerto acababa de ser cerrado a causa de una fuerte tormenta eléctrica. El problema consistía en cómo sacar a Eddie Fisher del hotel, a hurtadillas, y llevarle de vuelta a Nueva York.

»Llamé al gerente del hotel y le dije que nos íbamos, pero que quería que hiciera una cosa. Le dije: "No podemos salir de aquí y permitir que nos sigan." Recordé que, cuando Franklin D. Roosevelt fue elegido presidente por primera vez, se hizo el baile de inauguración en el Hilton y que, para que no se advirtiese el hecho de que no podía caminar, habían construido un ascensor especial, que transportaba su coche hasta el salón de baile del segundo piso. Pregunté al gerente si el ascensor funcionaba todavía y me contestó que no lo sabía, pero que haría que su maquinista lo investigase. Llamó de nuevo y me dijo que sí, que estaba en funcionamiento y que podíamos usarlo.

»Después, telefoneamos a Hertz para ver si tenían una limousine que pudiéramos alquilar y me aseguraron que sí; pregunté si tenían una gorra de chófer y respondieron afirmativamente; así que les dije que iría enseguida. Salí del hotel por la puerta de servicio y recorrí dos calles a pie bajo la lluvia hasta la oficina de Hertz, donde me proporcionaron una limousine Cadillac y una gorra de chófer. Regresé al hotel, me metí en el ascensor, subí al segundo piso y conduje la limousine al salón de baile. Max, Milt y Eddie bajaron en el ascensor, que había sido bloqueado, para que no hubiese nadie más en él. Salimos. Eddie se encontraba en el asiento trasero, y lo empujábamos hacia abajo cada vez que llegábamos a un puesto de peaje. Yo conducía y llevaba puesta la gorra de chófer. Fue un viaje de locos.»

Ese mismo año, más tarde, Ken McKnight recibió una llamada telefónica de Evelyn Lincoln, secretaria privada del presidente Kennedy*. Dijo que tenía un mensaje que quería transmitir personalmente. «"Llegaremos a Nueva York mañana por la noche y el presidente y su personal se alojarán en el Carlyle", dijo. Quería saber si yo estaría dispuesto a encontrarme con ella en el hotel para el desayuno. Respondí que sí. "Muy bien —continuó—, le llamaré mañana por la noche, cuando lleguemos."

»Volvió a llamar a la noche siguiente y me invitó a desayunar a las ocho menos cuarto de la mañana.

»Le dije que allí estaría. No especificó de qué deseaba hablar, pero sospeché que se trataba de algo relacionado con Max. Le relaté a éste lo que había ocurrido. Respondió: "Muy interesante. Creo que sé de qué se trata. Te llevaré allí a primera hora de la mañana".

* En una entrevista con el autor, Evelyn Lincoln afirmó que no recordaba a nadie llamado Ken McKnight, la misma respuesta que dio a la prensa cuando se le preguntó por Judith Campbell Exner. Si bien es posible que el apellido McKnight no despierte ya recuerdo alguno, Evelyn Lincoln lo conocía. Ken McKnight proporcionó al autor tarjetas y notas que había recibido de la señora Lincoln.

»Me dejó en la esquina de la Calle 76 con Park Avenue. Toda la zona se hallaba acordonada. Había barricadas por todas partes. El lugar estaba literalmente repleto de policías, detectives, soldados y agentes del Servicio Secreto. Debía de haber unos trescientos hombres, nada más que en esa calle, y el número fue creciendo a medida que me acercaba a la Avenida Madison. Nadie hizo esfuerzo alguno por cerrarme el paso. El vestíbulo del Carlyle se encontraba desbordado de gente, casi todos del Servicio Secreto. Me acerqué a uno que estaba sentado a una mesa para jugar a las cartas, instalada cerca del ascensor. Le conocía de Washington. "¿Cómo te va, Ken?", me dijo. "Me va muy bien —respondí—. Vine a ver a Evelyn Lincoln." "Lo sabemos, pero llegas con tres minutos de antelación", afirmó señalando su reloj. "¿Quieres decir que me estabais esperando?", pregunté. "Por supuesto —respondió—. Te hemos tenido en el monitor desde que bajaste del coche del Dr. Jacobson. La señora Lincoln sabe que estás en el vestíbulo. Te hará llamar enseguida.

»Poco después, hubo unas crepitaciones en su walkie-talkie. El agente me dijo que subiera a la habitación tal cual. De modo que subí en el ascensor hasta el piso indicado y encontré a la señora Lincoln delante de su puerta. Me preguntó qué quería para desayunar. Pidió huevos revueltos para ella y eso fue lo que tomé yo: huevos revueltos, tostadas, bacon, una rodaja de melón y una taza de café.

»Durante el desayuno, conversamos. Lo que me dijo fue que cada vez que el Dr. Jacobson viajaba a Washington, corríamos el riesgo de que la prensa lo difundiera. La prensa cubría las estaciones del ferrocarril, los aeropuertos, las terminales de autobuses. Vigilaban al Dr. Jacobson como si fuesen halcones. El presidente y su personal se sentían preocupados. La única solución sería que el Dr. Jacobson se trasladara a la Casa Blanca, de modo que, cada vez que el presidente o la Primera Dama le necesitaran, pudiese tratarlos sin intromisiones de la prensa. Continuó diciendo que ya le habían mencionado la posibilidad a Max, pero que éste se resistía. De manera que habían resuelto pedir ayuda a uno de los amigos íntimos de él.

»Dije que me alegraría poder ayudar, pero que ya había hablado del tema con Max y que éste siempre me decía que no podía abandonar a sus cuatrocientos pacientes aquejados de esclerosis múltiple. Mudarse a la Casa Blanca equivaldría a hacer eso. Aunque era capaz de hacer cualquier cosa por el presidente, volar a cualquier parte en cualquier momento, no podía abandonar a sus clientes.

»"Pero usted tratará de convencerle de todos modos, ¿verdad?", dijo la señora Lincoln. Le contesté que lo intentaría y que le haría conocer el resultado. En ese momento, sonó el teléfono. "Debo irme —dijo ella—. El presidente me necesita." Se metió en el ascensor y subió mientras yo bajaba. Después, regresé al consultorio de Max. Rió entre dientes cuando le conté el tema de la conversación. Lo había sospechado. Me dio las gracias por haber ido a ver a la señora Lincoln y reiteró lo que había dicho antes: no abandonaría su clientela privada en beneficio de la Casa Blanca. Tenía demasiados pacientes cuyas vidas dependían de él. Continuaría sirviendo a la familia Kennedy de todas las formas que le fuese posible pero su base de operaciones tenía que continuar siendo Nueva York.»

Max Jacobson continuó medicando a los Kennedy durante todo Camelot, y ni una sola vez pidió (ni recibió) un centavo por encima o más allá de lo que sumaban sus gastos. El 15 de noviembre de 1963 voló a Palm Beach, donde atendió al presidente por última vez.

«Él se encontraba en medio de los preparativos para su viaje a Texas —escribe Jacobson—. El ambiente era tenso, aunque el presidente parecía tranquilo y de buen humor. Circulaba el rumor de que el inminente viaje sería peligroso. Yo expresé mi preocupación por su bienestar. Él desechó la inquietud, riendo, y dijo que ansiaba viajar. Recuerdo mi desilusión por no haber sido invitado a acompañarle.»

Con su hermana Lee y Mr. Lambonis, el embajador norteamericano en Atenas, el 2 de octubre de 1963 (Keystone/Sigma).

«Ir a Sevilla y no montar a caballo sería
como no haber ido», dijo Jackie tras su visita a España en 1966, durante la cual acudió a la Maestranza de Sevilla acompañada
por la duquesa de Alba y la condesa de
Quintanilla.

Arriba, en octubre de 1968, Jackie llegó a Atenas con sus hijos para su boda con Aristóteles Onassis (Sigma). *Abajo,* imagen de la boda de Jackie con Onassis.

Arriba, el matrimonio Onassis. *Abajo,* París, 1970. Jackie saliendo de la zapatería Mancini (Sigma). *Página siguiente,* a pesar de sus desavenencias, los Onassis asistían con relativa frecuencia a los acontecimientos de la vida neoyorquina.

En esta página, las relaciones entre Jackie y Cristina Onassis fueron siempre tensas. *En la página siguiente,* aparecen visitando al magnate en el hospital de Nevilly *(arriba),* y en el entierro *(abajo).*

La constante persecución de la prensa ha obligado con frecuencia a Jackie a ocultar su rostro en sus apariciones en público.

20

Las inyecciones de anfetaminas de Max Jacobson proporcionaron a Jackie Kennedy el combustible que le permitió sobrevivir al proyecto de restauración de la Casa Blanca. Estaba decidida a hacer de la casa del presidente el museo más magnífico, la mayor atracción del mundo entero. Su plan implicaba, de forma indirecta, la renovación y restauración de Blair House —la residencia oficial de invitados del presidente—, así como de Lafayette Square, un terreno de una calle de largo, con edificios de oficinas de estilo federal y hogares históricos, frente a la Casa Blanca al otro lado de la Avenida Pennsylvania*.

Jackie comenzó por clasificar de manera sistemática unos 26.500 artículos depositados en los desvanes y sótanos de la Mansión Ejecutiva, y reemplazó paulatinamente los elementos de manufactura moderna por antigüedades. Después de agotar los depósitos de la Casa Blanca (y de superar cierta resistencia por parte de su esposo, por insistir en lo que él consideraba un esfuerzo inútil), convenció a J. B. West para que la llevase a los

---

* El jefe de Protocolo, Angier Biddle Duke, y su esposa Robin, fueron puestos al frente del proyecto de Blair House. El arquitecto John Carl Warnecke, amigo de la familia Kennedy, trabajó en el proyecto de Lafayette Square. «A nadie, pero absolutamente a nadie le importaba un bledo lo que ocurriese con Lafayette Square —dijo Warnecke—. Jackie fue la única que se interesó. Con sus gigantescos egos, los demás sólo querían derribar las antiguas estructuras y construir otras nuevas. Jackie sentía que, debido a la proximidad de Lafayette Square con la Casa Blanca, eso sería criminal. Lo que había que hacer era salvar las estructuras y restaurarlas. El trabajo costó 30 millones de dólares, dos tercios de los cuales fueron para los dos edificios de oficinas principales (incluido el edificio de oficinas del Ejecutivo), el resto para las casas menores.»

cavernosos depósitos de Fort Washington, situados en el lado del Potomac correspondiente a Maryland, almacenes de muebles y adornos de la Casa Blanca que ya no se consideraban utilizables. Consiguientemente, Jackie rescató decenas de objetos y muebles «hallados», los hizo reparar, les proporcionó un nuevo acabado y los puso en uso.

En un lapso de seis meses, Jackie había formado varias comisiones y subcomisiones de asesores y expertos para que ayudasen en el trabajo y en la recolección de fondos; entre ellas, una Asociación Histórica de la Casa Blanca, una Comisión Especial de Cuadros de la Casa Blanca y una Comisión de Bellas Artes, cuyos primeros patrocinadores fueron sugeridos por Sister Parish pero que Jackie amplió muy pronto*. Pasó un fin de semana en Winterthur, una finca y museo palaciegos situados en Greenville, Delaware, pertenecientes a Henry Francis du Pont, destacada autoridad en mobiliario norteamericano y miembro de una adinerada familia de la industria química. Du Pont aceptó servir como presidente de la Comisión de Bellas Artes. El objetivo del grupo, según uno de sus muchos boletines de relaciones públicas, era el de «localizar mobiliario auténtico que reflejara la historia de la presidencia de Estados Unidos, muebles que sean al mismo tiempo históricamente exactos y con calidad de museo o galería».

Otra innovación de Jackie fue la creación de un nuevo puesto en la Casa Blanca, un administrador permanente, alguien que catalogase las diversas adquisiciones, preparase informes, editara y redactara libros, y vigilase una colección en constante aumento. El puesto fue ocupado por Lorraine Pearce, quien, como había estudiado y trabajado en Winterthur bajo la dirección de Henry du Pont, llegaba con altas recomendaciones.

Al tratar de imponer a la Casa Blanca una identidad nacional, Jackie resolvió reflejar la época del presidente James Monroe (1817-1825), en que la mansión fue amueblada «en el estilo Imperio Francés, entonces de moda». Para recrear un ambiente francés, Jackie recurrió a un decorador francés, Stephane Boudin, que había contribuido a la decoración de varias de las otras casas de Jackie, y cuya clientela incluía a Jayne Wrightsman y a la duquesa de Windsor. Jackie omitió informar a Henry Francis du Pont sobre el nuevo agregado al equipo, aunque muy pronto él lo descubrió por sí mismo.

* Otros miembros de la Comisión de Bellas Artes eran: Charles Francis Adams, Leroy Davis, la señora de Douglas Dillon, la de Charles Engelhard, David Finley, la esposa de Henry Ford II, la de Albert Lasker, John L. Loeb, la esposa de Paul Mellon, la de Henry Parish II, Gerald Shea, John Walker, la esposa de George Henry Warren y la de Charles Wrightsman. Además, la comisión recibía la ayuda de una gran cantidad de expertos en artes y en antigüedades, quienes se reunían a veces en la Casa Blanca. Jackie llamaba a la Comisión de Bellas Artes «mi Politburó».

Du Pont y Boudin, ambos sesentones y muy tercos, convencidos ambos de que sabían más que el otro, no se pusieron de acuerdo casi en nada. J. B. West los analiza muy en detalle en sus memorias, *Upstairs at the White House,* recordando que «desde el primer día en que los dos hombres se encontraron, resultó evidente que nunca se pondrían de acuerdo en nada. Al señor Du Pont, un serio millonario del este, sólo le interesaba la autenticidad y no le importaban la organización, la proporción o la compatibilidad. Monsieur Boudin, un francés de baja estatura, chispeante y dramático, sólo sentía interés en producir placer a la vista.

»La señora Kennedy y yo les ofrecimos un recorrido por la Casa Blanca a principios de 1961.

»El señor Du Pont, que estaba un poco sordo, hablaba con rapidez, caminaba con lentitud y mascullaba. Monsieur Boudin también era duro de oído, hablaba un inglés vacilante y daba saltitos enérgicos por la habitación. Se esforzaron desesperadamente por mostrarse corteses el uno con el otro. Hubo muchos "perdón", "lo siento", "me temo que no...", "pero usted quiere decir que...". La señora Kennedy y yo tuvimos que hacer de intérpretes. Entrábamos en las habitaciones de gala y volvíamos a salir, aturdidos por la falta de comunicación entre ambos.»

Las repercusiones de las discusiones de ese dúo incompatible se dejarían sentir en la Casa Blanca durante muchos años. Clement E. Conger, administrador de la Casa Blanca desde 1970 hasta 1986, señaló que Jackie «hizo muy bien al elegir a Henry F. Du Pont como presidente de la comisión. Por cierto que era la máxima autoridad, en ese período, de elementos históricos norteamericanos. Pero la señora Kennedy, con una herencia francesa y un gran amor por las cosas francesas, también comprometió a Stephane Boudin, de París, que era la locura de París como decorador. No consultó ni informó al señor Du Pont. Éste, se nos dijo más tarde, se sintió muy molesto porque Boudin, si bien era un gran decorador, no estaba realmente calificado para ser el diseñador interior de la Casa Blanca norteamericana. Así que algunas cosas fueron demasiado francesas. Por fortuna, para le época Nixon-Ford, algunos de esos artículos, colgaduras, tapizados y telas estaban gastados. Las habitaciones fueron rehechas estrictamente en estilo norteamericano».

De entre los muchos asesores de Jackie en términos de restauración, sólo Jayne Wrightsman se mantuvo fiel a Boudin. Los demás se mostraban unánimes en cuanto a la necesidad de despedir al francés. James Fosburgh, director de la comisión especial para los cuadros de la Casa Blanca, escribió a Jackie poco después de conocer a Boudin:

Espero que no se moleste si le hablo con absoluta franqueza. La reunión del lunes pasado con Boudin, cuando por fin se llevó a cabo, me colocó en una situación imposible. Permítame explicarle por qué. Si es él quien va a decidir qué cuadros han de colgarse y dónde, dado que nada sabe de pintura norteamericana ni, en realidad, de muebles norteamericanos, no tiene la menor utilidad que yo trate de adquirir nada más para la Casa Blanca, ya que no hay razones para suponer que no va a ser desechado o relegado al desván en cuanto él lo vea...

No me quejo de Boudin per se, *aunque algunas de sus groserías sólo pueden explicarse por la suposición de que pensó que... yo no entendía el francés, cosa en la cual se equivocó. Pero cada minuto que he pasado despierto, desde octubre, ha sido dedicado a esta causa; y por eso me sentiría muy desdichado si viese que nuestras grandes esperanzas depositadas en este proyecto, tan querido para mí, terminasen en nada...*

El mayor conflicto entre Boudin y Du Pont se refería al Salón Azul, cuyas paredes el decorador francés insistía en pintar de blanco, y el Salón Verde, cuyas paredes se pintarían de *chartreuse*.

«Son demasiado *francesas*», exclamó Du Pont la primera vez que las vio. El presidente Kennedy se mostró igualmente afligido. «El Salón Azul tiene que ser azul y el Salón Verde debe ser verde. Que los rehagan.»

Jackie se negó, afirmó que los nuevos colores eran más históricamente exactos que los antiguos. Además, redecorar resultaría muy caro.

Kennedy se rió. Hasta entonces, el dinero nunca había sido un problema para su esposa. Cada vez que entraba en su dormitorio, las paredes tenían un color diferente; ¿por qué los Salones Azul, Verde o Rojo habrían de ser excepciones?

Lorraine Pearce, recién nombrada administradora por Jackie, apoyó de lleno a su mentor anterior. Le dijo a James Biddle, administrador auxiliar del Ala Norteamericana del Museo de Arte Metropolitano de Nueva York y asesor de la Comisión de Bellas Artes, que se encontraba en una situación muy difícil. Le parecía —y Biddle coincidió con ella— que debía encarar su labor desde el punto de vista de una administradora y no servir sólo como coordinadora de diversos caprichos de decoradores, en su opinión más o menos representados por Boudin. Biddle transmitió a Du Pont la afirmación de Pearce. Unos días después, Lorraine Pearce asistió a un seminario en Winterthur y habló personalmente con Du Pont.

«Debo cumplir con mi labor tal como la estableció la comisión de Bellas Artes, presidida por usted —insistió—. El señor Boudin nada tiene que ver con la comisión, y por cierto que no cumpliré sus órdenes de destruir los salones de Estado.» Unas semanas más tarde, la señora Pearce le informó a Du Pont de que Jackie se había enterado de la conversación y habían tenido un enfrentamiento.

«Se enfadó mucho porque yo había hablado con usted —dijo Lorraine—. No sé cómo se enteró de nuestra conversación, pero le dije exactamente lo mismo que le había dicho a usted.»

La Primera Dama también habló con Du Pont, quien, en primer lugar, la puso en conocimiento de su conversación con Lorraine. Jackie sentía que la señora Pearce había sido muy «desleal» al hablar con él a espaldas de ella. «Podía haber recordado que la idea de tener un administrador fue mía —dijo Jackie—. También fue idea mía pedirle a usted que ayudase en el proyecto. Me doy cuenta de que Lorraine está entregada a la Casa Blanca y también a usted, pero no le corresponde acusarme de "traicionarle". Le pedí a Monsieur Boudin que formara parte del equipo porque entendía que él podía ayudar, y sigo opinando de la misma manera.»

Jackie reiteró su posición en la siguiente visita de Du Pont a la Casa Blanca y subrayó lo invalorable que continuaba siendo su capacidad de experto en la orientación de la comisión de Bellas Artes. Usó más o menos el mismo enfoque cuando se dirigió a Stephane Boudin y, de esa manera, consiguió mantener a raya a los dos hombres.

Cuando J. B. West le informó de que el proyecto de renovación costaría tal vez al Gobierno varios millones de dólares y, por lo tanto, desataría una gran furia popular, Jackie ideó por su cuenta un nuevo plan para reunir los fondos necesarios. Para determinar la validez de su idea, telefoneó al abogado Clark Clifford y le invitó a almorzar en la Casa Blanca.

—Clark —preguntó—, ¿cuánta gente pasa por la Casa Blanca todos los años?

—No sé —respondió Clifford—. Mucha. Tal vez uno o dos millones. Creo que podría averiguarlo. ¿Por qué quiere saberlo?

—Antes de que conteste a sus preguntas —dijo Jackie—, responda a las mías. ¿Alguna de esas personas deja dinero en la Casa Blanca?

—No. La Casa Blanca es de propiedad pública. La gente no paga por visitarla. ¿Por qué habría de hacerlo?

—No debería hacerlo —replicó Jackie—. Pero tenemos que disponer de algo tangible que puedan comprar en la Casa Blanca y llevarse como recuerdo. El dinero nos vendrá bien porque, en realidad, mi meta es convertir la Casa Blanca en «la Primera Casa de la Nación».

—Bien, desde luego que es una meta elogiable. He leído su proyecto de renovación, Jackie, y estoy de acuerdo con él. Seguiré pensándolo.

—No lo pensemos —dijo Jackie—. Hagamos algo. Tengo varias ideas. Una de ellas consiste en vender postales, no las de siempre, sino postales para pintar, de los distintos salones de ceremonias, algo que los chicos puedan llevarse a casa para pintarlo. Si eso no es posible, quiero hacer una guía de la Casa Blanca, un libro con palabras elocuentes y hermosos grabados, el tipo de publicación que el *National Geographic* organiza para sus suscriptores, pero no tan empalagosa. La venderemos por un dólar. La gente que visita este lugar en quince minutos no puede saber qué ha visto. Eso les recordará lo que vieron y contribuirá a pagar el proyecto de renovación. De hecho, puede reimprimirse cada vez que haya una nueva Administración, incluyendo el material sobre la Administración saliente.

Clark Clifford volvió a su oficina y habló del plan de recolección de fondos con Carson Glass, su socio en la firma. Glass entendió que la idea de la guía era buena y la discutió con David Finley. Entretanto, Jackie se puso en comunicación con Melville Grosvenor, presidente del *National Geographic.* «Decidió que, dado que el *Geographic* editaba libros tan hermosos, podía resultar lo adecuado para el suyo —dijo Glass—. Yo tomé la idea a partir de ahí. Clifford me dijo que tendríamos que incorporar a la Asociación Histórica de la Casa Blanca. Ésa era la única manera de legalizarlo. El problema consistía en que nadie era dueño de la Casa Blanca. No existía autoridad alguna para establecer una corporación. Teníamos que ir al Departamento de Justicia y tratar de conseguir algún tipo de designación oficial. Nicholas Katzenbach, el fiscal general delegado, ayudó a redactar propuestas. Por último, se aprobó un proyecto de ley que convertía a la Casa Blanca en parte del Servicio Nacional de Parques. Después de eso, pudimos organizar una corporación.

»Hubo más problemas. Uno de ellos fue el de obtener un *copyright* para la guía, cuyo texto sería escrito por Lorraine Pearce, con un prólogo de Jackie. La ley estipula que no se puede otorgar un *copyright* a nada que haya sido escrito por un empleado federal en horas de trabajo. Tuvimos que decir que escribió el libro en sus horas libres; cosa que, en general, era verdad.

»En un momento dado, Jackie decidió que quería que se hiciera una película de la Casa Blanca. Me llamó, junto con todos los demás participantes en la guía: Nash Castro, del Servicio de Parques Nacionales; Robert L. Breeden, Franc Shor y Donald J. Crump, del *Geographic,* más dos docenas de otras personas. Nos reunimos en el cine de la Casa Blanca, donde al presidente Kennedy le gustaba ver películas después de la cena. Jackie se hallaba presente, con su madre, la señora Auchincloss. Trataba de decidir qué equipo cinematográfico deseaba. Se pidió a varios productores que exhibieran muestras de su trabajo. Vimos los fragmentos de las películas. Después, se encendieron las luces y Jackie se puso de pie y pronunció un discursito.

»Lo que mejor recuerdo de ella es la manera en que nos abordó. No puedo repetir las palabras exactas pero dijo, más o menos, con su vocecita susurrante: "No sé nada acerca de estas cosas. Es algo que nunca he aprendido. Tendré que dejarlo en manos de ustedes que son gente inteligente. Tienen que hacer estas cosas por mí pero, si puedo hacer una pequeña recomendación, la haría de la siguiente manera." Y entonces, soltó una larga lista de instrucciones precisas, donde nos decía exactamente lo que había que hacer. Caramba, qué astuta. Sabía cómo hacer que la gente se moviera. Ponía una capa de azúcar en sus órdenes, pero todos entendimos que debíamos asegurarnos de que Jackie recibiera lo que quería.

»La idea del filme fue un preludio del recorrido televisado de la Casa Blanca que, a la larga, llevó a cabo para la CBS. Yo recibí un constante torrente de largas y detalladas cartas de Jackie. También solía escribir prolijas instrucciones a Clark Clifford, repletas de detalles acerca de los cuales pedía su opinión, pero él las destruyó todas. Tuve ganas de matarle. El contenido histórico por sí solo habría resultado incalculable, pero él no quería guardar las cartas porque hablaban de amigos. Siempre pensé que habría debido guardarlas todas. Después me enteré de que, en apariencia, ella padecía de insomnio. En mitad de la noche, se levantaba y anotaba todas sus ideas. Se aseguraba de que todos conocieran sus deseos.»

Robert L. Breeden, vicepresidente del *National Geographic,* confirmó el alto grado de participación de Jackie: «Intervenía en todas las decisiones, desde los títulos hasta el tipo de letra. Era muy precisa en cuanto a lo que quería. Y muy convincente también. Después de hablar con Melville Grosvenor, éste convino en garantizar no sólo los costos editoriales y fotográficos sino, además, en proporcionar un fondo adicional de servicio público.

»El jefe de fotografía de la guía era George F. Mobley, del personal del *Geographic.* Una noche, tarde, estaba en el Salón Rojo haciendo fotos para el libro. Tenía que trabajar cuando los salones públicos no se usaban. Se quejaba de que, cada vez que terminaba de fotografiar un salón, Jackie cambiaba todos los muebles y adornos. Eso significaba que tenía que fotografiar el salón de nuevo. Creo que dijo que hizo el Salón Verde en cuatro ocasiones distintas. Terminaron usando la tercera serie de fotos. Hicieron la cuarta serie porque Jackie resolvió que no le agradaba la habitación y eliminó la alfombra. Pero la que decidieron finalmente, después de numerosos cambios, era la misma que habían usado en la tercera sesión.

»Sea como fuere, George hacía fotos una noche en el Salón Rojo. Usaba una de esas cámaras grandes, anticuadas, con trípode, para el trabajo de detalle. Tenía la cabeza cubierta con la tela negra y sintió que había alguien en la habitación. Se quitó la tela, miró en torno y ahí estaba Jackie. Nunca habían sido presentados de manera formal. "¿Quién es usted?", preguntó ella. "Soy George Mobley —contestó él—. Hace más de un año que trabajo aquí." Ella se mostró muy cordial y dijo: "¿Puedo echar un vistazo?" Metió la cabeza bajo la tela negra, miró y dijo: "Oh, está boca abajo." Miraba la lente de vidrio esmerilado que siempre proyecta una imagen invertida. George consideró gracioso el comentario porque, en su momento, había sido fotógrafa. Eso es lo que tiene Jackie: nunca se sabe si está burlándose de uno.

»Recuerdo que una de las fotos que habíamos elegido para el libro era de los niños, John-John y Caroline, en el dormitorio del chiquillo. El señor Grosvenor insistió mucho en que ése era el tipo de material que quería ver en el libro. Jackie no hacía más que sacarlas de la pila de fotos seleccionadas para su inclusión. Pero Grosvenor volvía a llevárselas y a decirle lo simpáticas y encantadoras que las encontraba. Estábamos en una reunión con Jackie para decidir una última selección de fotos. El señor Grosvenor cogió una de las fotos y dijo: "Bien, Jackie. Ésta es una gran foto; ¿podemos usarla?" Jackie miró la foto y, luego, a nosotros. "Caballeros —dijo—, aun a la edad de dos años, el dormitorio de uno tiene que ser una habitación privada." No quería que la foto de John-John en su cuarto apareciera en el libro, y así tendría que ser*.

»Hubo un buen número de conflictos con Lorraine Pearce, quien escribió el texto para la guía. Uno de los molestos debates que tuvimos con ella fue el referente a los pies de fotos en el libro. Lorraine quería que usáramos números de referencia y que los comentarios aparecieran en cualquier otra parte. Cuando se le señaló que, en términos periodísticos, eso no era lo correcto, se puso muy obstinada. "Esto no es periodismo —dijo—, esto es historia." Ése era el tipo de actitudes que creaban situaciones difíciles.

»Después de una reunión singularmente difícil con Lorraine, Franc Shor y yo la llevamos a almorzar al Mayflower. Se mostraba muy inflexible y no demasiado realista en relación con varios temas. Durante ese almuerzo, Franc le dijo que era la persona más arrogante que había conocido nunca. En ese momento, ella prorrumpió en lágrimas. Pero las discusiones no terminaron hasta el 4 de julio de 1962, el día en que salió a la venta *The White House: An Historic Guide* (La Casa Blanca: guía histórica).

»La guía de Jackie fue un éxito inmediato. La edición inicial de 250.000 ejemplares se agotó en tres meses. El libro se imprimió dos veces más en 1962. Hasta hoy, se han vendido millones de ejemplares y ha pasado por

---

* Jackie insistió en que las habitaciones privadas de la familia en la Casa Blanca siguieran siendo privadas. Un miembro del personal que había llevado a unos amigos a visitar el piso de arriba, aunque los Kennedy se hallaban ausentes, fue severamente censurado por Jackie.

muchas revisiones. Al principio, el presidente Kennedy había prevenido a su esposa de que sería atacada por comercializar la Casa Blanca pero, a la larga, ella recibió grandes elogios por sus esfuerzos. *The New York Times* celebró su "método creador de reunir más dinero para las tareas de renovación, y desplazar la carga de los hombros del ya abrumado contribuyente".»

Si Jackie era tacaña con el dinero de los contribuyentes, mostraba una irreflexiva indiferencia hacia los sentimientos de los acaudalados. «Se lanzaba sobre ellos con jubilosa malevolencia —dijo Truman Capote—. Introdujo en sus comisiones y subcomisiones a tantos aristócratas adinerados como pudo encontrar. Y, luego, los ordeñó a más no poder.

»Un integrante de la comisión especial de cuadros de la Casa Blanca me contó que había sido invitado a la Casa Blanca para un té junto con una media docena de otros integrantes de la misma comisión. Cuando llegaron, vieron los cuadros apoyados por toda la habitación. Jackie los había elegido en varias de las más importantes galerías de arte de Nueva York. A los invitados se les dijo, de manera poco sutil, que, si veían algún cuadro que les agradara para donarlo a la Casa Blanca, había una forma muy rápida y fácil de solucionar el asunto. Al final de la tarde, no quedaba un solo cuadro que no hubiese sido pedido.»

Aunque era una maestra en el arte de «vender con dulzura», Jackie sabía cuándo y cómo aplicar presiones. Cuando se enteró de que cierto Dr. Ray C. Franklin, de Mt. Kisco, Nueva York, era dueño de un espejo Hepplewhite que había pertenecido a George Washington, invitó al médico a la Casa Blanca. Le habló durante horas, le explicó el proyecto, le acompañó en un recorrido personal por los salones de ceremonias, pero no le pidió nada. Sin embargo, cuando él estaba a punto de irse, le soltó la pregunta y el Dr. Franklin se sorprendió ofreciéndole el antiguo espejo de 20.000 dólares.

Walter H. Annenberg, conservador en el plano político, director de periódicos y revistas, y futuro embajador en la Corte de St. James, fue otra víctima de Jackie. Clark Clifford narró la historia de cómo Jackie había telefoneado una noche al adinerado personaje de Filadelfia y le había contado sus planes para hacer de la Casa Blanca un monumento nacional. Mientras conversaban, ella mencionó la inapreciable colección de arte de Annenberg.

«Me dijeron que tiene usted un magnífico retrato de Ben Franklin pintado por David Martin», dijo Jackie.

Mientras escuchaba, Annenberg comenzó a intuir la razón de la llamada de Jackie. «Usted, señor Annenberg, es el primer ciudadano de Filadelfia. Y, en su momento, Benjamin Franklin fue el primer ciudadano de

Filadelfia. Es por eso, señor Annenberg, que pensé en usted. ¿Le parece que un gran ciudadano de Filadelfia donaría a la Casa Blanca un retrato de otro gran ciudadano de Filadelfia?»

«Lo hizo con tanta suavidad, con tanta astucia, que Annenberg ni siquiera supo con qué le había golpeado —señaló Clark Clifford—. Él argumentó que era uno de sus cuadros favoritos y que le gustaría contar con varios días para pensarlo. No le dijo que el cuadro le había costado 250.000 dólares, aunque estaba seguro de que ella ya lo sabía. Lo meditó unos treinta minutos, la llamó y le dijo que podía contar con el cuadro para la Casa Blanca. Se lo envió al día siguiente*.

»A veces, invitaba a algunos grupos a la Casa Blanca y me pedía que estuviese presente para ayudar a responder a las preguntas. Yo los tranquilizaba en el sentido de que los regalos de dinero o de objetos personales, incluidos los muebles y los objetos de arte, a Estados Unidos para su uso en la Casa Blanca, son deducibles de los ingresos brutos, de acuerdo con las reglamentaciones que rigen las contribuciones de caridad. Las donaciones a Estados Unidos para su uso en la Casa Blanca que se hicieran por intermedio de la comisión de Bellas Artes de la señora Kennedy, serían tratadas como donaciones caritativas, a fines impositivos, después que la donación hubiese sido formalmente aceptada a nombre de Estados Unidos por el representante autorizado del Gobierno, el director del Servicio de Parques Nacionales.

»Pero la clave para la renovación de la Casa Blanca era el encanto y la gracia de Jackie, así como su talento para conseguir que la gente hiciera cosas... a menudo contra su voluntad. Llevaba a cabo esas reuniones en las que decía que necesitaba cierta alfombra para el Salón Rojo, o cortinas para el Salón del Este, y que debían ser tejidas en alguna oscura ciudad de Francia o de Bélgica. Tenían que ser así. Elegía el tipo de escritorio o de repisa de chimenea estilo Governor Winthrop que deseaba, y les hablaba al respecto. Invitaba a las Damas Coloniales o a la Sociedad Histórica de Washington, o a algún otro grupo, y los acorralaba. Trabajaba sobre Douglas Dillon, Bernard Baruch, Charles Wrightsman, Paul Mellon o cualquier otro que le pareciera que tenía dinero o muebles, o ambas cosas.

---

* Jackie podía ser igualmente persuasiva por carta, como cuando escribió a Bernard Baruch (24 de febrero de 1962): «Tal vez sepa que estamos intentando traer de nuevo a la Casa Blanca cosas de los presidentes anteriores. Alguien dijo que usted tenía un retrato de Woodrow Wilson pintado por Orpen. El retrato de él que hay allí ahora no es todo lo que debería ser... y me pareció que sería algo muy conmovedor e histórico si hubiese un soberbio retrato de Wilson... donado por usted... Resulta desagradable escribir a amigos y a personas a quienes admiro para pedirles que se desprendan de cosas que aman. Si no puede hacerme llegar el cuadro, lo entenderé...»

»Jackie llevaba a cabo muchas gestiones en lugares como *Life* o *Look* —"Cantar para ganarme la cena", lo llamaba— para hacer que la gente se enterase de sus proyectos y para pedir fondos al público en general. Luego, en 1962, Maxine Cheshire escribió una serie de artículos mordaces sobre el proyecto de renovación, para el *Washington Post*, y Jackie se mostró irritada.»

La serie de siete artículos registraba la antigüedad, el origen, el donante y, a veces, establecía el dudoso valor de cada pieza (las investigaciones de Cheshire revelaron que había varias falsificaciones entre las antigüedades recién adquiridas, incluido un escritorio del Salón Verde que según se decía había costado 20.000 dólares). Las averiguaciones de Cheshire provocaron una llamada del esposo de Jackie a Philip Graham, entonces editor del *Washington Post*, cuya amistad con JFK se basaba en parte en sus ocasionales intercambios de amantes y amiguitas. «Maxine Cheshire ha hecho llorar a mi esposa —dijo el presidente—. Escúchela.» En efecto, en segundo plano estaba la Primera Dama, sollozando de forma audible.

La angustia de Jackie se convirtió muy pronto en cólera. Cuando Henry Francis du Pont le preguntó si había autorizado la serie Cheshire, ella respondió por escrito (20 de septiembre de 1962) que no lo había hecho y que los artículos la habían desanimado. Maxine Cheshire también la había desanimado. Era una de las «más listas y más maliciosas» integrantes del cuerpo de prensa femenino, que tanto se había esforzado por conseguir que su vida y la de sus hijos fuese desdichada.

Aunque Jackie declaraba en la misma carta que no le «interesaba encontrar un culpable», se las arregló para señalar a dos o tres; entre ellos, Lorraine Pearce y Franco Scalamandré. Scalamandré, responsable del tejido de muchas de las telas y colgaduras de seda usadas en la renovada Casa Blanca, había ofrecido una entrevista a Cheshire y había posado incluso para fotos que iban a utilizarse junto con la serie Cheshire.

Adriana Scalamandré Bitter, hija de Franco Scalamandré, recordaba la polémica: «En aquella época, Jacqueline quería anunciar por su cuenta el final de la restauración, y había planeado un programa en ese sentido. Hubo un malentendido porque el *Washington Post* fue a Nueva York y pidió una entrevista, y nadie había dicho "No hablen con nadie." Mi padre no hizo otra cosa que contestar a unas preguntas. Y el caso es que veníamos haciendo telas de seda para la Casa Blanca desde los días de Herbert Hoover. La mayor parte de la seda que hacemos se produce aquí, en Nueva York, cosa poco común, porque nadie más, en Estados Unidos, tiene un taller como el nuestro. Mi padre trajo el sistema desde Italia.

»Así que mi padre concedió una entrevista a Maxine Cheshire y, cuando Jackie se enteró, se enfureció. Exigió que mi padre hiciera una declaración en la que dijese que los detalles que le había dado a Cheshire no eran ciertos. Él respondió: "No puedo hacer eso, señora Kennedy. No puedo decir que no eran ciertos. Tienen fotos en las cuales se me ve con las telas en el regazo. Además, son ciertos. No puedo mentir, ni siquiera por la Casa Blanca."»

Por carta y por teléfono, la Primera Dama volvió a volcar su cólera y sus frustraciones sobre Henry Francis du Pont, quien se había convertido en su principal asesor en esos asuntos. Se quejó de que Scalamandré había «usado» a la Casa Blanca en una reciente serie de anuncios periodísticos, sin hablarle primero de ello y sin obtener su permiso. Pero el mayor pecado de Scalamandré había consistido en hablar con Maxine Cheshire, también sin autorización de Jackie. Llegó al punto de hablar con Cheshire de la situación en el dormitorio de ella en la Casa Blanca, aunque nunca lo había visto.

Jackie estaba decidida a poner a Scalamandré «en su lugar», y pensaba no volver a usar nunca sus servicios en la Casa Blanca.

El ataque contra Lorraine Pearce, que ya había sido «liberada» de su puesto de administradora, fue igualmente feroz. Jackie desolló a la ex administradora por haber tenido la temeridad de establecer «un cargado programa de compromisos para pronunciar discursos»; una vez más, sin pedir por anticipado el permiso de Jackie, aunque ésta le había permitido incorporarse a la comisión asesora de Bellas Artes. «Puede salir de la comisión, si persiste en estos compromisos», dijo la Primera Dama. Le parecía que a Lorraine sólo le interesaba la publicidad. Jackie desconfiaba de la publicidad y la odiaba; y cualquiera que no sintiese de la misma manera no podía trabajar para ella.

El equipo personal de Jackie se sentía francamente asombrado ante su inflexible ansia de perfección, el grado en que se la veía consumida por el proyecto de renovación. Se pasaba día y noche verificando cada uno de los aspectos del trabajo. Cada pantalla de lámpara, cada jarrón, cada atizador de chimenea eran escudriñados por ella. Hasta las arañas eran llevadas de una a otra habitación. Las paredes se volvían a pintar una y otra vez, los muebles y los cuadros se reordenaban sin cesar. Se sentía molesta cuando los integrantes de sus diversas comisiones no se mostraban a la altura de lo que esperaba de ellos. La esposa de George Henry Warren, de Newport, fue víctima de más de una nota enfurecida enviada a un amigo común: «Espero que si alguna vez te encuentras con la señora Warren enciendas una hoguera debajo de ella —mientras está ahí sentada, en Newport—; con tantas casas llenas de cosas bonitas, y no me ha conseguido ni la más pequeña.

Eso me disgusta.» Le disgustaba a Jackie que ciertos comerciantes de antigüedades y de alfombras trataran de cobrar precios excesivos a la Casa
Blanca, y su pesar se derramaba en cartas a J. B. West: «Me gusta mucho la
alfombra, pero estamos escasos de dólares y me ENFURECE que todos traten de engañar a la Casa Blanca. Dile que, si nos la da, podrá conseguir una
deducción de impuestos y una foto en nuestro libro; si no, adiós.»

Exhibió la misma fuerza de voluntad y la misma capacidad de persua-
sión cuando exhortó a Bernard Boutin y a la Administración de Servicios
Generales para que proprocionaran fondos adicionales para los proyectos
de Blair House y Lafayette Square. «En realidad, no me agradan los dos
edificios que hay detrás de la plaza; las ventanas son espantosas», escribió a
Boutin. Éste convino en cambiar las ventanas y prometió que «todos los
trabajos se realizarán sin pausa alguna, con una fuerza laboral tan grande
como resulte posible». Jackie respondió con gratitud, y también lo hizo pidiendo una nueva inversión de dinero:

> *Querido Bernie: El otro día, cuando recorría Blair House con la señora Du*
> *Pont y el hombre más encantador de la ASG, éste me dijo que todavía no dispo-*
> *níamos de fondos para arreglar esa casa de la esquina, contigua a Blair... Dijo que*
> *tendríamos que esperar hasta después de que quedara construido ese enorme edifi-*
> *cio de oficinas, y estoy segura de que, para entonces, es muy probable que estemos*
> *todos muertos.*
>
> *Yo pensaba: ahora que Blair House ya está terminada, qué bonito sería conse-*
> *guir que la casa de al lado estuviese disponible lo antes posible...*

El proyecto de renovación, con todos sus obstáculos y dilemas, resultó
conveniente para Jackie como medio de evitar las obligaciones más mun-
danas vinculadas con su posición. Sentía desprecio por la función tradicional de la Primera Dama y se oponía a representar ese papel. «¿Por qué he
de recorrer los hospitales haciendo de dama generosa cuando tengo tantas
cosas que hacer aquí?», le preguntó a un miembro de la comisión de Bellas
Artes. Utilizaba esta ocupación como excusa cuando se trataba de asistir a
determinadas reuniones. Eludió una comida petitoria ofrecida por esposas
de congresistas, a la que envió a Tish Beldridge en su lugar, para poderse
escapar a una exposición previa a una subasta de muebles norteamericanos
antiguos en Parke-Bernet, en Nueva York. Empleó la misma excusa para
no ir a un almuerzo del Consejo Nacional de Mujeres Negras al que había
sido invitada como oradora.

Harris Wofford, asesor en materia de derechos civiles del presidente
Kennedy, recordaba el desaire no intencionado que Jackie infirió a Martin
Luther King en favor del proyecto de renovación. «Fue una cosa molesta

para King. El presidente me había pedido que le llevara a las habitaciones de su vivienda en la Casa Blanca para hablar de la última crisis en el tema de los derechos civiles. Nos metimos en el ascensor pero, en lugar de subir, bajó al sótano y entró Jacqueline Kennedy. Iba vestida con vaqueros y tenía la cara toda tiznada; llevaba el cabello reunido en un moño, en la coronilla. Cuando los presenté, ella dijo, con esa voz tan personal: "Oh, Dr. King, usted se habría emocionado tanto si hubiese podido estar conmigo en el sótano, esta mañana... Descubrí una silla de la época de Andrew Jackson; una silla hermosa, maravillosa." King respondió: "Sí, sí..., claro."

»Cuando el ascensor llegó a su destino, la señora Kennedy dijo: "Tengo que hablarle a Jack de esa silla —luego, se interrumpió y agregó—: Pero supongo que ustedes dos tienen otras cosas de las que hablar." Cuando se fue, King dijo: "Bueno, bueno... Qué les parece."»

Jackie se redimió en parte al aceptar grabar un recorrido de una hora por la Casa Blanca con Charles Collingwood, para la cadena de televisión CBS, con el fin de mostrar a la nación los resultados de su proyecto de restauración. La idea primitiva para el programa pertenecía a Blair Clark, quien trabajaba para la CBS.

«Primero, hablé con Jackie acerca de realizar un recorrido por la Casa Blanca para la televisión —dijo Clark—. Nuestra conversación se desarrolló a principios de 1962. En una ocasión anterior, había hablado con Jack acerca de cómo usar la televisión, tema en el cual su padre también era muy versado. Como lo era Jack, por supuesto. Pero Jack quería saber algo más, de modo que, en diciembre de 1960, cuando yo era vicepresidente y gerente general de los informativos de la CBS, llevé a Fred Friendly a verle en el Carlyle. Fred era un veterano productor de informativos en la CBS. Jack, él y yo conversamos acerca de lo que era entonces un concepto totalmente nuevo. Ningún presidente había usado de verdad la televisión hasta entonces. Los presidentes anteriores temían correr riesgos con ella. En el pasado, se concentraban siempre en la prensa.

»Ese primer contacto resultó útil para Jack. Su ingenio, su encanto y su gracia resultaban muy adecuados para la televisión. Por consiguiente, hablé primero con él acerca del recorrido por la Casa Blanca, y me respondió: "Bien, tendrá que convencerla a ella." Así que me reuní con Jackie. Al principio, se mostró un tanto recelosa. No quería dar la impresión de ser una decoradora de interiores. De todos modos, tuvimos nuestra conversación y, luego, otra; después de eso, llevé a Perry Wolff, un precursor de la producción de documentales para la televisión, y los tres conversamos; y, luego, llevé a Charles Collingwood, a quien nombré corresponsal en ese programa. Charles conocía un poco a los Kennedy, ya que en una época había sido vecino de ellos en Georgetown. En un momento dado, ella sugirió que yo dirigiese el recorrido en su lugar. "Los ejecutivos de televisión no hacen caso", respondí. Lo que quería decir es que el espectáculo era Jackie, no yo. De modo que, por último, aceptó hacerlo. Perry Wolff escribió y dirigió el programa, y Charles Collingwood condujo la entrevista mientras Jackie se paseaba por la Casa Blanca, recorría la Sala de Recepción, el Comedor de Ceremonias, el Salón Rojo, el Azul, el Verde y el Salón Lincoln, y pasaba revista a cosas como el empapelado, la platería, la porcelana, los sofás, los escritorios, las lámparas, los relojes y los retratos. Antes de terminar, tuve que convencer a Jackie de que persuadiese a JFK para que hiciera una breve aparición al final del espectáculo, cosa que hizo.»

«Sobre la base de informaciones proporcionadas por Pam Turnure y Lorraine Pearce, escribí cuatro borradores del guión —dijo Perry Wolff—. Lo grabamos en enero de 1962, en uno o dos días, incluidos los primeros planos de los objetos que Jackie describía a lo largo del espectáculo. Improvisó bastante y, por lo tanto, hubo una buena cantidad de errores en relación con nombres, fechas y demás. Tuve que volver a la Casa Blanca y repasar con Jackie la parte hablada para corregir algunos de ellos*. Tenía una voz extraña y casi no podía oírla, aunque me hallaba a un metro de distancia, apenas. "Tendrá que hablar más alto", le dije. "Estoy hablando alto", replicó. "Pero yo no la oigo", contesté. "Yo no hablo más alto", dijo. Estaba deseando irse para participar en una cacería de zorros; y, quién sabe por qué, ese día parecía especialmente irritada con Pam Turnure, quien andaba por allí presenciando la grabación del programa. No pude saber si eso estaba vinculado con las relaciones de Pam con el presidente que, según parece, eran conocidas por todo el mundo.

»Ese año, más adelante, Doubleday me dio una cantidad de dinero para producir un libro basado en el programa. Jackie se opuso al principio porque quería hacer su propio libro sobre el proyecto de renovación con el periodista gráfico David Douglas Duncan. Éste insistía en que, para hacer su parte del manuscrito, tendría que cerrar la Casa Blanca durante dos días. El presidente Kennedy respondió: "La última vez que cerramos la Casa Blanca fue en 1812, cuando los británicos la incendiaron. No pensamos repetir la hazaña." De manera que me permitieron seguir adelante con el libro que, lo mismo que el programa de televisión, se tituló: *A Tour of the*

---

* Aun después de una cuidadosa edición, parece que ciertos errores se deslizaron en la versión televisada. Chris Preuty Rosenfeld, que investigó el proyecto para la CBS, escribió luego a David Finley (15 de febrero de 1962): «Cómo lamento los errores que aparecieron en la emisión final... Por supuesto, algunos de ellos se debían a la improvisación de la señora Kennedy. La gente de la CBS se mostraba demasiado ansiosa por no molestarla; y, en ese sentido, le hicieron un flaco favor.»

White House with Mrs. John F. Kennedy (Un recorrido por la Casa Blanca con la señora de John F. Kennedy).»

A Tour se emitió en el día de San Valentín de 1962, para una audiencia de más de 46 millones de telespectadores. Jackie grabó introducciones en francés y en español y, a la larga, el programa fue distribuido a 106 países de todos los continentes. Fue visto como un gran éxito de relaciones públicas para Jackie, y el único detractor destacable del suceso fue Norman Mailer, cuya «crítica» verborreica se publicó en *Esquire:* «La voz fue una apagada parodia de ese tipo de voz que uno oye por la radio a horas avanzadas de la noche, que dejan caer con suavidad en los oídos muchachas que venden colchones blandos, depilatorios o cremas para embellecer la piel.» Jackie, continuaba, se movía como un caballo de madera y parecía «una estrellita que nunca aprenderá a actuar». Terminaba criticando duramente el programa por «tonto, descaminado, carente de sentido, vacío, aburrido y servil para con los gustos más abyectos de la vida norteamericana».

En un comentario sobre su análisis de Jackie, Mailer reconoció que le granjeó «pocos amigos. No se trata de que yo no admirase a Jackie. Tenía una elevada opinión de ella cuando escribí la nota y sigo teniéndola ahora. Sólo me pareció que el recorrido por la Casa Blanca la dejaba en una mala posición».

Además del proyecto de renovación de la Casa Blanca, Jackie se lanzó a un plan para ampliar y reestructurar la biblioteca y llenarla de «importantes escritos norteamericanos que han influido en el pensamiento de Norteamérica: libros de presidentes, grandes escritores, etc.». Para ayudar en el proyecto, Jackie abordó a James T. Babb, jefe bibliotecario de la Universidad de Yale, y, en una serie de cartas, le explicó lo que deseaba: «NUNCA la pensé ni permitiría que fuera una biblioteca de consulta para el personal de la Casa Blanca; jamás sería lo bastante grande y todos los libros tendrían que llevar en el dorso esos espantosos números, y, además, nadie los devolvería nunca.

»Quiero libros antiguos en sus encuadernaciones [originales], siempre que ello resulte posible. El único aspecto en el que disiento de usted es que no considero necesario buscar primeras ediciones raras. Cuestan aun más que los muebles y ése fue ya un trabajo que nos dejó derrengados; y todavía estamos endeudados en relación con los muebles que conseguimos. Sólo lo que debería parecer la biblioteca de un caballero: algunos buenos libros, otros no tan raros...»

A pesar de la participación de Babb, los planes para la biblioteca nunca quedaron completados. El otro proyecto de Jackie vinculado con el arte, el Centro Cultural Nacional de Washington —que, más tarde, se convirtió en el Centro Kennedy de Artes Interpretativas—, obtuvo un éxito mayor. En realidad, fue el presidente Eisenhower (no Kennedy) quien firmó la ley destinada a autorizar la creación del Centro Cultural Nacional. Dado el papel de Eisenhower en el proyecto, el presidente Kennedy invitó a la señora Eisenhower a actuar como copresidenta en la campaña de recaudación de fondos para el Centro, junto con la señora Kennedy.

Mamie Eisenhower tenía sus reservas. Aceptó participar sólo con la condición de que «todas las ex Primeras Damas figurasen como copresidentas honorarias». Pero, si no se hacía así, ella participaría, siempre que no se incluyese a personas de otra categoría; es decir, hermanas del presidente Kennedy o de la señora Kennedy, esposas de miembros del Gabinete, etc. También especificaba que la jerarquía de la copresidentas honorarias debía ser absolutamente igual. No le agradaría «servir en un puesto honorario subordinado a la señora Kennedy...». Finalmente, la señora Eisenhower prestó su nombre para la campaña de recaudación de fondos, pero muy poco más, y se presentó una sola vez en Washington para ayudar a reunir fondos (en un té al cual asistió Janet Auchincloss); después, expresó su convicción de que resultaba imposible trabajar con la señora Kennedy en nada que fuese un cargo subordinado.

Un proyecto arqueológico que ocupó el interés de Jackie durante su período en la Casa Blanca fue la conservación de los monumentos faraónicos en Egipto (que todavía era la República Árabe Unida), en Abu Simbel especialmente, durante la construcción de la presa de Asuán. El proceso, que implicaba el traslado de templos antiguos completos, costaba mucho más de lo que Egipto estaba dispuesto a pagar. En interés del arte y de la historia, Jackie resolvió intervenir.

Richard Goodwin, redactor de los discursos de JFK, recordaba a Jackie «como una persona que elegía con cuidado sus áreas de interés y, luego, se lanzaba de lleno. Una de sus primeras notas al presidente se refería al asunto de la presa de Asuán. Salvó de la destrucción esos monumentos egipcios al conseguir que el Congreso destinara fondos y al reunir, al mismo tiempo, fondos privados. Para despertar el interés público por la empresa, organizó una exposición de los tesoros de Tutankamón en la Galería Nacional y, luego, la inauguró anunciando que hacían falta unos 50 millones de dólares "para conservar nuestra herencia". Que me condene si no consiguió la mayor parte de esa suma.»

En 1975, como demostración de la gratitud de Egipto, el templo de Dendur fue enviado a Nueva York, piedra por piedra, y exhibido en el Museo Metropolitano de Arte. Otros museos del país también exhibieron sus adquisiciones egipcias en una celebración nacional, de todo un año, de la antigüedad del Oriente Medio. Por la participación de Jackie en el proyecto de conservación de la presa de Asuán, el presidente Nasser le ofreció, en 1961, una estatua recién excavada, de piedra caliza, de un noble de la quinta dinastía, y un par de jarrones contemporáneos damasquinados. Los jarrones, que valían menos de mil dólares cada uno, figuraron en las listas como «donaciones oficiales a la Casa Blanca»; en tanto que la estatua, valorada en más de 250.000 dólares, se conservó (y sigue estando hoy) en poder de Jackie, personalmente.

21

Jacqueline Kennedy, con las piernas encogidas y cubiertas por faldas cortas, se reclinaba contra un cojín de cuero, en el compartimento privado del avión presidencial que viajaba de Bogotá a San Juan en lo que había sido otra exitosa visita oficial de los Kennedy, en este caso a Puerto Rico, Venezuela y Colombia. Según Jerry Bruno, el hombre enviado por la Casa Blanca, Jackie causó, en repetidas ocasiones, más entusiasmo que el presidente en aquel viaje de cuatro días, efectuado a mediados de diciembre de 1961. «Resulta increíble —dijo Bruno—. Es difícil describirlo. Y no era sólo porque ella pronunciase varios discursos en español. Se trataba de su condición de madre de dos niños muy vistosos, además de ser católica, deslumbrante y norteamericana. Yo llegué dos semanas antes que el grupo presidencial, y la mayor parte de las preguntas que formulaban los funcionarios gubernamentales y eclesiásticos de Venezuela y Colombia tenían que ver con Jackie, más que con JFK. ¿Qué ropa llevaría? ¿Qué haría mientras el presidente concurría a los mítines? ¿Cómo era en su vida personal? Existía un increíble interés por ella.»

Ahora, en el vuelo de regreso, la Primera Dama aceptó hablar de su primer año en la Casa Blanca con un reportero de *Newsweek*. «Así pasamos nuestras noches —dijo—. Antes de salir de Washington cenamos a solas y hablamos de Ed Gullion, nuestro embajador en el Congo, y coincidimos en que era un hombre maravilloso... y en que hacía ocho años que estaba en el congelador... y Jack dijo que África era ahora el mayor desafío para un hombre brillante y añadió: "Ése es el lugar."

»Después vino a cenar el señor Franklin D. Roosevelt, hijo, y su esposa, y el embajador y la señora Ormsby-Gore y una vez más resultó fascinante oír hablar a esos tres hombres. Las mujeres escuchan, y de vez en cuando interrumpen para decir algo, y ello sirve para los objetivos de esos tres hombres... Y tuvimos una cena de gala en Mount Vernon, para Mohammed Ayub Khan, presidente de Pakistán, y esperamos ofrecer una cena a todos los Premios Nobel que existen en el Hemisferio Occidental...

»Ahora sé tanto más de lo que sabía hace un año... Piense en esta época que estamos viviendo. Jack y yo somos jóvenes, sanos, tenemos dos hijos maravillosos. Al principio las cosas resultaron difíciles para ellos, en especial en los tres primeros meses, cuando apenas los veíamos. Eso casi me destrozaba el corazón. Y resultaba perceptible en Caroline. La carita triste... Y tener que vivir en un edificio de oficinas... Una deja su escritorio durante cinco minutos, y vuelve y lo encuentra de nuevo con papeles apilados hasta el techo. Y Jack no estaba habituado a vivir y trabajar en la misma casa. Un amigo le aconsejó que recorriera a pie, dos veces, el camino de entrada por la mañana, para fingir que va caminando a su trabajo.»

No cabe duda de que para el lector común de *Newsweek* los lamentos de Jackie tienen que haber sonado quisquillosos y caprichosos. La «carita triste» de Caroline, por ejemplo, debe de haber sido iluminada gracias a la presencia del gran personal empleado por los Kennedy (y proporcionado por la Casa Blanca) para cuidar a los chicos. Tenían más animales embalsamados, juguetes, libros y juegos de los que podían usar. Para ir a la escuela no debían hacer otra cosa que entrar en un ascensor y subir hasta el último piso de la Casa Blanca, donde Jackie había establecido un jardín de infancia de estudios primarios, para recibirlos a ellos y a sus privilegiados compañeritos de juegos.

«Recuerdo haber leído notas en las cuales se decía qué gran madre fue Jackie mientras era la Primera Dama, y lo difícil que debe de haberle resultado criar a sus hijos —dice Esther Van Wagoner Tufty—. Eso forma parte de la complicada imagen Kennedy que la familia, desde el patriarca Joseph Kennedy hasta llegar a la propia Jackie, dedicó tanto tiempo y dinero a crear. La gente me decía que Jackie era esnob y egoísta y mimada hasta la médula, pero que realizó una magnífica tarea en la crianza de sus hijos. Yo no lo veo así. No veo qué diferencia existe, como madre, entre ella y cincuenta millones de madres norteamericanas, a no ser por el hecho de que ella tenía más dinero, empleados y tendencias elitistas que ninguna de las otras.

»En cuanto a Caroline y John-John, ¿cuántos chicos tienen la buena suerte de crecer en la Casa Blanca, subir en un ascensor a la escuela, tener sus propios ponies galopando en el prado delantero, poseer vestuarios lo bastante amplios para vestir a la mitad de los niños de Harlem, no tener que sentarse nunca en la sala de espera de un médico o de un dentista, ni viajar en un autobús público o en metro, y saber que pueden tener cualquier cosa, ir a cualquier parte, hacer casi todo lo que quieren en la vida? Esos chicos eran tratados como miembros de la realeza. Querían conocer a Bozo el Payaso, pues conocían a Bozo el Payaso. Querían acariciar a Lassie, pues acariciaban a Lassie. ¿Se supone que debo sentir pena por ellos? ¿Debo considerar a Jackie como Madre del año porque de vez en cuando les leía un cuento a la hora de acostarse, o porque en ocasiones miraba cuando su nodriza les daba un baño?*

»Se suponía que todas debíamos sentir pena por Jackie. Quiero decir, todo ese trajín como Primera Dama, tener que recibir a jefes de Estado tales como Konrad Adenauer y Harold Macmillan, Haile Selassie y Golda Meier, Ben Bella y Jawaharlal Nehru. De paso, ella solía hacer imitaciones escandalosas e hilarantes de algunos de los jefes de Estado con quienes se reunía en el ejercicio de sus obligaciones. Adoptaba el pesado acento prusiano de Adenauer, el ceceo del Sha de Irán, el afectado canturreo de la reina Federica de Grecia. Tenía un repertorio de unos cincuenta líderes mundiales. Era cruel, pero divertido, el tipo de caricatura que Noël Coward realizaba de manera tan brillante.

»Hacía una fabulosa imitación de Achmed Sukarno. Sukarno, presidente de Indonesia, estuvo de visita en Washington en la primavera de 1961, y sólo quería hablar de los hábitos sexuales de sus estrellas cinematográficas favoritas, en especial de Marilyn Monroe y Gina Lollobrigida. Pidió que el Departamento de Estado de Estados Unidos le proporcionara chicas para él y los otros integrantes de su grupo. Hizo un verdadero número de libertinaje con Jackie, en una recepción de la Casa Blanca y la invitó a visitar Indonesia... sin su esposo. Ella declinó el ofrecimiento. Tenía su manera de tratar a los hombres. El Che Guevara dijo una vez que era la única norteamericana a quien quería conocer... y no ante una mesa de conferencias.

»Ya lo dije antes: Jackie tenía sus cosas buenas y sus cosas malas. Se han exagerado demasiado, unas y otras. Lo mismo que su esposo, creció junto con sus funciones y aprendió a ejercer los poderes y las responsabilidades que las acompañan. Una vez se jactó ante Nancy Tuckerman: "La gente me dijo noventa y nueve cosas que tenía que hacer como Primera

---

* A pesar de toda la «ayuda» que tuvo Jackie para criar a sus hijos, hubo momentos de angustia. En una fiesta para niños, en julio de 1961, Caroline cayó en la parte honda de la piscina y estuvo a punto de ahogarse. Para rescatarla, la esposa de William L. Saltonstall (nuera del senador Leverett Saltonstall, de Massachusetts) tuvo que zambullirse en la piscina. Incidentes como ése hacían que Jackie desconfiara de la idoneidad del Servicio Secreto.

Dama, y no hice ni una sola de ellas." Recibió muchos consejos de gente de la Casa Blanca en cuanto al cambio de su imagen. Debía de ser más frugal, como la señora Taft, o más activa, políticamente, como la señor Roosevelt, o dejar a un lado la política y presentarse como una mujer más casera, como la señora Truman. Debía abandonar sus peinados de fantasía. No debía participar en cacerías de zorro, ni vestirse de forma tan lujosa. Pero Jackie continuó haciendo lo que quería hacer.

»Y no todo lo que hacía era malo. Cuando se enteró de que las Damas de las Hijas de la Revolución Norteamericana se oponían a que comprase tarjetas UNICEF de Navidad, porque el dinero estaba destinado supuestamente a países dominados por los comunistas, encargó otras cien cajas de tarjetas y se aseguró de que la prensa recogiese la información. Ese año, todas las amas de casa de Norteamérica compraron tarjetas UNICEF de Navidad.

»Cuando Jackie participó con su esposo en la campaña de Virginia Oeste, en 1960, la conmovió la pobreza que encontró en las zonas de las minas de carbón. Como Primera Dama, resolvió hacer algo para mejorar la situación. Comenzó a comprar cristalería para la Casa Blanca en Morgantown Glassware Guild, una importante industria local. Al año siguiente, un conocido fabricante de cristalería de lujo se ofreció a donar un juego completo para la Casa Blanca, pero Jackie se opuso. Quería continuar comprando cristalería en Virginia Oeste "hasta que ya no queden pobres allí". Después de su regreso de un viaje a la India, en 1962, declaró: "La pobreza de Virginia Oeste me golpeó más que la de la India, quizá porque no me había dado cuenta de que existía en Estados Unidos." Insistió en que "romperé todos los vidrios de la Casa Blanca y encargaré otros nuevos todas las semanas, si ésa es la única manera que tengo de ayudarlos".»

«Creo que Jackie sintió que por fin hacía algo que valía la pena —dijo Oleg Cassini—. Al comienzo se había visto obligada a adaptarse. Después fue a Europa y creó una mayor conmoción que el presidente. En ese momento comenzó a disfrutar de su posición. Antes sólo se veía como "la esposa del presidente". Pero eso era algo nuevo para ella. Había robado el espectáculo, robado a su esposo el momento de la traca.»

Igor Cassini fue un poco más allá: "Jackie siempre había estado enamorada del mundo del poder y el dinero. Y como se dice: "El poder corrompe." En cierto modo la corrompió. Cuando se convirtió en Primera Dama cambió... y no para bien.»

Fuesen cuales fueren sus beneficios, el «viaje al poder» de Jackie provocó disensiones en la familia. «Había que sentir pena por Lee —dijo Edie Beale—. Hacer de segundo violín después de Jackie no debió de resultar fácil. Cuando Lee visitaba la Casa Blanca o acompañaba a Jackie en un viaje, tenía que recordar que Jackie era la reina del circo.»

Si Lee lo olvidaba, Jackie se aseguraba de que lo recordase. Cuando la Primera Dama leyó que se suponía que su hermana vestía con mayor elegancia, escribió a una de sus espías de la moda en París: «Lo que en verdad aprecio más que ninguna otra cosa es que me informes sobre los tesoros antes que a Lee. Por favor, hazlo siempre así... ahora que sabe que eres mi "exploradora", se presenta allí antes que yo. Por lo tanto, este otoño infórmame a mí primero sobre las cosas bonitas.»

Los mayores problemas de Jackie provenían de los miembros de la familia Kennedy, empezando por Ethel Kennedy. «Ethel Kennedy tiene la mentalidad de un buitre —dijo Truman Capote—. Es el ser humano más competitivo y más demencialmente celoso que he conocido. Jackie ofrecía una fiesta en la Casa Blanca, y una semana más tarde Ethel se sentía obligada a organizar una reunión en Hickory Hill. Jackie la obsesionaba. Cualquier cosa que ésta hiciera, ella podía hacerla mejor. Jackie la llamaba "la máquina de hacer bebés: se le da cuerda y queda embarazada".»

Después estaban las diferencias permanentes con Rose Kennedy, una relación que nunca había sido fácil para ninguna de las dos. Capote atribuía los problemas al hecho de que «ambas eran personalidades fuertes. Jackie era la Primera Dama, pero Rose era la matriarca de la familia. Daba las órdenes. Y en ese sentido era como cualquier otra suegra, siempre decía a sus hijos, Jackie incluida, qué debían comer, dónde tenían que pasar sus vacaciones, cómo vestirse. Jackie, que no toleraba órdenes de su propia madre, no pensaba aceptar consejos de Rose.

»También tenían sus diferencias de opinión en cuanto a la manera de criar a los hijos. Cuando no querían que los niños entendieran lo que decían, hablaban en francés. A Rose le importaba que Caroline y John, hijo, recibiesen una adecuada educación religiosa y los sometía a pruebas para ver si sabían sus oraciones.»

J. B. West descubrió que Rose «iba a la Casa Blanca con mayor frecuencia cuando su nuera se hallaba ausente que cuando se encontraba residiendo allí. En dichas ocasiones, actuaba como anfitriona para su hijo en las funciones oficiales, y empuñaba decididamente las riendas cuando su hijo la visitaba a ella».

La madre del presidente enviaba frecuentes cartas a distintos miembros del personal de la Casa Blanca, criticando a Jackie. Cuando la Primera Dama envió el *Air Force One* a Palm Beach, para recoger varios álbumes de discos que había olvidado allí, Rose Kennedy escribió a Ken O'Donnell: «Ese tipo de derroche es sencillamente inaceptable.»

Después de una de las visitas de Jack y Jackie a Palm Beach, J. B. West recibió la siguiente carta de Rose:

Cuando el presidente usó la casa de Palm Beach a finales de la primavera pasada, después de irnos nosotros, quedaron dispersos en la cocina cantidad de platos, ollas y cacharros sucios, y también ropa blanca. Agradecería que le dijera al personal que en el futuro lo deje todo limpio, pues tenemos problemas con los roedores.

Por favor, use su propio juicio cuando hable con ellos, porque no quiero que piensen que nuestro servicio doméstico se ha quejado...

Más penosas para Jackie que las cartas de su suegra eran las travesuras impertinentes de Eunice Shriver, que se volvieron más intensas después del ataque de Joe Kennedy. Eunice y Jackie nunca habían tenido el calor e intimidad que marcaba, por ejemplo, el vínculo existente entre Eunice y Ethel Kennedy. Durante un fin de semana en que Jack y Jackie realizaron una visita diplomática a México, la periodista Ruth Montgomery y su esposo fueron invitados a la casa de los Shriver para un desayuno-almuerzo tranquilo. Eunice y Ruth tomaban el sol junto a la piscina cuando la radio emitió noticias sobre la cálida recepción tributada al presidente más abajo del Río Grande, y Eunice exclamó: «¿No es maravilloso que el Hermano reciba esta vez las atenciones, y no Jackie? De veras, cuando pienso que ella nunca ha movido un dedo para ayudar a Jack políticamente y luego ha recibido tantas atenciones en Europa...»

Charles R. Burrows, embajador norteamericano en Honduras, fue testigo de un altercado entre Eunice y Jackie, que se desarrolló a mediados de 1962, cuando la señora de Villeda Morales, esposa del presidente hondureño, hizo una visita a Estados Unidos. «Como no estaba aquí en visita oficial, la señora Kennedy no se interesó en verla —dice Burrows—. Eunice Shriver se enteró de ello, le dolió que la señora de Villeda Morales no pudiera ver a la señora Kennedy y dijo a la señora Morales: "Mire, la haré entrar en la Casa Blanca —por la puerta de atrás, como quien dice—, y veremos a la señora Kennedy." La señora Morales respondió: "Soy la esposa de un presidente, y no pienso entrar por una puerta trasera", y se volvió a su casa... no muy feliz, en verdad. Sintió que Jackie Kennedy le había propinado una bofetada.»

Eunice Shriver se sintió furiosa con Jackie. Uno de los primeros grupos de voluntarios del Cuerpo de Paz —el proyecto de Sargent Shriver— había viajado a Honduras. Eunice sintió la necesidad de promover una política de buena vecindad con América Latina, pero en particular con Honduras.

La situación se exacerbó, informaba Burrows, cuando el presidente de Colombia visitó a Washington y también fue desairado por Jackie: «Era una visita oficial, y hubo una cena... ofrecida por el presidente. Pero la señora Kennedy no participó, no estaba disponible. Eso era durante el período en que no hacía esas cosas. Se decía que la señora Kennedy no se sentía bien, y que la madre del presidente, Rose Kennedy, la reemplazaría, cosa que hizo. Pero ese día la cena tuvo cobertura de prensa y tambíen una nota periodística y una foto de la señora Kennedy haciendo esquí acuático con John Glenn, en Massachusetts, o en alguna otra parte.»

El único Kennedy con quien Jackie mantenía estrechas relaciones era Joe Kennedy. Lem Billings estuvo de visita en Palm Beach unas semanas después del ataque de Joe, a finales de 1961. «Fue el día de mayor frustración que haya pasado nunca —recordaba—. El anciano no podía hablar. En lugar de pronunciar palabras, gruñía y murmuraba. Jack y Jackie se hallaban presentes, y estaban muy apesadumbrados. En especial Jackie. El anciano tenía el hábito de dar órdenes, de ladrarle a la gente, de gritar. Ahora se veía reducido al uso de dos palabras. Las palabras eran "no" y "mierda". Eran las únicas que le resultaba posible pronunciar. Pero Jackie lo quería mucho. Cuando lo llevaban a la Casa Blanca, ella era quien lo cuidaba, le limpiaba la boca cuando babeaba durante la cena. El resto de la familia mantenía una actitud remilgada en relación con su parálisis, pero Jackie se esmeraba en tocarle y besarle el lado derecho paralizado.»

El presidente, siempre dependiente de los consejos políticos de su padre, recurrió entonces a otros miembros de la familia para recibir el mismo tipo de ayuda. Siempre había confiado en Bobby, y a medida que pasaba el tiempo, lo buscaba cada vez más. Eunice se convirtió poco a poco en una fuente importante, Teddy no tanto, aunque después de que éste llegó a ser senador por Massachusetts, en 1962, su hermano le consultaba con más frecuencia. Cosa sorprendente, recurrió a Jackie para algunos esclarecimientos.

«En Jack fue creciendo un enorme respeto por el discernimiento político de su esposa —confirmó George Smathers—. Su orgullo por los logros de ella se fortaleció cuanto más tiempo pasaba en su cargo. La utilizaba como una especie de observadora extraoficial en otros países. Ella viajó a la India, Pakistán, Grecia, Italia y otros lugares, y la gente pensaba que sólo estaba de vacaciones. Pero hacía mucho más que eso. Pasaba su tiempo con funcionarios gubernamentales, los adulaba. Tomaba notas mentalmente. Me dicen que sus cartas a Jack mientras se encontraba en puertos extranjeros estaban repletas de sutiles observaciones políticas. Su aguda percepción de los detalles la convertía en una excelente allanadora de problemas para la Administración. Sus cartas —informes, podría ser una palabra más exacta— no omitían ningún tipo de elogios o críticas.

»También se convirtió en una oradora pública de primera. Fue Jackie quien habló ante los veteranos de Bahía de Cochinos, en español, después de que éstos regresaron a Miami. Poseía la capacidad necesaria para controlar situaciones difíciles, tanto como a personas difíciles. Habría sido una excelente jefa de protocolo. Jack se servía de ella muchas veces como intermediaria, como amortiguador político con personas como John Kenneth Galbraith, Chester Bowles y Adlai Stevenson, hombres a quienes no apreciaba especialmente.»

Las relaciones del presidente Kennedy con Adlai Stevenson siempre habían sido problemáticas. Después de la crisis de los misiles cubanos, JFK difundió el rumor de que Stevenson había recomendado una política de apaciguamiento con los Soviets. El embajador en la ONU se molestó por la caracterización de los hechos que el presidente había realizado, y replicó afirmando que no se lo había mantenido al tanto de los sucesos de último momento durante la crisis de los misiles. Sentía que la Casa Blanca no lo había apoyado como correspondía, contra las acusaciones de blandura respecto a Cuba, e indicó otras faltas de respeto, por lo cual se hallaba en un estado de ánimo de hirviente indignación cuando el presidente envió a Jackie a reunirse con él en Nueva York.

Stevenson y Jackie habían compartido un interés por la literatura y las artes, y siempre habían disfrutado de su mutua compañía. En tanto que Stevenson se sentía muchas veces incómodo con JFK, parecía mucho más fácil hablar con Jackie. La reunión de ambos en Nueva York salió bien. Jackie la completó enviando a Stevenson una acuarela que había realizado, de una esfinge con cara de mujer; la cara se parecía mucho a la suya propia. Una nota adjunta decía: «Como una esfinge me siento, más bien, cuando salgo con usted... todo parece tan responsable... y en verdad es la "cobertura" más espléndida.»

La broma impulsó a Stevenson a invitar a la Primera Dama y a su hermana a almorzar en las Naciones Unidas. Las hermanas acudieron y, según parece, lo pasaron bien. La Primera Dama volvió a escribir, señalando que «todo el ambiente de ese lugar se encuentra tan cargado de corrientes y tensiones y excitación subterráneas... trabajar allí debe de hacer que cualquier otro lugar parezca tan emocionante como una oficina de correos...

»Usted nos mostró, a Lee y a mí, el aspecto más emocionante... Soñamos con intrigas en el salón de descanso de los delegados. Lee, esa voluble criatura, ¡llegó como adoradora del embajador griego y se fue enamorada del Dr. [Ralph] Bunche!

»Yo tuve la buena suerte de conocer a U Thant... y me encantó, pero no soy voluble...»

«A finales de 1961 y a lo largo de la duración de Camelot —dijo el autor Ralph G. Martin— Jackie no era simplemente una joven que se había casado con un hombre famoso; era una mujer famosa casada con el presidente de Estados Unidos.»

El presidente continuó alentando a Jackie a internarse en el complejo mundo de la diplomacia internacional. Kathy Tollerton, ayudante Administrativa en la Casa Blanca durante la Administración Kennedy, encontró que Jackie actuaba como amortiguador entre Nehru Gandhi y su esposo:

«Durante la visita del dirigente indio a Estados Unidos, en noviembre de 1961, el presidente y la señora Kennedy ofrecieron una pequeña cena oficial en Washington, para Nehru y su hija, la señora Indira Gandhi, quien más tarde también llegaría a ser primera ministra. Nehru y su hija habían pasado el fin de semana con los Kennedy en Hammersmith Farm, la residencia de los Auchincloss en Newport. Como una broma personal, Kennedy hizo pasar a Nehru por delante de las grandes mansiones de mármol de los millonarios de Newport y le dijo: "Quería que viese cómo vive el norteamericano medio."

»La broma no cayó muy bien. Antes Kennedy había pronunciado varios discursos en los cuales elogiaba a la India, expresaba cuánto deberíamos hacer por ese país, cuán importante era la India para Occidente. Pero resultó evidente que Kennedy y Nehru, cuando se encontraron, no lograron entenderse. El lunes por la mañana, los visitantes aterrizaron en el prado de la Casa Blanca, en helicóptero, después de volar con el presidente y la señora Kennedy desde Newport. Muchos de nosotros nos habíamos reunido en el prado para ver a Nehru y a los Kennedy cuando volvieran.

»Mi primera impresión fue que JFK tenía un aspecto espantoso. Nunca lo había visto peor. Por lo general se lo veía muy bien, como si hubiese dormido ocho horas. Pero en esta ocasión tenía grandes ojeras alrededor de los ojos y parecía terriblemente malhumorado. A unos diez o quince pasos, detrás de él, tomados del brazo, caminaban Jackie y Nehru; se veía a las claras que mantenían una conversación muy animada. Yo había oído decir que en 1951, durante un viaje a la India, JFK había encontrado a Nehru complacido consigo mismo, grosero y almidonado. Resultaba evidente que nada había cambiado. Pero también se veía a las claras que Jackie y Nehru hacían buenas migas. Más tarde Jackie visitó la India sin su esposo, cosa que no asombró a ninguno de los que trabajaban en la Casa Blanca y que presenciaron esa mañana la escena de la llegada.»

Arthur Schlesinger sugirió que «el presidente Kennedy confiaba en su esposa, para fines políticos, en mayor medida de lo que se supone en general». Ya en la campaña presidencial de 1960, Schlesinger recibió instrucciones (junto con John Kenneth Galbraith) de comunicarse con JFK por medio de Jackie. Kennedy estableció esa jerarquía de comunicaciones «porque no quería molestar a Ted Sorensen y Richard Goodwin, que redactaban discursos y trabajaban sometidos a una intensa presión, y que miraban a los intrusos con gran suspicacia, porque entonces no nos conocían, a Galbraith y a mí, tan bien como todos llegamos a conocernos más tarde...

»Mi impresión general es que Jackie más bien disfrutaba del espectáculo de la política, que estaba muy dispuesta a representar un papel político cuando fuese necesario y que tenía (todavía tiene) reacciones agudas frente a los problemas de política pública.»

Así como la no intervención de Jackie en política había sido considerada durante mucho tiempo como parte de su encanto, su aparición gradual en viajes oficiales al extranjero y en América Latina le dio el aplomo y la jerarquía que lograron que sus funciones en la Administración de su esposo resultaran cada vez más eficaces. Aunque muy pocas personas conocían su creciente interés por el proceso concreto de la actividad gubernamental —y eran menos aun las que estaban dispuestos a reconocerlo—, para 1962 su influencia se había dejado sentir en las ramas ejecutiva y social de la Casa Blanca.

«No había nada de asombroso en eso —dice Charles Bartlett—. Quiero decir que es posible amar a un político sin amar la política, pero resulta imposible casarse con uno sin convertirse en parte de su carrera. Por cierto que era imposible estar al lado de Jack Kennedy sin que ello produjese cierto efecto osmótico en términos de política. Fundamentalmente hablaba de eso. Era evidente que Jackie sabía con exactitud lo que ocurría y se mostraba eficiente a la hora de llevar adelante las misiones que Jack le encomendaba. Jackie se mantenía fiel a su personalidad, pero representaba un papel cada vez mayor como administradora del poder, entre bambalinas; era una figura fuerte en la Administración, y ayudaba a elaborar buena parte de sus medidas políticas, tanto en el plano interior como en el exterior.»

En un análisis del papel de Jackie como figura política, Charlotte Curtis señalaba: «En esos días nadie quería admitir cuánto poder ejercía Jackie en la Casa Blanca. El poder se obtiene de varias maneras, pero dos de ellas son el acceso y el punto de apoyo para la palanca, y Jackie, ciertamente, tenía acceso. Si se deja a un lado el problema de cómo utilizaba dicho acceso, o de si lo utilizaba, es preciso tener en cuenta que en Washington el aspecto del poder resulta tan útil como el poder real. En rigor, la apariencia y la realidad son a menudo inseparables. El poder afluye hacia la persona que parece tenerlo ya. Los distintos jugadores que intervienen en el así llamado juego del poder se ocupan de ello. Temen que si ofenden o de alguna manera desilusionan a alguien que parece tener más poder que ellos, recibirán un golpe de represalia o se verán ubicados en una lista negra permanente. Por supuesto, en Washington la permanencia se mide en términos de cuatro años. Lo "permanente" no existe. Sea como fuere, esos otros jugadores invisten al jugador a quien temen, o cuyo patrocinio quieren solicitar, de mayor poder que el que puede tener en realidad. Por consiguiente, la apariencia vuelve a convertirse en realidad. Si no se entiende este concepto, no se entiende Washington. Ello explica por qué alguien como Jackie llega a representar un papel vital en los asuntos políticos, sin hacer demasiada alharaca al respecto.»

Sir David Ormsby-Gore también admitió que Jackie ejercía mayor influencia política de lo que se ha admitido anteriormente. «La Primera Dama —señaló— no tiene obligaciones constitucionales o reglamentarias, pero se encuentra casi siempre en exhibición y se la reviste de los ideales del momento. Se espera de ella que se esmere en su cuidado personal, que vaya bien vestida y que emita blandas declaraciones en favor de causas nada excepcionales. Con escasas excepciones, esto es lo que han hecho todas las Primeras Damas, desde Jackie. Jackie comenzó su período de esa manera, pero después cambió de rumbo.

»Adquirió un creciente interés en los problemas que acosaban a la presidencia. Casi todos los días mandaba pedir a la biblioteca del Congreso nuevos materiales, libros de referencia, tomos históricos, documentos y recortes periodísticos para adquirir conocimiento sobre los antecedentes de los sucesos políticos, y pronto presentó ideas y sugerencias a su esposo. Era su manera de incitarlo a compartir sus pensamientos y sus problemas con ella; en verdad, Jack tenía más problemas de los que podía absorber. Jackie discutía ciertos asuntos con el presidente y lo convencía. Con la teoría de que era demasiado limitativa, convenció al presidente de que atenuara la Ley de Inmigración de McCarran. Y lo empujó a la adhesión al Tratado de Prohibición de Pruebas con Gran Bretaña y la Unión Soviética. Algunos de los hombres del presidente estaban en contra porque consideraban que tendrían que hacer demasiadas concesiones. Pero Jackie se salió con la suya.

»Como invariablemente se ponía del lado de los moderados y se enfrentaba a los duros, solían llamarla "la liberal de la Casa Blanca". Era partidaria de normalizar las relaciones entre Estados Unidos y la Unión Soviética. En 1963, por ejemplo, el trust de cerebros del presidente se oponía a la venta de 450 millones de toneladas de trigo a los Soviets. Jackie quería que la venta se llevara a cabo. Como era muy lista para juzgar el carácter de las personas y poseía un instinto de sabueso para descubrir agendas ocultas, sabía a qué gente impulsar y hasta dónde empujarla. La venta se llevó a cabo apenas seis semanas antes del asesinato del presidente.

»Creo que comenzamos a advertir que las Primeras Damas conocen mejor a los presidentes, y a menudo influyen más sobre ellos de lo que creen la mayoría de las personas. A medida que crecen las presiones y los críticos censuran, el presidente y su esposa tienden a acercarse entre sí. Lo curioso es que esa química personal de ellas es virtualmente desconocida por los demás. Un abrazo cálido o una mirada fría o un ceño fruncido de una Primera Dama pueden afectar las ideas y el estado de ánimo de su esposo, y tal vez, a la larga, conmover a naciones enteras.

»Ninguna Primera Dama, y menos aún Jackie, se jactaría nunca de los momentos en que su intervención modificó el rumbo de los acontecimientos. Antes bien, Jackie hablaba a la ligera de su influencia. Recuerdo una pequeña cena en la Casa Blanca, en la cual Jack comenzó a quejarse de la contaminación. "¿Qué demonios puedo hacer con la polución del aire?", preguntó. Jackie, a quien nunca le agradaba mezclar la conversación seria con las actividades sociales, respondió: "¿Por qué no le pides al ejército que fumigue nuestros centros industriales con Chanel Número Cinco?"

»Existía otra razón para que tan pocas personas tuviesen conciencia de la participación de Jackie: el hecho, por ejemplo, de que muy a menudo asistía como observadora a las reuniones del Consejo Nacional de Seguridad. Los Kennedy no eran el tipo de familia que admite que detrás de cada hombre fuerte hay una mujer más fuerte aún. Eran demasiado machistas. Querían que el público percibiese que los varones maniobraban en los controles, y que las mujeres eran simples espectadoras que vitoreaban desde las tribunas. Jackie era cualquier cosa, menos una espectadora que vitorea.»*

«JFK hacía rebotar muchas de sus ideas en Jackie —dijo el redactor de discursos Richard Goodwin—. Una de esas ideas era la de un viaje a la India y Pakistán, con una parada en Roma para visitar al Papa. Ella creyó que él quería que lo acompañase; pero en realidad la estaba tanteando para ver si quería ir sola.»

Jackie aceptó hacer la expedición de buena voluntad, siempre que se le

---

* Entre quienes mencionaron el papel de Jackie como asesora de JFK se contaban Robert McNamara y el comandante general Chester V. Clifton. El ex secretario de Defensa McNamara afirmó: «Jackie es una de las mujeres menos conocidas, en el país, en su verdadero valor. Es extraordinariamente aguda en el plano político. El presidente consultaba con ella sobre muchísimos problemas. Y no me refiero a largas discusiones angustiadas, pero la verdad es que ella se encontraba informada de lo que ocurría y expresaba sus opiniones respecto de casi todos los temas.» El general Clifton, asesor militar del presidente, dijo: «JFK recurría a su esposa en busca de consejos cada vez que surgía una crisis: el muro de Berlín, los misiles cubanos, Bahía de Cochinos. Hablaba con ella al respecto, y ella conversaba con él. No aconsejaba al personal de él, sino a él mismo... y por eso nadie se enteraba.»

permitiese llevar a su hermana Lee. También pidió a su amiga Joan Braden, que le había ayudado a reunir fondos para el Centro Cultural Nacional, que hiciera el viaje.

«Cuando acompañé a Jackie a la India, me invitaron como a un amigo, y después hice un artículo para *The Saturday Evening Post* —manifestó Braden—. Al principio iba a ser una visita oficial, y después la redujeron al rango de semioficial, lo cual significaba que todos los miembros de la prensa deberían pagar sus gastos. Pero mi esposo Tom acababa de adquirir un periódico, y no teníamos dinero. De modo que Jackie me designó para acompañarla. Respondí a muchas de las preguntas que se le hicieron en la India y Pakistán, anticipándome a ellas. A cambio de eso, fui gratuitamente.»

El viaje comenzó el 8 de marzo de 1962, cuando cien reporteros y un equipo de filmación de tres hombres de la Agencia de Información de Estados Unidos —encargados de filmar la expedición de Jackie— se unieron a la Primera Dama a bordo de su avión, en Nueva York. Al cabo de dos días de recepciones y tés ceremoniales en Roma y sus alrededores, Jacqueline visitó El Vaticano, para ser recibida en audiencia privada por el Papa Juan XXIII, a quien después ella describió como «sencillo y natural». Hablaron en francés, y Jackie entregó al Pontífice un libro con los discursos de su esposo.

Cuando aterrizaron en Nueva Delhi, Jackie confesó a Joan Braden que estaba «mortalmente asustada». Una cosa era estar al lado de su esposo cuando visitaban países extranjeros y otra muy distinta representar a su país ella sola. Parecía un tanto envarada cuando estrechaba manos entre el grupo de recepción en el aeropuerto, pronunciaba unas pocas palabras de saludo, respondía brevemente al entusiasmo de la multitud y luego partía en una limousine Cadillac, con Nehru Gandhi, mientras el resto de su séquito la seguía.

Esa noche, durante la cena, Indira Gandhi enseñó a Jackie el *namaste*, el saludo indio tradicional que se realiza con las palmas juntas, como en oración. La primera vez que Jackie usó el *namaste* de pie, en el asiento trasero de un coche abierto, en Udaipur, los gentíos estallaron en un rugido. «*¡Jackie Ki Jai! ¡Ameriki Rani!*» («¡Salud, Jackie! ¡Reina de América!»)

La prensa india se alegró por su presencia, e informó que había acudido más gente a saludar a la señora Kennedy que a la reina Isabel.

Un editorial de uno de los periódicos de Nueva Delhi se refería a Jackie llamándola «Durga, Diosa del Poder». Prew Bhatia, director de *The Times of India*, escribía: «Ninguna otra cosa ocurrió en la India mientras la señora Kennedy estuvo aquí. Su presencia dominó por completo el escenario indio.»

A dondequiera que fuese, recibía regalos: una rara alfombra india, una pintura en miniatura, una daga de plata, una rueca india, un sari tejido, dorado, de seda cruda y algodón. Recibió vestimentas ceremoniales para sus hijos, una silla de montar hecha a mano, un elefantito y un par de crías de tigre (el elefante y los cachorros de tigre fueron a parar a la larga, a zoológicos de Estados Unidos). El gobernador de Rajasthan le regaló un collar de oro esmaltado, tachonado de diamantes y perlas. Pero los regalos que conservó fueron los que le entregó el presidente de Pakistán, Mohammed Ayub Khan: un capón pura sangre, bajo («Sardar»), que viajó a Estados Unidos a expensas del Gobierno, a bordo de un avión del Servicio de Transporte Aéreo Militar, y un segundo collar de diamantes, rubíes y esmeraldas.

Escoltada por el embajador John Kenneth Galbraith, Jackie se maravilló ante el Taj Mahal, navegó por el Ganges, hizo un viaje en barca a través de las aguas cubiertas de flores del lago Pichola, almorzó con carne de jabalí salvaje (había llevado consigo su propia provisión de agua embotellada en Washington), montó en un elefante de dos metros y medio de alto, llamado Bibi, y también en un camello.

Cuando la prensa internacional la criticó por vestir ropas de refinada moda en un país abrumado por la pobreza, Jackie ordenó a su agregado de prensa que se abstuviese de proporcionar nuevas informaciones sobre moda. «Si les dice algo, diga que son ropas de segunda mano y que las he comprado todas en las oportunidades de Ritz.»

Newsweek sugirió que Jackie tal vez mantenía demasiadas reuniones sociales con demasiados príncipes indios y visitaba demasiados palacios, en lugar de contactar con «la India verdadera».

La púa encolerizó al presidente, que dijo a Ben Bradlee que el Gobierno indio había decidido lo que Jackie debía o no debía ver. «Cuando los franceses lo invitan a uno a París, no le muestran las cloacas —dijo—. Lo llevan a Versalles.»

Sin embargo JFK hizo una advertencia a Galbraith, y le ordenó que incluyera más visitas a hospitales y menos a los lujosos palacios de la India.

Las nuevas órdenes crearon todo tipo de complicaciones. Al visitar al maharajah y la maharani de Jaipur, los norteamericanos informaron a sus huéspedes que deberían abreviar su estancia. Cuando el maharajah se ofreció a llevar a Jackie a recorrer el Palacio de la Ciudad de Jaipur, Galbraith declinó el ofrecimiento.

En su autobiografía, *A Princess Remembers* (Una princesa recuerda), la maharani de Jaipur escribe: «El señor Galbraith parecía pensar, un tanto absurdamente, que nosotros queríamos obtener cierto tipo de ventaja política de la estancia [de Jackie]. El señor Galbraith llegó a escribir al presidente Kennedy aconsejándole que pidiese a su esposa que no fuera a Jaipur. El presidente replicó que nunca intervenía en las decisiones personales de su esposa.»*

Galbraith se defendió más tarde, señalando que «en esa época existía mucha fricción entre el Gobierno indio y las antiguas casas principescas... Mi obligación práctica era para con el Gobierno indio, con quienes el Gobierno de Estados Unidos y yo teníamos que hacer negocios. Así fue cómo me vi obligado a dejar a la señora Kennedy en manos de la autoridad del Estado. Pero a la larga se llegó a una transacción... por la cual ella fue a visitar a los habitantes de Jaipur... en el Palacio de la Ciudad».

La visita al Palacio de la Ciudad se llevó a cabo a última hora de la noche, cuando las calles de Jaipur se hallaban desiertas.

Otro intercambio de palabras entre el presidente y el embajador norteamericano se produjo cuando Jackie insistió en ver las tallas eróticas de la Pagoda Negra de Konarac, entre ellas —como la describió Galbraith— «la de una experta mujer que hacía el amor con dos hombres violentamente inflamados, al mismo tiempo».

Galbraith, preocupado por la posibilidad de que un fotógrafo pudiese tomar una foto de la talla, se comunicó de nuevo con el presidente.

«¿Qué ocurre? —preguntó éste—. ¿No cree que Jacqueline tiene edad suficiente?»

Durante el viaje hubo repetidos momentos de tensión entre Jackie y Lee. En algunos casos parecía que a las dos hermanas no les habría desagradado intercambiar sus respectivos lugares... a Lee le habría encantado el cúmulo de atenciones y privilegios que recibía la Primera Dama, en tanto que Jackie ansiaba liberarse de la etiqueta y las limitaciones, que no pesaban sobre Lee.

Joan Braden señaló que durante todo el viaje «Lee fue conducida por algún coche al final de la caravana de vehículos. Cuando llegaba a determinado monumento o lugar específicos de la visita, el recorrido casi había terminado. Así sucedió en Fatehpur Sikri, Pakistán, donde vimos a unos jóvenes que se zambullían desde una altura de unos 60 metros, en un pequeño estanque. Lee llegó después de que los jóvenes terminaran su exhibición, de manera que Jackie les pidió que la repitieran».

El 26 de marzo, Jacqueline y su grupo partieron de Pakistán y llegaron a Londres, para una tregua de dos días. La esperaba una invitación a almorzar en el Palacio de Buckingham. Cuando salió del palacio, se anticipó con rapidez a alguna molesta comparación. «Me pareció que la vestimenta de la reina era encantadora», dijo a la prensa. Pero en el lapso de esa se-

* Gayatri Devi y Santha Rama Rau: *A Princess Remembers*, pág. 278.

mana había agregado a la remilgada matrona monárquica a su creciente repertorio de remedios burlescos.

A su regreso a Washington, la Primera Dama parecía fatigada. Su estado de ánimo no mejoró demasiado con las quejas públicas relacionadas con su viaje. El parlamentario Walter L. McVey, republicano de Kansas, dijo a *The New York Times* que no había conseguido pasaje en un vuelo del servicio militar, de Pakistán a Grecia, porque el avión había sido reservado para el nuevo caballo de Jackie. Se reveló que la película patrocinada por la USIA, del viaje India-Pakistán de Jacqueline Kennedy, le había costado al Gobierno más de cien mil dólares. Pero Jackie revelaba muy pocas veces sus sentimientos respecto a las críticas públicas y a los ocasionales reproches de Jack. Al analizar el viaje, sólo comentó: «He echado de menos a la familia. Si la gente se mostró bondadosa conmigo en la India y Pakistán, fue porque soy la esposa del presidente.»

En realidad, la popularidad de Jackie nunca había sido mayor que entonces. Era más diestra para manipular los sondeos de opinión que ninguno de los Kennedy, y parecía ser tan influyente como ellos. El 8 de mayo de 1962 viajó a New London, Connecticut, para bautizar el *Lafayette*, un submarino nuclear de 7.000 toneladas. Endicott «Chubb» Peabody, miembro de una de las familias más distinguidas de Massachusetts y futuro gobernador del Estado, asistió a la misma ceremonia y recordó el alboroto que se había armado en torno a la Primera Dama.

«Yo la conocí antes de que fuese la señora Kennedy —dijo Peabody—. No la conocía bien, pero la había tratado. Su timidez siempre había sido evidente. Era muy tímida y muy bonita. No la conocía en los momentos en que podía soltarse y ser ella misma, sólo lo suficiente para intercambiar sonrisas y saludos.

»También conocía a Jack. Había trabajado en sus campañas senatoriales, y más tarde en la campaña presidencial de 1960. Fui al bautizo del *Lafayette* porque había estado en los submarinos durante la Segunda Guerra Mundial, y también porque era candidato a gobernador.

»Pero como todavía no ocupaba el cargo, no podía acercarme a Jackie. Por supuesto, todos querían fotografiarse con ella. Estaba rodeada de personajes de la Marina, políticos, agentes del Servicio Secreto, periodistas. Yo me hallaba tras una puerta, a 200 metros de donde se desarrollaba la ceremonia. Jackie bautizó la nave y unos minutos más tarde salió por la puerta, momento en el cual me acerqué a ella. La tomé de la mano y una horda de fotógrafos cayó sobre nosotros. Se veía a las claras que mi descaro la había sobresaltado. Pero yo continué estrechándole la mano mientras los fotógrafos hacían funcionar sus cámaras. Ese pequeño gesto, con su cobertura resultante, resultó invalorable para mi campaña.»

Noël Coward tuvo una reacción similar cuando Jackie asistió al estreno de una de sus obras en el Viñedo de Martha. Pensaba llegar al teatro envuelta en el anonimato, y llevaba puesta una peluca Leon Buchheit para no ser reconocida. Pero Coward escribe en sus *Diarios,* publicados: «El secreto se divulgó y el teatro parecía un infierno aullante de fotógrafos de prensa y periodistas. Me sentí muy molesto con todo eso... El asunto llegó a los titulares de los periódicos de Boston y Nueva York; en realidad, la prensa del mundo entero publicó fotos de la señora Kennedy y mías, todo lo cual, a pesar de que yo no había tenido nada que ver, fue una maravillosa publicidad para el espectáculo.»

Fuese cual fuere el origen del mágico atractivo de Jackie, era inevitable que la tuviese prisionera de forma permanente. La menor actividad atraía la atención invariablemente. Henry C. Lindner, ex profesional de golf del Club Campestre de Newport, dio a Jackie lecciones de golf durante cada uno de sus dos veranos en la Casa Blanca, y recordó algunos de los problemas que ella encontró.

«Conocí a Jackie por intermedio de Oleg Cassini —dijo Lindner—. Yo había enseñado a Oleg, al igual que a su hermano... en Newport y en Palm Beach. Un día Oleg comentó: "Tengo un nuevo cliente para ti." Unas horas más tarde aparecía Jackie en el edificio del club.

»Ya había tomado lecciones, antes, en Hyannis Port, y su swing no era malo. Su agarre era mediocre, pero en cuanto se lo cambié, su juego mejoró. Le di lecciones todos los días, durante un mes, en el verano del 61, y también al año siguiente. Íbamos al *tee* de prácticas por la mañana, y después jugábamos nueve hoyos juntos, y también allí le enseñaba.

»Supongo que quería aprender a jugar mejor al golf porque a su esposo le gustaba ese deporte. No sé si ella disfrutaba como él. Le inquietaban los fotógrafos de los periódicos. Se ocultaban entre los árboles y nos seguían de hoyo en hoyo. Jackie ordenaba a sus agentes del Servicio Secreto que los ahuyentaran. Estaba a punto de iniciar un tiro o de medir una distancia, y se escuchaba ese pequeño chasquido —como el de un grillo— que surgía del bosque. De pronto aparecían dos agentes del Servicio Secreto, que se lanzaban a la carrera, en persecución del intruso. Si lo atrapaban, le arrebataban la cámara y la estrellaban contra el suelo o velaban la película.

»Recuerdo que en otra oportunidad me paseaba por el campo de Newport, con Jackie, y dos mujeres la vieron. Casi siempre, si la gente la reconocía se quedaba mirándola, boquiabierta. Pero esas dos viejas brujas se pusieron a señalarnos y a dirigirse hacia nosotros. Se aproximaron a Jackie, y una de ellas dijo:"Oh Jackie, te queremos tanto... Por favor, dedícanos una sonrisa." Jackie les dirigió un saludo con la cabeza y siguió caminando. Más tarde le dije: "Ese tipo de cosas tiene que resultar muy aburrido." "Bueno, es difícil —respondió—. Ocurre todos los días, y aunque una no quiere ser grosera, a veces no queda otro remedio."»

Los *paparazzi* italianos ocupaban gran parte de los pensamientos de Jackie en agosto de 1962, cuando resolvió reunirse con Lee y Stas Radziwill en la casa de verano que habían alquilado al sur de Italia, Villa Episcopio, un *palazzo* de doce habitaciones y 900 años de antigüedad, a trescientos metros por encima de Amalfi y la bahía de Salerno. Además de Jacqueline, que llevó consigo a su hija Caroline, entre los invitados se contaban Gianni Agnelli y su esposa Mariella (Agnelli, uno de los hombres más adinerados de Italia, había dado a Jackie fondos y equipos para su proyecto de la presa de Asuán), el periodista Benno Graziani y su esposa (Benno había acompañado a Jackie y a Lee en el reciente viaje a la India y Pakistán), y C. L. Sulzberger, de *The New York Times*. En el grupo también figuraban tres agentes del Servicio Secreto que se comunicaban por medio de transistores, así como un hombre cedido por el servicio antinarcóticos del Tesoro que hablaba italiano. Fuera de la casa había apostados decenas de agentes de seguridad italianos.

Cada día estaba el camino flanqueado de multitudes que vitoreaban. Los *paparazzi* eran un tropel. La operación de seguridad resultaba compleja. Para ir a nadar, Jackie tenía que subir a una camioneta, mientras los agentes de seguridad se comunicaban con los de abajo para que despejaran todo el camino a Amalfi. La camioneta llegaba y Jackie subía a una embarcación. Las lanchas de la policía mantenían alejado a todo el mundo, y Jackie era llevada a una playa privada, al otro lado de la bahía, donde los Radziwill habían alquilado otra casita para usarla como cabaña.

Un día, Jackie y los otros se unieron a Agnelli y un grupo de cinco mandolinas, a bordo del yate de él. Seguido por lanchas de motor policiales, el yate zarpó rumbo a Paestum. Las autoridades cerraron un sector de la playa, de modo que Jackie y sus acompañantes pudieran nadar sin problemas. Cuando Jackie expresó su interés en visitar cierto museo en Paestum, las autoridades cerraron el edificio para todos, exceptuados los empleados.

Como intuyeron el desafío, los *paparazzi* asignados a la Primera Dama insistieron, y muy pronto comenzaron a aparecer en la prensa mundial las fotos de una Jackie sonriente y una atezada Lee. El presidente lo advirtió y telefoneó a su esposa, por lo menos en dos ocasiones. Cuando aparecieron impresas varias fotos de Jackie nadando con Gianni Agnelli, JFK le envió un telegrama: «UN POCO MÁS DE CAROLINE Y UN POCO MENOS DE AGNELLI.»

Jackie encontró placenteros los crecientes celos de Jack. Pidió a Agnelli que la llevase a hacer submarinismo con botellas de oxígeno. El deporte le fascinaba, aunque lo había practicado una sola vez, después de horas de instrucción, en la piscina de Charles Wrightsman. En el mar, las cosas eran muy distintas. Para su horror, se le acercaron un tiburón y dos barracudas. Pero siguió los consejos del instructor y no se movió; los peces hicieron caso omiso de ella y por último se alejaron.

C. L. Sulzberger, cuyas anotaciones diarias de esos días se convirtieron luego en la base de un libro (*The Last of the Giants*, 970) (El último de los gigantes), encontró que Jackie era «una muchacha extraña y de aspecto también extraño, pero encantadora a pesar de que tiene los ojos demasiado separados. Es una buena atleta, nada, practica esquí acuático, habla muy bien y tiene una hermosa silueta. Posee una extraña costumbre de interrumpirse constantemente mientras habla, una especie de pausa, más que un tartamudeo, de modo que a veces uno piensa que ha terminado de decir algo, cuando en realidad no es así.

»No me dio la impresión de ser especialmente brillante, a pesar de su reputación, o de tener una gran cultura. Habla un francés muy bueno... y algo de italiano. Una joven de sociedad más bien típica, pero dulce, muy encariñada con Caroline y en cierto modo inocente.»

Pero lo que le llamó la atención a Sulzberger fueron los refinados instintos políticos de Jackie. Presentó una cantidad de argumentos contundentes acerca de la Administración de su esposo, y en apariencia tenía una sólida comprensión psicológica del proceso.

Entre sus declaraciones a Sulzberger:

«John Glenn... es la persona que más dominio tiene de sí, en todo el mundo... Sería un magnífico embajador en Moscú.»

«Bobby Kennedy es inmensamente ambicioso, y nunca sentirá que ha triunfado en la vida hasta que haya sido elegido para algo, aunque sólo sea para alcalde de Hyannis Port. Ser designado para un cargo no resulta suficiente.»

Oleg Cassini conjeturaba: «Creo que JFK, por decirlo así, "se enamoró" de su esposa por segunda vez cuando llegaron a la Casa Blanca y ella pudo demostrar sus talentos y capacidades. Jackie no era política en el sentido tradicional, y al principio le desagradaba la política, la rechazaba. No era su mundo. Pero encontró su propio cosmos dentro del mundo de la política. Se volvió política a su manera. La presidencia es un cargo que infunde tanto terror... Lo que más corruptor resulta es el poder del Poder mismo.

»En Jackie hay mucho de la niña que fue, y no cabe duda de que eso forma parte de su encanto. En ocasiones hay algo de desconcierto. Si se observa con atención, se puede ver que de pronto aparecen problemas en su semblante, y entonces se la ve aturdida. En otras ocasiones parece muy segura de sí misma. Es una central de energía eléctrica. Está en su mejor forma, y lo sabe. Es autoritaria, ingeniosa y decidida. La única dificultad consiste en que no se sabe a cuál de las dos Jackies se puede esperar. Es tan impredecible como mutable.»

Esta visión dualista de Jackie era compartida por muchos de quienes la conocieron en sus años de la Casa Blanca. August Heckscher, asesor de Arte del presidente, la consideraba «una figura ambivalente... En primer lugar, estaba dedicada a la vida privada que podía conservar para sí y sus hijos, y sin embargo, por otro lado, descubría que se convertía cada vez más en la representante de una brillante llama de los intereses culturales de este país. A veces parecía retroceder, como si no quisiera implicarse demasiado en todo eso. El público tenía la impresión de que la señora Kennedy hacía muchísimas cosas por las artes, que en todo momento se ocupaba de promocionarlas. Hacía una cosa con un gusto soberbio, y ello producía un tremendo impacto. [Pero] nosotros siempre —y digo "nosotros", en este caso, porque yo trabajaba muy estrechamente con Tish Baldridge— tratábamos de lograr que la señora Kennedy hiciera cosas que no deseaba hacer; recibir gente en la Casa Blanca o invitar a determinadas personas a cenar, y ella afirmaba que se encontraba atareada, o que no ofrecía cenas de ceremonia en esos momentos, o cualquier otra cosa. Recuerdo haberme sentido desilusionado, por ejemplo, cuando por fin convencí a la señora Kennedy de que invitase a algunos poetas —que se habían reunido en Washington en asamblea en la biblioteca del Congreso— para que fuesen a la Casa Blanca a beber un poco de jerez... y entonces ella canceló la invitación. Siempre lo lamenté, porque creo que habría sido una reunión gloriosa...

»La señora Kennedy... dijo: "Señor Heckscher, haré por las artes todo lo que usted quiera..." Y luego continuó, según recuerdo: "Pero, por supuesto, no puedo permanecer mucho tiempo lejos de los chicos, ni estar presente en muchas actividades culturales." Después, con una especie de sonrisa, añadió: "A fin de cuentas, no soy la señora Roosevelt."»

En el lado positivo, los más grandes dones de Jackie eran su inteligencia, su intuición y su curiosidad, acentuadas por su posición y sus vinculaciones. Sabía escuchar, era receptiva y en apariencia sensible, aunque dada a excesos y a un estilo de vida reservado para los muy ricos, y marcada por su atracción hacia los objetos materiales como los caballos, las antigüedades, la ropa, las casas y los adornos. Disfrutaba de las fiestas, los viajes y la gente, pero sólo cuando se trataba de lo que ella consideraba como la «mejor» gente. No era tolerante con las personas de segunda o tercera clase, como lo demuestran sus listas de invitados a la Casa Blanca.

Las finanzas siempre habían supuesto un terreno problemático para

Jacqueline, tal vez porque nunca había tenido a su disposición el dinero que había querido. Cada Navidad, en la Casa Blanca, hacía que Tish Baldridge enviase listas de los regalos que quería de cada miembro del personal. La carta de Tish, en 1961, a Evelyn Lincoln, era representativa de todas las demás:

> Por si alguien quiere saber qué desea la señora Kennedy para Navidad, y te pide ideas, quiere:
> «Fruto del Mes» para la Casa [Blanca].
> Quiere libros de arte, y una pequeña cafetera de plata de ley, con asa de madera –Jorge I–, para dos tazas. (De Tiffany, por supuesto).

Jackie podía ser igualmente mercenaria cuando se trataba de regalos de extranjeros (hombres de Estado tanto como ciudadanos corrientes), y ordenó a su secretaria social que dirigiese el siguiente memorándum a Angier Biddle Duke:

> La gente que quiere dejar regalos... –por ejemplo, objetos hecho a mano, retratos y otros recuerdos– para el presidente y la señora Kennedy, o para sus hijos, pueden dejarlos en la cancillería de la embajada. El nombre y la dirección del donante deben estar escritos con suma claridad, y el funcionario de la embajada que reciba el paquete tiene que especificar que el acuse de recibo se enviará cuando el tiempo lo permita, por parte de un miembro del personal del presidente o de la señora Kennedy...
> No envíe todos estos regalos a la Casa Blanca. Antes bien, el funcionario de la embajada encargado de ella debería hacer una selección de los objetos y artículos de mejor artesanía, que algún día ocuparán un lugar adecuado en el Museo Kennedy... Los regalos que no sean enviados deben ser retenidos durante seis meses (en caso de que el donante pida dinero por su regalo, éste tiene que ser enviado enseguida). Al cabo de retenerlos seis meses en las embajadas tienen que ser destruidos, asegurándose de que los empleados locales no lo sepan. Esto debe manejarse con gran discreción.

Quién sabe por qué, a nadie se le ocurrió que incluso los regalos «chatarra» —como rotuló Tish Baldridge los regalos destinados a ser destruidos— habrían sido de gran valor para orfelinatos, hospitales, instituciones para los pobres y organizaciones similares. La misma actitud de dureza se difundió a otros memorándums inspirados por Jacqueline, como el de Tish Baldridge a Angier Biddle Duke, que exigía el pago del Departamento de Estado por los regalos de los Kennedy a dignatarios extranjeros:

> ... La señora Ikeda y la esposa del ministro de Relaciones Exteriores [japonés] abrumaron de regalos a la señora Kennedy y a su familia, y ella entregó a la se-

ñora Ikeda un espejo de mano, grabado (más o menos unos 90 dólares). Los pakis-
taníes llevan regalos personales a la señora Kennedy, de manera que ésta tiene re-
galos para la reina de su país y para la hija del general que lo acompaña. Eso su-
mará unos 120 dólares para los dos obsequios.

Pedimos el reembolso por estos artículos al Departamento de Estado, dado
que no se trata de «regalos personales» en sentido alguno de la palabra. Son regalos
obligatorios hechos a funcionarios que nos visitan...

La secretaria personal de Jackie, Mary Gallagher, descubrió que los problemas financieros de la Primera Dama se extendían a sus cuentas personales y provocaban la preocupación de JFK. La inquietud de Kennedy respecto de los gastos de su esposa llegó a su punto culminante después de entrar en la Casa Blanca. Durante el segundo trimestre de 1961, por ejemplo, sólo los gastos en ropa superaron los 35.000 dólares... y esta cuenta no se vinculaba con la «oficial» de vestimenta de la Casa Blanca, que era pagada por el suegro de Jackie. Una cuenta de Givenchy llegó a sumar más de 4.000 dólares. Facturas inquietantemente altas eran enviadas por selectas tiendas de Nueva York como Chez Ninon y Tiger, propiedad de Tiger Morse, que también era paciente del Dr. Max Jacobson.

«Tiger Morse era una dama muy talentosa, payesesca, de rara sensibilidad —dice Pat Suzuki—. Era dueña de una tienda en Madison Avenue. Era vivaz, graciosa, neurótica, y tenía una percepción increíble para el color. Jackie la descubrió cuando mi esposo, Mark Shaw, hizo un trabajo sobre Tiger para *Life*. Mark llevó una vez a la Casa Blanca algunas ropas diseñadas por Tiger. Jackie las usó y luego las devolvió. Pero guardó otras ropas que Tiger había preparado para ella, y las llevaba en privado.»

Llevar los vestidos antes de devolverlos era uno de los rasgos menos admirables de Jackie. Chez Ninon y Bergdorf, al igual que Tiger, se quejaban de ese hábito. Había otros. Pero por desgracia, ello no logró reducir las descomunales facturas que llegaban mensualmente, y Mary Gallagher se encontró haciendo «los rodeos más largos» en la Casa Blanca para no ver al presidente. No podía soportar «la expresión de reproche» del rostro de éste.

Como la mayoría de los esposos, Jack se quejaba a otros de los gastos de su esposa. Jackie y él discutían acerca de las cifras mientras se encontraban en compañía de Ben y Toni Bradlee. Otro apartado de los libros de su esposa era «Cadenas de tiendas... 40.000 dólares», y nadie tenía una explicación al respecto, y menos aún Jackie. No podía recordar adónde había ido a parar el dinero. El presidente anunció que contrataría a Carmine Bellino, un experto en contabilidad y amigo de la familia, que había trabajado en varias subcomisiones del Senado para descifrar los registros financieros de los «mafiosi». Robert Kennedy había utilizado a Bellino para controlar los gastos de Ethel, aunque ésta no podía competir con Jackie en términos de extravagancia, e incluso se la citaba quejándose a Jacqueline: «Estás perjudicando la reputación de esta familia con tantos gastos irreflexivos.»

Se pusieron en práctica distintos procedimientos para reducir los gastos personales de Jackie. El presupuesto para ropa de la Primera Dama fue rebajado a la mitad, lo mismo que «Comidas y Bebidas» y «Varios»... el gran apartado general para cualquier cosa que incitase la fantasía de Jackie. La Primera Dama adoptó su propia posición firme en «Comidas y Bebidas», en especial bebidas. En su opinión, se consumía demasiado alcohol en las funciones oficiales y privadas. Citaba por ejemplo destacado una fiesta privada de la Casa Blanca, realizada en noviembre de 1961 por Lee Radziwill, a la cual ésta invitó a su pariente lejano, Gore Vidal.

A medida que avanzaba la velada, según Arthur Schlesinger, Vidal «ofrecía la fuerte impresión de haber bebido demasiado». Según parece, Vidal había tenido una conversación con Janet Auchincloss, la madre de Jackie, antes de entrar en varios intercambios de palabras enfurecidas, primero con Lem Billings y luego con Bobby Kennedy. Bobby encontró a Gore acuclillado al lado de Jackie, mientras trataba de sostenerse pasándole un brazo por el hombro. Bobby se acercó y le retiró el brazo en silencio. Vidal fue entonces hacia Bobby y dijo: «No vuelvas a hacerme eso nunca más.» Bobby estaba a punto de irse cuando Vidal agregó: «Siempre he creído que eras un maldito hijo de puta impertinente.» Entonces Bobby dijo: «¿Por qué no te vas a la mierda?» Vidal replicó: «Si ése es tu talante de diálogo, sólo puedo responderte: ¡Muérete!» Después de eso, Bobby le volvió la espalda y se alejó.

«Sé que Lem Billings amenazaba con arrancarle la cabeza a Gore, y viceversa —dijo Blair Clark, también presente en la cena—. Me encontraba cerca de la pista de baile cuando Gore se me acercó y me dijo: "Voy a darle un puñetazo a ese canalla." No detuve a Gore aferrándolo, ni nada tan dramático como eso, pero mi recuerdo es que Billings no estaba lejos, tal vez en la pista de baile o en el otro lado de ésta. Le dije: "Gore, por amor de Dios, no hagas eso. Es estúpido." Creo que estaba bastante borracho. Algunas personas advirtieron el incidente, pero no todas, en modo alguno. No tuvo más importancia para todos los que se hallaban cerca, dispuestos a tenerles las chaquetas. Mi impresión es, sencillamente, que Gore había bebido demasiado. Y también Billings. Y muchos otros. El altercado con Bobby Kennedy, según lo entiendo, se remontaba a varios años atrás y parecía estar vinculado con ciertos comentarios vitriólicos que Gore había hecho acerca de Bobby, en uno o dos ensayos que escribió.»

La versión de Gore Vidal sobre esa «famosa noche» decía lo siguiente:

«Una antigua discusión con Bobby estalló por un instante antes de la cena... no hubo testigos. Me fui a la 1.30 de la mañana con Arthur Schlesinger, hijo, John Kenneth Galbraith y George Plimpton. A nadie se le pidió que se fuera. Incluso fui invitado a Hyannis Port uno o dos meses más tarde.»

Arthur Schlesinger decía que «alguien, no recuerdo quién, tal vez Jacqueline Kennedy, me preguntó si podía sacarlo de allí. Pedí la ayuda de Kenneth Galbraith y George Plimpton. Llevamos a Gore Vidal a su hotel».

El relato de Plimpton: «Arthur Schlesinger, Ken Galbraith y yo lo llevamos en coche. Yo me alojaba en casa de Averell Harriman. Condujimos a Gore al Hay-Adams... creo que era el Hay-Adams. Sólo Gore puede decir si estaba o no ebrio. Pero creo que esa noche le sucedieron una montón de desdichas. No vi ni escuché la discusión, pero seguí la posterior disputa de Vidal con Truman Capote en cuanto a la noche en cuestión. En una entrevista para una publicación, Capote adornó las cosas e insistió, por ejemplo, en que Vidal había sido expulsado de la Casa Blanca por la fuerza, y no fue así. Pero Jackie no se sentía feliz con la conducta de Vidal y resolvió no volver a invitarlo a la Casa Blanca. De manera que en términos literales no fue expulsado, pero sí, por supuesto, en términos figurados.»[*]

Jackie se culpó tanto como culpó a cualquier otro por el fracaso de la velada, convencida de que había dejado que las cosas se escaparan de sus manos. Desde aquel momento, comunicó a su personal que se serviría una sola copa por persona y por noche, limitación calculada para mantener la sobriedad tanto como para ahorrar dinero. A pesar de todo, la decisión de «una copa por invitado» no dio resultado cuando se realizaban fiestas reducidas en la Casa Blanca y los invitados tendían a vagar por el edificio para curiosear. En esas ocasiones, dejaban sus copas a medio consumir y se paseaban, sólo para descubrir más tarde que un mayordomo de la Casa Blanca había confiscado las bebidas no terminadas. El invitado debía recibir, invariablemente, una nueva bebida. La solución de la Primera Dama fue anotada debidamente por Mary Gallagher:

[*] La disputa Vidal-Capote no estalló hasta septiembre de 1975, cuando la revista *Playgirl* publicó la ofensiva entrevista con Capote, tal como la encaró el periodista Richard Zoerinck. Por medio del abogado Peter Morrison, Vidal enjuició a Capote por difamación. «Tengo que recordar que cuando demandé a TC por difamación [Vidal escribe a este autor], pedí al tribunal un juicio sumario, y lo obtuve. Fue encontrado culpable de difamación *per se*. Capote apeló y, carente de dinero, preguntó si yo aceptaría una carta en la que confirmara el hecho de que había mentido, etc. La acepté. Él escribió la carta.» La carta, fechada el 31 de octubre de 1983, dice en parte: «Pido disculpas por cualquier molestia, inconvenientes o gastos que puedan habérsele causado como consecuencia de la entrevista conmigo, publicada en el número de septiembre de 1975 de *Playgirl*. Como sabrá, yo no me hallaba presente en el suceso sobre el cual se citaban mis palabras en la entrevista, y entiendo... que lo que se afirma que dije no expresa con exactitud lo que ocurrió.»

*Ella [Jacqueline] ordenó a Anne [Lincoln, la nueva ama de llaves] que dijese
a los mayordomos que llenasen las copas que parecían a medio beber y no exhibían marcas de lápiz de labios en el borde. Jackie dijo que volvieran a hacerlas
circular... aunque algunas personas enfermaran de hepatitis.*

Gallagher también registró una conversación en la cual Jackie parece
haberse enterado por primera vez de la existencia del canje de cupones:

*«Oh Mary, ¿sabes qué acabo de saber por Anne Lincoln?... ¿Sabes qué canti-
dad de comida compramos aquí, en la Casa Blanca? ¡Bien, ella me dijo que con los
cupones que nos dan los comercios podemos canjearlas por maravillosos regalos!»*

Cuando se enteró de estas dos anécdotas, la periodista Angele Gingras
las atribuyó a la aguda sensibilidad cómica de Jackie: «Jackie tenía un sentido del humor estilo Swift. Era demasiado refinada para todos aquellos
que la rodeaban. La mitad de sus informes y declaraciones contenían bromas que a los demás se les pasaban por alto. ¿Es posible imaginar a la Casa
Blanca volviendo a llenar vasos de cócteles semivacíos y haciéndolos circular entre los invitados?»

Menos humorísticos resultaron ser los gastos personales de la Primera
Dama durante los dos primeros años de su esposo en el cargo. La cifra de
1961 daba un total de 105.446,14 dólares. En 1962 gastó 121.461,61 dólares.

22

A comienzos de 1962, tanto el FBI como el Servicio Secreto tenían conocimiento de las relaciones de John Kennedy con Marilyn Monroe. Las dos agencias sabían que en varias ocasiones Marilyn había ingresado en la clínica psiquiátrica Payne Whitney de Nueva York, y salido de ella, en un inútil esfuerzo por quebrar su dependencia de las píldoras somníferas y el alcohol.

Pero a pesar de sus adicciones y de sus problemas personales, la relación de Marilyn con el presidente continuó.

«Estaba loca por Jack —dijo Peter Lawford—. Ideaba todo tipo de fantasías demenciales, consigo misma en el papel de estrella. Tendría hijos con él. Ocuparía el lugar de Jackie como Primera Dama. El hecho de que él fuese presidente le permitía asignar un enorme significado simbólico a la relación. Para él no era otra cosa que una diversión. Pero ella se enamoró de verdad de él por lo que representaba. En su estado depresivo y drogado, comenzó a enamorarse de él... o más bien se convenció de que estaba enamorada, lo que en definitiva es lo mismo.

»Aparte de telefonear a Jack a la Casa Blanca, solía enviarle ejemplares de su poesía amorosa, la mayor parte de ella escrita en los comienzos de su carrera. Luego, un día, me dijo que había telefoneado a Jackie a la Casa Blanca. A pesar de todo su romanticismo y masoquismo, Marilyn también podía ser una pequeña canalla. Todo el mundo hablaba de ella diciendo que era la pobre víctima indefensa, pero no siempre era así.

»Según Marilyn, Jackie no se sintió conmovida por la llamada. Por lo menos, no lo demostró. Aceptó hacerse a un lado. Se divorciaría de Jack y Marilyn podría casarse con él, pero tendría que mudarse a la Casa Blanca.

Si Marilyn no estaba dispuesta a vivir abiertamente en la Casa Blanca, lo mejor sería que se olvidase de todo eso.

»En realidad Jackie se sintió enfurecida por la llamada, y quién sabe por qué razón, culpó de ella a Frank Sinatra. No le resultaba fácil culparme a mí porque yo formaba parte de la familia, de modo que lo descargó sobre él. Ella y Sinatra siempre habían tenido un trato decente. Él visitaba la Casa Blanca, Hyannis Port, Palm Beach. Los Kennedy lo recibían a bordo [de su yate], el *Honey Fitz*. Pero ése fue el final de todo para Jackie. Sinatra ya no era bienvenido en la Casa Blanca, y en ningún otro de los baluartes de los Kennedy. La ruptura con Jackie se produjo al mismo tiempo en que Sinatra comenzaba a tener problemas con Bobby Kennedy. Bobby, que a los 35 años se consideraba otro Wyatt Earp, había estado atacando a muchos de los compinches de Sinatra. Lanzó investigaciones totales sobre Sam Giancana, John Roselli, Mickey Cohen, Carlos Marcello, Santo Trafficante y, por supuesto, Jimmy Hoffa. Algunos de estos tipos pidieron ayuda a Sinatra, y éste recurrió a Bobby. Yo le acompañé. En otras palabras, el fiscal general nos dijo que nos quedásemos tranquilos, y pidió a su hermano, el presidente, que dejara en paz a Sinatra. "Estamos buscando a los jefes del crimen organizado en este país, y tú mantienes relaciones con un tipo que es amigo de la mitad de ellos", le dijo a Jack.

»Jack había planeado pasar varios días, del 24 al 26 de marzo de 1962, en la casa de Sinatra en Palm Springs. Jackie estaría ausente, en su viaje a la India y Pakistán. Era un momento ideal para que Jack aflojara. En previsión de la visita del presidente, Sinatra había agregado varias habitaciones a su casa, dos o tres chozas para el Servicio Secreto, un helipuerto para recibir al helicóptero del presidente, y hasta un mástil para la bandera. En el último momento, Bobby me llamó y me dijo que debía hacer saber a Sinatra que el presidente no podría aceptar su hospitalidad. Le pedí que lo pensara mejor, le dije cuánta importancia tenía la visita para Sinatra. "Las relaciones de Sinatra con el crimen organizado podrían perjudicar al presidente", respondió Bobby.

»Telefoneé al presidente. Se mostró comprensivo, pero inflexible. "No puedo alojarme allí mientras Bobby dirija la operación Giancana. Tal vez puedas encontrarme otro lugar como alojamiento."

»De manera que al final llamé por teléfono a Sinatra y se lo expliqué. Culpé de todo eso a seguridad, y dije que el Servicio Secreto consideraba que su casa resultaría difícil en lo referente a vigilancia. Sinatra sabía reconocer una porquería cuando la escuchaba. Telefoneó a Bobby Kennedy y le dirigió todos los insultos que conocía. Le dijo cuán hipócrita consideraba que la Mafia pudiera ayudar a Jack a ser elegido pero no sentarse con él en el primer asiento del autobús.

»Entretanto, Jack había hecho arreglos para pasar el fin de semana en la casa de Bing Crosby en Palm Springs. Esto enloqueció a Sinatra. El otro cantante ni siquiera apoyaba al Partido Demócrata. Sinatra me echó a mí la culpa de todo injustamente. Eso terminó con nuestra amistad. Más tarde oí decir que había cogido un mazo y había destrozado todo el helipuerto que había construido para Kennedy.»

Marilyn Monroe pasó el fin de semana con el presidente en casa de los Crosby, y luego volvió a verlo de nuevo el 19 de mayo, dos días antes de que él cumpliera cuarenta y cinco años, en una celebración de gala destinada a recolectar fondos, ante 15.000 demócratas, en el Madison Square Garden de Nueva York. Entre otras celebridades que rindieron tributo al presidente se contaban Ella Fitzgerald, Peggy Lee, Jimmy Durante y María Callas.

Pero fue Marilyn, de «piel desnuda y cuentas de collar», (para repetir la descripción de Adlai Stevenson), quien robó el espectáculo con sus versiones resbaladizas, roncas, de *Thanks for the Memory* y *The Happy Birthday Song*. El presidente siguió la presentación de ella dirigiéndose al público: «Ahora que me han cantado *Feliz cumpleaños* en forma tan dulce y sana ya puedo retirarme de la política.»

Peter Lawford había organizado la presentación de Marilyn en el Garden, esa noche, pero sólo después de asegurarse de que Jackie no estaría presente. Lawford, en su papel de Maestro de Ceremonias, presentó a su atracción principal como «la última Marilyn».

«Era un comentario sobre su costumbre de llegar siempre tarde* —explicó él—. Evidentemente no tenía la menor idea de que apenas le quedaban unos pocos meses de vida. Por otro lado, no era la de siempre. Recuerdo que Arthur Schlesinger escribió que "hablar con Marilyn era como hablar con alguien que se encontraba bajo el agua".»

Esa noche, más tarde, después de su presentación en una fiesta ofrecida por Arthur King, presidente de United Artists, Marilyn pasó varias horas a solas con John Kennedy, en su dúplex en la parte superior del Carlyle. Sería la última cita de ambos. Prevenido por Robert Kennedy y Edgar Hoover de que la casa de la playa de Santa Mónica de Peter Lawford, sin duda tenía instalados micrófonos, colocados por la Mafia, y que por lo menos una de sus reuniones ilícitas con Marilyn había sido grabada, resolvió terminar con esas relaciones.

«Marilyn se dio cuenta de que todo había terminado, pero no pudo aceptarlo —dijo Lawford—. Empezó a escribir aquellas cartas más bien pa-

* *The late Marilyn*, en el original, significa a la vez «la tardona» y «la difunta» Marilyn. De ahí el doble sentido del comentario de Lawford. *(N. del T.)*

téticas a Jack, y continuó llamándolo. Amenazó con recurrir a la prensa. Por último él envió a Bobby Kennedy a California para tranquilizarla.

»Bobby ya conocía a Marilyn. Se habían conocido en una cena en mi casa, a la que él asistió con Ethel, y más tarde se encontraron brevemente en Nueva York, después de que Marilyn se presentara en la fiesta de cumpleaños de Jack. Trató de explicarle que el presidente era un hombre muy atareado, que dirigir el país resultaba una tarea exigente y que si bien Jack le tenía un gran afecto, ya estaba casado, y no quería, lisa y llanamente, escurrirse y ver a un abogado especializado en divorcios. Aunque es probable que no le resultara fácil, ella debería aceptar esta decisión y dejar de llamar al presidente.

»Ella lo tomó muy mal. Bobby lo sintió. Volvieron a encontrarse al día siguiente y se pasaron la tarde paseando por la playa. No era la intención de él, pero esa noche se convirtieron en amantes y la pasaron en nuestro dormitorio para huéspedes.

»Casi de inmediato la relación adquirió cierta envergadura, comenzaron a verse a menudo. Ahora Marilyn llamaba al Departamento de Justicia, en lugar de hacerlo a la Casa Blanca. Angie Novello, la secretaria personal de Bobby, mantenía largas conversaciones con ella, cada vez que Bobby no se encontraba cerca. Muy pronto Marilyn anunció que estaba enamorada de Bobby y que él le había pedido desposarla. Era como si ya no pudiese distinguir entre Bobby y Jack.

»En esos momentos fue cuando la Twentieth Century Fox la despidió de la película en CinemaScope, de holgado presupuesto, que nunca se completó, *Something's Got to Give*. Estaba tan drogada la mayor parte del tiempo, que pronunciaba sus diálogos con lengua estropajosa. Y no podía dormir por la noche. Tenía un aspecto espantoso. Le dije que abandonara en el acto lo que estaba tomando y que se despejara la cabeza, o toda su carrera se iría al demonio.

»Marilyn no logró aplicar el freno. Bobby se apartaba poco a poco de ella, de la misma manera en que lo había hecho Jack. Marilyn se subía por las paredes. "Tratan a todas igual —dijo—. La usan a una y después la desechan como si fuese basura."

»En varias ocasiones, cuando Marilyn iba a cenar o a una fiesta, se quedaba durante la noche, en especial cuando había bebido demasiado. Una vez me desperté muy temprano, por la mañana, y la descubrí envuelta en una bata, encaramada en el balcón, contemplando la piscina de abajo. Salí y pregunté: "¿Te sientes bien?" Las lágrimas le corrían por el rostro. La hice entrar y preparé el desayuno, y [mi esposa] Pat y yo la consolamos durante horas. Estaba totalmente decaída, hablaba de lo mal que se encontraba, de lo indignada, usada y abusada que se sentía.

»En el mes de julio, Pat y yo la llevamos en dos viajes a Calneva Lodge en el lago Tahoe. En el primero todos bebimos mucho, pero Marilyn además tomaba somníferos, cosa que ninguno de nosotros advirtió hasta que fue casi demasiado tarde. Enfermó tan violentamente, que hubo que llevarla a Reno, y de ahí traerla de vuelta a Los Angeles en el avión privado de Frank Sinatra.

»La segunda visita terminó de la misma forma brusca, cuando de pronto se presentó Joe DiMaggio. Es evidente que alguien le había dicho que Marilyn había sido secuestrada y se la retenía en Calneva contra su voluntad. Siempre había chicas en el pabellón, y sexo y drogas y fiestas. Pero era cierto que Marilyn no se encontraba allí contra su voluntad. DiMaggio quiso llevársela a casa con él. Discutieron. Ella se molestó y una vez más tuvo que irse y volver a Los Angeles a bordo del avión de Sinatra.»

Los hechos culminaron el fin de semana del 3 de agosto de 1962, dos días antes del supuesto suicidio de Marilyn Monroe. Marilyn se enteró de que Bobby Kennedy y su familia se alojaban cerca de San Francisco. Llamó a Peter Lawford y le preguntó si tenía algún número para llamar a Bobby. Éste no lo tenía, pero pensó que tal vez lo tuviese su mujer. Pat había ido a visitar a su familia a Hyannis Port. Le dio a Marilyn el número de teléfono de la casa de Pat. Marilyn la llamó y, al rato, Pat encontró el número de Bobby.

Aunque Bobby vaciló al comienzo, a la larga aceptó ver a Marilyn. Al día siguiente voló a Los Angeles, tomó un helicóptero a los terrenos de la Twentieth Century-Fox y fue recibido allí por Peter Lawford, que lo condujo a casa de Marilyn en Brentwood.

Llegaron a eso de las dos de la tarde. En previsión de la visita, Marilyn había preparado una comida liviana, mexicana —guacamole, champiñones rellenos, albóndigas especiadas—, que encargó en un restaurante cercano, y una botella grande de champán helado. A sus visitantes les resultó evidente que Marilyn ya había bebido bastante champán por su cuenta. Lawford se sirvió una copa y salió a la piscina, de modo que Marilyn y Bobby pudieran conversar. Pocos minutos después escuchó gritos. Bobby decía que regresaría a la casa de Peter. Marilyn insistía en que él había prometido pasar la tarde a solas con ella. Bobby dijo que se iría con o sin ella.

«Discutieron unos diez minutos, Marilyn se ponía cada vez más histérica —declaró Lawford—. En el colmo de su furia, afirmó que a primera hora de la mañana del lunes organizaría una conferencia de prensa y contaría al mundo entero cómo había sido tratada por los hermanos Kennedy. Entonces Bobby se puso lívido. En términos clarísimos le dijo que tendría que dejarlos en paz a Jack y a él... no más llamadas telefónicas, no más cartas, nada. No quería volver a oír hablar de ella.

»Ahí Marilyn enloqueció, lanzó obscenidades y golpeó locamente a Bobby con sus puños. En su furia, tomó un cuchillo de cocina, pequeño, y se precipitó hacia él. Yo me encontraba con ellos en ese momento, de modo que traté de tomar a Marilyn del brazo. Por último la derribamos y logramos arrancarle el cuchillo. Bobby pensó que deberíamos llamar al doctor Ralph Greenson, su psiquiatra de Beverly Hills, y decirle que acudiese a la casa. El doctor Greenson llegó a casa de Marilyn en poco menos de una hora.»

Lo que sucedió después es tema de conjeturas. Autores tan distintos como Norman Mailer, Anthony Summers y Earl Wilson han publicado relatos detallados, lógicos pero muchas veces contradictorios en cuanto a los acontecimientos que condujeron a la muerte de Marilyn Monroe en la noche del 4 de agosto. Irónicamente, la versión escrita en apariencia más lógica de esos hechos, *My Secret Life with Marilyn Monroe*, memoria personal de Ted H. Jordan, no se ha publicado hasta ahora.

Jordan, actor de reparto de Hollywood, casado con la escultural artista de *streap-tease* Lily St. Cyr, conocía a Marilyn desde 1942. «Marilyn —aventura Jordan— tenía cierta tendencia a la exageración. Poseía una imaginación vívida, la capacidad para agrandar los hechos fuera de toda proporción. Pero cuando me telefoneó, a eso de las cinco de la tarde, en la última noche de su vida, no tenía motivos posibles para mentir. Me narró su reyerta con Bobby. Dijo que el doctor Greenson, que todavía se encontraba allí, le había suministrado una inyección para tranquilizarla, y que Lawford y Bobby Kennedy ya se habían ido.

»Esa tarde me llamó por segunda vez. Parecía como si estuviese a mil kilómetros de distancia. Dijo que Lawford le había telefoneado alrededor de las siete para invitarla a una cena china y a un póker con los amigos. Bobby quería que fuese. Pero Marilyn sospechó que en cuanto terminase la partida de póker, Lawford invitaría a un par de prostitutas para Bobby y él, y que esperaban que Marilyn participase. "Y ya he aguantado bastante de todas esas cosas —dijo—. Bobby me prometió quedarse allí, y así están las cosas."

»Mencionó que esa tarde un poco antes había tomado somníferos cosa que, sumada a la inyección de Greenson y al alcohol, sin duda la habrían aniquilado. Después de llamarme por segunda vez, según parece, llamó a Lawford y se despidió: "Dile adiós a Pat, adiós al presidente, adiós a ti mismo, porque has sido un buen tipo." ¿Sabía que estaba agonizando? ¿Había vuelto a tomar más píldoras? ¿Tenía la intención de suicidarse? ¿La mató alguna otra persona? Dudo de que nunca lleguemos a conocer las respuestas a estos interrogantes.

»Sé una sola cosa. Advertí que algo no andaba bien, y llamé a Marilyn esa noche. Peter Lawford atendió el teléfono. Por lo tanto, no cabe duda de que después de la muerte de ella fue allá, sin duda para ordenar las cosas, para asegurarse de que no hubiera nada que relacionase a Marilyn con el presidente o el fiscal general.»

En los días siguientes, mientras los titulares sobre la muerte de Marilyn Monroe inundaban la nación y la sacudían, Bobby Kennedy seguía comportándose como si nada hubiese sucedido. El lunes habló ante una reunión de la Asociación del Foro Norteamericano, en San Francisco, y luego viajó a Seattle, con su familia, para asistir a la Feria Mundial. Él y sus hijos pasaron otra semana acampando en el noroeste, con William O. Douglas, juez de la Corte Suprema.

Abordada por la prensa para que hiciese un comentario acerca de la muerte de Marilyn, Jacqueline Kennedy sólo dijo: «Seguirá viviendo eternamente.»

En un encuentro de béisbol en el Yankee Stadium, tres años después de la muerte de Marilyn, Robert Kennedy fue presentado a Joe DiMaggio. Kennedy le tendió la mano. DiMaggio se volvió y se alejó sin estrechársela.

Más de veintitrés años después de su muerte, en octubre de 1985, el programa *20/20* de la ABC-TV había planeado emitir un segmento que exploraba las relaciones entre Bobby Kennedy, Jack Kennedy y Marilyn Monroe. En el último momento, Roone Arledge, presidente de Noticias y Deportes de ABC, canceló el segmento, insistiendo en que no era otra cosa que «material de columnas de chismorreos». Resultó que Arledge había sido durante mucho tiempo un fiel amigo de los Kennedy.

India Edwards hablaba en nombre de muchas mujeres cuando dijo respecto de JFK: «Kennedy jamás pensó en una mujer de otra manera que considerándola un objeto sexual.»

Malcolm «Mac» Kilduff, secretario de prensa del presidente, sugirió que Kennedy objetivaba todos los tipos sexuales, no sólo a las mujeres: «Recuerdo cuando el Ballet Bolshoi llegó a Washington y actuó en el antiguo Teatro Capitol de la Calle F. Ocurrió durante la crisis de los misiles cubanos, pero Jackie insistió en concurrir en la noche del estreno. El presidente tenía tantos deseos de ver el Ballet Bolshoi como yo un circo de pulgas. Cuando terminó la función, y pasaron entre bambalinas, él me susurró al oído: "No quiero que me saquen una foto estrechando la mano a todos esos homosexuales rusos."»

El número de mujeres en el horizonte de Kennedy parecía en constante ascenso. El caso de la joven que había conocido íntimamente a Kennedy cuando éste era senador y se enamoró de él, se parecía a «Fiddle» y «Faddle», las dos secretarias de su personal. Se le asignó un puesto en el Consejo de Seguridad Nacional, cuando él lo presidió, y así se encontraba siempre a mano. La actitud negligente de Kennedy en relación con tales encuentros —así como su agilidad para impedir que sus actividades exteriores obstaculizaran sus obligaciones oficiales— quedó demostrada una tarde de verano, cuando los dos fueron interrumpidos por unos golpes en la puerta del dormitorio del presidente. Encolerizado, Kennedy abrió la puerta. Vio allí a dos de los más destacados asesores en relaciones exteriores, con un manojo de telegramas secretos... y una clara visión de la compañera desnuda de Kennedy. Sin molestarse en cerrar la puerta, el presidente se sentó, leyó los despachos y adoptó sus decisiones antes de continuar con su amiga.

Los archivos del Servicio Secreto de ese período abundan en investigaciones de antecedentes de diversas mujeres, casi todas modelos y azafatas de líneas aéreas. Cumpliendo órdenes presidenciales, los agentes del Servicio Secreto recibían a esas mujeres; más fortuitas aún eran las mujeres a quienes se dejaba pasar a las habitaciones presidenciales sobre la base de una llamada telefónica o de una presentación escrita de un amigo de confianza; en algunos casos hacía falta mucho menos que eso.

«Jamás se le ocurrió a Jack que algunas de esas mujeres pudiesen ser consideradas peligrosas —dijo Lem Billings—. Nunca se las registraba, jamás se las interrogaba a fondo. Recuerdo haber oído hablar de una joven irlandesa de dieciocho años que estaba de visita y quería conocer al presidente, de modo que éste insistió en que la hiciese pasar directamente a la Oficina Ovalada. Resultó que llevaba en el bolso un cuchillo de carnicero de 35 centímetros, y que acababa de salir de un hospital para enfermos mentales de Dublin.»

La joven fue deportada a Irlanda. Otra deportada de Camelot fue Ellen Rometsch, una tórrida modelo de Alemania Oriental, de 27 años (y sospechosa de ser una agente), que regentaba un servicio de azafatas por intermedio del club Quorum, un refugio privado del Capitol Hill, que tenía como parroquianos a los integrantes de los grupos de poder, empleados del Congreso y miembros de la Cámara y el Senado. El fundador y director del club era Bobby Baker, un traficante de influencias y ex ayudante senatorial de Lyndon Johnson, quien más tarde fue a parar a la cárcel por evasión de impuestos, robo y conspiración para defraudar al Gobierno.

Baker usaba a Ellen Rometsch y a otras jóvenes para fines políticos y comerciales. Aunque el nombre del presidente Kennedy no aparecía en la lista de socios del club Quorum, algunos testigos oculares indican que de vez en cuando él utilizaba a Ellen Rometsch y los servicios del club, como el vicepresidente Lyndon Johnson.

El escándalo sexual de mayor repercusión pública de comienzos de la década de 1960 fue el caso Profumo, en el cual el ministro de Defensa John

Profumo, de Gran Bretaña —conocedor de los secretos de defensa más sensibles de Occidente—, había entablado relaciones con Christine Keeler, una prostituta mantenida por el osteópata londinense Stephen Ward. Entre los otros clientes de Keeler se contaba un espía soviético. Existía la posibilidad de que Profumo hubiese comunicado, por accidente, informaciones militares a Keeler, y que ésta a su vez las hubiera transmitido al ruso. Profumo dimitió. El Gobierno británico estuvo a punto de desmoronarse.

Al principio el escándalo parecía no tener conexiones norteamericanas. Pero el 28 de junio de 1963, mientras el presidente Kennedy viajaba al extranjero, el *New York Journal-American* publicó un artículo que comenzaba diciendo: «Uno de los nombres más importantes de la política norteamericana —un hombre que ocupa un puesto electivo "muy alto"— ha sido implicado en el escándalo vicio-seguridad británico.» Robert Kennedy hizo viajar a Washington a los dos periodistas responsables de la nota, y determinó que el funcionario electo era el presidente Kennedy. Se suponía que el presidente Kennedy había estado involucrado, no con una, sino con dos de las prostitutas del establo exclusivo de Stephen Ward: Suzy Chang y Maria Novotny.

La primera actitud de Robert Kennedy consistió en negar la afirmación y en amenazar con acciones legales contra el *Journal-American,* si éste publicaba nombres o nuevas notas del mismo artículo. Como carecía de documentación adecuada el periódico resolvió abandonar el asunto. Pero el FBI, con la ayuda de Scotland Yard, emprendió una investigación completa.

Las interminables relaciones de John Kennedy con mujeres iban cercándole poco a poco. La investigación del FBI probó que Suzy Chang, de 28 años, nacida en China, y residente en Londres, ingresaba en Estados Unidos a intervalos regulares, para ver a su madre enferma. Elegante y exótica, había sido vista más de una vez en compañía del doctor Stephen Ward. También se la vio varias veces con el presidente Kennedy, y en una ocasión cenando con él en el elegante «21» de Nueva York.

El caso Maria Novotny era un tanto más siniestro. Rubia y burbujeante, había comenzado su carrera como Mariella Capes, bailarina de *streap-tease* en clubs nocturnos ingleses. En 1960 se casó con Horace Dibben, un adinerado anticuario británico y dueño de clubs nocturnos, casi cuarenta años mayor que ella. Seis meses después, Maria Novotny abandonó a Dibben y se trasladó a Nueva York. Semanas más tarde vivía con un productor de televisión, Harry Alan Towers, que dirigía la filial de Nueva York de un cartel de mujeres de rango internacional.

En 1962, Novotny regresó a Inglaterra. Interrogada por Scotland Yard en relación con el caso Profumo, admitió que tenía 19 años cuando conoció a John F. Kennedy en diciembre de 1960, en una fiesta, cuyo anfitrión era el cantante Vic Damone, en un hotel de Nueva York. Presentada por Peter Lawford, ella y el presidente electo se dirigieron a uno de los dormitorios del piso y mantuvieron relaciones sexuales. Después de la inauguración, Lawford volvió a reclutarla, y le pidió que organizara «algo un poco más interesante para el presidente». El segundo encuentro se llevó a cabo en un apartamento de Manhattan que Novotny compartía con Towers en la Calle 55 Oeste. En él participaron otras dos prostitutas vestidas de médica y enfermera; en el juego sexual que siguió, Kennedy representó el papel del paciente.

Lo que resultaba más alarmante para el FBI respecto a este episodio era que Towers resultó ser un agente soviético, que había sido pagado para proporcionar información que pudiese usarse para comprometer a destacadas figuras de la política norteamericana, entre ellos Kennedy. Cuando Novotny volvió a Gran Bretaña en 1962, Towers voló a Estados Unidos y presuntamente emigró a Checoslovaquia*.

Estos encuentros, como incluso Jackie hubiese podido atestiguarlo si se lo hubiesen preguntado, nada tenían que ver con el amor y el matrimonio. Pero John Kennedy, como ya sabemos, también tenía relaciones más serias y duraderas. La última, con la amiga de Jackie, Mary Pinchot Meyer, duró de enero de 1962 hasta noviembre de 1963, fecha en que fue asesinado. Descendiente de la familia Pinchot de Pennsylvania —que dio un gobernador de dos legislaturas, Gifford Pinchot—, Mary Meyer era hermana de Toni Bradlee y cuñada de Ben Bradlee.

«No tenía la menor idea de que Mary tuviese relaciones con Jack —aseguró Toni Bradlee—. Y estoy casi segura de que Ben nada sabía al respecto. Resultó un golpe para nosotros, aunque, por supuesto, mi hermana conocía a Jack desde los días de estudiante en Choate, y más tarde, cuando ella concurrió a Vassar y él a Harvard.»

En 1945, Mary se casó con Cord Meyer, hijo, un joven veterano de la Segunda Guerra Mundial, que perdió un ojo en Guam, en el Pacífico Sur, y llegó a ser un alto funcionario de la CIA y fundador de la Organización Federalista Mundial Unida. Cuando se divorciaron en 1959, Mary heredó una parte del negocio multimillonario de la familia, de almacenes de comestibles, y la utilizó para establecer una modesta carrera de artista. Un antiguo garaje adyacente a la casa de su cuñado se convirtió en su estudio.

---

* El FBI continuaba investigando todavía la participación de JFK en el caso Profumo en el momento de su asesinato. El caso se hubiera podido convertir muy bien en un problema, en las elecciones del 64, si Kennedy hubiese vivido para presentarse como candidato en ellas.

Mary era una seguidora de lo que entonces se conocía como «La Escuela del Color de Washington», que exhibía diseños geométricos de vivos colores en la Galería de Jefferson Place. «Era al mismo tiempo bohemia y deslumbrante, un tipo Brett Ashley», dijo el director de la CIA, James Angleton. «Era un espíritu libre, muy adelantado a su época», continuó su hermana. James Truitt, ejecutivo del *Washington Post* y confidente de Mary (Truitt fue quien primero reveló la historia del romance de JFK con Mary), recordaba que, mientras se hallaba de vacaciones en Italia, Mary vio a un apuesto noble italiano en su yate, nadó a su encuentro y se quitó el bikini en el agua, antes de trepar a bordo.

«Hacía tiempo que conocía a Mary —dijo Blair Clark—. No la conocía muy a fondo, pero sí desde hacía años. Era inteligente, encantadora y hermosa, de cabello rubio y facciones perfectas. Pero no sabía que se veía con Jack. En rigor, había oído una historia relacionada con ella, que parecía indicar todo lo contrario. Creo que ocurrió durante una cena en casa del columnista del *New York Times,* Arthur Krock. Después de la cena, los hombres se hallaban todos sentados en el comedor, fumando cigarros y bebiendo vino y las mujeres se habían reunido en la sala. Mary se negó a unirse a las damas. Se sentó en la escalera a conversar con otra mujer. Al alcance del oído de los hombres, dijo que todas las mujeres allí presentes querían acostarse con Jack Kennedy. Se refería a todas las esposas de los hombres del comedor. Lo dijo con desdén, como si sintiera que las mujeres eran más bien tontas.

»De manera que no sabía nada y no creo que tampoco supiesen nada los Bradlee. Yo era íntimo amigo de Ben Bradlee y de su esposa de entonces, Toni. Una noche nos invitaron a todos a una fiesta en la Casa Blanca. Mary también iría, y Ben Bradlee dijo que fuésemos juntos y que yo acompañara a Mary. Así lo hice. Esa noche no había nada en el ambiente que indicase que íbamos a una cita. Era una de esas fiestas con baile, para unas 125 personas, casi todos amigos. Una reunión puramente social. Pero en un determinado momento durante el baile, Jack y Mary desaparecieron. Estuvieron ausentes durante una media hora. Sin darme cuenta, yo había servido de "cómplice" de Jack.»

El grado de intimidad al cual llegaron Jack y Mary Meyer puede medirse por varios factores, entre ellos un viaje que el presidente realizó en 1963, con Mary y Toni a Milford, Pennsylvania, para conocer a la madre de ésta, Ruth Pinchot, archiconservadora y partidaria de Barry Goldwater. Otra señal de la intimidad de ellos fue la disposición de Kennedy a experimentar con drogas en presencia de Mary: no sólo marihuana, como se ha informado ampliamente, sino también LSD.

James Angleton recordaba los detalles: «Mary llevaba un diario de arte en el cual comenzó a hacer anotaciones de sus encuentros, entre treinta y cuarenta durante sus relaciones: en la Casa Blanca, en el estudio de ella, en casas de amigos. Uno de los amigos de Mary era Timothy Leary, el famoso gurú "cabeza ácida" de la década de 1960. Según parece, Mary le dijo a Leary que ella y otras mujeres de Washington habían tramado un plan para "enardecer" a los dirigentes políticos mundiales, con marihuana y ácido, a fin de volverlos menos militaristas y más amantes de la paz. Leary la ayudó a obtener ciertas drogas y agentes químicos, precisamente con ese objetivo. Más tarde, ella creó su propia fuente de drogas.

»En julio de 1962, mientras visitaba la Casa Blanca, Mary llevó a Kennedy a uno de los dormitorios y le mostró una cajita con seis cigarrillos. Compartieron uno, y Kennedy le dijo, riendo, que un par de semanas más tarde, realizaría en la Casa Blanca una conferencia sobre narcóticos.

»Fumaron otros dos cigarrillos y Kennedy echó la cabeza hacia atrás y cerró los ojos. Rechazó el cuarto cigarrillo. "Supongamos que los rusos dejan caer una bomba", dijo. Admitió haber probado cocaína y hachís, gracias a Peter Lawford. Mary afirmó que fumaron marihuana en otras dos ocasiones, y en otra tercera hicieron juntos un leve viaje de ácido, durante el cual hicieron el amor.»

Una consecuencia macabra y trágica: Mary Meyer, de 43 años, fue asesinada a balazos a las 12.45 de la tarde del 12 de octubre de 1964, casi once meses después de la muerte del presidente Kennedy, mientras paseaba a lo largo del camino de sirga de Chesapeake y el canal Ohio, en Georgetown, no lejos de su estudio, lugar donde ella y Jack Kennedy habían caminado juntos en muchas ocasiones. Un trabajador negro de 26 años, arrestado cerca de la escena del crimen, fue llevado a juicio por el asesinato de Mary, y resultó inocente.

Mientras revisaba las pertenencias de su hermana, Toni Bradlee encontró el diario, lo leyó y lo entregó a James Angleton, quien lo destruyó en la sede de la CIA, en Langley, Virginia. «En mi opinión, nada podía ganarse conservándolo —declaró Angleton—. Actué como un ciudadano común y amigo de la difunta. Los Meyer tenían dos hijos, y ésa fue una de las razones. En sentido alguno mi acto estaba destinado a proteger a Kennedy. Sentía muy poca simpatía por el presidente. El fiasco de Bahía de Cochinos, que él trató de endosar a la CIA y que condujo a la renuncia del director de ésta, Allen Dulles, fue obra de él. Creo que la decisión de retirar el apoyo aéreo de la invasión marcó toda la carrera de Kennedy y produjo su impacto en todos los hechos que siguieron.»

23

A principios de 1963, Jackie Kennedy confesó a Lee Radziwill que esperaba otro bebé ese año, más adelante, y que pronto interrumpiría todas sus tareas oficiales. Sin embargo, estaba decidida a presentarse en todas las cenas de gala que considerase aconsejables. En marzo, cuando el rey Hassán II de Marruecos realizó una visita, se lo agasajó con una representación de la Compañía de Ópera Ligera de la ciudad de Nueva York, y con una lista de invitados entre los cuales se contaban Samuel Barber, Sol Hurok, Myrna Loy, Agnes de Mille y Alan Jay Lerner. Resultó evidente que el joven monarca se había sentido complacido con esa recepción*.

En abril, el mes en que anunció al mundo su embarazo, Jackie realizó preparativos para la llegada a Washington de la Gran Duquesa Charlotte de Luxemburgo, para lo cual se puso en comunicación con Basil Rathbone y le pidió que presentase una lectura, en la Casa Blanca, de selecciones de Marlowe, Johnson, Donne, sonetos de Shakespeare y el discurso del día de San Crispín, de *Enrique V.* Rathbone expresó sus reservas en cuanto a esta última elección, y señaló que se trataba de un monólogo relacionado con la eliminación de reyes, y por lo tanto, tal vez, inadecuado para una gran duquesa. Después de tener en cuenta la posición del actor, Jackie escribió a Rathbone y explicó sus razones para pedir el discurso de San Crispín:

---

* Invitó a Jackie a pasar una temporada en Marruecos, y varios años más tarde le ofreció la escritura de su propio palacio morisco, ubicado en un sector elegante de Marrakesh. Jackie aceptó en principio el regalo, pero luego lo pensó mejor y más tarde lo rechazó.

... Es uno de los favoritos de él [JFK], relacionado con los encantadores sueños de dirigir o ser dirigido a la victoria, que se albergan en su alma. Además, lo conoce de memoria, y supongo que lo hizo por los mismos motivos egoístas por los cuales yo pedía a Donne y otras cosas que adoro. También conoce Enrique V (y me recuerda mucho a él... ¡aunque no creo que él lo sepa!)...

Un día más tarde, volvió a escribir, confirmando su posición:

... ¿Quiere que le diga por qué lo considero que es tan adecuado?... De entre todos los discursos que hacen que a una le importe y quiera realizar un mayor esfuerzo, sacrificarse, luchar o morir... por la causa que fuera... ése es uno de ellos. La única persona ante quien yo no querría que lo dijese es Khrushchev, ya que no estamos unidos en nuestros objetivos... pero en la minúscula Luxemburgo... todos nos esforzamos hoy por las mismas cosas valientes.

Basil Rathbone recitó el pasaje de San Crispín, y fue acompañado en el programa por un entusiasta conjunto de músicos y cantantes isabelinos. La actuación y la cena de gala resultaron memorables. La Gran Duquesa, lo mismo que el rey Hassán II antes que ella, se fueron henchidos de alabanzas para sus anfitriones, y en especial para Jackie, a quien se refirieron en la prensa como «el arma más poderosa de Norteamérica, *Madame La Presidente.*»

Aunque concurrió a una cena de gala, en julio, para el presidente Radhakrishnan de la India, Jackie se conformó entonces con limitar su participación y administrar la mansión entre bambalinas. Se comunicaba con su personal, principalmente por medio de notas escritas. Ordenó a Tish Baldridge que enviase un memorándum pidiendo a los distintos miembros del personal que archivasen sus órdenes y se las devolvieran al final de año, de modo que pudiesen servir como registro del papel cumplido por Jackie en la Casa Blanca.

Años más tarde, Jackie diría: «Tantas personas llegan a la Casa Blanca con sus dictáfonos funcionando... nunca escribí un diario. En verdad jamás quise hacerlo, pero es una pena. Pensé que quería vivir mi vida, no registrarla. Y todavía me alegro de haber hecho eso. Pero creo que he olvidado muchas cosas.»

Eilene Slocum recordó haber visitado la Casa Blanca durante el embarazo de Jackie, sólo para descubrir que el té al cual se la había invitado era dirigido por la madre de Jackie. «Jackie había salido a pasear los perros —dijo la señora Slocum—. Tuve la sensación de que encontraba difícil la vida en la Casa Blanca, y que le encantaba salir.»

Kay Lepercq, de la sociedad de Nueva York, concurrió a una pequeña cena, más o menos por entonces, con su esposo de esos días, Paul Lepercq, en la casa de Arthur Schlesinger en Washington. Jackie se encontraba presente, y también Bobby Kennedy. «Ni el presidente ni Ethel Kennedy estaban allí —dijo la señora Lepercq—. Bobby no hacía más que hablar de que, como fiscal general, imponía la ley, y todo eso. No resultaba muy encantador, en especial porque sospeché que el presidente Kennedy debía su elección, en gran parte, a la intervención de la Mafia.

»Pero Jackie era el premio verdadero. Mi esposo, que era francés, también era alto y rubio. Jackie se acercó a él, parpadeó y dijo con ese susurro tan insidioso: "No sabía que los franceses fuesen tan altos y rubios."»

Si Kay Lepercq pareció desencantada con Jackie, otros se mostraron más desilusionados aún. Frances Parkinson Keyes, miembro de las Damas del Senado, se quedó asombrada cuando oyó decir que lady Bird Johnson reemplazaría a Jackie en la reunión de ese grupo de mayo de 1963, en especial porque Jackie estaba embarazada de muy pocos meses. Al rechazar su invitación, la señora Keyes escribió a lady Bird: «Una fiesta en la Casa Blanca en ausencia de la esposa del presidente sería más o menos como *Hamlet* sin el príncipe de Dinamarca, ¿verdad? Por lo menos así me parece a mí, y prefiero continuar recordando las muchas ocasiones, durante muchos, muchos años, que he disfrutado allí en el pasado.»

Más despectiva aún fue una carta de Virginia Livingston Hunt, de la alta sociedad de Washington, a la columnista Betty Beale, como reacción a una columna de ésta en la cual se quejaba de las repentinas limitaciones impuestas por la señora Kennedy a todos los reporteros sociales. La señorita Hunt escribía: «¿Usted no sabe que la señora Kennedy es la Primera Dama más grosera, más cínica, que he conocido desde que llegué aquí a vivir; tal vez desde que usted nació?... Da la casualidad de que yo soy la persona que por fin consiguió llevarla a Junior Village en Navidad, pero ni Tish ni Pam, a quienes conozco, se tomaron la molestia de decirme que ella iría... No espere cortesía alguna de Jackie, salvo que a ésta le dé la gana de mostrarla.»

Betty Beale tenía sus propias quejas acerca de Jackie, la consideraba «un trago de agua fría... remota y hostil, en lo fundamental. No sabía aceptar críticas. Yo fui la que narró lo ocurrido con el hecho de que bailó el twist en la Casa Blanca con el secretario de Defensa Robert McNamara. Por ese motivo fui excluida por Jackie de todas las funciones de la Casa Blanca. Por fortuna, el presidente anuló la orden, y se me rehabilitó.

»Para 1963, las relaciones de Jackie con su cuerpo de prensa habían llegado a su nivel más bajo. En cierto sentido, supongo que puedo entender por qué ella no nos quería cerca. No quería que nadie hurgase en su matrimonio con el presidente, que se veía a las claras que era de conveniencia.

Estaban hechos a la perfección para el papel, uno detrás del otro, ambos con un enorme atractivo. Ella era hermosa, él era un tipo atractivo, sexy. Pero nunca la ponía por delante. Sus enredos amorosos estaban primero. Quiero decir que era egoísta. Siempre entraba en una habitación delante de Jackie. Eso no se hacía desde los tiempos de Woodrow Wilson. Jackie cerraba la marcha.

»Por cierto que él no se comportaba como si estuviese muy enamorado de ella. Parecía importarle muy poco estar con ella. No se mostraba en modo alguno sutil. Y así había sido desde el comienzo. En cuanto se comprometieron, él partió en un crucero con sus amigos, y nunca he oído decir de ningún hombre que hiciese algo por el estilo cuando supuestamente se encontraba enamorado. Poco después de eso vi a Jackie, y ella no me comentó nada al respecto.»

La actitud de Jackie hacia la prensa había comenzado a contagiar a su hija. Purette Spiegler recordaba que Caroline Kennedy entró un día en una habitación y los fotógrafos cayeron sobre ella y comenzaron a sacarle fotos. Ella levantó la manita, como lo habría hecho su madre, y dijo: «Nada de fotos, por favor.»

Jackie era mucho más impetuosa en ese sentido. Barbara Coleman, que trabajaba en la oficina de prensa de Pierre Salinger, veía a menudo a Jackie entrar de golpe en la oficina para reprochar a Salinger. «Era enfática —dijo Coleman—. No quería que en ninguna parte apareciera una foto sin su aprobación. Al principio, lo único que la preocupaba eran las fotos de los niños. Pero para el 63 ya le importaba cualquier foto de la Casa Blanca.

»Me pareció que la actitud de Pierre era de absoluta bondad hacia Jackie. También se podría usar la palabra deferencia. Nunca hablaba de modo desfavorable de ella con ninguno de nosotros. Le dijo que haría lo que pudiese, dándose cuenta de que no sería gran cosa. Lo extraño es que cuanto más protestaba, más popular se volvía. La explosión de los medios abarcó a los informes de los periódicos cotidianos, los titulares de revistas, los programas especiales de televisión, las comedias musicales de Broadway, las muñecas Barbie, los álbumes de discos y varias decenas de otros elementos y empresas comerciales. Mi tarea en la oficina de prensa implicaba contestar a preguntas telefónicas, casi siempre de las agencias de noticias extranjeras y locales, y de los reporteros o directores, pero también del público. Éramos cinco. La oficina estaba atareadísima. Los teléfonos jamás dejaban de sonar, y el noventa por ciento de las preguntas tenían que ver con Jackie. Diez veces al día, por lo menos, se me preguntaba qué número de zapatos calzaba.

»Para decirlo con franqueza, nunca pude verla en Washington. Me daba la impresión de que habitaba en un mundo totalmente distinto, disfrutaba con gente acaudalada y con el tipo de cosas que a estas personas les gustaba hacer; es posible que se haya dedicado a la política en cierta medida, pero no puedo imaginar que se sintiese cómoda en ese campo.»

El embarazo de Jackie y sus sentimientos no resueltos acerca de la Casa Blanca y de la libido hiperactiva de su esposo hicieron que resultara más difícil que nunca estar cerca de ella. Cada vez más intolerante con los errores de parte de su personal, Jackie perdía a menudo los estribos, golpeaba el pie con impaciencia, y su susurro lento, deliberado, se convertía con suma facilidad en un duro tono burlón. Dirigía el grueso de su disgusto contra Tish Baldridge, cuya independencia y popularidad irritaban a la Primera Dama.

«Tish tenía problemas con Jackie porque aquélla, lo mismo que ésta, es una persona de carácter muy fuerte —manifestó Purette Spiegler—. Las dos tenían sus propias ideas en cuanto a cómo debían manejarse los asuntos. Muchas veces ella y Jackie no se ponían de acuerdo. Pero Jackie mandaba. No se le podía aconsejar a quién invitar a la Casa Blanca y a quién no. Tampoco se le podía decir a qué funciones tenía que concurrir y a cuáles no. Pero en cierto punto Tish comenzó a ir más allá de sus límites.»

En un esfuerzo por convencer a Jackie para que se reuniese con las esposas de los embajadores de las Naciones Unidas, Tish le envió el siguiente memorándum:

> *Las esposas de los embajadores de las Naciones Unidas se han quejado de que nunca se encuentran con usted, y hace dos años y medio que nos presionan hasta aplastarnos. Cada vez que usted va a Nueva York me hacen pasar malos ratos diciéndome que ahora es el momento de que las reciba. Como se trata de un problema de prestigio en sus propios países, hemos ideado un pequeño plan que no le producirá ningún inconveniente extraordinario. El lunes 22 de abril, día del Concierto de la Juventud de Kentucky, la señora de Dean Rusk, invitará a todas las esposas de los embajadores de la ONU para un gran almuerzo. Entonces se anunciará que usted se enteró de su asistencia, las quería ver y preguntó si no la acompañarían para el concierto en el prado. Las haremos sentar en un sector especial, y lo único que usted tendrá que hacer es sonreírles, y no estrechar cada una de las manos... a menos de que quiera hacerlo.*
>
> *¿Le parece bien?*

Jackie respondió por escrito: «No, decididamente, no las inviten a un loco concierto de vaqueros. Lo haré en forma improvisada, ya sea antes o después del concierto... o al día siguiente... (pero mantengámoslo en secreto, y yo me enteraré de ello cuando estén aquí).»

Consciente de que había puesto a la Primera Dama en un aprieto, Tish adoptó un tono más conciliador en los comunicados siguientes. El 1 de mayo, cuando Jackie concurrió al ballet en Nueva York, el memorándum de Tish aclaró que se sentaría en el palco de Rudolph Bing, y que a éste se le había dicho que resultaría imposible que Jackie pasara después entre bambalinas: «Tal vez él pueda disponer que Nureyev y Fonteyn sean acompañados a su palco durante el intervalo. Por favor, hágamelo saber, si no le agrada esta idea... Además, ésto será ocultado a la prensa, jura él, hasta que usted llegue. También lo conserva como un gran secreto en relación con Sol Hurok, quien vendría todo el trayecto hasta el palco flanqueado de banderas norteamericanas y resonar de trompetas. (¡Y unas cuantas banderas rusas, para que el decorado quedase completo!)»

Pero Jackie ya había resuelto reemplazar a Tish, y a su regreso a la Casa Blanca se detuvo ante la oficina de ésta.

«En Washington todos dieron por entendido que Tish había sido despedida por Jackie, aunque en la superficie las cosas conservaron su aspecto amable —dijo Betty Beale—. Jackie incluso ofreció a "la querida Tish" una fiesta de despedida, y un grupo de infantería de marina cantó *Arriverderci Tish*, con letra y música de Jackie Kennedy. Tish tenía ideas muy enérgicas en cuanto a lo que era correcto. Si Jackie no quería hacer algo, no deseaba que alguien le dijese lo que tenía que hacer, o la criticase por no hacerlo.»

La nueva secretaria de Jackie fue Nancy Tuckerman, su antigua amiga y ex compañera de cuarto, que trabajaba como asesora de viajes en Nueva York.

«Nancy Tuckerman era mucho más sumisa que Tish, lo cual facilitó las cosas a Jackie —dijo Purette Spiegler—. Creo que Jackie se dio cuenta de que Tish era una fantástica secretaria, pero había entre ellas conflictos de personalidad. Nancy Tuckerman parecía tímida y reservada, una dama perfecta.»

Jackie se esforzó por hacer que «Tucky» se sintiera bien recibida, le organizó una fiesta de cumpleaños por sorpresa, en la cual algunos miembros del personal de la Casa Blanca desempeñaron papeles importantes en un cuadro cómico de Jackie que describía sus días de estudiante en la escuela de la señorita Porter. Se entonó la canción de la escuela para iniciar la función. J. B. West se puso un vestido y una peluca para interpretar a la señorita Ward, una solterona ama de casa de Farmington. Nancy Hough, de la oficina del Conservador, se vistió como Jackie e imitó su voz a la perfección. La verdadera Jackie y Tucky chillaron de placer ante la progresión de bromas «para los íntimos».

Tish Baldridge no fue la única víctima de la familia Kennedy. Otro desdichado blanco fue Igor Cassini, que cometió el error de informar, en una de sus columnas firmadas de Cholly Knickerbocker, que el presidente había asistido a una fiesta privada y bailado toda la noche con la hija menor de Cassini, Marina. Se creó una tensión que muy pronto se convirtió en agresió abierta por parte de Bobby Kennedy. El fiscal general, que nunca había tomado con ligereza un desaire contra la familia, inició una intensa investigación de los tratos de Igor Cassini con el generalísimo Rafael Trujillo y la República Dominicana. Según parece, Cassini había sido pagado por el dictador dominicano para realizar algunos pequeños trabajos de relaciones públicas para ese país en Estados Unidos, pero omitió registrarse como agente extranjero. Sin saber que Cassini era pagado por Trujillo, y sabiendo sólo que el columnista mantenía buenas relaciones con el dirigente latinoamericano, el presidente Kennedy envió a Cassini y al veterano diplomático Robert Murphy a la República Dominicana, para una reunión privada con el dictador. Seis meses más tarde, Trujillo era asesinado, y comenzaron a filtrarse noticias sobre las complicaciones financieras de Cassini.

El pecado de Cassini, por lo que respecta a Bobby Kennedy, consistía en que, al no divulgar estos detalles, «no sólo había jugado con su propio futuro, sino con la integridad del Gobierno... la integridad del presidente».

Se inició un proceso contra Cassini por no haberse registrado como agente extranjero. Igor renunció a su puesto en la columna de Cholly Knickerbocker. Charlene Wrightsman, su esposa, la hija de Charles y Jayne Wrightsman, escribió una carta apasionada al presidente, pidiendo su intervención: «No puedo decirle cuán asombrada y conmovida me he sentido con la dura actitud punitiva de Bobby. Siempre nos hemos considerado buenos amigos de los Kennedy, y Ghighi todavía no entiende por qué el hijo de un hombre a quien consideraba uno de sus más antiguos amigos desde los diecisiete años... puede mostrarse ahora decidido a derribarlo y sumirlo en la ruina total...»

El presidente mostró la carta a Jackie, pero ni él ni ella parecieron tomar muy en serio a Charlene Wrightsman, hasta que ésta se suicidó, varias semanas después de enviar la carta, tomando una dosis excesiva de sedantes y somníferos. Su muerte, dijo Robert Kennedy, constituía un «asunto desagradable». Al cabo, Igor Cassini se declaró *nolo contendere,* y fue multado con 10.000 dólares y puesto en libertad a prueba durante seis meses.

La indiferencia de Jackie frente a los problemas de personas que en algún momento habían sido muy cercanas a ella, se extendió a su propia familia. Para cuando Jackie ingresó en la Casa Blanca, Edith y Edie Beale se encontraban desvalidos. Doris Francisco, una antigua amiga de los Beale, señaló que «para entonces se habían convertido en la comidilla de East Hampton. Su casa se hallaba invadida por los gatos, el techo roído por mapaches, el jardín cubierto de malezas. No tenían calefacción, ni gas ni electricidad. Los gatos defecaban en todas las habitaciones de la casa. La tía y el primo de Jackie Kennedy sobrevivían de la basura que recogían y de alimento para gatos.

»Lois Wright, una pintora amiga de Edith, envió un telegrama a Jackie, a la Casa Blanca, diciendo que Edith y Edie tenían problemas. No tenían dinero para pagar sus gastos de servicio, y muy poco o nada que comer. Temía por su salud, y se preguntaba si Jackie podría ayudarles. Pero Jackie no pudo ayudarles. Respondió que no tenía ni diez centavos para darles; ésas fueron, más o menos, sus palabras.»

«Jackie no tuvo la humanidad ni la nobleza de ayudar a mi madre cuando lo necesitó —dijo Edie Beale—. Sólo la ayudó después de casarse con Aristóteles Onassis, y entonces, principalmente porque la historia de nuestros padecimientos aparecía en todas las primeras planas, y resultaba molesta para ella. De todos modos, fue Onassis quien ayudó; mi madre pasaba hambre, y no tuvo calefacción ni un inodoro en su casa durante años. Padecía de terribles dolores porque carecía de alimentos o calefacción.

»¿Y qué hizo John F. Kennedy por nosotros? Puso al FBI tras nuestros talones. Desde el comienzo de 1962 hasta el final de la Administración Kennedy, estuvimos bajo constante vigilancia del FBI: instalaron micrófonos en nuestra casa, nos abrían la correspondencia, e interceptaban conversaciones telefónicas. Nos seguían, entrevistaban a nuestros vecinos para interrogarlos acerca de nosotros, estacionaban su coche en nuestro jardín delantero. Creo que Kennedy pensó que éramos comunistas o agentes soviéticos, o quizá visitantes de Marte.»

El 26 de junio de 1963, cuatro semanas después de celebrar su cuadragésimo sexto cumpleaños con una cena y un crucero por el Potomac, a bordo del yate presidencial *Secquoia,* el presidente Kennedy visitó el Muro de Berlín, y en un vibrante discurso declaró su apoyo a los esfuerzos para defender a Berlín Occidental contra los Soviets y volver a unificar Alemania. Se proclamó como firme aliado e informó a las multitudes que lo vitoreaban: «*Ich bin ein Berliner*» (Soy un berlinés), eso fue lo que pretendía decir. Por desgracia, su alemán no estaba a la altura del francés de Jackie. Lo que en realidad dijo fue: «Soy un buñuelo de jalea», refiriéndose a una masa de repostería conocida con el nombre de «*berliner*». La frase correcta, como Max Jacobson le informó cuando volvió a Estados Unidos, habría sido «*Ich bin Berliner*».

El presidente dijo más tarde a Barry Goldwater, de quien continuó siendo amigo a pesar de sus opuestas opiniones políticas, que como Jackie había permanecido en la casa veraniega alquilada en Squaw Island, a un kilómetro y medio de los terrenos de los Kennedy, él pasaba sus noches en Alemania persiguiendo mujeres, en especial a Ursula, una secretaria alemana de la embajada norteamericana en Bonn.

El 26 de junio, JFK inició una gira de cuatro días por su Irlanda ancestral y terminó su estancia europea en Italia visitando al Papa recién elegido, Pablo VI, durante más de una hora, en El Vaticano, y concurriendo luego a una sesión de la sede de la OTAN en Nápoles, donde habló de la necesidad de la unidad de Occidente.

Mientras se hallaba en Italia, Kennedy pidió al secretario de Estado Dean Rusk que tomase medidas para que pudiese pasar la noche en algún lugar hermoso, presuntamente con fines de descanso... o por lo menos así lo imaginó Rusk. Ex presidente de la Fundación Rockefeller, Rusk consiguió la Villa Serbelloni, de la Fundación, que miraba hacia el lago Como, en los Alpes italianos. Kennedy dejó claramente establecido que quería un lugar para él solo, nada de ayudantes, ni personal, ni criados, ni seguridad. Fue transportado en un helicóptero militar. Cuando Rusk llegó a la mañana siguiente, para recogerlo, Kennedy estaba radiante. No podía recordar una noche más maravillosa, dijo a Rusk. Al secretario de Estado le resultó dolorosamente evidente que el presidente no había pasado la noche a solas.

En la mañana del 7 de agosto, Jackie llevó a Caroline a su lección de equitación en Hyannis. A su regreso, Jackie fue abrumada por agudos dolores de estómago y espalda. Había pensado en tener su bebé en el hospital del ejército Walter Reed, de Washington. Pero en cambio fue llevada en helicóptero al hospital militar de la cercana base aérea Otis, donde se había redecorado y equipado de manera especial un ala de diez habitaciones para una emergencia de ese tipo.

El presidente fue informado, durante una conferencia en la Casa Blanca, que su esposa había sido llevada a Otis. Veinte minutos más tarde, acompañado por varios miembros del cuerpo de prensa de la Casa Blanca, viajaba a Cape Cod. Como no estaba disponible ninguno de los aviones presidenciales, tomó un Lockheed Jet-Star de ocho asientos, siendo ésta la primera vez en que el presidente del Ejecutivo viajaba en un avión no equipado con las complicadas instalaciones de comunicación en los cuales siempre había viajado. Mientras JFK continuaba su viaje, el doctor John Walsh, en Otis, con la ayuda de un equipo médico militar de diez profesionales, practicó una cesárea a Jackie y, con cinco semanas de anticipo, la ayudó a dar a luz a un varón de poco menos de 2 kilos. El niño era tan frágil y menudo que el capellán de la base lo bautizó en el acto. El tercer hijo de Jackie fue llamado Patrick Bouvier Kennedy.

Para cuando llegó el presidente, el pequeño ya se encontraba en una incubadora. A primera hora de esa tarde, la incubadora fue llevada por un lapso muy breve a la habitación de Jackie. Como el pequeño padecía de la enfermedad de la membrana hialina, se decidió, a la mañana siguiente, trasladarlo al Centro Médico Infantil de Boston, más moderno y mejor equipado. Pero a las cinco de la mañana del tercer día falleció.

El presidente pasó la noche anterior con Bobby Kennedy en el Hospital de Boston, y luego voló de nuevo a Otis, para estar con Jackie. Pasó una hora a solas con ella, a puerta cerrada. Ella le dijo que a pesar de lo grande que había sido esa pérdida, «el único golpe que no podría soportar sería el de perderte a ti.» Las palabras la acosarían después del asesinato de su esposo.

A la misa fúnebre, dirigida por el cardenal Cushing, asistieron John Kennedy, Lee Radziwill y el hermanastro y la hermanastra de Jackie, Jamie y Janet Auchincloss. Jackie estaba demasiado enferma para concurrir. El presidente depositó una medalla de San Cristóbal, con forma de portabilletes —regalo de bodas de su esposa— en el minúsculo ataúd, antes de que éste fuese enterrado en el panteón de la familia Kennedy (ningún otro Kennedy había sido enterrado hasta entonces allí), en el cementerio Holyhood, en West Roxbury, Massachusetts.

John White, que había visto muy pocas veces a Jackie en los últimos años, le envió una carta de pésame «que contenía una cita de Esquilo sobre la congoja "que cae gota a gota en el corazón". Ella contestó. Se sentía conmovida. Pero entonces, para mi sorpresa, vi que la misma cita aparecía en uno de los discursos de Bobby Kennedy, después del asesinato de JFK. Supongo que ella se la hizo llegar».

El 12 de septiembre, Jack y Jackie celebraron su décimo aniversario de bodas en Hammersmith Farm, en Newport... «el escenario del crimen», bromeó Kennedy, sin dirigirse a nadie en especial. Entre los invitados se contaban los Bradlee y la antigua amiga de Jackie, Sylvia Blake. Yusha Auchincloss, actuando como maestro iniciador de los brindis, levantó su copa y dijo: «Deseamos agradecer a Jackie el traer aquí al presidente, en esta ocasión, y también el disponer las cosas de modo que pudiese estar en la Casa Blanca.»

«Me pareció que había hecho mucho más para llevarlo a su cargo, de lo que nadie quiso admitir nunca», indicó Yusha.

Sylvia Blake recordaba la cena: «Como regalo de aniversario, Jack entregó a Jackie un catálogo de J. J. Klejman, el anticuario de Nueva York, y le dijo que eligiera lo que quisiese. Le leyó los artículos en voz alta, y aunque no leyó los precios, cada vez que llegaba a un artículo costoso, susurraba en un murmullo teatral: "Tenemos que alejarla de éste." Fue divertido. Al cabo ella eligió un sencillo brazalete en forma de serpiente enroscada. El regalo que le hizo a él consistía en una medalla de oro, de San Cristóbal , para reemplazar la que había dejado en el ataúd del pequeño Patrick, y un libro de recortes de cuero rojo y dorado, que contenía fotos de «antes y después» de las rosaledas de la Casa Blanca. Cada foto iba acompañada por una cita de *Bartlett's Quotations,* que Jackie había escrito a mano.»

Al día siguiente fueron a navegar por la bahía Narragansett. Después, el presidente se reunió un breve momento con el senador Claiborne Pell, de Rhode Island, que había estado tratando de conseguir un alquiler en Newport, durante el verano, para los Kennedy, para agosto y septiembre de 1964. «A Jack no le agradaba Virginia durante los meses de verano... demasiado calor —dijo Pell—. Hacía varios años que pensaba comprar la casa de Barclay Douglas, llamada Annadale Farm, ubicada casi al lado de Hammersmith Farm, con vistas a convertirla en la Casa Blanca de verano. Incluso se parecía a la Casa Blanca, cosa que me dio la idea. Pero Barclay Douglas pedía demasiado dinero por ella, y ahora hablábamos de un alquiler. Jack no quería que Jackie se enterase de ello hasta que el trato quedase cerrado, porque ella prefería Virginia.»

Mientras Jack se reunía con Pell, Jackie visitaba a Sylvia Blake. «Me asombró encontrar a Jackie tan jovial durante ese fin de semana —dijo Sylvia—. Por otro lado, resultaba imposible leer los pensamientos de Jackie. Lo que ella tiene —y todos lo dicen— es que si bien ha sido siempre muy afable y dulce, nunca se mostró muy franca. Nunca... ni siquiera de adolescente. Algunas chicas cuentan sus cosas sin cesar, pero ella se mostraba siempre muy reservada. No era posible hacerle preguntas sobre sí misma. Una no se atrevía a interrogarla mucho más allá de cierto punto. No lo soportaba, y todavía no lo soporta.»

Jackie se encontraba de un humor menos jovial de lo que estaba dispuesta a admitir, ni siquiera a una antigua compañera de la adolescencia. Su hermana Lee, que en esos momentos se encontraba en Europa, así lo intuyó cada vez que ella y Jackie hablaban por teléfono. Como había desarrollado una amistad muy estrecha y en ocasiones romántica con Aristóteles Onassis, Lee habló con Ari acerca de la situación de su hermana. Jackie, dijo, era una persona muy introvertida, que no compartía sus pensamientos con nadie, pero era muy vulnerable y resultaba evidente que estaba sufriendo muchísimo.

Onassis sugirió que Jackie y Lee visitasen Grecia y recorrieran las islas. Pondría a disposición de ellas su yate *Cristina* y la tripulación. Podían llevar a sus amigos y viajar a donde se les ocurriese. Serían sus invitadas, pero él permanecería en tierra, cualquiera de las dos opciones que prefiriesen.

Lee consideró que el crucero ayudaría a revitalizar a Jackie después de su experiencia traumática. Telefoneó a su hermana y le comunicó la sugerencia, agregando que Ari se quedaría en tierra, si era necesario.

Jackie aceptó la invitación sin un instante de vacilación, y dijo que era «el sueño de mi vida». Pero también insistió en que Ari las acompañara en el crucero: «No puedo aceptar la hospitalidad de este hombre y luego no permitirle que venga. Sería demasiado cruel.»*

Jack y Bobby Kennedy se mostraron un tanto menos entusiasmados con la idea. Les preocupaba el tipo de prensa que podía provocar semejante viaje y su posible efecto sobre la elección presidencial de 1964, que ya era un factor de importancia en el pensamiento de JFK. Aristóteles Onassis, el «griego de oro», no sólo era un extranjero sino, además, un hombre de la *jet set*, la peor combinación posible desde el punto de vista del norteamericano medio. Además, había sido blanco de diversas investigaciones criminales del Departamento de Justicia, y la parte acusada en varias escaramuzas legales con la Comisión Marítima de Estados Unidos. La de mayor repercusión pública se relacionaba con la compra, por Onassis, de catorce barcos a la Comisión con el entendimiento de que navegarían bajo bandera norteamericana. Onassis había ganado más de 20 millones de dólares al trasladarlos al registro extranjero. Fue enjuiciado, y se vio obligado a pagar siete millones de dólares para evitar el procesamiento criminal.

«Jackie ¿sabes qué estás haciendo? —preguntó el presidente—. ¿Tienes conciencia de la reputación de este individuo? Ya es suficiente con que tu hermana esté relacionada con él.»

El presidente conocía el plan de largo alcance de Lee, de solicitar la nulidad de su matrimonio con Stas Radziwill para luego casarse con Aristóteles Onassis; corrían rumores de que Onassis no querría nada mejor que convertirse en cuñado del presidente de Estados Unidos.

Bobby Kennedy aclaró a Jackie que cualquier maniobra de parte de Lee en ese sentido tendría que esperar hasta la siguiente elección presidencial.

El presidente también dictaminó: si Jackie insistía en hacer el crucero, sería necesario incluir a Stas Radziwill, así como otro acompañante... con vistas a las apariencias, aunque no fuese por ninguna otra razón. Onassis se había divorciado de su esposa Tina desde el advenimiento de María Callas. No estaría bien que la Primera Dama y su hermana casada fuesen vis-

---

* Casualmente, Jackie había invitado hacía poco a Maria Callas, la constante compañera de Ari, para que actuase en la Casa Blanca en octubre, ante el emperador Haile Selassie, de Etiopía. Callas había declinado la invitación, pero envió un telegrama a los Kennedy, acompañándolos en el sentimiento por la muerte de su hijo recién nacido.

tas en compañía de un hombre divorciado, renombrado como gran experto en mujeres hermosas.

Jackie lo admitió, y el presidente preguntó a sus amigos, Franklin D. Roosevelt, hijo, y su esposa Suzanne si estarían dispuestos a actuar como acompañantes.

«No estoy seguro de que "preguntó" sea el término correcto —dijo Roosevelt—. En verdad participé en el crucero por orden del presidente, que dijo que quería que algún amigo suyo en quien pudiera confiar, participara en ese viaje. Pasamos muy buenos momentos, pero en realidad yo no quería cuidar a Jackie. En esos momentos era subsecretario de Comercio y no me parecía que el viaje agregase mucho brillo a mi imagen política, aparte del hecho de que tenía mucho trabajo que hacer en esa época.

»Aunque era un amigo muy antiguo y personal del presidente y la Sra. Kennedy, no sentí que fuese el lugar correcto para que estuviera un funcionario del Gobierno, lejos de sus obligaciones públicas en Washington, flotando... en el Mediterráneo oriental. Me preocupaba que esto pudiese ser considerado una especie de crucero de gente alocada, aun con mi esposa presente, y no necesitaba nada por el estilo.

»Esto nada tenía que ver con Jackie, a quien admiraba enormemente. En rigor, en cierta medida fui responsable por unirlos a ella y a Jack. Ya se habían conocido por intermedio de los Bartlett, pero yo fui quien entonces alenté a Jack Kennedy a continuar saliendo con ella. Recuerdo haberle dicho un día que existía una dama en Washington a la que yo consideraba como su igual en cuanto respecta a la capacidad para conversar y replicar, e intelectualmente similar a él, y una de las muchachas más hermosas de Norteamérica. "¿Quién es?", preguntó él. "Se llama Jacqueline Bouvier", respondí. "La conozco —contestó él—. Hemos salido unas cuantas veces." "Bien, sigue saliendo —le dije—. Es una gran mujer."

»También conocía a Onassis. La primera vez que me encontré con él fue en Long Island en marzo o abril de 1942. Volvimos a encontrarnos después de la guerra, ocasión en que trató de obtener mis servicios para que le representase en uno de sus tantísimos casos legales. No mordí el anzuelo, pero mantuvimos una amistad, que imagino también representó un papel en el hecho de que Kennedy quisiera que participase en ese crucero.

»Durante el viaje, antes de unirme a Jackie en el Pireo, había ido a Egipto a entrevistarme con el presidente Nasser, para tratar asuntos de alto secreto por encargo del presidente Kennedy. Después me reuní con el presidente de Somalia, para averiguar por qué compraba sus armas a los rusos, en lugar de acercarse un poco más a Estados Unidos, en el plano diplomático, y comprárnoslas a nosotros. Después de eso, el 4 de octubre, nos unimos a Onassis a bordo de su yate.»

El *Cristina*, como Jackie bien sabía, era algo más que el barco de placer más lujoso del mundo; de 100 metros de eslora, y bautizado con el nombre de la hija de Ari, era el hogar flotante de uno de los hombres más vitales que Jackie hubiera conocido nunca.

En su primera noche a bordo del barco, Onassis, —que había invitado a su hermana Artemis— ofreció una cena en honor de Jackie, seguida por un baile de medianoche en el salón de baile de mosaico y piscina ubicados en cubierta. Por la mañana, el *Cristina*, decorado con rosas rojas y gladiolos rosados, y con una tripulación de sesenta hombres que incluía una banda, una masajista y dos peluqueros, levó anclas y se internó en el Egeo, rumbo a Estambul.

«Onassis era maravilloso —dijo Roosevelt—, muy educado (aunque no en términos formales), muy leído, muy bien informado sobre todo tipo de detalles de acontecimientos mundiales, y un hombre muy brillante, así como una persona encantadora. No era un hombre hermoso en ningún sentido, pero sí una persona muy atractiva e ingeniosa.

»Nuestro primer puerto fue Lesbos, la isla de Safo, que exploramos mientras Onassis permanecía discretamente a bordo. Era muy sensible en lo referente a provocar molestias a ninguno de los integrantes del grupo. No se mostraba tan sensible en cuanto a la exhibición de su riqueza. El lujo a bordo del *Cristina* tenía una calidad casi chillona: los taburetes del bar tapizados con escrotos de ballenas, un pasamanos del bar de marfil de ballena, chimeneas de lapislázuli, grifería dorada en el cuarto de baño. Había 42 teléfonos, un consultorio médico, un salón de belleza, un cine, nueve camarotes de gala... cada uno con el nombre de una isla griega diferente. Jackie ocupaba Quíos, cuyos ocupantes anteriores, entre otros, habían sido sir Winston Churchill y Greta Garbo.

»Sea como fuere, nuestro puerto siguiente fue Creta. Jackie me pidió que le comentase a Onassis que no necesitaba ocultarse, que a ella le agradaría que bajase a tierra con nosotros. Lo hizo, y es evidente que disfrutó asumiendo el papel de guía de la gira ante sus admirados invitados.»

Jackie describió sus días en cartas de diez páginas dirigidas a «Mi queridísimo, queridísimo Jack», y terminó una carta con «Ojalá pudieras disfrutar conmigo de la calma del Mediterráneo». El presidente la llamó varias veces, por la noche, tarde. Entretanto, Onassis agasajaba a sus invitados con confort y lujo. Dos chefs —uno francés y otro griego— preparaban huevos rellenos de caviar, *foie gras,* cangrejos hervidos al vapor, camarones. Ari entretuvo a la Primera Dama con su rico repertorio de anécdotas e historias de la vida en la antigua Esmirna, su ciudad natal (que también visitaron durante el crucero), y de la abuela Gethsemane, que le impartió buena parte de su sabiduría natal. En cierto sentido, a Jackie le recordó a su propio abuelo Bouvier. Ari hablaba de sus primeras luchas, de cómo durante algún tiempo trabajó de operador telefónico en Argentina, a veinticinco centavos la hora, para luego casarse con la hija de un poderoso magnate naviero griego y ascender, poco a poco, a su situación actual. Ari y Jackie se citaban a menudo en la cubierta de popa, bajo un cielo locamente estrellado, mucho después que los otros se hubieran acostado. Se hicieron amigos, asistían a pequeñas cenas en el puerto y a bailes *bouzuki* de medianoche. Visitaron Ítaca, y luego se detuvieron en el paraíso privado de Ari, en Scorpios... una isla de cipreses y de cuestas rocosas. Allí, caminando al borde del agua, Jackie le dijo a su anfitrión que deseaba que su idilio griego no terminase jamás.

«Onassis era encantador, interesante, divertido —dijo Suzanne Roosevelt (hoy, Sra. Suzanne Kloman)—. Pero no pasaba nada entre él y Jackie. Es posible que ella coqueteara un poco, pero así se relacionaba con los hombres. Le encantaba tener a su alrededor a sus admiradores, entre ellos a Roosevelt, hijo. Solía bromear con Franklin. Era espantosa. Era tan soñadora que él flotaba en el aire. Yo no me di cuenta de ello en ese momento, pero se trataba, lisa y llanamente del estilo de Jackie. A Franklin le encantaba sentarse y conversar con ella. También a Onassis, supongo.

»Si pasaba algo, era entre Ari y Lee. María Callas no estaba allí, por primera vez en cuatro años. La hermana de Jackie llevó consigo a Stas Radziwill, pero Stas se fue durante el viaje. Comenzamos a parecer un barco repleto de personajes de la *jet set*, y al presidente Kennedy no le agradaba esa imagen.»

Franklin confirmó los detalles: «No era un secreto que la hermana de Jackie tenía una gran amistad con Ari... y creo que es probable que todos sepan, ahora, que existía una relación muy definida entre ellos. Pero mientras eso ocurría, Jackie estaba allí nada más que para descansar.

»Jackie y yo nos hacíamos muchas bromas. Yo se las hacía a ella y ella a mí. Era un toma y daca afable, con humor. Mirando hacia atrás, debo decir que es posible que me haya perdido algo, pero Jackie y yo nunca tuvimos ninguna relación, fuera de ésa.»

Un fotógrafo, en una lancha de motor, sacó una instantánea de Jackie tomando el sol en bikini, en la cubierta del *Cristina*, y la foto apareció en las primeras planas de todo el mundo. Cuando vio la foto, Jack Kennedy envió a su esposa un telegrama de queja, en el cual la instaba a volver a Washington. Ella hizo caso omiso del mismo. La prensa describió varias de las fiestas que Onassis organizó a bordo de su yate como ruidosas veladas cacofónicas, que a menudo duraban hasta el alba. «¿Acaso es correcto ese tipo de conducta para una mujer de luto?», preguntaba un editorial del *Boston Globe.* El representante Oliver Bolton, de Ohio, dijo en el Congreso que la Primera Dama demostraba «poseer un escaso juicio y tal vez era incorrecta cuando aceptaba la lujosa hospitalidad de un hombre que ha defraudado al público norteamericano». El parlamentario formulaba varias preguntas pertinentes, entre las que destacaba: «¿Por qué la dama no recorre mejor su propio país, en lugar de jaranear por toda Europa?»

Cuando el *Cristina* ancló en Estambul, Jackie recorrió la ciudad y recibió un collar de diamantes y rubíes de Ari, que entonces valdría fácilmente más de cincuenta mil dólares. Onassis regaló a sus otras invitadas algunas chucherías menores. Lee se quejó a JFK que Onassis «abrumaba» a Jackie con regalos. «No puedo soportarlo —escribió—. A mí me dio tres míseros y pequeños brazaletes que Caroline ni siquiera llevaría en su fiesta de cumpleaños.» El gesto sirvió a modo de mensaje: Aristóteles Onassis no tenía intención alguna de casarse con Lee Radziwill, ni entonces ni después.

Jackie regresó a Washington después de pasar varios días más en Marruecos, como invitada del rey Hassán II. Si se sintió arrepentida por su convincente demostración de independencia, no lo demostró. Permaneció muy poco tiempo en la Casa Blanca, lo bastante para discutir con su esposo, antes de volver a partir a su nuevo hogar de fin de semana en Atoka.

«Jack y Jackie eran personas testarudas e independientes —dijo Janet Auchincloss—. Discutían, como todas las parejas de casados, pero siempre allanaban sus diferencias.»

Los amigos advertían que el presidente parecía más dispuesto que antes a hacer sacrificios para la felicidad de su esposa. Lo mismo ocurría con ella.

—¿Vendrás con nosotros a Texas el mes que viene? —preguntó JFK a Jackie.

—Haré la campaña contigo dondequiera que lo necesites —prometió ella.

Cambió de opinión varias veces, antes de que su decisión fuese definitiva, pero también lo hizo él. «En realidad, Jack no quería ir —dijo Lem Billings—. "¿Por qué [Lyndon] Johnson no puede lavar él mismo su ropa sucia?", preguntó. Tal vez tenía una premonición. Pero al final, pareció bastante resuelto. "Jackie enseñará a esas hembras de Texas un par de cosas en relación con la moda", dijo. Estaba muy entusiasmado.»

«Jack hizo que Jackie fuese a Texas, insistió en que fuera —declaró George Smathers—. Sirvió de pacificadora. Existía una lucha constante entre el gobernador John Connally y el senador Ralph Yarborough, que amenazaba con dividir al Partido Demócrata en Texas. Jackie tendría que apaciguar a la persona con quien JFK no se hablaba en ese momento... la vieja rutina política del intermediario.»

Larry O'Brien se consideró culpable del viaje fatal a Texas. «Por desgracia, yo fui el responsable del viaje a Texas. Lo he pensado una y otra vez, en muchas ocasiones, a lo largo de los años, porque es algo que quedará profundamente clavado en mi conciencia durante el resto de mi vida. En realidad el viaje se organizó a causa del amigo y veterano parlamentario de Texas, Albert Thomas, máximo responsable del Centro Espacial de Houston.

»Vino a visitarme un día y me dijo que se realizaría una cena testimonial para él allí, afirmó que sería un gran honor si el presidente pudiera asistir. Bien, eso me llevó a hablar con el presidente al respecto, y ya que en ese momento la sensación era de que, al menos en el plano político, Kennedy no estaba en su mejor momento en Texas, así podría mejorar su imagen. Habían ocurrido algunos asuntillos molestos, y tal vez no fuese mal momento para dar una vuelta, aprovechando la cena de Al Thomas como pretexto. De modo que ése fue el comienzo de la organización del viaje. De Houston pasamos a Fort Worth y Dallas, y después hubiéramos seguido a Austin.»

Dallas surgió en una pequeña cena en la Casa Blanca, el 23 de octubre. Hervé Alphand se encontraba allí con su esposa Nicole, con Franklin y Suzanne Roosevelt, y la princesa Irene Galitzine, la destacada diseñadora italiana de moda, mujer de sociedad que también había viajado a bordo del *Cristina* durante el reciente crucero de Jackie.

«Esa noche cenamos en el comedor de la familia, y hablamos del inminente viaje del presidente a Dallas —dijo Hervé Alphand—. Roosevelt mencionó que Adlai Stevenson había sido atacado poco antes en Dallas, convertido por una muchedumbre enfurecida en blanco de huevos podridos. Stevenson había prevenido a Jackie que no debía ir, y el senador William Fulbright y Bobby Kennedy expusieron la misma opinión. A pesar de estas advertencias, Jackie quería estar con su esposo... si él iba, ella también.

»Le dije que pensara un poco más acerca del viaje, y luego cambié de tema para pasar a la visita que Charles De Gaulle tenía pendiente, en 1964, a Estados Unidos. No cabía duda de que la Casa Blanca sería su primera etapa. Jackie señaló que también le agradaría que fuesen a Hyannis Port, para que hubiese un intercambio menos formal entre Kennedy y De Gaulle. "Pensé en Palm Beach —comentó—, pero detesto ese lugar."

»Entonces yo dije que Francia había diseñado varios artículos de joyería que pensábamos entregar a la Sra. Kennedy para celebrar el nacimiento de Patrick. Me pregunté si De Gaulle llevaría tales artículos consigo. La mención del nombre de Patrick sobresaltó a Jackie. Contuvo el aliento y continuó la conversación poco a poco. Ya estaba enterada de lo de las joyas, y dijo que le encantaría recibirlas, pero que prefería que se las entregase André Malraux.

»Por supuesto, no sabía que De Gaulle iría a Washington antes de lo esperado, y que ésa sería la última vez que vería a mi buen amigo, el presidente John F. Kennedy.»

El 13 de noviembre, la Guardia Negra (el regimiento Royal Highland) realizó unos ejercicios especiales en el prado del sur. Esa tarde, los invitados eran 1.700 niños de entre seis y trece años, de instituciones infantiles regidas por el Fondo de Donantes Unidos de la zona del Gran Washington. El presidente, la Sra. Kennedy, Caroline y John observaron los ejercicios y los bailes montañeses desde los balcones de la Casa Blanca.

La última recepción de la Casa Blanca bajo el presidente Kennedy se llevó a cabo el 20 de noviembre, la noche anterior al día de su malhadada partida hacia Texas. La velada señaló la primera presentación oficial de la Sra. Kennedy en la Casa Blanca, en un acto social, desde la muerte de Patrick. El acontecimiento era la recepción anual de lo jueces de la Corte Suprema, sus esposas y otros funcionarios judiciales, cónyuges e invitados. Como siempre, existía un gran interés en ver cómo se presentaría la Sra. Kennedy, cómo se vestiría, cómo había organizado los detalles de la recepción, que siempre vigilaba en persona.

Jessie Stearns, corresponsal de la Casa Blanca, recordó cuán jubiloso estaba ese día el cuerpo de prensa: «Habíamos sido invitados para cubrir la recepción, tomar fotos y redactar impresiones escritas para compartirlas con nuestros lectores. Tanta condescendencia por parte de Jackie Kennedy era poco característica. Desde el comienzo mismo se había mostrado hostil con nosotros.

»Recuerdo los detalles con mucha claridad, porque la recepción se realizó pocos días antes del asesinato. Fue un período en el que JFK, aunque presuntamente iba "asentándose" con Jackie, continuaba jugueteando con otras mujeres. Existían amplias evidencias en respaldo de esta idea, incluidos testimonios visuales de algunas fuentes muy dignas de confianza. El hecho de que nadie hablase de estas actividades en la prensa se debía a que la vida sexual personal del presidente era considerada entonces tema tabú.

»En esa recepción, yo me encontraba cerca del pie de la gran escalinata por la cual bajaba la guardia de honor, llevando la bandera presidencial y la de la nación, seguidas por el presidente, la Primera Dama y los invitados de honor. Aparecieron en un momento en que la banda de Infantería de Marina tocaba *Hail to the Chief.*

»De pronto escuché una disputa en la escalinata, una especie de empellones y tirones. La gente se esforzó por ver. Pero un momento más tarde aparecieron a la vista. El cabello del presidente Kennedy se encontraba erizado hacia un lado, como si alguien hubiera tomado un mechón y tirado de él. Por un momento pareció aturdido y confundido. Jackie dio la impresión de estar muy molesta. JFK se palmeó el cabello, lo alisó para ponerlo en su lugar. Según recuerdo, luego nos sacaron de allí con toda rapidez. Por motivos evidentes, no querían que el cuerpo de prensa rondase por allí e hiciera preguntas.

»Lo que imagino que ocurrió es que Jackie regresó de su casa de fin de semana en Atoka, donde se había dedicado a la equitación, y escuchó o vio algo que la irritó. Llegó a eso de la 1.30 de la tarde, y la recepción comenzaba a las 6.30. Me la imagino hirviendo en cólera durante esas cinco horas; entonces él debió de acercarse y ella le soltaría algún que otro improperio y algo más. Y todavía estoy dispuesto a apostar que volvieron a reñir en sus habitaciones privadas, después de la recepción.»

«No sé si los Kennedy discutieron la noche anterior a nuestra partida —dijo Larry O'Brien—. No compartía conmigo ese tipo de información. Es posible que hayan tenido una discusión matrimonial. Sé que en el helicóptero posado en el prado de la Casa Blanca el presidente preguntó al general McHugh acerca de las condiciones meteorológicas de Texas, y que McHugh le dio una especie de informe y el presidente respondió: "Oh, caramba, no sé si la Sra. Kennedy tendrá la ropa adecuada para ese estado del clima." Hacía varios minutos que esperábamos que saliera de la Casa Blanca y se uniese a nosotros en el helicóptero. La preocupación de él indicaba que le entusiasmaba que nos acompañase. Y que se sentía encantado, porque, principalmente, se trataba de un viaje político. Una división del Partido Demócrata en Texas habría podido ser perjudicial para él en la siguiente elección. El asunto se había convertido en una operación de cañerías, y Jackie era una muy buena fontanera. También indicaba que ella planeaba asumir una función más importante en el 64.»

Godfrey McHugh reveló que el viaje a Texas «no fue tanto por los votos como por el dinero, porque Texas era el centro del dinero, y si uno tiene una brecha grave en el Partido Demócrata de Texas, no recibirá el apoyo financiero que necesita para orquestar la campaña presidencial.

»También se trataba de que se percibiese que existía interés por los problemas del Suroeste. No creo que el presidente tuviese que ir. Tenía otros problemas en su agenda, como Vietnam y Camboya. Pero como ya se había comprometido, consideró que tanto daba que fuésemos todos. Hubo una discusión sobre si debía usar un techo de burbuja en su coche durante la caravana de automóviles de Dallas. Jackie quería el techo de burbuja porque le preocupaba que el viento revolviese su cabello. En Washington, alguien había conducido a una de las secretarias de la Casa Blanca por la Avenida Pennsylvania, durante media hora, en un descapotable, para ver cómo lo soportaría su cabello. El Servicio Secreto quería el techo de burbuja en su lugar por motivos de seguridad. Pero JFK quería un coche descapotable, y también quería que se hiciese pública la ruta de su caravana de coches en Dallas. "Si queremos que la gente se presente —manifestó—, todos tienen que saber dónde pueden verme."»

El nerviosismo de Jackie en el vuelo resultó evidente por la avidez con que fumó un paquete entero de Salem, mientras trabajaba con el intérprete del Departamento de Estado, Donald F. Barnes, en un breve discurso que pronunciaría en español esa noche ante la Liga de Ciudadanos Latinoamericanos Unidos. Ella y Pam Turnure repasaron luego el itinerario, según el cual los Kennedy debían visitar las cinco principales ciudades del Estado, terminando la gira con una parada en la hacienda de Lyndon Johnson, donde el vicepresidente había planeado un enorme asado, de estilo casero, y un paseo a caballo por el rancho.

En San Antonio, la primera parada de ese día, Jackie permaneció con su esposo mientras éste ofrecía un discurso para celebrar la terminación de una nueva instalación de investigaciones como parte del Centro Médico Aeroespacial de la base Brooks de las Fuerzas Aéreas. Luego volaron a Houston, para una pequeña presentación de Jackie, y la cena testimonial en honor de Al Thomas, en el Coliseo de Houston. Después volaron a Fort Worth y llegaron al Hotel Texas cerca de la 1 de la mañana del viernes 22 de noviembre.

Jackie recordaría más tarde momentos y retazos de su última noche con Jack y proporcionaría algunos de ellos a William Manchester para que los expusiera en su libro *Muerte de un presidente,* para insistir más tarde en que sus revelaciones fueran eliminadas del todo o aparecieran muy resumidas. Jackie dijo a su esposo, por ejemplo, que no podía soportar a John Connally. «Esa boca petulante, suficiente —señaló—. Sólo es uno de esos hombres... oh, no sé. Cuando un hombre es lo bastante bien parecido, parece algo ruinoso; se vuelven casi blandos. No puedo soportar su boca débil y su manera de estarse ahí sentado, diciendo todas esas cosas importantes sobre sí mismo.» Terminaba diciendo que «odiaba» a Connally, vocablo diluido en *Muerte de un presidente,* y convertido en «aborrecía».

Ocuparon una suite de tres habitaciones y esa noche durmieron en dormitorios separados. El presidente se había lastimado la ingle ese mes, y también tenía calambres estomacales aquella noche, como consecuencia del agotamiento nervioso, que padecía con frecuencia, pero que lograba ocultar al público norteamericano. Jackie y él se abrazaron en el centro del dormitorio de Jack, envolviéndose con los brazos. Estaban los dos tan extenuados, dijo ella después, que pareció que se sostenían el uno al otro.

Larry O'Brien fue el primero en entrar, por la mañana, en las habitaciones del presidente. «Me sentía abrumado —dijo O'Brien—. Los periódicos de Texas publicaban, como nota destacada, los problemas entre

Lyndon Johnson y Ralph Yarborough. Éste acusaba a Johnson de ponerse de parte de Connally, y Ralph se negaba a viajar en el mismo coche que Lyndon. De modo que la brecha de Yarborough se había ensanchado, y ahora teníamos que preocuparnos de Johnson.

»El presidente hablaría en el desayuno, y luego esa misma mañana, dirigiría unas palabras en público, al aire libre, antes de volver al avión y continuar el viaje a Dallas. Resolví que tenía que hacer algo respecto a Yarborough-Johnson-Connally. Me molestaba porque nos encontrábamos allí, y el acento habría debido ponerse en el presidente, pero en cierta medida este problema lo desplazaba. Dije al presidente que bajaría a ver si podía encontrar a Yarborough antes que la caravana de vehículos saliera del hotel, para conversar con él. Lo encontré de pie delante del hotel. Faltaban unos diez minutos antes del momento de la partida, y todos los autobuses de la prensa se encontraban alineados y esperando el momento de salir. De modo que le dije: "Caramba, Ralph, el que tú y Johnson no queráis viajar en el mismo coche crea una situación muy molesta. Mira esos autobuses. Toda la prensa está concentrada en nosotros dos, aquí de pie. Realmente eres responsable de haber creado una situación que afecta al presidente. Sé que tienes una gran opinión de él, ¿por qué tienes que hacer esto?" Ralph dijo algo así como: "Bueno, tal vez tengas algo de razón." Y yo respondí: "¿Por qué no viajas en el mismo coche que el vicepresidente, para que terminemos con esto?" Aceptó hacerlo. "Entiendo lo que dices —contestó—, viajaré con Johnson." De modo que eso quedó convenido, y luego, uno o dos minutos más tarde, cuando Johnson salía del hotel, lo tomé de un brazo y le dije que Yarborough viajaría con él. Johnson no hizo ningún comentario. Los dos se introdujeron en el coche, y ahí terminó todo.

»Cuando aterrizamos en Love Field de Dallas, quise asegurarme de que todo fuera bien en la caravana, así que mientras Jack y Jackie se ocupaban de la multitud, después de descender del *Air Force One* y antes de que se formase la caravana, me retrasé para ver si Yarborough y Johnson viajaban juntos en el mismo coche, cosa que hicieron. Estuve a punto de llegar tarde a la caravana, de modo que me introduje de un salto en un coche ocupado ya por cuatro o cinco congresistas de Texas. Entré y partimos.»

La caravana salió de Love Field a las 12.55 de la tarde. Primero, como de costumbre, iba la escolta de motocicletas policiales, luego el enorme Lincoln que llevaba al presidente y a la Sra. Kennedy, y al gobernador John Connally y su esposa. En el asiento trasero, entre el presidente y la Primera Dama, había un gran ramillete de rosas rojas de tallos largos, en agradable contraste con el traje de lana rosada y sombrero a juego que ella había decidido llevar para la procesión de Dallas. Cuando recibió las flores en Love Field, Jackie señaló que desde que había llegado a Texas siempre se le habían dado ramilletes de la rosa amarilla más famosa del Estado. Las rosas rojas le recordaban el *Cristina* y su viaje a Grecia. Circularon durante más de treinta minutos sonriendo y saludando con la mano a las amplias y amistosas multitudes. Al llegar al sector del centro de Dallas, la caravana efectuó un brusco giro a la izquierda, en la esquina de las calles Elm y Houston, donde el camino desciende y se inclina hacia un paso subterráneo. El gentío era más ralo en ese lugar, pero igualmente cálido y exuberante. A la 1.30 de la tarde el coche pasó ante el Depósito de Libros de la Escuela de Texas. Desde una ventana del sexto piso del edificio, un asesino, presuntamente un resentido social llamado Lee Harvey Oswald, apuntó su rifle, siguió al coche presidencial con su mira telescópica. Luego se escucharon los estampidos, que repercutieron abajo, en la Plaza Dealey.

La cantidad de disparos y el número de asesinos involucrados en el plan para asesinar a Kennedy, suponiendo que lo hubiese habido, sigue siendo un misterio, hoy, veinticinco años después del suceso, en igual medida que lo fue entonces. En un lapso de menos de seis segundos, se escucharon por lo menos tres disparos. La primera bala dio al presidente en la nuca, le rozó el pulmón derecho, le seccionó la tráquea y salió por su garganta. Otro disparo, se supone que el segundo de los tres, hirió gravemente al gobernador John Connally, que se encontraba sentado en un traspuntín, directamente delante del presidente. El tercer disparo hirió al presidente en la nuca, le voló el cuadrante derecho trasero del cráneo, creando una nube viscosa de sangre y masa encefálica.

Todo el difícil y costoso adiestramiento invertido en lo que a menudo ha sido proclamado como el organismo de vigilancia más eficiente del mundo —el Servicio Secreto de Estados Unidos— quedó atrás, a un lado.

Los agentes del Servicio Secreto y los funcionarios policiales especializados de Dallas se miraron unos a otros, en muda incredulidad, esperando cada uno que los demás actuaran. Al igual que a muchos otros, la primera idea que se le ocurrió a Jackie fue que una motocicleta había pistoneado varias veces. Cuando miró con más atención vio, con incredulidad, que había desaparecido una buena parte del cráneo de su esposo. Sangre y materia gris manaban de la cavernosa herida. La masa encefálica del presidente, gris y pegajosa, parecía cubrirlo todo.

Jackie gritó: «Por Dios, ¿qué están haciendo? ¡Dios mío! ¡Han matado a Jack, han matado a mi esposo...! ¡Jack, Jack!»

Al explicar su reacción, dijo a los investigadores de la Comisión Warren que «traté de retenerle el cabello, pero en la parte de delante no había nada. Supongo que debía estar allí. Pero desde atrás se podía ver, sabe, yo trataba de retenerle el cabello y el cráneo».

La esposa del gobernador Connally, Nellie, actuando según su propio buen sentido, atrajo a su esposo herido hacia su regazo, fuera de la línea de fuego, inclinándose sobre él con su propio cuerpo.

«Yo miraba hacia este lado, hacia la izquierda —dijo Jackie a la Comisión Warren, tratando de hacerles entender por qué no había hecho lo mismo con el presidente—. Siempre he pensado que si hubiese estado mirando hacia la derecha, habría visto el primer disparo que lo hirió, y entonces habría podido tirar de él hacia abajo y el segundo disparo no le habría acertado.»

El único problema con la explicación de Jackie era la existencia de la película de Zapruder*, que mostraba con claridad que, en un instante del primer disparo, Jackie miraba hacia la derecha, directamente a su esposo, y, clavada en su asiento, continuó mirando a Jack durante los siete segundos siguientes, sin moverse en su ayuda.

Cuando Jackie se movió, lo hizo en una dirección inesperada. Se puso de pie de un salto, y pasó de su asiento al maletero del coche; mientras lo hacía propinó, por accidente, un puntapié a lo que quedaba de la cabeza de su esposo, y comenzó a moverse a centímetros, hacia la parte trasera derecha del vehículo. Pretendía llegar a una gran abrazadera de caucho justo donde terminaba el maletero, que podía servirle de medio de salida del coche que aceleraba de repente. No sólo había reaccionado a causa de las heridas de su esposo, sino al angustiado grito de congoja del gobernador Connally: «¡Dios, van a matarnos a todos!» Jackie fue presa del pánico. En la hora de la verdad, su instinto fue de autoconservación. Las excusas que más tarde ofreció para su huida abortiva parecieron cambiar con las estaciones. Declaró a la Comisión Warren que no recordaba haber trepado al maletero del coche. Dijo a William Manchester que se había arrastrado hacia afuera para tratar de recuperar una parte de la cabeza de su esposo. *Life* afirmaba que se encontraba en el maletero del coche buscando ayuda para su compañero mortalmente herido.

La ayuda llegó con el agente del Servicio Secreto, Clint Hill. Al ver a la Primera Dama balanceándose en forma precaria sobre la carrocería resbaladiza, y a punto de perder el equilibrio, Hill saltó del coche que los seguía y en pocos segundos se subió al maletero del coche presidencial, empujando a Jackie hacia su asiento bañado de sangre.

La momentánea pérdida de valor de Jackie no fue destacada en los medios. En el último momento, al darse cuenta de que no podría alcanzar la abrazadera, extendió la mano en dirección a Clint Hill, que llegaba en ese

---

* Abraham Zapruder, fabricante de ropa femenina de Dallas, filmó una película casera de la caravana en el momento preciso del asesinato, y de ese modo lo captó en el celuloide. Después la vendió a *Time-Life* por 50.000 dólares.

instante. Para algunos de los que vieron la película de Zapruder, pareció como si le hubiese llevado a un lugar más seguro, y no a la inversa. Fiel al código de silencio del Servicio Secreto, Hill dijo muy pocas cosas para refutar esta idea. Y si bien Jackie no exageró su propio papel, tampoco confesó nunca ni habló de su momento de horror. En todo caso, culpó a otros de su desdicha: al conductor de la limousine presidencial por no haber acelerado mucho antes; a John Connally, por sobrevivir a la emboscada, en tanto que el presidente perecía; a Lyndon y lady Bird Johnson por atreverse a hacer trizas su sueño caleidoscópico.

24

Seis minutos después de los disparos, el coche del presidente se detuvo con una sacudida delante de la entrada de emergencia del hospital Parkland Memorial. Acunándolo en sus brazos, Jackie se negó a entregar al presidente hasta que Clint Hill envolvió la herida abierta de la cabeza con su propia chaqueta. El asiento trasero era un erial de sangre y coágulos, el ramillete de rosas aplastadas flotaba en un turbio charco de fluidos corporales y fragmentos cerebrales.

Las ropas de Jackie estaban tan cubiertas de sangre, que el primer enfermero que encontró pensó que había sido herida junto con su esposo. Lady Bird Johnson, al llegar a Parkland poco después que Jackie, la vio de pie, sola, en el angosto corredor, al otro lado de la puerta de urgencias donde habían llevado a Jack, y observó que parecía la persona más desolada y vulnerable que jamás había visto. Abrazó a Jackie y le preguntó si necesitaba cambiarse de ropa. Jackie no quería hacerlo. Deseaba que el mundo viese lo que «ellos» —los anónimos «ellos»— habían hecho a Jack. Su vestimenta salpicada de sangre representaba un distintivo de valentía —la valentía del presidente—, y no tenía intenciones de quitárselo.

En la limousine, cuando las balas caían sobre ellos desde arriba, Jackie había intentado huir. Ahora, con su esposo al borde de la muerte, quería, más que ninguna otra cosa, estar con él. Después de tratar de apartar a un lado a la jefa de enfermeras, se volvió hacia el doctor George Burkley, médico personal de JFK, cuyo primer impulso fue el de ofrecerle un sedante. «No quiero un sedante, quiero estar con mi esposo cuando muera», dijo ella. Era su prerrogativa, y aunque los médicos de la sala de urgencias se opusieron, el doctor Burkley insistió en que se le permitiese entrar.

La sala se hallaba repleta de médicos y enfermeras que trataban de hacer lo imposible. La desesperante situación había quedado clara para Jackie cuando todavía se encontraban en Dealey Plaza, lugar de la matanza. Una vez en la sala, apoyó una rodilla en el suelo para rezar, y luego se irguió con lentitud. Un médico de Texas, de elevada estatura, se erguía ante ella. «Sra. Kennedy, su esposo ha recibido una herida fatal», dijo. «Lo sé», susurró ella. El doctor Burkley buscó el pulso del presidente: no lo había.

Todo había terminado. Le cubrieron el cuerpo con una sábana. Era demasiado corta y le asomaban los pies, más blancos que la sábana. Jackie tomó un pie y lo besó. Luego bajó la sábana. Le besó los labios. Él tenía los ojos abiertos, y ella se los besó. Le besó las manos y los dedos. Luego le tomó la mano y se negó a soltarla.

Mac Kilduff, ayudante del secretario de prensa en el viaje a Texas, hizo el anuncio oficial a las 2.31 de la tarde, después de la administración de los últimos sacramentos de la Iglesia por dos sacerdotes.

«Fui a ver a Ken O'Donnell, que estaba con Jackie en la sala de urgencias, porque Ken era jefe de personal —dijo Kilduff—. Le dije que tendría que hacer algún tipo de anuncio. Había demasiados reporteros corriendo de un lado a otro, que ya estaban enterados, entre ellos Bob Pierpoint y Dan Rather. Por lo menos tenían profundas sospechas. Era sólo cuestión de tiempo. Ken dijo, "No me lo preguntes. Pregúntaselo al presidente."

»De manera que busqué a Johnson. Lo tenían metido en otra sala de urgencias, y se hallaba sentado con lady Bird y con el agente Rufus Youngblood, del Servicio Secreto. No supe de qué manera dirigirme a él. No pensaba llamarlo Lyndon. Lo llamé Sr. presidente, y lady Bird lanzó un grito o algo así como una exclamación audible. "Tengo que anunciar —dije— la muerte del presidente Kennedy." Él respondió: "No sabemos qué tipo de conspiración comunista podría ser ésta." Siempre se me ocurrió que era un tanto extraño que hablase de conspiración "comunista", porque, dado el clima político de Texas, habría podido muy bien ser un levantamiento de la Sociedad John Birch.

»Casi se podía ver funcionar el cerebro de Johnson. "No sabemos si el blanco era yo, el presidente de la Cámara o el secretario de Estado. Creo que será mejor que salga de aquí, lo esperaré hasta que haya hecho su anuncio." Fui hasta el coche con él. Lo llevaron de vuelta hasta el *Air Force One*. Algunas personas se quejaron de que era grosero por su parte utilizar el *Air Force One* en lugar del *Air Force Two*, pero esa decisión la adoptó el Servicio Secreto, y no Johnson.»

Había surgido un nuevo problema. El doctor Earl Rose, inspector médico del distrito de Dallas, cuyas oficinas se encontraban ubicadas en Parkland, había decretado que el cuerpo del presidente debía permanecer en

Dallas hasta que se pudiese llevar a cabo una autopsia. Se había cometido un asesinato, y una ley del Estado dictaba este procedimiento. No importaba que la víctima de este asesinato fuese el presidente de Estados Unidos: la ley era la ley.

La gente de Kennedy aseguró a Rose que se realizaría una autopsia en cuanto llevasen el cuerpo del presidente a Washington. Pero el inspector médico, después de lograr el apoyo de un magistrado local, insistió en que, como JFK había muerto en Dallas, la autopsia debía realizarse en Dallas.

«Lo llevaremos de vuelta a Washington», dijo Ken O'Donnell.

Un camión entregó un féretro de bronce para el presidente muerto. Jackie colocó su anillo de bodas ensangrentado en el dedo de su esposo, antes que depositaran el cuerpo en el féretro y lo hiciesen rodar por delante de dos airados funcionarios públicos, hasta un coche fúnebre blanco que esperaba. Luego insistió en viajar en la parte trasera del coche fúnebre, con su esposo. Para su inmenso alivio, volvían a casa.

¿O tal vez no? Lyndon Johnson parecía tener otras ideas. Mientras el féretro era transportado a bordo del *Air Force One* y relegado a la sección de la cola del avión, Johnson había hecho una llamada a la juez Sarah T. Hughes, del Distrito Federal, designada local de Kennedy, para pedirle que fuese a administrar el juramento del cargo. En cuanto la gente del campus de Kennedy se dio cuenta de que habría una demora, comenzaron a forcejear con la brigada Johnson.

«El problema —señaló el general de las Fuerzas Aéreas Godfrey McHugh— era que Lyndon Johnson se había adueñado del avión. Cuando llegamos, Ken O'Donnell, que era la persona encargada de la partida del avión, me dijo que hablase con el capitán y le dijera que se pusiera en marcha. Yo era el oficial de mayor jerarquía de las Fuerzas Aéreas en el vuelo, y por lo tanto la persona adecuada para transmitir esta orden. Además, conocía muy bien al capitán. Se llamaba James Swindal, y yo lo había elegido para el puesto. De modo que fui a la carlinga y dije: "Vamos, pongámonos en marcha. Elevemos el maldito avión al aire." "Necesito autorización del presidente", replicó Swindal. "Bien —respondí—, el presidente está atrás, en su ataúd." Y Swindal dijo: "No, me refiero a Johnson." Entonces me di cuenta: Lyndon B. Johnson era el presidente de Estados Unidos.

»"¿Dónde demonios está Johnson?", pregunté. Swindal se encogió de hombros y dijo: "Supongo que en el centro del avión." De modo que me puse a buscarlo. Busqué por todos lados, pero no pude encontrarlo. Entonces me di cuenta de que todas las cortinillas del avión estaban bajadas. Muchas personas lloraban, entre ellas varios agentes del Servicio Secreto. La cara de Pam Turnure estaba surcada de manchas de maquillaje. Evelyn Lincoln sollozaba. Otros trataban de ocultar sus lágrimas. Mi misión era encontrar a Johnson, y por último lo encontré... en un armario que se comunicaba con el cuarto de baño del dormitorio del presidente. Estaba mortalmente asustado, gritaba: "Nos matarán, van a derribar el avión, nos van a matar a todos." Había enloquecido. Le di una bofetada rápida y fui al compartimento del fondo del avión, y me quedé allí con Jackie y con el féretro.»*

El general Chester V. Clifton, el otro asesor militar de JFK en el viaje, recordó que cuando Jackie y su gente llegaron al avión, «la discusión acerca de si debíamos partir o no se volvió muy tensa. El grupo de Kennedy quería salir de allí lo antes posible. Se nos había prevenido que no podíamos sacar los restos mortales del presidente, del hospital, antes de que se realizara la autopsia. Por lo tanto, se podría decir que habíamos hurtado el féretro y tomado algunos coches, además de un coche fúnebre, para irnos de allí. Lo último que queríamos era que el inspector médico apareciera en el aeropuerto con una orden judicial que nos obligase a entregar el cadáver.

»No sabíamos qué pensar. ¿Los asesinos eran norteamericanos o representaban a una potencia extranjera? ¿Podíamos ser derribados si levantábamos vuelo? Nos encontrábamos sumidos en la oscuridad, hasta tal punto, que en todo el mundo las tropas norteamericanas habían sido puestas en alerta militar.

»Ese día estaban todos erizados, incluido Lyndon Johnson. No presencié el supuesto choque frontal entre McHugh y Johnson, pero sé, sin duda alguna, que Johnson perdió el control de su propio comportamiento durante un buen rato, y debo admitir que me alarmó.

»Mi propia impresión es que habría sido mejor salir de Dallas lo antes posible, en lugar de quedarnos, esperando a que apareciera la juez Hughes. Ken O'Donnell y yo fuimos a la carlinga, cuando volvió McHugh, y conversamos con Swindal, que no sabía qué hacer. "Mira, Jim —dije—, te diré cuándo saldremos, no me importa quién te diga lo contrario." Respondió:

* Para ser justos con LBJ, hubo quienes atestiguaron que Godfrey McHugh fue el que se comportó de forma extraña. Jack Valenti, que más tarde se incorporó al personal de LBJ, se encontraba a bordo del *Air Force One* en el vuelo de Dallas a Washington. En su historia de la Biblioteca LBJ declaró: «Un hombre identificado más tarde como el general McHugh no dejaba de ir de un lado a otro del avión. Más tarde me enteré de que era el asesor de las Fuerzas Aéreas del presidente. Debo decir que se encontraba en un estado rayando en la histeria, con el cabello revuelto. Corría de un lado a otro, con el cabello desordenado, y en un estado general de confusión.»
Pero otros, entre ellos Richard N. Goodwin, redactor de discursos, consideraba que LBJ era un paranoico liso y llano. Según un libro reciente de Goodwin, *Remembering America: A Voice from the Sixties,* tanto él como Bill Moyers consultaron con psiquiatras en relación con LBJ.

"Eso me parece bien; eres el oficial militar de más alto rango en este avión. Aceptaré tus órdenes." Puso en marcha dos de los motores, y un minuto más tarde llegó Mac Kilduff a la carrera. "El presidente Johnson quiere que apaguen los motores." O'Donnell dedicó a Kilduff una extraña mirada. Éste replicó diciendo: "Ya no estás al mando aquí, Ken. Hay un nuevo presidente. Y el nuevo presidente insiste en que se le tome juramento antes que levantemos vuelo." De modo que Ken y yo fuimos a buscar a Johnson. Pensé que podíamos arreglarlo con él, por supuesto, pero Johnson se mostró intransigente.

»Dijo que había hablado con Bobby Kennedy, y que Bobby le había indicado que tomase el juramento en Texas. Bobby Kennedy negó más tarde haber dicho nada por el estilo. Sin embargo, supongo que Johnson tenía sus razones personales. En mi opinión, le preocupaba el hecho de que si le ocurría algo antes que llegáramos a Washington, el país pudiese encontrarse en un tremendo dilema; no habría presidente, y una situación como ésa podría ponerse en tela de juicio durante muchos años.

»Cuando terminamos de discutir acerca de si partiríamos o no, Johnson parecía mucho más tranquilo, y se puso a hacer llamadas telefónicas a Washington, a organizar reuniones de Gabinete y a emitir instrucciones. Pero hubo un rato durante el cual no se mostró del todo coherente en cuanto a lo que quería y a lo que habría sido mejor para todos.»

Cecil Stoughton, fotógrafo de la Casa Blanca, registró la ceremonia del juramento con su cámara. «La juez llegó con una escolta policial, y cuando subió al avión Mac Kilduff me vio y dijo: "Gracias a Dios que estás aquí. El presidente va a prestar juramento y tú tendrás que tomar las fotos y entregarlas a la prensa."

»No pude entender la necesidad de prestar juramento, porque cuando el presidente ha muerto, el vicepresidente se convierte en el acto en el jefe ejecutivo. Sea como fuere, la ceremonia, en su totalidad, duró apenas dos minutos, aunque pareció que duraba una eternidad. Cuando estábamos en condiciones de partir, Ken O'Donnell volvió para buscar a Jackie. Creo que O'Donnell le dijo que no necesitaba hacerlo, si no quería; ella respondió que sentía que se lo debía al país. De modo que nos acompañó y caminó a la izquierda de Johnson, con lady Bird a la derecha de éste. Veintisiete personas —todas las que pudieron apiñarse en el espacio privado alfombrado del presidente, en el sector central del avión— presenciaron la solemne ceremonia. Aunque tenía los ojos secos, Jackie parecía estar lejos de allí. Se encontraba en estado de shock. En la mayor parte de las fotos se pueden ver las manchas de sangre seca en sus ropas. Había rastros de sangre en la camisa del doctor Burkley.

»Sentí pena por Jackie. Sentí pena por mí misma, porque sabía cómo sería el trabajar junto a Johnson. Lo sabíamos todos los presentes. Recuerdo que un agente del Servicio Secreto me dijo (esto era en el 62): "Tenemos que mantener sano a Kennedy" con lo cual quería decir que no querían a Johnson como presidente. Sabían que sería terrible, si alguna vez él llegaba a ser el número uno. Y llegó a serlo y fue terrible.

»En lo que a mí respecta, parecía que le resultaban pocas todas las fotos que tomé de él. Johnson me hizo tomar fotos cuando iba al cuarto de baño. Todos los Johnson tenían boca grande y dientes enormes. Las comisuras de sus labios llegaban al borde de mi cámara, y cuando levantaba la máquina parecía como si tirase de sendos hilos, y abrían la boca de par en par. Era maquinal. Pasaban a sonreír.»

Después de la breve ceremonia, Jackie volvió a su asiento, al lado del féretro de su esposo, donde muy pronto se le unieron Ken O'Donnell, Dave Powers y Larry O'Brien. En dos ocasiones, durante el vuelo, Lyndon Johnson envió a Bill Moyers, que muy pronto se convertiría en su ayudante, a la parte posterior del avión, para pedir a O'Donnell y a O'Brien que se uniesen a él, y en ambas ocasiones los ayudantes de JFK se negaron.

«Queríamos estar con Jackie —declaró Larry O'Brien—. La necesitábamos, y ella a nosotros. Ken se sentía muy amargado con Lyndon Johnson. No me pareció que Jackie sintiese amargura respecto a nadie en particular, sino que su sentimiento era general.

»En el avión tuvimos una larga discusión acerca de la relación de la mafia irlandesa con Jack, y de lo que significaba para él, y para ella, y todo lo demás. Jack tenía muy estrechas relaciones con la mafia irlandesa. Ken, Dave y yo no siempre asistíamos a las veladas —las reuniones sociales— en la Casa Blanca, pero nuestras relaciones con el presidente fueron amplias y estrechas durante un largo período. Era una relación profesional, más que social, en particular en mi caso. Sin embargo, él tenía una fuerte afinidad con todos nosotros, se enorgullecía de su herencia irlandesa. Lo acompañamos en su viaje a Irlanda. El viaje tenía para él una gran intensidad emocional. Y nosotros compartíamos muchas cosas, porque nos contábamos historias y además teníamos los antecedentes comunes de pertenecer a Massachusetts. Y Jackie, cuando conversaba con ella de vez en cuando, bromeaba al respecto. Pero reconocía —y esto lo discutió con cierto detalle, en el avión, de regreso de Dallas— la relación singular, si se quiere, existente entre Jack y la así llamada mafia irlandesa. Reconocía cuán próximos estábamos a él, y cuán profundos eran sus sentimientos en relación a nosotros.

»En medio de toda esta conversación, Ken O'Donnell abrió una botella de whisky. "No sé qué piensan ustedes —dijo—, pero a mí me vendría bien un buen trago." De modo que todos lo acompañamos, incluida Jackie, que nunca había probado un whisky hasta entonces. No le agradó en especial, pero en esa ocasión bebió un segundo vaso, e imagino que se sintió un poco mejor gracias a ello.

»En general, no creo haber conocido nunca el tipo de valentía que ella demostró, primero en el hospital de Dallas y en ese avión a Washington, y luego durante el funeral. En ese lapso sostuvimos muchas conversaciones, así como en los meses que siguieron, y en algunas ocasiones, ella decía: "¿Cómo pudo ocurrir esto?" y "La vida ya no tiene sentido alguno para mí." Pero en general se comportó magníficamente, y se convirtió en un símbolo para todos nosotros, de gran nobleza y carácter, en una época de empobrecimiento general del alma.»

Cuando el avión se acercaba a Washington, Godfrey McHugh advirtió que Jackie todavía tenía partículas del cerebro del presidente en el sombrero y el traje. «No eran sólo las manchas de sangre seca —señaló—. Eso no era tan malo. Se trataba de la materia gris. Se lo señalé. Ella me dio el sombrero y yo lo limpié, le di su forma y se lo devolví. Pero no me dejó que le tocara el traje: "Que vean lo que han hecho —dijo—. Quiero que lo vean".»

El *Air Force One* aterrizó y Bobby Kennedy subió a bordo. Se hallaba en el mismo estado de conmoción absoluta, total, que parecía experimentar Jackie. La gente le hablaba, pero él parecía no oír. Estaba absolutamente sordo, y se movía de forma casi maquinal. No era posible penetrar en él, aunque se las arregló para comunicar a Jackie que se había arrestado a un sospechoso, un comunista de poca importancia llamado Oswald. La idea de que un «personaje tan tonto y pequeño» pudiese asesinar al presidente entristeció aún más a Jackie; despojaba al acto de importancia moral. En opinión de Jackie, trivializaba la muerte de su esposo. «Si por lo menos hubiese sido por su posición respecto de los derechos civiles», dijo.

La brecha entre las facciones de Kennedy y Johnson se ensanchó cuando el personal de Kennedy bloqueó el pasillo del avión impidiendo que el nuevo presidente desembarcara con el féretro. En lugar de acompañar el cadáver al hospital Naval Bethesda para la autopsia exigida, Johnson se dirigió en el acto a la Casa Blanca, donde escribió cartas a Caroline y John, hijo, diciéndoles cuán «orgullosos» debían sentirse de su padre.

En el viaje a Bethesda, Jackie preguntó a Bobby sobre la afirmación de Lyndon Johnson, de que el fiscal general le había aconsejado que prestase su juramento cuando todavía se hallaba en Dallas. Cuando Bobby negó la versión, Jackie dijo: «Lo último que me dijo Jack acerca de Lyndon es que es incapaz de decir la verdad.»

Jackie había pedido a Ken O'Donnell y Larry O'Brien que permanecieran con ella durante la autopsia, y luego se alojaran en la Casa Blanca durante varios días, como invitados personales. Larry O'Brien llamó a su esposa después de llegar, y le dijo que estaba de regreso, pero que no iría a casa. Permaneció en la Casa Blanca con Jackie, durante los cuatro días del funeral, y luego se unió a ella para ver la sede de la tumba en el cementerio nacional de Arlington en la víspera del Día de Acción de Gracias.

Mientras todavía se hallaba en Bethesda, el doctor John Walsh se unió a Jackie y le recomendó que descansara durante una o dos horas, mientras continuara la autopsia. Para ayudarla a relajarse, le inyectó 100 miligramos de Visatril, que en circunstancias normales le habrían permitido dormir doce horas sin problemas. Dada la situación, la inyección pareció estimular a Jackie.

Robert McNamara se precipitó a Bethesda para consolar a Bobby y Jackie, y terminó escuchando a ésta durante horas, mientras ella le relataba todos los detalles del asesinato. «Desde el momento en que llegaron a Parkland lo recordaba todo —dijo McNamara—. Narrarlo una y otra vez se convirtió en una especie de purificación para ella. El verdadero problema, ahora, era el futuro. Sabía que no podría quedarse en la Casa Blanca, pero no sabía dónde ir. Ella y Jack habían vendido su casa en Georgetown. Tenía amigos allí, y disfrutaba de ella. Quería hacer todas las cosas que siempre había hecho con Jack.»

A medida que avanzaba la noche, comenzó a llegar gente, entre otros los Bradlee y los Bartlett. Janet y Hugh Auchincloss, que habían regresado de un viaje al Medio Oriente, habían recibido a Jackie en el aeropuerto para seguirla a Bethesda. «Por terrible que esto sea —dijo Janet—, piensa en cuánto peor habría sido si Jack hubiese vivido y quedado mutilado.» Jackie instó a su madre y su padrastro a que se quedaran en la Casa Blanca, y les dio la habitación de Jack para que pasaran la noche allí.

En un esfuerzo por ahorrar a su hija dolores innecesarios, Janet pidió a Maud Shaw, la institutriz de la Casa Blanca, que hiciese conocer a Caroline lo relacionado con la muerte de su padre. Caroline lloró con tanta violencia, al recibir la noticia, que la institutriz temió que pudiese ahogarse. A la mañana siguiente la niña vio un ejemplar de *The New York Times* que una doncella había dejado olvidado. Preguntó a su abuela Janet por qué la foto de su padre estaba orlada de negro. A John, hijo, demasiado pequeño para entender, no se le dijo nada.

Mientras dejaba la mecánica y la logística del funeral a cargo de Sargent Shriver, Jackie (a quien Shriver consultaba cada uno de sus movimientos) ya se había puesto en comunicación con Angier Biddle Duke, para pedir al jefe del protocolo detalles del funeral que se había llevado a cabo casi un siglo antes para Abraham Lincoln. Duke remitió el pedido a

Rutherford Rogers, bibliotecario interino del Congreso, que envió la información, no sólo acerca del funeral del presidente Lincoln, sino sobre los de George Washington, Woodrow Wilson, Ulysses S. Grant e incluso de Eduardo VII. Duke pudo hacer llegar este material a las manos de la Sra. Kennedy en un lapso de veinticuatro horas.

Completada la autopsia (aunque no en forma muy satisfactoria, según futuras investigaciones y comisiones)*, el cadáver de Kennedy fue devuelto a la Casa Blanca y llevado a un catafalco de construcción especial, en el Salón del Este.

Godfrey McHugh, encargado del mando de la Guardia de Honor que debía rodear el ataúd en el cual sería enterrado Kennedy (no en el féretro en el cual se lo había transportado de Dallas a Washington) recuerda que Jackie dijo: «Pero no podemos dejarlo así, necesitamos flores.» Se trajeron flores, y McHugh las ordenó a un lado del ataúd.

«Tenía otra preocupación —señaló McHugh—. Le molestaba que la Guardia de Honor, compuesta de un hombre de cada rama de los servicios armados, mirase hacia otro lado del ataúd, cuando se encontraban en posición de atención. "Pero Jackie —dije—, siempre miran hacia otro lado. Siempre lo han hecho, durante años y años. Eso es lo que se supone que deben hacer. Es protocolo militar." "No me interesa —replicó—. Si están de guardia junto al ataúd, que lo miren. Parecen absurdos, con esa mirada perdida en el espacio. En el próximo relevo, que se les ordene que miren al presidente."

»Bien, no podía entender eso, pero me parecía una pequeñez en comparación con la enormidad del asesinato, de modo que cuando llegó el siguiente relevo, ordené al oficial naval encargado que hiciera que sus hombres miraran el ataúd. "Pero nunca hacemos eso, señor", respondió. "No me interesa, ésas son sus órdenes", repliqué con sequedad.

---

* En el mejor de los casos, la autopsia de JFK fue una falsificación, y en el peor una burla. Orquestada por Robert Kennedy y algunos otros miembros de la familia, se llevó a cabo sin la presencia de un patólogo forense. Después de la autopsia desaparecieron de manera misteriosa algunos elementos del cuerpo, entre ellos el cerebro, secciones de tejido, manchas de sangre y muestras de órganos de JFK. En 1979, el *Select Committee on Assassinations* determinó que, según todas las probabilidades, Robert Kennedy había hecho desaparecer ésos y otros materiales, preocupado por la posibilidad de que «fuesen exhibidos en público, en años futuros, en una institución como el Smithsonian». No es posible saber qué papel desempeñó, si es que desempeñó alguno, Jacqueline Kennedy en la desaparición de dichos materiales. El ex fiscal general Ramsey Clark dijo a este autor: «Después del asesinato de Kennedy, cuando yo era fiscal general, Jackie me pidió que impidiese el acceso del público a todas las radiografías y a la documentación relacionada con la autopsia. No quería que este material figurase en todos los medios —periódicos y televisión— en vida de sus hijos. Me pareció que era una petición razonable.»

»En el siguiente relevo, la Guardia de Honor contempló el ataúd. Pero cuando terminó la guardia, el oficial dijo: "No podemos hacerlo de ese modo otra vez, señor. Me temo que algunos de mis hombres se desvanezcan." "¿Por qué habrían de desvanecerse?", interrogué. "Pueden desmayarse si miran el mismo punto durante una hora seguida. Si miran hacia el espacio, por lo menos pueden mirar distintas imágenes." "Bien, —respondí—, lo lamento mucho, muchísimo, pero entonces tendrá que reducirlos a tandas de media hora, o lo que haga falta para impedir que se desvanezcan. Pero tendrán que mirar el ataúd."»

A las 10 de la mañana del 23, el padre John Cavanaugh, antiguo amigo de los Kennedy, celebró una misa para los familiares e íntimos del presidente asesinado, en el Salón Este. Antes de la misa, se reunió en privado con Jackie. Había llegado temprano, explicó, para escuchar su confesión.

«¿Que se supone que debo confesar, padre? —preguntó ella, furiosa—. ¿Que omití mirar el calendario y comí carne algún viernes, hace tres meses?» De tal manera comenzó una diatriba de cinco minutos, que terminó con la exigencia de la viuda, de que el sacerdote explicase el asesinato de su esposo: «¿Por qué? ¿Por qué? ¿Por qué Dios pudo hacer algo así?»

Esa noche, fatigada y cargada de drogas (su médico le había administrado dos inyecciones de Amital), Jackie se revolcó en la cama, llorando y gimiendo, pronunciando el nombre de su esposo, hablándole, rodando desde su propio colchón al que él usaba cuando se quedaba con ella, hundiendo la cara en la almohada de Jack y sollozando hasta que se hundió en un sueño inquieto. Al cabo de varias horas despertó. Sin poder volver a dormirse, buscó papel de cartas azul de la Casa Blanca, y comenzó a escribir una carta a su esposo. Tras la cabecera «Mi querido Jack», le escribió que había dormido en su cama, le habló de Caroline y John-John, de Patrick, del matrimonio de ambos, de sus planes y promesas. Se echó a llorar, y las lágrimas crecieron y le rodaron por la mejilla, manchando la página y las palabras. Continuó escribiendo. Cuando terminó, plegó la carta y la introdujo en un sobre.

Durante la autopsia de la noche anterior, el doctor Burkley había recuperado su anillo de esponsales, y se lo devolvió. Ella abrigaba la intención de reemplazarlo con alguno de los artículos favoritos de Jack: muestras de marfil tallado, un brazalete que él le había regalado, un juego de gemelos de camisa de oro que le regaló ella a su vez. Incluiría su carta y las cartas de los niños. A la mañana siguiente fue al cuarto de juguetes y les pidió que escribieran a su padre. John-John, que no tenía edad suficiente para escribir, garabateó en una hoja de papel en blanco, mientras su hermana mayor lo ayudaba a guiar su mano. Luego Caroline, con un bolígrafo azul, escribió su mensaje: «Querido papá, todos te echaremos de menos. Papá, te quiero muchísimo. Caroline.»

También había pensado en incluir en el paquete un anillo de oro sencillo, con piedrecitas de esmeraldas, que había recibido de Jack después de la muerte de Patrick, pero en el último momento decidió no desprenderse de él.

Jackie pidió a Bobby Kennedy que la acompañase al Salón Este. Allí los aguardaba Godfrey McHugh, que los ayudó a abrir el ataúd. Bobby agregó un alfiler de corbata *PT-109*, y un rosario de plata grabada, a los artículos que había llevado Jackie. Los dos hombres observaron mientras ella ordenaba los objetos en la forma en que quería que estuviesen. Contempló el rostro de su esposo. Se puso a acariciarle el cabello, y continuó acariciándolo a medida que pasaban los minutos. Al intuir lo que quería, McHugh salió de la habitación, y volvió enseguida con un par de tijeras. Jackie se inclinó hacia adelante y cortó, con cuidado, un mechón del cabello del presidente. Bobby bajó con lentitud la tapa del ataúd. Jackie se volvió y salió de la habitación.

Esa mañana, un poco antes, Jackie había sido vista por el doctor Max Jacobson, que llegó en avión para asistir al funeral. Al cabo, el elixir de Jacobson serenó los nervios de Jackie. Pero nada podía prepararla de forma adecuada para las últimas noticias. Dos días después de su arresto, mientras era escoltado por dos oficiales de policía de Dallas, Lee Harvey Oswald fue disparado a bocajarro por cierto Jack Ruby, un personaje que, a su manera, era tan «demente» y extravagante como el propio Oswald. «Otra cosa espantosa», dijo Jackie al enterarse del anuncio. No le impresionó ni le conmovió la declaración de Ruby al FBI, de que había matado a Oswald para ahorrar a la Sra. Kennedy la nada envidiable tarea de tener que volver a Dallas para el juicio. El día anterior, ella había escrito una carta para consolar a la viuda del patrullero de Dallas J. D. Tippit, la otra víctima del asesino Oswald. Ahora Oswald también estaba muerto, asesinado ante las cámaras de la televisión, acto observado «en vivo» en toda la red televisiva.

El drama del funeral del presidente también se exhibió en todas las pantallas. Millones de personas vieron cómo Jackie, con un niño tomado de cada mano, salía del pórtico norte de la Casa Blanca y acompañaba el ataúd cuando era llevado a la capilla ardiente instalada en la Rotonda del Capitolio. Los telespectadores vieron a Jackie y Caroline arrodillarse ante el ataúd del presidente, envuelto en la bandera. Después los primeros de los 250.000 dolientes fueron pasando uno por uno.

Ese día, más tarde, Lee Radziwill y su esposo llegaron de Londres para relevar a los Auchincloss. «Lee dormirá conmigo en mi dormitorio», anunció Jackie, y llevó a Stas Radziwill al dormitorio de Jack. Otro invitado de la Casa Blanca, aunque la prensa no estaba enterada de su presencia, fue Aristóteles Onassis, que voló a Washington desde Hamburgo, donde se había enterado de la noticia. Las gemelas Bouvier, tías de Jackie, y sus respectivos esposos, también concurrieron, aunque no pasaron la noche en la Casa Blanca.

Jackie continuó preocupándose acerca de dónde vivirían ella y los niños después de la Casa Blanca. El presidente Johnson le había dicho que se tomase el tiempo que necesitara, pero ella se dio cuenta de que no podía demorar el momento de modo permanente. John Kenneth Galbraith, de regreso de la India, habló de la situación con el Sr. y la Sra. Averell Harriman, y éstos le ofrecieron a Jackie su casa de Georgetown, en el 3.038 de la Calle N, una residencia colonial, de tres pisos y once habitaciones, a sólo tres calles de donde Jack y Jackie habían vivido en su momento. Los Harriman organizaron las cosas para trasladarse a Georgetown Inn, y dijeron a Jackie que se quedase hasta que encontrase una casa permanente.

Aliviada de ese peso, Jacqueline se concentraría entonces en la última fase, la más importante, del funeral. Insistió en que la misa se celebrase en la modesta catedral de St. Matthew, y aprobó el entierro de su esposo en el cementerio nacional de Arlington. Una vez preparado el lugar de su último descanso, su ataúd sería acompañado por los cuerpos de la pequeña Kennedy no bautizada, nacida de forma prematura en 1956, y de Patrick Bouvier Kennedy, fallecido el anterior agosto. El arquitecto John Warnecke diseñaría en el lugar un monumento adecuado.

Para sobreponerse a su pena, Jackie decidió señalar el lugar de su esposo en la historia de la conciencia norteamericana, recordar a los norteamericanos qué se les había arrebatado. El funeral proporcionó un medio de demostrar la importancia de JFK como dirigente global, sus vínculos históricos con Abraham Lincoln, Andrew Jackson y Franklin Roosevelt. Una procesión de dignatarios internacionales marcharían hacia St. Matthew, detrás de Jackie, y otros miembros de la familia inmediata. El ataúd sería transportado por la misma cureña de cañón que había llevado a Franklin D. Roosevelt a su tumba en 1945. Un caballo sin jinete (irónicamente llamado «Black Jack»), con botas invertidas en sus estribos, seguiría el ataúd, en tanto que redobles amortiguados de tambor abrirían la marcha. En la entrada de St. Matthew, Jackie y sus hijos serían recibidos por el cardenal Cushing. Ella besaría el anillo del cardenal antes de entrar en la catedral; Jackie y sus hijos saldrían después del servicio, acompañados por los compases de *Hail to the Chief*. John-John saludaría la bandera norteamericana que cubría el ataúd de su padre.

Aunque majestuosa y grandiosa, la ceremonia no careció de momentos sencillos. Antes del servicio matinal, Sargent Shriver distribuyó esquelas con la inscripción de Jackie: «Dios querido, por favor, cuida a tu sirviente John Fitzgerald Kennedy.» En cualquier otro país, el recuerdo funeral habría sido un medallón o alguna otra cosa de valor. «Pero éstos no eran otra cosa que trocitos de papel, y los entregamos a todos los grandes personajes —informó Shriver a la prensa—. De pronto me encontré delante del presidente francés Charles De Gaulle, y recuerdo que tomó la esquela. La miró y se la tendió a su ayudante. La tarjeta era tan sencilla, y el gesto tan regio.»

El entierro en Arlington siguió a la misa, y después Jackie se encontró en privado, en la Casa Blanca, con De Gaulle, el emperador Haile Selassie de Etiopía, el presidente de Irlanda, Eamon de Valera, y el príncipe Felipe, quien sugirió que una fila de recepción sería una manera más eficiente de saludar a los otros dignatarios extranjeros que una simple mezcla de todos. La fila —220 representantes de 102 naciones, entre ellos otros 8 jefes de Estado y 11 presidentes de Gobierno— se extendía desde el Salón Rojo hasta el Salón Azul y el Comedor de Ceremonia. John Davis, que había volado desde Italia para presentar sus respetos, encontró a su prima en «un estado de ánimo elevado. Por fin dirigía la Casa Blanca. Le encantaba ser el centro de atención y que los dignatarios de todo el mundo fuesen a rendirle homenaje. Sólo más tarde cayó sobre ella el verdadero horror de lo que había ocurrido.

»Lo que parecía asombroso era la absoluta irreflexión con que los Kennedy vivían su vida. La familia corría grandes riesgos y eso equivalía a sufrir grandes pérdidas. Las conspiraciones, por ejemplo, para eliminar a Fidel Castro con la ayuda de la Mafia eran sencillamente ridículas. Los Kennedy conocían dos de esos planes, pero se tramaron ocho en total... y uno de ellos el día que mataron a Kennedy.

»JFK dormía con cualquiera, fuesen cuales fueren las circunstancias. Poseía un verdadero carisma y un gran potencial, pero era joven y creía estar por encima de todo riesgo. Su temeridad personal fue el motivo de que los Kennedy nunca impulsaran la investigación del asesinato. La familia no quería descubrir la vinculación entre la CIA, la Mafia y el presidente.

»A casi todos les parecía evidente, exceptuando a los Kennedy, que el asesinato de JFK no era una operación de un solo hombre. Sin duda, como fiscal general, Robert Kennedy conocía todo tipo de informaciones que debían de haber creado interrogantes en su mente. Y, sin embargo, pareció satisfecho con las simples conclusiones a las cuales llegó la Comisión Warren.

»Recuerdo haberle preguntado a Janet, la madre de Jackie, por qué ella no hacía que Jackie investigara. Janet respondió: »¿Eso hará que Jack reviva?" "No, no lo traerá de vuelta a la vida —respondí—, pero tal vez podamos llevar a los asesinos ante la justicia." Janet se encogió de hombros. En 1974 hablé con Jackie al respecto. Ella cambió enseguida de tema. Ésa era la típica forma en que trataba todo lo que le resultaba desagradable: lo desechaba cambiando de canal. Para cuando hablamos del asesinato, ya lo había superado. No quería que se le recordase ese período. No le interesaba la verdad histórica. George de Mohrenschildt, un antiguo amigo del padre de Jackie, era un conocido asociado de Lee Harvey Oswald. Después del asesinato de JFK, De Mohrenschildt se puso en comunicación con Janet Auchincloss, a quien también conocía, y pidió una reunión con Jackie. Ésta se negó. Habría sido factible explorar todos esos caminos.

»En el momento en que él murió, también yo tenía una actitud idealista respecto de JFK. Ahora, cada vez que veo esas antiguas películas de Kennedy en la televisión, tengo que hacer un esfuerzo para contener las náuseas. Resulta difícil creer que fuese el mismo farsante absoluto, ese mujeriego y oportunista, que terminaba como Eurípides. ¡Todos nuestros sueños volcados en eso! ¡Qué desilusión!»

Cecil Stoughton, fotógrafo oficial de Jackie en la fila de recepción, mientras saludaba a los funcionarios gubernamentales visitantes, recuerda haber pensado: «¿Cómo puede soportarlo?» Pero en ese día concreto, Jackie se superó. Se mantuvo serena, abrazó a algunos, tranquilizó a otros. Al primer ministro delegado soviético, Anastas I. Mikoyan, le dijo: «Por favor, dígale al señor presidente [Khrushchev] que sé que él y mi esposo trabajaron juntos por un mundo pacífico, y que ahora él y usted deben continuar la obra de mi esposo.» Mikoyan escuchó la traducción, y luego se cubrió el rostro con las manos.

Esa noche, más tarde, Jackie y otros miembros de la familia celebraron el tercer cumpleaños de John-John con una pequeña fiesta en el comedor de la familia. Concurrieron los Bradlee, y Toni advirtió que los ojos de Jackie estaban enrojecidos... como consecuencia de las lágrimas y el agotamiento. Unos días más tarde se celebraría una fiesta de cumpleaños más amplia para ambos niños (Caroline y John, hijo, habían nacido en la misma semana, con tres años de diferencia). A medianoche, Jackie y Bobby visitaron la tumba del presidente en Arlington. La llama eterna parpadeaba, azul, en la noche fresca. Rezaron, y Jackie dejó un ramillete de lirios silvestres al lado de la tumba del presidente.

Al día siguiente, martes 26 de noviembre, Jackie escribió a Lyndon Johnson: «Querido Sr. Presidente: gracias por caminar ayer... detrás de Jack. No tenía por qué haberlo hecho. Estoy segura de que muchas personas le prohibieron que corriese semejante riesgo, pero de todos modos usted lo hizo...»

El primero de diciembre, recibió una respuesta del nuevo presidente:

«Jackie, usted ha sido magnífica y ha conquistado un lugar cálido en el corazón de la historia. Sólo desearía que las cosas hubieran sido distintas, que no hubiera tenido que estar aquí. Pero el Todopoderoso ha querido que todo fuese distinto, y ahora lady Bird y yo necesitamos su ayuda...»

Aunque Jackie conquistó una enorme aprobación pública por su comportamiento durante el funeral y después de éste, se la criticó, en algunos sectores, por haber exagerado su papel. Angier Biddle Duke recuerda haberla visto hacer «una pequeña reverencia al príncipe Felipe, el esposo de la reina Isabel, cuando se encontró con él en un corredor de la Casa Blanca. El príncipe lo tomó como una cortesía. Pero cuando yo le recordé que las esposas de los jefes de Estado no hacen reverencias a otros jefes de Estado, ella respondió: "Pero yo ya no soy la esposa de un jefe de Estado." Fue algo así como "muérete" y me molestó.»

El escritor John Hersey recibió en 1964 una carta de Jackie, que le pareció algo más que un tanto molesta: «En realidad era una carta formal que había sido escrita para diversas personas. Jackie reunía un volumen privado, de recuerdo de los escritos de JFK, y quería los derechos para publicar mi relato del *PT-109*. Pero había una postdata, de su puño y letra, en la cual hablaba de lo mucho que la había conmovido el artículo, y que lo leía una y otra vez, noche tras noche. Esto, por supuesto, era una enorme exageración. Creo que quiso decirme cuánto le importaba la nota, pero exageró. Fue una postdata muy extraña.»

Charles De Gaulle admiraba a Jackie (en apariencia más de lo que admiraba a su esposo, a quien, en definitiva, describió como «un presidente con el estilo de un ayudante de peluquería... se abría paso a través de los problemas mientras se peinaba»), pero encontró que el funeral había sido un espectáculo con exceso de producción y dramatización. Cuando regresó a Francia, redactó instrucciones precisas para su propio funeral: quería la más sencilla de las funciones, un simple ataúd de carpintero, en su propio terreno privado, y la concurrencia de sus familiares y la gente del pueblo. No quería que ningún jefe de Estado ni funcionarios públicos acompañasen su cuerpo al cementerio.

Por último, estaban los tratos de Jackie con el periodista Teddy White. «Una semana después del asesinato, recibí una llamada telefónica de Jackie, para invitarme a Hyannis Port, donde había ido para pasar el Día de Acción de Gracias —dijo White—. Ella sabía que yo estaba escribiendo un resumen del asesinato para *Life*, ¿estaría dispuesto a ir a conversar con ella?

»Había tormenta, de modo que alquilé un coche y un chófer para que me llevase desde Nueva York. Pálida, agotada, Jackie indicó que había salido de Washington para escapar de las miradas escudriñadoras, comprensibles si se tiene en cuenta que durante cuatro días, como nunca hasta entonces en la historia, toda una nación había entrado en la congoja y el sufrimiento personales de la vida de este dirigente caído.

»Dijo que también había ido a Hyannis Port para ver a Joe Kennedy, para estar a solas con él y contarle cómo había perdido la vida su hijo. Pasó con violencia ante Rose Kennedy y Ann Gargan, y entró en la habitación de él.

»Ella y yo conversamos durante casi cuatro horas. Mencionó la muerte de Patrick como preludio del asesinato. El fallecimiento del bebé había sido un acontecimiento muy emotivo para ambos padres, y creo que en cierto modo el presidente se acercó a ella como no lo había hecho hasta entonces. No hubo muchos de estos momentos en las vidas de ambos. El hecho de que lograsen una nueva intimidad tan poco tiempo antes del final no hacía más que intensificar la magnitud de la pérdida de Jackie.

»Regurgitó muchos de los detalles del asesinato. Recordó los anillos rosados del interior del cráneo del presidente después que le volaron la tapa de los sesos. "El interior de su cabeza era tan bello... —dijo—. Traté de mantener hacia abajo la coronilla de su cabeza, de modo que no se derramara más el cerebro, pero sabía que estaba muerto." A bordo del *Air Force One*, antes del juramento de Lyndon Johnson, había tomado un pañuelo y limpiado manchas de sangre y coágulos del cabello de su esposo, de su propio rostro. Más tarde lamentó eso enormemente. Desde el momento del asesinato, la gente trató de lograr que se cambiase de ropa, que borrase todas las señales del crimen. Ella no quería olvidarlas. Su único alivio consistió en que él no había sufrido. Tenía una expresión "muy pulcra" en su rostro, después de haber sido disparado. En muchas ocasiones le había dicho que no quería terminar como sus propios padres; prefería la muerte a la incapacitación permanente. Se lo dijo la primera vez que le operaron de la espalda, al comienzo de su matrimonio.

»Hablamos un poco acerca del clima político que había llevado al asesinato... de la idea de una trama o incluso de una participación de algún gobierno en el hecho. A Jackie le importaba muy poco la multitud de teorías sobre quién habría podido organizar el asesinato de su esposo. ¿Qué importancia tenía si lo había asesinado la CIA, el FBI, la Mafia o, sencillamente, algún misántropo medio loco? Ya no existía, y lo que contaba para ella era que su muerte fuese situada en cierto tipo de contexto social.

»"Sólo los ancianos amargados escriben la historia —dijo—. La vida de Jack tuvo más que ver con el mito, la magia, la leyenda, las sagas, y la novela, que con la teoría política y la ciencia política." Allí fue cuando anunció su teoría de Camelot. Creía, y John Kennedy compartía esa creencia, que la historia pertenece a los héroes, y que los héroes no deben ser olvidados. No quería que Jack fuese olvidado, o que sus logros recibiesen una luz desfavorable. Quería que se lo recordase como a un héroe. Relató que por la noche él escuchaba a menudo *Camelot* en el fonógrafo de ambos y, que personalmente se identificaba con las palabras de la última canción: "No permitan que se olvide que alguna vez existió un lugar, durante un breve momento brillante, que se conoció con el nombre de Camelot."

»Lo dijo con tanto apasionamiento que, visto bajo cierta luz, casi tenía sentido. Me di cuenta de que era una lectura errónea de la historia, pero me sentí muy atraído por la capacidad de Jackie para enmarcar la tragedia en términos tan humanos y románticos. Además, había en ella algo muy atractivo. En ese momento, habría podido venderme cualquier cosa, desde un Edsel hasta el Puente de Brooklyn.

»Pero lo único que ella quería era que añadiera en *Life* ese epílogo a la fantasía de Camelot. No parecía demasiado pedir. De modo que me dije, ¿por qué no? Si eso es lo que quiere, que lo tenga. Por lo tanto, el epitafio de la Administración Kennedy llegó a ser Camelot... un momento mágico de la historia norteamericana, en que galantes caballeros bailaban con bellas mujeres, en que se realizaban grandes hazañas y la Casa Blanca se convertía en el centro del universo.»

25

El 26 de noviembre, al día siguiente del funeral de John Kennedy, Jackie invitó a lady Bird a tomar el té a la Casa Blanca. «No se deje asustar por esta casa —le dijo Jackie—. Algunos de los momentos más dichosos de mi matrimonio han transcurrido en ella. Usted será feliz aquí.»

Después vagaron de habitación en habitación, y Jackie señaló varios de los aspectos destacados y presentó a la nueva Primera Dama a los miembros del personal que necesitaría conocer. Antes que lady Bird se fuera, Jackie le pidió un favor: no quería interrumpir las clases de Caroline hasta el final del semestre, y se preguntó si la escuela de la Casa Blanca podía quedar abierta hasta entonces, ocasión en la cual sería trasladada a la embajada británica. Lady Bird aseguró a Jackie que no habría inconveniente alguno.

Jackie también pidió varios favores a Lyndon Johnson. «Recuerdo haber ido a la Oficina Ovalada para pedirle dos cosas —dijo en su historia oral para la Biblioteca LBJ—. Una de ellas era la de denominar "Cabo Kennedy" al Centro Espacial de Florida. Ahora que lo recuerdo, ése fue un gran error. Si hubiese sabido que Cabo Cañaveral era el nombre que tenía desde la época de Colón, habría sido lo último que Jack hubiera querido...*

»Y la otra, muy trivial, fue la siguiente: existían planes para la renovación de Washington y esa comisión me pareció que se podía dar por termi-

---

* El 29 de noviembre de 1963 el presidente Johnson emitió la Orden Ejecutiva 11.129 que cambiaba el nombre de la Estación Auxiliar de la Fuerza Aérea Cabo Cañaveral y el Centro de Operaciones de Lanzamientos de la Administración Nacional de la Aeronáutica y el Espacio por el de Centro Espacial John F. Kennedy.

nada. Pregunté al presidente Johnson si tendría la bondad de recibir a la comisión y dar una especie de aprobación a la labor que estaban realizando y así lo hizo. Fue una de las primeras cosas que llevó a cabo.»

Johnson hizo algo más que eso: sugirió que lady Bird convirtiese la renovación de Washington en su propio proyecto especial (un proyecto que también fue recomendado a lady Bird por su propia secretaria de prensa, Liz Carpenter), y al mismo tiempo establecer una «comisión permanente para la conservación de la Casa Blanca», de la cual Jackie se convertiría en integrante. Aunque Jackie se incorporó a la comisión, se negó a asistir a las reuniones en la Casa Blanca. «Regresar a ese lugar —afirmó— resulta demasiado doloroso, ni siquiera para contemplarlo.»

El proyecto de renovación que Jackie sugirió al presidente Johnson quedó a la larga bajo el patrocinio parcial del Trust Nacional, una organización de recolección de fondos para la conservación de edificios y estructuras de todo el país, incluido Washington. Judy White, empleada del Trust, señaló que «Jackie en una ocasión contribuyó con 1.000 dólares, pero eso fue hace años, y desde entonces nada más, a pesar de lo mucho que hablaba de la importancia de la conservación y preservación».

Antes de irse de la Casa Blanca, Jackie envió a lady Bird un memorándum escrito a mano, de once páginas, con esa letra inclinada hacia atrás, en papel oficial, examinando todos los aspectos de su trabajo en el proyecto de renovación de la Casa Blanca durante los 1.000 días de Camelot, incluidas las obras de arte que había ayudado a acumular para la Mansión Ejecutiva.

Liz Carpenter declaró acerca del largo memorándum de Jackie: «Tuve la extraña sensación, cuando me fue entregado, de que era muy lúgubre —casi propio de espectros— que Jackie estuviera sentada hasta altas horas de la noche en la Casa Blanca pensando en los muebles, cuando debía de estar pasando por un tremendo momento de conmoción y congoja por la muerte de su esposo. Pero ésas eran cosas materiales que significaban algo para ella, y quería que la Sra. Johnson conociera los antecedentes.»

Jackie fue entregando recuerdos a amigos de Jack y miembros del personal de la Casa Blanca: las corbatas del presidente a la mafia irlandesa, los distintivos de la Marina al cardenal Cushing... y distribuyendo sus despedidas. (A J. B. West: «¿Quiere ser mi amigo de por vida?» A Godfrey McHugh: «Primero no quería entrar, ahora parece que no puedo irme.»)

Es habitual que los presidentes salientes agreguen un cuadro a la colección permanente de la Casa Blanca. Jackie y el resto del clan Kennedy eligieron un paisaje del Sena por Claude Monet, y lo colgaron en el Salón Verde. El 6 de diciembre, su último día en la Casa Blanca, la ex Primera Dama escribió a Nikita Khrushchev, reiterando, poco más o menos, lo que había dicho a Mikoyan en el funeral de JFK: que ahora les tocaba a los rusos llevar adelante la misión de paz que habían iniciado ellos y su esposo.

Cuando lady Bird llegó a la Casa Blanca, le entregaron una breve nota dejada por Jackie: «Le deseo una feliz llegada a su nueva casa, lady Bird. Recuerde... aquí será feliz. Cariños, Jackie.» La ex Primera Dama dejó otra tarjeta de visita, una placa de bronce en la pared, sobre la repisa de la chimenea del dormitorio de lady Bird, que decía: «EN ESTA HABITACION VIVIÓ JOHN FITZGERALD KENNEDY CON SU ESPOSA JACQUELINE... DURANTE LOS DOS AÑOS, DIEZ MESES Y DOS DÍAS EN QUE FUE PRESIDENTE DE ESTADOS UNIDOS... 20 DE ENERO DE 1961-22 DE NOVIEMBRE DE 1963.»

El recuerdo no resultó atractivo para Lyndon Johnson, quien señaló que Jackie lo había colocado debajo de una placa similar que testimoniaba el hecho de que Abraham Lincoln también había dormido allí en algunas ocasiones.

En la noche del primer día de Jackie en la Calle N, se encendieron dos antiguas lámparas, junto a la puerta principal, y un pequeño escuadrón de agentes del Servicio Secreto rodearon la propiedad. (Al principio se proporcionó a Jackie y sus hijos protección del Servicio Secreto durante un período de dos años, aumentados más tarde a cuatro. En 1968, la protección del Servicio Secreto para todas las viudas de presidentes fue extendida hasta la muerte o nuevo casamiento, y para los hijos de los presidentes hasta los dieciséis años de edad.)

Los vecinos y los curiosos llenaron la calle, delante de la casa Harriman, para presenciar una procesión de hombres de mudanzas que transportaban las posesiones y efectos personales de la familia: un largo perchero que contenía los abrigos de pieles de Jackie, la bicicleta de Caroline, una serie de grandes cajas con la inscripción «juguetes de John», y jaulas idénticas que alojaban a los pericos favoritos de los niños. Los espectadores vieron un triste recordatorio: un abultado maletín de diez años de antigüedad, con las iniciales «JFK», regalo de bodas de Jackie a su esposo.

A petición de Jackie, el presidente Johnson envió dos camareros de la Marina para ayudarla a trasladarse de la Casa Blanca y para facilitar su transición a la vida privada. Cuando Jackie pidió que se permitiese a los dos camareros quedarse con ella varios meses, el presidente asintió. Previendo la posibilidad de repercusiones políticas, Tazewell Shepard, ex ayudante naval de JFK, recomendó, en un memorándum, que la Sra. Kennedy fuese declarada «agente del Gobierno». El presidente Johnson desechó esta sugerencia, a la vez que aprobaba un préstamo a largo plazo de un barco de la Guardia Costera, de cinco metros y medio, para uso y disfrute de Jackie.

Conocedor de los beneficios políticos de conservar relaciones sólidas con la anterior Primera Dama, Lyndon Johnson hizo todo lo posible para facilitarle la transición. El 11 de diciembre de 1963, con aprobación de Johnson, el Congreso votó para la Sra. Kennedy el ofrecimiento de un espacio de oficina por un año (ampliado más tarde) y un personal elegido por ella misma (eligió a Pam Turnure y Nancy Tuckerman) con un salario conjunto, para este período, que no debía exceder de los 50.000 dólares, así como también 15.000 dólares para los gastos del funeral. Además, se le concedió el derecho de recibir la pensión anual de 10.000 dólares otorgada a las viudas de presidentes de forma vitalicia o hasta que volvieran a casarse, y el privilegio, de por vida, de hacer envíos gratuitos por correo. Cuando los gastos de funcionamiento de la oficina de Jackie para 1964 superaron la asignación de los 120.000 dólares, el presidente la envió a ver a Bernard Boutin. «Cosa asombrosa —dijo Boutin, que la ayudó a terminar la tarea de papeleo—, el Congreso actuó con gran rapidez y aprobó una asignación complementaria para cubrir esos gastos. Se hizo de prisa y sin discusiones. Jackie recibió la suma íntegra.»

Johnson hizo más. Pidió al Congreso que cambiase el nombre del Centro Cultural Nacional por el de Centro John F. Kennedy para Artes Interpretativas, y envió al Congreso un proyecto de ley de 17,5 millones de dólares para ayudar a financiar la empresa. Lady Bird y él hicieron una importante contribución personal al Fondo de la Biblioteca en Memoria de John F. Kennedy, proyecto agobiado de problemas y reveses. No se terminó hasta 1979, cuando el arquitecto I. M. Pei realizó una estructura de diseño ultramoderno, en un tramo desolado aunque pintoresco, de Columbia Point, adyacente a los terrenos de la Universidad de Massachusetts, en Boston.

Si bien en apariencia Jackie admiraba a lady Bird, siguió mostrándose ambivalente respecto al presidente. Arthur Krock señaló que «las diversas señoras Kennedy no gustaban de Johnson, y les molestaban algunos de sus... modales personales, sus hábitos personales».

Franklin Roosevelt, hijo, recordaba algunas de las dificultades existentes entre Jackie y LBJ: «Durante los tres o cuatro primeros meses posteriores al asesinato, varios de nosotros —Charles Bartlett fue uno; George McBundy fue otro; Averell Harriman, otro; y yo mismo, miembros del Departamento de Estado que habíamos trabado amistad íntima con Jack Kennedy— nos esforzamos por visitar a Jackie, casi siempre para tomar el té a última hora de la tarde, nada más que para levantarle el ánimo. A veces había hasta media docena de antiguos amigos. Este pequeño grupo prestó atención a Jackie en su hora de terrible soledad.

»Se mostraba razonablemente franca con nosotros, no hasta el extremo de expresar sus pensamientos más íntimos, pero nos mantenía enterados acerca de la forma en que iba viviendo día a día. Mencionaba que sentía una gran presión proveniente de Lyndon Johnson. Éste la invitaba constantemente a la Casa Blanca, pero ella se negaba a ir. Para todas las funciones, todas las cenas de ceremonia, recibía una invitación escrita seguida por una llamada telefónica. Johnson no aceptaba su derrota con facilidad. Reconocía que Jackie era el premio supremo, la mujer más buscada de todo el mundo y que la conquista de su apoyo constituiría el triunfo vital. Intentó todas las tretas imaginables. En Navidad, antes de que Jackie viajase a Palm Beach, envió a su hija, Luci, con regalos para los niños. Él y lady Bird le enviaban flores muy a menudo. Le ofreció diversos puestos en su Administración: embajadas, jefa de protocolo, direcciones de varias instituciones gubernamentales dedicadas a las artes.

»Yo me encontraba allí una tarde, cuando él telefoneó. Jackie atendió la llamada en la otra habitación. Cuando volvió estaba furiosa. "Era Lyndon —dijo—. Me ha dicho: Querida, escucha, lady Bird y yo queremos verte aquí en nuestra próxima cena de la Casa Blanca. Jack era un gran hombre, pero tienes que empezar a vivir de nuevo." Ella se sentía furiosa, y no sólo por la actitud condescendiente de él respecto a Jack. "¿Cómo se atreve ese zoquete bruto y fanfarrón a llamarme querida? —selló—. ¿Quién demonios se cree que es?"

»La siguiente ocasión que vi al presidente le comenté que había herido los sentimientos de Jackie. "¿Por qué piensas eso?", preguntó. "Bien, señor presidente, no creo que le agrade que la llamen querida." Johnson se irguió cuan largo era y añadió: "Estoy enormemente cansado de estas estupideces. En el lugar del cual provengo llamamos querida a las damas, y las damas llaman querido a sus caballeros. He tenido muchos miramientos con esa mujer. He hecho piruetas y zalamerías y lo único que recibo son críticas."

»Aunque mantuvieron el contacto, la relación entre Jackie y el presidente Johnson continuó deteriorándose. Hubo un cóctel para Jackie en el Club de la Calle F de Washington. Amigos y colaboradores de JFK estuvieron presentes en gran número. Con la excepción de una fiesta-sorpresa que Bobby y Ethel Kennedy organizaron para Jackie en la casa Harriman, ésa era la primera función social a la cual Jackie concurría. El presidente Johnson había prometido ir, y cumplió su promesa. Pero no creo que nadie le dirigiese siquiera la palabra. Estuvo ahí, con una copa en la mano, y nadie se le acercó.

»Para la mayoría de esas personas seguía siendo vicepresidente. Le guardaban resentimiento, y también Jackie. Bobby y ella eran el centro de la atención, y Lyndon Johnson quedaba excluido.

»Supongo que Bobby fue el principal responsable de las tensas relaciones existentes entre Jackie y LBJ. La animosidad que existía entre Bobby y

Lyndon ha sido objeto de amplias descripciones. Su desconfianza y desagrado mutuos no hicieron más que aumentar después del asesinato. Bobby no se había sentido menos devastado por la tragedia que Jackie. No podía dormir, no podía trabajar, no podía comer. Veía a Jackie casi todos los días. Estaban unidos por un sentimiento común de pérdida.

»A mediados de diciembre, Jackie me pidió que echara una mirada a una casa que compró en su momento, un edificio colonial, de ladrillo, de tres plantas y catorce habitaciones, en el 3.017 de la Calle N, frente a la residencia Harriman. El precio que se pedía por ella era de 195.000 dólares. El único problema era que la casa se elevaba muy por encima de la calle debido a la existencia de varios tramos de escalera. Resultaba fácil mirar hacia dentro a través de las ventanas, lo cual significaba que las cortinas debían mantenerse corridas. Jackie se había convertido en la atracción turística número uno de Washington. Por la mañana, al mediodía y por la noche la calle se encontraba atestada de gente que los atisbaba, a ella y a los niños. Se detenían a ambos lados de la calle. Cuando Jackie bajaba por ésta, se quedaban mirándola, casi con expresión reverente. La policía local y el Servicio Secreto tenían que abrirle paso a través del gentío para que pudiese avanzar. Las mujeres irrumpían siempre a través de los cordones policiales para tratar de aferrar y abrazar a los niños, cuando entraban y salían. No sólo las aceras estaban repletas de gente, sino que además había vehículos frente a la casa, un parachoques pegado al otro. Gigantescos autobuses con centenares de turistas asomados a las ventanillas, pasaban por la calle. Se había convertido en una pesadilla.»

En enero, Jackie agradeció al pueblo norteamericano, por la televisión nacional, sus demostraciones de condolencia. La ex Primera Dama grabó la cinta de su primera declaración pública después del asesinato, en la oficina de Robert Kennedy en el Departamento de Justicia. «Toda la luz que me ilumina ha desaparecido del mundo", dijo ante las cámaras.

Se reunió con Billy Baldwin para hablar de la decoración de su nueva casa. Ya había comenzado a guardar sus libros en la librería de la sala y a montar su hermosa colección de grabados de todas las escuelas y períodos.

«Mira —dijo a Baldwin—, tengo algunas cosas hermosas que mostrarte. —Presentó, una tras otra, pequeñas piezas de esculturas griegas y fragmentos de manos, cada una de las cuales era un raro tesoro—. Éstos son los comienzos de una colección que inició Jack. —Comenzó a disponer los encantadores objetos en la habitación. Luego dijo—: Es tan triste tener que hacer esto. Como una joven pareja de recién casados que adornan su primera casa juntos. Nunca pude lograr que la Casa Blanca fuese algo personal... —Contuvo las lágrimas—. Oh, Sr. Baldwin, me temo que le voy a poner en un apuro. No puedo contenerme más.» Se derrumbó en una butaca, se cubrió el rostro con las manos y lloró. Aunque quiso consolarla, Baldwin no supo qué decir; permaneció sentado, sin hablar.

Por último ella levantó la vista y se enjugó los ojos con un pañuelo.

«Sé, por mi breve conocimiento de usted, que es un hombre de gran compasión —dijo ella—. ¿Le molesta si le digo algo? Sé que mi esposo estaba muy dedicado a mí. Sé que se enorgullecía de mí. Nos llevó mucho tiempo superar todos los problemas, pero lo hicimos, y estábamos a punto de tener una verdadera vida juntos. Yo iba a intervenir en la campaña con él. Sé que ocupaba un lugar muy especial para él... un lugar único...»

Jackie continuó hablando sobre Jack Kennedy, acerca de la vida de ambos, juntos, y de lo que podría haber sido y debió ser.

«¿Puede alguien entender qué es haber vivido en la Casa Blanca y luego, de pronto, vivir sola como la viuda del presidente? Hay algo demasiado definitivo en eso. Y los niños. El mundo derrama una terrible adoración por mis hijos, y yo temo por ellos, por esta espantosa exposición a los sentimientos de la gente. ¿Cómo puedo hacer para criarlos de forma normal? Si lo hubiéramos sabido, nunca habríamos puesto siquiera a John el nombre de su padre...»

A la larga hablaron de la decoración del nuevo hogar de Jackie. Ella quería que los dormitorios de los niños fuesen exactamente iguales a sus habitaciones en la Casa Blanca, y entregó a Billy fotos para ayudar a guiarlo en ese sentido. Hablaron también de su propio dormitorio, y Billy partió con una larga lista de anotaciones e ideas. También se fue absolutamente deprimido y conmovido por su encuentro con Jackie.

Otros se fueron también con el mismo sentimiento. Ella hablaba ahora cada vez más del hecho de que la «gracia especial» de su esposo hubiese sido reemplazada por la «tosca chabacanería» de los Johnson, y más de una vez se refirió a ellos como «Coronel Mazorca de Maíz y su Pequeña Chuleta de Cerdo». Era evidente que había llegado a pensar en Bobby Kennedy como el presunto heredero del puesto de su esposo, y que se consideraba la reina viuda, y a la guardia palaciega de académicos de Harvard y «mafiosi» irlandeses (ella los llamaba los «Murph-iosi») que rodeaban a John Kennedy, como una especie de gobierno en el exilio.

Pero sólo en sus mejores días se encontraba en condiciones de pensar en la política. Por lo general, se sentía demasiado acosada por su pérdida para pensar en nada o en nadie que no fuese Jack. John Davis señaló que «cuando se daba cuenta de su situación, le resultaba demasiado tremendo. Miche Bouvier la visitó en Washington, un mes después del funeral, y la encontró en un estado espantoso. No podía dejar de llorar. Más tarde dijo a mi madre que su propia vida se encontraba dominada por la muerte de Jack, y que todo lo que hacía y todos los lugares a los cuales iba se lo recordaban. No podía escapar de él. Hacía una caminata o un viaje en coche por Washington, veía algo que le recordaba a su esposo y en el acto se desmoronaba.

»Francamente, resulta difícil pensar que Jackie se "desmoronase". Parecía tan poco emocional y tan carente de sentimientos o sensibilidad, que no podías imaginar que derramara una sola lágrima. No se trata de que fuese una persona feliz. Nunca había sido feliz. Pero no pertenecía al tipo de las personas que se sientan y sufren. Empecé a pensar que tal vez había subestimado a mi prima.»

Robert MacNamara era uno de los que veían a Jackie con gran frecuencia durante este período. «Era tristísimo —dijo—. Había sido elevada al rango de heroína popular mítica, y, sin embargo, vivía prácticamente como una prisionera en su propia casa. No podía salir a caminar o a comer algo sin ser abrumada por la gente. En una ocasión la llevé a un restaurante de Georgetown, para almorzar. La gente de las mesas vecinas nos clavaba la mirada; los camareros y camareras nos clavaban la mirada. Me pasé el tiempo rezando para que nadie se acercara a ella con el fin de pedirle un autógrafo.»

En los peores momentos, Jackie se mostraba inconsolable. Permanecía horas enteras en la cama, tomaba sedantes y antidepresivos de día y somníferos por la noche, incapaz de estar con nadie, pero también incapaz de permanecer sola. Cuando se quedaba a solas con su congoja, se sentía obsesionada por la idea de que de alguna manera había decepcionado a su esposo, obsesionada por el asesinato mismo, y confesaba a su tía Michelle que había repensado mil veces el hecho, analizándolo desde todos los ángulos y perspectivas concebibles.

En otros momentos, Jackie no podía obligarse a admitir que su esposo estaba muerto. Hablaba de él en tiempo presente y futuro («Jack dice...», «Jack quiere...», «Jack será...»), como si sólo hubiese ido a la esquina en busca de un periódico.

Hundida en su autoconmiseración, Jackie estallaba a veces contra su propio personal, los acusaba de no trabajar lo suficiente, se negaba a pagarles las horas extras, los despedía por la menor infracción y luego, arrepentida, los llamaba de nuevo. Cuando la secretaria del presidente Kennedy, Evelyn Lincoln, se quejó del volumen de trabajo, Jackie le dijo: «Oh, Sra. Lincoln, pero esto no debería ser tan difícil para usted, porque todavía tiene a su esposo. ¿Qué tengo yo ahora? Nada más que la biblioteca.» En otra ocasión, preguntó a la Sra. Lincoln por qué necesitaba tanto espacio de oficina en el Edificio de Oficinas del Ejecutivo. La Sra. Lincoln explicó que necesitaba el espacio para todas las carpetas y documentos presidenciales. «¡Pero todas esas cosas me pertenecen a mí!», estalló Jackie.

«Se la veía mal —confirmó Lem Billings—. No podía impedirlo, a veces trataba a los antiguos amigos de Jack de la misma manera en que trataba a los criados, se citaba para almorzar y después no asistía, organizaba pequeñas reuniones a las que no iba. Pero en medio de todo esto era capaz de los actos más considerados. En cierto momento en que Bobby Kennedy, en lo más hondo de su depresión, expresó dudas acerca de quedarse en Washington y continuar en el servicio público, Jackie se sentó y le escribió una carta... una carta muy emotiva, en la cual le imploraba que no abandonara, que no se fuera. Le dijo que lo necesitaba y que los niños, y en especial John, lo necesitaban como padre sustituto, como alguien a quien pudiesen recurrir, ahora que su propio padre no estaba allí. Y otra cosa —y eso era lo más vital, a la larga— era lo mucho que el país todavía lo necesitaba. Era hora, escribía, de honrar la memoria de Jack... no de continuar llorándola. Los dos, incluida ella también, serían negligentes hacia sus responsabilidades para con esa memoria, si se derrumbaban. Jack habría querido que ambos siguieran adelante con aquello que él había representado, con aquello por lo que había muerto... ella por medio de los niños, Bobby en el servicio público.»

Hacia principios de 1964, Jackie comenzó a concurrir a pequeñas cenas en casa de amigos como Franklin D. Roosevelt, hijo, Bill Walton, Douglas Dillon, Robert McNamara, y Michael Forrestal, que había servido como asesor de Kennedy y era un estrecho colaborador de Averell Harriman. «No importa quién ofreciera la fiesta —dijo Roosevelt—, la lista de invitados era siempre la misma. Y al final de la noche yo la conducía a su casa. Y era en ese momento cuando yo comenzaba a preocuparme, porque siempre había extraños frente a la casa de Jackie. Se sentaban en los escalones de la nueva casa, comían golosinas y dejaban caer los envoltorios al suelo. Los más osados subían por los escalones y atisbaban por la ventana del comedor de Jackie, en la planta baja, y aunque ésta se encontraba cubierta por cortinas de red, por la noche podían ver el interior. "Ya no lo soporto más —solía decir Jackie—. Son como langostas, están en todas partes. Ni siquiera puedo cambiarme de ropa en privado porque pueden verme por la ventana de mi dormitorio."»

La prensa era igualmente implacable, apostaba fotógrafos y periodistas frente a su puerta, a lo largo de todo el día, por si ella o los niños iban a alguna parte. Encendían sus flashes ante la cara de Caroline, y ésta preguntaba a su madre por qué «esas personas tontas» le sacaban fotos.

Jacqueline Hirsh, profesora de francés de Caroline en la escuela de la Casa Blanca (así como del presidente Kennedy, y que seguía haciéndolo en el momento de la muerte de éste), recordó el efecto que el asesinato había producido en Caroline: «Solía verla en privado, todos los lunes, en la Calle

N. Durante un tiempo, las cosas fueron muy duras. La niña tenía un aspecto espantoso, tan pálida y desdichada... Yo solía llevarlos, a ella y a su primo, Sydney Lawford, a pasear un rato o a dar una vuelta en coche. Caroline entendía muy bien lo que había ocurrido. Si un periodista o fotógrafo se le acercaban al coche y decían "Hola, Caroline", ella se acurrucaba en el suelo del automóvil, para que no la vieran. "Por favor, dime cuándo nadie mire", solía decir. Se veía que eso estaba siempre en sus pensamientos. Pero nunca se quejaba. No se quejó ni una vez.»

William Joyce, abogado de Washington que más tarde se convirtió en asesor de las Líneas Aéreas Olímpicas de Aristóteles Onassis, y cuya hija había sido compañera de estudios de Caroline en la escuela de la Casa Blanca, se encontró con Jackie en la fiesta de cumpleaños de otro niño, cuando «la ex Primera Dama guardaba luto. Caroline estaba presente. Jackie llevaba sandalias lilas y lo que parecía un equipo para correr. Sentí pena por Caroline. Era una de las niñas más pálidas que he visto nunca. Parecía perdida, incluso antes que muriese su padre. Siempre daba la impresión de estar sola, y ahora más que nunca. Más tarde, cuando Jackie se casó con Aristóteles Onassis, tuve más contacto con ella, pero sólo en un sentido indirecto. De hecho, ésa fue la única vez en que la vi personalmente».

Hacia finales de enero de 1964, Jackie se unió a Lee Radziwill, a Marlon Brando y al administrador comercial de éste, George Englund, para un almuerzo de tres horas en el Jockey Club de Washington. «Las hermanas se sintieron encantadas con Brando —dijo Franklin D. Roosevelt, hijo—. Jackie lo encontró muy atractivo. Hablaron principalmente de la India. Jackie contó a Brando que Nehru le había enseñado a ponerse con la cabeza en el suelo y los pies en el aire, y meditar. La única molestia fue la inclinación de Jackie contra la prensa, por haberla seguido hasta el restaurante y tomarle fotos cuando salió con Lee.»

En un esfuerzo por «alejarse de todo eso», Jackie pasó un fin de semana, en febrero, en el hotel Carlyle de Nueva York, y, por primera vez en muchos meses, se sintió «como un ser humano... puedo caminar por la calle y no ser reconocida». Comenzó a sentir que tal vez había encontrado su meca, o que la había redescubierto, ya que Nueva York era su ciudad natal. Estuvo otro fin de semana, alargó su estancia, y desayunó con Irwin Shaw, almorzó con Truman Capote, cenó con Pamela Hayward (la esposa de Lelan Hayward era la ex esposa de Randolph Churchill y la futura de Averell Harriman). Terminó su estancia acompañando a Bobby Kennedy al Waldorf Towers para visitar a un enfermo ex presidente Herbert Hoover. Según la enfermera que cuidaba al Sr. Hoover, «Bobby dominaba a su cuñada y le decía "Jackie, siéntate aquí", "Jackie, haz esto", "Jackie, haz aquello"». A despecho de la tensión creada por Bobby durante la visita a

Hoover, Jackie se sintió infinitamente más cómoda y descansada en Nueva York que en Washington, ciudad que le recordaría para siempre a Jack y los días lastimeros que siguieron a la muerte de éste.

En Pascua, llevó a los chicos a esquiar a Stowe, Vermont, donde se encontró con Bobby, Ted y su familia. Después de dejar a Caroline y John con sus primos, Jackie partió en unas vacaciones por el Caribe, a casa de Bunny Mellon, con vistas a la bahía Media Luna, en Antigua. También participaron del viaje Bobby Kennedy, Lee Radziwill y Chuck Spalding. Cuando Bobby se sintió deprimido, Jackie le entregó un ejemplar de *The Greek Way*, de Edith Hamilton, que él se pasó el resto de las vacaciones leyendo. Bobby todavía estaba abrumado por su pena. Era «casi como si estuviese en el potro del tormento», dijo su amigo John Siegenthaler.

De regreso en Washington, Jackie fue a cenar a un restaurante francés, con los McNamara y los Ormsby-Gore. David y Sissie Ormsby-Gore (que llegarían a ser lord y lady Harlech) habían sido un gran consuelo para Jackie en los últimos meses, pero ahora se enteró de que se irían muy pronto de Washington, para regresar a Londres. Lo mismo ocurría con Hervé y Nicole Alphand, respecto a París. El grupo de Jackie se dispersaba poco a poco, y la Primera Dama continuaba preguntándose si ella misma no estaría mejor en otra ciudad, a saber, en Nueva York.

Bobby Kennedy también había decidido quedarse en Nueva York. Richard Goodwin observó que «la antipatía entre RFK y LBJ era mutua. Bobby consideraba que Johnson había tratado de meterse por la fuerza en la Oficina Ovalada después de la muerte de Jack, sin esperar un lapso prudente. Johnson quería pronunciar el mensaje del Estado de la Unión el martes, que era el día posterior al funeral. Se enfrentaron en varias conversaciones ásperas, duras. Más tarde, Bobby sintió que Johnson se arrogaba los méritos de diversos hechos que había realizado Jack, sin mencionar que el presidente Kennedy era el responsable de ellos. Bobby se enfurecía con cualquiera que alguna vez hubiese estado próximo a Jack y ahora mostrase cualquier tipo de fidelidad a Johnson, incluidos Sargent Shriver, Robert McNamara y McGeorge Bundy.

»Me quedé durante todo 1965, escribiendo, casi siempre, discursos sobre Derechos Civiles. Resultó evidente que la división entre las dos facciones —Johnson versus Kennedy— jamás se cerraría. Bobby me preguntó si me parecía que Johnson podría apoyarlo para el período vicepresidencial de 1964. Esto fue antes que Johnson anunciase su intención de pasar por encima de miembros de su gabinete para ese cargo. Le respondí: "Si Johnson tuviera que elegir entre tú y Ho Chi Minh como compañero de fórmula, elegiría a Ho Chi Minh."»

Joan Braden, amiga de Jackie, conoció otra faceta de las depresiones de

Bobby en esos momentos. En su preparación de una proposición para una autobiografía, en 1987 (nunca publicada), Braden describe a Bobby desnudando ante ella sus sentimientos respecto de la muerte de su hermano.

«El corazón se me destrozó con los complicados tirones de las emociones —dice el proyecto de autobiografía—. Jamás se había mostrado tan vulnerable. Cuando me pedía que fuese arriba, iba. En la cama, nos besábamos. Luego se levantaba para quitarse la corbata. Pero yo no podía seguir adelante con eso. Se mostraba herido, silencioso y furioso. Yo observaba su espalda recta, bajo los focos de la calle, cuando se encaminaba hacia su coche. ¿Por qué no lo había hecho yo?... Tom [Braden] lo habría entendido, pero no Ethel.»

El 29 de mayo de 1964, día de la conmemoración del cuadragésimo séptimo cumpleaños de JFK, Jackie llevó a los niños al cementerio nacional de Arlington y depositó flores en la tumba de su marido, concurrió a una misa funeral en St. Matthew, y fue a Hyannis Port, donde habló, vía satélite, a televidentes de toda Europa y Estados Unidos, aprovechando la ocasión para transmitir un mensaje en el cual abogaba por la paz mundial. Cuando todo terminó, se derrumbó de tristeza, consciente de que no podría permanecer en Washington si quería recuperar su salud por completo.

Lee Radziwill coincidió en que Nueva York sería un lugar mejor para vivir. Jackie puso en venta no sólo su casa nueva de la Calle N, sino también la de Wesford, en Virginia.

Por consejo de André Meyer, financiero nacido en Francia y director de Lazard Frères, ella invirtió 200.000 dólares en un elegante piso de quince habitaciones (cinco dormitorios/cinco baños) en el 1.040 de la Quinta Avenida, esquina con la Calle 85; catorce de su veintitrés ventanas daban al Central Park, al museo Metropolitano de Arte y a la cisterna del Central Park, en derredor de la cual se la vio muy pronto caminando deprisa, a modo de ejercicio, seguida a una distancia discreta por su hombre del Servicio Secreto. Sus gastos de mantenimiento del apartamento eran de unos 14.000 dólares al año, cifra que desde entonces se ha multiplicado. Además, gastó unos 125.000 dólares para redecorar el apartamento. Para reemplazar por un tiempo a Wexford, alquiló una residencia veraniega de diez habitaciones en Glen Clove, Long Island, a cinco minutos de una casa alquilada para el verano por Robert Kennedy.

Aunque el *Washington Post* lamentase que Georgetown perdiese una residente de tan larga data y agregara que ella, Jackie, «apareció entre nosotros como una reina de hadas locamente inesperada... y con ella se va el corazón de todos quienes vivieron en este lugar cuando ella residía aquí», su anunciada partida no fue bien recibida por la mayoría de los washingtonianos, quienes la acusaron de desertar del mundo de John F. Kennedy.

Era una reacción quijotesca, porque si bien la reclamaban como propiedad nacional, al mismo tiempo la gente la criticaba mucho, siendo la suposición general, no enunciada, que «el luto no le sienta bien a Jacqueline Kennedy».

El traslado de Jackie le ofrecía muchas ventajas personales. Sus amigos, los McGeorge Bundy, vivían en la misma dirección. Su hermana vivía calle abajo, en el 969 de la Quinta Avenida. Su hermanastro Yusha Auchincloss estaba a pocas calles de distancia, en el 1.105 de Park Avenue. También se hallaban en el vecindario, en el 990 de la Quinta Avenida, Peter y Pat Lawford, en tanto que Stephen y Jean Smith residían en el 950 de la Quinta Avenida. Cuando Bobby Kennedy fue a vivir a Nueva York, lo hizo en el 40 del United Nations Plaza.

Mientras los pintores, yeseros y lampistas trabajaban en el domicilio de Jackie, ésta se trasladó a los aposentos del piso dieciocho del hotel Carlyle, y se pasó los días organizando asuntos relacionados con la biblioteca en memoria de John F. Kennedy, reuniendo recuerdos presidenciales, entre ellos el escritorio y la mecedora de Kennedy, para ser enviados en una exposición a lo largo de todo el país. Voló a Boston para inspeccionar un solar para la biblioteca, de dos acres de extensión, adyacente a Harvard. (La universidad, presionada por los dirigentes de la comunidad opuestos a la construcción de otra estructura elevada en un sector tan congestionado, se retractó después de su ofrecimiento y obligó a los síndicos de la biblioteca a construir en la apartada Columbia Point.) Mientras se hallaba en Boston, vio a Samuel H. Beer, profesor de la cátedra Eaton de Ciencias Políticas en Harvard, y miembro de la comisión ejecutiva de la Biblioteca JFK, que la recordaba de un encuentro anterior como «todavía en estado de shock, muy cargada de sedantes, de aspecto casi fantasmal. Pero ahora se la veía como la Sra. Kennedy de antes... vibrante y encantadora».

Para reunir fondos para la biblioteca, organizó un gigantesco asalto a ricos y pobres, en el país y en el extranjero. Montó una campaña telefónica de una sola mujer, que rivalizaba con sus esfuerzos en relación con el proyecto de renovación de la Casa Blanca. Sin su petición directa, el Gobierno francés nunca habría hecho una contribución de 100.000 dólares. Un fiel amigo de Jackie, Gianni Agnelli, también donó 100.000 dólares, y André Meyer aportó 250.000. Aunque habría contribuido, Jackie, cosa curiosa, se abstuvo de pedirle una donación a Aristóteles Onassis.

Asistió a un almuerzo en la Pan American Union, donde se anunció que Puerto Rico había resuelto unirse a Venezuela, para ofrecer, cada una, 100.000 dólares para el fondo de la biblioteca, y fue invitada de honor en una cena organizada por Stephen Smith y los síndicos de la biblioteca en el hotel St. Regis, de Nueva York. Con su vestido negro, sin mangas, y guantes blancos que le llegaban hasta los codos, Jackie parecía ansiosa y muy juvenil, pero muy hermosa. Entre los 300 invitados, se encontraban el presidente Lyndon Johnson y su esposa. Se leyó en voz alta una selección de las poesías favoritas de JFK, después del almuerzo, lectura que llevó a cabo el actor Fredric March. En los márgenes de la selección, Jackie había garabateado notas que explicaban por qué le gustaba a JFK cada poema en particular. Sus comentarios también fueron leídos en voz alta.

Jackie viajaba mucho, entrevistaba a conocidos arquitectos para la biblioteca. Entre ellos se contaban Louis Kahn, Mies Van der Rohe, Philip Johnson y I. M. Pei, quien a la larga logró el encargo. Philip Johnson recordaba haberse encontrado con Jackie en el jardín de esculturas del Museo de Arte Moderno, para hablar del proyecto. «Acababa de terminar de hacer algunos cambios en el jardín, y por eso le pedí que se encontrase conmigo allí —dijo él—. Parecía no tener ni idea de mi participación en el jardín, y yo no dije nada al respecto. Ciertamente, no resultaba claro el motivo de nuestra reunión. Ella no habló concretamente de la Biblioteca JFK, sino más bien de la planificación de la ciudad en general y ese tipo de cosas.

»Cuando nos encontramos en el MOMA, tuve la sensación de que ella había elaborado una larga lista de arquitectos a quienes quería ver, pero que ya se encontraba decidida respecto de Pei para la biblioteca. Tenía esa lista, que imagino que alguien le había dado, y deseaba pasar por las formalidades. Entendí que existían muchos problemas que afectaban al proyecto: un presupuesto estricto, la familia Kennedy, un solar no seguro. Pero el mayor problema era tener que tratar con todo el clan Kennedy. Cuando existe un grupo al cual es preciso enfrentarse, uno tiene problemas.

»Siempre pensé que Jackie era una especie de planificadora mundial. Es una aficionada, pero en el mejor sentido de la palabra: le interesan el arte y los artistas, los escritores, los arquitectos, y demás. Aunque nunca he sido muy kennediano en mi enfoque, me habría encantado hacer la biblioteca. Mi impresión acerca del producto Pei no es muy positiva, aunque sólo lo he visto en fotos.»

El 19 de junio, un pequeño avión que transportaba a Teddy Kennedy y cuatro pasajeros más a una Convención Demócrata de Massachusetss, en Springfield, se estrelló en las afueras de Northampton, de resultas de lo cual murieron dos y resultaron lesionados los otros. Teddy sufrió fractura de vértebras y una perforación de pulmón, pero cuando Jackie llegó, dos días más tarde, al Hospital Cooley-Dickinson de Northampton, lo encontró sentado en la cama y canturreando con energía una balada irlandesa.

Jackie realizó un crucero de dos semanas por el Adriático, con Charles y Jayne Wrightsman, visitó Yugoslavia, y pasó varios días con Lee y Stas

Radziwill en Italia, antes de volver a Estados Unidos para la Convención Nacional Demócrata en Atlantic City. «Ahora sólo quedamos cinco o seis de nosotros», dijo Bobby Kennedy a la convención, en su introducción a un corto de 20 minutos sobre su hermano asesinado. Luego citó cinco versos de *Romeo y Julieta* de Shakespeare, que Jackie había sugerido. La película —y la conmovedora introducción de Bobby— estableció el tono elegíaco que volvería a llevar con gran impulso a los demócratas, una vez más, al cargo. Sin embargo, como Lyndon Johnson había visto demasiado sujetacorbatas *PT-109* en el orgulloso tórax de los miembros de su Servicio Secreto, se inquietó ante la presencia de Jackie en la convención. Sólo Jacqueline Kennedy podía hacer que los planes de victoria, cuidadosamente elaborados por LBJ, se desmoronaran.

«En esos momento yo dirigía la campaña de Johnson —dijo Jerry Bruno—. Marvin Watson era el coordinador de la convención en nombre del presidente. Estaba al mando de ella. Su mayor preocupación era Jackie Kennedy. Temía que invadiese la convención, se apoderase de ella y se la entregara a Bobby. Watson me pidió dos o tres veces que mantuviera vigilada a Jackie, que le hiciera saber con exactitud todo lo que hacía. "No la pierdas de vista", me advirtió. En la convención de 1964 supuso la mayor preocupación en la gente de Johnson. En rigor, reordenaron la agenda teniéndola en cuenta a ella. No querían toparse con Jackie en ningún lugar próximo al centro de la convención, hasta después de la votación. Averell Harriman encolerizó a Johnson al organizar una recepción para Jackie, de modo que ésta pudiese conocer a todos los delegados y sustitutos. La aglomeración fue increíble. Quiero decir que las puertas de vidrio fueron derribadas a puntapiés. La gente pugnaba por entrar. Ella estuvo allí durante tres horas, sonriendo y estrechando una mano tras otra. Es justo decir que ella fue la convención demócrata.»

Terminada la convención, Jackie se prestó, aquí y allá, a la puja senatorial de Bobby contra el republicano Kenneth Keating de Nueva York. Incluso permitió que Bobby fuese fotografiado con el hijo del extinto presidente en varias ocasiones, y fue muy criticada por ello. Concurrió a una fiesta plagada de celebridades (entre los invitados se encontraban Paddy Chayefsky, Leonard Bernstein, Gloria Vanderbilt, Lillian Hellman, Lauren Bacall, John Kenneth Galbraith y Arthur Schlesinger), cuyo anfitrión fue el abogado William vanden Heuvel, en su domicilio del edificio Dakota[*].

---

[*] Jackie también apoyó a Pierre Salinger, que presentó su candidatura a senador en California... y perdió. El lema de Salinger era: «Dejen que el hombre que habló en nombre de dos presidentes hable por ustedes.»

Después de cumplir con sus responsabilidades de familia, Jackie informó a Bobby que no tenía intención alguna de votar por él en la elección siguiente. «No voy a votar por nadie porque este voto habría sido para él.»

De regreso en el Carlyle, llamó a Billy Baldwin y le pidió que hiciese en su domicilio de la Quinta Avenida lo que no había terminado de hacer en su casa de la Calle N. Para que Billy pudiese ir y venir a voluntad, puso a uno de sus cuatro agentes del Servicio Secreto a su disposición. El minúsculo y delgado decorador y el corpulento y alto agente fueron muy pronto vistos juntos por toda la ciudad; el agente llevaba el rollo de muestras y planos de Billy.

En septiembre, Caroline fue inscrita en el segundo grado del Convento del Sagrado Corazón, una prestigiosa escuela católica de la Calle 91 E; dos de sus primos, Sydney y Victoria Lawford, también concurrían a ella. En el otoño siguiente, la Escuela St. David recibió a un nuevo alumno en la persona de John F. Kennedy, hijo. Jackie llevaba a los niños a la Feria Mundial de Nueva York, al circo y a remar al Central Park. Vigilaba las lecciones de equitación de su hijo. Las acaudaladas matronas aguzaron el oído para pescar el aspecto central de sus instrucciones de último momento al niño: «Mantén la cabeza alta», susurró ella. En un nivel más elevado, Caroline montó a Macaroni en un concurso en West Barnstable, y llegó sexta entre doce jóvenes competidores. Carecía del aplomo y confianza de su madre sobre un caballo, pero resultó ser mucho mejor perdedora.

Al tomar nota de todo el brillo y esplendor, un quejumbroso escritor de la columna «La Voz del Pueblo» del *Daily News,* quiso saber «¿En qué parte de Harlem vivirá la Sra. Kennedy, como símbolo del proyecto de ley de los Derechos Civiles de su esposo?»

Dorothy Schiff, propietaria del *New York Post,* pasó dos tardes en el Carlyle, con Jackie, la primera a comienzos de octubre. Hablaron largamente de la campaña de Robert Kennedy para su candidatura de senador por Nueva York. Jackie dijo: «Tiene que ganar. Ganará. Debe ganar. O bien sólo se trata de que lo deseo tanto que pienso que así será.»

También hablaron de hombres. Jackie pensaba que los hombres de más de sesenta años eran muchas veces más atractivos que los más jóvenes. Por ejemplo, el general Maxwell Taylor era maravilloso y delgado, en tanto que los compañeros de clase de Jack se habían descuidado y tenían un aspecto espantoso.

Schiff llegó por último a la verdadera razón de su visita: quería que Jackie escribiese una columna para el *Post.*

—Podría escribir sobre los lugares a los cuales va y cualquier otra cosa que le agradara.

—Oh, no sé escribir —rió Jackie—. He tenido bastantes peticiones de revistas... todas quieren que escriba sobre la vida llena de gracia o la moda. Pero a mí no me interesan las mismas cosas que le interesaban a Jack.

Un mes más tarde, el fin de semana anterior al primer aniversario de la muerte de JFK, Dorothy volvió a la suite de Jackie en el Carlyle, esta vez para almorzar. Jackie no tenía buen aspecto. Había perdido peso. Su cutis, expuesto durante la semana anterior al sol de Palm Beach, parecía atezado pero correoso. Bajo sus ojos castaños se veían círculos blancos. Tenía la mirada apagada. Su cabello parecía polvoriento, sin brillo. Dijo que se sentía desorganizada.

«Resultaba difícil hablar con ella —escribió Schiff en sus diarios—. Dejaba que los silencios se prolongaran. Estaba extraña, diferente, muy por debajo de la reina que era.»

La llegada del primer aniversario de la muerte de JFK volvió a encender las más oscuras emociones de Jackie. Su sentido de pérdida quedó bien expresado en el pasaje que escribió para el número de *Look* en memoria de JFK: «Ahora creo que habría debido saber que él era una magia, desde el comienzo... pero habría debido adivinar que eso no podría durar. Tendría que haber sabido que era soñar demasiado el suponer que hubiese podido envejecer con él y ver que nuestros hijos crecían juntos. De modo que ahora es una leyenda cuando él habría preferido ser un hombre.»

Orville Freeman, secretario de Agricultura bajo JFK, recordó que un año después del asesinato, su esposa Jane envió a Jackie «una nota y algunas flores, y que ella nos llamó y dijo que éramos los únicos que habíamos recordado esa fecha, o el hecho mismo, y los únicos que dijimos o hicimos algo al respecto. Dijo que acababa de ir al Central Park, donde se había sentado y había llorado largo rato.»

Rosemary Sorrentino, que todavía trabajaba para el peluquero estilista Kenneth, recordó el primer aniversario «porque Jackie fue a que la peinasen más o menos para entonces. Hacía bastante tiempo que no la veía, pero tenía conciencia de la fecha y no cité a nadie más para esa tarde. Provi, su doncella, me había hablado sobre las noches en que Jackie se quedaba en su habitación, llorando sin parar. De modo que me encontraba en cierta manera preparada.

»Entró en mi habitación, en Kenneth, y no habló mucho. Comencé a arreglar su cabello. Tenía algunas canas, y dijo que había tratado de hacerlas colorar en Italia. Yo estaba a punto de teñirlas cuando se deshizo en llanto; por supuesto, traté de consolarla. Dije que algún día se daría cuenta de que todo ocurre por algún motivo. No sabía qué decir. No quería hurgar ni recordar el pasado. Deseaba protegerla tanto como me fuese posible. De modo que me atuve a ese único tema y lo repetí una y otra vez. Por último dejó de llorar, y le pregunté si quería que continuase con su cabello... y ella respondió afirmativamente.»

La renovada congoja de Jackie se manifestó de diversas maneras, siendo la cólera la más predominante. Aunque siempre era susceptible a accesos de furia, los últimos berrinches de Jackie se producían con mayor frecuencia y por lo general eran más intensos.

A principios de 1964 había pedido al autor William Manchester, un gran admirador del presidente Kennedy, que escribiese el relato definitivo del asesinato. A cambio de la colaboración de ella, Manchester convino en otorgar a Jacqueline y Bobby Kennedy el control editorial del manuscrito terminado, y en donar una gran proporción de los derechos de autor a la Biblioteca JFK.

Uno de los factores que motivaron la decisión de Jackie de ponerse en comunicación con Manchester, fue la revelación de que el escritor Jim Bishop también escribía un libro acerca del asesinato. Bishop había escrito un libro anterior, *A Day in the Life of President Kennedy* (Un día en la vida del presidente Kennedy), que acababa de ser publicado por Random House; el mismo editor planeaba lanzar este libro sobre el asesinato. Enfurecida, Jacqueline escribió a Bennett Cerf, director de Random House y conocido de ella, oponiéndose a la obra que se proponía realizar Bishop, y pidiendo a Cerf que disuadiese al autor. «Creo que la gente sabe que el libro de Manchester será el relato históricamente exacto de esos días —escribió—, y tengo la intención de que sigan viéndolo así.»

Unas semanas más tarde, telefoneó a Cerf y volvió a exponer su caso. Definió a Bishop como «un negro, un escritor de clisés de tercera», y se quejó de que cuando él iba a la Casa Blanca para hacer su volumen de *Day in the Life,* había aprovechado la invitación del presidente para «vagar a sus anchas por la Casa Blanca». Jackie entró un día y descubrió al escritor contando los vestidos de su armario privado. En otra ocasión, cuando la pequeña Caroline se encontraba en la bañera, donde la bañaba su nodriza, Jackie encontró a Bishop sentado en el cuarto de baño. Dijo a Cerf que su esposo no había terminado de leer las galeradas de *A Day in the Life.* Las llevaba consigo en el malhadado viaje a Texas, con la intención de leerlas en el trayecto. Por otro lado, ella había leído el libro y no le agradaba. Lamentaba que hubiesen permitido a Bishop entrar en la Casa Blanca: había demostrado ser «un condenado engorro». Lo consideraba arrogante, y no le agradaba. Y ahora pensaba escribir un libro sobre el asesinato de su esposo.

—Por favor, di que no publicarás el libro —dijo Jackie, y se echó a llorar.

—No puedo impedirle que escriba ese libro —respondió Cerf—. Tenemos un contrato con él. Puedo negarme a publicarlo, por supuesto, pero ya sabes que el día en que me niegue a editarlo cincuenta editores se precipitarán sobre él. No cabe duda de que es un *best-seller.*

—Bennet, te pido como un favor personal que no publiques este libro.

—La persona con quien debes hablar del asunto es Jim Bishop —dijo Cerf—. Estoy seguro de que si se lo pides personalmente, no lo escribirá.

Cerf dio a Jackie el número de teléfono privado de Jim Bishop, en Florida, y ella lo llamó. Bishop no sintió compasión por ella. No entendía por qué no podía haber dos libros acerca del asesinato.

—Porque no —contestó Jackie.

—Bueno, que el otro tipo deje de hacerlo. Yo escribiré mi relato, y eso es todo.

—Nadie hablará contigo, nadie te concederá una entrevista —le espetó Jackie y colgó.

The Day Kennedy Was Shot, de Jim Bishop, se publicó en 1968, un año después de *The Death of a President,* de William Manchester; aunque el libro de Bishop vendió menos ejemplares que el de Manchester, figuró durante más tiempo en las listas de *best-sellers,* y fue objeto de excelentes críticas, lo mismo que el volumen de Manchester. Pero lo publicó Funk & Wagnalls, y no Random House. Mucho antes de su publicación, Jackie se había olvidado de Jim Bishop y había volcado su furia sobre William Manchester, a quien estuvo a punto de destruir.

Después de la presentación de Jackie, de crespón negro y armiño blanco, en un concierto de Navidad en las Naciones Unidas, ella, Caroline y John se unieron a los Braden y a varios otros Kennedy en unas vacaciones para esquiar en Aspen, Colorado. Una noche Jackie dijo a Joan Braden cuánto echaba de menos a Jack. «Nunca habrá otro Jack —declaró—. Ahora entiendo por qué vivió con tanta intensidad y siempre al borde del abismo. Y me alegro de que lo haya hecho.»

Se habían trasladado a su residencia de la Quinta Avenida, y a principios de 1965 Jackie ya recibía visitas. Lyndon Johnson, Hubert Humphrey, Adlai Stevenson, Haile Selassie, y el rey Hassán II, llegaban todos hasta su puerta. Randolph Churchill, hijo de Winston, envió un regalo de inauguración de la casa a nombre de John, hijo: un baúl de hojalata, pintado, que contenía un juego especialmente encuadernado de las obras completas de su padre, los 49 volúmenes. Los libros se quedaron en el comedor y durante la cena los niños inventaban un juego de adivinanzas: «¿En cuál de los libros de Winston Churchill estamos pensando?» Bunny

Mellon le regaló a Jackie una cama Luis XV de 17.000 dólares, y luego lloró cuando le dijeron que a ella no le agradaba. También la visitó Rudolph Nureyev; un agente del Servicio Secreto apostado fuera del apartamento oyó ruidos extraños que salían de dentro: muebles que se movían, golpes y ruidos sordos, risitas y aplausos; según parece, el astro del ballet había ejecutado un número solista para Jackie en su sala. Una noche, ella acompañó al director Harold Clurman a una producción del *Tartufo* en el teatro Washington Square de Greenwich Village. Norman Podhoretz ofreció una fiesta y la invitó a conocer a los deslumbrantes literatos; ella aceptó concurrir con la condición de que Norman Mailer no fuese. «No me habían invitado —dijo Mailer—, y por lo tanto no hubo necesidad de desinvitarme. Pero eso no resultó de mucha ayuda para mi agonizante amistad con Podhoretz.» Jackie todavía experimentaba resentimiento contra Mailer, por su ataque crítico contra el recorrido televisivo a la Casa Blanca, organizado por ella. Midge Decter, la esposa de Norman Podhoretz, más tarde dijo que Jackie era «la niña de dieciséis años más vieja del mundo».

De visón y diamantes, Jackie concurrió a una representación de gala de *Tosca* en el Metropolitan. Por petición de ella el director del Metropolitan, Rudolph Bing, la llevó entre bambalinas y le presentó a la protagonista. Hacía casi siete años que María Callas no actuaba en el Metropolitan. «Estuvo magnífica», dijo Jackie. «Usted también está magnífica», respondió la *prima donna.* Intercambiaron sonrisas y se estrecharon las manos. Muy pronto se lanzarían una contra la otra.

Jackie fue a esquiar a Whiteface, en la parte alta del Estado de Nueva York, después se alojó durante varios días en casa de los Radziwill en Acapulco (volvió a sentirse deprimida, porque eso le recordaba su luna de miel con Jack), y luego volvió a Nueva York para presenciar el espectáculo unipersonal de Maurice Chevalier en Broadway. El escritor Philip Roth la acompañó a pequeñas cenas en Manhattan. Bill Walton, que a la larga se mudó a Manhattan, la llevaba a museos y galerías de arte. Charles Addams, caricaturista del *New Yorker,* la acompañaba al cine y a los mejores restaurantes de Nueva York.

Kay Lepercq, amiga íntima de Addams, recordó conversaciones que sostuvo con éste respecto a Jackie: «Desde que Jackie coqueteó con mi ex esposo en esa cena de Washington, yo sentí curiosidad acerca de ella. "¿Cómo es Jackie?", pregunté. "Ojalá lo supiera", respondió él [Addams]. Admitió que ella lo desconcertaba tanto, que había enviado una de sus cartas a un analista caligráfico, sin identificar a Jackie como la autora. Recibió un informe muy negativo respecto de la escritura de la carta. Era la letra de un egomaníaco.

»Cuando salían, ella se quejaba constantemente de que no podía ir a ninguna parte sin que la gente la mirase. Estaban en el vestíbulo de un cine y la gente comenzaba a empujarse para poder verla más de cerca. Le comentó a Charlie que deseaba enormemente pasar una noche tranquila en el cine. Por lo tanto yo le dije a él: "Bueno, tal vez ella podría soltarse el cabello —solía llevarlo peinado en un estilo alto, esponjoso— y dejar de usar gafas de sol en lugares cerrados. Entonces es posible que no la identifiquen en el acto."

»A veces Jackie daba pena. Yo conocía a una mujer que vivía en el mismo edificio y cuya doncella era amiga de la cocinera de Jackie. Una vez fui a esa casa y conocí a la cocinera, y ella me contó cuán horrible, mezquina y malévola podía ser Jackie. Yo pregunté: "¿Cómo lo sabes?" y ella respondió: "Oh, a través del ojo de la cerradura, por el teléfono y por el cesto de los desperdicios." Debo creer que la mitad de sus empleados hablaba de ella a la prensa y la otra mitad escribía libros sobre ella.»

Doris Duke, la heredera de la fortuna del tabaco, a quien Jackie visitó en sus quintas de Newport y Somerville, Nueva Jersey, prescribió un código más estricto en el trato con los criados, del que seguía Jackie. Phil Strider, el mayordomo de la Srta. Duke, escuchó las órdenes de Doris. «Cuando contrato a alguien —decía ésta—, le doy una hoja impresa de reglamentos y tengo una copia clavada en el tablero de boletines. La primera regla dice que el empleado será despedido si habla acerca de su empleo o de su jefe... con cualquiera, en cualquier momento. Es preciso ser firme con ellos, o le pasan a una por encima.»

Las lecturas victorianas de Doris Duke no coincidían del todo con la sensibilidad *nouveau* de Jackie, pero la ex Primera Dama aceptó, en su momento, integrar la Fundación de Restauración de Newport, de Doris Duke, proyecto destinado a restablecer y rehabilitar muchas de las estructuras y edificios coloniales de la zona. «Con el dinero de Doris Duke y el buen gusto de Jackie, ¿cómo podría fracasar el proyecto?», preguntó el *New York Post*. «Jackie prestó su nombre a la fundación, pero no hizo nada por ella —dijo Dick Banks—. Doris nunca dijo nada respecto a eso porque eran amigas, pero se sintió acongojada. En cuanto a la publicidad, a Jackie le encantaba, nunca le resultaba suficiente. Es el viejo refrán: que hablen, aunque sea mal.»

La desaparecida Flora Whitney Miller, ex presidenta del Museo Whitney, convino en que los pensamientos de Jackie no estaban concentrados, a esa altura, en las causas filantrópicas: «Había sido miembro de nuestro Consejo desde 1962, pero no hacía gran cosa. Supongo que estaba demasiado ocupada con sus proyectos personales: la Biblioteca JFK y demás. Incluso le dimos un título: presidenta de la comisión nacional del museo, y asistió al corte de la cinta para la inauguración de la nueva sede de la Avenida Madison. Llevó consigo a André Meyer y posó para los fotógrafos. Todo era una pura exhibición. Nunca percibí que le interesara mucho lo que tratábamos de hacer. En 1968 aceptamos, muy dichosas, su petición de que no se la volviese a nombrar para el Consejo. Reconozco que tenía otras inquietudes y prioridades, pero siempre pensé que no era más que una buscadora de publicidad, que había sido elevada a una posición imposible, en virtud de su condición de viuda del presidente asesinado. Si no se hubiese casado con John Kennedy, habría terminado como su hermana: como una aburrida, egoísta, mimada integrante de la *jet-set*, sin intereses concretos fuera de su pequeño paquete de preocupaciones, casi todas de naturaleza personal.»

En abril, cuando los Johnson le dedicaron el Jardín del Este, Jackie envió a su madre a las festividades de la Casa Blanca, en su lugar, con lo cual ofendió a los Johnson. En lugar de volver a visitar la Casa Blanca, ese mismo año, más tarde, prefirió concurrir a una función benéfica para la Orquesta Sinfónica de Boston, y pagar una entrada de 150 dólares, así como a otro acto benéfico, en Nueva York, para Asia House. Trató de apaciguar al presidente enviándole tres dibujos en cera de John-John, acompañados por una carta: «Debes de haber abandonado esa parte del arte cuando Luci acabó el 3.ᵉʳ grado.»

«No importa qué hiciese Jackie, se la censuraba por ello —se lamentó Franklin Roosevelt, hijo—. Se sentía tímida y asustada. Seguía una terapia en Nueva York, pero el tipo de problemas que ella padecía no desaparecían en un día.»

La conducta de Jackie era dispersa. En ocasiones parecía apartarse de todo. Liza Minnelli, un día que se peinaba en Kenneth, vio a Jackie cuando la ex Primera Dama estaba a punto de irse. Se acercó a ella y le dijo: «Hola, Sra. Kennedy. Soy Liza Minnelli. ¿Me recuerda?» Jackie casi no le prestó atención. Le dedicó una sonrisa fría y volvió la cabeza. El desaire, aunque tal vez no intencionado, se había convertido en un gesto habitual por parte de Jackie. Sus más antiguos amigos temían a menudo acercarse a ella, por miedo a ser desairados de la misma manera, o incluso recibir reproches.

Uno de los motivos de su creciente reserva era el avance, cada vez mayor, de la atención que le dedicaban los medios de comunicación. Los periodistas y fotógrafos pululaban por todas partes, y cuanto más se ocultaba detrás de complicadas pantallas de intimidad, mayor parecía su atractivo, su misterio, y más acalorados y refinados se volvían los intentos de invadir su vida privada. De todos modos, buscaba refugio detrás de una serie de máscaras, siendo su favorita las grandes gafas ovaladas de sol, y la sonrisa forzada, que si bien no constituían un disfraz, deben de haberle proporcionado un sentimiento de seguridad. La gran sonrisa llevó a uno de sus conocidos a llamarla «La Mona Lisa de Manhattan».

Según la mayoría de las versiones, se volvió cada vez más paranoide. Comenzó a parecerle que los mismos «ellos» que habían asesinado a su esposo ahora se dedicaban a comercializarla y degradarla. Todos los periodistas, bedeles, vecinos, camareros, taxistas, cualquiera que le atendiera en una tienda o le sonriera en la calle era un enemigo en potencia. Parecía abrigar sospechas respecto a todos. Se negaba a introducirse en un taxi hasta que su agente del Servicio Secreto lo hubiera inspeccionado de cabo a rabo. Sus amigos tenían la orden de no hablar con periodistas, bajo la amenaza de ser excluidos de su círculo. Pam Turnure y Nancy Tuckerman, que ahora trabajaban para Jackie en los atestados aposentos del 400 de Park Avenue, recibieron la instrucción de no revelar siquiera qué libros leían. Una joven que impartía lecciones de piano a Caroline Kennedy, y que reveló este hecho a un periodista, fue despedida de forma sumaria. El consejo de Doris Duke comenzó por último a ser entendido en toda su sensatez por Jackie. Cuando una cocinera (la que la espiaba), hizo saber que Jackie había pasado de una talla doce de vestidos a una talla ocho, y de vuelta a la diez, fue despedida. Una segunda cocinera, Annemarie Huste, fue expulsada porque anunció su intención de publicar un libro de cocina. Un servicio de limousines privadas que Jackie usaba de vez en cuando recibió la orden de que ningún chófer podía ser enviado a Jackie más de dos veces, de modo que ninguno de ellos tuviese un conocimiento íntimo de los lugares a los cuales viajaba con más frecuencia.

Su aparente paranoia no recibió ayuda alguna de una serie de incidentes enfermizos en los cuales debieron participar Caroline y John-John. Cuando Caroline regresaba a casa, un día, una mujer de edad mediana se le acercó en la calle y le dijo que tenía pruebas de que su padre, el desaparecido presidente, todavía estaba con vida; la mujer, a continuación, se puso a gritar epítetos a la niña aterrorizada. El escolta del Servicio Secreto de Caroline introdujo a la niña en el vestíbulo del edificio, y la policía condujo a la frenética mujer al hospital Bellevue, para su observación psiquiátrica. Según parece, la mujer era muy conocida en el Bellevue, y se jactaba de una larga serie de perturbaciones mentales.

La propia Jackie fue quien tuvo que hacer frente al grupo de jovencitos que los siguieron, a ella y a John, después de la escuela, una tarde, gritando: «¡Tu padre está muerto! ¡Tu padre está muerto!» «Me estrujó la mano, como para tranquilizarme», contó Jackie a sus amigos. El maestro del joven en St. David le dijo que John se granjeaba enemigos con tanta facilidad como amigos, y que apenas el día anterior había propinado un puñetazo en la nariz a un compañero de clase.

«A Jackie no le molestó el incidente del puñetazo en la nariz —dijo Peter Lawford—. Antes bien, se sintió orgullosa. Le preocupaba que, sin un padre, el niño pudiese convertirse, al crecer, en un peluquero de señoras.»

El fotógrafo Stanley Tretick entregó a Jackie un álbum de fotos de John con el presidente que había tomado para *Look*. «Ella no había querido que sacase las fotos —dijo Tretick—. Pero ahora las apreció en alto grado, y me contó cómo los chicos corrían hacia el presidente cuando éste descendía del helicóptero, cómo él los abrazaba, cosas por el estilo. En apariencia, los recuerdos resultaban un poco duros, y necesitaba modificarlos de vez en cuando. Para ella era una terapia, como hablar con un psiquiatra.»

La princesa Lee Radziwill organizó una fiesta que denominó «un pequeñísimo baile, de poca importancia, para menos de 100 personas... un detalle que ofrecemos para animar el día a Jackie». Lee habría podido salirse con la suya en este intento improvisado de quitar méritos a su fiesta, si no hubiese sido por la impresionante lista de invitados, encabezada por su hermana. Las lamparillas de los flashes estallaron cuando Jacqueline Bouvier Kennedy llegó, con un vestido de seda blanca Yves Saint Laurent y una chaqueta de visón blanco, acompañada por Averell Harriman. Entre los otros invitados de la fiesta se contaban Leopold Stokowski, Sam Spiegel, Leonard Bernstein, Sammy Davis, hijo, Maurice Chevalier, Arlene Francis, Bunny Mellon, Pierre Salinger, Adlai Stevenson, Franklin Roosevelt, hijo, Pat Lawford, Stephen Smith y Bobby Kennedy. Otro invitado a la fiesta era Mike Nichols, que muy pronto surgió como el principal admirador de Jackie. Varios años menor que ella, Nichols la perseguía (aunque al mismo tiempo salía con Gloria Steinem), y como dijo, de forma enigmática, un amigo de él, «terminó teniendo algo más que una amistad y algo menos que un romance con Jackie».

La velada señaló el comienzo de un afiebrado período en la vida de Jackie. En mayo de 1965, Gran Bretaña la invitó a concurrir a la inauguración ceremonial de un monumento a John F. Kennedy en Runnymede, donde el rey John había firmado la Carta Magna. Allí el Gobierno británico había destinado un extremo de un campo inglés que sería para siempre propiedad de Norteamérica. Junto con Jackie, viajaban, en un avión que había puesto a su disposición el presidente Johnson, Bobby y Ted Kennedy, el secretario de Estado Dean Rusk, seis agentes del Servicio Secreto norteamericano, dos agentes británicos, los niños y el personal de servicio de Jackie. En la ceremonia, la reina Isabel vio que Jacqueline Kennedy derramaba una discreta lágrima cuando orador tras orador se sucedían para exaltar las proezas de su esposo. Al escribir al presidente Johnson después de la ceremonia, Jackie señalaba: «Fue un día tan emotivo y difícil para mí... un sinfín de pensamientos relacionados con toda mi pérdida volvieron a agolparse en mí...»

Mientras todavía se encontraba en Londres, Caroline y John posaron para el artista Cecil Beaton. Su madre consideró que Beaton había captado con éxito la sensibilidad de Caroline, teñida de tristeza, y se asombró ante la semejanza entre John y el desaparecido presidente a la misma edad, aunque cuando el niño creciera se parecería mucho más a su madre. A pesar de lo mucho que apreció la obra artística, a Jackie no le habría agradado la descripción que Beaton hacía de ella en sus *Diarios:* «Es, en gran medida, una desmesurada caricatura de sí misma. Enormes hombros y caderas de jugador de béisbol, grandes manos y pies varoniles; ojos muy oscuros, hermosos, receptivos, que parecen pícaros o tristes —a veces demasiado saltones—, una boca grande y generosa, con una sonrisa que cae en las comisuras, en una risa invertida; un aspecto un tanto negroide; la insinuación, apenas, de un bigote, y cabellos muy oscuros.»*

En junio, Jackie contrató a una nueva institutriz para los niños. (Maud Shaw se había retirado durante el viaje a Inglaterra, y disgustó a Jackie al anunciar su intención de escribir un libro acerca de sus experiencias con los Kennedy.) Ese mismo mes, más adelante, hizo una gira por Canadá, visitó Boston, concurrió al estreno en Nueva York de *Leonard Bernstein's Theater Songs,* y fue en busca de una casa en Nueva Jersey.

En julio celebró que cumplía 36 años con los Kennedy en Hyannis Port, donde había heredado la casa de su esposo. Luego voló a Virginia para ver a Bunny Mellon y se presentó en Hammersmith Farm para ayudar a su madre a planear la construcción de un nuevo molino de viento para la propiedad, ya que el antiguo molino se había quemado por completo.

En agosto viajó a Boston para asistir a la fiesta de cumpleaños del cardenal Cushing, y regresó a Newport para una fiesta ofrecida por el senador Claiborne Pell y su esposa. Hacia finales de agosto, Jackie y el escritor George Plimpton, que había llegado a sentirse muy apegado a los hijos de Jackie, ofreció una fiesta en Hammersmith Farm, para Caroline Kennedy y todos sus amigos. «Fue un festejo de final de verano para todos los niños, unos setenta chiquillos, aproximadamente —dijo Plimpton—. Organizamos algo así como una búsqueda del tesoro. Yo escribí el cuaderno de bitácora de un pirata, y Jackie se lo leyó a los niños, todos reunidos alrededor de ella, y luego pusimos varias pistas en los terrenos de la finca. Algunos de los mayores nos disfrazamos de piratas. Fue bastante complicado,

---

* Véase Cecil Beaton: *Self Portrait with Friends: The Selected Diaries of Cecil Beaton, 1926-1974,* pág. 341; también Hugo Vickers, *Cecil Beaton: A Biography,* pág. 491.

tengo que confesarlo. Nos dirigimos a la estación de la Guardia Costera, y nos prestaron una chalupa. En el bote iban el senador Claiborne Pell, Anthony B. Akers, John Barry Ryan III, un individuo llamado "Bev" Bogert —ataviado con un uniforme de almirante— y yo. Debíamos de ser siete, según recuerdo, todos disfrazados de piratas y armados hasta los dientes. Jackie nos maquilló. Por último, los chicos, después de corretear por Hammersmith Farm y recoger todas las pistas, llegaron al agua, donde se podía encontrar el tesoro: era un arcón lleno de perlas artificiales y otras piedras, y en la tapa había una serpiente de caucho, de color pardo. Según el cuaderno de bitácora que yo había escrito, en cuanto la primera pala se hundiese cerca del tesoro, se suponía que los piratas debían llegar a recuperarlo. En cuanto los chicos encontraron el tesoro, se escuchó un terrible aullido del mar, y tras un recodo apareció esa chalupa con todos los piratas. La mitad de los niños se volvieron y echaron a correr. La otra mitad brincaron de alegría y vitorearon. Recuerdo que descendí del bote y me hundí en unos cinco metros de agua helada. A parte de este pequeño inconveniente, todo resultó muy divertido.»

En septiembre, Jackie asistió a una fiesta de cumpleaños, en Hyannis Port, para Joan Kennedy, acompañó a Rose Kennedy a Boston y fue invitada de honor en una cena de Nueva York ofrecida por Charles y Jane Engelhard.

En octubre concurrió a una recepción en las Naciones Unidas para el Papa Pablo VI. Luego alquiló el restaurante *Signe of the Dore* y la banda de la discoteca Piro, *Killer Joe,* para una cena de medianoche y baile a primeras horas del día, que ella y William vanden Heuvel ofrecieron en honor de John Kenneth Galbraith. Alquiló una pequeña granja a W. Douglas Braden y esposa, en Bernardsville, Nueva Jersey, en el centro de los terrenos del elegante Club Essex Fox Hounds. Unos años más tarde adquirió un granero restaurado de diez acres, un poco más abajo de la casa de sus amigos y vecinos de Bernardsville, los Murray McDonnell, un clan católico irlandés tan amplio y acaudalado como los Kennedy. Jackie dejaba sus caballos y ponies en las caballerizas de los McDonnell, por lo que pagaba una pensión.

En noviembre, se sintió muy deprimida, y en su tristeza recurrió a Truman Capote. Bennett Cerf, el editor de Truman, después de haber escuchado la narración, la relató de viva voz en la Universidad de Columbia:

«Cuando Truman llegó a casa*, había una joven esperándolo, una joven que tenía una llave de su piso, y que se encontraba arriba, pintando,

---

* Capote, vecino de Robert F. Kennedy, vivía en la United Nations Plaza, en Manhattan.

esperando que él regresara a casa. Esa joven era Jacqueline Kennedy. Era más o menos para el aniversario del asesinato... dos años... después del asesinato. Ella estaba muy decaída. ¿A quién recurrió? A su gran amigo Truman Capote. Como dijo Phyllis [la esposa de Cerf], "Ése era el único lugar en el cual sabía que se encontraba segura a solas." Los hombres del Servicio Secreto se encontraban en el coche, abajo. Truman sacó del congelador dos botellas del mejor champán. Ambos apuraron esas dos grandes botellas de champán, y se pasaron prácticamente toda la noche conversando. A eso de las cinco de la mañana, Jackie bajó a su coche y volvió a su casa con la gente del Servicio Secreto.»

26

«Después de que Jackie dejara Washington, la vimos muy poco —recordaba Charles Bartlett—. La acompañamos en un viaje a Camboya, en 1967, pero aparte de eso sólo la veíamos en la zona de Far Hills-Peapack-Bernardsville [Nueva Jersey], donde tenía su casa de fin de semana, al igual que mi familia política. Tuve la sensación de que no quería que se le recordase el pasado.»

Toni Bradlee también perdió poco a poco el contacto con Jackie. «Había una especie de desconexión por parte de ella, en cuanto a lo que se supone que es el mejor amigo —dijo—. No creo que haya tenido nunca un amigo muy íntimo. Hay personas que tienen muy buenos amigos y otras que no. Algunas personas prefieren tener muchos conocidos, y ningún amigo íntimo. Ésta parecía ser la elección de Jackie. No estoy segura de que nunca haya experimentado de veras la necesidad de un amigo íntimo. Tenía amigos fruto de sus relaciones sociales —Bunny Mellon, Jayne Wrightsman, Nancy Tuckerman—, pero hay amistades y amistades.

»Mi ex esposo [Ben Bradlee] escribió un libro llamado *Conversations With Kennedy* (Conversaciones con Kennedy), que no agradó a Jackie, pero no creo que eso haya tenido mucho que ver con lo que sentía respecto a mí, en verdad. No puedo explicarlo. Ninguna de las dos hizo un intento para restablecer las relaciones. Nos veíamos de vez en cuando y muy brevemente. No era una relación poco amistosa, pero sí dolorosa. Creo que hizo que Jackie volviese a tener malos recuerdos.»

Muchos ex amigos se sentían desairados por Jackie. El fotógrafo Richard Avedon fue desechado por haber emitido, supuestamente, una declaración negativa en cuanto a las medidas políticas de JFK... Charles Addams, si bien no puede recordarlo, por lo visto hizo un comentario indiscreto a un periodista y recibió un tratamiento similar. John B. White, que hacía tiempo que no veía a Jackie, caminaba por una calle, en Washington, hacia la casa de Bill Walton, «y ahí estaba ella en la puerta de enfrente a la de él [Walton]. Hacía mucho que no nos veíamos, y para entonces ya era viuda. Vivía en Nueva York. Habían transcurrido tres años desde el asesinato. Pareció incómoda al verme de nuevo. No quedaba nada entre nosotros. Tenía todo un nuevo mundo de amigos. Se comportó como si ni siquiera fuera necesario que yo apareciese. Y nunca he vuelto a oír hablar de ella».

Jackie había ingresado en un universo nuevo, luminoso. Había dejado la política atrás, y en su lugar había adoptado la sociedad internacional. Se podía discernir su amplia sonrisa, brillando en cualquiera de entre dos decenas de variados paisajes. Podía presentarse para el almuerzo con Vivi Stokes Crespi en el Colony de Manhattan, con su abrigo Balenciaga azul marino, de Chez Ninon, llevando una camelia fresca en un hombro, y un bolso de Coco Chanel colgando del otro, aunque la propia Chanel proclamaba que «Jackie es la que peor viste en cualquier continente». Quienes cenaban en la Côte Basque levantaban la vista, deslumbrados, cuando la veían entrar con Cecil Beaton (después de distanciarse de Jackie y de su hermana Lee, Truman Capote les dedicó unas páginas misteriosas en la parte «La Côte Basque» de su novela inconclusa, *Plegarias atendidas*).

Una noche, apareció en el Salón de Té Ruso con Arthur Schlesinger, y luego en el Copa. Otra noche cenó con Mike Nichols en Sardi, y después fueron a Arthur, la popular discoteca de Sybil Burton. Bailaron y se mostraron cogidos de la mano. Ella y Nichols, junto con el actor Alan Arkin y su esposa, aparecieron en el puesto de perritos calientes de Nathan, en Coney Island, donde comieron salchichas, calamares fritos y patatas fritas. Hubo otras comidas: en Le Mistral, La Grenouille, La Caravelle, Orsini (donde ofreció una pequeña cena para Nureyev), y una vez más, en un día frío, se la vio en el Colony con el barón Fabrizio Serena, su mujer y Allessandro di Montezemolo. El tema de la conversación eran las recientes inundaciones de Florencia, que estaban destruyendo las obras de arte más preciosas de la ciudad.

Jackie intervino enseguida, telefoneó a Bobby Kennedy y Robert McNamara para ver qué fondos podían movilizarse por los canales oficiales. También se la nombró presidenta honoraria de la Comisión para el Rescate del Arte Italiano, CRAI, organización que lanzaba peticiones públicas y organizaba reuniones privadas para recolección de fondos. El historiador de arte Paul Oskar Kristeller, miembro del mismo grupo, recuerda haber asistido a una reunión en el Instituto de Bellas Artes de la

Universidad de Nueva York. «Concurrió a ella la mayor parte de la comisión, y fue presidida por la Sra. Kennedy. Hice uso de la palabra y dije que esperaba que una buena parte de los fondos fuese destinada a la conservación, y restauración de libros, manuscritos y documentos de arte.

»La Sra. Kennedy respondió de forma más bien sarcástica: "No logrará convencer al público en general, y a nuestros donantes de que esto es tan importante como las propias obras de arte."

»Le repliqué, diciendo: "No me interesa qué digan los donantes... éste es un gasto necesario."

»Me alegra informar que fui respaldado por otros historiadores del arte presentes, porque se dieron cuenta de la importancia de los manuscritos y los libros, ya que muchos de ellos utilizan esos materiales para sus propias investigaciones. De modo que la comisión me apoyó. La Sra. Kennedy era una dama encantadora, pero no entendía del tema. Se opuso, y la votación le fue contraria. Las bibliotecas y los archivos recibieron sus fondos, no sólo de este país, sino también de otros, y del Gobierno italiano, y hubo un muy importante esfuerzo para reparar los daños.»

También participó en una comisión que pretendía salvar de la demolición a la Metropolitan Opera House de Nueva York, de 83 años de antigüedad, y en su momento cruzó espadas con otra autoridad en ese terreno, el administrador de la Metropolitan Opera House, Rudolf Bing, que declaró a la prensa que la Sra. Kennedy había concurrido a la ópera «en muy pocas ocasiones», nada sabía acerca de ésta, no le interesaba en lo más mínimo, y no tenía conocimiento acerca del estado ruinoso del edificio. «Lamento —continuó— que una dama tan distinguida se permita hacer comentarios acerca de cosas sobre las cuales está tan mal informada.»

Si bien había recuperado su vigor natural, Jackie continuaba visitando al doctor Max Jacobson de vez en cuando. «La veía en el consultorio a partir del asesinato —dijo Ken McKnight—. Ella iba con Clint Hill. Sospecho que los terribles acontecimientos de esos años los habían acercado. Él era a menudo el único ser humano que tal vez podía entender el terror y la angustia de ella. Según tengo entendido, se sentía tan mal como ella por el asesinato. En una ocasión, él se derrumbó en el programa de TV "60 minutos". Se echó a llorar, y dijo una y otra vez que deseaba haber sido él el asesinado, en lugar de Kennedy, lo que representa una carga terrible como para soportarla.»

Ruth Jacobson, la tercera esposa de Max, también se encontró con Jackie en el consultorio. «El día en que la vi —dijo Ruth—, estaba con Lee Radziwill. Las dos reían y se comportaban como tontas. No puedo decir que estuviesen bebidas, pero su conducta daba esa impresión.»

A mediados de 1966, Jackie escribió a lady Bird Johnson en respuesta a una carta que pedía consejos sobre el proyecto de restauración de la Casa Blanca. Entre otras cosas, lady Bird ansiaba adquirir un nuevo juego de porcelana para la Casa Blanca. «Una sola palabra de advertencia —escribía Jackie—. No deje que lo hagan las compañías norteamericanas fabricantes de porcelanas... En un momento dado les hice copiar platos del período Monroe... de nuestros primeros días en la Casa Blanca. Los resultados siempre fueron más parecidos a la porcelana de un hotel de lo que parece ahora la vajilla de Truman y Eisenhower... Jansen (en París) es el que puede hacerlo... Por fortuna, tienen una sucursal en Nueva York... de manera que eso evita el problema de comprarla fuera...

»La otra cosa que se me ocurre es tratar de mantener las habitaciones públicas —de la planta baja y el primer piso— tan semejantes a las de los siglos XVIII y XIX como resulte posible... de modo que en el futuro nadie las modifique... y que sigan siendo siempre, para los norteamericanos, una visión retrospectiva de los días de los comienzos de nuestro país.»

Tenía otra sugerencia que ofrecer. En relación con un donante que había prestado a la Casa Blanca varios retratos valiosos, escribía: «La comisión de Bellas Artes, debería amenazar, persuadir, seducir, obligarlo a dejarlos en forma permanente para la Casa Blanca, aun en su testamento.»

Hizo que David Webb, a quien ahora llamaba en privado «Cellini», montase una pieza de coral que JFK había traído de una de las islas Solomon durante la Segunda Guerra Mundial, y le hiciera un collar. Lo usó por primera vez con un vestido de color rosa fuerte, mientras agasajaba a Diana Vreeland. Fue invitada por John y Didi Ryan, miembros de la *jet* de Nueva York, al apartamento de éstos, para jugar al «Camouflage», una especie de cacería de huevos de Pascua, en busca de objetos semiocultos en una sala. Llevaba a John a Serendipity para comer hamburguesas y helados. Mientras cenaba en Le Pavillon, con los Hervé Alphand, que se hallaban de visita, pasó la conversación del francés al inglés, cuando Bobby Kennedy se unió al grupo, y se le oyó decir: «Oh, Bobby, eres taaan impetuoso.» Luego comentó a sus compañeros de cena que lo más importante para ella, en relación con un hombre, «es que debe pesar más y tener pies más grandes que yo». Cuando otro comensal se le acercó para pedirle un autógrafo, respondió con un sonriente «No... gracias», musitado.

Hubo otras anécdotas. Ella y su hermana Lee salieron del restaurante Lafayette con minifaldas que hacían juego, y que les quedaban a quince centímetros por encima de la rodilla. En la puerta de Bergdorf Goodman, Mike Nichols le dijo a Jackie: «Llevarte a algún lugar es como salir con un monumento nacional.» «Sí —respondió ella—, ¿pero no es divertido?» Cuando Bunny Mellon le preguntó si había visto a Billy Baldwin hacía poco, Jackie contestó: «Pues sí, precisamente ayer, estuve a punto de pisarlo en el ascensor.»

Después de visitar Lasata, las fincas que habían pertenecido a su abuelo en East Hampton, dijo a la acaudalada Fifi Fell que era, al mismo tiempo «más pequeña y menos lujosa» de lo que recordaba de su infancia. El poeta soviético Yevgueni Yevtushenko salió de casa de Jackie, en la Quinta Avenida, asombrado por los conocimientos de literatura rusa que poseía ella. Jackie se sentaba con George Plimpton, mientras éste leía a Caroline, para hacerla dormir, por la noche, selecciones de *La isla del tesoro* de Robert Louis Stevenson. («Me di cuenta de que es muy difícil leer a Robert Louis Stevenson a una niña pequeña —dijo él—. Siempre pensé que *La isla del tesoro* le entusiasmaría, pero no creo que nunca pasara más allá de las dos primeras páginas del libro, antes de que ella se quedara dormida.»)

Jackie concurría con regularidad al elegante y exclusivo gimnasio de Nicholas Kounovsky, de la Calle 57 Oeste. Ivo Lupis, uno de sus instructores, manifestó: «En esos días era el lugar *in*. Sólo la gente de recursos podía ser socia, y había muy pocos lugares parecidos a los cuales pudiesen ir las mujeres. La forma física y el *jogging* todavía no estaban de moda. Para poder concurrir al establecimiento de Kounovsky, previamente se entrevistaba al candidato. Aunque algunas personas lo consideraban un recurso selectivo, en rigor se estableció únicamente como medio de evaluar la capacidad física de la persona. Pero contribuyó a la aureola de elite. Jackie también contribuyó en ese sentido.»

Había surgido una pauta. La ex Primera Dama estaba de lunes a viernes en Nueva York, y los fines de semana y días festivos en Nueva Jersey, con vacaciones en lugares lejanos. Disfrutaba en especial de sus fines de semana en Bernardsville, rodeada de caballos. A causa de su popularidad, topó con ciertas reservas a la hora de incorporarse al Club Essex Fox Hounds Hunt, pero muy pronto fueron superadas cuando influyentes socios tales como C. Douglas Dillon y Murray McDonnell hablaron en su favor.

«Yo ayudé a Jackie a ingresar en el club, y la ayudé en términos sociales cuando llegó a Bernardsville —dijo Dillon—. Supongo que algunos de los socios del club no querían que hubiese por ahí periodistas que los persiguiesen. Son personas que insisten en mantener un estilo discreto. Les aseguré que Jackie opinaba de la misma manera.»

Lewis C. Murdock, banquero retirado y Maestro de Cacería, observó que los miembros no querían publicidad «por la sencilla razón de que nos encontramos ubicados muy cerca de Nueva York. Eso hace que la gente quiera venir aquí y ver qué ocurre, y a cazar zorros. No tenemos suficiente espacio para recibir a toda esa gente. A los socios también les molesta que vayan desconocidos husmeando por todas partes; ello crea oposición a la cacería. La cacería del zorro exige espacio y vecinos tolerantes, y por eso somos tan exigentes en lo que se refiere a elegir nuevos socios».

Los pintorescos y lujosos terrenos del Condado de Somerset, con su sabor a aldea inglesa, se convirtieron en el lugar al cual Jackie iba a «alejarse de todo». Abrió cuentas en todas las tiendas locales, entre ellas la de Beval, donde iba para que se atendieran sus necesidades en materia de equitación. Beverly L. Walter, el propietario, conocía a Jackie desde sus primeros años con Kennedy, «cuando comenzó a cazar con sabuesos en Virginia. Ahora que tenía una casa cercana, se convirtió en una parroquiana asidua».

Cuando no cabalgaba con sabuesos, se la podía encontrar en un «jamelgo», y muy a menudo en la propiedad de algún vecino que nada sospechaba al respecto. «Cabalgaba informalmente a través de los bosques, casi siempre en mis tierras —dijo Patricia Shea, de Bedminster—. Llevaba su caballo en un remolque, estacionaba en nuestro camino de tierra, y cabalgaba por el pinar. Le encantaba. Por tratarse de quien era, nunca dije nada, pero me irritaba que jamás pidiera permiso.»

Si Bernardsville ofrecía intimidad, los frecuentes viajes de Jackie le proporcionaban diversidad. Sus hijos y ella comenzaron el año 1966 con unas vacaciones esquiando con Bobby Kennedy y su familia en Sun Valley, Idaho, y luego viajaron a las cuestas alpinas de Gstaad, donde fueron invitados de John Kenneth Galbraith, y se alojaron en un chalé vecino que los dueños desocuparon para el caso.

Después de Gstaad, Jackie viajó a Roma, y a pesar de sus afirmaciones a los amigos, de que quería pasar «unos pocos días tranquilos», la aristocracia romana entró en febril actividad. Adonde quiera que fuese, las multitudes de adoradores la vitoreaban y aplaudían. La princesa Irene Galitzine organizó una pequeña cena para ella y le hizo un vestido negro que le llegaba hasta los tobillos, para su nueva visita al Papa. Cenó con el escultor Pericle Fasine, en George, un elegante restaurante inglés. Participó en una cacería del zorro con el ex compañero de estudios de su esposo, el conde Dino Pecci-Blunt, y fue agasajada por el príncipe Aspreno Colonna en una elegante cena privada para treinta comensales, en el Palazzo Colonna, del siglo xv, pintado de ocre. También visitó la casa de campo de Gianni Agnelli, en la playa particular de Forte del Marni.

Pero la mayor parte de su tiempo en Roma la pasó con Valentino, entonces un modisto poco conocido fuera de su Italia natal, cuyas discretas y esponjosas creaciones ella había descubierto varios años antes, en Nueva York. Después de mudarse a la Quinta Avenida, Valentino fue a verla con toda su colección, un probador, un ayudante y una modelo. Ella resolvió adoptarlo como su modisto y a lo largo de los cinco años siguientes él diseñó veintenas de vestidos para ella. Como en la Casa Blanca, ella continuaba haciendo que enviaran las facturas a nombre de Joe Kennedy.

En las vacaciones de Pascua, Jackie llevó a los chicos a Córdoba, Argentina, para pasar una temporada en la hacienda de Miguel A. Cárcano, cuyas hijas habían sido amigas de los hijos de Joe Kennedy. Mientras se encontraban allí, John-John colocó una piedra en un monumento levantado años antes por su padre. Jackie fue fotografiada por algunos profesionales ocultos entre los arbustos, mientras se cambiaba para ponerse el traje de baño, en una playa privada. Las fotografías tomadas desde atrás aparecieron en la revista argentina *Gente,* pero los periódicos de Estados Unidos se negaron a reproducirlas. El incidente dejó imperturbable a Jackie, que regresó a Nueva York, dejó a los chicos, y dos días más tarde partió en un viaje a España, organizado por el duque y la duquesa de Alba, y por Angier Biddle Duke, el nuevo embajador norteamericano en España.

Jay Rutherford, ayudante de Duke en la Oficina de Protocolo de la Administración Kennedy, y en esos momentos representante en Madrid de Hearst Headlines y de la Mutual Broadcasting System Corporation, voló a Nueva York para acompañar a Jackie de regreso a España: «La revista *Constanza* me había pedido que escribiese un artículo sobre la visita de Jackie a España. Como yo la conocía, pensé que podría tener una visión personal. Pasé varios días analizando las reglas básicas con Nancy Tuckerman. Se me dijo que cada una de las citas textuales debían ser aprobadas primero por ella, cosa que impediría la posibilidad de elaborar una nota fresca y novedosa.

»Todavía existía un enorme interés por Jackie y todo tipo de especulaciones en la prensa europea respecto de sus relaciones con Antonio Garrigues, embajador de España en El Vaticano. Garrigues, de 62 años, viudo y con ocho hijos, había sido un gran amigo de la familia Kennedy. La última vez que se vieron Jackie y él fue durante la reciente visita de ella a Roma, y los periodistas convirtieron el evento en una especie de cuento de Cenicienta.

»Jackie se sintió molesta cuando aterrizamos en Madrid y fuimos saludados por centenares de periodistas que le acribillaban a preguntas, todos al mismo tiempo. Me dijo algo acerca de que se sentía como si estuviera de vuelta en el Madison Square Garden. Por supuesto, sabía cómo manejar a los medios. Tenía mucha práctica al respecto. Pasamos una noche en Madrid, y al día siguiente viajamos a Sevilla.»

Con típica hospitalidad española, el duque y la duquesa de Alba saludaron calurosamente a Jackie, a su llegada a Sevilla, y la instalaron en el Palacio de las Dueñas. La esposa de Robin Duke había puesto a disposición de Jackie a su propia peluquera, a quien hizo trasladarse desde Madrid, durante la estancia de Jackie. Mientras se hacía peinar, Jackie hojeó el último número de *Women's Wear Daily,* que informaba que se había convertido en una de las «JÓVENES DE VERDAD: sincera, natural, franca, nada artificial, desenvuelta, deliciosa, sutil, femenina, joven, moderna, enamorada de la vida, sabe cómo divertirse.» La primera invitación importante que recibió en Sevilla fue para el Baile de la Cruz Roja Internacional, una deslumbrante fiesta de caridad para debutantes, de 2.500 invitados, cuyo anfitrión era el duque de Medinaceli, en el patio de su Casa de Pilatos. Allí Jackie se enfrentó de lleno con los 250 fotógrafos que apretujarían y empujarían a los invitados, y se empujarían entre sí, a todo lo largo de la visita. También encontró a una helada princesa Grace de Mónaco, acompañada por el príncipe, ambos molestos porque Jackie los apartaba a un segundo plano. Cuando la Sra. Kennedy llegó al baile, la princesa Grace desapareció en el tocador más próximo, y permaneció oculta allí durante la hora siguiente, mientras el príncipe Rainero salía a fumar, nervioso, un cigarrillo.

Varios días más tarde, durante sus vacaciones, Jackie parecía dispuesta a volar de regreso a Madrid. Su disgusto era acrecentado por los constantes rumores que la vinculaban con Garrigues. A medida que los rumores iban en ascenso, el embajador Duke convocó una conferencia de prensa improvisada, en la cual dijo: «Quiero que quede absolutamente claro y bien entendido que no hay base alguna en los rumores respecto a un compromiso.»

Decidió quedarse, y casi en el acto sus vacaciones comenzaron a mejorar. En la magnífica plaza de toros de Sevilla, tres de los principales toreros españoles, El Cordobés, Paco Camino y El Viti, pasaron por alto a la princesa Grace, y ofrecieron sus monteras y primeros toros a Jackie. En respuesta, ella envió a toda prisa a un ayudante de la embajada de Estados Unidos a la base norteamericana más próxima, en busca de tres medios dólares de Kennedy, que deslizó dentro de los sombreros antes de devolverlos. Aunque se volvió cuando los picadores lancearon a los toros, observó cada pase de éstos con fascinación, y proclamó que las lidias eran «bellas y excitantes».

Hablando en nombre de la Sociedad Humanitaria de Norteamérica, Cleveland Amory ya la había censurado por la cacería de zorros. En las nuevas circunstancias, reaccionó ante las reflexiones de Jackie respecto al toreo escribiendo: «Constituye un triste comentario, singularmente irónico, de nuestra era moderna de violencia, que la Sra. Jacqueline Kennedy, nada menos, que ha conocido la barbarie de la era actual, tan trágicamente, de primera mano, considere ahora conveniente condonar e incluso elogiar... una de las últimas reliquias de la barbarie de la etapa anterior.»

La respuesta de Jackie a Amory consistió en volver a las corridas. También decidió cabalgar por la feria. «Visitar Sevilla y no montar a caballo equivale a venir para nada», declaró. Entonces, tras ponerse el tradicional traje corto (chaqueta roja orlada de negro, amplio guardamontes, sombrero chato de alas anchas), montó en un semental blanco, e hizo un tranquilo paseo por los terrenos de la feria. La prensa la atacó por su extravagancia.

«Jackie era consciente de que si vestía el traje de montar andaluz irritaría a los críticos, pero consideraba que era de buen gusto, ya que el duque de Alba lo ponía todo a su disposición, y éste era su anfitrión —dijo Jay Rutherford—. Hacer lo contrario habría sido una grosería. Se sentía ansiosa por disfrutar de los placeres y privilegios, y no tenía en cuenta las consecuencias de la evaluación pública de sus actitudes.»

Fue igualmente placentera la cena de la última noche en la embajada norteamericana, que se le ofreció en Madrid, en la cual se sentó entre el entonces príncipe heredero del trono, de 28 años, Juan Carlos de Borbón, y del ministro de Industria, Gregorio López Bravo, de 42 años, astro ascendente del escenario político, cuyo carácter vibrante y carisma le recordaron a JFK.

A principios de junio llevó a los chicos a Hawai. Primero volaron a San Francisco, y allí se les unió Peter Lawford, y dos de sus hijos, Christopher, de 11 años, y Sydney, de 9. Con ellos iba John Spierling, amigo de siempre de Lawford, hermoso, soltero, y hombre de negocios de Honolulú. Únicamente los coches de Lawford y Spierling tuvieron acceso a la casa de la playa, semioculta, de estilo japonés, de tres dormitorios, que Jackie había alquilado en Kahala, a 3.000 dólares por mes al senador republicano Peter Dominick, de Colorado.

Pero también se la vio con el arquitecto John Carl Warnecke. Divorciado atractivo, Warnecke se unió a Jackie y a sus hijos en varias salidas. En una de ellas, en un viaje en el cual acamparon por la noche, John cayó de espaldas en una fogata de campamento, pero fue rescatado con rapidez por el agente del Servicio Secreto John Walsh. El niño, que sufrió quemaduras de segundo grado en los brazos, las manos y las nalgas, fue llevado a toda prisa al hospital más cercano, donde se lo trató y se le dio el alta. Más tarde fueron cortadas las ampollas, y eliminadas algunas partes de piel quemada.

Al cabo de seis semanas en Hawai, Jackie volvió para celebrar su treinta y siete cumpleaños en una fiesta organizada por Paul y Bunny Mellon. Luego voló a Hammersmith Farm, para asistir a la boda de su hermanastra Janet Jennings Auchincloss y Lewis Rutherford, graduado en Princeton (y descendiente de Peter Stuyvesant), que había estado trabajando como profesor en Hong Kong. Dick Banks consideraba que la presencia de Jackie en la boda «convertía la ceremonia en un circo de tres pistas, razón por la cual los amigos de Janet no querían que estuviese presente. Pero ella fue, de todos modos, al igual que miles de turistas y centenares de fotógrafos. Ese día, Newport fue objeto de un cerco total. Estaban allí para ver a Jackie y John-John, quien, como miembro del cortejo, iba vestido como el Pequeño Lord Fauntleroy. La novia fue tan descaradamente dejada en segundo plano en su propia boda que estalló en lágrimas».

Durante ese otoño, Jackie asistió a otra boda, la de Pam Turnure y Robert N. Timmins, acaudalado magnate canadiense del estaño, en la iglesia de San Ignacio de Loyola en Nueva York. Jackie organizó una recepción para la pareja en su casa. En años posteriores, ambos los visitaban y enviaban a sus hijos a permanecer con ellos en su casa de Montreal, indicio de la intimidad que se había establecido con la ex amante de su desaparecido esposo.

«No puedo entender qué unía a Jackie y a la ex amante de Kennedy —dijo Truman Capote—. Resultaba imposible entenderlo. Tenía tendencia a exagerar las amistades al principio, y como consecuencia de ello se aburría o se desilusionaba con rapidez, respecto a su propio entusiasmo. Se enamoraba en forma instantánea de la gente, pero eso le duraba muy poco. Las únicas amistades que perduran, en el caso de Jackie, son aquéllas en las cuales ella da las órdenes. Bunny Mellon ha durado porque siente terror por Jackie. Nancy Tuckerman perdura porque es su esclava permanente.

»Los otros van y vienen. Robin Douglas-Home fue desechado porque tuvo la temeridad de escribir un artículo sobre Jackie. A mí me dejó a un lado por un par de razones. Primero, porque le dije al mundo entero que me había sentado a conversar con ella en su dormitorio, mientras se vestía para la cena. Segundo, porque me volví demasiado amigo de Lee. No hablemos del hecho de que cuando Jackie se trasladó a Nueva York yo me ocupé de ella. Le hablaba sin cesar acerca de sus penas. Le regalé una rosa de porcelana en el primer aniversario del asesinato de Kennedy; la presenté a todos mis amigos. Oliver Smith, ex codirector del Teatro de Ballet Norteamericano y escenógrafo, quiso conocerla, de modo que organicé un almuerzo en su casa de la Calle Willow, en Brooklyn Heights. Se convirtieron en muy buenos amigos. Él la acompañaba aquí y allá, la invitaba a cenas, concurría a las de ella. Jackie solía ir a casa de Smith a dibujar. Ni una palabra de agradecimiento, de parte de ella, por ese o cualquier otro favor. Trataba mal a la gente, la hacía rebotar de un lado a otro, como si fuesen otras tantas pelotas de caucho. Ahí está lo que le pasó al pobre William Manchester.»

«El pobre William Manchester» estaba a punto de ser estrujado por

Bobby y Jackie Kennedy. Ésta se había mostrado quisquillosa en relación con otros libros sobre Kennedy. Cuando Maud Shaw escribió *White House Nannie,* Jackie pidió la ayuda de Sol M. Linowitz, entonces presidente del Directorio de la Corporación Xerox, y amenazó con poner un pleito al editor. Cuando Red Fay redactó *The Pleasure of His Company,* ella insistió en que se realizaran diversos cambios y omisiones. Aunque Fay satisfizo sus peticiones, cuando le envió su primer cheque de los derechos por 3.000 dólares, como donación para la Biblioteca JFK, ella se lo devolvió. También se sintió muy molesta con Arthur Schlesinger cuando *A Thousand Days* se serializó en *Life,* pero cuando el libro de él comenzó a conquistar premios literarios, hizo las paces con él. Sigue en pie el hecho de que ni Fay ni Schlesinger habían escrito libros autorizados, en tanto que Manchester fue abordado personalmente por Jackie para que escribiese su relato. A la luz de esto, las objeciones posteriores de ella a la publicación de *The Death of a President,* parecían aún más irrazonables.

«Cuando encaré el libro sobre el asesinato, ya estaba muy concentrado en mi libro sobre los Krupp —dijo Manchester—. También tenía un puesto de profesor universitario. Jackie llamó y dijo que Jim Bishop, a quien no podía soportar, estaba a punto de escribir un libro sobre los acontecimientos del 22 de noviembre. ¿Estaría yo dispuesto a escribir el relato oficial del asesinato? Le comenté a mi secretaria: "¿Cómo puedes decirle que no a Jacqueline Kennedy?" Pero al cabo de casi tres años de derrengadoras investigaciones y redacciones, y tras posponer todas mis otras responsabilidades, y después de que el manuscrito fuera corregido y aprobado, ella decidió que no quería que se publicase ni apareciera en ninguna otra forma reconocible.»

La explicación racional de Jackie, tal como la expresa en su historia oral para la Biblioteca de Lyndon Baines Johnson, fue que había estado encerrada «en una cáscara de pena... y que resulta difícil detenerse cuando se abren las compuertas. Yo sólo hablaba de cosas privadas. Después el hombre se fue, y creo que se sintió muy molesto durante la redacción del libro. Sé que luego hubo muchas cosas... que eran, en su mayor parte, expresiones de pena, mías y de Caroline, que yo quería eliminarlas del libro. Y las eliminase o no, fueron igualmente impresas y publicadas. Ahora no parece tener tanta importancia, pero entonces sí la tenía para mí.

»Sé que todo el mundo quería que se eliminaran las cuestiones políticas que pudieran perjudicar al presidente Johnson. Y tal como se hizo ese libro —ahora, pensándolo de nuevo—, parece erróneo haberlo realizado en ese momento. No hay que olvidar que esas personas vivían un trauma emocional. Antes de mudarme de la Casa Blanca, Jim Bishop decía que escribiría un libro... Todas esas personas harían esas cosas, y uno pensaba que tal vez todo eso no aparecería, no se volvería cada vez más irracional. Elegir un personaje y pedir a todos que hablen de él, tal vez eso habría sido lo correcto. Pero no resultó así.»

Lo que Jackie no relató en su historia oral fue que mientras hacía sus propias entrevistas con Manchester, había estado bebiendo... mucho y continuamente. Era la única manera en que podía soportar sus reminiscencias, y ayuda a explicar la naturaleza y el tono sumamente personales de algunas partes del libro. «Las cuestiones políticas», como Jackie se refería a ellas, tenían que ver con la descripción supuestamente mezquina del presidente Johnson, prerrogativa editorial de los asesores de Robert Kennedy, entre ellos Ed Guthman, Burke Marshall, John Seigenthaler, Frank Mankiewicz, Arthur Schlesinger y Dick Goodwin (todos los cuales habían leído el manuscrito y participado en el caso), que sintieron que podía llegar a convertirse en un riesgo si en su momento Bobby decidía buscar el ser candidato a un cargo nacional. Cosa increíble, la principal lectora de Jackie durante muchos meses, fue Pam Turnure, quien, por instigación de Jackie, sugirió algunas enmiendas por escrito. Manchester adoptó la posición de negarse a permitir que una secretaria de la Sra. Kennedy le dijese cómo debía escribir la historia.

La situación se agravó aún más cuando los derechos de las primeras series fueron vendidas a la revista *Look* por 665.000 dólares, suma destinada, no a la Biblioteca JFK, sino a Manchester. Dada la naturaleza de sus acuerdos financieros con los Kennedy, este dinero representaba una buena parte de sus ingresos en el proyecto. Cuando Jackie se enteró de los planes de *Look*, de editar el volumen en una serie de artículos, se mostró totalmente irracional. En otras palabras, insistió en que si bien no tenía deseos de detener la obra, que se publicaría encuadernada en tapa dura por Harper & Row (Bobby Kennedy había adoptado esta decisión), se oponía a su explotación por una revista nacional, y estaba dispuesta a hacer lo que fuese necesario para proteger su intimidad y la de sus hijos.

Estaba decidida a luchar, dijo a Manchester, y ganaría: «Todos los que se enfrenten a mí parecerán ratas, a menos que yo me escape como Eddie Fisher.»

El problema tenía dos caras, y las dos eran correctas. *The New York Times* publicó un editorial que resumía uno de los aspectos: «La historia pertenece a todos, no sólo a sus protagonistas... Y después de haber adoptado su primera decisión [la de pedir que el libro fuese escrito], la Sra. Kennedy no puede eludir ahora las consecuencias.»

El otro aspecto fue expresado por Richard Goodwin, que vivía en la ciudad natal de William Manchester (Middletown, Connecticut) y a quien los Kennedy pidieron que fuese mediador en la controversia: «La controversia Manchester era un problema legal. El memorándum de entendimiento o contrato que estableció con Bobby y Jackie no era nada fuera de lo común. Necesitaba el permiso de ésta para usar ciertas citas, y, en definitiva, para publicar. Jackie se sintió traicionada. Estaba en lo cierto, tanto desde el punto de vista legal como el de la réplica. Pura y simplemente, Manchester había violado el contrato*.

En la lucha por *The Death of a President*, Harper & Row fue representada por Cass Canfield y Evan W. Thomas, responsables de la publicación de *Profiles in Courage*, de John F. Kennedy, y *The Enemy Within*, de Robert Kennedy, un libro sobre la Mafia. Debido a sus vinculaciones con la familia Kennedy, el editor adoptó un punto de vista más conciliador respecto a los hechos que la revista. *Look*, representada por el presidente del Consejo Mike Cowles, y por el editor en jefe William Attwood, que había sido diplomático bajo el presidente Kennedy, demostraron más rectitud y a la larga fueron objeto de mayor ira.

Cuando Mike Cowles fue a Hyannis Port para tratar de solucionar sus diferencias con Jackie Kennedy y allanar el camino para la serialización del libro, fue aporreado, en términos figurados. «La Sra. Kennedy se mostró muy furiosa —dijo William Attwood en una charla que dio en la Universidad de Columbia—. Llamó a Mike hijo de puta y canalla... y se puso histérica y violenta, verbalmente, hasta el punto de que Mike regresó un tanto asombrado... de que la gran dama del funeral, y todo eso, pudiese hablar de ese modo.

»Para entonces... la Sra. Kennedy... ya no se dominaba con el resto de la familia... Se había convertido en una molestia, sin duda, para Bob Kennedy, que... todavía pensaba en su futuro político, y este tipo de pequeñas batallas sórdidas relacionadas con los hechos pasados no era algo en lo que quisiera involucrarse, ni deseaba participar en una batalla con la prensa, porque en conjunto... los otros periódicos y revistas, se encontraban, por instinto, de nuestra parte.»

Aunque Manchester sentía que era el que más se había esforzado por apaciguar a los Kennedy, el director de Harper & Row defendió sus acciones según el criterio de que quería establecer una solución pacífica y, si era posible, evitar un litigio. «Creo que fue un error, por parte de Manchester, firmar un contrato con los Kennedy, en el cual les concedía la decisión

* La cláusula fundamental del memorándum de entendimiento, firmada por William Manchester el 28 de marzo de 1964, dice: «El texto final no se publicará salvo que y hasta que sea aprobado [por Jacqueline y Robert Kennedy].» Manchester afirmó más tarde que Robert Kennedy le había enviado un telegrama que aprobaba su manuscrito. Robert Kennedy insistió en que el telegrama no constituía una declaración final de aprobación.

editorial final en lo relativo al contenido del libro —dijo Thomas—. Pero también sentí que Jackie se comportaba mal. Parecía existir una gran confusión porque yo le había enviado el manuscrito antes de hacer que lo compusieran, y entendí que a ella, o por lo menos a la familia, al principio les gustó, y luego, a medida que pasaba el tiempo, se mostraron menos amistosos respecto al libro. Nunca entendí bien qué objetaba ella, en términos específicos, porque no había dicho gran cosa al respecto. Creo que se cometió una injusticia al demorar la publicación. Jackie tenía el manuscrito desde el principio, y habría podido resolver eso entonces. Pero más tarde, por algún motivo, adoptó una posición hostil. Ello molestó mucho a Manchester, y también a mí. Lo que más me sulfuró fue que nunca entendí la base de las objeciones de Jackie. En apariencia, al principio quería un libro, y después, cuando éste se convirtió en realidad, decidió que no lo deseaba.»

Manchester compartió el desconcierto de su editor respecto al repentino viraje de Jackie. Desde el día en que entregó el manuscrito terminado, había estado haciendo cambios y modificaciones para complacer a los distintos lectores de la obra. «Cada vez que hacía una concesión, los Kennedy presentaban toda una nueva lista de exigencias —dijo Manchester—. Esto siguió así durante meses. Por último dije "No más"... y allí fue donde estalló el infierno.»

El 28 de noviembre de 1966, mientras Manchester se hallaba en Londres, tratando de escapar a un constante fuego cruzado de los periódicos, Jackie le escribió insistiendo en que introdujese nuevos cambios: «Los cambios acerca de los cuales hablo... se refieren a cosas de naturaleza personal que no puedo soportar que se hagan públicas. Hay muchos otros aspectos, ya lo sé, pero éstos son todos de este tipo, y me resultan absolutamente necesarios para mí y mis hijos. No puedo creer que usted no haga este pequeño esfuerzo.»

Nadie pareció quedar eximido del alboroto. El 16 de diciembre del mismo año, Jackie recibió una nota escrita a mano del presidente Lyndon Johnson:

Querida Jackie:

Lady Bird y yo nos hemos sentido preocupados al leer las noticias de prensa acerca de su desdicha en relación con el libro de Manchester. Algunas de estas informaciones atribuyen su preocupación a pasajes del libro que son críticas o difamaciones contra nosotros. Quiero que sepa que si bien apreciamos profundamente su característica bondad y sensibilidad, esperamos que no se someta a incomodidad alguna o se aflija por nosotros. Uno nunca se habitúa a la calumnia, pero he-

mos aprendido a vivir con ella. Sea como fuere, su propia tranquilidad es impor-
tante para nosotros dos, y no querríamos que soporte nada desagradable por noso-
tros.

Estimulada, Jackie continuó atacando a Manchester, y envió a la prensa una declaración (escrita por Ted Sorensen) en la cual condenaba al autor y a su editor. Para entonces ya se había volcado también contra Harper & Row por hacer caso omiso «de normas aceptadas de corrección y buena fe», por violar «la dignidad y la intimidad que mis hijos y yo nos hemos esforzado, con dificultades, por conservar», y por redactar «un relato prematuro de los acontecimientos de 1963, que en parte es carente de buen gusto y se encuentra deformado».

Dispuesta a presentar su caso ante los tribunales, ordenó a su abogado, Simon H. Rifkind, ex juez y socio principal de Paul Weiss Rifkind Wharton y Garrison, que solicitase un interdicto que prohibiera la publicación del libro, o alguna parte de él, y que al mismo tiempo enjuiciara a todas las partes involucradas en la publicación del libro.

«Nunca sabré por qué colaboró con el proyecto, leyó el manuscrito, en apariencia le agradó, y luego dijo a la prensa que yo había escrito un libro de mal gusto y terrible —dijo Manchester—. Hablé con esa mujer durante muchas horas, compartí algunos de sus pensamientos más profundos, más oscuros, redacté la información autorizada sobre el asesinato del presidente Kennedy, pero no tengo ni la menor idea de cómo es en verdad Jackie Kennedy Onassis. Ése es un interrogante que me llevaré a la tumba.»

Las acciones legales no impidieron las negociaciones entre bambalinas. *Look*, Harper & Row y el autor convinieron, por último, en otra ronda de expurgaciones. «Y cuando aceptamos hacer los cambios —señalaba William Attwood—, sugerimos que nuestros abogados se reuniesen con los abogados de ellos y con Jackie... y entonces fue cuando subí a la habitación [en las oficinas de *Look*] con Dick Goodwin y con ella, para repasar la primera parte, a la cual ella más se oponía, y que describía el asesinato en concreto.

»Recuerdo que antes de subir, Mike Cowles, cuya última experiencia con ella había sido tan incómoda, dijo: "Hagas lo que hagas, diga ella lo que diga, por más que grite, y por más que te insulte, mantente sereno."

»Yo respondí: "No te preocupes, Mike. Estuve durante cuatro años en el Gobierno, en África; y multitudes de personas me gritaron, y presencié huelgas fuera de la embajada, y ella ni me roza."

»Bien, para mi sorpresa, se mostró muy tranquila y agradable, amable y colaboradora, repasamos todas las partes de este primer largo capítulo a las cuales se oponía... y no puso objeción alguna a una buena porción del mismo... Resultó interesante, porque se mostró muy afable durante la reunión. Hablamos de los viejos tiempos y de nuestros encuentros anteriores [en la Casa Blanca], y ella se fue con una sonrisa. Y sin embargo, de una u otra manera, cuando llegó a la puerta, vio que la prensa la esperaba, y se las arregló para estallar en lágrimas, y por lo tanto los titulares de los vespertinos dijeron: "Jackie sale de la reunión llorando." Eso se había convertido en... una especie de batalla de relaciones públicas, de modo que nosotros debíamos representar el papel de los villanos que tratan de molestar a la pobre viuda. Y eso también provocó ciertas molestias, porque se veía con claridad que se trataba de un fingimiento. Si hubiese llorado, lo habría hecho arriba, conmigo, leyendo las palabras, y mientras leía el relato referido a los disparos y a la sangre en su vestido, y el cerebro salpicado por todo el coche. Leyó todo eso con perfecta ecuanimidad... y las lágrimas y la emoción no brotaron hasta que se enfrentó a la prensa.»

El caso Manchester tenía una extraña nota marginal. Para consternación de todos los que sentían que William Manchester había sido pisoteado por los Kennedy, el autor se declaró partidario de Bobby Kennedy cuando éste presentó su candidatura a presidente en 1968, y dijo que era «auténticamente humano... el hombre menos entendido del escenario presidencial». Jacqueline Kennedy llamó a Manchester y más tarde le escribió una carta: «Cuando leí, esta primavera, que ofrecía su apoyo a Robert Kennedy, sentí un enorme sobresalto... y luego quedé conmovida..., mucho más que eso... Quiero que sepa que la última vez que vi a Bobby con vida hablamos de eso. Y tuvo la misma importancia para él... Usted le daba lo que suplicaba a otros... un borrón y cuenta nueva en relación con el pasado... Fe en el ahora... y una generosidad de enorme magnitud y sacrificio.»

Cuando se es un Kennedy, se es para siempre. Todo lo que Jackie hacía o decía en público era medido por los miembros de la familia Kennedy como ventajoso o perjudicial para la imagen política del clan. El embrollo con Manchester no había sido muy útil, y tampoco lo era la aparente vida de lujo de Jackie. Ésta había comenzado el año con un viaje de regreso a Antigua. Bunny Mellon se ofreció a comprarle o construirle una casa en esa pequeña isla idílica, pero Bobby Kennedy insistió en que rechazase el ofrecimiento. Bobby y Teddy Kennedy, juntos, la obligaron a dar por concluida la ayuda que había recibido del Gobierno para mantener abierta su oficina de Park Avenue.

«Jackie tenía sus problemas con los Kennedy —señaló el periodista francés Paul Mathias—. JFK había dejado una herencia evaluada en 15 millones, pero la mayor parte de ella estaba atada en fideicomiso para los chicos. El testamento no había sido puesto al día desde 1954, y no contenía cláusulas adecuadas para atender al bienestar de Jackie. Ésta compró su piso de la Quinta Avenida con el dinero de la venta de su casa de Georgetown, y adquirió esta casa con el dinero que le habían dejado a sus hijos. Había un fideicomiso a nombre de Jackie, que rendía 150.000 dólares por año; si volvía a casarse, este fideicomiso pasaba a los niños. Tenía el dinero de la venta de la casa de Atoka, y era dueña de la casa de Hyannis Port, que después de la muerte de JFK incluía una caravana estacionada en la parte de atrás de la casa. Ella la instaló para el Servicio Secreto, porque no quería que rondasen por el interior de su casa. Lo consideraba como una intromisión. Había algunas sumas accesorias el estipendio de viudedad que recibía del Gobierno, así como las posesiones personales de Kennedy: libros, objetos, muebles. En conjunto, contaba con unos 200.000 dólares anuales para vivir. Bobby complementó sus ingresos con una asignación anual de 50.000 dólares. Pero ni siquiera eso le alcanzaba para mucho. Ahí había alguien que adoraba los objetos hermosos, y que gastaba 100.000 dólares en una cajita de rapé o en un jarrón de flores que en alguna ocasión había pertenecido a Catalina la Grande.

»A los Kennedy les importaban un rábano las cajas de rapé o los huevos Fabergé o las alfombras persas. Todas sus casas parecían un Howard Johnson. No les importaba el arte o los muebles o la porcelana. Les importaba el poder, la política. Gastaban su dinero en la compra de votos. Andy Warhol habría podido ser elegido presidente por la cantidad que Joe Kennedy gastó para hacer que JFK llegase al cargo. Pero no gastaban en ninguna otra cosa. Nunca dejaban propinas. Pagaban lo mínimo posible a su servicio doméstico. Tras el ataque de Joe Kennedy, comenzaron a importar sus criados —jardineros, cocineros, criadas— de Costa Rica y la República Dominicana, porque eran los únicos que trabajaban por esos sueldos bajos. Jamás llevaban dinero consigo. Lo cargaban todo en la cuenta. Iban a Stop and Shop y cargaban las compras en cuenta. Ethel Kennedy entraba en una estación de servicio y decía "Llénelo" y el empleado de la estación preguntaba: "¿Hoy lleva algo en efectivo consigo, Sra, Kennedy?" Eran el hazmerreír de Hyannis Port. Y Bobby era tan tacaño como su padre. Jackie no podía acercarse a él y decirle "Mira, acabo de pasar por *A La Vieille Russie* y he visto un jarrito encantador del siglo XVIII, por sólo 60.000 dólares". Se le habría reído en la cara. Ni siquiera resultaba fácil convencerlo de que entregase lo necesario para la vida cotidiana. Jackie necesitaba un coche nuevo. Para conseguirlo, casi tuvo que sobornarlo mediante la promesa de hacer campaña para él, si presentaba su candidatura a la presidencia.

»Corrían rumores de que después del asesinato, Jackie y Bobby mantuvieron relaciones sexuales. Como conocemos por su matrimonio con JFK,

Jackie tenía un historial de persecuciones de hombres inaccesibles. Y Bobby, aunque no se parecía a JFK, disfrutaba por su parte de las diversiones. Pero me asombraría saber que la relación entre Jackie y Bobby se hubiera consumado alguna vez. No descarto la posibilidad de un coqueteo, la posibilidad de que algo hubiera podido llegar a concretarse con el tiempo. Dadas las circunstancias, no hay nada de tremendamente antojadizo en esta suposición.»

Mary DeGrace, que trabajó para Ethel Kennedy en Hyannis Port durante diecisiete años, tenía conocimiento de los rumores relacionados con Bobby y Jackie. «Eran rumores del servicio —dijo—. Durante todo el tiempo se leían notas en los periódicos sensacionalistas acerca de este supuesto romance entre Jackie y Robert Kennedy. El personal de la casa hervía en rumores. Reinaba una sensación en el aire, pero nadie sabía nada en concreto. Durante los fines de semana, la familia se congregaba para cenar en casa de Bobby. En una ocasión, Jackie llegó para la cena y Ethel se levantó de la mesa y se fue a su habitación. Existía una tensión entre las dos mujeres. Estaba relacionada con Bobby. No sé si era algo sexual entre Jackie y Bobby o no, pero algo ocurría. Yo diría que eso llegó a su culminación durante el verano de 1967, el año anterior al asesinato de Bobby. Ethel se sentía amenazada por Jackie. Parecía que Bobby y Jackie estaban llegando a algo, y si bien nada sucedió, a Ethel le preocupaba que pudiese llegar a ocurrir.

»Oí cierto comentario que me pareció más bien revelador. Katherine, una criada mayor que trabajaba para Ethel, se encontraba presente un día cuando Teddy Kennedy entró en la casa, se dirigió hacia Ethel y se inclinó para besarla. Ésta lo apartó y le dijo: "Aquí no habrá situación alguna como la de Bobby y Jackie." Resultaba evidente que Ethel se mostraba muy sensible en cuanto a lo que podía estar sucediendo entre Bobby y Jackie, o lo que creía que podía ocurrir si las cosas se descontrolaban.»

Mary DeGrace no sentía un gran afecto por Ethel: «Yo lavé la ropa para la familia desde las 7.30 de la mañana hasta las 5 de la tarde, cinco días a la semana, todas las semanas del verano, durante todos esos años. Tardaron cuatro o cinco años en darse cuenta de que yo tenía un nombre. Recibí un salario mínimo durante todo mi período de empleo, y me dieron un regalo una sola vez: una foto de Bobby Kennedy después de su muerte. Como pagaban tan poco, los criados se iban constantemente. Durante un período de diez semanas tuvimos treinta cocineros. En años posteriores, a medida que los chicos crecían, solía encontrar marihuana en el lavadero, en los bolsillos de los pantalones, y en especial en los del joven David, que más tarde tomó dosis excesivas. Yo me deshacía de eso y se lo contaba a Ena, la criada de Ethel durante muchos años. Ena, que era costarricense, había estado al servicio de Ethel desde que tuvo el primero de sus once hijos hasta el último. No era posible decirle nada a Ethel, ni siquiera se le podía decir a Ena. Si se lo entregaba a Ena, ésta se lo ocultaba a Ethel.

»Lo único que había que agradecerle a Ethel, y eso era válido también para Jackie, era que si la familia comía bistec, para cenar, también lo hacía el servicio. En la casa de Rose Kennedy, si ella comía bistec, el servicio comía hamburguesas; si ella comía hamburguesas, el servicio comía salchichas. En la casa de Rose, nunca nos daban postre. Así eran los Kennedy. Dividían el mundo entre nosotros y ellos.

»A pesar de lo compulsiva que era Ethel Kennedy, su casa era una pocilga. Todas las mañanas iban a misa, pero jamás limpiaban nada. La casa de Jackie parecía mucho más ordenada. Por supuesto, no había tantos chicos. Recuerdo que un verano abrí la casa de Jackie antes de que llegasen. Tenía una cama con dosel, con un marco muy típico de Cape Cod. Nada que sugiriese riqueza ostentosa, aparte de un armario. Era un armario doble, atestado de vestidos. Y había unos treinta pares de zapatos. En aquella casa se alojaba apenas un mes al año, de modo que parecía sobrar ropa.

»Jackie me parecía muy agradable. Otras criadas no la querían. Cuando ella me veía a mí, me dedicaba una sonrisa y me decía: "Hola, ¿cómo estás?"

»Al cabo de diecisiete años, Ethel y yo discutimos respecto a su cuenta de la lavandería. Ella pensaba que yo mandaba demasiadas cosas fuera para que las limpiaran. Yo lavaba y planchaba camisas, toallas, ropa interior, fundas de almohada, e incluso pantalones de trabajo. ¿Quién plancha pantalones de trabajo en estos días, y además con raya? La lavadora funcionaba desde el momento en que yo llegaba hasta que me iba, en que una de las otras criadas se encargaba de eso. Pero mandábamos fuera las prendas mayores: sábanas, mantas, cortinas. Un día, Ethel entró en el lavadero y me dijo: "Debes de estar en complicidad con el hombre de la lavandería. "¡Mi cuenta de este año, hasta ahora, asciende a 700 dólares, y la pagarás tú!" De modo que yo le dije que podía desear cosas con una mano y defecar con la otra, y ver cuál de las dos se llenaba primero. Luego dejé caer la plancha y me fui.

»En 1982 entrevisté a Jackie para pedirle un puesto de criada. Eso era un año después de haberme ido de casa de Ethel Kennedy. Pensé que mencionaría el incidente. Pero no lo hizo. De hecho, ni siquiera me reconoció. Me había visto y saludado un millar de veces en las dos últimas décadas, pero cuando me presenté en su casa, con ropa de calle, no me reconoció en absoluto... No me dieron el puesto.»

En marzo de 1967, Jackie, John y Caroline volaron a Acapulco, para pasar varias semanas con Lee Radziwill y los hijos de ésta, quienes concurrían entonces al Liceo Francés de Londres. Aunque Jackie ya no experimentaba el intenso sentimiento de pérdida que había sentido en su visita anterior a Acapulco, se veía acosada por otros problemas. En un momento dado, una lancha de motor que transportaba a media docena de fotógrafos mexicanos hizo que su yate zozobrara. La prensa estaba desencadenada, y su presencia provocaba dolores de cabeza a los hombres del Servicio Secreto. También existía cierta tensión en la relación entre Jackie y Lee. La causa de sus diferencias era Truman Capote, que en los últimos meses se había acercado más a Lee que a Jackie. Presentía en Lee una sensibilidad y vulnerabilidad que según afirmaba nunca había podido encontrar en su hermana. Truman había acompañado a Lee a Marruecos, y en apariencia la alentó allí a embarcarse en una carrera de actriz.

«Estábamos muy unidos —dijo Truman—. Incluso hablábamos de casarnos, aunque no se trataba de un matrimonio como aquéllos acerca de los cuales se lee en *Good Housekeeping*. Yo la llamaba "Queridísima princesa", y ella me consideraba su mejor amigo. Me consideraba otro Dr. Doolittle. Pensaba: "Esta pobre niña ha vivido toda su vida a la sombra de su hermana mayor, viéndola trepar de cumbre en cumbre. ¿Por qué no darle un impulso?"

»Me dijo que su pena más profunda era que no se la había educado para tener una profesión. "Me interesan principalmente las artes —me dijo—, pero dado mi tipo de educación, mis intereses nunca fueron orientados hacia ningún terreno en especial."

»De modo que se la presenté a Milton Goldman, un agente teatral que atendía a talentos tales como Laurence Olivier y John Gielgud, y éste le consiguió un papel en Chicago. A la Sra. Reina Kennedy [Jackie] no le gustó. Las dos hermanas sentían muchos celos, una de la otra. Incluso competían en el terreno de los regalos. La Sra. Reina me ofreció una jarra de porcelana de color espliego que decía OPIO en grandes letras negras. La queridísima princesa me envió una tabaquera Schlumberger, bañada en oro, con la inscripción: "Por mi plegaria atendida, con amor, Lee."»

Aunque Lee se quejó más tarde de que habría preferido interpretar a Chéjov o presentarse con Maureen Stapleton en una cena con espectáculo teatral en Phoenix, su primer papel fue de Tracy Lord, la adinerada y egocéntrica heroína de la burbujeante comedia de Philip Barry, *La historia de Filadelfia*, que se estrenó en la temporada de verano 1967, en el teatro Ivanhoe, de Chicago. Gerald Clarke, biógrafo de Capote*, revela que mientras Kenneth voló de Nueva York para peinar a Lee, George Masters, un artista del maquillaje de Hollywood, voló desde California para prepa-

---

* Gerald Clarke: *Capote. La biografía.* (Publicado en castellano por esta editorial.)

rar su rostro. Stas Radziwill y Capote estaban allí para acompañarla. La nota de humor, según Clarke, la dio Masters, que insistió en llamar a Stas «Principito», y «se quejó de que los colores de los vestidos Saint Laurent de Lee —un rosado escandaloso, púrpura y chartreuse— eran erróneos. Uno de ellos, dijo, parecía "comida de perro... ni siquiera las *Supremes* pensarían en ponerse algo así"».

«Lee pone el huevo de oro», dijo uno de los críticos de su interpretación; «patética, lamentable y triste» se lamentó otro.

El propio Capote hizo una mueca al ver que su creación se comportaba como una tonta en escena. «Si Lee no hubiese existido, alguien habría tenido que crearla —dijo, mucho después de la ruptura definitiva de ambos—. No podía dar crédito a lo que veía. Pensé que se trataba de un error. Ella merece otra oportunidad.»

El desaparecido David Susskind, productor independiente y director de un programa televisivo, recordaba «haberse tropezado con Truman en una fiesta en Nueva York, y haberle oído hablar de Lee Radziwill, de la gran actriz que podía ser, si se le daba el papel adecuado. Se puso a acosarme, me telefoneaba a todas horas, se presentaba en mi oficina. Llevaba consigo una carpeta con fotos de Lee, en el papel de Tracy Lord. Las críticas eran tremendas, pero Truman insistía en que Lee poseía talento. Además, dijo, ahí estaba toda la publicidad que había recibido en *La historia de Filadelfia*. "La televisión es su medio", dijo. De modo que fuimos a ABC y les vendimos la idea de dar a Lee la adaptación, por Truman, de *La voz de la tórtola*, la comedia de Van Druten. Aceptaron pagarle 50.000 dólares para representar el papel de protagonista.

»Después de pensarlo una semana, llamé a Truman y le dije: "¿Qué le parecería un papel que no fuese de comedia, para Lee? Me agradaría hacer una nueva versión de la película *Laura* de Otto Preminger, de 1944. Lee encarnará el papel de Gene Tierney, y además haremos que George Sanders interprete el personaje de Clifton Webb. Y usted escribirá el guión final." Truman habló con Lee, y ella no puso objeciones, siempre que grabáramos en Londres, de modo que estuviéramos cerca de su casa. "Magnífico —repuse—. Me ocuparé de eso." Además de George Sanders, conseguimos a Robert Stack, Arlene Francis y Farley Granger, con John Rich como director.

»Hicimos nuestro primer ensayo en Londres, en el otoño de 1967, y en cuanto nuestra primera actriz leyó su diálogo quedó claro que yo había cometido un error colosal. Para decirlo con franqueza, Lee Radziwill, o Bouvier, el nombre profesional que ella usaba, no sabía actuar. No sólo era incapaz de hacer entender un diálogo, sino que no sabía moverse. Y por más que se trabajara con ella, no era posible sacar a la luz su talento, porque no poseía ninguno.

»Telefoneé a Truman en Nueva York, y le hablé con franqueza. Aceptó hablar de eso con Lee, y en apariencia trató de convencerla de que ella era Laura. Lo único que tenía que hacer era fingir que estaba recibiendo a la gente en uno de sus cócteles. "Muéstrate encantadora como lo eres cuando tienes a cincuenta personas a cenar", le dijo. No dio resultado. Al contrario, la actuación de ella se volvió más maquinal aún. Lo más sorprendente es que nunca reconoció que tuviese inseguridad alguna. Por más terrible que fuese su actuación, tenía la sensación de que lo estaba haciendo muy bien. Nuestro programa de ensayos avanzaba. A medida que se acercaba la fecha de la filmación, comencé a sentir pánico. Traté de llamar de nuevo a Truman, pero me enteré de que éste había partido para las Bahamas, sin dejar una dirección o un número de teléfono donde comunicarse con él.

»Lo que me irritaba de veras era la actitud de Lee. Llegaba siempre tarde a los ensayos, debido a las actividades de su casa, hasta muy avanzada la hora. En la última semana de los ensayos aún no conocía sus diálogos, ni sus marcas, ni sabía cuándo entrar o salir. Un ejecutivo de la ABC, que soportó dos días de ensayos, me dijo: "Tiene que irse." Yo estuve de acuerdo.

»¿Pero cómo se despide a la cuñada del ex presidente de Estados Unidos, y a la hermana de quien es probablemente la mujer más formidable del mundo? Respuesta: no se hace; se la obliga a que se vaya. Ideé un plan. Ordené a John Rich que la atacara de forma tan implacable y con tanta frecuencia que ella tuviese que irse en lugar de seguir adelante. Aunque estaba bien concebido, el plan fue objeto de protestas de los otros miembros del reparto, quienes insistieron en que, por inadecuada que fuese su interpretación, no se la debía humillar. En cambio, decidimos fijar la última semana del ensayo como un curso acelerado de interpretación para nuestra desdichada estrella.

»La malhadada producción siguió adelante. En algunos casos teníamos que hacer hasta treinta tomas, y la única manera de lograrlo era concentrar la cámara en cualquier cosa, menos en Lee. La versión grabada se emitió en Estados Unidos en diciembre de 1970, y en enero en Inglaterra, y fue objeto de críticas uniformemente desastrosas en ambos países. Ello terminó con la carrera teatral de Lee, y estuvo a punto de terminar con la mía.»

Mientras Lee hacía cabriolas en escena y en compañía de Truman Capote, Jackie fue a Newport News, Virginia, donde su hija bautizó el *USS John F. Kennedy*, un gigantesco portaviones de 200.000 millones de dólares, en lo que fue un gran acontecimiento para los medios de comunicación. La Armada gastó 300.000 dólares sólo para la ceremonia inaugural. «El alto mando no estaba precisamente encantado con esta cifra —dijo el almirante Thomas Moorer, ex comandante de la Séptima Flota—. Pero era un enorme barco y un enorme espectáculo. El presidente Johnson se trasladó en avión para asistir. Los dignatarios fueron llevados desde el aeropuerto en helicóptero. Robert McNamara, que había llegado con la Sra. Kennedy para pronunciar el discurso inicial, estaba allí para decir a los pilotos del helicóptero dónde debían aterrizar. Disponíamos de marines encargados de esa operación, pero eso no pareció amedrentar a McNamara.

»La Sra. Kennedy estaba de pie allí, observándolo todo. Me dijo: "Sé que ustedes, caballeros, se ponen nerviosos cuando tienen una ceremonia tan importante como ésta." Le respondí que nunca me ponía nervioso, pero que el secretario de Defensa sí parecía estarlo. Y este individuo se encontraba al frente de todo, incluido lo de Vietnam.»

El 30 de mayo de 1967 llegaron noticias de que lady Harlech, esposa de David Ormsby-Gore, había muerto en un accidente automovilístico, en Gales del Norte. Jackie y Robert Kennedy volaron a Inglaterra para asistir a los funerales. Dos semanas más tarde, Jackie regresó a Londres con Caroline y John, en su trayecto a un «viaje sentimental», de seis semanas, a Holanda, que incluía la equitación en Waterford, un encuentro con el presidente Eamon de Valera, las apuestas combinadas irlandesas y una visita al hogar ancestral de los Kennedy en Duganstown.

Jackie pasó la mayor parte del tiempo con la familia de Murray McDonnell, sus vecinos de Bernardsville, y sus ocho vástagos, en Woodstown House, una mansión de 53 habitaciones en Waterford. En una ocasión, Caroline y media docena de los niños McDonnell chapoteaban en un estanque cercano, cuando unos cincuenta fotógrafos de prensa cayeron sobre ellos. La escolta del Servicio Secreto de Caroline reunió a los niños y los llevó de regreso a la mansión de los McDonnell. Molesta por el incidente, Jackie telefoneó al Departamento de Relaciones Exteriores de Irlanda exigiendo una declaración pública en el sentido de que ni ella ni los niños querían otra cosa salvo que los dejasen en paz.

Dos semanas más tarde se produjo otro incidente que fue, potencialmente, mucho más peligroso y habría podido terminar de manera trágica para Jackie. Las circunstancias que rodean este incidente se describen en una carta que Jackie escribió a Thomas T. Hendrick, ayudante especial del secretario del Departamento del Tesoro en el Destacamento del Servicio Secreto, fechada 7 de agosto de 1967, y descubierta hace poco:

Después de haber estado en Irlanda unas dos semanas, comencé a escabullirme por la noche para nadar. Con diez chicos en casa, hacía falta un poco de soledad. Conducía yo misma, y no le decía a nadie a dónde iba.

Un día el Sr. [John] Walsh descubrió que me había ido, y como supuso que es-

taba en la caleta, me siguió. Me observó mientras nadaba, durante tres días, y yo nunca me di cuenta de ello. El lugar donde nadaba era peligroso, pero yo no lo sabía, ya que por la noche la marea era bastante baja. Al cuarto día nos encontrábamos todos en una merienda campestre, con la marea alta. El Sr. Walsh estaba con los McDonnell y todos los niños pequeños, en una enorme lengua de arena, segura. Me escapé del grupo, sin ser vista, según creía; recorrí algo más de medio kilómetro, playa arriba, por detrás de las dunas, hasta el canal que siempre cruzaba nadando, para regresar luego.

En medio del canal me encontré arrastrada por una terrible corriente. La marea subía con tanta fuerza [que] si no llegaba a la punta de tierra de enfrente, sería arrastrada hacia una bahía de 20 kilómetros de longitud. El agua estaba tan fría que no era posible apretar los dedos. Yo soy una buena nadadora, y puedo nadar durante millas y horas enteras, pero la combinación de la corriente y el frío era algo que no había conocido nunca. No había nadie a la vista a quien pedirle ayuda.

Empezaba a sentirme extenuada, tragaba aire, y ya me deslizaba más allá de la lengua de tierra cuando sentí a mi lado una gran manaza. Era el Sr. Walsh. Apoyó un hombro contra el mío, y juntos llegamos a la lengua de tierra. Después me senté en la bahía, y escupí agua marina durante media hora, mientras él encontraba a un pobre excursionista y le pedía prestada una manta para mí. Luego caminamos un kilómetro y medio hasta llegar a un camino de tierra, y los McDonnell, al ver que nos habíamos ido, llegaron al fin, seguidos por el coche con detectives irlandeses.

Jackie recomendó que Walsh recibiera los más altos honores de la Agencia: «El año pasado salvó a mi hijo de una fogata de campamento en Hawai, y a mí este año... ha ahuyentado el desastre en dos o tres ocasiones, y ha honrado la tradición del Servicio Secreto.»

En abril de 1968, a petición de Jackie, Walsh se convirtió en jefe de su destacamento del Servicio Secreto, cosa que la llevó a comentar a Hendrick, en una carta, que toda su escolta era ahora irlandesa, como muchos de los integrantes de su personal: «¡Nunca imaginé que llegaría a convertirme en la capitana de un grupo de hombres y mujeres irlandeses!... pero son los únicos que permanecen... supongo que es porque los Kennedy son todos irlandeses y que éstos se mantienen tan unidos entre sí. En mi casa, todos han estado conmigo desde que me trasladé a Nueva York, salvo los cocineros, que llegan y se van... ¡y la última [Annemarie Huste] escribe ahora un libro relacionado con el hecho de haber trabajado para mí y Billy Rose!

»De manera que es una cualidad por la que estoy muy agradecida, ya que no puedo permitir que todos los que llegan hasta mi puerta escriban un libro; la nodriza inglesa de los niños, Maud Shaw, ya lo hizo... pero los irlandeses son lo bastante leales como para no hacerlo... y se entienden muy bien entre ellos... Sé que su defecto es tener demasiado apego entre sí y por ser luchadores... e imagino que tal vez por eso... ponen entre la espada y la pared a todos los que no son irlandeses.»

«Jackie Kennedy era la burlona, la tentadora de su época —dijo Paul Mathias—. Perfeccionó el arte, lo inventó. Era la Srta. Narcisista, constantemente en busca de espejos para descubrirse arrugas de preocupación y mechones de cabello prematuramente encanecido. No le preocupaba envejecer; le preocupaba parecer vieja. A los dieciochos meses del asesinato de JFK, tenía dos docenas de los hombres más brillantes e importantes pendientes como marionetas, bailando en la palma de su mano, la mayoría de ellos muy casados, muy viejos o muy raros...»

La franca valoración de Mathias contenía cierta veracidad. En los años inmediatamente posteriores a la muerte del presidente, una cantidad de renombrados caballeros persiguieron a Jackie. El propio Adlai Stevenson, a su manera, como burlándose de sí mismo, demostró algo más que un interés pasajero. Cuando Jackie todavía vivía en Georgetown, en 1964, le escribió: «Por favor, ten piedad, sé compasiva con un anciano y avísame cuando te encuentres en Nueva York.» Cuando ella se trasladó a Nueva York, él volvió a escribir: «¡Bienvenida a Nueva York! ¡Espero que encuentres algo de tranquilidad aquí, yo no la he encontrado! Y no te daré nada de ella... hasta que me dediques una velada... sola, o en un pequeño grupo, o mediano, o grande... lo que quieras, y con quien quieras.» Cuanto más la veía, más atraído se mostraba. Empezó a invitarla a diversos viajes. A Washington: «¿Querrías ir conmigo en un pequeño viaje a Washington, el domingo... volar en un avión especial por la tarde, y regresar... por la noche?» A España (el año anterior a aquél en el que Jackie fue sola): «¿Querrías ser la "joya de la corona" de una Feria en otros aspectos tan fantástica? En ese caso, tu cofrecito de joyas se encuentra al alcance de la mano, aunque en la actualidad se halla prisionero del Asia suroriental, el Mediano Oriente, el Artículo 19 y diversas alarmas. Pero a fin de cuentas, ¿cómo puedes ver el mundo, a no ser bajo los tiernos cuidados de un anciano y seguro acompañante como yo?»

Jackie mantuvo a Stevenson a distancia con tácticas juguetonas, sugestivas, sin comprometerse nunca del todo, pero sin rechazarlo tampoco por completo. Las cosas eran más difíciles con el poeta Robert Lowell, con quien había establecido una amistad distante en 1964, cuando él le enviaba ejemplares de sus libros, así como un ejemplar de la *Vida* de Plutarco, que después ella regaló a Bobby Kennedy. Lowell y Jackie se habían conocido durante los años que ella pasó en Washington, en una cena que en 1962 la Casa Blanca, ofreció a André Malraux. En 1965 y 1966 se vieron de vez en cuando, reunidos por su mutuo amigo, Blair Clark. En una carta a Lowell,

Jackie señalaba cuán complacida se sentía de tener «un amigo al otro lado de Central Park», y la frase se convirtió en el título de un nuevo poema de Lowell, que se publicó en *Notebook 1967-1968.* La amistad de ambos fue consagrada como un chismorreo oficial cuando una foto de la pareja se publicó en la primera página de *Women's Wear Daily* del 1 de diciembre de 1965. Habían sido fotografiados en la noche del estreno de *Hogan's Goat,* una obra de William Alfred. Pocos días más tarde, Lowell decía a sus amigos que tenía la intención de divorciarse de su esposa, la crítica literaria Elizabeth Hardwick, para casarse con Jackie Kennedy.

«Durante un tiempo, Lowell se obsesionó bastante por Jackie —dijo Blair Clark—. No creo que ella se diese cuenta de que él era un maníaco-depresivo, que tomaba litio y entraba y salía de los hospitales con gran regularidad. Cuando me di cuenta de lo obsesionado que había llegado a estar por ella, le dije a Jackie que en mi opinión aquel hombre estaba entrando en otro de sus accesos maníacos. Dije que sus obsesiones con las mujeres provocaban a menudo estos episodios, y que debía tener cuidado. Las obsesiones actuaban como un dispositivo disparador. Yo era amigo íntimo de él, y me llamaban cada vez que tenía un ataque. Reconocí las señales. Ciertamente se mostraba muy interesado por ella. Tenía una fijación. Le encantaba. Por su parte, ella estaba interesada por él, pero sólo como personalidad, alguien con quien conversar de vez en cuando.»

Efectivamente, Lowell sufrió un episodio maníaco-depresivo, y en la Navidad de 1965 terminó en el hospital McLean, de Boston. Allí le escribió Jackie, agradeciéndole un libro sobre Alejandro Magno que le había enviado, y diciéndole que, por sugerencia de él, había leído a Juvenal y a Catón. Como no quería hablar de manera directa del tema de su enfermedad, señalaba que hacía bien en «alejarse» durante los días festivos... como si se hubiera ido de vacaciones en lugar de internarse en un hospital para enfermedades mentales.

Cuando le dieron de alta, él continuó viéndola, y siguió recomendándole libros. Jackie presentó a «Cal», como lo llamaban todos, a Bobby Kennedy. «Jackie era más refinada y culta que los Kennedy —dijo Blair Clark—, y creo que quería educar a Bobby poniéndolo en contacto con alguien como Lowell, tal como había educado a Jack. Tal vez quería limar asperezas antes de que presentara su candidatura a la presidencia. Lowell y Bobby Kennedy tuvieron varias conversaciones prolongadas durante ese período, no tanto sobre política, como sobre literatura.»

En los meses que siguieron a la muerte de su esposa, lord Harlech fue señalado muy a menudo como un posible futuro esposo de Jackie. Ésta le vio durante su viaje a Irlanda; él la había visitado en un viaje a Estados Unidos. Por su parte, Harlech emitió una severa negativa («No somos más que buenos amigos»), cosa que, por desgracia, coincidió con un anuncio de que Jackie emprendería un viaje privado al Lejano Oriente, y sería acompañada nada menos que por lord Harlech.

Parecía que, en definitiva, algo se incubaba. La prensa describió el viaje de noviembre de 1967 a Camboya y Tailandia como una luna de miel prematrimonial o por lo menos como un preludio del matrimonio. ¿Por qué, si no, viajar juntos? Cuando se señaló que Michael V. Forrestal y el Sr. Charles Bartlett y su esposa los acompañaban, la prensa razonó que Jackie había decidido llevar a sus propios testigos, ya que tal vez planeaba casarse con lord Harlech en Camboya.

Pocos periodistas parecían darse cuenta de la verdadera trascendencia de la expedición. Lo que tomaron por un viaje erótico de dos enamorados constituía en realidad una misión semipolítica, orquestada con cuidado, patrocinada de manera discreta por el Departamento de Estado de Estados Unidos y camuflada como una actividad privada. Washington creía que tal vez Jackie podría frenar la creciente marea antinorteamericana en Camboya, consecuencia de la guerra de Vietnam, y tal vez hacer actuar su magia sobre el príncipe Sihanuk, jefe de Estado de Camboya, en una forma comparable a sus conversaciones con Charles De Gaulle. Camboya había roto las relaciones formales con Estados Unidos; el secretario de Defensa, Robert McNamara tuvo la idea de enviar a Jackie, y Averell Harriman elaboró los detalles de la visita. Antes de aceptarla, Jackie consultó con Bobby Kennedy, quien declaró que «valía la pena» intentar la misión.

Para ayudar a guiarla, Jackie había decidido hacerse acompañar por lord Harlech, un diestro y experimentado diplomático británico, en tanto que Forrestal era a la vez un amigo de confianza y un experto en asuntos del sureste asiático. Jackie partió de Nueva York, se detuvo en Roma durante tres días, y luego subió a bordo de un vuelo regular cuyo compartimento de primera clase había sido convertido en dormitorio para el vuelo de doce horas de Jackie.

La bienvenida del príncipe Sihanuk en el aeropuerto de Phnom Penh supuso el primer obstáculo a los asesores de Jackie. Al escudriñar por anticipado una copia del discurso, lord Harlech se encontró con un comentario que debía resultar ofensivo. Lo que el príncipe se proponía decir era que si el presidente Kennedy hubiera vivido, no habría habido guerra en Vietnam. Pronunciada en un discurso de bienvenida de la Sra. Kennedy, la frase habría tenido el mismo efecto que algunas de las afirmaciones anti-Johnson de William Manchester en *Death of a President*. Lord Harlech aconsejó a Jackie que pidiese a Sihanuk la supresión del pasaje. La petición se hizo desde el avión, por medio de un transmisor-receptor. El príncipe aceptó. A cambio, Jackie convino agregar una línea a su discurso de llegada, en la cual afirmaba que «al presidente Kennedy le habría encantado visitar Camboya».

El aspecto más interesante del viaje para Jackie fueron los templos de Angkor Wat, atrayentes restos del gran pasado de Asia. Durante tres días, ella y lord Harlech vagaron por entre las ruinas históricas, tomando fotos y reuniendo recuerdos. Hizo caso omiso, diplomáticamente, de la ocasional retórica antinorteamericana de Sihanuk. En Sihanukville, Camboya, dedicó una avenida a su difunto esposo. Almorzó en la casa de campo del príncipe, y dio de comer a los elefantes reales. Después, un C-45 de las Fuerzas Aéreas Norteamericanas transportó al grupo —sin lord Harlech, que regresó a Inglaterra— al territorio más amistoso de Tailandia, donde fueron recibido por el rey Bhumibol y la hermosa y elegante reina Sirikit, a menudo apodada «la Jackie de Oriente».

En Bangkok, Jackie y sus amigos fueron instalados en el palacio real, agasajados con una recepción real y con un espectáculo de gala del Ballet Real. En su honor, el Templo del Buda Esmeralda fue iluminado en todo su esplendor. Para Jackie, Tailandia y su visita a Angkor hicieron que el largo y fatigoso viaje valiese la pena. En cuanto a lord Harlech, el viaje fue, en la práctica, el último acto de un drama romántico inexistente.

Sus relaciones más importantes durante este período fueron las que mantuvo con los todavía casados Roswell Gilpatric y André Meyer. Los amores de Gilpatric habían sido mantenidos tan en reserva, que ni siquiera los compañeros más «íntimos» de Jackie sospechaban de ello; es decir, hasta que la pareja viajó junta en marzo de 1968, para visitar las ruinas mayas de México. Nacido en Nueva York, en 1906, Gilpatric estudió Derecho en la Universidad de Yale, sirvió como subsecretario de la Fuerza Aérea y como secretario delegado de Defensa durante la Administración Kennedy.

«Yo había conocido a Jack Kennedy desde que era miembro del Congreso —dijo Gilpatric—. Conocí a Jackie cuando se convirtió en la Primera Dama. Organizaban muchas cenas informales y reuniones de sociedad, que parecían ser el estilo que preferían ambos. También conversé con Jackie en varios de los seminarios de Hickory Hill ofrecidos por Robert Kennedy, y mantuve numerosas conversaciones en privado con JFK en la Casa Blanca. Durante los años de la Casa Blanca, Jackie fue alguna vez a mi casa de la costa oriental de Maryland. A esas alturas sólo éramos amigos. La relación se desarrolló poco a poco después del asesinato.

»Lo extraño del viaje al Yucatán es que para entonces ya me había dado cuenta de que no íbamos a llevar las cosas adelante. Durante el viaje, Jackie mencionó varias veces a Onassis, y me habló de sus intenciones. La encontré muy franca. No lo tenía decidido del todo [perseguir a Onassis], pero parecía inclinarse en ese sentido.»

Angus Ash, que cubría el viaje mexicano para *Women's Wear Daily,* recordó que «había muchos besuqueos en público y muchas manitas entre Jackie y Gilpatric. Eso se hacía de cara a la prensa. Jackie andaba por todas partes, en un momento dado saltaba a un arroyo, vestida de pies a cabeza. John Walsh, su agente del Servicio Secreto, tenía que meterse detrás de ella. En otra ocasión trepó a una de las pirámides mayas y posó como la reina de Inglaterra iniciando las carreras de Ascot.

»A Jackie no le molestaba la prensa mexicana porque los periodistas redactaban entusiastas artículos sobre ella. Pero los periódicos norteamericanos la enfurecían, le parecían insultantes. Como yo era el único reportero norteamericano en ese viaje, recibí todo el peso de su cólera. Atacó en especial a *Women's Wear Daily* porque informábamos de lo mucho que gastaba en vestuario y describíamos con gran detalle sus actividades sociales.

»Gilpatric hablaba conmigo, y por lo menos se mostraba cortés, pero Jackie se negaba e hizo lo posible para que se me excluyera del grupo. De vez en cuando, su destacamento del Servicio Secreto nos causaba problemas. No tengo la menor idea de por qué iban en ese viaje, ya que, presuntamente, no era patrocinado por el Gobierno, pero estaban allí y vigilaban a Jackie. Recuerdo haber informado que John Walsh, que medía más o menos 1.90, se había visto obligado a montar en un burrito, en tanto que todos los demás montaban a caballo. A Jackie no le agradaban mis comentarios. Al día siguiente un agente me llevó a un lado y me dijo que si no tenía cuidado podía terminar en una cárcel méxicana. En otro momento, cuando subíamos al avión de la prensa, Jackie hizo que uno de sus secuaces anunciara que sólo los fotógrafos —no los periodistas— podrían subir a bordo. Por fortuna, yo tenía varios amigos entre los fotógrafos mexicanos, y dos de ellos tomaban notas detalladas para mí. Luego, cuando transmití mi último artículo desde México, el teléfono quedó misteriosamente muerto. Necesité cuarenta y ocho horas para volver a comunicarme.

»Pero ése no es el final. Quién sabe cómo, Rose Kennedy consiguió una copia anticipada de la serie final. Ésta era la que contenía el jugoso asunto del coqueteo de Jackie y Gilpatric. Rose telefoneó a John Fairchild, director editorial de *WWD,* y lo instó a que eliminara la reseña... porque tendría un efecto adverso sobre los niños, cosa que constituía una extraña excusa, porque los hijos de Jackie eran demasiado pequeños para leer la publicación. Para su eterno mérito, John publicó la reseña intacta.»

Aunque se encontraba al borde de la separación, Roswell Gilpatric todavía estaba casado cuando acompañó a Jackie a México. Su esposa Madelin estaba enterada de las relaciones. «Nada tenía que ver conmigo —dijo—, ya que, en lo fundamental, nuestro matrimonio había terminado.»

Si bien la relación de Jackie con Roswell Gilpatric estaba definida con claridad, su amistad con André Meyer era un asunto muy complejo. Varios factores lo complicaban, y no era el menor de ellos que Meyer se había convertido en el asesor financiero de Jackie. «Jackie quería que alguien ajeno al círculo de la familia manejase su dinero —dijo Truman Capote—. Confiaba en Meyer. Lo consultaba por esto, aquello y lo de más allá. Era su confidente, su analista, su consejero de inversiones. No sólo ganaba dinero para ella, sino que la aconsejaba en cuanto a la crianza de los niños, sobre los viajes, sobre los bienes raíces. A cambio, Meyer contaba con una muchacha que, si bien no estaba enamorada de él, por lo menos quería complacerle, hacerle feliz.»

Roswell Gilpatric afirmaba que veía con frecuencia a André en casa de Jackie: «Resultaba evidente que la asesoraba acerca de todo tipo de problemas. Yo lo conocía aparte de ella. Ella valoraba sus orientaciones... tanto en materia de negocios como en los aspectos personales. Además lo visitaba con frecuencia. Vivía en el Carlyle con Bella, su esposa.»

Un factor que contribuyó a la complejidad de sus relaciones fue el profundo afecto de André por Jackie. Si bien no estaba dispuesto a divorciarse de su esposa, se encontraba cautivado por Jackie. Según Cary Reich, biógrafo de André Meyer*, muchos de los amigos y conocidos del financiero creían que Jackie jugueteaba con él.

Lo que llevaba al borde del aturdimiento a quienes lo rodeaban, escribe Reich, eran «los modales de Jackie, en especial la forma desconsolada de chiquilla perdida con que imploraba a Meyer: "André, ¿qué debo hacer? No sé qué hacer."» Marianne Gerschel, nieta de Meyer, habría dicho: «Esa voz de niñita que llegaba a través de la habitación era suficiente para enloquecerle a una. Yo tenía catorce años por aquel entonces, y recuerdo haber pensado: "No es posible que él se deje engañar por toda esta basura." Pero eso era algo que mi abuelo lisa y llanamente no podía ver, no entendía.»

Otro testigo es Madeleine Malraux, la ex esposa de André Malraux y miembro de lo que Reich denomina el «séquito Carlyle», grupo de mujeres amigas y a menudo amantes del financiero. Jackie, según Madeleine Malraux la describe en la biografía de Reich, «es una mujer muy inteligente, pero también muy superficial... Malraux estaba seguro [escribe Reich] de que Meyer coincidía con esta evaluación. Pero dice: "André no quería que la señalaran." En busca de una palabra para describir a Jackie, Malraux encontró el término *allumeuse*. "Es alguien que le da a uno esperanzas, alguien *qui craque l'allumette*,... que enciende el fósforo, ¿entiendes? Jacqueline Kennedy... es una coqueta."».

* Cary Reich: *Financier: The Biography of André Meyer*, pág. 261.

La coquetería natural de Jackie, a menudo exhibida delante de la esposa y la familia de André, tenía que crear animosidad. Helene Gaillet, fotógrafa profesional y durante muchos años compañera de Felix Rohatyn, socio de Meyer en Lazard, habló de la amistad de Jackie con André.

«Yo era amiga de Jackie en esa época, en Nueva York —empieza diciendo—. Salía con Felix Rohatyn. Felix era algo así como el hijo adoptivo de André... eran amigos muy íntimos, tanto como socios comerciales. Jackie estaba con André. Felix y yo los acompañábamos a almorzar o cenar en el Carlyle casi todos los domingos. Las comidas se hacían siempre en el piso de André, de modo que llegué a crearme una idea muy clara de la mecánica de sus relaciones. Puedo decir, sin temor a equivocarme, que a los nietos de André no les gustaba Jackie. El único a quien agradaba era al hijo Philippe, que vivía en Francia. Los nietos no la apreciaban para nada.

»En lo que respecta a mujeres como Madeleine Malraux, es preciso ubicar su comentario en el contexto de la situación. La mayoría de las mujeres que iban a su casa estaban decididas a contar con la atención absoluta de Meyer. Era famoso y poderoso, y este era uno de los motivos de que ellas estuviesen ahí. Esas mujeres competían entre sí. Pero lo que resultaba evidente cuando esas otras mujeres se encontraban allí y Jackie estaba presente en el mismo momento, era que siempre existía cierta medida de celos por parte de dichas mujeres con respecto a Jackie. La razón resulta evidente: ésta recibía toda la atención de André, y las demás nada. Ella recibía esa atención por ser quien era. Las otras, entre ellas Madeleine Malraux, se encontraban un poco por debajo de Jackie, en términos de jerarquía. He visto ocurrir esto, no en esa circunstancia concreta, pero sí en un centenar de otras. Después de haber vivido durante diez años en el circuito del poder, he visto cómo ocurría una y otra vez en el caso de Jackie

»Como volvía a ser una mujer libre y sola, Jackie también representaba una enorme amenaza para todas las mujeres casadas de su círculo social. Con su personalidad, su fama y su belleza, no tenía más que entrar en una habitación llena de parejas para que las conversaciones se detuvieran en seco. Poseía una aureola electrizante que hacía que el salón se interrumpiera y cuatro hombres se precipitaran en el acto para hablar con ella. O bien no lo hacían, porque se sentían desconcertados. O intimidados. Ella intimidaba a los hombres. Hacía falta cierto tipo de hombre para establecer relaciones románticas con alguien tan famoso como Jackie. Intimidaba a los hombres, y provocaba un factor de celos en las mujeres. La única mujer que no sentía celos era la esposa de André. Bella era, en realidad, increíblemente fabulosa, porque era toda una dama. Jamás emitía una palabra de queja, nunca.

»Siempre tuve una elevada opinión de Jackie. Parecía inteligente, incluso en los detalles. Lo tenía todo previsto. Me enseñó algo maravilloso. No pedir nunca una segunda porción en ninguna comida. Es un buen consejo, ante todo desde el punto de vista dietético, y en segundo lugar, porque si repite y la mitad de la gente no lo hace, entonces una se queda rezagada con respecto a lo que sigue de la comida. Era un concepto totalmente nuevo para mí, en lo que se refiere al aspecto social de las cosas. Era sensato, pero nunca había pensado en ello hasta que se lo oí decir a Jackie.

»Creo que Jackie teme a las mujeres. Tiene miedo de ser utilizada. Eso es lo que ocurría entre nosotras. No se permitía acercarse demasiado a otras mujeres. Se niega a mostrarse amistosa. Y es probable que esto sea así en mayor medida con las mujeres que con los hombres. Ella y André eran muy íntimos.»

27

En 1962, cuando era aún Primera Dama, Jackie fue a Nueva York, a ver a un nuevo médico, llamado Henry Lax, un distinguido internista nacido en Hungría, entre cuyos pacientes y amigos se contaban Doris Duke, el duque de Windsor, Adlai Stevenson, Merle Oberon, Igor Stravinsky, Zsa Zsa Gabor y Greta Garbo. Vinculado con el Hospital de Lenox Hill, Henry Lax desprendía la clase de confianza y dulce compasión que Jackie admiraba en un hombre. Su consultorio del número 160 de la Calle 72 Este tenía una ubicación conveniente, y él le ofrecía todas las consideraciones especiales que ella, como Primera Dama, esperaba. Después de trasladarse a Nueva York, comenzó a consultar con regularidad al médico, y se vinculó con él como se había vinculado con André Meyer; adoptaba una actitud de niña pequeña y recurría a él tanto para consejos personales como médicos. Lo que Jackie no advirtió hasta que se convirtió en paciente regular, era que Meyer acudía como paciente al mismo consultorio, y, en realidad, veía al doctor Lax todos los días. Cada día a las 11 de la mañana, el médico se presentaba en el domicilio de André, en el Carlyle, para auscultar el pecho del financiero y tomarle la tensión arterial: André Meyer tenía un problema cardíaco crónico.

Para su asombro, Jackie se enteró de que uno de los pacientes de Lax era Aristóteles Onassis. «El Griego», como le llamaba Bobby Kennedy, veía al doctor Lax siempre que iba a Nueva York. Fue éste quien le presentó Ari a André. Onassis siempre había querido conocer a Meyer. Cuando se enteró de que tenían el mismo médico, le pidió a éste que les presentaran.

Los lazos que unían a Jackie con Aristóteles Onassis se habían estrechado en los últimos meses. Ella le visitaba, no sólo en Skorpios, sino también en su domicilio de la Avenida Foch, en París. En Nueva York, iban a El Morocco y al «21», con Rudolf Nureyev y Margot Fonteyn, y al Dionysius y al Mykonos, dos restaurantes griegos sencillos pero auténticos, con Cristina Onassis, la hija de Ari. En varias ocasiones fueron seguidos por un fotógrafo norteamericano llamado Ron Galella, cuyas cándidas instantáneas de Jackie —en restaurantes, en clubs nocturnos, caminando por la calle— crearon un animado mercado. Pero ni siquiera las fotos de Jackie y Onassis juntos lograron despertar la curiosidad del público. La perspectiva de una unión entre ellos parecía demasiado remota como para ser tomada en serio.

En marzo de 1968, varios días después de que Robert Kennedy anunciara su candidatura a la presidencia, Onassis fue entrevistado durante un cóctel en el hotel George V de París. Cuando se le pidió su opinión acerca de Jacqueline Kennedy dijo: «Es una mujer totalmente incomprendida. Es posible que ella misma se conozca mal. Se la presenta como una modelo de rectitud, de constancia y de tantas otras de esas aburridas virtudes femeninas norteamericanas. Ahora ha quedado despojada por completo de su misterio. Necesita un pequeño escándalo para hacerla revivir. Un pecadillo, una indiscreción. Algo debería sucederle para conquistar de nuevo nuestra compasión. El mundo adora apiadarse de la grandeza caída en desgracia.»

Bobby Kennedy encontró la afirmación desconcertante. Habló con su cuñada, y ésta le dijo que ella y Onassis habían hablado de matrimonio, pero sin llegar a decisión alguna. «Tiene debilidad por la familia —dijo Bobby—. Primero tu hermana, y ahora tú.» Unos días más tarde, Jackie recibió la visita en su casa, de Ethel y Joan Kennedy. De pie en medio de la vasta alfombra oriental de la soberbia sala de Jackie, le rogaron que no se casase con Onassis; semejante acción, con toda la publicidad negativa que acarrearía, provocaría un daño irrevocable en el apellido de la familia y en las posibilidades de Bobby para llegar a la presidencia.

Bobby fue el siguiente visitante. Suplicó a Jackie que esperase, por lo menos hasta que terminaran las elecciones presidenciales. Quería evitar todo perjuicio para su imagen. «Onassis no tiene nada de malo —le dijo—. Estoy seguro de que es el hombre más encantador del mundo. Pero existe la posibilidad de que el asunto sea tomado por el lado malo. Y yo no tendré una segunda oportunidad.»

Jackie aceptó transigir, acompañar a los Kennedy, al menos por el momento. Después de las elecciones, tomaría una decisión. Bobby dijo que abrigaba la esperanza de que la decisión fuese negativa.

Fue también Bobby quien la convenció de que asistiera al funeral de

Martin Luther King, en Atlanta, en abril de 1968. Jackie hubiese preferido visitar a la familia después del funeral, pero una vez más accedió a la petición de su cuñado. Bernard Fensterwald, hijo, abogado de James Earl Ray, el hombre convicto por el asesinato de King, señaló más tarde que Jackie Kennedy y Coretta Scott King «estaban en el mismo bote. A Coretta le molestaba la tendencia mujeriega de su esposo, pero tomó en el acto a Jackie como modelo. Su comportamiento en el funeral fue correcto. Ambas mujeres representaron el papel de mártires a la perfección. En los dos casos, su actuación cumplió un objetivo nacional. En mi humilde opinión, ninguna de las dos se sentía tan trastornada como parecían. La única diferencia es que la Sra. King no se casó con Aristóteles Onassis.»

Varias semanas después del funeral de King, Jackie asistió a una cena en Nueva York, donde se encontró con Arthur Schlesinger. Después de llevarle a un lado, le dijo: «¿Sabe qué creo que le ocurrirá a Bobby? Lo mismo que le pasó a Jack. Hay demasiado odio en este país, y más personas odian a Bobby de lo que odiaban a Jack.»

Durante aquellas Pascuas, Jackie y sus hijos volaron a Palm Beach con Aristóteles Onassis, a bordo de un reactor de Olympic Airways; Olympic era una de las muchas compañías propiedad de la familia Onassis. Advertida de su llegada, el fotógrafo Bob Davidoff se personó en el aeropuerto de Palm Beach Oeste para esperar la llegada del avión. «Conduje mi coche hasta la pista, y me quedé sentado esperándoles —explicó Davidoff—. El avión aterrizó y Jackie bajó con los niños. Me permitió tomarle unas fotos antes de salir en la limousine que les esperaba. Pero no había señales de Onassis. Yo sabía que estaba en el avión, y sabía que él esperaba que yo desapareciera para poder desembarcar y reunirse con Jackie. Había llevado conmigo a mi hijo Ken, y estábamos dispuestos a permanecer sentados allí toda la noche, si era necesario. Por último, una azafata bajó del avión y se acercó a mí. "Espero que haya tomado unas buenas fotos de la Sra. Kennedy —dijo—. Ahora vamos a limpiar un poco por aquí."

»Sonreí y le dije que tenía grandes deseos de tomarle una foto al Sr. Onassis. "No está en el avión —respondió—. No está aquí." "Bien —dije—. Me quedaré a esperar". Ella repitió que Onassis no viajaba en ese vuelo. Me encogí de hombros y dije: "Está bien, no tengo ninguna otra cosa que hacer." Me dijo que esperase un minuto. Volvió al avión y salió de nuevo enseguida. Dijo que en el avión había un muy buen amigo de Onassis, pero que no se trataba de él.

»Pasaron unos minutos, y por último apareció Aristóteles Onassis. Me acerqué a él, y mientras conversábamos mi hijo le tomaba fotos. "Sabe, algunas personas me confunden con Ari... somos muy buenos amigos —dijo—. Hasta es posible que seamos primos, no estoy seguro." "Es extraño —le contesté—. Porque yo le fotografié una vez, con María Callas, y usted es exactamente igual que él." "Sí, mucha gente me lo dice", repuso. Al cabo de un rato se cansó del juego y se fue. Jackie y él pasaron las vacaciones juntos en casa de los Wrightsman, pero no aparecieron en público. Nuestras fotos fueron las únicas que demostraron que había estado en Palm Beach con Jackie.»

En mayo, después de hacer Onassis una contribución sustancial al fondo de la campaña de Robert Kennedy, Jackie embarcó en el *Cristina* en las islas Vírgenes, en un crucero secreto de cuatro días. Luego regresó a Nueva York, y se la vio por la ciudad con el actor Kevin McCarthy, y a solas, en una fiesta de Park Avenue, ofrecida por Arlene Francis y su esposo, Martin Gabel. Fue al Colony con Roswell Gilpatric. Éste, una semana más tarde, la acompañó al aeropuerto JFK y la sentó a bordo de un reactor privado, alquilado por Thomas Watson, presidente de IBM, para volar a Los Angeles junto al lecho de Bobby, mortalmente herido apenas unos minutos después de su victoria en las primarias de California del Partido Demócrata. Gilpatric se quedó en Nueva York, pero Jackie y Watson recibieron muy pronto la visita de Stas Radziwill, quien había volado toda la noche desde Londres.

En el aeropuerto internacional de Los Angeles les recibió Chuck Spalding. En cuanto lo vio, Jackie le dijo: «Chuck, ¿qué ocurre? Quiero que me hables claro.»

Chuck respondió: «Jackie, está agonizando.»

Ella casi había llegado a esperar aquella aterradora copia exacta del trágico destino de su esposo, pero la expectativa no alivió el golpe. En el Hospital Good Samaritan, Jackie tomó un sedante para tranquilizarse. Luego escuchó a Ethel describir la secuencia de los hechos que habían conducido a Bobby y a su séquito a través de las puertas batientes de servicio del Hotel Ambassador, para caer en manos de un joven árabe palestino, Sirhan Sirhan, dispuesto a vengar la derrota árabe en la reciente Guerra de los Seis Días*.

---

* Como en el caso del asesinato de JFK, multitud de teorías rodearon la muerte de su hermano menor. La más convincente fue sugerida hace poco por el ex contratado de la CIA Robert Morrow en *The Senator Must Die: The Murder of Robert F. Kennedy,* quien sostiene que RFK fue asesinado por dos miembros de la SAVAK, la policía secreta iraní entrenada por la CIA, para impedir que llegase a ser presidente y retirase su apoyo al Sha de Irán (quien en secreto apoyaba a Nixon para la presidencia). Sirhan Sirhan, afirma Morrow, era básicamente un agente de diversión, cuyos disparos no fueron fatales. El verdadero asesino, que se encontraba de pie detrás de Kennedy, le disparó a quemarropa con una pistola, especialmente equipada, y luego escapó con la famosa «muchacha del vestido de lunares».

En el hospital, Jackie le dijo a Frank Mankiewicz: «La Iglesia... da lo mejor de sí sólo a la hora de la muerte. El resto del tiempo se trata a menudo de hombrecitos tontos que corren de un lado a otro, con sus trajes negros. Pero la Iglesia Católica entiende la muerte. Te diré quién más entiende la muerte: las iglesias negras. Recuerdo que en el funeral de Martin Luther King, yo miraba todas aquellas caras y me daba cuenta de que conocían la muerte. La ven a cada instante, y están preparados para ella... como lo debe estar un buen católico. Nosotros conocemos la muerte... De hecho, si no fuese por los niños, la recibiríamos de buen grado.»

Robert F. Kennedy murió a la una cuarenta y cuatro de la mañana del 6 de junio de 1968. Su cuerpo voló a Nueva York a bordo del *Air Force One*. Jackie, en contacto telefónico con Leonard Bernstein, primero desde California, y luego mientras volaba, ayudó a elegir una música adecuada para el funeral.

Después del funeral, el 8 de junio, en la catedral de St. Patrick, se las arregló para desairar a lady Bird Johnson. El *White House Diary* de lady Bird recuerda el encuentro: «Y entonces me encontré delante de la Sra. Jacqueline Kennedy. La llamé por su nombre y le tendí la mano. Ella me miró, como desde lejos, como si yo fuese una aparición. Murmuré alguna palabra de pésame y seguí adelante...»

El columnista Pete Hamill viajó en el tren funerario de veintiún coches que transportó el ataúd de Nueva York a Washington, donde fue llevado al cementerio nacional de Arlington, para ser enterrado cerca de la tumba de John Kennedy. Recordó haber visto a Jackie mientras ésta cruzaba el tren, con un aspecto como helado. La acompañante de Hamill, la actriz Shirley McLaine, dijo: «Las dos mujeres, la Sra. Ethel Kennedy y la Sra. Jackie Kennedy, pasaron; primero Jackie, con aspecto regio, como sólo ella puede hacerlo, con ese maravilloso sentido de una especie de dignidad previsible. De alguna manera siempre lograba anticiparse cuando el tren estaba a punto de dar una sacudida o cuando traqueteaba y, como una reina, se sujetaba a algo de modo que cuando llegaba el traqueteo no se veía sacudida o desequilibrada...»

A pesar de su helada actitud real, Jackie se sentía abrumada por el miedo y el pánico, aquellas mismas emociones e impulsos que la habían llevado a tratar de escapar del asiento trasero de la limousine manchada de sangre en Dallas, Texas. El pánico se convirtió muy pronto en cólera, en amargura. Si Norteamérica alguna vez tuvo algún derecho sobre Jacqueline, después de la muerte de JFK, ese derecho había caducado. Si había sentido alguna duda u obligación de considerar el impacto de sus acciones en relación con las perspectivas políticas de los Kennedy que seguían con vida, quedaron disueltas por los disparos que terminaron con la vida de

Bobby. Una vez más, ¿tenía importancia quién fuera el que había apretado el gatillo, o por qué motivos retorcidos lo había hecho?

«Odio este país —se lamentó con amargura al día siguiente del entierro de Bobby—. Odio Norteamérica, y no quiero que mis hijos sigan viviendo aquí. Si matan a los Kennedy, mis hijos son el blanco número uno... Quiero irme de este país.»

Su intención no habría podido ser más flagrante si hubiese publicado un anuncio de matrimonio en la primera plana de *The New York Times*. En cierto sentido, su decisión de casarse con Onassis muy probablemente fue adoptada ante la tumba de Robert F. Kennedy.

Jackie se pasó el verano viajando entre Newport y Hyannis Port, donde muy pronto se le unió Aristóteles Onassis. Ella quería que los niños le conocieran mejor, y al mismo tiempo, abrigaba la esperanza de presentarlo a miembros de las familias Auchincloss y Kennedy. Él tuvo un comienzo prometedor con Caroline y John, al llegar a la finca cargado de regalos.

Larry Newman, vecino de Jackie en el Cape, vio que ella y Onassis «iban por la calle juntos, cogidos de la mano, bailando, dando pasos de ballet, jugando como niños. Les veía almorzar —con pescado y champán frío—, y parecían muy felices. Me dije: "¿No es fantástico que por fin ella haya encontrado a alguien con quién estar? Hemos oído hablar mucho acerca del dinero que recibió por casarse con Onassis, pero a mí me pareció que estaban muy enamorados. Él parecía un tipo atractivo, una persona que sabía cómo moverse en el amor.»

Rose Kennedy tuvo un papel muy claro, aunque involuntario, en la decisión de Jackie de volver a casarse, y continuamente decía a su consuegra que su hija tendría que reducir sus gastos, entre ellos los de su personal privado. «Esto no puede seguir —le dijo Rose a Janet Auchincloss—. Ahora que Jack no está aquí para mantenerla, Jackie tendrá que aprender a sobrevivir con menos dinero. La oficina de mi esposo no puede continuar financiando cada uno de sus caprichos.»

Onassis representaba para Jackie un medio de escape, así como la independencia financiera que había anhelado durante tanto tiempo. Necesitaba seguridad y adoraba el lujo, y Onassis le ofrecía ambas cosas. Quería una figura masculina fuerte en la vida de su hijo pequeño, y deseaba eludir lo que describía como la «obsesión opresiva» de Norteamérica respecto de ella y sus hijos.

«No puedo casarme con un dentista de Nueva Jersey», le dijo una vez a Truman Capote, mientras cenaba con él en Elaine. En muchos sentidos,

Onassis le recordaba a Jackie a Joseph P. Kennedy: ambos se habían hecho a sí mismos, eran hombres cabales, llenos de recursos, que creían en sí mismos y vivían la vida plenamente.

Aunque Rose Kennedy expresó su preocupación por el problema religioso (Onassis era divorciado y miembro de la iglesia ortodoxa griega), encontró que su invitado era encantador y divertido. Tenía treinta y tres años más que Jackie (62*, y ella 39), pero a juzgar por la atracción que sentía por los hombres mayores, esto bien puede haber sido considerado como una ventaja.

El sentimiento de Rose no era compartido por la madre de Jackie. Jonathan Tapper, mayordomo de Janet Auchincloss, informa que a Janet «no le caía particularmente bien Aristóteles Onassis. Lo consideraba vulgar, tanto en su aspecto como en sus modales. Hablaba de él en términos negativos. Según ella, carecía del aire de elegancia que merecía Jackie».

Janet tenía sus razones para sentirse molesta con Onassis. Para empezar, sabía que había tenido una relación con Lee antes de salir con Jackie. Luego, había leído relatos sobre sus relaciones con mujeres como Verónica Lake, Evita Perón, Gloria Swanson y María Callas, sobre sus «amistades» con Greta Garbo y Elizabeth Taylor, sobre sus abusos físicos contra la acaudalada y refinada Ingeborg Dedichen, así como sobre la disolución de su matrimonio con Athina «Tina» Livanos, la hija menor del armador griego Stavros Livanos. Cuando se casaron, en 1946, Ari tenía 40 años y Tina 17, la misma diferencia de edades existente entre Ari y Jackie. Giovanni Meneghini, el esposo de María Callas y la persona más responsable de la carrera exitosa de ésta, tildó a Onassis de «leproso moral». Janet Auchincloss, la perfecta trepadora social, hubiese preferido a alguien de la posición de lord Harlech para su hija, y no al griego bajito y moreno, a quien ahora se proponía desposar.

André Meyer, en cuyas opiniones Jackie confiaba por lo general, abrigaba reservas similares. «Es posible que André le haya aconsejado a Jackie que no se casara con Ari, pero no porque estuviese emocionalmente involucrado con ella —dijo Hellene Gaillet—. Creo que se oponía al matrimonio porque, si bien Ari no era vulgar, provenía de un rango inferior de la sociedad. Yo trabé amistad con él, y encontré que tocaba de pies al suelo. No poseía el *savoir faire* y el refinamiento que tenían los Meyer. Y creo que André consideró que Ari no sería el caballero entre caballeros que

* Los biógrafos de Aristóteles Onassis parecen estar divididos: unos consideran que nació en 1900 y otros en 1906. Este autor toma como fecha válida 1906, ya que le fue ofrecida por Costa Gratsos, amigo íntimo de Onassis.

ayudaría a Jackie a convertirse en la mujer número uno del mundo, aunque no estoy segura de que eso fuera jamás un deseo de ella.»

En agosto, Jackie y Teddy Kennedy viajaron a Skorpios como invitados de Ari. Jackie había conocido antes a Cristina, de 18 años, pero no a Alejandro, el hermano de ésta, de 20 años. Los dos tenían la desgracia de parecerse a Ari, su padre, y no a Tina, la esbelta madre de ambos. Los dos sentían mucho apego por su madre, y desde que sus padres se habían separado en 1959, se mostraban irreconciliablemente hostiles con las mujeres con quienes su padre se relacionaba, y en especial con María Callas, a quien culpaban de la ruptura del matrimonio de sus padres. También eran hostiles con los hombres de la vida de su madre. En el término de un año, después de divorciarse de Ari, Tina contrajo matrimonio con el marqués de Blandford, y la unión duró un tiempo relativamente corto. Se divorció de él, y después de la muerte de su hermana Eugenia, Tina ocupó el lugar de ésta, al casarse con el esposo de Eugenia, el magnate naviero griego Stavros Niarchos, némesis y archirrival de Ari de toda la vida. En Atenas se decía que Onassis quería casarse con Jackie sólo para impresionar a Niarchos, quien varios años antes había estado casado por poco tiempo con Charlotte Ford, hija de Henry Ford II.

Alexander y Cristina no aceptaron más a Jacqueline Kennedy que a María Callas. No podía satisfacerles ninguna otra cosa que no fuese una reconciliación entre su madre y su padre. Aunque remotamente corteses, ninguno de ellos se mostró cálido con Jackie, ni dio la menor impresión de que algún día lo sería.

Mientras Jackie salía en un recorrido de compras de dos días, por Atenas, Teddy Kennedy se quedó para hablar del matrimonio pendiente. «Yo no esperaba una dote, y no la recibí», dijo Onassis riéndose a sus amigos.

Teddy había llegado a Grecia para negociar las condiciones de un contrato prenupcial con el negociador supuestamente más duro del mundo. Se sentía tan cómodo como Onassis, y empezó mencionando a su difunto hermano, el ex Presidente de Estados Unidos. Al cabo de varios minutos dijo:

—Queremos a Jackie, y deseamos que tenga un futuro seguro y feliz.

—También yo —replicó Onassis.

—Si ella vuelve a casarse, perderá sus ingresos del fideicomiso Kennedy —previno el senador.

—¿Cuánto?

—Más o menos unos 175.000 dólares al año —contestó Kennedy.

Después de haber hablado del asunto con Jackie, Onassis conocía la situación, y le parecía extraño que una de las familias más adineradas de Norteamérica la redujese a un presupuesto tan limitado. Sus ingresos totales, del fideicomiso y de fondos subsidiarios, era risible para una persona de supuesta fortuna. Aunque no le comentó nada acerca de ello a Teddy, le comunicó a Jackie que los Kennedy la tenían como una prisionera política. Aseguró a Teddy que la resarciría de todos y cada uno de los ingresos que pudiese perder como consecuencia del matrimonio. También prometió una importante asignación mensual, pero no especificó la suma exacta, ni Teddy le presionó para que se lo dijese. El senador señaló que, al volver a casarse, Jackie perdería su pensión anual de viudedad, de 10.000 dólares, y la protección que le proporcionaba la división del Servicio Secreto.

Ninguno de estos factores arredró a Onassis. Convino en asumir la plena responsabilidad por la pensión perdida, y declaró su intención de ampliar sus fuerzas de seguridad para la protección de Jackie. Estaba precisamente construyendo una perrera en Skorpios, para alojar a una jauría de pastores alemanes bien adiestrados.

—Tendrá todo lo que necesite o quiera —dijo Onassis—. Mis abogados prepararán una carta de acuerdo, y se la harán llegar, y entonces podremos analizarla punto por punto.

La futura novia volvió a Skorpios con una docena de pares de zapatos nuevos y bolsos a juego. (Los zapatos, según tenía ella entendido, era también el fetiche de María Callas.) Un día después de su regreso, Onassis ofreció una fiesta para sus invitados a bordo del *Cristina*, totalmente iluminado. Conocedor de la debilidad de Teddy por el vino y las mujeres, el magnate griego tenía a mano una abundancia de uno y otras. Nicos Mastorakis, miembro de la prensa griega, subió a bordo disfrazado de guitarrista, junto con un grupo de músicos de Atenas. A nadie le importó mucho cuando blandió una cámara y tomó fotos de Jackie con sus largas faldas campesinas y su blusa de seda escarlata, o de Ari mientras bailaba el *sirtaki*, pero luego apuntó el objetivo en dirección de Teddy. Sonrojado por efecto del *ouzo* y abrazado a una joven rubia, el senador exigió que Mastoraki le entregase el rollo de película. «Si escribe una sola palabra sobre esto, si hay una coma fuera de lugar, una sola foto publicada, me lo cargo», le dijo Kennedy al reportero. Onassis intervino y los separó. La fiesta continuó como si nada hubiese ocurrido, aunque la actitud de Kennedy no le granjeó precisamente las simpatías de su anfitrión.

El acuerdo prenupcial llegó a manos de Ted Kennedy, quien sacó una copia y se la envió a André Meyer, el asesor financiero de Jackie. Meyer encontró que el acuerdo era inconveniente en determinados aspectos. Telefoneó a Onassis, y concertaron una cita para el 25 de septiembre, en el apartamento de Meyer, en el Carlyle.

A pesar de que eran amigos, André y Ari discutieron respecto a los términos del acuerdo. Para cuando Onassis volvió a su oficina del número 647 de la Quinta Avenida, estaba visiblemente perturbado. Constantine (Costa) Gratsos, director de las operaciones de Ari en Nueva York, había regresado a su casa para el resto de la noche. La secretaria ejecutiva de Costa, Lynn Alpha Smith, seguía en las oficinas. Lynn trabajaba como secretaria de Ari cuando éste visitaba Nueva York.

«Cuando se encontraba en este país, Onassis trabajaba desde la oficina de Gratsos —dijo ella—. No pasaba mucho tiempo en Nueva York, porque no quería pagar impuestos aquí. Por eso nunca fue propietario de una residencia en Estados Unidos, y prefería hospedarse en una suite en el Hotel Pierre. No era inusual que trabajase por la noche. Era un adicto al trabajo, y como la mayoría de éstos, un insomne, que dormía unas cuatro o cinco horas por noche.

»Era víctima de bruscos cambios de humor. Solía gritar en las reuniones de trabajo, cuando las cosas no salían como quería. Recuerdo una vez en que gritaba, chillaba y blasfemaba, y en mitad de todo esto, se volvió de pronto hacia mí y con su voz más dulce dijo: "¿Le importaría traerme un vaso de agua, Srta. Alpha? Tengo la garganta un poco seca." Lo hice. Él bebió, me dio las gracias y luego volvió al tema que le ocupaba y se puso a gritar de nuevo.

»Aquella noche en cuestión llegó con un ceño de furia. Dijo: "¿Dónde está esa botella que tenemos aquí?" Salí a la oficina exterior y le di una botella de Johnnie Walker Etiqueta Negra. Como sabía que pocas veces bebía alcohol puro, le serví una dosis pequeña en un vaso; me indicó que le echara el doble.

»Mientras sorbía su bebida, me dictó un memorándum para André Meyer, que resumía la entrevista. La pasé a máquina y él la leyó, e introdujo una serie de cambios a mano. La volví a pasar a limpio. Luego me pidió que tomase un taxi y la entregara en el Carlyle.»

El memorándum, que nunca menciona a Jackie por su nombre, sino más bien por «la persona en cuestión», indica la vasta diferencia entre lo que André Meyer quería que Onassis pagara (20 millones de dólares) y lo que finalmente pagó (3 millones de dólares), por el privilegio de casarse con la ex Primera Dama. La cifra que Meyer logró arrancarle a Onassis era casi el doble de lo que Ted Kennedy había conseguido en Skorpios. Más que un contrato prenupcial, el memorándum parece un convenio de venta, como si por el hecho de pagar una suma convenida, Onassis adquiriese una propiedad comercial:

Con referencia a la reunión celebrada ayer por la noche, 25 de septiembre de 1968, entre el Sr. A. M. y el Sr. A. O., en el Hotel Carlyle,

El Sr. A. O. sugiere lo siguiente:

1. Reemplazar en su valor actual, por el monto equivalente en efectivo, todos y cada uno de los bienes que la persona en cuestión tendrá que ceder en beneficio de los hijos, bajo las actuales cláusulas existentes, como consecuencia de un matrimonio.

O bien proporcionar en efectivo el capital necesario para producir aquellos intereses de los cuales la persona en cuestión podría estar disfrutando en la actualidad y que tendrá que ceder a los hijos como consecuencia del matrimonio.

2. Dicho capital, que será inmediatamente entregado en efectivo, no tendrá limitaciones ni cláusula o condición alguna con lo cual la persona en cuestión será la única y absoluta declarante. Es de esperar que se apreciará que con estos acuerdos se logra una mejora y una ventaja de muy largo alcance para beneficio de la persona en cuestión. Entre otras cosas, contrariamente a las cláusulas existentes, la persona en cuestión tendrá plena libertad para volver a casarse, no sólo en el caso de la muerte de su esposo, sino también en el caso de un divorcio. Por otro lado, con la cesión de la parte de la persona en cuestión, los hijos obtendrán el beneficio inmediato de dicha cesión.

Si se tiene en cuenta que los ingresos actuales de la persona en cuestión, tal como se mencionó en la reunión (por el Sr. A. M.) son del orden de los 250/300.000 dólares netos, después de impuestos, dicha cifra puede ser cubierta con amplitud mediante la adquisición de los necesarios bonos libres de impuestos.

No cabe duda de que no existirán problemas para que el Sr. A. M. y el Sr. A. O. elaboren medidas razonables para proteger a la persona en cuestión de los riesgos inflacionarios.

Es de esperar que, con toda justicia, esta sugerencia no sólo proteja el futuro de la persona en cuestión, sino que mejore inmediata y sustancialmente, la situación de sus hijos.

Todo aquello que no esté contemplado en estas cláusulas debe quedar a discreción y como privilegio del esposo de la persona en cuestión, y sería injusto privar a dicho esposo de las legítimas aspiraciones que pueda poseer, si es que las posee...

La suma de veinte [millones] indicada en la reunión, como capital, aparte del hecho de que si se analiza, resulta fútil, debido a los impuestos sobre donaciones, la renta y otros, que necesariamente implicaría, y aparte de resultar perjudicial para los sentimientos de cada una de las partes, podría conducir muy bien a la idea de una adquisición, en lugar de un matrimonio. *

---

* A pesar de las afirmaciones en sentido contrario, no hubo otros contratos prenupciales. Christian Cafarakis, ex camarero a bordo del *Cristina*, escribió un libro, *The Fabulous Onassis* (1972), en el cual afirma la existencia de un contrato prenupcial que contenía 170 cláusulas distintas, entre ellas algunas sobre medidas acerca de dormitorio, visitas conyugales, etcétera. El libro tenía como coautor al artista-escritor Jacques Harvey, quien admitió a este autor: «El contrato prenupcial que aparece en ese libro es un rollo. Mi editor me dio la paliza porque en el manuscrito no había temas lo bastante sensacionales. Yo conocía a Onassis, de modo que le telefoneé y le pregunté si le importaba que pusiéramos algo relacionado con el acuerdo prenupcial. "Eso es bueno, me parece bien", respondió. In-

Al día siguiente, 26 de septiembre, Onassis y Meyer modificaron los términos del memorándum, torpemente redactado, de Ari. Onassis aceptó pagarle en el acto 3 millones de dólares, que o bien podían ser depositados en la cuenta bancaria de ella, o bien ser usados para adquirir bonos no imponibles, más el interés anual de un fondo de fideicomiso de un millón de dólares para cada uno de sus hijos, hasta que alcanzaran los 21 años de edad. En caso de un divorcio o muerte (la de él), Jackie recibiría otros 200.000 dólares anuales, de por vida. A cambio de ello, renunciaría a sus derechos hereditarios, lo cual, bajo la ley griega, significaba que renunciaba a su derecho a percibir un máximo de la cuarta parte de la herencia de su esposo. Dos de los muchos abogados de Jackie, Eliot Bailan y Ben O'Sullivan, terminaron el acuerdo.

«Onassis estimaba que había elaborado un acuerdo bastante decente para Jackie —dijo Lynn Alpha Smith—. "¿Le parece que 3 millones es demasiado?", me preguntó. "Demonios, no —respondí—. Con ese dinero se puede comprar un super-petrolero, pero luego hay que pagar el combustible, el mantenimiento, los seguros, y una cantidad de gastos adicionales."

»En la oficina solíamos llamar a Jackie "super-petrolero". A Onassis no le molestaba. Le hacía reír. "El super-petrolero al teléfono", anunciaba yo, cada vez que ella llamaba.

»En mi opinión —y en la de muchas personas— Jackie era una adquisición, ni más ni menos. El sistema de dote era aceptable en Grecia, sólo que en este caso era Onassis quien tenía que proporcionarla.»

Doris Lilly, amiga íntima de Onassis, opinaba que el motivo de Ari para casarse con Jackie era que «quería demostrarle al mundo, así como a Stavros Niarchos, que podía comprar cualquier cosa o a cualquiera. Jackie y Ari no encajaban muy bien el uno con el otro. Pero no se trataba del antiguo síndrome de la Bella y la Bestia, como quiso interpretarlo la mayoría de la gente. En la superficie, puede que lo haya parecido. Para el mundo en general, Jackie era una persona exquisitamente hermosa, y Onassis un hombre no muy bien parecido. Más bien tenía el aspecto de un sapo. Pero la imagen que la gente tiene de la belleza no siempre es la que rige. John Kennedy era un hombre bien parecido, no cabe duda alguna. Pero Onassis era muy atractivo y más guapo, cuando se lo llegaba a conocer. Es curioso, pero el aspecto no tiene en verdad gran cosa que ver con ello. Onassis era un hombre magnético, que tenía poderío y carisma. Carlo Ponti es otro

---

cluso conspiró en la treta llamando a Roy Cohn, su abogado en Nueva York, y diciéndole que siguiese el juego si le llamaba alguien de la prensa. Le encantaba la publicidad. Se enriqueció gracias a ella. En una ocasión, me dijo: "Cuanto más escriban los periódicos acerca de mí, más confianza me tendrán mis banqueros."»

ejemplo. Sofía Loren podía elegir entre Cary Grant y Carlo Ponti. Se casó con Ponti. Hay muchos hombres que se casan con mujeres hermosas, y todos se preguntan cómo lo hacen. Estos hombres son a menudo magnéticos y fuertes. Para mí, Onassis era muy magnético. Su encanto no era el de una estrella de cine, o un encanto de salón. Existe un atractivo que algunos hombres poseen, y Onassis lo tenía.»

Jackie y Ari se vieron muy poco ese otoño. Onassis volvió a Atenas para llevar a cabo interminables rondas de negociaciones profesionales con el dirigente de la Junta Griega, el primer ministro George Papadópulos. Jackie permaneció en Nueva York, para ayudar a su hijo en la adaptación que supone el ingreso en una nueva escuela. Los maestros de St. David habían recomendado que John-John repitiese el primer grado, y manifestaron que carecía de la madurez o de la capacidad para pasar de curso con sus compañeros de estudios. Jackie lo inscribió en el segundo grado, en la escuela de elite Collegiate. También contrató a una nueva institutriz para los niños, Martha, quien llegaría a ser un miembro permanente de la casa, y más tarde serviría como doncella de Jackie.

Onassis ya había iniciado el lento proceso de distanciamiento de María Callas, y nunca encontraba el valor necesario para comunicarle la pura verdad. A lo largo de los años la había enriquecido con regalos de joyas, pieles, participación en la propiedad de un petrolero y entregas de dinero en efectivo. Le dijo que había sido nombrada en su testamento (después de su muerte recibiría 10 millones de francos), y como símbolo de apreciación le extendió un cheque pagadero en el acto por 50.000 dólares. Pero a pesar de toda su generosidad, no se atrevía a hablarle de sus planes matrimoniales.

Entretanto, Jackie almorzó en el «21» con el abogado de Washington, Edward Bennett Williams. El objetivo principal del almuerzo era, presuntamente, discutir algunas de las ramificaciones legales del matrimonio. (William había representado en una ocasión a un cliente en un proceso por difamación contra Onassis, y no sentía un gran aprecio por Ari.) También se entrevistó con el cardenal Cushing, en Boston, en un esfuerzo por lograr su apoyo en lo que intuía que sería una acción públicamente impopular. Durante la reunión, que duró dos horas, Cushing admitió que ciertos miembros del clan Kennedy habían tratado de convencerle para que la disuadiese de seguir adelante con sus planes. Él se lo había pensado y había decidido que Jackie hacía bien en volver a casarse, aunque El Vaticano se negase a reconocer el nuevo matrimonio. Estaba sola —era una viuda con dos hijos—, y tenía derecho a la misma libertad y felicidad que cualquier otra persona. A causa de su apoyo al matrimonio, algunos críticos lo acusaron de aceptar de Onassis una importante donación para la Iglesia Católica, aunque nunca se probó esta afirmación.

El 15 de octubre de 1968, el *Boston Herald-Traveler* publicó un informe de primera plana que confirmaba que Jacqueline Kennedy pronto se casaría con el multimillonario armador griego Aristóteles Onassis. En cuanto Jackie leyó el artículo, llamó a Onassis a su casa de campo de Glifada, en las afueras de Atenas, para decirle que el pequeño secreto de ambos ya había rebasado la fase de los rumores. Opinaba que debían casarse lo antes posible.

Onassis, por su parte, se sintió un tanto desconcertado ante la prisa con que ahora Jackie pensaba que debían actuar. Lilly Lawrence, la hija del Dr. Reza Fallah, director del Iranian Oil Syndicate, y muy amiga de Onassis, estaba enterada de algunas de las negociaciones que precedieron al matrimonio: «Ari me dijo que había comenzado a pensárselo mejor. Quería reflexionar. Necesitaba más tiempo. Jackie no podía permitir que se soltara del anzuelo. Un retroceso por parte de él habría manchado de forma permanente su reputación. Ahora que había hablado con el cardenal Cushing, ahora que la prensa lo divulgaba, insistió en que él siguiese adelante.»

Lynn Alpha Smith recuerda que Onassis llamó a Gratsos a hora temprana del 17 de octubre y confirmó los planes. «En el acto nos apresuramos a preparar un avión —dijo—. Necesitábamos un avión para que Jackie y sus invitados pudiesen volar a Grecia y luego ser trasladados a Skorpios, donde se casarían. Era necesario limpiar el avión. Los pasajeros de clase turística de los vuelos Olympic no se parecían a los de la mayoría de las otras líneas aéreas. La mitad de ellos, por lo menos, eran campesinos griegos que visitaban a sus parientes en Norteamérica. Llevaban a bordo sus pollos asados y sus quesos, y los aviones apestaban durante días enteros. Los lavabos eran mediocres. Al principio Jackie se negó a volar en Olympic. De modo que limpiamos el avión, y después de su boda con Onassis limpiamos toda la flota, para que Jackie pudiese volar en ellos.»

Noventa pasajeros fueron «desalojados» de un vuelo regular de Olympic Airways, en la noche del 17, para dejar sitio para Jackie y sus acompañantes (entre los cuales se contaban Caroline, John, Pat Lawford, Jean Smith, y Hugh y Janet Auchincloss). Stas y Lee Radziwill y sus dos hijos volaron a Grecia desde París.

Aquel día, de buena mañana, Onassis visitó Zolotas, su joyería favorita de Atenas, donde la semana anterior había elegido un anillo de compromiso para Jackie, de 1,25 millones de dólares, en forma de corazón, de rubíes y diamantes. Aquel día compró un broche de diamantes para Janet Auchincloss y alfileres y otras chucherías como regalos de fiesta para sus invitados nupciales. También le compró a Jackie unos pendientes de diamantes y una pulsera de oro con incrustaciones de rubíes, una pequeña muestra de las joyas, de más de 5 millones de dólares, que dejaría caer en su regazo a lo largo de su matrimonio.

A la mañana siguiente, Ari viajó al remoto aeropuerto de Andravida, a 300 kilómetros al oeste de Atenas, para esperar el vuelo de Jackie. Tenía compañía: 300 reporteros se habían reunido en el aeropuerto para saludarle. ¿Cuándo se celebraría el gran acontecimiento?, preguntaron. «En los próximos tres días», respondió él. ¿Dónde? «En Skorpios.» ¿Dónde pasarían la luna de miel? «Nos quedaremos en Skorpios, o bien haremos un crucero por el Mediterráneo.» Puso fin, de manera brusca, al período informal de preguntas y respuestas. «Tengo muchos problemas de familia que solucionar antes de la boda. Por favor, déjenme, y denme su bendición.»

Por «problemas de familia» Onassis se refería a sus hijos, Alejandro y Cristina, que se sentían horrorizados por los planes maritales de su padre. Los dos consideraban que Jackie era una intrusa, una aventurera cuyo principal interés por su padre era el de los beneficios monetarios. Alejandro, cuya influencia sobre su muy impresionable hermana menor, parecía profunda, se oponía en especial a la idea del nuevo matrimonio de su padre. Había leído comentarios en la prensa internacional acerca del inminente acontecimiento, y los encontraba tremendos. Truman Capote había llamado a Jacqueline «una geisha norteamericana», término que Alejandro pronto adoptó como suyo, y también la llamaba «la viuda». Gore Vidal se mostró igualmente conciso. Cuando se le preguntó qué pensaba acerca de la unión, él, pariente distante de Jackie dijo: «Sólo puedo darles dos palabras: muy conveniente.»

El día en que Onassis les comunicó su intención de casarse con Jackie Kennedy, a Cristina le entró un berrinche; Alejandro salió de la casa y se pasó la tarde corriendo sin rumbo por Atenas en su Alfa Romeo. Al principio los dos chicos se negaron a asistir a la boda, e hizo falta una considerable delicadeza por parte de los familiares inmediatos de Ari para hacerles cambiar de idea.

Nada, ni siquiera sus hijos, podía apartar a Onassis de lo que había llegado a creer que era su destino manifiesto. «Tenía que haberse casado con María Callas —dijo el fotógrafo de sociedad Jerome Zerbe—. Les dijo a sus amigos que su mayor locura era ese ataque de ego que le hacía casarse con la tonta de Jackie Kennedy. Era el error más costoso y ridículo que jamás había cometido. Indicaba un defecto mayor por su parte. Creía que el dinero era una fuerza más poderosa que la moral. La persona con quien Onassis quería casarse no estaba a su alcance. Todos sabíamos quién era: la reina Isabel. Habría sido lo máximo. Pero no podía tenerla. De manera que aceptó sustituirla por Jackie.»

Después de recoger a su novia de 3 millones de dólares en Andravida, la colocó en su DC-6B, y la llevó a ella y a sus hijos al norte, a la base aérea Aktion, y luego a Skorpios, en helicóptero.

Les siguió un ejército de periodistas, muchos de ellos con rumbo a la minúscula aldea pesquera de Nidri, en la isla de Lefkas, a menos de dos millas náuticas de Skorpios. Contrataron una flota de barcos y rodearon la isla de Onassis, de 500 acres. El 19 de octubre, un día antes de la boda, Jackie hizo un ruego personal a la prensa: «Queremos que nuestra boda sea un momento privado en la capillita, entre los cipreses de Skorpios, y que sólo asistan miembros de la familia y sus hijos. Entiendan que aunque se trate de personas muy conocidas, todavía encierra nuestro corazón la emoción de una persona sencilla para los momentos más importantes que conocemos en la tierra: el nacimiento, el matrimonio y la muerte.»

Por desgracia, a estos reporteros no se les pagaba para que hiciesen caso omiso de lo que muchos consideraban la historia de interés humano más destacada de la década. Cuando quedó claro que la prensa no retrocedería, el Gobierno griego envió al ejército con órdenes de «disparar contra toda embarcación» (desde un portaviones hasta un bote de remos) que se acercase a menos de 1.000 metros de Skorpios. Se convino que se permitiría a cuatro periodistas asistir a la boda como una especie de «grupo para el champán», y que sus reportajes serían distribuidos a todos los demás.

La boda se celebró a las 5.15 de la tarde del 20 de octubre de 1968, en la diminuta capilla encalada de Panayitsa (Santa Virgen), que se erguía en Skorpios, entre buganvillas y jazmines. Según un informe de prensa, Jackie «parecía tensa y preocupada. Llevaba un conjunto de manga larga, diseñado por Valentino. Su cabello estaba recogido por una banda de marfil. El novio llevaba un traje cruzado azul oscuro, y aun con sus zapatos negros, de suelas altas, apenas llegaba a la nariz de Jackie. Caroline parecía deslumbrada y pálida; John mantuvo la cabeza gacha durante toda la ceremonia. Jackie lanzaba a cada instante miradas ansiosas hacia ellos. Los hijos de Ari se mostraban nerviosos y lúgubres. Ni siquiera el tiempo colaboró: una lluvia fría, intensa, azotó Skorpios y el mar circundante. El aire húmedo estaba perfumado de incienso cuando la pareja entró, tomada de la mano, y se detuvo ante el barbudo sacerdote con su túnica. Cada uno de ellos sostenía un simbólico cirio parpadeante. Se entonaron himnos y oraciones, primero en griego y luego en inglés. El sacerdote entonó con voz lenta las palabras que les convertían en marido y mujer. Intercambiaron cintillos y sobre sus cabezas se sostuvieron un par de coronas de cuero, cubiertas de ramitas y capullos de flores. Luego bebieron tres sorbos de vino tinto, de un cáliz de plata, y fueron conducidos tres veces alrededor del altar. Cuando salieron de la diminuta capilla, sin haber intercambiado un solo beso, fueron bombardeados con arroz y almendras azucaradas: el azúcar para la dicha, el arroz para la fertilidad. Ofrecieron la recepción a bordo del *Cristina*, donde pasaron su noche de bodas.

El clamor del público fue ensordecedor. Al día siguiente de la boda un periódico sensacionalista británico exhibía un titular: «Jackie desposa cheque en blanco», «La reacción es aquí de cólera, desconcierto y consternación», dijo *The New York Times*. «Norteamérica ha perdido una santa», titulaba el *Bild-Zeitung* de Alemania Occidental. «Jack Kennedy muere hoy por segunda vez», observaba *Il Messagero*, de Roma. *Le Monde* escribía: «La segunda Sra. Onassis hará olvidar a la radiante Blanca Nieves, que tanto contribuyó a la popularidad de su primer esposo». «Esta mujer vive ahora en un estado de degradación espiritual, es una pecadora pública», ladró *L'Observatore della Domenica*.

Las críticas contra el matrimonio surgieron en varias formas y desde un amplio abanico de fuentes:

Monseñor Fausto Vellaine (jefe de la Oficina de Prensa del Vaticano): «Resulta claro que cuando una católica se casa con un hombre divorciado, viola a sabiendas la ley de la Iglesia».

Alejandro Onassis: «Mi padre necesita una esposa, pero yo no necesito una madrastra.»

María Callas: «Jackie hizo bien en darles un abuelo a sus hijos.»

Lady Bird Johnson: «Me siento extrañamente libre. No hay sombra alguna que camine a mi lado por el vestíbulo de la Casa Blanca... Me pregunto cómo habría sido si hubiéramos iniciado esta vida [en la Casa Blanca] sin estar acompañados por esa sombra.»

Coco Chanel: «Todos sabían que ella no estaba hecha para la dignidad. No se debe pedir a una mujer que tiene un toque de vulgaridad que pase el resto de su vida sobre un cadáver.»

Joan Rivers: «Vamos, digan la verdad. ¿Ustedes se acostarían con Onassis? ¿Les parece que ella lo hace? Bien, tenía que hacer algo... Una no puede pasarse todo el día de compras en Bergdorf.»

Jackie había sido prevenida de antemano. Un conocido previó la reacción pública al decirle: «Pero Jackie, si te casas con él caerás de tu pedestal.» Jackie respondió: «Eso es mejor que congelarme en él.»

El amigo tenía razón. Todos los días, los agentes del Servicio Secreto de sus hijos repasaban fajos de correspondencia injuriosa que llegaba a su domicilio de la Quinta Avenida. Los comentaristas de televisión la condenaban por su codicia. Se publicaron editoriales que describían a la ex Primera Dama como una traidora a su país.

Lo que no se decía la irritaba más que lo que se decía e imprimía. Sus amigos hacían comentarios entre sí, y en su mayor parte se sentían tan desconcertados por el matrimonio como cualquier integrante del sector público.

«Lo que resultaba más doloroso —dijo Charlotte Curtis— es que si bien el matrimonio parecía precipitado, no lo fue. Había sido planeado y orquestado con cuidado, pero fue presentado como si en un momento de debilidad, después de la muerte de Bobby Kennedy, Jackie explotara y cometiera este acto extraño, inexplicable. Es evidente que ambas partes tenían algo que el otro quería. Onassis deseaba una obra maestra social, y Jackie quería la seguridad financiera.

»No digo que la muerte de Bobby no fuese un duro golpe. Estoy segura de que Jackie quedó profundamente conmovida al ver su agonía y su desdicha y su tormento, después de la muerte de Jack, y luego su valentía para sobreponerse y convertirse en la persona que era cuando falleció. Esa oleada de idealismo, el sentimiento de que podían volver a intentarlo fueron anulados por el asesinato de Bobby. Estoy segura de que todo eso influyó en la decisión de Jackie de volver a casarse. Pero casarse con Onassis es algo muy distinto. Y nada menos que después de Jack Kennedy.

»Por supuesto, resulta fácil idealizar a JFK y convertirlos a él y a su esposa en dioses. Lo cierto es que bajo su mandato se llevaron a cabo muy pocas cosas dignas de mención. Lo único que sabemos es que el presidente iba de un lado a otro con la bragueta abierta. Aun así, había mucha diferencia entre él y Aristóteles Onassis con su circo flotante, todos aquellos aburridos miembros de la alta sociedad e industriales cínicos. El principal objetivo de Onassis era ganar dinero, y durante un tiempo, por lo menos, pareció que Jackie compartía su entusiasmo.»

Lucky Roosevelt creía que Jackie se había casado con Onassis en un momento de debilidad: «Era tan impropio de ella, que resultaba anonadante. Nunca lo entenderé. Era una criatura exquisita. Es posible que tuviera alguna fuerza interior. Debe de haberla tenido... mire cómo se comportó cuando la muerte de Jack. Pero a raíz del fallecimiento de Bobby, se derrumbó. Y si alguna vez llega a saberse la verdad, estoy segura de que debe de haber tenido una depresión, una depresión nerviosa. Algo tuvo que ocurrir después de la muerte de Bobby, que provocase su matrimonio.

»Creo que fue espantoso. Además, pienso que la conducta de ella fue muy poco característica. Es una mujer de gran dignidad. Aun de jovencita poseía esa dignidad. Y hay algo que para mí resulta indigno en el matrimonio con Onassis. Era tan aberrante... Yo trabajaba entonces para el *Washington Post*. Nunca olvidaré, mientras viva, aquel momento. Entré a buscar algo y vi a Philip Geyelin. Pasó gritando por la sala de prensa, y farfulló aquella noticia increíble. Quién sabe por qué, yo no estaba al corriente de los rumores. Todos los demás se habían enterado. Yo no. Me levanté y dije: "No seas ridículo. No es cierto." "Ya verás si no —dijo él—. Vamos a seguir adelante con la noticia." Era incongruente. Carecía de sentido.»

Tampoco tenía sentido para Sylvia Blake. «No tengo la menor idea de por qué se casó con él —dijo Sylvia—. No me lo puedo imaginar. ¿No es curioso? Es un misterio, porque ella nunca habló de ello. Me los encontré juntos una vez, cuando ella fue a cenar con él a casa de los Shriver, en París. Mi marido era ministro de Relaciones Exteriores en la embajada norteamericana en París, cuando Sargent Shriver era el embajador. Y debo decir que quedé atónita. Supongo que también quedaron atónitos todos los demás. Quiero decir que para mí, él era tan poco atractivo —un metro cincuenta, poco más o menos—, y me parecía que no era muy agradable. No parecía tener demasiado encanto. Me lo presentó. Era el tipo de hombre que miraba un par de centímetros por encima de la cabeza de una, como si estuviese a punto de llorar de aburrimiento.»

No todas las críticas fueron negativas. Jackie tenía sus defensores. Lee Radziwill, que bien podía haber sentido celos por dentro, dijo de todos modos a la prensa: «Si el nuevo esposo de Jackie hubiese sido rubio, rico, joven y anglosajón, la mayoría de los norteamericanos se habrían sentido mucho más felices.»

Elizabeth Taylor: «Encuentro a Ari encantador, bondadoso y considerado. Creo que Jackie ha hecho una excelente elección.»

Roswell Gilpatric: «En una ocasión ella me dijo que sentía que podía contar con Onassis. Era una cualidad que buscaba en todos sus amigos. Una de las cosas que busca... es una vida privada —no estar constantemente a la vista del público—, y él puede permitirse el lujo de darle esa intimidad y protección.»

«Cuando anunció el matrimonio —dijo Pierre Salinger—, le escribí una larga carta. Dije que no estaba ofendiendo a nadie; podía hacer lo que quisiera.»

Pero las palabras de apoyo que por lo visto más significaron para Jackie llegaron en forma de una carta de doce páginas, nada menos que de Edie Beale: «Le dije que había hecho lo correcto —dijo Edie—. La invité a Grey Gardens, y le dije que trajera a su nuevo esposo. Todos sentíamos gran curiosidad por conocerle.»

Jackie y su hija Caroline.

Arriba, tres generaciones: Jackie, su madre y su hija. *Abajo,* con Ted y Ethel Kennedy.

Jackie con su hermana Lee.

Arriba, de izquierda a derecha: Ted Kennedy, su esposa Joan, su hijo Patrick, Jackie, Robin Lawford, Ted Kennedy, hijo, John Kennedy, hijo, y Steve y Jean Smith en una excursión por Sun Valley en 1975 (Korody/Sigma). *Abajo,* retrato familiar: John Kennedy, hijo, Jackie, Caroline, Rose y Ted Kennedy.

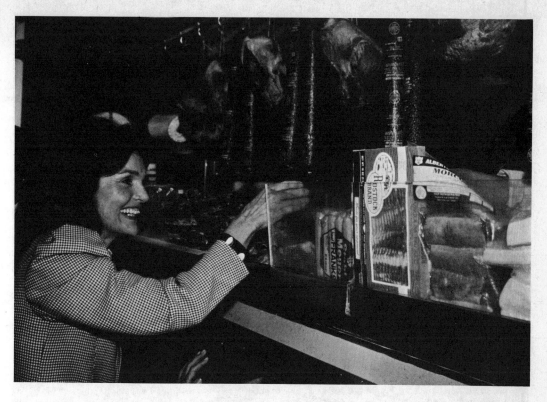

Durante la campaña de Ted Kennedy al senado en 1980, Jackie le apoyó recorriendo mercados y barrios como Harlem.

En Broadway con Mike Nichols.

Edward tras obtener su diploma en Historia por la Universidad Brown en 1983 (Ira Wyman/Sygma). *Abajo,* con Ted Kennedy en Cambridge, en noviembre de 1985.

Arriba, Jackie y su hijo con Ronald Reagan en junio de 1985. *Abajo,* en el parque Kennedy, en mayo de 1987, con sus hijos.

28

Los repiques de las campanas de la boda apenas habían enmudecido cuando Aristóteles Onassis tomó un vuelo para ocuparse de sus negocios, y dejó a Jackie y sus hijos en Skorpios. En la tarde del 24 de octubre, Ari y el primer ministro Papadópulos viajaban en el asiento trasero de la limousine del dictador, recorriendo las calles de Atenas, flanqueada por una escolta policial. Los dos hombres discutían un proyecto de inversión a diez años y de 400 millones de dólares, llamado «Omega», que implicaba la construcción de una refinería de petróleo, una fábrica de aluminio, astilleros y terminales aéreas. Aunque a la larga Stavros Niarchos se hizo cargo del proyecto, por el momento Onassis sería su principal patrocinador financiero. Esta alianza entre Onassis y el gobierno militar griego hizo que el matrimonio de Jackie fuese tema de una controversia aún mayor en Estados Unidos.

Durante la ausencia de Ari, Jackie se despidió con lágrimas de sus hijos, y los envió a casa de su madre y de su padrastro. Pasaron la noche en Atenas, y a la mañana siguiente volaron de regreso a Nueva York, y a la escuela. Los demás invitados a la boda ya se habían dispersado cuando Onassis regresó.

Jackie y Ari estaban por fin solos. Durante tres semanas nadaron, tomaron el sol, dieron largos paseos y fueron a pescar juntos. Realizaron dos breves viajes a Atenas (uno por motivos de negocios, otro de placer), y navegaron a la isla de Rodas a bordo del *Cristina*.

Onassis se divertía de vez en cuando jactándose ante sus relaciones profesionales (así como entre los amigos de su esposa) acerca de su vida sexual con Jackie. Una mañana le dijo a Gratsos, por teléfono, que había tenido cinco episodios sexuales la noche anterior, y otros dos esa misma mañana. («Onassis podía ser un tanto jactancioso —dijo Lynn Alpha Smith—. Recuerdo que una vez, cierta mujer a quien él veía —eso era antes de Jackie— me llamó para decirme que no podía ir a cenar aquella noche porque tenía la garganta irritada. Me pidió que le explicase eso a Onassis. Yo fui a decírselo. Él se rió. "No es lo único que tiene irritado", dijo.»)

Durante la tarde, mientras Ari se dedicaba a sus negocios, Jackie leía o se ocupaba de su correspondencia. El sigilo había sido tan importante, que muchos de sus amigos se enteraron de la boda por los periódicos. Jackie tenía pues muchas explicaciones que dar. Uno de los que recibieron una carta manuscrita de Skorpios fue Roswell Gilpatric. «Te lo quería decir antes de irme —escribía ella—, pero es que todo ocurrió con mucha más rapidez de lo que tenía previsto. Leí no sé dónde lo que habías dicho y me sentí muy conmovida... querido Ross, espero que sepas todo lo que fuiste, sigues siendo y serás siempre para mí. Con mi amor, J.»

La carta y cuatro notas anteriores dirigidas a Gilpatric, presuntamente sacadas de un archivo por un empleado del bufete de abogados de Gilpatric (el empleado afirmó, y por lo visto demostró, que las había encontrado en una papelera), aparecieron más tarde en poder de Charles Hamilton, un coleccionista de autógrafos de Nueva York. Aunque las cartas fueron recuperadas por Gilpatric, fueron citadas en detalle en la prensa.

«Jackie entendió —señaló Gilpatric— que Onassis sintiera de otra manera. Según las fuentes, se sintió molesto, tal vez porque ella escribió una carta durante su luna de miel, dirigida a una relación que terminó poco antes de su matrimonio. Yo no creo que le importara, a no ser por el hecho de que pasó a ser del dominio público, y porque eso resultaba un tanto molesto. Aun así, siempre se mostraba muy cortés, cada vez que nos encontrábamos, cosa que ocurría de vez en cuando, en fiestas y restaurantes.»

Aunque exasperado por las revelaciones de Gilpatric, Ari tenía sus propios problemas con sus enamoradas de antes. La baronesa Marie-Hélène Rothschild, cuya madre, Maggie van Zuylen, era amiga íntima de María Callas, comentó lo dolida que se sintió la cantante de ópera cuando perdió a Onassis: «María estaba locamente enamorada de Ari, sinceramente enamorada. Sentía una loca pasión por él. Cuando estaban juntos eran como dos animales salvajes. Se llevaban bien, pero a la larga ella no le resultó lo bastante atractiva. Jackie Kennedy sí lo era. María se enteró del matrimonio, no por Onassis, sino porque leyó la noticia en los periódicos, como todo el mundo. Se sintió absolutamente anonadada. Fue tremendo, espantoso. Quedó deshecha, muy desilusionada, muy profundamente herida.

»La gente siempre afirmaba que María y Ari se parecían demasiado.

Todos los biógrafos que han escrito acerca de ellos lo han dicho. En realidad, nada podría estar más alejado de la verdad. María no era en modo alguno el personaje llamativo, muy cargado, que representaba en el escenario. Era una gran actriz, una magnífica cantante de ópera, pero fuera del escenario era tímida, carente de humor, siempre seria. Creo que la palabra que la define es "pesada". Ari era la antítesis. Parecía un pirata griego, pleno de inteligencia y de humor mediterráneo. Realmente feo, pero lo compensaba con su vibrante energía y fuerza de voluntad. No se sentía feliz si no tenía veinte personas a su alrededor en todo momento, en tanto que María sólo quería estar a solas con él. Ari coqueteaba. María no. Él se negaba a hacer largos viajes por mar a solas con ella. Siempre se llevaba a mi madre. Ari decía que se casaría con las dos, porque mi madre era muy ingeniosa y alegre, y María muy seria. Estaba demasiado enamorada de Ari para su propio bien. No podía relajarse con él. Era torpe, siempre se le caían las cosas de las manos, o metía la pata.

»Desde que ella se divorció de Meneghini por Ari, éste comenzó a perder interés por ella. Se sintió más desencantado aún cuando ella abandonó por un tiempo su carrera. Mi madre y yo le decíamos constantemente qué debía hacer, cómo debía comportarse si quería volver a conquistarlo. Poco después de su matrimonio con Jackie, él comenzó a ver a María de nuevo. Mi madre actuó como intermediaria. Le dijimos a María que si quería conquistar a Ari tendría que mostrarse más esquiva. Siempre estaba a su disposición, siempre presente. En una ocasión la hice esconder en mi casa de campo, de modo que él no pudiese encontrarla. Eso le agitó, le puso nervioso. Pero el efecto se disipó con rapidez, porque en el plazo de una semana ella estaba otra vez rendida a sus pies.»

Durante su luna de miel, Jackie se puso en contacto con Billy Baldwin y le invitó a Atenas. Le reservó su pasaje a bordo de Olympic Airways, y envió un coche a recibirle en el aeropuerto. Cuando él llegó a la casa de Glifada, fue agasajado con su primer almuerzo griego. «Te mataré si finges que te gusta», le previno Jackie. Luego le hizo visitar la residencia, y señaló las habitaciones que debían ser objeto de su atención. Quería que Glifada fuese remodelada, sobre todo porque la ocupante anterior, María Callas, había concebido buena parte de la decoración original.

Al día siguiente Jackie acompañó a Baldwin a Skorpios. El decorador encontró que el *Cristina* era espantoso, con sus cuartos de baño de mármol rosa, sus complicadas salas y salones, más un comedor cuyas paredes estaban cubiertas por murales de niñas desnudas que representaban las cuatro estaciones (y que Jackie eliminó muy pronto). La única excepción fue el estudio de Ari, con sus paredes cubiertas de libros —«Una de las mejores habitaciones que haya visto nunca», elogió Baldwin—, con su El

Greco y su inapreciable Buda de jade. También le entusiasmó la isla y la casa de campo que se construía en ella para Jackie y Ari. Debido a que sus hijos tenían que visitarles durante las Navidades, Jackie quería que Baldwin completase su trabajo en la casa de campo, antes de dedicar su atención a Glifada.

Después de tres días en Grecia, Baldwin remitió una factura por un importe de 25.000 dólares a la oficina de Onassis en Nueva York en concepto de «servicios prestados». Onassis la pagó, aunque le pareció escandalosa. Pero eso sólo fue el comienzo. Una noche, estando en París, Ari recibió una llamada de su hermana, la Sra. Artemis Garufalidis, en Glifada. Los transportistas estaban a punto de entregar decenas de miles de dólares en forma de sillas, mesas y sofás de David Barrett y Thomas d'Angelis, dos comerciantes en muebles clásicos de Nueva York. ¿Qué debía hacer ella? «Firma los albaranes —dijo Ari—, Jackie los encargó.» Las únicas facturas que Onassis se negó a pagar fueron las de dos televisores que Baldwin había pedido para la casa de Skorpios: la isla no recibía la televisión.

Jacques Harvey, artista y escritor nacido en Francia que conoció a Onassis en Maxim's, fue invitado a un cóctel en la casa del magnate griego en la avenida Foch, de París: «Sería unos nueve meses después de su matrimonio con Jackie. Yo había estado en el piso una o dos veces. Era uno de los más caros de París. Tenía una sala y un salón espacioso, muy bien amueblados con alfombras persas y antigüedades... nada del otro mundo, pero sí muy encantador. También me acuerdo de un gran retrato de Tina, la primera esposa de Ari. Cuando llegué, vi que el interior había sido modificado en forma sustancial. Jackie había contratado a un diseñador —no sé quién—, y lo había vuelto todo patas arriba. Había eliminado las alfombras y el retrato, y reemplazado la mayor parte de los muebles y las telas. Los resultados sólo pueden describirse como "pastel de California", con cantidades de cuentas y ajorcas, y adornos nada atractivos colgados de la pared, el tipo de decoración que uno se encuentra en un salón de belleza de Palm Springs: todo de color rosa, azul celeste, verde claro, espantoso. Era horrible. Onassis opinaba lo mismo. "Esa mujer no tiene gusto", dijo. Sus tres hermanas, Merope, Calirrhöe y Artemis, se mostraron igualmente ofendidas.

»Supongo que Onassis y Jackie se casaron por motivos de negocios. Ella había encontrado un benefactor en Ari, y él, alguien que podía mejorar su alicaída imagen. Había entrado en las listas negras de Estados Unidos desde la Segunda Guerra Mundial. Era objeto de numerosas investigaciones internacionales por parte de la CIA, el KGB, Interpol, Scotland Yard, y los servicios de inteligencia británicos y franceses. Tenía problemas para conseguir créditos en los bancos de Estados Unidos. Se casó con ella, en parte para limpiar su imagen en Norteamérica, y en cierta medida ella le ayudó en ese aspecto. No sé qué otra cosa podía ella ofrecer. Cené dos veces con Jackie: una en Roma, en Alfredo, y otra en París, en Maxim's, con Cristina y algunos otros. Jackie es una de las mujeres más sosas que he conocido jamás. Cuando era Primera Dama, y nadie la conocía, salvo desde lejos, producía una impresión deslumbrante en Europa, en particular en Francia, debido a su procedencia francesa. Pero cuando pasó más tiempo en París, y asistió a algunos actos sociales, la gente no podía entender qué había de tan especial en ella. Los europeos, que por lo general son mucho más elegantes y refinados que los norteamericanos, se reían de ella. No era nada: una mujer norteamericana común, de gustos corrientes y algo de dinero. Era una creación de la imaginación norteamericana, de Madison Avenue, de *Women's Wear Daily* y *Vogue*. Era lo bastante inteligente para saber que cuanto más se mostrase en público, menos impresionante resultaría. Como no tenía nada que decir, no decía nada.

»En Europa, en la actualidad, se la ve como lo que es: un enorme cero. El problema de Norteamérica es que cuando se habla de Jackie todos se ponen muy sentimentales. Ha construido a su alrededor una pared de protección. La gente teme ser eliminada de las fiestas de primera categoría si dice algo ofensivo acerca de ella.

»Es muy manipuladora, muy egoísta, una verdadera trituradora, y lo hace con gran destreza. El clan Kennedy ha construido una letanía de mentiras acerca de sí mismo y ahora, por fin, éstas comienzan a salir a la luz. La mayor parte de las fantasías han sido elaboradas alrededor de JFK, y la propia Jackie ha creado muchas de ellas.»

Una amiga mucho más íntima de Onassis que Jacques Harvey era la griega Maia Calligas, deportista náutica que ahora vive en Atenas. «Ari y yo nos conocimos por mediación de André Embiricos —dijo ella—. Embiricos y Onassis atracaban sus yates uno al lado del otro, en Montecarlo, en los años cincuenta. Todas las mañanas, Onassis aparecía en el barco vecino, mientras André, un anciano comparado con Ari, desayunaba. Solían hablar del Dow Jones, la IBM, la GM y cosas por el estilo. Onassis respetaba las opiniones del anciano.

»Dos cosas destacaban en relación con Onassis. Primero, era un genio de las finanzas. Llevaba libros de contabilidad de sus negocios, pero en realidad todo eso estaba en su cabeza. Conocía el lugar en que se encontraba cada uno de los barcos de su propiedad, en cualquier momento, y jamás se arriesgaba, ni siquiera en los negocios. En una ocasión me dijo en el casino de Montecarlo que yo era una tonta por dedicarme a jugar. "Aunque ganes, pierdes, porque el casino se lleva una comisión muy elevada. Nunca juegues a nada, salvo que se trate de una cosa segura."

»Lo segundo que se advertía era su soledad esencial. Onassis era la persona más solitaria del mundo. No es que no tuviese amigos, parientes o familia. Los tenía, pero casi siempre estaba solo. Recuerdo haberle visto en Montecarlo, sentado cerca de los barcos, mirando hacia el mar, triste y solitario. Creo que todo ese dinero lo aislaba. Todos los magnates que he conocido, en especial los que han ascendido por su propio esfuerzo, han sido así. Se encuentran solos porque el dinero levanta paredes.

»Se hubiese sentido menos solo si se hubiese casado con María Callas, y no con Jackie. Para mí y para sus demás amigos, María Callas era la esposa verdadera. Callas y Onassis formaban una pareja. Tenían relaciones amorosas verdaderas. Sus relaciones con Jackie no eran de amor; eran un acuerdo comercial.»

A pesar de todas sus diferencias, el primer año del matrimonio de Jackie con Ari pareció bastante satisfactorio. Onassis comenzó a ver de nuevo a María Callas, pero sólo de forma esporádica, y como amiga. Su primer impulso fue tratar de hacer que su nuevo matrimonio fuese un éxito. Cuando terminó la luna de miel, acompañó a Jackie a Londres para visitar a su hermana, y luego, de nuevo, a Estados Unidos, donde se hospedó con ella en el 1.040 de la Quinta Avenida. Asistieron juntos a varias cenas, entre ellas una en casa de Henry Ford II, a la que también acudió David Rockefeller, un hombre a quien Onassis quería conocer desde hacía tiempo. A su vez, Ari presentó a Jackie ante J. Paul Getty.

Mientras estaba en Nueva York, ella se hizo teñir y estirar el cabello por Rosemary Sorrentino: «Había tanto alboroto respecto del matrimonio, que Nancy Tuckerman me pidió que me personara en el domicilio de Jackie y la peinara allí. Me enviaron una limousine y entré en el edificio por la entrada trasera de la Avenida Madison. Iba disfrazada de criada. Ron Galella, el maldito fotógrafo, se encontraba apostado delante de la casa. Cuando vi a Jackie, me pareció muy feliz, muy distinta de aquel día de 1964 en que se derrumbó en mi habitación de Kenneth.»

Después de las Navidades, Jackie, sus hijos y Ari volvieron a Grecia. Después de que los niños regresaran a Nueva York, y Ari volara a Roma por motivos de negocios, Jackie fue en busca de antigüedades griegas, con Alexis Miotis, director del Teatro Nacional Griego. «Yo conocía a Onassis desde 1922, y Jackie y yo nos conocimos en una fiesta, en Nueva York, en 1952-53, cuando ella hacía las encuestas del *Washington Times-Herald* —dijo Miotis—. Había estado a bordo del *Cristina* en 1963, cuando Jackie, en aquel entonces Primera Dama, y Lee realizaron un crucero con Onassis. También fui en gran parte responsable de la relación de Ari con María

Callas. Puse en escena dos de las óperas de María —*Norma* y *Medea*— en La Scala y Covent Garden. Las dirigí. Me encontraba en Covent Garden en 1958, cuando Onassis apareció en Londres y me llamó. Le dije que estaba demasiado ocupado con la ópera de la Callas para reunirme con él. "Oh, ya la conozco —dijo—. La conocí por mediación de Elsa Maxwell, en el Lido." Cuando la ópera bajó de cartel, organicé una fiesta para 400 personas en el Dorchester, y allí fue donde Onassis y María volvieron a encontrarse e iniciaron su relación.

»Después de casarse Ari con Jackie, les acompañé en varias excursiones a bordo del *Cristina,* en una ocasión a Delfi. Después Jackie vino a verme dos veces a Apitdeivros, el antiguo teatro griego que databa del siglo IV a. de C., a unas tres horas de Atenas. Al comienzo, Jackie y Ari parecían armoniosos. Jackie es una persona dulce, muy noble. Su conducta establece normas para quienes la rodean. Es evidente que muchas personas consideraron que el matrimonio era una farsa, pero yo no veía nada de malo en él. Ari tenía un sentimiento de gloria en relación con todas las cosas. Prestaba mucha atención a las personas "gloriosas". Admiraba a Jackie porque era la Primera Dama, no sólo en la Casa Blanca, sino Primera Dama del país. Ari quería ser el Emperador de los Mares, y quería a una Cleopatra que se sentase a su lado. Para Jackie, se trataba de su encanto, combinado con su dinero. Él tenía dinero, sí, pero también carisma. Era una personalidad dominante. Era el único hombre con quien podía casarse que jamás se convertiría en el Sr. de Jackie Kennedy.»

Para William Joyce, asesor legal de la Olympic, la actitud de Jackie era algo menos que noble. Durante las vacaciones de Pascua de 1969, se llevó a sus hijos a Grecia, a bordo de un vuelo transatlántico de Olympic, con el conejo favorito de John. «A pesar de las reglamentaciones de las líneas aéreas —dijo Joyce—, ella se opuso a que el animal viajara en el compartimento de equipajes, con otros animalitos domésticos. "Mi esposo es dueño de esta línea aérea", repetía una y otra vez. Quería que el conejo viajara en primera clase. Al final viajó delante, con la tripulación.

»También solía presentarse en el mostrador de reservas de Olympic, minutos antes de un vuelo, sin reserva, y exigir un pasaje [de primera clase]. No un pasaje sino cuatro... no quería sentarse cerca de nadie. Si el avión iba completo, decía que "rechazaran" a algunos pasajeros. Y nunca pagaba. "Cárguenlo en la cuenta de mi esposo", ordenaba. Nadie le informó nunca que en términos técnicos él no era el dueño de la compañía aérea, sino las hermanas. De modo que cuando ella no pagaba, las hermanas recibían las facturas.»

Angelo Katapodis, agente de viajes en la isla de Ítaca, a nueve millas náuticas de Skorpios, recordaba la visita de Ari y Jackie aquella primavera:

«El grupo estaba compuesto por el Sr. y la Sra. Onassis, Cristina, Caroline, John y Martin Luther King III, el hijo de diez años del extinto defensor de los derechos civiles. El niño era invitado de Jackie y de su hijo.

»Onassis tenía un gran sentimiento por Ítaca. Muchos de sus directivos, entre ellos Costa Gratsos, habían nacido en la isla. Mi padre era dueño de una tienda de tejidos y le había vendido a Onassis materiales para sus distintas casas. En aquella ocasión, compraron telas de algodón, con las cuales Jackie pensaba hacer cortinas para la casa en Skorpios.

»Jackie no me causó una impresión favorable. Tenía una sonrisa tonta clavada en la cara de forma permanente. No se mostraba muy amable con su esposo, que llevaba pantalones blancos, zapatos blancos y el pecho al aire. Le decía constantemente que se pusiera la camisa. Era inoportuna. En cierto momento, cuando las cosas no andaban con bastante rapidez, se llevó una mano a la cadera y comenzó a golpear el suelo con un pie.

»Se veía que no se llevaba bien con Cristina. Ésta y Alejandro ya mantenían relaciones tensas con su padre, quien los trataba como a otros tantos apéndices. Ambos le tenían miedo. No tenía que haberle sido muy difícil a Jackie ganárselos, en especial a Cristina, que se dejaba conquistar con un mínimo de afecto. Fue un gran error, por parte de Jackie, no hacerlo. María Callas cometió el mismo error. Ambas mujeres fueron odiadas. A la larga esto contribuyó más a destrozar el matrimonio que todo el dinero que en apariencia ella gastaba.»

Después de navegar a Niza, Montecarlo, Villefranche, San Remo y Capri con Jackie, su marido celebró los cuarenta años que ella cumplía dando una fiesta que duró desde el alba hasta el anochecer, en el club nocturno Neraida, en el golfo Seronis, a quince kilómetros de Atenas. Cuando llegó Jackie, asombró a todos los presentes al exhibir todo un nuevo juego de joyas, regalo de cumpleaños de Ari, entre ellas un anillo de diamantes Cartier, de 40,42 kilates (un kilate por cada año) evaluado en un millón de dólares. También recibió un cinturón de oro macizo, adornado con una cabeza de león (su signo astrológico), y un par de pendientes «Apollo XI» de esmeraldas, zafiros, diamantes y rubíes, para celebrar el primer paseo del hombre por la Luna.

En la fiesta, Katina Paxinou, la actriz griega, se sentó al lado de la Sra. Onassis, y cuando felicitó a Jackie por sus nuevos pendientes, que le colgaban de las orejas como candelabros (dos esferas que representaban la Tierra y la Luna unidas por lo que se suponía era una nave espacial en miniatura), la niña que cumplía años rió entre dientes y dijo: «Ari en realidad se ha disculpado por ellos. Piensa que son unas simples chucherías. Pero me ha prometido que si me porto bien, el año que viene me regalará la Luna misma».

«El primer regalo que Jackie le hizo a Ari fue por la Navidad de 1968 —recuerda Costa Gratsos—. Era un dibujo en tinta del *Cristina* en forma de *ex libris*, con el nombre de Ari debajo, para que lo usara en su colección de libros. Él le había regalado el *Cristina*, y ella le regalaba un *ex libris*.»

Yvette Bertin, empleada de Olympic Airways en París, señaló que «si bien María Callas iba a menudo a la oficina con el Sr. Onassis, Jackie no lo hacía nunca. Una vez se la vio esperándole en la limousine, fuera de la oficina. Tenía ojos muy extraños... muy redondos. Parecía, o bien que se encontraba drogada, o que había sufrido algún golpe tremendo. Había algo aterrador en ella».

La Sra. J. Boyer, directora de relaciones públicas de Maxim's, observó que «estando ya casado con Jackie, Onassis iba habitualmente solo, o a veces con María Callas, cuando Jackie se encontraba en Estados Unidos. De vez en cuando, Jackie iba a Maxim's con la Sra. Nicole Alphand, o con su hermana, Lee Radziwill. Pero recuerdo varias de las veces que vino a comer con Ari. La verdad, no era nada comparada con la Callas. Jackie estaba tan orgullosa de ser francesa a medias... Le decía a todo el mundo que su apellido era Bouvier. Pero era una norteamericana típica. Yo solía oír decir que era una mujer muy estilizada, pero pocas veces he conocido a nadie de gustos tan vulgares. No era en modo alguno elegante en el sentido francés de la palabra.

»Jackie desilusionó a los franceses, que pensaban que nunca se tenía que haber casado después de Kennedy. Era la viuda de un héroe norteamericano. Habría resultado aceptable que tuviese amantes, pero volver a casarse, en especial con un hombre tan público y discutido como Onassis, parecía imprudente. Resultaba evidente que lo había hecho por dinero. Los franceses, a quienes les encantan las historias de amor, pensaban: "Esta mujer tiene una cámara acorazada en lugar del corazón."»*

En el otoño de 1969, mientras se hallaba en París, Jackie visitó a la condesa Guyot de Renty, su casera durante su año en La Sorbona: «Nos habíamos mantenido en contacto, y ella me visitaba cada tantos años —recuerda la condesa—. Ésa era la primera vez que la veía desde su matrimonio con Onassis. Iba vestida con suma sencillez. Incluso le dije: "Jackie, creo que llevas el jersey al revés." Ella respondió: "Sí, sigo siendo la misma."

»Pero yo me asombraba. Pensaba que su matrimonio con Onassis era

---

* Roger Viard, ex *maître d'hôtel* del Maxim's, ofreció una evaluación parecida: «María Callas era una personalidad grande, elegante, teatral. Ella y Onassis formaban pareja. Jackie era muy norteamericana. No poseía la misma elegancia. Era ordinaria. De no ser por el apellido Kennedy, nadie la habría mirado. En el ambiente de Maxim's, Jackie, por así decirlo, pasaba de largo sin dejar huellas.»

muy extraño. Nunca me lo hubiese esperado. Por otro lado, tantas cosas habían ocurrido a lo largo de los años... El asesinato de su esposo debe de haber sido un enorme trauma, seguido por el trauma del asesinato del hermano. Después quiso cambiar su vida y tratar de olvidar.»

Onassis iba a Suiza todos los años por asuntos de negocios, y siempre se alojaba en el Hotel des Bergues, de cinco estrellas, en Ginebra. En una ocasión, llevó a Jackie consigo, aunque por lo general ella optaba por quedarse e ir de compras en Atenas o París, gracias a la asignación de 30.000 dólares mensuales que él le daba. John Rigas, periodista de la UPI en Atenas, reconoció que «Jackie llegaba en helicóptero a la ciudad, desde Skorpios, en especial cuando Onassis se encontraba ausente por motivos de negocios, y nos chivaban dónde podíamos encontrarla. Viajaba con un guardia de seguridad llamado George Sinos y una acompañante, empleada de Onassis, que estaba allí para ayudar a orientar a Jackie y traducirle del griego al inglés y a la inversa. Corrían rumores de que en realidad espiaba a Jackie por cuenta de Onassis, y que le decía cuánto dinero había gastado ella, ese tipo de cosas. Conociendo a Onassis, es muy posible que sea así.

»Todo el mundo reconocía a Jackie en Atenas. La gente se detenía y miraba , o decía algo. Ella sonreía y continuaba caminando. No era hermosa ni interesante, pero parecía atractiva. Y aunque ella y Onassis no estuviesen profundamente enamorados, daban la impresión de disfrutar cada uno de la compañía del otro. En varias ocasiones se dijo que él se divorciaría de Jackie y volvería a casarse con su primera esposa, o con María Callas. No parecía probable. Si hubiese querido casarse con la Callas, lo habría hecho mucho antes de que apareciera Jackie. Supongo que le dijo a Callas que su matrimonio con Jackie era un acuerdo comercial, algo que necesitaba para su imagen personal. Y aunque pueda ser cierto, dudo que ella lo haya creído, o que alguna vez volviese a confiar en él.»

La diversidad de opiniones que la gente tenía respecto de Jackie, —buenas, malas e indiferentes— indicaba que era al mismo tiempo mejor y peor de lo que sugería su imagen pública. Lo mismo puede decirse de Onassis, quien por lo menos hacía un esfuerzo por cumplir con su parte del negocio. «Era muy generoso con los hijos de Jackie —comenta Costa Gratsos—. Le compró a John-John una lancha de motor y a Caroline un velero para usarlo en Skorpios. Le compró a John-John una *jukebox* y un minijeep para recorrer la isla. Les regaló ponies Shetland. Pero aparte de los regalos, trataba de darse a sí mismo, de estar con ellos. Asistía a las obras de la escuela en Nueva York, e iba a casa de Jackie en Nueva Jersey para verles montar a caballo. Y la verdad es que Ari odiaba estar allí. No le interesaban los caballos. Pero de todos modos iba, cuando estaba en Nueva York, y la mayor parte del tiempo, se quedaba de pie, mirando.

Siempre se quejaba de que el fango y el estiércol de caballo le estropeaban los zapatos y los pantalones.

»Un día, cuando se quejó, Jackie le replicó. "Vas tan mal vestido, ¿qué importancia tiene?", dijo. Tenía razón. A él no le importaba la ropa. Tenía un viejo sastre griego que le hacía la ropa. Todos sus trajes estaban pasados de moda. Era supersticioso en cuanto a sus trajes. Si cerraba un buen trato con determinada vestimenta o corbata, o con un par de zapatos, quería usar la misma ropa la vez siguiente. También tenía tendencia a usar el mismo traje durante varios días. Yo le decía: "¿Quién te crees que eres... Howard Hughes?" Jackie trataba de inducirlo a invertir en un nuevo vestuario. Un día entró en una elegante tienda, de moda masculina, en Palm Beach, y salió de ella con 365 nuevas corbatas de seda para Ari, a 30 dólares cada una. Pero cuando él se enteró de que había cargado la compra en su cuenta, se enfureció. De hecho, solía criticar la vestimenta de *ella,* porque siempre llevaba pantalones y camisetas. "¿Qué demonios hace con toda la ropa que adquiere?", solía preguntar.

»Eran muy diferentes. Ari tenía dinero, conocía el lujo, pero era un hombre de gustos sencillos. Su plato favorito era la carne estofada. Prefería una taberna o un café para comer que no un restaurante muy fino. Incluso cuando iba al "21", pedía *knockwurst* y una cerveza. Cuando acompañaba a Jackie, por lo general iba a mejores lugares, como por ejemplo el Coq Hardi de Bougival, en las afueras de París, pero aun entonces pedía siempre la misma comida: un martini seco con una aceituna y cebollas, *salade de boeuf* [ensalada de carne] y un bistec. Bebían un poco de Burdeos con la comida. Su única extravagancia era una botella de champán. La bebía en lugar del postre.

»Muchas veces iba a una taberna en Lefkas, llamada Nick el Griego, donde disfrutaba comiendo, bebiendo, cantando y bailando. O se dedicaba a una orgía de destrozo de vajilla en el Neraida, donde organizó la fiesta de cumpleaños de los cuarenta años de Jackie. Ella no soportaba este tipo de exuberancias, lo consideraba tosco y nada refinado, de modo que él iba sin ella. En una ocasión llevó allí a un grupo, en el cual se contaban Odile Rodin y la actriz italiana Elsa Martinelli, y estuvieron a punto de ser expulsados por desnudarse y perturbar la tranquilidad.

»Ari disfrutaba con la vida nocturna, los clubs internacionales como El Morocco, Privé, Regine, Raffles. Jackie los toleraba. Para ella, visitar los barrios bajos equivalía a un almuerzo, un sábado, con Ari, en P. J. Clarke. Una vez fue allí al baño, y atrajo a media docena de parroquianas curiosas. Jackie no podía tolerar los horarios de su esposo, su política de no dormir, el hecho de que se acostara tarde y se levantara temprano, su inclinación por hacer llamadas de negocios hasta las tres de la mañana, ni él compartía su entusiasmo por el ballet, el teatro (salvo que fuese griego), la ópera (salvo que figurase la Callas en ella), los museos y las galerías de arte. Empezaron con camas separadas en el mismo dormitorio, y terminaron con camas separadas en distintos continentes.

»Lo que más le gustaba a Jackie era ir de compras y recibir regalos de Ari. Era una compradora velocísima. Podía entrar en cualquier tienda del mundo y salir de ella en diez minutos o menos, después de haber gastado 100.000 dólares o más. No le interesaban los precios. Sólo indicaba lo que quería. Compraba cualquier cosa: cajitas de música, relojes antiguos, abrigos de piel, muebles, zapatos. Le encantaba atender los desfiles de moda internacional —Valentino, Molyneux, Lanvin— y comprar toda la colección. Al principio, Ari la alentaba en ese terreno. Además de darle una cartera de tarjetas de crédito, adoraba dejarle regalitos en su bandeja de plata, para el desayuno: un brazalete, un collar de perlas cultivadas, un pañuelo de encaje antiguo. En ocasiones, sólo un poema o una carta. Le escribía porque ella se quejaba de que John Kennedy le escribió muy pocas cartas a lo largo de su matrimonio.»

«Ése fue el último año completo de mi amistad con Jackie —comenta Truman Capote—. La acompañé en una de esas bacanales de compra agotadoras. Entraba en una tienda, pedía dos docenas de blusas de seda de distintos colores, daba una dirección y salía. Parecía aturdida, hipnotizada. Di una fiesta y mi perro mordió el abrigo de marta cebellina de Lee Radziwill. El príncipe Radziwill estaba furioso, Jackie se mostraba divertida. "No te preocupes —le dijo Jackie a Stas—, podemos comprar otra marta para Lee, mañana, y cargarla en la cuenta de Ari. No le importará."»

Robert David Lynn Gardiner, mundano de Nueva York, cenaba con Jackie en la casa de la Quinta Avenida de lady Jean Campbell. «Jackie llegó sin Onassis —recuerda Gardiner—. El yate estaba amarrado en el muelle de la Calle 79. La sentaron junto a mí y a mi esposa. Pero Jackie se pasó toda la tarde mirando al vacío. Parecía estar entre nubes, y no sé por qué. Tenía esa vaga sonrisa en el rostro. Mujer de aspecto notable, tenía unos pómulos salientes y una apariencia de seguridad, con el cabello oscuro que había heredado de su padre, Black Jack. Pero no dijo una palabra.»

No les faltaron tribulaciones en ese período al señor y a la señora Onassis. A finales de 1968, un Boeing 707 de Olympic Airways, de Nueva York a Atenas, fue desviado a París por dos hombres en nombre de una organización política izquierdista. Al mismo tiempo, cundió el pánico por una presunta bomba colocada a bordo de un vuelo de Olympic Airways que salía de Atenas, y en el cual Alejandro Onassis tenía que viajar. En abril de 1969 el FBI descubrió una conspiración de un grupo político extremista para bombardear el First National City Bank de la Calle 91 y la

Avenida Madison, presuntamente mientras Jackie realizaba alguna operación allí. En julio, la policía griega se enteró de los planes de un grupo subversivo para secuestrar a Jackie. Ese mismo mes, un avión en el cual ella viajaba a Nueva York fue registrado en Londres en busca de explosivos ocultos. En agosto, la oficina de Atenas de Olympic Airways fue bombardeada. La policía culpó de ello a elementos contrarios a la junta militar que gobernaba en Grecia. Un folleto antijunta acusaba a Onassis de ser «el banquero principal de la junta». Se pretende que en octubre Jackie hizo una clave de judo para lanzar por el aire a Marvin Finkelstein, un fotógrafo del *Daily News* de Nueva York, cuando intentaba fotografiarla en el momento en que salía de una sala, donde había visto la película porno *I am Curious (Yellow)*. Los testigos del incidente declararon que Finkelstein había resbalado.

Hubo otros episodios inquietantes. El 18 de julio de 1969, seis mujeres que habían ayudado a Robert Kennedy en su campaña presidencial de 1968, y cinco amigos del senador Ted Kennedy se reunieron para una fiesta en una cabaña de Chappaquiddick, un islote ubicado frente a Martha's Vineyard. La ocasión era la 46.ª Regata del Club de Yates Edgardtown, en el cual Ted se inscribió y perdió. Una de las seis mujeres del grupo era Mary Jo Kopechne, una rubia de 28 años, amante de las diversiones, que había sido secretaria de Robert Kennedy. Las mujeres tenían habitaciones reservadas en un hotel, a varios kilómetros de otro donde se hospedaban los hombres.

Mary Jo y Teddy salieron juntos de la fiesta, alrededor de las once y cuarto para tomar el último ferry de regreso a Vineyard. En lugar de seguir el camino que iba al ferry, Ted fue por uno que conducía a un angosto puente de madera sin barandas. Su Oldsmobile de 1967 cayó en el agua y quedó volcado hacia abajo en la lóbrega corriente. Kennedy logró salir; Mary Jo no pudo hacerlo.

El senador de Massachusetts no informó del accidente hasta más de nueve horas después. Los testimonios suprimidos y otras pruebas indican ahora que Ted Kennedy fue algo más que un participante inocente en un accidente deplorable. Leo Damore, autor de *Senatorial privilege: The Chappaquiddick Cover-Up* (1988), una investigación a fondo del suceso, deja muy pocas dudas en el sentido de que: a) Kennedy salió de la fiesta con Mary Jo para un interludio romántico; b) estaba ebrio; c) se salió del puente a demasiada velocidad, y d) conducía con el permiso de conducir caducado. También hay muchas cosas en el libro de Damore (y en otros) que indican que Kennedy pasó horas enteras (antes de avisar a la policía) tratando de convencer a otros integrantes del grupo para que se responsabilizasen del accidente.

Resulta significativo que una de las primeras personas que Teddy trató de contactar fuese Jacqueline Onassis. Como no pudo localizarla por teléfono, llamó entonces a Helga Wagner, una rubia austríaca, de Palm Beach, quien ha sido identificada como una de sus más íntimas confidentes. Pero fue Jackie quien a la larga le proporcionó consuelo. Poco después de comenzar sus problemas, Teddy recibió una de esas cartas típicamente efusivas de Jackie en la cual le decía que Caroline carecía de padrino desde la muerte de su tío Bobby, el año anterior, y que le agradaría mucho que su tío Teddy ocupase ese lugar.

La inútil tragedia fue más de lo que Joseph P. Kennedy pudo soportar. Con tres hijos desaparecidos y el cuarto convertido en objeto de un escándalo nacional, el embajador no sobrevivió aquel año. Los vínculos de Jackie con el clan Kennedy habían quedado debilitados por otro hilo cortado.

«Mientras funcionó bien, el matrimonio de Jackie y Ari fue muy bueno —dijo John Karavlas, segundo capitán del *Cristina*—. Hicieron un viaje a Corfú que destaca en mi recuerdo. La hija de Ari los acompañó. Pero no Alejandro, a quien muy pocas veces se veía desde que Jackie entrara en escena. Habíamos pasado la tarde en Corfú, y al anochecer la tripulación se reunió en una taberna para cenar. Se suponía que Jackie y Ari estarían allí, pero no se presentaron. En mitad de la cena, el primer capitán me dijo que mirase en el *Cristina*... tal vez estuvieran dormidos. Fui al muelle y subí al barco. Escudriñé en todas las cubiertas, en todos los camarotes... ni rastro de Jackie, ni señales de Ari. Estaba a punto de salir cuando oí ruidos que provenían de un pequeño pesquero que Ari tenía amarrado al *Cristina*. Me acerqué en la oscuridad para echar una mirada. Cuando atisbé, pude distinguir el trasero desnudo de un hombre, que se elevaba y caía, se elevaba y caía. El hombre me oyó y miró por sobre el hombro. Era Onassis. Estaba encima, y Jackie debajo de él. Estaban haciendo el amor. "¿Qué quieres?", me preguntó Onassis. "Le buscaba, señor", dije. "Bueno pues, ya me has encontrado", dijo, sin interrumpir su ritmo.

»A Onassis le encantaba hacer el amor en lugares poco comunes, a menudo en sitios semipúblicos. Era mucho mayor que su esposa, pero todavía tenía una libido activa. Parecían discutir mucho. Tenían una relación tempestuosa, pero también hacían el amor.»

Es posible que la sexualidad de Jackie haya florecido durante su segundo matrimonio, en parte como consecuencia de una conversación que en una ocasión tuvo con su médico, el Dr. Henry Lax, que respondió a varias preguntas francas que ella le formuló. Renée Luttgen, compañera del médico y también ayudante en su consultorio, reveló ciertos detalles de las relaciones de Jackie con Lax. «Jackie aparecía en el consultorio como si se presentara en un escenario. Todo, la sonrisa, los gestos, las palabras, parecía fabricado y ensayado con esmero. Era totalmente artificial. Llevaba las gafas de sol sobre la cabeza, y adoptaba poses cuando yo abría la puerta, como si algún otro paciente pudiese ver a la ex Primera Dama. Ella y Henry eran muy amigos, pero ella siempre le llamaba "Dr. Lax". Se mostraba muy correcta. Le consultaba respecto de todo: las relaciones interfamiliares, los viajes, la comida, el sexo. Le adulaba con esa insufrible vocecita de niña pequeña. Tenía el hábito más bien molesto de hablar de sí misma en tercera persona. Yo lo consideraba falso, pero él tenía una gran opinión de ella, la encontraba muy inteligente.

»Le daba consejos. Le enseñó a hacer ejercicios. Le dijo que era preferible caminar con paso rápido que correr alrededor del estanque del Central Park. Cuando Onassis murió, le aconsejó que consiguiese un trabajo y se mantuviera ocupada. Recibió a otros miembros de la familia, entre ellos a Rose Kennedy, Lee Radziwill y Ethel Kennedy. Después del asesinato de Bobby Kennedy, Ethel quería algo para el funeral, para no echarse a llorar. Y Henry le dijo: "¿Por qué no habría de llorar? Es la cosa más natural y normal del mundo dadas las circunstancias." Esto ilustra el tonto lema de la familia: un Kennedy nunca llora.

»Un día Jackie le dijo que había sido educada como católica y que no sabía mucho acerca de los aspectos de la satisfacción sexual, de modo que Henry le dibujó la anatomía femenina en una hoja de papel, y luego la siguió con el dedo en la palma de la mano de ella, explicándole cómo funcionaba todo. Me imagino que resultó útil, porque no volvió a salir el tema.

»Jackie era un poco maniática en relación con la salud. Insistía en hacerse todos los análisis, a medida que se convertían en moda: un análisis de tolerancia del azúcar, un análisis de tensión cardíaca, lo que fuese. Puedo atestiguar el hecho de que tenía una excelente salud física.

»Se preocupaba por Caroline, quien, como adolescente rebelde que era, se comía una o dos libras de chocolate cada día, y aumentaba mucho de peso. Además, era malo para su cutis. Una vez le chilló a Caroline, por teléfono, desde el consultorio de Henry. En dos ocasiones, después de mucha coerción por parte de Jackie, Henry aceptó recetar píldoras dietéticas para Caroline, aunque en cantidades limitadas. Cada receta era de 15 píldoras, y renovable tres veces: 45 píldoras en total.

»Aunque Onassis también era su paciente, no sé si Henry habló de la salud de Ari con Jackie. Sé que consideraba que Onassis se tenía que haber operado del riñón tiempo atrás, y se lo recomendó, pero Onassis no le prestó atención. Tampoco estoy segura de lo que pensaba Henry de aquella unión. Respetaba a Onassis y lo encontraba divertido. Recuerdo haber visto a Onassis en un restaurante, pero no le reconocí. Sus modales —su manera de sorber la sopa, la forma en que arrancaba trozos de pan— me llevaron a la conclusión de que aquel hombre era un rey o un campesino. Y en cierta medida, Onassis era un poco las dos cosas.»

Fanny Warburg, pariente lejana de la adinerada familia Warburg, trabajó para el Dr. Lax durante más de treinta y cinco años. «Mantuve muchas conversaciones con Jackie —dice—. Extraje mucha sangre para hacer análisis. Hice electrocardiogramas, rayos X, lo habitual. La conocí durante muchos años. Una cosa que puedo decir es que nunca recibí nada de ella. Nunca me dio una propina, un perfume, un regalo de Navidad. Nunca traía nada. Por supuesto, toda la familia Kennedy, muchos de los cuales eran pacientes del Dr. Lax, se comportaban de la misma manera. Otros pacientes me hacían regalos muy, muy encantadores.

»Caroline y John también eran pacientes ocasionales. Venían cuando estaban con gripe, o tenían un resfriado, nada grave. Jackie venía en busca de consejos y de un tratamiento. Era caprichosa, esnob, altanera. No me parecía muy inteligente. Tenía la impresión de que Lee era más inteligente y mucho menos jactanciosa. [De hecho] no encontraba que Lee fuese jactanciosa en modo alguno. Jackie era además muy ingenua. En una ocasión estuve allí durante una hora, explicándole qué significaba el análisis de colesterol. Después de todo aquello, dijo: "Ah, ¿entonces tanto los hombres como las mujeres tienen colesterol?"

»Jackie hacía algunas cosas extrañas. Solía dejar su bata en el suelo, para que yo la recogiera. Sencillamente se la quitaba, y la dejaba caer después de una exploración, como una reina o una princesa. Otros pacientes dejaban las suyas en un cesto... pero Jackie no. Era desconsiderada. No era una persona agradable. Además, llegaba con los pies sucios. No me lo explico. Parecía no importarle lo que pensara la gente.»

Carol Rosenwald, escritor y dueño de restaurantes, tuvo una reacción similar cuando conoció a Jackie en una función de la escuela Collegiate: «Nuestros hijos iban al Collegiate al mismo tiempo. La vi en un evento llamado Field Day. Jackie estaba allí para ver a John. Estaba desaseada. Aquel día llevaba el cabello sucio, como un estropajo. Se le había escapado un punto del jersey. Francamente, parecía recién levantada de la cama. Me llamó la atención.»

Es posible que ese día en cuestión fuese muy malo para Jackie. Otras madres del Collegiate se mostraron más elogiosas. Sally Bitterman, cuyo hijo, Brooks, era compañero de curso y amigo de John, hijo, la observó en varias reuniones de padres: «Siempre estaba muy callada y nunca usaba su fama para obtener algo especial para su hijo. Una vez, Brooks había sido invitado a ir a jugar a casa de los Kennedy, y Jackie me llamó para asegurarse de que había llegado bien a casa. La mayoría de las madres no hacían tal cosa.»

Marjorie Housepian Dobkin, decana académica del Barnard College, tenía tres hijos en el Collegiate, y actuó con Jackie en la comisión de educación de la escuela.

«La comisión existía para decidir sobre la expansión de la escuela y la construcción de un nuevo edificio. Me pidieron que participara en la comisión, precisamente debido a mi actividad educativa, en tanto que a Jackie se lo pidieron, sin duda, porque necesitaban fondos para la expansión y la construcción de la nueva sede. Hubo unas cuatro reuniones. No sé si ella donó dinero, pero lo dudo. En una reunión preguntó al grupo si estaba bien que su hijo hiciese los deberes en casa con el estéreo a todo volumen. La pregunta estaba muy fuera de lugar, pero la gente la contestó. Algunos dijeron que sí, otros que no.

»Cuando John iba al Collegiate, miembros del Servicio Secreto solían sentarse en el vestíbulo de la escuela. Debe de haber sido una misión de muy baja prioridad, porque no podía resultar muy interesante sentarse durante todo el día en una escuela. Al cabo de un rato dormitaban. Despertaban y descubrían que la clase se había ido a alguna parte. "¿Dónde está John?", preguntaban. "En el museo", respondía alguien. De modo que corrían al museo y lo buscaban allí.

»Había tres o cuatro mujeres que siempre rondaban por la escuela, ancianas inofensivas, con zapatillas y rulos en el cabello, que preguntaban a la gente: "¿Dónde está John-John?" Una vez se acercaron a él: "¿Conoces a John?" "Sí —respondió él—, le conozco." "¿Cómo es?", preguntaron. "Es un gran tipo", contestó.»

Uno de los agentes del Servicio Secreto recién asignado al cuidado de los chicos Kennedy era James Kalafatis. Como era de ascendencia griega, Kalafatis resultó invalorable tras la boda de Jackie con Onassis. No sólo hablaba el griego, sino que además ayudó a Jackie y a su hijos a entender la cultura. Explicaba qué significaba esto y aquello. Les permitió apreciar mejor a los griegos como gente. Les hizo conocer la comida griega. Les explicó lo referente a la Iglesia Ortodoxa griega. Hizo más fácil la transición.

Un día de otoño de 1969, cuando Jackie y su hijo fueron a montar en bicicleta por Central Park, Ron Galella saltó sobre ellos desde detrás de una mata de arbustos, con sus cámaras, lo cual hizo que John virase y estuviera a punto de estrellarse. Era el segundo incidente, en menos de una semana, en el cual participaban Galella y los hijos de Jackie. El otro había ocurrido en la escuela Brearley, a la cual Caroline iba después de dejar el Convento del Sagrado Corazón. Galella había seguido a la niña a una feria en Brearley, y le había sacado fotos, molestándola delante de sus amigos. Después del segundo incidente, Jackie decidió que había que hacer algo. Ordenó a los agentes del Servicio Secreto que detuvieran al fotógrafo, y exigió que lo pusiesen bajo arresto y lo llevaran al cuartel de policía más cercano. Declaró que aquella implacable persecución les provocaba, a ella y a sus hijos, «una gran angustia mental», y pidió un requerimiento permanente que mantuviese a Galella a 200 metros de su domicilio de la Quinta Avenida, y a 100 metros de su persona (o de sus hijos) en cualquier otro lugar.

Representado por el abogado Alfred Julien, el fotógrafo presentó a su vez una demanda, y pidió 1,3 millones de dólares por daños y perjuicios, por «falso arresto, persecución maliciosa e intromisión en mi medio de vida como fotógrafo».

El asunto culminó en dos juicios que recibieron gran publicidad, uno en 1972 y el otro en 1981.

En febrero de 1970 Jackie y Ari volvieron a Skorpios, después de un crucero a México. Para entonces ya existían grietas perceptibles en el matrimonio. Entre sus visitantes de aquel verano se contaban Rose Kennedy y los Radziwill. Stas Radziwill le dijo posteriormente a Max Jacobson que la unión parecía estar agriándose. Añadió que su propio matrimonio estaba tambaleándose: Lee y él estaban al borde de una separación previa a un divorcio.

Otro visitante de Skorpios, en este caso no invitado, fue Ron Galella. El fotógrafo contrató a un pescador local para que le llevase a tierra clandestinamente. Tomó fotos de la isla, y más tarde siguió a sus habitantes hasta Capri, persiguiendo a Jackie, a Lee y a sus respectivos hijos por las abarrotadas y estrechas calles, y sacando fotos a medida que avanzaba.

Aristóteles Onassis tenía su propia dosis constante de irritaciones de familia, además de sus problemas con su esposa. Cristina viajaba con regularidad entre Londres (donde vivía su madre), Lausana, Suiza (residencia de su abuela materna), París, Montecarlo, Atenas, Skorpios y Nueva York (la ciudad en que de hecho habían nacido ella y su hermano Alejandro). La posesividad de Ari respecto de sus hijos tenía menos que ver con la geografía que con el matrimonio. Como en anteriores generaciones griegas, pensaba que tenía derecho a elegir una pareja adecuada para su hija. Su elección fue Peter Goulandris, vástago de 23 años de una familia que poseía cuatro líneas navieras, las cuales incluían más de 130 barcos, evaluadas en unos 2.000 millones de dólares. Eran propietarios de yates, islas, caballos de carreras y equipos de fútbol. Cristina conocía a Peter de toda la vida. Su madre, María Goulandris, era una Lemos de soltera, la más acaudalada de todas las familias navieras griegas. Un matrimonio entre Cristina y Peter hubiese unido a tres de las familias más poderosas de Grecia y creado un triunvirato que dominaría los mares durante siglos*.

La idea de Ari tenía muy poco atractivo para su hija. Onassis recurrió primero a su hermana, Artemis, y luego a Jackie para que le ayudaran a convencer a Cristina de que se comprometiera con aquel joven adinerado y dispuesto. La intervención de Jackie fue recibida con gran hostilidad por su hijastra, a quien tal vez le molestaban aun más los intentos de Jackie de renovarla físicamente. «Jackie criticaba mucho el aspecto de Cristina —comenta Costa Gratsos—. Era demasiado obesa, demasiado hirsuta, no lo bastante elegante. Jackie la animaba a seguir tratamientos de electrolisis, la llevaba de compras, la envió a un médico dietético, la indujo a hacer ejercicios, la escoltaba a un salón de belleza. Al cabo de varias semanas, Cristina se rebeló, y le dijo a Jackie, furiosamente que no quería parecerse a otro modelo norteamericano "vacío" y de última moda.»

El compromiso con Goulandris no se celebró, y además las relaciones entre Onassis y su hijo se hicieron más tensas que nunca. La hostilidad de Alejandro en cuanto al matrimonio con Jackie era una amenaza constante, porque pesaba sobre la conciencia de su padre. Y ahora, en medio de los preparativos para tomar algún día las riendas de la familia, Alejandro tenía sus propios problemas amorosos, pues se había enamorado de Fiona Campbell Thyssen, una modelo nacida en Escocia, ex esposa de uno de los industriales con más éxito de Europa, dieciséis años mayor que Alejandro y madre de dos hijos adolescentes. A la luz de las diferencias de edades, Onassis se opuso con energía al plan de Alejandro de casarse con Fiona. Jackie apoyó el punto de vista de su esposo. Alejandro, a desgana y con furia, acató el deseo de su padre, pero nada de ello mejoró su opinión sobre su madrastra y el «ridículo matrimonio» que pensaba le había sido impuesto.

Aparte de los niños —los de él y los de ella—, estaba el asunto de los Kennedy, y la devoción de Jackie a la leyenda de su primer marido. Aunque Onassis no se quejaba de que el recuerdo del difunto presidente apareciera surgir a cada paso —¿no era el pasado de Jackie una de las razones por las cuales se había casado con ella?—, debe de haberle resultado difícil a un orgulloso esposo griego vivir a la sombra de otro hombre. Eso le creaba un conflicto interior que no había previsto, y que aparecía cada vez que su esposa conmemoraba uno de sus numerosos aniversarios: el aniver-

---

* Independientemente, Jackie era amiga de diversos miembros de la familia Goulandris, entre ellos Nikki Goulandris, hombre mundano y vicepresidente del Museo de Historia Natural Goulandris, en Kiffisia, Grecia. «Se han dicho muchas cosas falsas acerca de Jackie —insiste Nikki Goulandris—. Por ejemplo, Jackie se paseaba a menudo descalza. Es ridículo que la prensa escribiese que tenía tantos pares de zapatos.»

sario del nacimiento de Jack, el de la boda de ambos, el de su muerte, el aniversario de los éxitos de su carrera sobre los cuales Jackie llamaba a menudo la atención de los niños. Una de esas celebraciones consistió en la entrega a la Casa Blanca de los retratos oficiales de John y Jacqueline Kennedy, una tradición que por lo general se observaba después de cada cambio de gobierno. Tras infructuosos intentos por parte de varios retratistas para lograr el encargo, Jackie se decidió por Aaron Shikler, un artista de Nueva York, para que llevase a cabo la tarea. Shikler logró captar lo que él denominaba la «extraordinaria, casi fantástica belleza de Jackie». El retrato del extinto presidente mostraba a Kennedy en un momento de abatimiento, con la cabeza gacha y los brazos cruzados.

Jackie aprobó los dos retratos, pero tenía muy pocos deseos de volver a la Casa Blanca. En respuesta a una invitación de Pat Nixon, dijo:

> *Como sabrá, la idea de volver a la Casa Blanca me resulta difícil. La verdad es que no tengo valor suficiente para soportar una ceremonia oficial, y volver a llevar a los niños al único hogar que ambos conocieron con su padre, en condiciones tan traumáticas. Con la prensa y todo lo demás, cosas que trato de evitar en sus pequeñas vidas, sé que la experiencia les resultaría dura, y no les dejaría los recuerdos de la Casa Blanca que me gustaría que guardaran.*

Y luego sugirió que quizá se pudiese organizar una exhibición *privada* de los retratos, en un momento conveniente para los Nixon.

El regreso de Jackie a la Casa Blanca —el primero y el último— se llevó a cabo el 3 de febrero de 1971. Ella y sus hijos volaron desde el aeropuerto de La Guardia a bordo del *Air Force One*. Era un viaje de retorno que ella se sentía impulsada a realizar. Después de ver los retratos, Jackie, John y Caroline acompañaron al presidente y a la Sra. Nixon y a las dos hijas de éstos, Tricia y Julie, en una cena privada.

Hablaron en términos muy generales sobre todos los cambios que se habían producido desde que Jackie ocupara la Casa Blanca. Los Nixon estaban decididos a alejar la conversación de todo lo que pudiese molestar o entristecer a su invitada. En un momento dado, Jackie miró al presidente Nixon y dijo: «Siempre he vivido en un mundo de sueños.»

Los retratos de los Kennedy no fueron oficialmente exhibidos hasta marzo de 1971. Shikler había aceptado antes escribir un artículo sobre su obra para *McCall*, para aquel mismo mes, que incluía estudios del retrato de Jackie encargados por la Asociación Histórica de la Casa Blanca. Dijo Shikler: «El único gran problema surgió cuando, de alguna manera, Maxine Cheshire encontró uno de los estudios antes que se publicara en la revista. Apareció en el *Washington Post*. Jackie se sintió muy molesta. Me llamó y me dijo: "¿Qué vamos a hacer ahora?" No era el retrato de la Casa Blanca, sino sólo uno de los estudios, de modo que no me preocupaba. Pero Jackie estaba furiosa. Dijo: "Nada ha cambiado en esa ciudad... nada."»

Con otro acontecimiento Kennedy a sus espaldas, Jackie se reunió con Ari en Martinica, hizo una corta visita a los Mellon en Antigua, y luego viajó, vía las islas Canarias, a Skorpios. A bordo también se encontraba Johnny Meyer, ayudante de Onassis, y que años antes había desempeñado los mismos servicios, para Howard Hughes. En una ocasión Onassis le quiso comprar la TWA a Hughes, y le pagó a Meyer para que apresurase las negociaciones. El trato jamás se concretó, pero Meyer siguió figurando en la relación de nóminas de Ari.

En una proposición para un libro que nunca se escribió, Meyer recordaba que en aquel crucero fue cuando Jackie le preguntó si creía que Ari le permitiría planear algunas de las comidas. A fin de cuentas, ella ya había organizado algunas en la Casa Blanca, en su época. Meyer habló de la sencilla petición con Ari. «¿Por qué no se porta como debe y no hace nada?», respondió Ari. «Creo que está aburrida», dijo Meyer. Onassis se encogió de hombros y replicó: «Entonces, que decore los menús.»

Jacques Harvey afirma que de vez en cuando Onassis humillaba a su esposa. «Le oí insultarla en una ocasión. Le dijo a su chófer delante de Jackie que la acompañase a Maxim's, porque quería ir a ver a una joven singularmente atractiva que se le había insinuado varias veces.»

El ejecutivo petrolero canadiense Roger F. Bentley, invitado a bordo del *Cristina* en el viaje de Martinica a Skorpios, recuerda que «Jackie y Ari apenas se hablaron. Una vez discutieron durante la cena. Jackie corrigió algún error cometido por Ari: el nombre de la capital de una nación africana. "No me contradigas en público", vociferó Ari. Ella abandonó la mesa y no volvió durante el resto de la velada.

»Onassis se veía acosado por problemas personales. Su ex cuñada, Eugenie Livanos Niarchos, había sido encontrada muerta en Spetsopula, una isla griega propiedad de Stavros Niarchos. Las circunstancias de su muerte eran muy sospechosas. El cuerpo presentaba heridas supuestamente sufridas al tratar Niarchos de revivir a su esposa. La autopsia indicó que había muerto de envenenamiento por barbitúricos. Niarchos quedó exonerado. Lo que torturaba a Onassis era la revelación de que su ex esposa Tina, la hermana menor de Eugenie, se iba a casar muy pronto con Niarchos.»

Durante aquel verano, Onassis sufrió un golpe aún más grande. Cristina, muy deprimida por la muerte de su tía e incapaz de soportar el matrimonio de su padre, anunció su intención de casarse con un norteamericano a quien había conocido en la piscina de un hotel, en Montecarlo.

Joseph R. Bolker, de 48 años, bajito y enjuto, era padre de cuatro hijos, dos veces divorciado. Era agente de bienes raíces de Los Angeles, de medios relativamente modestos, y tal vez fue el primer hombre que quiso de veras a Cristina como persona.

Ari se puso a llamar a su red internacional de ayudantes y asesores, para pedir explicaciones y respuestas. «Primero me llamó a mí —dijo Costa Gratsos—. Aullaba y gritaba. Pensé que se había ido al traste alguna operación de gran importancia. "¿Quién es Joseph Bolker?" no hacía más que repetir. "¿Quién?", pregunté. "Bolker... Bolker... B-O-L-K-E-R... Bolker." "Nunca he oído hablar de él", le respondí. Le hicieron falta veinte minutos para calmarse. Dijo que haría instalar un micrófono en el domicilio de Cristina en Londres. Luego colgó y llamó a su cuñado, Nikos Konialidis, director gerente de Olympics Airways. Hablaron no menos de cuatro horas, de Skorpios a Nueva York. Nikos tenía una luz roja fuera de la puerta de su oficina, y un rótulo que decía: CUANDO LA LUZ ESTÉ ENCENDIDA, NO ENTRE, BAJO NINGÚN MOTIVO. Esa luz estuvo encendida toda la mañana. Más tarde recibí llamadas del "profesor" Ioannides Georgakis [presidente de Olympic Airways] en Atenas; Thomas Lincoln [abogado de Victory Carriers, las líneas navieras de Ari], Nigel Neilson [jefe de relaciones públicas de Onassis en Londres] y una multitud más. Todos formulaban la misma pregunta: "¿Quién es Joe Bolker?"

»La última persona a quien llamó fue Cristina. Le imploró que abandonase el plan; ella se negó. Mandó a Alejandro a verla, pero su intento tampoco tuvo éxito. Jackie también fracasó. Cristina describió a Jackie, ante Bolker, como "la desdichada compulsión de mi padre". La madre de Cristina no tenía nada que decir, porque estaba a punto de casarse con Niarchos. A Ari le quedaba una sola cosa por hacer: si no podía disuadir a su hija de casarse, por lo menos podía asegurarse de que Bolker no tocase la fortuna Onassis.»

La amenaza de Ari de desheredar a su hija, sólo logró estimularla. Ella y Joe Bolker se casaron en Las Vegas, el 29 de julio de 1971. La fecha era significativa: Onassis se encontraba en Skorpios, celebrando el cuadragésimo segundo cumpleaños de su esposa, en una fiesta tardía, cuando llegó la información.

Mientras duró su breve matrimonio, los Bolker, residentes en Los Angeles, fueron sometidos a extraordinarias presiones.

Las presiones ejercidas por Onassis mediante sus intermediarios fueron siempre de naturaleza legal. Pero al cabo de seis meses Ari le ordenó a Johnny Meyer que la «trajese de vuelta, aunque tenga que secuestrarla».

«Al final logré comunicarme con Cristina —escribe Meyer—. Tuve suerte... ella quería volver a casa, pero no sabía qué hacer con la criada que vivía con ella en Los Angeles y con su Mercedes, ni con los 10.000 dólares que se había llevado cuando se fugó.

»Le dije que se vistiera como si fuese a ir de compras, y que pusiera su pasaporte y todo lo que necesita en un bolso de compras. Le indiqué que fuera a una cabina telefónica, cercana a su domicilio, en Century Towers, y me llamara. Cuando me llamó le dije: "Espere ahí."

»Lo teníamos todo arreglado con Pan American. Cristina y yo pasaríamos primero por el detector de metales del aeropuerto, y estaba previsto que nuestros dos hombres de seguridad darían un rodeo para eludirlo. Pero George Tzaforos, uno de los dos guardias, me siguió. El otro estaba al lado de él. Ambos llevaban un par de pistolas del 45, uno a la izquierda, y otro a la derecha. Cuando llegaron al detector de metales, los timbres comenzaron a sonar... Pan Am quería que pasaran, pero resultó muy embarazoso.»

Incapaz de soportar la fuerza y la voluntad de su padre, y sin deseos de resistirlas, Cristina consintió en divorciarse de Joe Bolker, en el primero de una procesión de matrimonios fracasados, para una mujer a menudo considerada como una de las más ricas del mundo. En compensación, fue nombrada de nuevo en el testamento de su padre. Pero Onassis no había terminado todavía con Bolker. Le dijo a Meyer que le retirase a Bolker el Mercedes y los 10.000 dólares de Cristina, y que le hiciera pagar el billete de vuelta de la criada a Grecia. Meyer le recordó a Onassis que ella podía volar por Olympic y ahorrarle a todo el mundo una cantidad de problemas y gastos. «No —replicó Ari—. Que pague.»

29

Aristóteles Onassis intentó, hasta último momento, disuadir a su esposa de que siguiera adelante con su terca venganza legal contra Ron Galella. «La publicidad es como la lluvia —le dijo—. Cuando estás empapada, ¿qué diferencia representan unas cuantas gotas más?» Le hizo saber que si entablaba pleito, el público la vería como una persona vengativa y de espíritu malévolo. Jackie no tenía intención alguna de retroceder.

El juez Irving Ben Cooper, del Tribunal de Distrito de Estados Unidos, rechazó la contrademanda de Galella e impuso un requerimiento permanente que prohibía que el agresivo fotógrafo se acercase a menos de 50 metros de Jackie, 80 metros de sus hijos, y 100 metros del 1.040 de la Quinta Avenida. Galella apeló. Por último se celebró un juicio final según el cual podía acercarse a 8 metros de Jackie y a 10 metros de sus hijos.

Para su inmensa desolación, Onassis recibió una cuenta de más de 500.000 dólares de los abogados de Jackie —Paul Weiss Rifkind Wharton y Garrison— por su participación en el caso. Onassis se negó a pagar en rotundo. Les había dado un anticipo de 50.000 dólares; y le dijo a Jackie que pagara el resto con su asignación. Cuando la firma de abogados demandó a Onassis, éste contrató al abogado Roy M. Cohn para negociar un acuerdo. La firma convino en aceptar 235.000 dólares adicionales y dar por terminado el asunto. Onassis entregó a su esposa un cheque por esa suma, para que lo ingresara en su cuenta, y en el plazo de una hora ella envió su propio cheque a Simon Rifkind.

Mientras el caso Galella quedaba por el momento en reposo, un fotógrafo griego llamado Nikos Koulouris fue llevado ante el tribunal de Lefkas y condenado a seis meses de cárcel por cuatro acusaciones vinculadas con sus intentos subrepticios de tomar fotos en Skorpios «y no me costó un duro», se jactó Ari.

«Los "paparazzi" europeos eran mucho más rudos que sus colegas norteamericanos —dijo el agente James Kalafatis, del Servicio Secreto—. En comparación, Galella era un corderito. Los europeos se movían en enjambres, de veinte a treinta por grupo, y actuaban con recursos físicos: empujaban, atropellaban, gritaban, provocaban. Como éramos un Servicio Secreto en un país extranjero, nuestras opciones quedaban limitadas. No es posible arrestar a esos tipos y llevarlos a la cárcel. Aquí carecíamos de jurisdicción. Como máximo se lograba que las autoridades locales actuaran, pero aun eso resultaba difícil. No estaban precisamente enamorados de los norteamericanos, en Grecia, por aquel entonces.»

El siguiente golpe fotográfico que se publicó fueron las ahora famosas fotos de Jackie y Ari desnudos tomando el sol en Skorpios, captadas por diez emprendedores fotógrafos con ropa de buceo que usaban cámaras submarinas y teleobjetivos. La carpeta de diecinueve páginas completas de Jackie, titulada «La mata de pelo de mil millones de dólares» apareció primero en *Playmen* (una publicación italiana). Las fotos fueron enviadas a Norteamérica y publicadas primero en *Screw,* y más tarde en la revista entonces nueva, *Hustler.* Al final, las fotos aparecieron en veintenas de publicaciones de todo el mundo.

Jackie fingió tomarlo con un encogimiento de hombros, y le dijo a un reportero norteamericano: «En realidad no roza mi vida real, que es la que tengo con mis hijos y mi esposo.» Pero según Costa Gratsos, Jackie le pidió a su marido que demandara a los responsables de haber tomado las fotos, así como a cualquier periódico o revista que las publicara.

—Son demasiados —dijo Onassis.

—Demándales a todos —replicó Jackie.

Cuando un periodista le preguntó si él y Jackie eran nudistas, Onassis respondió: «Ocurre que a veces me quito los pantalones para ponerme mi traje de baño. Cualquier cosa es posible...»

Para Janet Auchincloss, la madre de Jackie: «Es espantoso pensar en qué le ha ocurrido a la raza humana, para que tengan que sumergirse en el agua para espiar a la gente. Trato de no pensar en eso.»

Rose Kennedy llamó a Jackie en cuanto se enteró: ¿Cómo podía Jackie permitir que ocurriese una cosa así?, preguntó. Ya que no se sentía preocupada por sí misma, ¿no se sentía preocupada por los niños? ¿Y dónde estaba aquel tan elogiado equipo de seguridad que Onassis había prometido poner a su disposición?

Un año antes de la muerte de Ari, éste admitió a Roy Cohn que él y uno de los fotógrafos italianos del grupo habían planeado toda la operación. «Jackie no hacía otra cosa que quejarse de Ron Galella y todos los otros tipos de la prensa que conspiraban para hacerle la vida imposible —recuerda Cohn—. Onassis calculó que si ella aparecía desnuda, nada de lo que los fotógrafos hicieran volvería a ofenderla. Ella quería que le diese dinero para un pleito contra los fotógrafos. Cuando él se negó, dijo a todos sus amigos que era un tacaño.

»Onassis me gustaba —prosigue Cohn—. Poseía una extraña sensibilidad. Oí contar algo muy divertido acerca de él. En París había un reportero-fotógrafo que trabajaba para una revista semanal de negocios, y perseguía constantemente a Onassis para pedirle una entrevista. Los negocios era el único tema que Onassis no tocaba jamás con los reporteros. Era capaz de revelar los nombres de cualquier mujer con la que se hubiese acostado, pero no hablaba de asuntos financieros. Y eso era precisamente lo que aquel individuo quería conocer. Una noche siguió a Onassis a *The Crazy Horse Saloon*, acosándole para conseguir la entrevista. Onassis fue al servicio y el reportero lo siguió. Ari entró en un lavabo, hizo sus necesidades, salió cinco minutos más tarde, y el tipo estaba allí, esperándole. "Mira —dijo Ari—, si acepto darte una exclusiva, ¿te irás?" "¿Qué clase de exclusiva?", preguntó el periodista con suspicacia. "Te haré conocer la clave de mi éxito: social, financiero y cualquier otro. En realidad nunca lo he dicho en público, pero lo haré en tu caso, aunque sólo sea para conseguir un poco de tranquilidad espiritual." "Trato hecho", respondió el sujeto. Y con eso Ari se bajó los pantalones, luego los calzoncillos, pasó una mano por debajo de las joyas de la familia y levantó con destreza todo el mecanismo, hacia arriba y hacia adelante. "He aquí mi secreto —dijo—. Tengo pelotas."»

Lo reconociera o no, también tenía entre las manos un matrimonio que iba al fracaso con rapidez. Casi había abandonado sus esperanzas de mudarse alguna vez al domicilio de Jackie en la Quinta Avenida. «Jackie siempre tenía alguna excusa respecto de por qué Ari no podía quedarse —comenta Costa Gratsos—. "Están los decoradores", decía ella. Nunca vi un piso que sufriese tantos cambios de decoración. Era la versión de clase alta de la manía de la mujer de la clase trabajadora de limpiar la casa, que los psiquiatras reconocen como un intento de eliminar culpas o de expiar deseos prohibidos, aunque Ari nunca le atribuyó ese significado. "Le agrada remodelar el piso", afirmaba él cuando le preguntaban por qué tenía que alojarse en el Pierre.

»Cuando dormía en casa de Jackie, lo hacía en una habitación de invitados decorada con papel mural floreado de color rosa y muebles de mimbre blanco. Ella se negó a cambiarlo, aunque era más adecuado para una chiquilla que para un magnate naviero. Tampoco vaciaba el cuarto de baño contiguo, que utilizaba como un depósito más.

»Ofrecía también otras excusas. "Caroline ha invitado a sus amigos para este fin de semana." Para entonces, Caroline Kennedy asistía a la escuela preparatoria de la Academia Concord de Massachusetts, y era de suponer que invitaría a sus compañeros de clase de Nueva York. Otra se trataba de una cosa, ora de la otra. Ari iba a cenar, pero sólo cuando Jackie daba cenas, y ni siquiera en ese caso era invitado siempre. A menudo comía solo en restaurantes.

»Iba al "21" o a El Morocco, solo, de noche, porque Jackie prefería dibujar o leer en casa. Él se quejaba de que no se llevaba bien con los amigos de ella en Nueva York, en tanto que a ella no le agradaban sus relaciones de negocios. "La mitad de sus amigos son maricas", solía decir él. Esos intercontinentales de presunta cultura elevada le consideraban con desprecio. Con aquellas gafas oscuras que llevaba en el interior y en la calle, parecía un gángster. Las usaba por razones médicas. Padecía de degeneración muscular, enfermedad de los ojos que destruye la retina, y las gafas oscuras le ayudaban a filtrar el resplandor causado por la luz intensa. Veía mejor de noche que de día, y aquél era uno de los motivos por los cuales tenía tendencia a trabajar de noche. No obstante, los amigos de Jackie consideraban que las gafas le daban un aspecto similar al de Al Capone.»

Lynn Alpha Smith recordaba el constante alboroto que reinaba en la oficina de Ari en Nueva York «cada vez que el jefe y su esposa estaban en la ciudad. Un lunes por la mañana llegué a la oficina, y Gratsos me dijo que llamase a Onassis al Pierre. Gratsos me previno que Ari estaba de pésimo humor, porque había pasado el fin de semana con Jackie y la madre de ésta en Hammersmith Farm. Para entonces veía con claridad con qué *prima donna* integral se había casado, lo cual era una de las cosas que más detestaba, y que por lo general advertía.

»Jackie llamaba muy pocas veces a la oficina por su propia cuenta —dice Smith—. Hacía llamar a Nancy Tuckerman en su nombre. Tuckerman figuraba en la nómina de Olympic Airways, pero en realidad trabajaba para Jackie como una especie de importante oficinista. Traía las facturas de Jackie a final de mes, incluidas las de productos de alimentación. A veces aparecía menos de quince días después de haber sido recibida la asignación, para pedirle más dinero al director financiero de Onassis, Creon Broun. Creon se volvía loco. El caso es que Jackie recibía una asignación de 30.000 dólares al mes, y que trataba de obtener más presentando facturas que supuestamente tenían que haber sido cubiertas por su asignación.

»Después había cantidades de gastos extras. Jackie quería un dibujo de John Singer Sargent que había visto en alguna galería. Hizo llamar a Nancy Tuckerman, para preguntar si Onassis se lo compraría. Le dije que le transmitiría el mensaje a Onassis, que en aquel momento estaba en Londres. Le pedí a Creon Broun que se lo dijera a Onassis. Al día siguiente, Ari llamó directamente desde Inglaterra. "Dile que tendrá que pagarlo de su propia cuenta", respondió Onassis. No parecía muy contento. Creon Broun se quejaba a cada instante de la cantidad de dinero que Jackie solía gastar. Se pasaba por la oficina, con las facturas en la mano. "¡Es increíble! —decía—. Este mes ha gastado 5.000 dólares sólo en pantalones." Cualquiera hubiese pensado que el dinero era suyo, por la forma en que se lo tomaba.

»Yo vivía en el 220 de la Calle 73 Este. Nancy Tuckerman habitaba en un edificio contiguo, y de vez en cuando la veía. Una noche, me invitó a tomar el té, y se dedicó a interrogarme acerca de cierta casa de la Plaza Gracie que Jackie quería que Onassis le comprara. Deseaba saber si éste había puesto algún dinero para la adquisición de la casa, o qué le parecía. Era evidente que Jackie le había encargado que lo averiguase. Respondí que no sabía nada al respecto. Pensé, para mis adentros: "¿Qué clase de matrimonio es éste, si Jackie no va directamente a ver a su esposo para hablar de tales asuntos?" pero mantuve la boca cerrada.

»Gratsos me dijo una vez que el grado de afecto de Jackie por Onassis guardaba proporción directa con la cantidad de dinero que recibía a cambio.»

«Lo increíble —dice Costa Gratsos— es que Jackie no podía arreglárselas con la cantidad de dinero que recibía todos los meses. Comenzó con 30.000 dólares, libres de impuestos, desembolsados por la oficina de Nueva York. Más tarde, Ari se enfureció con la prodigalidad de sus gastos y trasladó la cuenta de ella a su oficina de Montecarlo, donde presuntamente la vigilaría más de cerca. También redujo sus asignaciones a unos 20.000 dólares por mes.

»Por otro lado, la culpa del problema en parte la tenía él. Durante un tiempo la había animado a comprar, o adquirir y a gastar. Cada vez que alguien le interrogaba al respecto, le recordaba cuántos sufrimientos había soportado Jackie, y cómo había sido prácticamente excomulgada por la Iglesia Católica por haberse casado con él. Tuve la sensación de que no hacía más que repetir los argumentos de ella. Sin embargo él estaba convencido de que era una mujer de categoría. En una ocasión me dijo que María Callas se parecía más a él —tempestuosa, terrenal, un poco vulgar—, mientras que Jackie era, por naturaleza, fría e introspectiva.

»No puedo decir que él no la ayudase al principio. Mencionó que en una ocasión, estaba sentado junto a ella en la terraza de un café, en París, cuando un grupo de turistas norteamericanos descendieron de un autocar. Uno de ellos, una mujer de mediana edad que llevaba un sombrero de paja con flores, reconoció a Jackie, se acercó, y sin una palabra le escupió en la cara. Ari se levantó de un salto y trató de encontrar a un policía que arrestara a la mujer, pero Jackie se lo impidió. "No vale la pena arrestarla", dijo Jackie. Ari admiraba su valor en esas situaciones.

»Al final, Jackie se pasó, incluso para Ari. Con la coquetería que desarmaba a todo el mundo, y por la cual era famosa, se quejaba a menudo de sus problemas financieros. Por recomendación de su amigo André Meyer, pero en contra del consejo de Ari, invirtió en bolsa y perdió unos 300.000 dólares. Éstos procedían del regalo prenupcial de 3 millones de dólares que le había dado. Ella le suplicó, le rogó que se los repusiera. Y él se negó sin cesar, diciendo que le había dicho que lo guardase en bonos libres de impuestos. Pero incluso en aquel caso cedió. Una mañana metió, de forma impetuosa, un millón de dólares en billetes grandes en una cartera de piel, y la llevó al piso de Meyer en el Carlyle. Éste se sintió escandalizado. "Yo habría aceptado un cheque, Ari" dijo. Todo el tema consistía en el valor de la sacudida que sufrió André Meyer al abrir una maleta que contenía un millón de dólares en efectivo. "Casi valió la pena el viaje nada más que para observar la expresión de esa vieja comadreja", dijo Onassis.

»Resultaba un poco asqueroso. Jackie no sólo tenía los intereses de sus tres millones, que acababan de ser repuestos de nuevo, sino además, sus 20.000 a 30.000 dólares mensuales, así como privilegios en numerosas tiendas de lujo del mundo entero. Estoy hablando de gastos compulsivos. Ari me enseñó una factura de 5.000 dólares por un servicio privado de mensajeros, una de 6.000 por el cuidado y alimentación de sus animalitos domésticos, una de 7.000 por diversos artículos de la farmacia local. Esa mujer estaba decidida a hacer quebrar el banco.

»Tenía una pequeña regla encantadora: Ari debía traerle regalos de todas las partes del mundo que visitaba. En una ocasión, lo único que le trajo fue un sencillo delantal de África del Sur. Ella se puso lívida. Supongo que esperaba una caja de zapatos llena de diamantes brutos.

»Después de que Ari recortara el presupuesto de su esposa y la pusiera a rienda corta, ésta se mostró muy agitada. Las llamadas se hacían cada vez más frecuentes, las exigencias más quejumbrosas.»

Jackie tenía una manera muy rápida de conseguir dinero en efectivo, que practicaba desde su época de la Casa Blanca. Después de llevar su costosa vestimenta una o dos veces, y en ocasiones ni una, la revendía y guardaba el dinero. Su casa de ropa de segunda mano favorita, Encore de Nueva York, de la Avenida Madison esquina Calle 84, hacía un negocio permanente con las ropas apenas usadas, y en ocasiones nuevas, de Jackie. Según Carol Selig, dueña de Encore, Jackie «me lo entregaba todo, desde abrigos, trajes y vestidos, hasta carteras, blusas y pantalones. Las etiquetas siempre eran de lo mejor: Yves Saint Laurent, Valentino, Halston, Christian Dior.»

El hecho de que se había dedicado a esta práctica desde la Casa Blanca fue revelado por primera vez en 1969 por Mary Gallagher, su ex secretaria, en sus memorias publicadas, *My Life With Jacqueline Kennedy*. En el libro, Gallagher afirma que las ropas de Jackie eran revendidas «a mi nombre y con la dirección de mi casa». Cuando las distintas prendas eran vendidas, el cheque de Encore le llegaba a Mary, y ésta lo depositaba en su cuenta personal, a la vez que extendía un cheque por la misma cifra para ser ingresado en la de Jackie.

En una ocasión, según parece, a Gallagher le gustó un abrigo de tela azul, que Jackie esperaba vender por 65 dólares. Jackie le entregó el abrigo, y Mary le dio su dinero. En muy pocas ocasiones, escribe, se mostraba Jackie «generosa» y le regalaba ropas usadas. Un ejemplo de ello fue un vestido rojo de premamá que la secretaria no podía llevar y que las casas de reventa no aceptaban.

Jacques Harvey señaló que Onassis tenía entre su personal a una pareja, George y Ellen Ciros, que administraba su domicilio de la avenida Foch, en París, y por los cuales Jackie sentía verdadero afecto: «Ellen fue quien viajó con Jackie, como una especie de intérprete-compañera, cuando Jackie se casó con Onassis. Cristina también le tenía mucho aprecio. Ellen debe de haber sido la criada mejor vestida en cautiverio, porque Jackie y Cristina le regalaron decenas de vestidos a lo largo de los años.»

Aunque Cristina Onassis no era una percha para ropas, tenía ciertos impulsos y compulsiones que resultaban casi humorísticos en su intensidad. «Cristina tenía una manía casi fetichista de la Coca-Cola —explica Costa Gratsos—. Consumía hasta treinta botellas de Coca al día. Estaba tan aficionada al producto que podía decir, por una muy leve variación del sabor, de qué planta embotelladora de Coca-Cola procedía la botella. Eso era así en particular en Europa, donde el sabor y la dulzura variaban de país en país. No cabe duda de que esta adicción aumentó su problema de peso.»

Tenía otra obsesión más costosa vinculada con las joyas. Beny Aristea, propietaria de Nidri Gold, una clásica joyería griega de la isla vecina de Skorpios, confirmó que Cristina «derrochaba en los mejores artículos de oro de la tienda: anillos, collares, brazaletes y crucifijos. También le gustaban las piedras preciosas, pero su principal interés era el oro. Lo compraba para sí y para sus amigos. Llegaba religiosamente semana sí, semana no. No hablaba mucho. Se limitaba a elegir varios artículos del aparador, decenas de ellos. Siempre iba un guardia personal. Luego nosotros le hacíamos llegar la factura. A los pocos días, un hombre llegaba y pagaba. Resultaba difícil decir cuánto gastaba. Es probable que más de un millón de dólares al año, durante más de diez años. Y nosotros éramos sólo una de las muchas tiendas que frecuentaba.»

«Cristina era la antítesis espiritual de Jackie —dice Costa Gratsos—. Cristina era caprichosa e ingenua, pero también generosa hasta el límite. Regalaba bienes invalorables, no sólo a amigos y conocidos, sino también a gente absolutamente extraña. Recuerdo una fiesta a la cual asistió y en la que cierta invitada admiró un collar de perlas negras que llevaba esa noche. "¿Lo quiere?", le preguntó. "Debe de estar bromeando", dijo la desconocida. "No, no bromeo —respondió Cristina—. Ni siquiera me gusta el collar. Si lo quiere, es suyo." Se lo quitó y lo puso en torno al cuello de la otra mujer. Aquél no fue un incidente aislado. Si entraba en una tienda y compraba varios vestidos, a menudo adquiría también uno para la dependienta. Tal vez se sentía culpable, en cierta medida por tener tanto cuando otros tenían tan poco. Se sabía que era una víctima fácil.

»Ari tenía aquella misma generosidad instintiva. No sólo mantenía a toda una familia de sesenta miembros, sino que trataba a sus empleados y criados como si fuesen familiares. Esperaba de ellos que trabajasen mucho, pero les recompensaba con regalos y bondad. Cuidaba de ellos también de otra manera. Si la esposa de un jardinero de Skorpios, por ejemplo, necesitaba atención médica, se aseguraba de que la recibiera. Si aquel mismo empleado tenía un hijo inteligente en condiciones de recibir educación universitaria, subvencionaba los estudios del chico. Por eso sus empleados eran tan fieles. Muchos de ellos le acompañaron durante años y años.

»También daba propinas extravagantes. Si comía por valor de 50 dólares en un restaurante, dejaba una propina de otros 50. Si tomaba un taxi, le daba al conductor el doble de lo que marcaba el taxímetro. Si se encontraba en Nueva York o París con un botones o un camarero griego, siempre le daba un billete de 100 dólares.»

Fue Onassis, no Jackie, quien acudió en ayuda de Edith y Edie Beale, de Grey Gardens, en Lily Pond Lane, East Hampton. Lo primero que supo de los Beale fue la larga carta de apoyo de Edie, después de su matrimonio con Jackie. Cuando él llegó a Nueva York, tras la luna de miel, llamó a Grey Gardens. Edith dijo que sabía que tenía «debilidad» por las cantantes, en especial las sopranos, y cantó para él. Luego él le dedicó una canción por teléfono. Después de eso les envió a la madre y a la hija todo un guardarropa de prendas de piel, así como una manta de color azul oscuro adornada con un ancla blanca, del *Cristina*. La llamaban la «manta de Onassis».

En 1971, airados vecinos llamaron al Departamento de Salud Pública del distrito de Nassau, para que Grey Gardens fuese declarado zona de peligro para la salud y conseguir que sus ocupantes, los Beale, fuesen expulsados, y la gran residencia, invadida por los gatos, arrasada. Cuando la prensa se enteró del incidente y recordó que la Gran Edith era la hermana de Black Jack Bouvier, el padre de Jackie Onassis, la historia adquirió notoriedad a nivel nacional. «Algo parecía estar torcido en el mundo —dijo la "Pequeña Edie" Beale—. Por un lado, estaba la ex Primera Dama y esposa de uno de los hombres más ricos del mundo, y después estaban su tía y su prima a punto de ser desahuciadas, y carentes por completo de fondos. Parecía injusto. Jackie se dio cuenta de que tenía entre sus manos un problema de relaciones públicas. En lugar de pagar el precio ella misma, hizo intervenir a Onassis.»

Bouvier Beale, el hijo de Edie, que era abogado, se opuso a la intervención de Jackie. «Yo quería que Edith y Edie dejasen Grey Gardens, porque quería instalarlas en un ambiente más normal —dijo—. Había hablado de conseguirles un lugar en la costa oeste de Florida. Me di cuenta de que sería difícil sacarlas de allí, y que tendría prácticamente que arrastrar a mamá encadenada delante de las cámaras de televisión. Era una persona muy terca, muy poderosa. Sabía cómo sacar partido de los medios de comunicación. Allí estaban aquellos personajes republicanos de East Hampton, atormentando a esa pobre liberal por sus convicciones políticas. Así lo dijo a la prensa. De modo que yo sabía que no resultaría fácil. Dije que la incursión en Grey Gardens por el Departamento de Salud Pública era un regalo de Dios, una manera de sacarlas de allí, y poner un poco de normalidad en su vida.

»Jackie se las arregló para acondicionar la casa sin yo enterarme. Tuve una enorme riña con ella al respecto. Afirmó que Edith y Edie nunca se irían, y que no le gustaba nada toda la publicidad que levantaba el caso, en especial la que la relacionaba a ella, como esposa de uno de los hombres más ricos del mundo, con aquellas dos parientes pobres. De manera que se ocupó de eso.

Pero yo quería sacarlas de allí, y ella no. El hedor era insoportable. Por todas partes había excrementos de gatos y de comadrejas. El lugar había sido cerrado con tablones. Mamá se había peleado con el Departamento de Sanidad, y dejaron de presentarse para recoger las basuras. Hacía seis meses que no las recogían.»

Una de las personas cuya ayuda solicitó Jackie para tratar con el Departamento de Salud Pública del Distrito de Suffolk fue el abogado William J. vanden Heuvel. «Cuando fui a la casa por primera vez —recuerda éste—, me resultó imposible creerlo: una pila de desechos, gatos, comadrejas, basura. Ayudé personalmente a limpiarlo con otras personas... Había más de 1.000 grandes bolsas de basura, de plástico verde, llenas de cosas que sacamos de Grey Gardens. Fue necesario hacerlo con la máxima urgencia. Supervisé la recogida de basura. Me encontraba allí porque era el único a quien la Sra. Beale podía aceptar y en quien podía confiar.

»Aristóteles Onassis pagó las reparaciones de la casa. Yo le envié las facturas. Solía hablar del asunto con él. Se mostraba muy interesado. Conversaba a menudo con la Sra. Beale por teléfono, y la encontraba muy encantadora.

»Fue necesario renovar el antiguo techo, que prácticamente había quedado carcomido. Hubo que sacar a los gatos enfermos de la casa. Había un gato muerto en el dormitorio de la Sra. Beale. Ésta era una persona extraordinaria en muchos sentidos, una mujer hermosa, de grandes ojos azules y gran cabellera blanca... había un increíble retrato de juventud de ella en su casa.

»Todavía le gustaba cantar. Después de que buena parte del trabajo fuese llevado a cabo, fui otra vez allí, y ella salió de la casa por primera vez en once años. No podía caminar bien, pero se las arregló para salir, e hicimos una merienda campestre en el prado de delante, y las hierbas eran más altas que yo, y eso que mido 1.90. Nos sentamos al sol en la hierba, y ella cantó... y fue una de las escenas más notables.»

Doris Francisco, amiga de Edie Beale, recordó una visita que hicieron a Grey Gardens los hijos de Jackie. «John insistió en ver el desván y revolver entre todos los montones de trastos. Su agente del Servicio Secreto insistió en subir con él. Cuando bajaron, John dijo que le recordaba un escenario de teatro. Encontró una tabla y un viejo y herrumbrado par de patines, que Edith le permitió conservar. Supongo que quería hacerse un *skateboard*.»

Jackie también visitó a los Beale. Acompañada por Miche Bouvier, que había vuelto de Francia para vivir en Long Island, Jackie pasó varias horas en Grey Gardens, recordando el pasado.

A finales de mayo de 1972, Lilly Lawrence y su esposo Bunty organizaron un viaje de nueve días a Teherán para Jackie, Ari y varios compañeros. La expedición, en parte de negocios, pero en gran medida de placer, fue financiada por el padre de Lilly, el Dr. Reza Fallah.

«Ari me informó que iríamos en Olympic —recordaba Lilly—. Dijo que Nancy Tuckerman se encargaría de todas las gestiones referentes al viaje, así que di orden de que le enviaran una alfombra persa, por todas sus atenciones.

»Tuckerman me llamó uno o dos días antes de que saliéramos, y me dijo que debía enviarle un cheque por 3.000 dólares. "¿Para qué?" pregunté. "Por dos pasajes de ida y vuelta en avión, para usted y el Sr. Lawrence. Si no envía el dinero, no puedo hacerle llegar los pasajes." Quedé atónita. Ahí estábamos nosotros, recibiendo a Jackie y a su gente durante nueve días, alojándoles en las mejores habitaciones del Hilton de Teherán, permitiendo que Jackie lo cargase todo —ropa, joyas, regalos— en la cuenta de mi padre, y ella ni siquiera tenía la mínima decencia de ofrecer un par de pasajes a bordo de la línea aérea de su esposo.

»Jamás olvidaré cómo trató de arrancarnos 3.000 dólares en aquel viaje. Bunty me aconsejó que extendiese el cheque a nombre de Olympic Airways, no al de Jackie. Una vez en Teherán, sus acompañantes acumularon una enorme cuenta de hotel, que incluía conferencias telefónicas, uso del servicio en las habitaciones a lo largo de todo el día, cuenta abierta para regalos. Jackie compró alfombras persas, varias chaquetas de piel de cordero para ella y sus hijos, botas forradas de piel de cordero, collares, pendientes, pulseras de oro, tapices, adornos de pared, corbatas de seda, objetos de arte, lámparas, antigüedades, un baúl de bronce. Adquirió tantas joyas, de hecho, que un joyero le regaló una pieza valiosa por cuenta de la casa. Por las noches, el grupo recorría los restaurantes y clubs nocturnos más finos, y volvía a cargarlo todo en la cuenta de mi padre. Jackie insinuó que le agradaría llevarse a casa un poco de caviar dorado como recuerdo de su viaje, así que le hicimos enviar al hotel una enorme cantidad. La cuenta total de la estancia de nueve días ascendió a más de 650.000 dólares.

»Antes de irse, Jackie anunció que dejaría un cheque por 700 dólares para que fuese distribuido entre el personal del hotel que la había servido. Pero nunca se halló tal cheque. Cuando volvimos a Nueva York, ella no me envió ni siquiera un ramo de flores.

»Estoy harta del viaje, estoy harta de esa mujer, pero no estoy harta del hecho de que quisiera sacarme 3.000 dólares al comienzo.

»Jackie es una actriz absoluta, un oficio que aprendió como consecuencia de su experiencia política. La verdad es que desdeñaba a John F. Kennedy. Sabía que él salía con otras mujeres, y nunca se lo perdonó. Todo eso de que Jackie hizo las paces con los Kennedy es para el consumo público. Le desagradaba la familia, y montó una relación de conveniencia para ellos y de autoprotección para sí misma. No le interesaban para nada los políticos, y constantemente estaba en busca de gente socialmente aclamada como Jayne Wrightsman y Bunny Mellon.

»Parte de la técnica interpretativa de Jackie la demostró en el funeral de JFK. En realidad fue RFK, no Jackie, quien la dirigió, mientras que Jackie representaba el papel protagonista femenino. Con sus dos pequeños ayudantes —los niños— como elenco de apoyo. El coro era representado por todos los dignatarios extranjeros visitantes.

»Jackie también trataba muy mal a Ari. Ari era como un padre para mí. Le conocía más que Cristina. Venía a mi casa y lloraba como un niño por la forma en que lo trataba Jackie. Ésta llevaba adelante algunas maniobras increíbles. Abandonó su pensión de viudedad de 10.000 dólares, cuando se casaron, y luego fue y le dijo: "Pienso que estoy casada con uno de los hombres más ricos del mundo, y no creo que deba recibir una pensión [de viuda de presidente]. No tengo un duro, y ahora estoy en tus manos." Por supuesto, estaba tan carente de dinero con los 10.000 dólares anuales como sin ellos.»

«Jackie ha hecho algunas cosas muy extrañas —admitió la periodista de ecos de sociedad Cindy Adams—. Conozco a un carpintero que le construyó algunas estanterías de libros, y después ella le preguntó si prefería ser pagado o tener una foto autografiada de ella. Él le respondió que prefería un cheque autografiado.»

Si Jackie dilapidaba el dinero de su esposo, siempre era avara con el suyo propio. Tuvo que pagar de su propio presupuesto, por ejemplo, para que le volvieran a pintar el piso de la Quinta Avenida. En una ocasión llamó a un representante de la Union Square Painting Company, y le pidió un presupuesto. Cuando descubrió que el trabajo de pintura le costaría 5.000 dólares, canceló el proyecto, antes de gastar el dinero. A otra firma de pinturas se le ofreció más tarde el mismo trabajo con la siguiente opción: si renunciaban a cobrar, ella los recomendaría a todas sus amistades, lo que se traduciría en un mayor volumen de negocios. También ellos optaron por el pago. Este ofrecimiento se hizo muy corriente en la casa de la Quinta Avenida de Jackie: trabajar por nada y conquistar su confianza eterna, o cobrar y convertirse en víctima de su implacable ira.

Usaba la misma técnica en sus tratos con los grandes almacenes. «Solía comprar ropa en Bonwit Teller y pedir un descuento —dice Cindy Adams—. Afirmaba que si se la veía llevar una prenda de determinada tienda, todo el mundo querría comprar la misma.»

Otra variación del tema era la devolución de buena parte de los artículos que había comprado antes, por impulso, táctica que practicaba con regularidad en algunos de los emporios de más categoría de Nueva York: Hermès, Gucci, Saks, Bloomingdale's (donde compraba utensilios domésticos), Alexanders (discos), Serendipity (novedades), Hammacher Schlemmer, Henri Bendel, F.A.O. Shwarz, y Art and Bag Creations (bolsos). «En el departamento de zapatería de Bergdorf Goodman montaba verdaderos números —cuenta un ex vendedor de Bergdorf—. Compraba tres docenas de pares de una sola vez, y luego los devolvía todos al día siguiente. Su hermana Lee montaba el mismo número. Les dije que las dos me costarían mi puesto.»

Comprar —casi cualquier cosa— es una preocupación fundamental para Jackie. «Tiene ojos avizores para descubrir en el acto el objeto más precioso y caro, en cualquier lugar que sea», dijo Onassis en una ocasión.

Parecería que el dinero era su talón de Aquiles. En el calor del momento, Jackie daba la impresión de no tener conciencia exacta de cuánto había gastado; cuando por fin se daba cuenta, se preguntaba adónde había ido todo eso. En un esfuerzo por controlar sus gastos, incluso mientras estaba casada con Onassis, empezó a llevarse a su hermana en las orgías de compras, pero la filosofía de Lee en cuanto a gastos resultó ser inquietantemente similar. «Yo me enamoro constantemente de objetos, y éstos me siguen por todo el mundo», declaró a *Architectural Digest.* Cada vez que salían juntas de compras, las dos hermanas terminaban invariablemente en el hotel Carlyle, donde, con una taza de café y un pastelillo, hacían subir las calorías junto con las compras.

El matrimonio Onassis volvió a empantanarse muy pronto. Marido y mujer se discutieron por la presencia obligatoria de ella en otro acontecimiento patrocinado por los Kennedy: el primer aniversario de la Interpretación de la *Misa* de Leonard Bernstein, en el Centro John F. Kennedy para Artes Interpretativas. Era su primera aparición en el Centro para cuya fundación había trabajado con tanta asiduidad. Ari se sintió también desdichado cuando Jackie voló con Frank Sinatra a Providence (Rhode Island), para asistir a un concierto de Sinatra, su primer encuentro con el cantante desde su distanciamiento de la Casa Blanca*.

Si a Ari le molestaba Sinatra, Jackie sentía lo mismo respecto de Elizabeth Taylor. Los amigos de Jackie hablan de una disputa por un incidente ocurrido en Roma, en el que participaron Onassis y Taylor. El magnate y la actriz almorzaban juntos, con otros amigos, cuando un intruso comenzó a molestar a Taylor. Galante, Onassis arrojó el contenido de una copa de champán a la cara del intruso.

Jackie afirmó sentirse molesta. «Me avergüenzo de ti», le dijo a su esposo. Protestó que «los niños habían leído la noticia en los periódicos».

En cambio, las renovadas relaciones de Ari con María Callas ya no molestaban a Jackie. Los celos que Onassis había podido arrancar de esta relación eran reemplazados desde hacía tiempo por indiferencia por parte de Jackie. No siempre había sido así. En una ocasión, cuando Ari y Callas fueron fotografiados cenando en Maxim's, Jackie vio las fotos, pidió una repetición simbólica de la salida nocturna de su esposo con la Callas, y la obtuvo. Fueron a Maxim's, se sentaron a la misma mesa, pidieron la misma comida y luego terminaron la noche en Regine.

---

* En 1974, Sinatra volvió a ver a Jackie, la acompañó al Teatro Uris de Nueva York, donde él debía actuar con Ella Fitzgerald y Count Basie. Más tarde, entre bastidores, Jackie, con los ojos empañados, le señaló al director de orquesta Peter Duchin: «Ojalá todo volviera a empezar.»

Otro arrebato de posesividad abrumó a Jackie cuando un fotógrafo sorprendió a Onassis besando a la Callas bajo una sombrilla en la playa, en una isla griega propiedad del amigo de Ari, André Embiricos. Con una reacción similar a la de un dálmata ante una alarma de incendio, Jackie voló a Grecia, a Onassis, y al yate *Cristina*, a fin de apagar los rumores.

En privado, María Callas llamaba a Jackie «la otra mujer», pero en público, cuando se le preguntaba sobre ella, era un modelo de decoro. «El escándalo existe porque Ari nunca nos ha reunido —le dijo a un periodista—. No entiendo por qué ella no ingresa en mi vida.» Pero eran palabras vacías por parte de Callas. Odiaba profundamente a su rival (a tal punto, que una vez intentó suicidarse), mientras que Jackie, la vencedora, no mostraba sino desprecio por Callas. Si ésta le molestaba, no era por razones románticas, sino más bien por motivos materialistas. Cuando se enteró de que Ari le había regalado a María un par de anillos de oro de cien años de antigüedad, y destinado considerables fondos para su uso personal, estalló. Pero la opinión entre los amigos de Ari era que le importaba el dinero y la imagen, y no el hecho de que su esposo tuviese relaciones con Callas.

Hélène Rochas, la mujer de sociedad francesa, opinaba que «María y Ari eran la pareja primaria, mientras que Ari y Jackie eran algo distinto. En mi opinión, es probable que Jackie no tuviese suficientes sentimientos para que le importara a quién veía él, siempre que eso no le provocara molestias».

Jackie se quejaba cada vez más a sus amigos de Ari. «Va tan a la suya», decía. Sus gustos, afirmaba, eran vulgares. En una ocasión habló del hecho de llevar un gran anillo de diamantes que él le había regalado. Se sintió mortificada cuando alguien le preguntó con tono burlón: «¿Qué es eso?» También se quejaba de estar «varada» en Skorpios durante prolongados períodos, «sin nada que hacer y nadie a quien ver».

El desgaste de sus constantes diferencias se mostraba en una diversidad de formas. Hacia finales de 1972, cuando el *Cristina* llegó a Florida, Jackie y Ari apenas se comunicaban entre sí. Jackie había llevado a sus hijos para su visita semestral a Rose Kennedy, en Palm Beach. Pero las relaciones de Jackie con Rose también eran tibias, y se pasaban las noches a bordo del *Cristina*, entonces anclado en el lago Worth. Para llegar al yate, Onassis tenía que hacer ir y venir una pequeña lancha de motor, en busca de su esposa.

Una tarde Jackie le pidió al guardia de seguridad personal de Rose que la condujese al Sailfish Pub, cerca del embarcadero, con el fin de poder tomar la lancha.

—Lo siento, señora Onassis —dijo el guardia—, pero la Sra. Kennedy me pidió que me quedase y la llevara esta tarde a la Avenida Worth.

—Bueno, esto apenas llevará unos minutos. Estará de regreso con tiempo de sobra.

—Me dijo con claridad que no me fuese.

—No me importa —dijo Jackie—. Tengo prisa y quiero salir ahora.

—No puedo hacerlo, señora Onassis. ¿Quiere que le llame un taxi?

—Será mejor que llame uno para usted porque queda despedido —bramó Jackie.

Rose Kennedy estaba fuera de la habitación, y por lo visto oyó toda la conversación. Entró y se dirigió a Jackie: «No puedes despedirle. Es *mi* empleado. Puedes llamar un taxi o ir a pie.»

Jackie llamó un taxi.

El ambiente a bordo del *Cristina*, durante la estancia de Jackie y Ari, reflejaba la creciente discordia de un matrimonio que se desmoronaba. Johnny Meyer recordó uno de varios episodios en sus memorias inéditas: «Sir John Louden y su esposa fueron invitados a bordo, para un almuerzo, junto una docena más de invitados. Louden es el director general de British Petroleum, pero es un tipo muy afable. Va a Palm Beach todos los años para olvidarse de todo. No quiere que nadie se deshaga en atenciones. Su número ni siquiera figura en la guía telefónica. Bueno, pues resulta que Louden parece un cuarentón, y su esposa, bueno, da la impresión de tener ochenta años. Había dos mesas redondas instaladas en cubierta para los invitados, con Jackie en una y Ari en la otra. Lady Louden estaba sentada en la mesa de Ari, y le dijo que sentía frío, y preguntó si su mesa podía ser entrada en la cabina. Ari respondió que no, que la fiesta la daba él, pero mandó a un par de camareros a buscar una manta. Se la trajeron, y él se la entregó a Sir John. "Aquí tiene —bromeó Ari—. He conseguido una manta para envolver a su madre." Jackie me dijo más tarde: "Tuve ganas de caerme en la piscina."»

Jackie se sintió tan abrumada por la conducta grosera de su esposo, que aquella noche se fue del *Cristina*, y con sus hijos se alojó por un tiempo en casa de Jayne Wrightsman. Pero pronto regresó. Se reunió con Ari para un breve crucero a Cayo Lyford, donde fueron agasajados por el presidente de la CBS, Williams S. Paley, y luego para un crucero más prolongado a Cerdeña, el campamento de vacaciones del Aga Khan para amigos millonarios y de la realeza. Circulaban rumores de que Jackie se disponía a abandonar a Onassis por el Aga Khan. Jackie se burló de la idea. «¿Qué más se les va a ocurrir?», le preguntó a un periodista.

Mark Shaw, un fotógrafo de *Life*, amigo de Jackie Onassis y del Dr. Max Jacobson, murió de forma misteriosa en su domicilio de Bahía Kips

(Nueva York), el 26 de enero de 1969, a los 47 años. Aunque algunos miembros de su familia afirmaban que había muerto de un ataque cardíaco, la autopsia realizada por el Dr. Michael M. Baden, subinspector médico de Nueva York, reveló otras causas. No se veían evidencias de enfermedad cardíaca, pero los órganos internos de Shaw estaban cargados de residuos de metanfetaminas. (La metanfetamina es una forma de anfetamina.) Había muchas cicatrices y decoloraciones a lo largo de las venas de los brazos de Shaw... las «huellas» de alguien que se inyecta drogas en forma repetida.

Aunque la misma actriz Pat Suzuki, la ex esposa de Shaw, afirmó que el Dr. Jacobson nada había tenido que ver con la muerte de su esposo, la Oficina Federal de Narcóticos y Drogas Peligrosas ordenó el decomiso de todas las drogas y sustancias controladas que Jacobson tenía en su poder. Luego iniciaron una investigación exhaustiva de la clientela de Jacobson. Tres años más tarde, Boyce Renseberger, del *New York Times*, redactó un largo artículo de investigación sobre Jacobson, en el que detallaba su uso de «anfetaminas... para levantar el ánimo a pacientes famosos».

Con la larga lista de enemigos profesionales de Jacobson en las altas jerarquías de los estamentos médicos, no pasó mucho tiempo antes que otros organismos investigadores se sumaran a la refriega. La Oficina del Fiscal General del Estado de Nueva York fue uno de ellos; otro fue el Departamento de Educación para las Licencias Médicas del Estado de Nueva York. Previendo una posible vista oral de anulación de su licencia, Jacobson contrató los servicios de la firma legal de Louis Nizer, en Nueva York.

La familia Kennedy también comenzó a sentir temores. «Varios días antes de la publicación del artículo de *Times*, los Kennedy contactaron con Max y le invitaron a una reunión en la Fundación Joseph P. Kennedy en Nueva York —dice Ruth Jacobson—. Temían la publicidad. Querían asegurarse de que Max tenía la intención de respetar el código de ética médica, que prohíbe hablar de pacientes específicos, vivos o muertos. Les preocupaba la posibilidad de que Max pusiera al ex presidente y a la ex Primera Dama en tela de juicio.

»Max les dijo que, si revisaban los acontecimientos que siguieron al asesinato de JFK, verían que casi todos los que habían estado vinculados con la Casa Blanca de Kennedy, habían escrito un libro sobre sus experiencias. Max no lo había hecho, y de hecho habría podido hacerlo, porque su relación había sido extraoficial. Y recibió algunas muy buenas ofertas, eso puedo decirlo... en especial de editores británicos. Pero nunca aceptó un duro y aseguró a la Fundación Kennedy que jamás traicionaría sus relaciones confidenciales y privilegiadas con el difunto presidente.»

En su biografía inédita, el Dr. Jacobson sigue las huellas de los acontecimientos que cada día le acercaban un poco más a un enfrentamiento con las muy poderosas jerarquías médicas, que culminaría en una vista oral de anulación de la licencia médica, llevada a cabo por los fiscales de la Oficina del Fiscal General del Estado de Nueva York. Una vez más, la Fundación Kennedy sintió temores. Se pensaba que incluso una revelación parcial del frecuente tratamiento recetado por Max Jacobson, al presidente y a la Sra. Kennedy, de dosis elevadas y a menudo peligrosas de compuestos de anfetaminas, dañaría seriamente la imagen de la familia.

«El 28 de mayo de 1973 —escribe Jacobson— recibí una llamada de Chuck Spalding, un amigo de Jackie. Quería verme. Mi esposa [Ruth], que atendió la llamada, le dijo que el día 30 yo debía asistir a la primera de las vistas orales del panel médico, y que prefería que pasara el día siguiente descansando; por lo tanto, a no ser que fuese absolutamente urgente, quería postergar su visita hasta la semana siguiente. Spalding insistió en la importancia de la reunión, y dijo que pasaría a la tarde siguiente temprano.

»Sobre las doce del mediodía del día siguiente, telefoneó, y se disculpó, porque no podía pasar a recogerme, pero me preguntó si me lo podía montar para reunirme con él en su piso. Llegué a eso de las tres de la tarde, y cuando toqué el timbre Chuck me saludó en el umbral. Dijo: "Aquí hay alguien que quiere verle." De pronto me encontré abrazado y besado por ese "alguien": era Jackie. Chuck nos hizo entrar en una habitación y se disculpó*.

»Ella dijo que lamentaba la injusta publicidad de la prensa... Y yo respondí "Debería saber mejor que nadie cuánto hice yo por Jack". Le recordé el incidente del Demerol, cuando un agente del Servicio Secreto le dio al presidente un frasco de Demerol, y yo insistí en que no tomase aquella medicina. Parecía habérsele olvidado todo el asunto. También le recordé la vez en que los acompañé en el viaje París-Viena-Londres, y lo bien que funcionó JFK, a pesar de la enorme presión de las reuniones, y de muchísimas otras ocasiones, en las Naciones Unidas, el Carlyle, Washing-

---

* Para que conste, es preciso señalar que cuando fue entrevistado por este autor, Chuck Spalding negó todo conocimiento de tal reunión: «No tengo por qué engañarle. He sido franco con usted. Que yo sepa, no hay ni pizca de verdad en todo eso. Nunca hablé con la Sra. Jacobson. Tómeselo como quiera, pero así son las cosas. Es pura y simple tontería. Yo no estuve allí. Nunca asistí a semejante reunión.»

En respuesta a la negación de Spalding, la Sra. Ruth Jacobson citó registros de llamadas telefónicas, diarios, agendas, calendarios y la autobiografía de Max Jacobson. «Sólo es posible mentir si no hay nadie en el otro extremo que la contradiga a una —dijo la Sra. Jacobson—. Resulta que cuando Chuck telefoneó al consultorio [entonces ubicado en la Calle 87 Este], yo fui la persona con quien él habló. Tomé nota en el libro de llamadas telefónicas, en el de citas, y demás. Max ha fallecido, pero yo sigo aquí para testimoniar la verdad.»

ton, Hyannis Port, Glen Ora y Palm Beach... y sin recibir nunca un honorario.

»Como la reunión había sido convocada so pretexto de su "extrema importancia", muy pronto me enteré de para quién era tan importante. Jackie me preguntó qué diría si hablaba de la Casa Blanca durante las vistas orales. Le aseguré que no había motivos para preocuparse... la ética médica y la discreción habían sido parte de mi vida durante los últimos cincuenta años. No tenía la menor intención de cambiar ahora. Le dije que mi conciencia estaba limpia, y que nada tenía que ocultar.

»Le comenté que estaba muy preocupado por los resultados de esas vistas. Le dije que, hasta la fecha, había pagado 35.000 dólares de honorarios legales, y que eso no cubría parte alguna de las vistas pendientes. Le expliqué que la Fundación de Investigaciones Constructivas (la fundación establecida para cubrir las investigaciones de Jacobson sobre la esclerosis múltiple) me debía 12.000 dólares. El dinero nunca había sido mi preocupación ni lo tenía acumulado... Pero ahora que me encontraba en una situación de necesidad, no tenía nada ni a nadie a quién recurrir. Jack Kennedy seguro que no se encontraba a mano. Ella respondió: "No se preocupe, nos ocuparemos de todo".

»Me sentí aliviado después de la larga reunión de dos horas, y llegué a casa regocijándome. Pero la ayuda nunca llegó.»

El 25 de abril de 1975, tras más de dos años de vistas y 5.000 páginas de testimonios, la Junta de Regentes del Estado de Nueva York revocó la licencia médica de Max Jacobson. Fue declarado culpable de 48 cargos de conducta antiprofesional en 11 casos específicos, y de un cargo adicional de fraude. Entre otras cosas, fue acusado —y condenado— por administrar anfetaminas sin una sólida justificación médica, por no llevar registros adecuados sobre el uso de sustancias controladas, así como su incapacidad para explicar las irregularidades médicas en la administración de su Fundación de Investigaciones. Los investigadores, según un informe de 42 páginas que detalla la acusación contra Jacobson, también se mostraban preocupados por la negligencia en las normas de esterilización que existían en el consultorio y el laboratorio de Max. «El 26 de octubre de 1970 —decía el informe— se observó placenta en la nevera del demandado... al lado de pan, bocadillos, cajas para la conservación de alimentos y distintos tipos más de componentes del almuerzo.» Frente a esto, era preciso contraponer las más de 300 declaraciones y testimonios de pacientes de todos los sectores y de todas las condiciones que apoyaban al Dr. Jacobson y su nada ortodoxa metodología médica. «El juicio final sobre el éxito de un médico —decía uno de esos informes— debe proceder de los pacientes de dicho médico, y no de la Asociación Médica Norteamericana o la Junta de

Regentes. Yo soy artista comercial y hace veinte años que padezco esclerosis múltiple. De no haber sido por los tratamientos que recibo del Dr. Max Jacobson, no sólo me resultaría imposible trabajar, sino que es probable que hubiese muerto hace tiempo.»

«La pérdida de su licencia médica fue una decepción —recuerda Ruth Jacobson—. Jackie Onassis fue otra. Juramentos y promesas, pero nunca la entrega. Me parece extraño que solicitara la ayuda de Max, la recibiera, prometiese ayudar a pagar sus gastos legales [que ascendieron a más de 100.000 dólares], y luego no se volviese a oír hablar de ella. El grado en que Max cumplió con su parte del trato puede medirse por el hecho de que la Casa Blanca fue mencionada una sola vez en los dos años, y se hizo caso omiso en el acto. ¿Pero dónde estuvo Jackie durante y después de todo esto? ¿Dónde está la ayuda que prometió? Todavía la espero. Y también Max. Las vistas estuvieron a punto de matarle. Murió cinco años después de que se le revocase su licencia.»

Atenas, 22 de enero de 1973: el ruido de vajilla que se estrella contra el hogar de ladrillos de una taberna, en el vigésimo cuarto cumpleaños de Alejandro Onassis, acababa de disiparse cuando su padre, en Nueva York, recibió noticias de un accidente en el que su hijo había resultado herido de gravedad. El efecto sobre Ari fue aterrador. Alejandro, heredero y sucesor de los millones de Onassis, había ido en el Piaggio (avión anfibio, propiedad de su padre) para ayudar a entrenar al nuevo piloto personal de Ari, un norteamericano llamado Donald McCusker; un experimentado copiloto canadiense les acompañaba en el vuelo.

Testigos que se encontraban en el aeropuerto de Atenas describieron que el avión se estrelló segundos después del despegue. El aparato se inclinó de golpe hacia la derecha y chocó contra el suelo con el flotador derecho. Giró hacia afuera de la pista sobre la punta del ala derecha, y dio una vuelta de campana a lo largo de 140 metros, estrellando la nariz del avión, la cola y la otra ala, antes de detenerse. Los primeros miembros de la unidad de salvamento que llegaron a los restos no hubiesen logrado identificar a Alejandro, de no ser por el monograma de un pañuelo empapado en sangre que encontraron en su bolsillo. Inconsciente y con graves heridas en la cabeza, fue trasladado urgentemente al Hospital de la Cruz Roja en Atenas. Los otros dos miembros de la tripulación, aunque heridos, llegarían a recuperarse.

Los que vieron a Aristóteles Onassis en el aeropuerto Kennedy, al día siguiente, quedaron impresionados por su aspecto. Parecía haber envejecido de la noche a la mañana, su piel había palidecido y su cabello se había vuelto cano ante sus miradas. Tenía los ojos vidriosos y enrojecidos. Jackie había conseguido que un eminente neurocirujano de Boston les acompañara a Atenas. Un especialista del corazón, de Dallas, también iba camino a Atenas, y en la oficina de Londres habían fletado un Trident para trasladar a un neurólogo británico junto a Alejandro.

Para cuando Ari, Jackie y el neurocirujano de Boston llegaron a Atenas, el estado de Alejandro había empeorado. En el hospital, Onassis fue informado por los cirujanos de que su hijo estaba clínicamente muerto, ya que el cerebro había dejado de funcionar, aunque el corazón seguía latiendo.

El pasillo del hospital se llenó rápidamente de miembros de la familia próxima. Tina, la madre de Alejandro, llegó de Suiza con Stavros Niarchos. Cristina Onassis viajó desde Brasil, donde había estado visitando a una amiga. Fiona Thyssen llegó de Londres. Las tres hermanas Onassis completaron el coro de luto. Sólo Jackie se mostraba serena, como si no pudiese conmoverse ante la grave situación en que se encontraba el joven que la había considerado su enemigo natural.

«Alejandro despreciaba a Jackie —dice Costa Gratsos—. Una noche, en Maxim's, los tres —Ari, Alejandro y Jackie— cotilleaban sobre cierta corista que estaba despojando a un hombre mayor de cuanto poseía. Alejandro se volvió hacia su madrastra y le dijo: "Jackie, sin duda no pensarás que haya nada de malo en que una chica se case por dinero, ¿verdad?"

»Dos meses antes del accidente, Ari le había prometido a Alejandro que estudiaría la posibilidad de un divorcio. Estaba dispuesto a cortar los lazos, sin tener en cuenta el precio o las consecuencias. Luego se produjo la tragedia. Era como si el propio Ari hubiera estado en el avión. La muerte de Alejandro lo destruyó. En realidad no quería seguir viviendo. Llevó los restos de Alejandro a Skorpios y los enterró al lado de la capillita. Soportó todo el funeral como en un profundo estado de trance. Ari se sentía en cierto modo responsable del accidente. Llegó a convencerse de que el avión había sido saboteado, y ofreció una recompensa de un millón de dólares a cualquiera que pudiese demostrar que Alejandro había sido asesinado. Estaba convencido de que sus enemigos habían ideado el retorcido plan. Resultaba imposible hacerle olvidar aquella idea. Cuando Jackie trató de hablar con él para quitarle aquella obsesión, sólo logró encolerizarle aún más, y cuanto más se hacían eco Cristina y sus hermanas de sus vagas sospechas, más le molestaba la negativa de Jackie a unirse a su campaña.

»En aquel caso me puse del lado de Jackie, y así se lo dije a Ari. Él me respondió: "Ella se negó a acompañarme en la idea de que John Kennedy había sido víctima de una conspiración, como estoy seguro de que ocurrió". "No, Ari —dije—. Nunca negó la posibilidad de una conspiración.

Sólo dijo que el conocimiento de tal conspiración serviría de muy poco, ya que no le devolvería la vida a Kennedy. Esa mujer tiene sus defectos, pero no puedes culparla por el hecho de ser el tipo de persona que se niega a dedicarse a lo hipotético." Es una persona muy de "aquí y ahora". Lo que puede ver, tocar y escuchar es lo que acepta como la verdad.»

Onassis contrató al periodista francés Jacques Harvey para investigar el accidente de su hijo. «Me pagó un montón de dinero —menciona Harvey—. Yo revolví el caso en todos los sentidos, entrevisté a un millar de seres desquiciados, repletos de versiones maliciosas, torpes. Al final le dije a Onassis que, en mi opinión, el avión se había estrellado por accidente. El responsable era Dios.

»La muerte de Alejandro agrió sus sentimientos hacia Olympic Airways y la aviación en general, y muy pronto inició negociaciones para vender la línea al Gobierno griego. Éste aprovechó su estado de debilidad. El Tarzán del Consejo de Administración se había vuelto manso como un ratón. En nombre de su familia, entregó la línea aérea por una fracción de lo que valía. En medio de su tragedia personal, se encontraba frente a un montón de problemas de negocios: el aumento de los precios del petróleo, la reducción del consumo y la sobreproducción de petroleros, las crecientes tasas de interés. Perdió una gran cantidad de dinero cuando fracasaron sus planes para una flota de superpetroleros y una refinería de petróleo que quería construir en New Hampshire.

»Además pensaba que su esposa le estaba quitando hasta el último centavo. Pensaba que ella no compartía su pena, su desespero por Alejandro. Correctas o erróneas, sus percepciones producían fricciones entre ellos, y una gran desdicha. Era un hombre muy amargado. No se encontraba bien, y se notaba que estaba bajo el efecto de una gran tensión. Era evidente que ésta afectaba su matrimonio.»

Una observadora de la pena de Ari fue Helene Gaillet, que había estado cenando con Onassis en Nueva York una semana antes de la muerte de Alejandro. «Entonces vivía yo todavía con Felix Rohatyn, pero Ari y yo éramos íntimos amigos. Durante la cena me invitó a visitarle a Skorpios. Yo me encontraba en París una semana antes del accidente, a punto de volar a Kinshasa, para fotografiar la pelea por el campeonato de pesos pesados Muhammad Alí-George Foreman. Foreman tenía una grave lesión producida durante el entrenamiento, y el encuentro tuvo que ser postergado. Como Felix se encontraba en un viaje de negocios, no vi motivos para regresar enseguida a Nueva York. Así que telefoneé a Ari a Skorpios y le pregunté si todavía quería compañía. "Por supuesto —respondió—. ¿Cuándo quieres venir?" "¿Qué te parece mañana?", pregunté. Lo arreglamos todo, y al día siguiente volé a Glifada, para pasar la noche con Cristina y una de las hermanas de Ari, antes de ser trasladada a Skorpios en helicóptero. Allí el aeropuerto se encuentra en la cima de la montaña. Ari me recogió en su jeep y me condujo, con lentitud, porque no tenía la vista bien, alrededor de la isla. En la semana que siguió, Ari y yo tuvimos muchas charlas sobre su hijo y él me llevó a la capillita donde estaba enterrado. Pasamos mucho tiempo juntos, conversando. Creo que Ari comenzó a despedirse de la vida tras la muerte de su hijo. Yo tenía esa intensa sensación. Tenía yo una especie de percepción acerca de quién era él y qué hacía, y que ya no se sentiría satisfecho con nada. Parecía tener el corazón destrozado porque ya nada podía hacer por su hijo, porque éste ya no se encontraba allí. Comenzó a perder interés. Empezó a darse por vencido.

»Ari siempre había sido fabuloso, brillante, terrenal. Mientras yo estuve allí, no se mostró en modo alguno preocupado por sus negocios. Caminábamos por la playa. Íbamos a nadar. Él practicaba un poco de jardinería. Sus empleados, la gente que trabajaba para él en Skorpios, parecía sentir mucho afecto por él.

»Al cabo de unos días, llegó Jackie. Entre los invitados se contaban el embajador británico en España, sir John Russell, su esposa y dos hijos. Debo decir que Ari no parecía disgustado por tener a Jackie en aquel momento. Si existía alguna tensión —y es posible que haya existido— yo no la vi. Pero también es cierto que no me esforzaba en percibirla.»

Helene Gaillet regresó a Nueva York, y Jackie recurrió a uno de sus amigos de Camelot, Pierre Salinger, para ayudarla a levantar los ánimos de Ari. Salinger había empezado a trabajar en *L'Express* cuando Jackie le telefoneó. «Por favor, Pierre, hazme un favor —dijo—. Voy a viajar a París. Ven a recogerme al aeropuerto. Ari se muestra tan desdichado por la muerte de su hijo... Creo que tendría que hacer un crucero y quiero que te vengas con nosotros.»

«Volamos por la Olympic a Dakar, y navegamos durante diez días en el *Cristina*, cruzando el Atlántico, hasta Trinidad —recuerda Salinger—. Ari se levantaba sobre las doce, nadaba en la piscina, almorzaba y luego pasábamos la tarde y la noche juntos. Ari tenía problemas para dormir. Trabajaba por la noche hasta tarde, y ponía docenas de conferencias internacionales. Francamente, yo disfrutaba con él. Era un narrador asombroso. Odiaba a los políticos, en especial a Franklin Delano Roosevelt. Después de cenar bebía *ouzo* y cantaba las nostálgicas canciones griegas que tanto le gustaban. Parecía melancólico, pero no convertía su tristeza en un fetiche, y se guardaba para sí sus pensamientos más profundos y oscuros.»

«Hasta la muerte de su hijo, Ari fue uno de los grandes de todos los tiempos —señala Peter Beard—. Generaba una enorme energía. Era obsesivo, se mostraba interesado, constantemente trabajaba en lo suyo, pero de vez en cuando te miraba a los ojos y te hablaba de verdad. Su conversación era asombrosa... era de verdad un tipo genial.»

El fotógrafo Beard, nacido en Norteamérica, visitante frecuente de Skorpios, entró en la vida de Jackie como una «especie de compañero de juegos y niñero de sus hijos. Además, teníamos en común a varias personas. Conocía a Truman Capote y había estado casado con Minnie Cushing. Los Cushing y los Auchincloss eran vecinos en Newport. Conocía a su madre antes de conocer a Jackie. Janet Auchincloss es una de las personas más aburridas que existen. Pero Jackie es en verdad muy valiente, muy decidida, en modo alguno temerosa de correr riesgos. Yo estaba haciendo un libro, *Longing for Darkness,* sobre Isak Dinesen, y Jackie aceptó escribir un posfacio. Parecía tan interesada, que la convencí de que hiciese su propio libro, *One Special Summer,* basado en los cuadernos de recortes que ella y Lee llevaban durante su estancia de estudios en Europa».

Beard cumplía otras funciones. Para empezar, muy pronto se convirtió en el amante de Lee Radziwill. Cuando Lee y Stas Radziwill se divorciaron, en 1974, Peter fue mencionado como uno de los motivos de la ruptura. «Es evidente que estas simplificaciones son siempre ridículas —dijo él—. Habían estado casados durante bastante tiempo, y tenían sus diferencias.»

Fue Beard quien enseñó a Caroline Kennedy a usar una cámara. «Si enseñarle a alguien a sostener una pieza de equipo tecnológico en el aire y apretar con el dedo índice equivale a enseñarle fotografía, supongo que yo la enseñé —dijo—. Básicamente me pasaba el tiempo con Jackie y Lee y sus hijos en Skorpios, en Long Island y en Kenia, donde poseo una plantación. En 1974, John y yo ascendimos juntos al monte Kenia, en tanto que Caroline permaneció con el guarda de caza de Monte Kenia, un muy íntimo amigo mío.»

En Skorpios, Beard apostó una vez a Aristóteles Onassis que podría contener la respiración bajo el agua durante más de cuatro minutos; cumplió la proeza y ganó 10.000 dólares.

El dinero fue invertido en un proyecto de película que más tarde se convirtió en la clásica película de arte y ensayo *Grey Gardens,* un documental sobre las vidas de Edith y Edie Beale. «En realidad puse 20.000 dólares —dice Beard—. La idea inicial era muy distinta de lo que salió al final. Lo había concebido como un estudio sobre la erosión de la vida en Long Island. Long Island sería una metáfora respecto de una comunidad cuyas cualidades ambientales degeneraban a medida que se iba acercando al centro urbano: el centro enfermo. Las Beale tenían que haber representado un papel muy corto en ella. La idea era presentar un cuadro de Long Island en su apogeo, la Long Island de los Bouvier, cuando Jackie y Lee eran niñas.»

Beard contrató al cineasta Jonas Mekas para filmar el metraje preliminar. Mekas recuerda su primer encuentro con Jackie y Lee, que habían compilado nombres de personas para entrevistar en la película, y lugares que visitar. «Las dos hermanas eran muy distintas —señala—. Jackie era discreta, en tanto que Lee recurría a las maniobras. Siempre estaba maniobrando. Carecía de los conocimientos y el talento de Jackie, pero siempre intentaba salir adelante. No conseguía encontrar un lugar para sí. Jackie, además, tenía más sentido del humor. Solía llamar su piso de la Quinta Avenida "el vertedero", según la frase inicial de *¿Quién le teme a Virginia Woolf?*: "¡Qué vertedero!"

»Filmamos varias secuencias en Long Island: Jackie y Caroline haciendo esquí acuático; Jackie y Lee nadando; John Kennedy, hijo, y Toni Radziwill viajando sobre el techo de una camioneta; los dos chicos jugando al Frisbee juntos en la playa. Había una secuencia fabulosa en la cual John imita a Mick Jagger, retorciéndose por el salón e imitando los movimientos de los labios con el acompañamiento de uno de los álbumes de discos de Mick Jagger. Usamos fotos de los cuadernos de recortes de la infancia de Jackie, y mucha música de fondo. Por ejemplo, en la pantalla había una foto fija de Black Jack Bouvier, y como acompañamiento una grabación de *My Heart Belongs to Daddy*.

»Al final le entregué a Lee Radziwill una versión condensada de 15 minutos de metraje preliminar. Jackie la vio y le gustó. Luego comenzó a escasear el dinero. Además, mientras hacíamos el montaje, algunos productores de televisión se enteraron del asunto, y se pusieron a acosar a Jackie y a presionarla para que lo hiciera para una de las principales cadenas de televisión. Ahí fue donde me retiré.»

Peter Beard hizo intervenir a los hermanos Maysles, conocidos por *Gimme Shelter,* una película sobre la gira de los Rolling Stones, en 1979, por Estados Unidos. «David y Albert Maysles merecen reconocimiento por haber insistido durante dos años y terminado *Grey Gardens,* pero yo fui quien lo proyectó en la dirección correcta —cuenta Beard—. Estaban interesados en Jackie Onassis y sus cuadernos de recortes. Yo les decía una y otra vez: "¿No lo entienden? Grey Gardens y las Beale, ahí están las cosas, y ése es el proyecto: entonces, ¿por qué no siguen adelante con eso y tratan de venir aquí y filmar?" Cuanto más veía a las Beale, más me daba cuenta de que la película tenía que ser sobre ellas. Eran tan brillantes, tan ingeniosas, tan absolutamente locas... en la forma más fabulosa.»

David Maysles describió la dificultad del proyecto: «El documental era un éxito artístico, pero no comercial. Hubo numerosas batallas a lo largo del proyecto. Lee Radziwill tenía una casa alquilada en Montauk, en aquella época, y se desplazaba en limousine, y yo tuve la clara impresión de que las Beale, que apenas lograban subsistir, no la apreciaban demasiado. Después que decidiéramos dedicarnos más a las Beale y menos a los Bouvier, Lee se sintió muy indignada. "Hay demasiado sobre Edith y Edie", gritó. Fue entonces cuando ella y Peter abandonaron el proyecto, dejando que nosotros nos ocupáramos de reunir los fondos y de realizar la película.

»Las Beale se convirtieron en el acto en "celebutantes". Edie Beale fue contratada para actuar en el Reno Sweeney, un club nocturno de Manhattan, donde bailaba, cantaba, firmaba autógrafos, y, en general, se mostraba enloquecida. Según Edie, la actuación de ocho días resultó ser un éxito hasta que Jackie le puso fin. Por lo visto, consiguió que uno de sus abogados llamase al club y causara problemas. Jackie no quería publicidad. En los entreactos, como parte de su número, Edie respondía a preguntas formuladas por el público, que casi siempre tenían que ver con Jackie, y en ocasiones con los Kennedy. Y por supuesto que Edie, con su manera de ser, franca e irreprimible, contestaba a todas las preguntas. Y por lo tanto, la prensa publicaba todos los días la versión de su número. A Jackie no le gustaba. Por lo menos eso fue lo que afirmó Edie.»

«Edie Beale era una parlanchina absoluta —dijo Andy Warhol, quien asistió a todas sus actuaciones en el Reno Sweeney—. Toda la familia —Kennedy-Onassis-Bouvier-Beale-Radziwill-Auchincloss— era más noticia que ninguna otra familia de los alrededores. Siempre ocurría algo. Jackie se hizo miembro de la Sociedad Municipal de Artes y ayudó a encabezar la lucha para salvar la Estación Grand Central de la demolición. Lee Radziwill escribió varios ensayos autobiográficos para *Ladie's Home Journal*, subproducto del documental que ella y Peter Beard trataron de filmar antes que los hermanos Maysles aparecieran en escena. Para enorme molestia de su destacamento del Servicio Secreto, John fue víctima de un aporreo en el Central Park que culminó con el robo de su bicicleta y su raqueta de tenis. Caroline había estado tomando lecciones particulares de vuelo en el aeródromo Hanscomb, no lejos de la Academia Concord, hasta la muerte de Alejandro Onassis, momentos en que Jackie puso fin a las lecciones.

»Un día, Lee Radziwill llamó y me pidió que las llevase, a ella y a Jackie, al Museo de Brooklyn, para ver una exposición de arte egipcio. Jackie acababa de regresar de Egipto. Viajamos a Brooklyn en una vieja camioneta de mi propiedad. Hacía poco que yo había salido en una película, *The Driver's Seat*, que tenía como estrella a Elizabeth Taylor. "¿Cómo es Elizabeth Taylor en la realidad?", preguntaba Jackie sin cesar, en el coche.

»Por fin llegamos al museo. Mientras nos paseábamos por las galerías, todo el mundo parecía reconocer a Jackie. La gente murmuraba. Se podía oír su nombre en el aire: "Jackie... Jackie... Jackie..." Fue curioso. Quién sabe cómo, logró concentrarse en la exposición. Hacía comentarios respecto de casi todas las obras: su historia, sus objetivos, el nombre del faraón vinculado con ellas. Lo que me asombró tanto como sus conocimientos fue su capacidad para hacer caso omiso, mentalmente, de los intrusos mirones.

»Lo que no advertí hasta que la vi en su casa fue el hecho de que Jackie es una sentimental. Recuerdo su biblioteca, con su cómodo canapé, sus butacas de mullidos cojines, sus mesas del siglo XVIII, sus paredes forradas de madera, sus estanterías repletas de álbumes con fotos de familia, sus libros de arte e historia, sus chucherías, entre las cuales había cuentas griegas de cristal azul, un anillo de Camboya, un jarro de arcilla de México, un objeto de jade de China. Había cestos de frutas y flores, el perfume embriagador de velas de Rigaud encendidas, cuadros de caballos y una gran colección de trabajos manuales de los niños; también había algunas fotos de Skorpios, creo que tomadas por Caroline, entre ellas una vista de la lápida de la tumba de Alejandro Onassis.»

30

Jackie pasó parte del verano de 1973 con Ari en Skorpios. Según Costa Gratsos, no hizo otra cosa que quejarse: se sentía aburrida, odiaba la comida, no disfrutaba con la compañía de las visitas. Hizo prácticamente caso omiso de los invitados de su esposo (entre los cuales se contaba William P. Tavoulas, presidente de Mobil Oil Corp.) y se entretuvo pasando películas de estreno. Cuando no podía salirse con la suya, Jackie hacía pucheros. Criticaba a su marido delante de los niños, con lo cual le alejaba aún más de ellos. Casi siempre mantenía un silencio hostil, un silencio frío y agresivo, y prestaba muy poca atención a su marido, haciendo lo posible para mantenerse alejada de él.

En lo fundamental, Jackie no podía hacer frente a las oscuras pasiones que se agitaban en el seno de la familia griega, tanto por su intensidad, como porque se sentía ajena a ellas. Era más una Kennedy que una Onassis, más una Bouvier que una Kennedy. Su instinto era el de sumergir el dolor; el de Ari, experimentarlo. Jackie no podía entender, por ejemplo, cómo su esposo, en medio del tormento de la desesperación, podía invitar a su ex esposa Tina y a su marido, Stavros Niarchos, su antagonista, a visitar Skorpios aquel verano y compartir su dolor. Ni siquiera entendía las relaciones simbólicas que las familias griegas adineradas mantienen entre sí. Y no quería entenderlas.

En noviembre de 1973, Jackie participó en actos conmemorativos del décimo aniversario del asesinato de John F. Kennedy. La preocupación por aquel acontecimiento no le dejó ver las claras señales de una enfermedad que muy pronto haría estragos en la salud de Ari. Éste había perdido peso, se sentía lánguido y el párpado izquierdo se le caía. A principios de diciembre de 1973, Onassis voló a Nueva York para ver a un especialista, quien lo internó en el Hospital Lenox Hill para ser observado; ingresó como «Philipps» y se fue al cabo de una semana, sin decirle a nadie que le habían diagnosticado una miastenia grave, una enfermedad que debilitaba los músculos, y sobre la cual los médicos conocían bastante poco. Hacía bromas respecto de la enfermedad. Cuando ya no pudo mantener abierto el ojo, se pegó el párpado a la frente con cinta adhesiva. Una fotografía suya apareció en el *New York Post* acompañada del siguiente pie: *Onassis sufre un ataque.* No había sufrido un ataque, aunque los síntomas no eran muy distintos. Le dijo a Costa Gratsos: «Los médicos insisten en que me haga operar, pero no garantizan el resultado. Entonces, ¿para qué?»

Gratsos y otros partidarios de Ari se daban cuenta de lo poco que le inquietaba a Jackie el estado de su esposo. En viaje de Skorpios a Nueva York, aquel otoño, ella hizo escala en París y se dedicó a una enorme orgía de compras. En Nueva York recorrió Bloomingdale's, y gastó miles de dólares en artículos para el hogar, para su refugio de Nueva Jersey.

Susan Panopoulos había sustituido a Lynn Alpha Smith, secretaria privada de Costa Gratsos. «Yo era sólo una empleada, muy cercana a Gratsos, y todavía sigo siendo amiga íntima de su familia —cuenta—. Pero veía lo que ocurría. Sucedía lo mismo que antes de llegar yo: facturas, gritos, muchos chismorreos en la oficina. Ese tipo de cosas.»

Jackie convenció a su esposo de que la llevase a Acapulco para celebrar el Año Nuevo. El sol y el clima agradable, dijo, mejorarían su delicada salud. Volaron en su Lear Jet privado. Una vez allí, discutieron. Jackie expresó el deseo de tener una casa en Acapulco. Onassis insistió en que no quería ninguna casa, y le molestó que le pidiese que comprara una... había sido bastante generoso, sobre todo teniendo en cuenta su reciente actitud. Seguían riñendo el día (3 de enero de 1974) en que regresaron a Nueva York. Le dijo a Ari que era un ingrato, y que no necesitaba su «maldito dinero».

«En ese caso, no te defraudaré», replicó él.

En aquel estado de ánimo, mientras volaban de vuelta a Manhattan, Onassis resolvió volver a redactar su testamento.

Onassis se desplazó a la parte trasera del avión y escribió a mano (cumplimiento de la ley griega) un documento que servía como su última voluntad y testamento. Cristina sería la principal beneficiaria, pero el testamento comenzaba con un homenaje a su hijo muerto, mediante la creación de una fundación cultural a nombre de Alejandro. Era más bien una ironía, si se tiene en cuanta que el joven Onassis había fracasado en sus exámenes de graduación de la escuela secundaria (en un colegio de París) y no se podía haber mostrado menos interesado por el mundo del arte y la literatura. No obstante, su padre escribió:

Si mi muerte se produce antes que logre establecer una institución cultural en Vaduz (Liechtenstein) o cualquier otro lugar, con el nombre de «Fundación Alejandro Onassis», con el propósito, entre otros, de hacer funcionar, mantener y promover los esfuerzos de la Asistencia Sanitaria, Educacional, Obras Literarias, Religiosas, Investigaciones Científicas, Periodísticas y Artísticas, y promover Concursos Internacionales y Nacionales, con premios en dinero, similares al plan de la Institución Nobel de Suecia, confío en los abajos firmantes, y les ordeno, como ejecutores de mi testamento, que establezcan dicha Fundación Cultural.

El problema de Jackie se resolvió con rapidez: «Después de haberme ocupado ya de mi esposa Jacqueline Bouvier y de redactar un acuerdo escrito por intermedio de un notario de Estados Unidos, por el cual ella cede sus derechos hereditarios sobre mi herencia, limito la parte que le corresponde a ella y a sus dos hijos John y Caroline.» La limitación que establecía incluía una renta vitalicia para Jackie, de 200.000 dólares por año, mientras que los hijos recibirían, cada uno, 25.000 dólares anuales, hasta que cumpliesen los 21 años. Onassis además tomaba precauciones contra la posibilidad de que su esposa impugnara el testamento, señalando que si tal cosa ocurriese, «ordeno a los ejecutores de mi testamento y al resto de mis herederos que le nieguen semejante derecho por medio de todos los recursos legales, con costes y gastos con cargo a mi herencia».

El testamento cumplía con las condiciones financieras establecidas en el acuerdo prenupcial de Ari con Jackie. Constituía el mínimo que podía dejarle a Jackie, puesto que, como es evidente, los tribunales apoyarían el acuerdo prenupcial. Aunque la mayor parte del patrimonio pasaba a manos de Cristina (por medio de una complicada serie de fideicomisos entrelazados), Onassis también destinaba 60.000 dólares anuales, de por vida, para su primo y asistente comercial Costa Konialidis; 30.000 anuales, para toda la vida, para Costa Gratsos; a su abogado Stelios Papadimitrou y a Nicolas Cokkinis, director gerente, empleado desde hacía mucho tiempo por Onassis, 20.000 anuales, de por vida; a Costa Vlassapoulos, su director de Montecarlo; a los chóferes, cocineros, criadas y mayordomos también les legaba grandes sumas de dinero.

Onassis seguía garabateando cuando el avión aterrizó en Palm Beach Oeste para reabastecerse de combustible. Minutos más tarde, Jackie y Ari eran vistos en la cafetería del aeropuerto, comiendo bocadillos de bacon, lechuga y tomate. El amigable refrigerio era una cortina de humo destinada al público. En cuanto volvieron al avión, Onassis siguió con lo que estaba haciendo. «Mi yate, el *Cristina*, si mi hija y mi esposa así lo desean, pueden conservarlo para su uso personal», escribió. Si los gastos de mantenimiento y operación les resultaban prohibitivos, se les daba la instrucción de ofrecer la nave al tesoro griego. Una cláusula aparte estipulaba lo mismo en cuanto a Skorpios. La única condición era que los 30 acres de tierra que rodeaban la tumba de su hijo debían mantenerse intactos. En ambos casos —el del yate tanto como el de la isla—, concedía a Jackie un cuarto de derechos de propiedad, y el 75 por ciento restante a su propia hija. Un último insulto para Jackie: nombraba principal ejecutora de su testamento a «Athina, de soltera Livanos, Onassis-Blandford-Niarchos, la madre de mi hijo Alejandro».

Cuando volvieron a verle en Nueva York, los colaboradores de Ari se mostraron alarmados ante su estado. «La palidez de su piel se había convertido en un gris oscuro —recuerda Costa Gratsos—. Y cuando hablaba pronunciaba tan mal, que apenas se le podía entender. Me habló de su último altercado con Jackie. "He terminado con ella", dijo. Había dado instrucciones a Johnny Meyer de que contratase a un detective privado para seguir a Jackie. Meyer también pidió lo necesario para intervenir su teléfono. Ari pensaba que si podía pescarla con otro hombre, se encontraría en una sólida posición para pedir el divorcio. Su banquero, George Moore, y dos o tres abogados, le dijeron que sin esa evidencia, el divorcio sería un trámite muy costoso. Jackie trataría de violar el acuerdo prenupcial, y era muy probable que lo lograse.

En abril, mientras hacía una gira de óperas por Norteamérica, María Callas aceptó ser entrevistada por Barbara Walters, para el programa «Today». Tras describir a Onassis como «el gran amor de mi vida», añadió que «el amor es mucho mejor cuando una no está casada». Cuando le preguntaron si tenía algún resentimiento contra la Sra. Onassis, la Callas replicó: «¿Por qué habría de tenerlos? Por supuesto, si trata muy mal al Sr. Onassis, es posible que me enfade mucho».

Mientras tanto Onassis había embarcado en lo que resultaría ser su último crucero prolongado. Su punto de destino era Montecarlo, el Mediterráneo oriental y el Oriente Medio. Su compañera de viaje era Cristina, que había empezado a familiarizarse con los negocios de la familia trabajando para su padre, en Nueva York. Ari no sólo trataba de darle a su hija un objetivo en la vida, sino que además la iba colocando en el lugar de su difunto hermano, preparándola como futura socia y eventual sucesora. En Montecarlo, Ari agasajó al príncipe Rainiero y a la princesa Grace con una cena a bordo. Después de la cena, mientras Cristina y Grace conversaban, Ari se embarcó en una desdichada discusión con su viejo amigo. Fatigado pero combativo, Onassis no pudo dejar de hablar de la época, en la década de 1950, en que el príncipe le había obligado a vender sus acciones en la Societé des Bains de Mer que controlaba el Banco de Montecarlo. Se ofrecieron compensaciones antes de que el príncipe y la princesa abandonaran el yate, pero el daño ya había sido hecho. Rainiero dijo más tarde a la prensa: «Era muy triste. Haber llegado tan lejos, sólo para terminar con el corazón destrozado, y enfermo, a bordo de ese enorme yate, con su hija como única compañía; todo eso parecía casi injusto.»

Jackie se reunió con Ari en Madrid. Paul Mathias, que también estaba en Madrid en aquel entonces, se encontró con la pareja en un club nocturno: «Comportándose como si no tuviese la menor preocupación en el mundo, Jackie probó su habilidad con las castañuelas, e incluso instó a su acompañante, que se resistía a ello, a salir a la pista de baile, donde él se movió como un animal herido. Ella era el amo; se veía con claridad que él era su esclavo.»

Jackie y Cristina se encontraban más enfrentadas que nunca. La ex Primera Dama no perdía oportunidad alguna de criticar los modales de su hijastra en la mesa. «Lo que molestaba aún más a Cristina era que Jackie también criticaba los modales de Ari en la mesa —informó Costa Gratsos—. Según Jackie, sorbía su sopa ruidosamente, no levantaba el codo de la mesa cuando comía, devoraba su comida con demasiada rapidez. Las cosas llegaron a tal punto en que Jackie se negó a comer con él.»

Jackie también criticaba a Cristina por revolotear de lugar en lugar, y de pareja en pareja, sin la formación de un vínculo verdadero. El último interés amoroso de Cristina, Mick Flick, el joven heredero de Daimler-Benz, era un *playboy*, dueño de su propia cuenta bancaria. Alto y popular entre las mujeres de la alta sociedad internacional, Flick sentía afecto por Cristina, pero en modo alguno estaba dispuesto a casarse con ella. En un momento de franqueza (y crueldad), le dijo que prefería las rubias altas y esbeltas, de piernas largas. Cristina se tiñó el cabello de rubio, pero nada pudo hacer con sus piernas carnudas y sus gruesos tobillos. Un día de verano la encontraron inconsciente en su piso de Londres, y la llevaron deprisa al Hospital Middlesex, bajo el nombre de Srta. A. Danoi. No era la primera vez que tomaba una dosis excesiva de píldoras somníferas.

Ari se negó a recurrir a Jackie en busca de ayuda. Por el contrario, llamó a su anterior esposa. Tina voló de París a Londres para estar con su hija. Cristina se recuperó con rapidez. Reanudó su amistad con Peter Goulandris, cosa que satisfizo a Ari, y varios meses más tarde anunciaban su intención de casarse. El matrimonio nunca se celebró.

Si Cristina padecía de amplias fluctuaciones de estado de ánimo, su madre tenía un problema mucho más grave. Adicta a las píldoras, tomaba grandes dosis de barbitúricos y tranquilizantes para combatir el insomnio que la acosaba desde la muerte de su hijo. En la mañana del 10 de septiembre de 1974, Tina fue encontrada muerta en la residencia de Niarchos en París. Un médico atribuyó su fallecimiento a un edema pulmonar. Aunque su muerte repentina parecía tan misteriosa e inesperada como la de su hermana, una autopsia oficial apoyó las primeras conclusiones *postmortem*.

En su biografía de Jackie Onassis, el escritor Stephen Birmingham* evalúa correctamente la reacción de Cristina ante el hecho:

«Alguna veta supersticiosa de su pasado de campesina de Esmirna le sugirió a Cristina que cierta fuerza siniestra debía de tener relación con todos aquellos fallecimientos; primero su tío, después su hermano, ahora su madre. Tenía que ser Jackie quien acarreaba toda la mala suerte a la familia, "minándolo todo", como había predicho su hermano. A Cristina le pareció que Jackie mataba todas las vidas que tocaba. Era el Ángel de la Muerte. Esta terrible convicción resultaba tanto más poderosa cuanto que, para entonces, Cristina veía que su padre también estaba moribundo.»

«Cristina estaba frenética —confirma Costa Gratsos—. Pensaba que en cierto modo la culpable era Jackie. La muerte nunca estaba muy lejos de "la Viuda Negra", como Cristina la llamaba ahora. Jackie era la espectadora de tragedias más inveterada del mundo. Prueba de ello eran John y Robert Kennedy. Cristina temía a Jackie. Sentía que poseía poderes mágicos. A su alrededor todos habían perecido.»

Onassis volvió al Hospital Lenox Hill de Nueva York, para ser sometido a nuevos análisis, mientras Jackie se dedicaba a una serie de grandiosas orgías de compras. Finalmente visitó a su esposo en el hospital, y advirtió que su cara se había hinchado hasta el doble de su tamaño normal, como resultado de un régimen intensivo de cortisona que los médicos le habían recetado como medio para contrarrestar la enfermedad. Durante una de sus visitas al hospital, Onassis se enfureció contra su esposa. Su médico lo denominó «furia de cortisona».

Jackie se comunicaba todos los días con Caroline, que en aquella época trabajaba con una unidad filmadora en un documental sobre los mineros de los Appalaches, y se sintió encantada con su hija cuando la familia de mineros en cuya casa se alojaba Caroline dijo a un entrevistador de la televisión: «¡Es una persona como cualquiera!»

Jackie se embarcó en un proyecto fotográfico propio. Por invitación de un amigo, Karl Katz, otrora director del Museo Judío de Nueva York y conservador del Metropolitan, asistió a una exposición en el recién fundado Centro Internacional de Fotografías de la Quinta Avenida. También conversó con su director ejecutivo, Cornell Capa, destacado fotógrafo quien en una ocasión había hecho una cobertura del senador John F. Kennedy para *Life*. Se quedó a almorzar, y tomó abundantes notas sobre todo

---

* Stephen Birmingham: *Jacqueline Bouvier Kennedy Onassis,* pág. 195.

lo que le comentaron Capa y Katz de las actividades del Centro. Luego fue a casa y lo redactó en su más fluido estilo periodístico.

«Jackie lo hizo por iniciativa propia —dice Capa—. Escribió una nota anónima para la sección "Talk of de Town" de *The New Yorker,* que se mantuvo anónima durante cinco minutos, hasta que Associated Press descubrió que la había escrito ella, y entonces se supo en todas partes quién era la autora.

»No estuvo en el Consejo durante el primer año, pero fue Directora Honoraria de nuestra exposición del primer aniversario, una retrospectiva que destacaba los trabajos de Ernst Haas. Unos dos años después, se convirtió en miembro del Consejo. Fue conservadora invitada de una exposición Atget, y participó en la publicación del libro correspondiente. Luego hubo la exposición *Allure,* de Diana Vreeland. Jackie ayudó a organizarla y a editar el libro del mismo título. También ofreció una cena en el Centro Internacional de Fotografía, en honor de la Sra. Vreeland.»

Un testimonio de cómo se habían separado las vidas de Jackie y Ari fue facilitado por la editora griega Helen Vlachos, que había sido íntima de Onassis durante sus años con María Callas. «Tras la llegada de Jackie, le vi con menos frecuencia —cuenta—. Y nunca les vi juntos, a Jackie y a él. Ella llegó a Mykonos con su hermana Lee. Hicimos una fiesta pequeña, porque Jackie no quería que hubiese muchas personas presentes. En otra ocasión, cené en su domicilio de Nueva York, pero, una vez más, Ari no estaba presente. Tampoco se le mencionó. Jackie era una mujer hermosa, y siempre me trató en forma agradable, pero la encontraba muy afectada; no era nada natural... siempre hablaba con aquella vocecita cortés. El matrimonio con Ari no resultaba difícil de entender. Se casó con él por dinero. ¿Para qué, si no? Era un encanto, pero eso no bastaba por sí solo.»

Dado de alta del Lenox Hill, Onassis decidió que quería romper la relación con los Kennedy y el matrimonio, y liquidar su compromiso emocional. El reinado de Jackie había terminado. El detective privado y la operación de interceptación telefónica nada habían aportado en términos de documentación... Los vagabundeos extramaritales de Jackie se limitaban a almuerzos, cenas con acompañantes, y salidas nocturnas inofensivas en la ciudad. Ari se dio cuenta de que para obtener un divorcio debería adoptar otra táctica.

De acuerdo con su plan, fijó una serie de reuniones con el abogado Roy Cohn, primero en el «21» y luego en El Morocco. «Una de las cosas que enfurecían a Ari, era la costumbre de Jackie de enviar a su criada, y a Nancy Tuckerman a su oficina, al final de cada mes, con facturas de "necesidades tan vitales" como la compra de 200 pares de zapatos de una sola vez, por un total de 60.000 dólares —dice Cohn—. Arrojó la factura sobre la mesa y se agarró la garganta. "Ya estoy hasta aquí de ella —dijo—. No puedo entenderla. Lo único que hace es gastar, gastar, gastar... y nunca está en el mismo lugar que yo. Si estoy en París, ella va a Nueva York. Si voy a Skorpios, ella viaja a Londres."

»Ari afirmaba que los viajes de Jackie y las distancias que les separaban eran las menores de sus quejas, y que los gastos de ella constituían su plato fuerte. "Soy un hombre enormemente adinerado —dijo—, pero aun así me resulta difícil entender por qué debo recibir una factura por 200 pares de zapatos. No es que no haya puesto a su disposición una generosa cuenta de gastos... Al contrario. Lo que es más, los zapatos sólo son uno de los artículos. Compra bolsos, vestidos, abrigos, por docenas... más que suficientes para llenar una tienda de especialidades de la Quinta Avenida. Esta mujer no tiene la menor idea de cuándo debe dejar de dilapidar mi dinero. Estoy harto de ella, y quiero divorciarme".

»Tras una pausa volvió a lo que yo creo que era el verdadero motivo por el que quería el divorcio: no sus gastos, que él podía permitirse, sino su frialdad. "Nunca está conmigo —dijo con tristeza—. Tenemos nuestras relaciones sociales en distintos círculos. Dondequiera que yo esté, ella se encuentra en otra parte. Si va a Elaine's, Le Cirque o el Persian Room, o el Lincoln Center, o el Metropolitan, yo me encuentro a solas en París, en Maxim's o en Regine, o en Londres, en el Savoy, el Dorchester o el Ritz. Quiere mi dinero, pero no me quiere a mí."

»Analizó en detalle su deseo de iniciar la acción de divorcio como una gran sorpresa, antes de que Jackie pudiese lanzar un contraataque eficaz en aquel terreno donde le pudiera causar más perjuicios: el bolsillo.

»No quería que ella se enterase porque temía que pudiese terminar con una mayor parte de su patrimonio que la que recibiría en un procedimiento de divorcio rutinario. Admitió que el año anterior, mientras navegaban frente a Haití, había intentado convencerla de que firmase un acuerdo de divorcio; le dijo que volverían a casarse en secreto veinticuatro horas más tarde. Un divorcio sin pensión, dijo, convencería al público de que a ella no le interesaba su dinero. Por supuesto, no tenía la menor intención de volver a casarse. Pero Jackie no cayó en la trampa. Era demasiado inteligente.

»"Esta vez el centro de la acción estará en Grecia, donde estoy en mi terreno —me dijo Ari—. Pero me preocupa lo que podría hacerme en París, en Londres y en Nueva York, donde tengo grandes empresas. Por eso te necesito. Ya he contratado a abogados en París y Londres, pero quiero a alguien como tú para que me proteja aquí."»

El columnista Jack Anderson, de Washington, recuerda la secuencia de sucesos que le involucraron en el drama del divorcio: «Recibí una llamada en Washington, de Onassis, para que fuese a Nueva York. Lo cierto es que me preguntó cuándo sería la próxima vez que iría, y le respondí que estaría allí unos diez días más tarde. Le di una fecha y una hora. Me invitó a almorzar, y como era una figura valiosa como noticia, acepté. Ya me había encontrado una vez con él en una reunión pública.

»Mi socio, Les Whitten, y yo tomamos el puente aéreo a Nueva York. En el aeropuerto nos recibió una limousine con chófer, que no esperábamos. Al chófer le había dado mi nombre. Larry O'Brien, entonces miembro de la Comisión de la NBA, había viajado en el mismo avión que yo, así que le ofrecí llevarle con la limousine al centro.

»Nos condujeron a La Caravelle. Onassis aguardaba en el restaurante, con sus gafas oscuras. Durante el almuerzo acusó a su esposa de todo tipo de delitos de derroche, y aquél fue el primer indicio que tuve del motivo por el cual quería verme. Después del almuerzo nos llevó a sus oficinas, en las recién estrenadas Olympic Towers de 51 pisos, y nos puso en manos de un par de sus colaboradores. Dichas personas sacaron un manojo de facturas que Jackie había cargado en cuenta, y nos pusieron en contacto con varias personas que podían verificar los gastos de Jackie, tales como Lilly Lawrence. Les Whitten y yo pasamos tres días verificando fuentes y repasando diversos documentos.

»Los resultados eran abrumadores. Además de una enorme asignación mensual, Jackie salía con regularidad y compraba la ropa de moda más elegante de Nueva York y París. Recorría la ciudad con las tarjetas de crédito de su esposo e incluso sin ellas, valiéndose de su solo nombre, para comprar ropa que cargaba en cuenta. Pero ésa era apenas una parte de la operación. Después de comprar las prendas, iba y las vendía a Encore y en otras tiendas, y luego se guardaba el dinero en efectivo.

»Onassis quería que desenmascarase a su esposa. "Investigue y descubra qué hace con todo ese dinero extra", dijo.

»Después de verificar nuestros datos y terminar las entrevistas, pero antes de escribir el artículo, llamamos a Jackie para preguntarle si quería hacer algún comentario. Sólo pudimos llegar hasta Nancy Tuckerman. "La Sra. Onassis no otorgará dignidad a esos cargos con un comentario", dijo. De modo que publicamos los artículos. Nunca volví a ver a Onassis. Murió varios meses después de nuestra reunión.»

Poco después de poner en movimiento los trámites del divorcio, Onassis regresó a Atenas para completar el traspaso de Olympic Airways al Gobierno griego. A principios de febrero de 1975, hubo desde Atenas una llamada para Jackie, en la que le comunicaban que Ari se había derrumbado, con enormes dolores en el pecho. La enfermedad había comenzado a afectarle el corazón así como los pulmones y el hígado. Jackie se puso en comunicación con un cardiólogo norteamericano, el Dr. Isidor Rosenfeld, y voló con él a Atenas, donde Ari estaba atendido por sus hermanas. Cristina llegó de Gstaadt (Suiza), donde había ido a esquiar con Peter Goulandris. Ninguno de los miembros de la familia, incluidos Jackie y Ari, quería admitir la gravedad de la enfermedad. Sólo se mostraron alarmados cuando el Dr. Rosenfeld insistió en que Onassis fuese llevado en avión a París e internado en el Hospital Norteamericano de Neuilly-sur-Seine, donde recibiría los mejores cuidados posibles.

Al principio, Onassis se resistió, convencido de que si ingresaba en el Hospital Norteamericano, no volvería a salir. El Dr. Jean Caroli, el médico de Ari en París desde hacía mucho tiempo, voló a Atenas y le convenció de que aceptara la sugerencia de Rosenfeld. Cristina, Jackie, Artemis, la hermana de Ari, y el Dr. Caroli le acompañaron en el vuelo a París.

Caroli se sentó al lado de Onassis y trató de entretenerlo con una conversación ligera. Pero Onassis se mostraba muy sombrío. Según Jacques Harvey, se volvió hacia Caroli y le dijo que se sentía muy cerca de su hijo muerto, Alejandro. «Cuando se disponían a aterrizar en París —dice Harvey—, Ari le dijo al médico: "Profesor, ¿conoce el significado de la palabra griega *thanatos...* muerte? Usted sabe que nunca saldré vivo del hospital. Bien, tiene que practicarme el *thanatos*. No quiero sufrir. Prefiero estar muerto."»

En contra de las órdenes del médico, Onassis insistió en pasar la noche en su domicilio de la Avenida Foch, y trasladarse al hospital a la mañana siguiente. Gris y demacrado, con veinte kilos de peso de menos, rechazó una camilla y entró en la clínica por sus propios medios. El domingo 16 de agosto le extirparon la vesícula. Aunque un portavoz de la familia anunció que «se recuperaba bien», se pasó las cinco semanas siguientes entrando y saliendo de estados de inconsciencia, y mantenido en vida con un respirador, un riñón artificial e inyecciones masivas de antibióticos.

Cristina y Artemis se hicieron cargo de todo en el hospital, y dejaron a Jackie casi sin voz ni voto. Si bien ésta visitaba a su esposo todos los días, insistía en seguir con su vida social, y cenaba fuera, con amigos, casi cada noche. Su actitud no hizo que la entristecida familia de Ari sintiese más cariño por ella. Cristina se negó a compartir el domicilio de la Avenida Foch con su madrastra, y se trasladó al Hotel Plaza-Athénée. En el hospital casi ni se saludaban. Cristina salía de la habitación cada vez que llegaba Jackie.

Un día después de la operación de vesícula, Jackie telefoneó al Dr. Henry Lax, a su consultorio de Nueva York. Quería que Lax viajara a Europa. Éste le dijo que había hablado con los médicos de Ari en el Hospital Norteamericano, y que no podía hacer por el paciente más de lo que se estaba haciendo.

«Dígale a Ari que no permita que el barco se hunda», ordenó el Dr. Lax. Durante la primera semana de marzo, llamó al Dr. Lax por segunda vez para informar que parecía haber cierta mejoría en el estado de su esposo. ¿Creía el doctor que podía apartarse del lecho de Ari durante varios días, y volver a Nueva York?

«Jackie —respondió el médico—. El mundo entero está observando. Quédese allí.»

A pesar de la advertencia de Lax, decidió volar a su casa por unos días. Onassis no hizo intento alguno de disuadirla. Tampoco lo hizo Cristina, que pensaba que planeaba volver después del fin de semana.

Johnny Meyer, por lo general detractor de Jackie, en aquel caso defendió su decisión. En su proyecto de libro, escribe: «Jackie y yo hablamos con el médico. Nos dijo que Ari iba a mejorar. No me permitieron entrar a ver a Ari, de modo que soborné a una enfermera, que me permitió entrar a la hora del almuerzo, cuando todos los guardias iban a comer. Onassis tenía tubos en los brazos y en la nariz, y daba la impresión de que también los tenía en la cabeza. Lo único que pudo hacer fue enviarme un débil saludo con la mano. Pero el médico dijo que estaba mejorando, así que Jackie y yo tomamos el avión y volamos a casa.»

Salieron de París un viernes. El lunes, Jackie llamó a la hermana de Ari, y le dijeron que su estado no había cambiado. Aquella semana, más tarde, se fue a esquiar a New Hampshire. Ari entró en rápido decaimiento, pero no fue posible comunicarse con Jackie por teléfono, y cuando por fin la encontraron pareció no entender la gravedad de su estado. A María Callas se le permitió una llorosa última visita a Ari, pero, en la gravedad de su estado, éste apenas la reconoció. Jackie seguía en Nueva York el sábado 15 de marzo... el día en que Onassis falleció, con su hija al lado del lecho...

Quedó a cargo de Johnny Meyer notificarle a Jackie el fallecimiento de su esposo. Jackie, su madre, Teddy Kennedy y los hijos de Jackie llegaron a París al día siguiente del fallecimiento de Ari. La causa de la muerte se definió como pulmonía bronquial. Jackie fue a ver el cadáver en la capilla del hospital, donde yacía en un féretro abierto, con un icono griego ortodoxo sobre el pecho. Después, cuando salió del hospital, les dedicó una amplia sonrisa a los fotógrafos.

El periodista James Brady se encontraba por casualidad en París, el día en que Onassis falleció: «Según recuerdo, uno o dos días después de la muerte de Ari, vi al diseñador de modas Valentino en el vestíbulo del Hotel St. Regis. "¿Qué está haciendo en París?", pregunté. "Jackie Onassis me telefoneó a Italia y me pidió que nos viéramos. Dijo que necesitaba un nuevo vestido negro para el funeral, de modo que traje algo conmigo y se lo probé."

»Debo decir que me resultó difícil creer que Jackie no tuviese ya en su guardarropa unos cuantos vestidos negros adecuados. Se me ocurrió que era una actitud superficial eso de que, en medio del vuelo sobre el océano, para ver el cadáver de su esposo por primera vez, después del fallecimiento, pensara: "Sí, hagan venir al modista aquí, porque he de tener buen aspecto." Quiere decir que cuando a una le notifican que su esposo acaba de morir, por lo general no piensa: "Oh, cielos, ¿tengo algo que ponerme?" Hay algo muy frívolo y muy hueco en una persona tan preocupada por su imagen que se olvida del proceso del duelo.»

Con su nuevo Valentino debajo de un abrigo de cuero negro, Jackie fue la primera en bajar del Boeing 727 de Olympic Airways, después de tocar tierra en el aeropuerto militar de Aktion, en la lluviosa tarde del 18 de marzo. El féretro que llevaba el cuerpo de su esposo se encontraba en la bodega principal del avión. Jackie iba seguida en la escalerilla por el senador Edward Kennedy y luego por Cristina Onassis, que no había parado de llorar desde que el avión despegó del aeropuerto de Orly, en París. Al ver una multitud de fotógrafos, Cristina gimió: «¿Quiénes son todas estas personas?» Jackie guió a su hijastra hasta la limousine que esperaba, y le dijo: «Tranquila. Tómalo con calma. Pronto terminará todo.»

Ted Kennedy, Jackie y Cristina se sentaron en el asiento trasero de la limousine de delante. Cuando la procesión fúnebre arrancaba, Teddy se volvió hacia Cristina y dijo: «Ahora es el momento de cuidar a Jackie».

Cristina se inclinó hacia adelante en su asiento. «Detenga el coche», le dijo al conductor. Volvió a estallar en lágrimas, abrió la portezuela y salió de la limousine para unirse a sus tías en el vehículo que seguía. En una breve entrevista con este autor, dijo: «Parecía casi inconcebible que Ted Kennedy eligiese aquel momento para hablar de problemas financieros. Pero fue la sonrisa de hiena de Jackie la que me hizo huir del coche. Era como un buitre hambriento que esperaba darse un festín con la carne de mi padre. Quería alejarme de ella tanto como me fuera posible.»

El grupo continuó su viaje a Skorpios, donde el féretro de Ari fue subido por un serpenteante camino hasta la capillita en la que él y Jackie se habían casado seis años y medio antes. Seis portadores del féretro y el sacerdote, que portaba una cruz, encabezaron una procesión de plañideros que pasaban ante media docena de grandes coronas de flores rojas, blancas y rosadas, entre ellas una en la que se leía «A Ari, de Jackie».

De acuerdo con los deseos de Ari, la misa de media hora fue sencilla y carente de elogios. Durante la ceremonia, Jackie se arrodilló para besar el féretro, pero no dio señales de emoción. Una reacción emocional más intensa fue la de Cristina, que lloró y se tambaleó cuando el ataúd era bajado a la tierra, a pocos metros de la tumba de Alejandro.

En Atenas, después del funeral, Jackie ofreció a la prensa una declaración breve, redactada con cuidado. «Aristóteles Onassis me salvó en un momento en que mi vida estaba envuelta en sombras. Me llevó a un mundo en el cual uno podía encontrar felicidad y amor. Vivimos juntos muchas experiencias hermosas, que no es posible olvidar, y por las cuales me sentiré eternamente agradecida... Nada ha cambiado (en mi relación) con las hermanas de Aristóteles y su hija. Nos une el mismo amor que cuando él vivía.» Cuando preguntaron si preveía una batalla legal con Cristina por el patrimonio de Onassis, respondió: «Contestaré con algo que mi esposo me decía a menudo: "En todo el mundo, a la gente le encantan los cuentos de hadas, y en particular los vinculados con la vida de los ricos. Debes aprender a entender eso y a aceptarlo."»

Aristóteles Onassis dejaba un patrimonio de más o menos mil millones de dólares, incluida su flota privada de petroleros. La mayor parte era legada a su hija, que ya había heredado unos doscientos setenta millones de dólares de su madre, cosa que la convertía en una de las mujeres más acaudaladas del mundo. Para proteger su herencia de los impuestos, Cristina Onassis visitó la embajada de Estados Unidos en París y renunció a su ciudadanía norteamericana.

Cuando *The New York Times* publicó una nota que confirmaba la intención de Ari, previa a su fallecimiento, de divorciarse de su esposa, Jackie se sintió violentamente molesta y llamó a Cristina para que negase la información, y amenazó con causar problemas si no lo hacía. A continuación Cristina emitió una declaración, que si bien era en todo sentido falsa, apaciguó a Jackie.

«La Srta. Cristina Onassis se siente muy molesta ante las versiones y especulaciones deformadas publicadas en la prensa internacional, sobre su padre y la Sra. Jacqueline Onassis. Estas versiones son en todo sentido falsas, y ella las repudia. La verdad es que, el matrimonio del difunto Sr. Onassis y la Sra. Jacqueline Onassis fue un matrimonio feliz, y no son ciertos todos estos rumores acerca de su intención de divorciarse. Su relación con la Sra. Onassis estuvo siempre y sigue estando basada en una amistad y respeto mutuos, y no existen disputas financieras u otras que las separen.»

Tres días más tarde, Cristina y Jackie volaron por separado a Skorpios, para asistir a la misa ortodoxa griega, en el cuadragésimo día posterior a la muerte de Ari. Cristina ya se había ocupado de que las pertenencias personales de Jackie en Skorpios y a bordo del *Cristina* le fuesen enviadas al domicilio de Ari en París. Jackie visitó ambos lugares por última vez. Subió a bordo del *Cristina* para recoger un objeto que no le había sido enviado, pero que tampoco le pertenecía: el inapreciable Buda de jade de Ari. Cristina le permitió que se lo llevase.

En un esfuerzo por mostrar la unidad de la familia, Jackie volvió a Grecia tres meses más tarde, para asistir en Glifada a la boda de Cristina con su enamorado más reciente, Alejandro Andreadis, heredero de una fortuna bancaria e industrial griega. «Siento tanto cariño por esa niña... —dijo Jackie, refiriéndose a Cristina—. Por fin veo que le esperan días felices.»

Jackie y la hijastra a quien afirmaba amar se enzarzaron en una enconada disputa legal de 18 meses en relación con la herencia de Onassis. El centro de la batalla giraba en torno a una interpretación del testamento que Onassis había escrito en un acceso de furia, mientras volaba con Jackie de Acapulco a Nueva York. Simon Rifkind, abogado de Jackie, abrigaba la esperanza de anular el documento sobre la base de su invalidez, ya que la ley griega ordenaba que el último testamento fuese redactado «de una sola vez, en un solo lugar». Onassis había violado ambas estipulaciones. Había interrumpido la composición del testamento para almorzar en una cafetería de Florida, mientras el avión era reabastecido de combustible. Y un avión en vuelo no puede ser considerado, técnicamente, como un «lugar». Onassis había preparado su testamento en numerosos sitios, mientras el avión volaba de un país al otro. Al invalidar el documento, Rifkind quería tratar de demostrar que el esposo de su clienta había muerto intestado, lo que, también de acuerdo con la ley griega, le daba a Jackie el derecho a recibir el 12,5 % (es decir, 125 millones de dólares) de la fortuna de Ari, calculada en mil millones de dólares.

Como preveían una prolongada lucha en los tribunales, y como no querían apartarse aún más de Ted Kennedy (el imperio Onassis todavía necesitaba amigos influyentes en Washington), los asesores de Cristina le ofrecieron a la viuda la suma de 20 millones de dólares, siempre que Jackie abandonase todo otro derecho a la herencia, incluida la cuarta parte de Skorpios y del *Cristina*. Debido a los duros impuestos sobre sucesiones en Estados Unidos, Rifkind exigió —y recibió— una cantidad de 26 millones de dólares para su famosa clienta: 20 millones serían retenidos por Jackie (menos los honorarios legales), y el resto cubriría los impuestos patrimoniales. Si se tienen en cuenta los pagos prenupciales, las asignaciones mensuales, las joyas y demás regalos, la ropa y los viajes, el monto total de Jackie para el período de su matrimonio ascendía a más de 42 millones de dólares, es decir, casi 7 millones de dólares anuales por cada año en que estuvieron casados*.

La liquidación ofrecía a Jackie seguridad y tranquilidad espiritual.

---

* La liquidación patrimonial tenía dos cláusulas adicionales: 1) todas las cartas personales que Jackie había escrito a Ari a lo largo de los años debían ser devueltas; 2) ni Cristina ni Jackie podrían discutir las cláusulas de su liquidación final.

Otorgaba a Cristina la certeza de que nunca tendría que volver a ver a su madrastra. También le dejaba a Cristina una enorme parte personal, mucho más dinero del que nunca podría gastar en toda su vida. En cambio no le daba felicidad. Mientras seguía casada con Alejandro Andreadis, conoció a Serguei Kauzov, tuvo relaciones con él y más tarde lo desposó; Kauzov, jefe de división de una firma naviera soviética con base en París, era, según informes publicados, un posible agente del KGB. («¿Quién es Dostoievski?», les preguntó Cristina a unos amigos, después de visitar a la familia de Kauzov en Moscú.) Pero Kauzov siguió muy pronto el camino de sus predecesores, Bolker y Andreadis, y recibió, como parte de su pensión, un gran petrolero, y los fondos necesarios para mantenerlo a flote.

A pesar de su enorme fortuna —o tal vez debido a ella—, Cristina se convirtió en una alocada personalidad internacional que bailaba en Studio 54 de Manhattan, cenaba en la Tour d'Argent en París, llevaba prendas de piel de Gucci y vestidos de Pucci, se hizo acortar la nariz, teñir el cabello en mechones, y se convirtió en una adicta a todo tipo de drogas y medicamentos, en especial anfetaminas, que tomaba con regularidad para combatir su problema de peso.

«Cristina visitaba a menudo lujosas granjas para reducción de peso en Suiza y España, y seguía tratamientos médicos contra la obesidad a medida que los tamaños de sus lujosos vestidos Yves Saint Laurent, algunos de precios exorbitantes, se hacían cada vez mayores —cuenta Truman Capote—. Sustituía las etiquetas de diseñadores por el estilo. Yo solía verla en todos los clubs, siempre con una botella de Coca-Cola en la mano. Más tarde pasó a las bebidas dietéticas. Tenía una risa estrepitosa, resonante, y le encantaba organizar fiestas, pero era una depresiva, con tristes ojos de comadreja. Poseía un voraz apetito sexual, y pagaba a los hombres para que la llevaran a la cama. Odiaba a Jackie, apenas podía tolerarla. Me dijo que había dejado desnuda la casa de Skorpios que Jackie compartía con su padre, y que la había entregado al personal. Después de la muerte de su padre trató de hacerse cargo del negocio, pero se pasaba demasiado tiempo en sus dietas, casándose y divorciándose. Nunca cumplió con las esperanzas que su padre había puesto en ella.»

En 1980, mientras visitaba Nueva York, Cristina trató de suicidarse, ingiriendo medio frasco de barbitúricos, tal como lo había hecho en muchas otras ocasiones. La llevaron al Hospital Lenox Hill. Al día siguiente, Jackie, que había sido informada, telefoneó al Dr. Henry Lax y le pidió que hablase con Cristina. Lax la visitó en Lenox Hill, y trató de hacerle entender su preocupación por su bienestar. Renée Luttgen estaba presente unas semanas más tarde, cuando el Dr. Lax telefoneó y le dijo a Cristina: «Ahora que has salido del hospital, vuelves a tu antigua vida agitada; pierdes el dominio de ti misma con demasiada facilidad. Siempre le gritas a la gente. No deberías gritarle tanto a la gente.»

Se casó por cuarta y última vez con el suave Thierry Roussel, hombre de negocios francés y de la industria farmacéutica, quien fue el padre de su única hija, Athina (llamada así en recuerdo de la madre de Cristina), en 1985. Aquello hubiese podido salir bien si Thierry no se hubiese enamorado de Gaby Landhage, una esplendorosa modelo sueca, y engendrado con ella dos hijos, el mayor de la misma edad, más o menos, que Athina. Cristina y Thierry se divorciaron al cabo de tres años y diez días. Se afirma que él se fue con 75 millones de dólares, es decir, casi 75.000 dólares por cada día de su matrimonio. La «pequeña Tina» se convirtió en el centro de la vida de su madre. A los seis meses de edad recibió un zoológico completo. Se contrató a una fuerza de seguridad de nueve hombres para protegerla. A la niña nunca se la dejaba sola. Se instalaron sistemas de alarma especiales en cada una de las habitaciones de todas las casas que ocupaba, para protegerla de un posible secuestro. Cristina había encontrado por fin una razón por la cual vivir.

«No me gusta hablar de Jackie Kennedy —dijo no mucho antes del final de su desdichada vida—. Es la persona más mercenaria que he conocido nunca. No piensa, no sueña y no habla de otra cosa que no sea el dinero. No se da cuenta de que yo le hubiese dado cincuenta veces más de lo que le di, por el placer de no tener que verla nunca más. Habría pagado cualquier precio. Lo que me asombra es que sobreviva mientras todos alrededor de ella, fallecen. Es peligrosa, es mortífera. Ha diezmado por lo menos a dos familias: los Kennedy y la mía. Si vuelvo a verla otra vez mientras viva, será demasiado pronto para mí.»

El 19 de noviembre de 1988, mientras visitaba a sus amigos argentinos Alberto y Marina Dodero, en la casa de campo de éstos, en las afueras de Buenos Aires, Cristina Onassis sufrió un edema pulmonar, y tras ser trasladada en helicóptero a un hospital cercano fue declarada muerta. Sus restos fueron enviados a Skorpios, y reposan en el cementerio de la familia, cerca de la capillita, al lado de los cuerpos de su padre y su hermano.

Como única heredera de la fortuna de Cristina, su hija Athina se convirtió en el acto en la niña más rica del mundo. Jackie Onassis no hizo comentario alguno, y no asistió al funeral.

31

«La gente olvida que Jackie ha pasado momentos muy difíciles —dijo Franklin D. Roosevelt, hijo—. Jack Kennedy y Aristóteles Onassis eran hombres muy poderosos, que no siempre trataban a las mujeres con guantes de seda. Hubo momentos en que la disminuían, la dominaban, la obligaban a seguir sus pasos. No cabe duda de que algunos aspectos de ese papel le agradaban. Le otorgaban cierta independencia. Pero en esencia, repetían una pauta que se había vuelto familiar en su vida: definirla por un hombre determinado. Primero fue la hija de Black Jack Bouvier, luego la esposa de Kennedy y a la larga la sobreviviente de Jack Kennedy. Más tarde se convirtió en la esposa de Aristóteles Onassis y, al final, en su viuda [relativamente] desheredada.

»Tras el fallecimiento de Onassis, la gran lucha de Jackie consistió en la necesidad de forjarse una nueva identidad. Ya no quería ser conocida como la esposa de un difunto presidente de Estados Unidos, o la mujer de uno de los hombres más ricos del mundo. En definitiva, quería ser reconocida por sus propios méritos; deseaba lograr el éxito, pero a su manera y según sus condiciones.»

La búsqueda de una nueva identidad comenzó cuando Jackie fue a almorzar con Dorothy Schiff, a quien no veía desde hacía muchos años. La editora del *New York Post* —que, desde hacía tiempo, recolectaba fondos para el Partido Demócrata— quería que participase en la carrera por el Senado de Estados Unidos por Nueva York, contra el senador James Buckley. Jackie declinó la oferta, pero después del almuerzo, cuando recorrió la sala de prensa y las oficinas editoriales del periódico, recordó su anterior carrera, interrumpida, como fotógrafa encuestadora.

A algunos amigos les expresó cierto tedio respecto a su estilo de vida de esos momentos. Cuando se encontró de nuevo sola en Nueva York, parecía un poco menos sociable, pasaba más noches en su hogar, ayudaba a su hijo en los deberes escolares, leía o veía la televisión mientras comía yogur en envase de papel. Casi nunca iba a cócteles y eludía casi todas las galas de beneficencia, incluso aquéllas en cuya organización participaba. De vez en cuando, Jackie horneaba galletitas o tortas de chocolate para los amigos. Nunca ofrecía grandes cenas, y prefería las pequeñas, a veces de etiqueta, casi siempre para ocho personas o a lo sumo para veinticuatro. Sentaba a los invitados ante cuatro mesas redondas, para seis. Su personal doméstico de Nueva York estaba compuesto de un ama de llaves, una criada, un mayordomo y un cocinero. Una pareja de cuidadores mantenía su propiedad de Nueva York durante todo el año.

El discurrir de la vida de Jackie se había asentado en una pauta no muy distinta al de la mayoría de las otras viudas ricas de Manhattan. Compraba en las mejores tiendas —aunque en forma menos codiciosa que cuando estaba casada con Onassis—, encargaba los comestibles (casi siempre por teléfono) en Gristede de la Calle 85 Este (daba propinas incoherentes, según uno de los recaderos, un día entregaba un dólar, al siguiente nada), iba a la tienda de la Srta. Grimble para comer tortas de queso, compraba galletitas de chocolate en William Greenberg, y frutas a 15 dólares el medio kilo en Kron. Un día compró medio kilo de espárragos en The Empire Fruit Market, donde siempre adquiría frutas y verduras. Más tarde vio un precio mejor en otro mercado del vecindario, devolvió la primera compra y de ese modo ahorró 25 centavos al comprar los espárragos en la otra tienda. Sus flores provenían de Flowers by Philip, de la avenida Madison. La farmacia Larimore, cercana a su casa, le proporcionaba la mayoría de los fármacos que necesitaba.

Varias mañanas por semana se ponía sus gastadas zapatillas azules y blancas, un chandal y unos guantes de algodón, blancos, suaves, y caminaba a paso vivo alrededor del estanque del Central Park. También montaba en bicicleta por Central Park y asistía a la clase de aerobic del piso 15 del Vertical Club, en la Calle 61 Este. Así mismo, se ocupaba de reorganizar los muebles Regencia y Luis XV, de museo, cambiaba alfombras, daba otra disposición a los cuadros, a las fotos enmarcadas y a su rara colección de objetos de arte. Iba al dentista, al ginecólogo, al alergólogo y al psicoanalista, a quienes veía en ocasiones hasta cuatro veces por semana. Iba a ver a Kenneth para que la peinara y le tiñera el cabello (él sólo acudía a su casa en ocasiones especiales, como cuando ella ofrecía una cena formal o asistía a una). Además se sometía con regularidad a tratamientos shiatsu con una acupunturista llamada Lillian Biko.

»Por regla general, trataba a Jackie en su casa —dijo Biko, una malaya que había estudiado acupuntura en Estados Unidos—. La frecuencia con que veo a un paciente depende de cómo reacciona al proceso. A la mayoría de las personas las veo en forma intermitente, cuando se sienten especialmente tensas o han sufrido alguna lesión. A Jackie la recibía con regularidad. Es posible que fuese mi mejor paciente. Tenía una elevada capacidad para resistir el dolor, y en rigor lo aceptaba porque formaba parte del proceso; la ayudaba a aliviar su tensión. Acumulaba mucha tensión porque era muy reservada. Pero hacía cosas para ayudarse. Hacía *jogging*, practicaba esquí acuático y equitación y hacía yoga.»

La tía de Jackie, Michelle Putnam, señaló que a pesar de toda esa actividad su sobrina parecía indiferente. «Ésa no fue mi única observación, pero le llamé la atención al respecto. Se pasaba el día dando vueltas por Nueva York. Durante los fines de semana conducía su propio BMW verde por el Puente George Washington, hasta su casa de campo de Nueva Jersey. Algunos fines de semana se quedaba en la ciudad, casi siempre pintaba y dibujaba. Tenía instalado un caballete delante de una de sus ventanas de la Quinta Avenida y al lado de éste había un poderoso telescopio con el que disfrutaba observando a la gente del parque: la mujer más observada del mundo era, en el fondo, una *voyeur*.

»Pero nada de esto parecía muy estimulante. La primera vez que le sugerí que buscara un trabajo de media jornada, su reacción pareció ser de asombro: "¿Qué, yo... trabajar?" Pero cuanto más oía hablar de eso a la gente y más lo pensaba, más le atraía la idea. Por último, se encontró con Tish Baldrige, su ex secretaria de la Casa Blanca. Ésta le sugirió que pensara en el mundo editorial, como una posible carrera, y le arregló citas para almorzar con varias personas a quienes conocía, entre ellas Thomas H. Guinzburg, editor de Viking Press y amigo de los Bouvier.»

«Almorzamos en Le Perigord Park, en Manhattan —recordaba Guinzburg—. Yo había conocido a Lee, su hermana, cuando estaba casada con Michael Canfield, el hijo de Cass, y por intermedio de Lee conocí a Jackie. Eso fue más o menos por 1956. De modo que pisaba terreno conocido, ya que teníamos relaciones comunes con una cantidad de personas.

»En seguida me di cuenta de la ventaja que ella constituiría para una editorial. Tenía acceso a una amplia gama de figuras interesantes e importantes. Conocía literalmente a *todos*, y en el mundo editorial no se trata tanto de qué sabe uno, sino a quién conoce. También entendí que mientras fuesen jóvenes, sus hijos siempre estarían primero. Aunque eran adolescentes, me di cuenta de que si quería a Jackie en Viking tendría que crear para ella un horario muy flexible.»

Al primer almuerzo con Guinzburg le sucedieron más reuniones, y luego una conferencia de prensa en la que se anunció que la Sra. Jacqueline Onassis empezaría a trabajar a principios de septiembre de 1975 como editora asesora en Viking, durante cuatro días por semana y cobrando un sueldo anual de 10.000 dólares. Una vez más, ella había hecho lo inesperado; había decidido convertirse en una mujer de carrera.

«De pronto el personal de Viking comenzó a presentarse al trabajo con sus Gucci y sus perlas —observó Guinzburg—. Corrían todo tipo de rumores, ante todo que nos encontrábamos al borde de la bancarrota y que Jackie había sido incorporada como recurso publicitario, para resucitar a la compañía. Cuando empezó a trabajar, los representantes de los medios de comunicación comenzaron a acampar en el vestíbulo. Para llegar al ascensor era preciso trepar por encima de tiendas pequeñas, cables de televisión, luces y camarógrafos. Las tres cadenas principales estaban allí las veinticuatro horas del día. También merodeaban por ahí los fanáticos y los chiflados. Todos los días, durante semanas enteras, la centralita estaba encendida como un árbol de Navidad.»

Los periodistas quedaron asombrados cuando se enteraron de que, aunque se le había destinado una ayudante, una graduada universitaria de 26 años llamada Becky Singleton, su oficina era pequeña y espartana, y sólo había en ella un escritorio, una silla, un teléfono y un tablero de boletines.

Como Jackie se había incorporado hacía muy poco a la firma, Guinzburg pidió a una editora más experta, Barbara Burn, que trabajara con ella. «Jackie no sabía con certeza lo que se esperaba de ella —recordó Burn—. De modo que discutimos los distintos proyectos en los que ella podía trabajar, y el papel que podía representar como editora. Resultó que en realidad le agradaba trabajar con los manuscritos y armar libros. Tenía buen gusto para eso y trabajaba con intensidad.

»Antes de su incorporación en Viking, todos se mostraban razonablemente escépticos. Cuando apareció, nos llevamos una agradable sorpresa, porque no era una persona almidonada de voz extraña. No era una María Antonieta en la granja. No fingía. Ponía mucha seriedad en lo que hacía. En cuanto todos dejaron a un lado la idea de que era quien era y la tomaron en serio, comenzó a soltarse un poco. Al comienzo no sabía mucho acerca de cómo armar un libro, pero estaba dispuesta a arremangarse y a aprender. Por supuesto, no podíamos olvidar el hecho de que por el pasillo caminaba una cubierta de revista... esta idea se nos ocurría con frecuencia.»

Si se deja a un lado el elogio de Barbara Burn, Jackie tenía sus problemas en Viking. Uno de los primeros libros que encaró, «*Remember the Ladies*»: *Women of America, 1750-1815*, un homenaje a las mujeres norteamericanas del siglo XVIII, se convirtió en causa de un miniescándalo. Destinado a acompañar una exposición del Bicentenario que luego viajó a seis ciudades bajo los auspicios de la Sociedad de Peregrinos y la Sociedad Histórica de Plymouth, el libro fue propuesto a Jackie por Muffie Brandon, cuyo esposo, Henry Brandon, era corresponsal en Washington de *The Sunday Times* de Londres. Muffie, quien desarrollaba una gran actividad en la restauración y preservación de lugares históricos en Plymouth, conoció a la autora del libro, la historiadora y profesora universitaria Linda Grant De Pauw, y se ofreció a ayudarla a encontrar un editor.

Tres años después de la publicación del libro, un artículo en el número de marzo de 1979 de *Ms.,* de Gloria Steinem, presentaba falsas afirmaciones respecto a la participación de Jackie en el proyecto. Según Steinem, Jackie Onassis no sólo había adquirido el libro, sino que además lo había investigado, diseñado y editado. Steinem también sugería que la idea de integrar en el texto a las mujeres negras y nativas norteamericanas había sido de Jackie. En el artículo había una descripción, atribuida a Muffie Brandon, según la cual Jacqueline «caminaba a gatas por el suelo, ordenando grupos de fotos» para el volumen que incluía unas doscientas ilustraciones.

El artículo enfureció a Linda Grant De Pauw. «Escribí una "carta al editor" para señalar que yo había escrito el texto, en tanto que Conover Hunt, conservador de la exposición, había redactado los epígrafes para las ilustraciones. El tema, la organización, los criterios de interpretación de la exposición y el libro eran creaciones mías. La integración de las mujeres negras y nativas norteamericanas era una característica distintiva de mi enfoque, y no, como sugería Steinem, algo incluido por sugerencia de la Sra. Onassis. La descripción de la Sra. Onassis arrastrándose por el suelo era una pura fantasía. En rigor, en ningún momento, mientras escribía el libro, o en ninguna circunstancia, anterior o posterior, recibí comunicación alguna, oral o escrita, directa o indirecta, de Jacqueline Onassis. No sé qué hizo ella o qué hace para otros autores, pero en mi caso fue como si no existiera.»

Bryan Holme, director de la colección Studio Books de Viking, costosos y singulares volúmenes de texto y fotos, para exhibición que se pusieron de moda en las décadas de los sesenta y setenta, confirmó el interés de Jackie por las ediciones: «Venía a menudo a nuestras oficinas para ver cómo armábamos nuestros libros. Le agradaba la combinación de ilustraciones y palabras. Formulaba muchísimas preguntas. Yo las contestaba y los ojos se le iluminaban. "No lo sabía. Es fascinante", solía decir. Así fue aprendiendo lo referente a la edición. Y poco a poco hizo un poco de cada... escribía una introducción, redactaba epígrafes, editaba el texto.

»Su participación en Studio Books llegó a su apogeo con la publicación de *In the Russian Style*, un elegante volumen que describía la suntuosidad de la Rusia imperial de los siglos XVIII y XIX. Jackie eligió las ilustraciones y escribió el texto. El libro se publicó al alimón con una exposición organizada por Diana Vreeland en el Instituto de la Indumentaria del Museo Metropolitano. Para reunir más materiales históricos con vistas al libro, Jackie organizó una gira por algunas de las más grandes colecciones privadas de la Unión Soviética. Viajó con Thomas Hoving, director del Museo Metropolitano, y regresó con todo tipo de materiales incitantes.»

Candice Fischer, investigadora del Instituto de la Indumentaria, también participó en el proyecto: «La inspiradora de *In the Russian Style* fue Diana Vreeland, pero una vez que Jackie se hizo cargo del trabajo lo dominó por completo. Demostró el mismo impulso y entusiasmo que, según imagino, llevó al proyecto de restauración de la Casa Blanca, una actitud casi de colegiala. Se levantaba a las 6 de la mañana y se ponía a trabajar en el libro. Una hora más tarde me llamaba y decía: "¿Recuerdas la foto que vimos ayer? ¿Quieres que vayamos a buscarla?" Y por supuesto, el día anterior habíamos visto centenares de fotos. Después me entregaba página tras página de notas manuscritas basadas en *Guerra y Paz* de Tolstoi. Copiaba extractos que se referían a ropa y estilos de vida de ese período. "Tienes que leer esto", escribía.»

A pesar de todos los esfuerzos de Jackie, *In the Russian Style*, recibió críticas tanto favorables como desfavorables. En *New York Review of Books* (3 de marzo de 1977), Nicolás Nabokov se burlaba de Jackie por haber producido «un libro exteriormente hermoso», que en definitiva carecía de contenido y mostraba tendencia a las tergiversaciones: «El diseño llamativo, la aparente sinceridad del objetivo y la mal concebida presunción de una gran erudición pueden surgir con facilidad, e incluso interesar a un lector inocente.» La crítica de Nabokov recordaba los ataques dirigidos contra la visita televisada a la Casa Blanca, organizada por Jackie durante Camelot, y repetía una acusación que ya otros habían hecho antes: Jackie era todo brillo y oro, mucha superficie pero nada de sustancia.

En marzo de 1976, Thomas Guinzburg y su esposa acompañaron a Jackie en unas vacaciones de dos semanas a Montego Bay, Jamaica. Entre los integrantes del grupo se encontraban John Kennedy hijo, Tim Shriver y Peter y Cheray Duchin. La madre de Cheray, Audrey Zauderer (hoy Audrey del Rosario), poseía una finca en Round Hill, el sector más lujoso de Montego Bay. Round Hill era también el nombre del lujoso lugar donde se alojó el grupo. Otro invitado de este refugio era Rod Gibson, un reportero del *National Enquirer*, quien había sido enviado para redactar un artículo sobre Jackie.

«Más que de trabajar, podría decirse que se trataba de montar guardia

—dijo Gibson—. Yo estaba allí con Vince Eckersley, un fotógrafo del *Enquirer*. Al llegar, enviamos a Jackie un ramillete de orquídeas. No hubo respuesta, pero parece que cuando se enteró de que nos encontrábamos allí comenzó a bajar a la playa con más frecuencia que antes, aunque nunca hablaba con nosotros y fingía sentirse molesta cada vez que Eckersley se disponía a tomar fotos. Era el juego del gato y el ratón.

»Conocía a otro periodista que había hecho un reportaje sobre Jackie para el *Enquirer*. Se llamaba Gerry Hunt, y definía a la dama como una persona impredecible. Tenía una personalidad dividida. Un día le gritó que los dejara a ella "y a mi familia en paz". Al día siguiente hizo una larga caminata con él por el bosque, y habló *off the record*.

»Una mañana, en Round Hill, llevé a John y a Tim Shriver a nadar con gafas de buzo. Intentaba así lograr una entrevista con Jackie. Mi acompañante prestó a los dos jóvenes una de sus cámaras submarinas. Al día siguiente, el gerente del Round Hill nos llamó a su oficina. Devolvió la cámara a Eckersley y dijo: "Muchachos, os habéis portado espléndidamente. Sois excelentes huéspedes. Pero Jackie también lo es y está aquí en busca de intimidad. De modo que, por favor, dejadla en paz. Me pidió que os devolviera esta cámara, pero con todo respeto, rechaza una entrevista personal."

»"Ahí termina nuestra última esperanza", dije a Eckersley. Había dejado a un lado la entrevista, pero todavía pensaba que podríamos acercarnos lo bastante como para que él tomase alguna instantánea.

»Varios días más tarde descansábamos en la playa. "Gracias a Dios que estas vacaciones están por terminar —dijo Eckersley—. Estoy harto de seguir a esa mujer." Y en ese momento apareció Jackie. Estaba sola. Atardecía, el sol se ocultaba y no había nadie a la vista. Eckersley la vio y dijo: "Maldición, ahí está ahora." Era una situación perfecta para una foto, el momento que habíamos estado esperando. Tomó su cámara, dudo que Jackie nos hubiese visto al principio, pero había algo tan regio en ella, y tan maravilloso en el momento, con ella a solas, de ese modo, que Eckersley no tuvo valor suficiente para tomar la foto. Ella caminó hasta el borde del agua, se quitó la chaqueta, y se sumergió para nadar un poco; parecía deslizarse como un ave acuática de origen exótico. No dio indicios de habernos visto, pero era evidente que sí, porque no regresó a recoger la chaqueta. Nadó un poco, salió del agua por otra parte, y envió a alguien del hotel para que recuperara su chaqueta.»

La Jackie de ese período fue percibida en forma diferente por distintas personas. Una noche Andy Warhol fue a un restaurante de Manhattan con Jackie y Tennessee Williams. «Jackie parecía un poco nerviosa por estar con Tennessee, y éste daba la impresión de sentirse igual por estar con Jackie —reflexionó Warhol—. Jackie no hacía más que hablar de cosas del hogar, de cómo embellecerlo, de dónde comprar esto o aquello y cosas por el estilo. Parecía un ama de casa de alto rango, aunque, por supuesto, no lo era.»

Rosey Grier, ex jugador de fútbol de los Giants de Nueva York, que trabó amistad con Jackie después del asesinato de Robert Kennedy, recordaba una ocasión más bien desagradable. «Un día fui a comprar helados con ella cerca de su casa. Cuando nos encontrábamos en la tienda, una mujer se acercó a ella y se puso a hablar. "Usted y yo tenemos algo en común", anunció. "¿De qué se trata?", preguntó Jackie. "Mi hija murió el mismo día en que su esposo fue asesinado", respondió la otra con sequedad.

»En 1976, inicié "Giant Step", un programa destinado a inspirar y alentar a los jóvenes atrapados en el gueto. Jackie aceptó participar en el Consejo, y en 1977 voló a Los Angeles, fue al centro y visitó a algunos de los chicos en sus hogares, en Watts. Acudió a una reunión benéfica para la organización y fue, con mucho, la principal atracción.

»Con el tiempo me hice muy amigo de John. En una ocasión lo acompañé a unos ruidosos festejos en la escuela Collegiate. Ganamos un dólar de plata en determinada actividad, y se lo di con la única condición de que no lo gastara sin mi permiso.»

Aileen Mehle, conocida como «Susy» por los lectores de su columna sindicada de sociedad, asistió al estreno en 1977, de la película *The Turning Point*, junto a Jackie y Bunny Mellon: «Lo recuerdo muy bien porque provocó un enorme alboroto. Farrah Fawcett se encontraba presente. En ese entonces era la protagonista de la serie *Los ángeles de Charlie*. Llegamos al teatro y todos los fotógrafos se apiñaron en torno a Farrah. El lugar estaba atestado. Era una de esas exhibiciones de preestreno de Hollywood, en Nueva York, en las que están presentes numerosas figuras importantes. De pronto alguien gritó: "¡Eh, ahí está Jackie!", y se terminó el interés por Farrah. Los fotógrafos la abandonaron como lo hacen las ratas cuando huyen de una barcaza a punto de hundirse. Rodearon a Jackie y comenzaron a sacar fotos.»

Anthony Quinn, gran admirador personal, tuvo una disputa individual con Jackie debido a su representación de un personaje parecido a Onassis en una película de tercera clase, *El griego de oro*, por la cual supuestamente recibió un millón de dólares. El actor y su esposa, Yolanda, se hallaban sentados en un restaurante, en Cannes, cuando Jackie entró con un amigo. Quinn le hizo señas con la mano, pero Jackie siguió de largo sin ni siquiera saludarlo con la cabeza*.

---

* Jacqueline Bisset, que en la misma película desempeñó el rol de un personaje parecido a Jackie, señaló: «Jackie tiene un rostro extrañamente inexpresivo. Nunca dice nada que pueda repetirse. Es muy difícil conocerla.»

Irving Mansfield, cuya difunta esposa, Jacqueline Susann, escribió un relato de ficción, apenas disimulado, sobre la vida de Jackie Onassis, *Dolores,* se encontraba en una librería de Doubleday, en la Quinta Avenida de Manhattan, cuando Jackie entró. «Estaba allí porque estaba promocionando la reedición de varios libros de mi esposa —dijo él—. Jackie Onassis se acercó a la mesa de novedades, vio de qué se trataba todo e hizo un gesto exagerado, como para taparse la nariz. Lo hizo prácticamente en mi cara. Fue grosero y desagradable.»

Menos franca, pero igualmente grosera, fue su reacción al entrar en un ascensor, en Londres, y encontrarse cara a cara con Gore Vidal. Jackie y Gore no se veían desde la discusión de Vidal en la Casa Blanca con Robert Kennedy.

Habían transcurrido más de doce años, pero Jackie no lo olvidaba. Le dio la espalda a Vidal y miró al vacío. Vidal hizo otro tanto.

Pero Jackie también tenía sus buenos momentos. Richie Berlin, hija del difunto Richard Berlin, presidente de Hearst Publications, se había fracturado una pierna y estaba enyesada hasta la cadera, y esperaba un taxi en medio de una fuerte tormenta en Nueva York. «Llegó un taxi —dijo—. Yo iba con muletas y me preguntaba cómo iba a entrar con ellas en el asiento trasero. Un coche se detuvo y Jackie Onassis se apeó de él. En el acto entendió mi situación. Tomó mis muletas y me ayudó a entrar en el taxi. Después las depositó donde debían estar para poder bajar luego del coche. Me di cuenta de que sabía dónde ponerlas porque era probable que lo hubiese hecho un millar de veces para JFK. En ese pequeño gesto demostró al mismo tiempo sensatez y estilo. Incluso había en eso un implícito sentido del humor.

»El que Jackie Onassis me ayudara a meterme en un taxi, me emocionó. Me aturdió. Fue dramático.»

Rosamond Bernier, esposa del crítico de arte John Russell, del *New York Times,* y a su vez reconocida disertante sobre arte en el Museo Metropolitano de Arte, quedó «sorprendida ante la cortesía exquisita, casi regia, de Jackie.

»Una le hace un favor de poca monta y recibe una carta de agradecimiento manuscrita con la más elegante redacción. Asistió a una cena en nuestra casa, en honor de la princesa Margaret, y luego nos envió una carta de lo más amable y sensible.

»Invité a Jackie a cenar una noche con Stephen Spender, el poeta inglés. Caroline Kennedy se encontraba presente, al igual que mi esposo. Al ver que Jackie podía hablar en serio, Stephen le preguntó qué era lo que más la enorgullecía en su vida. Ella lo pensó un instante y dijo, en voz baja: "Bien, he atravesado momentos muy difíciles, y he conservado la cordura." Eso me pareció muy conmovedor. Además, resulta ser un enorme tributo. Pasar por todo lo que pasó ella y mantener el equilibrio tiene mucho mérito.

»No digo que sea un ser humano perfecto. Como todos nosotros, tiene sus defectos. Creo que, en parte por las cosas que le han sucedido, le resulta difícil abrirse con la gente. Esta dificultad aumenta debido a que, en lo fundamental, es una persona muy reservada. No le agrada la familiaridad indebida. No es que sea altanera... creo que es una persona auténticamente solitaria y casi tímida. No es del tipo de mujer que alguna vez establece una relación muy íntima con un amigo. Yo no me jactaría de nuestra amistad.»

Gloria Steinem convino en que Jackie se mostraba a veces «casi demasiado discreta y delicada». En la esperanza de convencerla de que apoyase en forma activa la Enmienda por la Igualdad de Derechos y prestase su influyente voz al movimiento feminista, Steinem la llamó. «Aprobaba el movimiento e incluso lo apoyaba, pero no quería participar en la marcha —dijo Steinem—. Donó una gran suma de dinero a la Fundación *Ms.*, con lo cual se convirtió en suscriptora vitalicia de la revista. En lo fundamental, ninguna de las mujeres Kennedy se habría declarado en favor de la Liberación Femenina. Ya se encontraban bajo las miradas del público y no querían exponerse más de lo necesario. Pero supongo que en términos ideológicos Jackie estaba de acuerdo, y puso su dinero donde ponía sus palabras.»

Jackie asistió a varias sesiones de la Convención Demócrata Nacional en Nueva York, en parte para demostrar su apoyo a Sargent Shriver, cuyo esfuerzo por lograr la nominación presidencial de su partido, ese año, no tuvo éxito. Después de la convención, Harris Wofford la encontró en casa de los Shriver, y pudo conversar largo y tendido con ella, cosa que nunca había logrado hacer en la Casa Blanca. «En la Casa Blanca sólo había conocido a Jackie de pasada. Para mi sorpresa, me pareció mucho más intelectual y bien informada de lo que creía. Era audaz, y quería hablar acerca de una cantidad de problemas, entre ellos el lesbianismo. Me sorprendió lo reflexiva, inteligente, interesante y atractiva que era.»

El escritor David Halberstam vio a Jackie en una fiesta, la noche en que Jimmy Carter conquistó la presidencia. «Nos conocíamos un poco, y vi que nadie hablaba mucho con ella, como si los intimidase —estipuló—. De manera que me acerqué y nos pusimos a hablar de cosas superficiales, entre otras le pregunté qué había estado haciendo, esa misma noche, dieciséis años antes: en 1960. Se mostró muy complacida, y pareció ansiosa de hablar al respecto.»

Gloria Emerson también estaba en la misma fiesta. «La mayor parte de las personas presentes parecían temerosas de conversar con Jackie

—dijo—. Quienes hablaban con ella lo hacían en el mismo tono reverencial que por lo general se reserva para la reina de Inglaterra. David Halberstam rompió el hielo al preguntar algo así como "Y bien, Jackie, ¿cómo fue eso de estar casada con Onassis?" Ella se descongeló. Se sintió a sus anchas.»

Hugh Auchincloss murió en noviembre de 1976. Jackie asistió a los servicios fúnebres por su padrastro en Newport. Al saldar recientes deudas en las que había incurrido su agencia de bolsa, como resultado de malas inversiones en bienes raíces, Auchincloss había logrado acabar con lo que quedaba de la fortuna familiar. Vendieron Merrywood, también Hammersmith Farm, salvo la antigua casa de los criados, de doce habitaciones, que Janet Auchincloss seguía utilizando. Con el legado de Onassis, Jackie estableció en forma secreta un fondo de fideicomiso de un millón de dólares para su madre, lo que le permitió vivir con cierto desahogo.

A principios de febrero de 1977, Edith Beale, de 81 años, enfermó y tuvo que ser ingresada en el Hospital Southampton. Cuando la ubicaron en un cuartito mal ventilado, Doris Francisco telefoneó a Jackie a Nueva York. «Consigue a tía Edith la mejor habitación del lugar, y envíale las cuentas a Nancy Tuckerman», ordenó Jackie. Edith murió tres días más tarde.

La presencia de Jackie en el funeral hizo acudir a la prensa. Se celebraron servicios religiosos en la Most Holly Trinity Church de Easthampton. La Pequeña Edie pidió prestado el abrigo de visón de Doris Francisco para la ocasión. Al final de los servicios se pasó una grabación de Edith en la cual cantaba *Together Again*.

«Jackie pidió prestado el disco para grabarlo, pero yo no se lo permití —se jactó la Pequeña Edie—. Mi madre pasó los últimos seis años de su vida en total agonía. Onassis arregló Grey Gardens, pero Jackie no hizo nada por nosotros. Dejó que mi madre muriese de hambre y de frío.»

Después de una breve ceremonia junto a la tumba, los familiares y amigos de la difunta se reunieron para almorzar en el restaurante de John Duck, en Southampton. «Al llegar, Edie y yo fuimos al tocador y encontramos a Jackie mirándose con atención en un gran espejo, estudiando su imagen —dijo Doris Francisco—. Permaneció sentada allí, durante unos cinco minutos, contemplándose.»

Después del fallecimiento de su madre, Edie Beale puso en venta Grey Gardens. «Cuando Jackie se enteró de ello, me llamó y me pidió que lo pensara mejor —dijo Edie—. Le inquietaba mucho que quisiera desprenderme de ese lugar. Cuando le expliqué que necesitaba trasladarme a un clima más cálido, se ofreció a mandarme a Cayo Oeste, siempre que no vendiese Grey Gardens. O eso, o bien un piso en Nueva York.

»Cuando Jackie se enteró de que Ben Bradlee y Sally Quinn estaban dispuestos a pagar 225.000 dólares por Grey Gardens, se puso frenética. Se sintió molesta con Bradlee por el libro que éste escribió sobre John Kennedy*. Aquella vez hizo que llamara Nancy Tuckerman. Nancy dijo que Jackie estaba muy molesta. En esos momentos, Jackie me hacía llegar cada mes 600 dólares para mis gastos. Pero yo quería a Ben Bradlee, y de todos modos mi hermano, Bouvier Beale, se había ocupado de los aspectos legales de la venta. Cuando me trasladé a Miami Beach, Jackie redujo mi asignación a trescientos dólares. Pero el dinero de la venta de la casa fue a parar al banco, y vivo de los intereses.»

La vida profesional de Jackie sufrio un golpe repentino. Ese otoño, renunció a su puesto, cuando Viking publicó *Shall We Tell the President?*, de Jeffrey Archer, una novela en la que se describía al «presidente Edward Kennedy» como blanco de un intento de asesinato. John Leonard escribió una mordaz crítica en *The New York Times* que terminaba con la siguiente declaración: «Existe una palabra para calificar semejante libro: basura. Todos los vinculados a esa publicación deberían de avergonzarse.» Se trataba, con toda claridad, de un dardo envenenado contra Jackie. La verdad es que ésta nada había tenido que ver con la publicación del libro... no lo había leído y Thomas Guinzburg le había aconsejado que no lo hiciese. Pero Jackie se marchó cuando Guinzburg envió una declaración pública en la que insinuaba que si ella se hubiera opuesto, el libro jamás se habría publicado.

Jackie tuvo otros contactos con el mundo editorial. John Sargent, el robusto y barbudo presidente del Consejo de Administración de Doubleday Books, era un antiguo amigo y acompañante ocasional. Al intuir una oportunidad, se reunió con Jackie y conversó con ella acerca de la posibilidad de que se incorporase a Doubleday como editora asociada. Ella se mostró sumamente interesada.

Sargent fue a ver a Sandy Richardson, quien entonces era director en jefe, y le informó de que era posible que Jackie Onassis aceptara ingresar en Doubleday. Ni Richardson ni ningún otro de los ejecutivos de Doubleday a quienes abordó tenían mucha voz en el asunto. Sargent, así como antes Guinzburg, se dieron cuenta de lo invalorable que habría sido la incorporación de la ex Primera Dama.

«Tengo la impresión de que la novela de Jeffrey Archer no fue el único motivo de la dimisión de Jackie —dijo Sandy Richardson—. Habían sur-

---

* En 1976, un año después de la publicación de *Conversations With Kennedy*, de Bradlee, éste y Sally Quinn vieron a Jackie por la Avenida Madison, con Peter y Cheray Duchin. Cuando abrió los brazos para abrazar a Jackie, ésta le lanzó a Bradlee una lúgubre mirada y se desvió cuando pasó junto a él. En apariencia le molestaba la espontaneidad y el tono muy personal del libro. Nunca reanudó esa amistad.

gido algunos temas desagradables en torno a las memorias de lord Snowden y otros libros parecidos que Jackie había querido hacer. Según parece, no opinaba que lord Snowden, ex esposo de la princesa Margaret, fuese lo bastante erudito. Cuando Jackie lo invitó a almorzar, ellos se mostraron groseros con él. Doubleday fue más caritativo con el tipo de libro que Jackie hacía mejor. En Doubleday, siempre pudo hacer más o menos lo que deseaba.

»Además, Jackie tuvo la ventaja de que Nancy Tuckerman ya trabajaba en publicidad en Doubleday. No intervino en el ingreso de Jackie en la firma, pero esto no resultó perjudicial. Jackie comenzó a trabajar en la primavera de 1978. Al principio, hubo una gran agitación y muchos chismorreos entre los empleados. Cuando entraba en el bar de los empleados, todos guardaban silencio. La gente la miraba en el ascensor, y continuó haciéndolo, por lo menos durante los ocho o nueve primeros meses, pero luego pudo utilizarlo en forma anónima, como todos los demás. No sé si se habituaron a ella, o si se mostraban demasiado corteses como para mirarla. Pero parecía haberse convertido en una persona que trabaja todos los días.

»Se encontraba allí fundamentalmente para atraer a las celebridades. Además de eso hizo varias otras cosas, como libros de arte y de fotografía, una continuación de su labor en Viking. Debía recibir libros por intermedio de sus relaciones con personas como Diana Vreeland. Siempre trabajaba tres días por semana —de martes a jueves—, pero mantenía comunicación telefónica durante los otros dos días. Yo trataba con ella en las reuniones editoriales semanales, y siempre que tenía alguna pregunta o problema. No editaba mucho, si es que lo hacía. Leía manuscritos para otras personas, y a su vez producía otros por su cuenta, que otros leían. Tenía la sensación de que no hacía cosas muy importantes, pero más adelante su trabajo comenzó a mejorar. Me fui de la compañía cuando ella ya llevaba unos dos años allí.»

Si bien Jackie tenía sus partidarios en Doubleday, la mayoría de sus compañeros de trabajo encontraban que su presencia en la compañía era en ocasiones risible, y en otras molesta. Pronto se difundieron versiones de sus contratiempos y errores cotidianos. Un editor que se sentó junto a ella en su primera reunión editorial de los miércoles por la mañana sugirió que parecía «más una gallina asustada que una ex Primera Dama». El principal objetivo de la reunión consistía en que diversos editores hiciesen presentaciones verbales de los libros que proponían, de modo que pudieran contratarlos. En la primera presentación del libro, Jackie se volvió hacia el mismo editor y dijo: «Estoy tan nerviosa... ¿Qué digo, cómo lo digo?»

«Existían dos grandes divisiones en Doubleday —explicó el editor—.

Estaba Contrataciones, donde trabajaba Jackie, y la división de *Non Fiction,* que incluía libros de cocina, libros prácticos, de conservación de la salud y demás. Ambos grupos tenían sus respectivas reuniones editoriales al mismo tiempo. En una ocasión, Jackie se equivocó de sala, y se quedó durante una reunión de la división de libros de *Non Fiction.* Era tan distraída que no se dio cuenta, y no se habría dado cuenta si alguna otra persona presente en la sala no le hubiese dicho que se había equivocado de reunión.

»Muchos editores de Doubleday se sentían molestos con ella. Todos nosotros llevábamos hasta quince libros por mes... demasiado trabajo por tan poco dinero. Jackie se encargaba de tan pocos libros como le daba la gana. Se le pagaba por tiempo completo, pero trabajaba por horas. Lo que es más, tenía ayudantes, secretarios, recaderos, telefonistas que trabajaban para ella. Le pusieron a su disposición un ayudante, llamado Ray Roberts, que se convirtió prácticamente en su lazarillo. Él no lo admite, pero hacía cualquier cosa por ella. Le dieron una secretaria, Kathy Bayer, que se ocupaba de todo su trabajo de rutina. A Doubleday le costaba una fortuna mantener a Jackie en el personal, pero le proporcionaba un constante flujo de publicidad gratuita. Cada vez que el nombre de Jackie aparecía en la prensa, Doubleday también recibía una mención. La mayoría de nosotros creíamos que la habían contratado con la esperanza de que algún día produjese sus propias memorias. Es probable que eso no ocurra nunca. Aun así, ella alienta esa esperanza, incita a los jefes a alentarla, y eso es otro de los motivos de que la retengan.»

Otro editor de Doubleday recordaba que «durante el primer año de su trabajo, los seguidores de Jackie solían atestar el vestíbulo con la esperanza de poder verla. Aparecían allí incluso cuando ella no iba a trabajar. La compañía hacía que alguien bajara para decirles que Jackie no iría ese día, pero ellos no le creían y no se iban.

»Supuestamente, a Jackie le disgustaba todo tipo de publicidad, y quería que el público la dejara en paz. Pero una vez en el ascensor, en Doubleday coincidió con Sofía Loren. Loren preparaba un libro de cocina que iba a publicar Doubleday. Cuando las otras personas comenzaron a advertir la presencia de Loren y hacer caso omiso de Jackie, ésta se molestó, y salió del ascensor a grandes zancadas.

»Nunca se mostró muy amistosa con los otros editores. Éstos no la consideraban parte de su "club", y ella prefería mantenerse fuera de él. A mí me pareció más bien fría y remota. Daba la impresión de existir por lo menos en dos planos separados. Un día le dedicaba a uno una amplia sonrisa cálida, y al siguiente fingía que no lo conocía. Yo tenía una amiga en su departamento, una editora, que una noche me dijo, durante la cena, que la parecía que ella y Jackie habían establecido una estrecha relación de trabajo. "Una vez que se la llega a conocer —dijo—, Jackie puede ser muy encantadora. Una vez salí con otro integrante del personal de Doubleday. Después de la cena fuimos al teatro, y allí, justo detrás de nosotros, se encontraba Jackie con un acompañante. Le sonreímos y le saludamos. Ella nos miró como si nunca nos hubiese visto hasta entonces. Se desentendió por completo de nosotros".»

Algunos escritores también expresaban sus reservas. «Nunca me pidió que cambiara una línea —afirmaba Dan Cook, escritor de *The Men and History,* perfiles de Charles De Gaulle, Willy Brandt y otros estadistas internacionales—. Pero Jackie me enviaba numerosas notas manuscritas, muy floridas, acerca de cuánto le agradaba el libro. Almorcé dos veces con ella, una en el "21", y otra en su casa.»

«Muchas personas de la industria se ríen de ella. Creen que es ridícula —señaló Sarah Lazin, ex directora de Rolling Stone Press que había trabajado con Jackie en *The Ballad of John and Yoko,* una colección de entrevistas con la famosa pareja—. Los editores que conozco, de otras casas, decían "Oh, ¿cómo está tu libro sobre Jackie?", como si en verdad no existiese.»

Mimi Kazon, ex columnista política del ahora desaparecido *East Side Express,* inició una conversación con Jackie en una fiesta de editores («el salón se inclinó hacia un costado cuando ella entró»), y terminó aceptando enviar al editor de Doubleday un paquete de sus mejores materiales para su posible publicación. «Siempre había sido una devota fanática de Jackie —admitió Kazon—. Me encantaba oír todo lo que se decía sobre ella, cómo entraba en Ungaro, en la avenida Madison, durante la pausa para el almuerzo, y compraba a cuenta 10.000 dólares de ropa, y luego iba a Zitomer, una farmacia de la Calle 76 Este, y hacía lo mismo con un paquete de goma de mascar Dentyne. De modo que me emocioné cuando me pidió que le enviase algunos de mis artículos. Los llevé al correo, y unos meses más tarde el teléfono sonó y una voz suave dijo: "Habla Jackie Onassis, de Doubleday. Recibí sus artículos y los encuentro ágiles e ingeniosos. Pero todos ellos se refieren al poder, y para decirlo con franqueza, el poder no me interesa."»

32

«Jackie Onassis merece muchos elogios por la forma en que educó a Caroline y John, hijo, para que llegasen a ser personas bien adaptadas, serias, ajenas por completo a la publicidad —dijo Betty McMahon, cuyos hijos jugaban de vez en cuando con los de Jackie en Palm Beach—. Lo hizo sola y en contra de todos los obstáculos. Las cosas habrían podido salir distintas. Ahí están todos los problemas que experimentaron muchos jóvenes de la familia Kennedy.»

Jackie tenía demasiada conciencia de los inquietantes sucesos que habían caído sobre algunos miembros de la tribu: la creciente dependencia de Peter Lawford de las drogas y del alcohol, la gradual erosión de su matrimonio con Pat Kennedy Lawford; los hijos de Bobby Kennedy, que salían de una catástrofe para entrar en otra (conducían en forma irreflexiva, lo que ocasionaba accidentes casi fatales; fracasos escolares y expulsiones, detenciones por consumo de drogas y sentencias dejadas en suspenso); la hija de Teddy, Kara, adicta a la marihuana y al hachís, huía de su casa y terminaba internada; el alcoholismo reconocido de Joan Kennedy; la amputación de la pierna de Teddy, hijo, tras descubrirse que tenía cáncer de médula.

En contra de su voluntad y de su sensatez, Jackie se vio envuelta en muchas de estas situaciones familiares. Por ejemplo, cuando Joan se enteró de las relaciones extramaritales de su esposo (las amantes que más se mencionaban eran la mujer de la sociedad neoyorquina, Amanda Trudeau, la esquiadora Suzy Chaffee y Margaret, la ex esposa del ex primer ministro canadiense PierreTrudeau), recurrió a Jackie para pedirle consejo. Jackie Kennedy Onassis era la que mejor conocía todo lo relacionado con la infidelidad de los Kennedy. Resumió la situación con tal indiferencia que casi quitó el aliento a Joan. «Los hombres Kennedy son así —dijo Jackie—. Van detrás de cualquier cosa que lleve faldas. No tiene ninguna importancia.» Según parece, tenía más importancia para Joan que para Jackie; después del infructuoso intento de Ted Kennedy para lograr la nominación presidencial por el Partido Demócrata de 1980 (Joan acompañó a su esposo durante toda la campaña) ella pidió el divorcio.

Resultaba evidente que Joan Kennedy se sentía confundida, y que hacía tiempo que lo estaba. No podía enfrentarse a la situación. En términos de capacidad, era la antítesis de Jackie, y en términos de «amor a la familia» era la antítesis de Ethel. Quería adaptarse, pero no podía; como le faltaba la fuerza de Jackie, se quedó a un lado del camino. Jackie, la primera «mujer excluida», tuvo la energía suficiente para luchar contra las fuerzas más peligrosas y destructivas de la familia Kennedy, pero también la inteligencia necesaria para abrazarse a aquellas que podían realzar su vida.

Harrison Rainie, corresponsal en Washington del *Daily News* de Nueva York y biógrafo de la familia Kennedy, sentía que «Jackie se resistía a la unidad forzada que aceptaba el resto de la familia. Nunca fue una de esas implacables fanáticas, como Bobby y Ethel, que continuamente exigían reuniones familiares. Sentía particular desconfianza hacia la familia de Robert Kennedy, que era la más importante para la generación de los chicos. No quería que Caroline y John desempeñaran un papel secundario, y no deseaba verlos expuestos a un ambiente que consideraba caótico y salvaje».

Caroline Kennedy había llegado a la adolescencia y a la juventud con un fuerte parecido a su difunto padre. Poseía un decidido sentido de la intimidad, a pesar de los acontecimientos trágicos y dramáticos que la habían rodeado. Su sentimiento de intimidad y su rechazo de las formalidades la convencieron de que pasara por alto el ritual de la fiesta de puesta de largo. Aunque su madre protestó, Caroline se negó a hacerlo. Con su férrea voluntad y resolución, también decidió postergar por un año el ingreso a la universidad, para inscribirse en un programa de Taller de Arte, en Londres, dirigido por Sotheby, los prestigiosos subastadores de obras de arte. Durante su estancia en Londres se produjo un incidente que casi le hizo lamentar su decisión. Era el 24 de octubre de 1975, y Caroline se alojaba en casa de un amigo de la familia, sir Hugh Fraser, miembro católico del Parlamento, cuando una bomba estalló debajo del Jaguar rojo de Fraser, en el que estaba a punto de conducir a su joven invitada norteamericana a su curso. Un vecino que paseaba a su perro resultó muerto en el estallido. Caroline insistió en quedarse en Londres, en contra de los deseos de su madre, pero aceptó inscribirse en Radcliffe para el siguiente mes de septiembre. Mantuvo su promesa y llegó a la universidad en su propio coche, el mismo modelo BMW que conducía su madre. Al igual que ésta, realizó un buen año académico. Llevaba jerseys muy holgados y faldas deformes que entonces eran muy populares en la universidad; salía de vez en cuando con alguien, pero prefería mantener relaciones sociales en el estrecho círculo de un grupo de amigos. Durante el verano siguiente a su primer año trabajó como redactora en el *Daily News* de Nueva York. El periódico le permitió acompañar a otros periodistas a Memphis, para cubrir la muerte de Elvis Presley, pero luego se negó a publicar el artículo que había escrito. Reescrito, se publicó, en cambio, en *Rolling Stone.*

Al comienzo de su penúltimo año, Caroline salía en forma regular con Thomas R. Carney, un novelista de Nueva York, astuto y de voz suave, escritor en sus ratos libres, diez años mayor que ella. Había sido redactor en Doubleday y Jackie se lo presentó a Caroline. Tom, católico irlandés, graduado en Yale, parecía poseer todos los requisitos previos para ser el futuro esposo de Caroline, entre ellos su interés por el atletismo y su deseo de convertirse en guionista cinematográfico. Jacqueline no logró encontrar un productor para uno de los primeros guiones de Tom, pero lo invitó cuando ella y Caroline pasaron unas vacaciones juntas en el Caribe. Tom invitó a Caroline a pasar una semana en la hacienda de cría de caballos de su padre, en Wyoming. «La publicidad acabó con nuestra relación —dijo Carney—. No podía imaginarme pasar el resto de mi vida con cámaras revoloteando por encima de la cabeza.» Un tanto desorientada por la ruptura de lo que había sido una relación seria, Caroline se graduó en Radcliffe en 1980 y cuando volvió a Nueva York, se mudó a un piso del West Side con dos amigos*, y aceptó un trabajo en la oficina de desarrollo de cine y televisión del Metropolitan.

La prensa de Nueva York aprovechó a fondo su presencia, y comenzó a dedicarse a Caroline, no siempre en términos elogiosos. Entre los incidentes desagradables de los cuales se informó, hubo un enfrentamiento en una heladería de la avenida Madison. Caroline entró una tarde y exigió que la atendieran en el acto.

—Tendrá que sacar un número, como todos los demás —insistió el dependiente.

---

* Jackie consideraba que el West Side Superior de Manhattan era inseguro para una joven soltera. Sus temores se justificaron cuando, en 1981, un trastornado de 35 años, graduado en la Escuela de Derecho de California, se presentó en el edificio de Caroline y se dedicó a acosarla. El hombre fue acusado de persecución con agravantes y allanamiento de morada. Después de defenderse en su juicio, que duró un día, fue declarado mentalmente inestable y a la larga enviado a una institución psiquiátrica de California para su observación.

—Pero yo no soy como todos los demás —replicó ella, furiosa—. Soy Caroline Kennedy.

—No me importa si es la duquesa de Windsor, tendrá que tomar un número.

Caroline salió enfurecida.

Los periódicos informaron de que había intentado la misma táctica con la misma falta de éxito, varias semanas más tarde, en un First National City Bank, mientras trataba de eludir una larga cola un viernes por la mañana.

Después estaban las anécdotas de Caroline que no llegaban a la prensa. Tracey Dewart trabajaba por horas como camarera, en Ruppert, un restaurante de moda del East Side Superior de Manhattan, y en el verano de 1979 se encontró sirviendo a Caroline Kennedy: «Estaba con un tipo, y no hacía más que sacar trocitos de queso de la ensalada de ese sujeto. Apoyaba las piernas junto a la mesa. Se comportaba de forma muy odiosa. Le pregunté si quería su propia ensalada, y me respondió que sí. Era exigente y autoritaria, y me ordenaba que le llevara esto y aquello... otro tenedor, otro vaso de agua, cualquier cosa. Me sentí ofendida.»

Mimi Kazon trató de entrevistar varias veces a Caroline, para su columna periodística. «No sólo dijo no —informó Kazon—. Se trata de la forma en que lo dijo. Lo convirtió en una cosa muy importante. Su hermano me pareció mucho más gracioso y franco. Entendió que yo sólo realizaba mi trabajo y trató de facilitármelo.»

A Jackie le resultó más difícil criar a John, hijo, que a Caroline. «Me temo que cuando crezca será marica», se lamentó una vez ante un empleado de la familia. Sin padre, y sin una orientación básica, John se convirtió en el objeto de un régimen de «endurecimiento», ideado y puesto en práctica por su madre, en busca de disciplina. Después del asesinato, y antes de salir de la Casa Blanca, hizo que su hijo pasara una noche a solas en la cama de su padre. Cinco años más tarde pidió a un agente del Servicio Secreto que diese a John lecciones de boxeo. En el Collegiate le rompió la nariz a un compañero de aula porque el otro insistía en llamarlo John-John.

Un día, después de la escuela, bombardeó a unos fotógrafos con bolas de nieve y arrojó botellas de Pepsi vacías a las cabezas de los transeúntes. Después de un cumpleaños sorpresa que su madre le organizó en Le Club, se vio envuelto en una riña a puñetazos entre sus primos Kennedy y un periodista. Su madre lo consideraba indisciplinado. A los once años lo enviaron —junto a Tony Radziwill— al Centro de Aventuras de la Isla Drake, en Plymouth, Inglaterra, para que participara en un curso de una semana de navegación, piragüismo, montañismo y desarrollo de la personalidad. A los trece años realizó un duro programa para aprender técnicas de supervivencia. El curso, de 26 días, culminaba en la Isla Hurricane, un afloramiento escabroso, aislado, frente a la costa de Maine, donde se le dejó sin alimentos, con cuatro litros de agua, dos fósforos de madera y un libro sobre la vida al aire libre.

Éste fue un paso previo a otro rito de maduración, un curso de supervivencia de 70 días organizado al aire libre por la Escuela Nacional de Liderazgo. El adiestramiento incluía un viaje a Kenia. Allí lo dejaron en la selva para que aprendiera las técnicas de supervivencia en el corazón del monte africano. Cuando él y su grupo —tres chicas y tres chicos—, desaparecieron durante dos días, fue preciso enviar a un guerrero masai para que los encontrase.

Le agradó más el mes que pasó en el Campamento Chase de Golf y Tenis, en Bethelhem, New Hampshire, donde, a los quince años, tuvo su primera novia, una futura debutante popular, Christina Goodman, que asistía a la Escuela Spence de Nueva York, y siguió viéndolo durante un año después del campamento.

«Era un buen chico —dijo ella—. Pero las cosas le resultaban difíciles, pues siempre estaba vigilado, y posiblemente siempre seguiría siendo así. Además, no importa qué haga a lo largo de su vida, [es probable que] nunca logrará hacer lo que consiguió su padre. Y creo que tendrá que vivir con eso.»

No satisfecha del todo con sus progresos, Jackie lo inscribió en el décimo curso de la Academia Phillips, en Andover, Massachusetts. También lo puso al cuidado de Ted Becker, psiquiatra de Nueva York. Las preocupaciones de ella eran múltiples: le inquietaba su mediocre nivel académico en la escuela; se oponía a su deseo de convertirse en actor (había comenzado a actuar en obras escolares, en Andover, y continuó haciéndolo cuando ingresó en la Universidad Brown); le parecía percibir una debilidad intrínseca en su carácter; temía la desdichada influencia negativa que ejercían sobre él otros jóvenes del clan Kennedy, tales como David Kennedy y Robert Kennedy, hijo, adictos a drogas duras a pesar de los repetidos tratamientos en centros de desintoxicación. La solución final de Jackie al «problema» de su hijo —y es muy posible que Becker le haya sugerido la idea— consistió en inducirlo a ir a Guatemala, para ayudar en un programa de reconstrucción del Cuerpo de Paz, tras un gran terremoto. «El problema de John —dijo David, hijo de Robert Kennedy—* fue, sencillamente, que maduró más tarde que la mayoría. También creo que la muerte

---

* David tenía sus propios problemas. Murió de una sobredosis de cocaína y Demerol, en 1984.

de Aristóteles Onassis fue para él un golpe mucho más duro de lo que la gente cree. No conocía a su propio padre, y no lo recordaba, a no ser por los objetos que él y su hermana coleccionaban. Onassis y John tenían relaciones muy estrechas. Iban juntos a los encuentros de fútbol. Una vez, Onassis lo llevó a pescar y le dio dos billetes de 100 dólares para que fuese a comprar gusanos. De modo que esa relación terminó en un momento inoportuno.

»Su madre lo empujó demasiado, lo amenazó con una especie de extorsión emocional. Si se comportaba bien y hacía lo que ella le decía, le daba un caramelito. Pero también se mostraba bastante rápida para tratarlo con frialdad. Si él hacía algo que a ella no le agradaba, agitaba el látigo. En lo fundamental, así se relacionaba ella con todos.

»Por ejemplo, Jackie se subió por las paredes cuando se enteró de que John se interesaba por el teatro. Le dijo, a quemarropa, que eso no podía ser. Ello ocurría en la Universidad Brown, cuando él figuró en varias producciones estudiantiles. El productor Robert Stigwood, de *Fiebre del sábado noche* y *Grease,* famoso en ambos casos, telefoneó a John para hablar sobre la posibilidad de que éste hiciese el papel de su padre en una película basada en los años de juventud de John F. Kennedy. John mostró mucho entusiasmo. Pero su madre no quiso saber nada de eso. Deseaba que continuara con sus estudios, terminase la Universidad... y entonces hiciera lo que quisiese con su vida, siempre que no se tratara de teatro.»

Después de su graduación en Brown, en 1983, John asistió a un programa de trabajo-estudio en la India, y luego regresó a Nueva York y trabajó como adjunto al director ejecutivo de la Corporación de Desarrollo de la Calle 42, una organización sin fines de lucro cofundada por su madre (con el ex directivo publicitario Fred Papert), y que durante años venía bregando por la construcción de un centro teatral nacional en Times Square. Alquiló un apartamento en la Calle 86 Oeste, iba al trabajo en su bicicleta de diez velocidades, pagaba 6.000 dólares por año para ser socio del Club de Aptitud Física Más Uno, de Soho; apareció en discotecas, asistió a una que otra reunión de caridad e intercambió amigas: Christina Haag, una actriz en ciernes, reemplazó a Sally Munro, graduada en Brown.

Para satisfacer sus ansias por las tablas, desempeñó el principal papel masculino en *Winners,* un drama de Brian Friel sobre un joven católico irlandés comprometido en matrimonio con su amiga embarazada (interpretada por Christina Haag); al final de la producción de noventa minutos, se descubre que la trágica pareja se ha ahogado. «Jackie no asistió, pero otros miembros de la familia sí lo hicieron —dijo Nye Heron, director ejecutivo del Centro de Artes Irlandeses, en donde se montó la obra—. Sólo seis funciones, y por petición de la madre de él no se aceptaron críticas ni críticos.

Es uno de los mejores actores que he conocido. Habría podido tener una exitosa carrera, pero es evidente que eso no ocurrirá.»

Los rumores comenzaban a correr en cuanto Jackie era vista en público con cualquier figura masculina conocida. Pocos meses después del fallecimiento de Ari, se la vinculó con hombres tan célebres como Adnan Kashogui, Warren Beatty y el Dr. Christian Barnard, con los que sólo había ido a una o dos reuniones para almorzar o cenar. Consciente de la curiosidad y atención que su nombre y su presencia todavía provocaban, trató de atenuar su vida social, y empezó a salir con hombres cuyas profesiones y personalidades los mantenían, en definitiva, fuera de las miradas del público. Mientras tomaba unas vacaciones en Jamaica, en 1976, con los Guinzburg y los Duchin, conoció a Carl Killingsworth, un amistoso y digno ejecutivo de la NBC-TV, a quien había visto una vez en Grecia.

«La conocí en Grecia, poco antes de que muriese Onassis —recordaba Killingsworth—. Yo visitaba a Sarah Churchill. Sarah tenía una casa en Grecia, e iba a verla todos los años. Pasamos un día a bordo del *Cristina*, y el gran tema de conversación fue el de decidir si almorzaríamos en el yate o en la playa.

»La segunda reunión se llevó a cabo en la casa de Audrey Zauderer, la madre de Cheray Duchin. Ofreció una fiesta, y Jackie se hallaba presente. Al conversar con ella, me llamó la atención, en el acto, su ingenio. Más importante que su belleza, era su gran sentido del humor.

»Comencé a verla en Nueva York. Más que tímida me pareció reservada. No era tímida cuando hablaba con la gente, pero tampoco era demasiado abierta. En otras palabras, no hablaba mucho acerca de sí misma. Supongo que por eso recuerdo en forma tan intensa los pocos comentarios que hizo de ella misma. Me dijo que Onassis iba a pasar la noche en El Morocco y que quería que ella la pasara con él. "Él puede estar de juerga toda la noche, pero yo no", me dijo. Sin embargo, resultaba enervante estar con ella por el constante ir y venir de fotógrafos. Yo soy una persona muy reservada, y no estaba acostumbrado a eso. "Relájese, y finja que no están ahí", me dijo. Pero estaban. Casi siempre íbamos a exhibiciones cinematográficas y galerías de arte, y la prensa nos perseguía sin cesar.

»En una oportunidad fuimos a ver *Todos los hombres del presidente,* y luego a P. J. Clarke y Jimmy Weston, donde nos topamos con Frank Sinatra. Sinatra estuvo sentado con nosotros dos o tres horas, y tuve la sensación de que Jackie disfrutaba mucho con su compañía.

»No era malcriada. La llevé a muchos restaurantes baratos, y nunca dijo nada, nunca protestó. Parecía tan feliz cuando iba a restaurantes modestos, apartados, los lugares que me agradan a mí, como cuando acudíamos a establecimientos más lujosos.

»Ésa es una de las dos cosas que me asombraban de ella; otra era que tenía una foto de Robert Kennedy en la tapa de su piano. Era la única foto de la familia que recuerdo haber visto exhibida en su apartamento. Por cierto que ninguna otra foto se exponía de manera más destacada. Creo que es probable que ello haya provocado alguna de las murmuraciones sobre ella y Bobby. La gente visitaba su apartamento, veía la foto y hablaba.»

Sus relaciones con Carl Killingsworth dieron paso a un romance en apariencia incongruente y breve con el columnista Pete Hamill, quien entonces escribía para el *Daily News*, de Nueva York. Hamill fue quien ayudó a Caroline Kennedy a obtener su trabajo de verano en el periódico. Hamill, divorciado y padre de dos niños, tenía 42 años cuando empezó a salir con Jackie, de 48. Desde 1970 había estado viviendo con la actriz Shirley MacLaine, relación que terminó cuando MacLaine se negó a casarse con él.

Hamill se dio cuenta muy pronto de lo que muchos otros ya conocían: la intimidad era un problema cuando se trataba de la ex Primera Dama. Los fotógrafos seguían los pasos de la pareja a dondequiera que fuesen. El 17 de noviembre de 1977, Jackie asistió a la presentación de la novela de Hamill, *Flesh and Blood*, celebrada en el restaurante O'Neal Balloon, cerca del Lincoln Center. Joy Gross, propietaria de un centro de salud y escritora, cuya hija se había casado con Brian Hamill, hermano de Pete, también se hallaba presente. «Fue patético —dijo ella—. Un salón repleto de neoyorquinos supuestamente refinados, entre ellos miembros de la prensa, arañaron, patearon, y empujaron para abrirse paso y conseguir ver más de cerca a Jackie. No se le permitió descansar o disfrutar, dado el apretujamiento de personas. Los fotógrafos se subían a las sillas, o sobre los hombros de otros, para conseguir una toma. Al cabo de un rato, ella se levantó para irse. Denis Hamill, otro de los hermanos de Pete, la escoltó hasta la salida. Llovía. La dejó en un taxi. Cuando regresó, dijo que salir con Jackie era como "pasearse con coche de bomberos".

»Después del alboroto en el O'Neal, Pete y algunos miembros y amigos de la familia se reunieron en P. J. Clarke, y Jackie se escurrió para acompañarnos. Se sentó a mi lado, y me impresionó su cambio de voz; cuando hablaba en la televisión o en público lo hacía de modo distinto a cuando estaba entre amigos. En público tenía esa vocecita susurrante, pero la voz que le oí en P. J. Clarke era enérgica y confiada. Hablaba de literatura, y resultaba evidente que estaba muy bien informada. Había desaparecido la voz de niñita.

»No sé con seguridad lo que le atrajo de Pete. Sé que él la visitaba en

Hyannis Port. Llevó a una de sus hijas consigo, y Caroline también estaba allí. Jackie debe de haber respetado su capacidad literaria. Es competente en lo que hace. Le presentó muchos escritores para su carrera editorial. Se mostraba atento con los hijos de ella. Creo que perseguía a Jackie porque era un hombre que a esas alturas se sentía impresionado con las personas que tenían un nombre importante. Además, ella era atractiva y vivaz. Pete Hamill apenas habló de Jackie cuando la relación se disolvió. Un factor que contribuyó a la ruptura pudo haber sido un artículo que Hamill había escrito para el *Post*, de Nueva York, en el cual atacaba a Jackie por su matrimonio con Aristóteles Onassis. El *Post* había anulado la nota y la había enterrado en sus archivos. Pero ahora que Hamill y Jackie eran noticia y Hamill trabajaba para el *Daily News*, el dueño, Rupert Murdoch, decidió publicar fragmentos en *page six*, la sección de chismorreos del *Post*.»

«Muchos matrimonios se organizan de la misma manera que el de Jackie-Ari —comenzaba diciendo—, aunque la naturaleza brutalmente comercial del contrato se disimula a menudo con ideas románticas acerca del amor y el tiempo. A algunas mujeres se les puede comprar con la garantía de jamón y huevos por la mañana y un techo donde cobijarse; a otras, con un abrigo de visón en el aniversario del cierre del contrato...»

El ataque del *Post* era cada vez más agresivo: «Resulta ofensivo pensar que alguien gaste 120.000 dólares por año en vestidos, en un mundo en el que muy pocas personas tienen algo más que los que llevan puestos. Es obsceno que una mujer gaste mensualmente más dinero en cremas para la cara y aerosoles para el cabello, que el que el ciudadano común de América Latina podría ganar en cien años...»

Hamill denunció a Murdoch, y trató de explicar las circunstancias que rodeaban al artículo del *Post*. Aunque Jackie afirmaba comprenderlo, seguramente tenía sus dudas al respecto. En pocos meses, la relación con Hamill se había enfriado, y la acompañaba Peter Davis, un escritor y documentalista, ocho años menor que ella.

Richard Meryman, ex corresponsal de *Life* y antiguo amigo de Davis, no se enteró de esas relaciones hasta la noche en que los Meryman ofrecieron una pequeña cena en su casa de Greenwich Village. «Telefoneé a Peter para invitarlo, y él dijo que quería llevar una acompañante. Le contesté que me parecía bien, y entonces apareció con Jackie Onassis.

»La fiesta fue muy deslumbrante. Entre las personas presentes se encontraban un guionista cinematográfico llamado Frank Pierson, que había ganado el Premio de la Academia, y Calvin Trillin, el escritor, y sus respectivas esposas, yo —un periodista que había escrito acerca de muchas personas famosas— y varios otros. Era un grupo que había conocido personalmente a las personas famosas y brillantes... y cuando Jackie Onassis entró, todos quedaron boquiabiertos. Alice Trillin se mostró absolutamente enloquecida. Habló sin parar durante toda la noche y con todos aquellos que quisieron escucharla. Se concentró en un libro que acababa de leer, el libro del día, pero nadie lo había leído.

»Calvin Trillin quedó tan anonadado como su esposa. Hasta donde pude observar, no miró a Jackie en toda la noche. No se animaba a hacerlo. Fue una noche muy extraña. Nadie le dirigió la palabra. Pensé: este debe ser el efecto que ella produce siempre, de manera que debe de estar habituada. Parecía tener ese extraño dominio sobre algunas personas muy sensatas, normales, coherentes, que quedaban como aturdidas con su presencia. Una presencia que dominaba todo el salón, una extraordinaria aureola de todos los hechos históricos vinculados a ella.

»Como anfitrión, decidí entablar conversación con ella. Me llamó la atención el hecho de que parecía ser una persona que se entendía bien con un solo interlocutor. Dado que era la ex Primera Dama, yo esperaba que se orientase más hacia los grupos. No era así. Pero en una situación de persona a persona se mostraba animada. En realidad era muy parlanchina. Conocíamos a varias personas, y habló mucho sobre algunas de ellas. Pero también, en cierto modo, era mucho más tímida de lo que yo esperaba. Según Peter, la desconcertó un poco el hecho de que todos pareciéramos ser viejos amigos, y no era así. Los Pierson nunca se habían encontrado con los Trillin. Pero eran personas que hablaban mucho. Todos éramos escritores, en uno u otro sentido, y eso pudo haber dado la impresión de que todos nos conocíamos.

»La relación entre Jackie y Peter era seria. Tampoco creo que ninguno de los dos pensara en el matrimonio. Creo que Peter afrontó la realidad desde el primer momento. Era una de esas circunstancias sorprendentes y maravillosas que se dan una vez en la vida. Pero no tenía grandes esperanzas. Lo tomó tal como le venía y cuando se acabó lo tuvo agradecido por la relación que habían tenido y por haberla conocido.»

Como era habitual, había una serie de relaciones platónicas en la vida de Jackie. El escritor Brendan Gill, del *New Yorker*, la acompañaba a una que otra cena-baile. De vez en cuando ella veía a su antiguo amigo John Marquand, hijo: «La gente me decía constantemente "Oh John, conoces a Jackie Onassis, ¿quieres hacer el favor de pedirle que contribuya con 100.000 dólares en tal o cual obra de caridad?" Yo siempre los rechazaba. Ni siquiera se lo mencionaba a Jackie.» En mayo de 1978 Karl Katz, en la actualidad director de Proyectos Especiales del Museo Metropolitano, la acompañó en un viaje improvisado a Israel, ante todo para ver el recién terminado monumento en memoria de John F. Kennedy en las afueras de Jerusalén. También solía visitar las galerías de arte y los anticuarios de la Avenida Madison con Bill Walton, y asistir al ballet con Oliver Smith.

Jackie mostró cierta preocupación cuando Lee Radziwill le informó, en abril de 1979, de que pensaba casarse con Newton Cope, el millonario dueño del suntuoso Hotel Huntington en San Francisco, a quien había conocido dos años antes en una cena ofrecida por el coleccionista de arte Whitney Warren. El romance de Lee con Peter Beard se había enfriado, igual que sucedió con su siguiente relación con Peter Tufo, abogado de la alta sociedad. En el ínterin, Stas Radziwill había sufrido un ataque cardíaco fatal, y Lee se lanzó a una nueva carrera, en este caso como decoradora de interiores, que también parecía destinada a fracasar. Newton Cope y California representaban un medio de escape.

La boda, fijada para el 3 de mayo, incluía una ceremonia civil y una recepción en la suntuosa casa de Whitney Warren en Telegraph Hill. Se habían enviado invitaciones, encargado flores, puesto champán a enfriar y no faltaban el caviar y el salmón ahumado. Pero cinco minutos antes de la hora señalada, y un día después de que la revista *People* entrase en imprenta con la información de que la ceremonia se había desarrollado, Lee Radziwill la suspendió. «La princesa es vulgar —se quejó Whitney Warren—. Ni siquiera se molestó en llamarme para disculparse.»

«En realidad la culpa no fue de Lee —dijo Newton Cope—. Lo que ocurrió fue que nos encontrábamos en Nueva York una semana antes de la ceremonia. Una noche mientras cenábamos en casa de Jackie le comentamos nuestros planes. Se mostró muy cordial. No nos acompañó a California para la boda, pero nos deseó buena suerte y todo eso. En cuanto volvimos a San Francisco, empecé a recibir llamadas telefónicas de ese abogado de Jackie —el último de una larga línea—, que se inmiscuyó y arruinó todo el engranaje.

»Había un acuerdo prenupcial que Lee y yo considerábamos la mejor manera de disponer el matrimonio. Pero el abogado de Jackie, quería cambiar las condiciones del acuerdo. Volvió a llamar y me preguntó: "Bien, ¿qué piensa hacer?" Y yo respondí: "De momento, eso es cosa mía." Por lo tanto, él replicó: "No soy el abogado de Lee. Sólo estoy tratando de ayudar." "Bien, pues no está ayudando", le dije.

»El acuerdo prenupcial estaba ya listo, pero él quería más garantías para Lee. No hacía más que repetir: "No quiero entrometerme en su matrimonio o en su vida personal. No soy el abogado de Lee, pero la hermana de ella me pidió que me ocupase de esto." A lo que contesté: "Bien, ya se ha ocupado." Pero él no podía dejar las cosas así. "Queremos algo un poco más sólido", explicó. De modo que, finalmente, estallé: "No estoy comprando una celebridad como lo hizo Onassis. Me caso con una mujer a la que amo."

»Las piezas no encajaban. Era algo recíproco. El abogado no era más que una parte del problema. Era un asunto de logística: Lee vivía en la Costa Este y yo en la Costa Oeste. Vacilábamos, dudábamos, y al final nada se concretó. Le dije: "¿Por qué no aplazamos la boda hasta el otoño?" Y ella respondió: "Bien, ¿te parece que podemos detener esto...? ¿No está demasiado avanzado?" Yo contesté: "Oh, sí. Llamaré al juez y le diré que lo olvide". De modo que convenimos en esperar hasta el otoño. Pero de todos modos fuimos de luna de miel, sin habernos casado. Pensamos que no había motivos para no disfrutar de las dos o tres semanas que habíamos planeado. Fuimos a La Samanna, en St. Martin, en el Caribe. Luego regresamos a Nueva York, y a la larga yo volví a San Francisco, solo.»

Cuando todos se preguntaban si Lee y Jacqueline volverían a casarse alguna vez, la madre de ambas —Janet Auchincloss— anunció que ella tenía la intención de zambullirse por tercera vez. La familia declaró a la prensa que se trataba de «un amigo muy íntimo de la infancia.» Bingham Morris, banquero retirado, de Southampton, Long Island, había estado casado con Mary Rawlins, madrina en la boda de Janet con Black Jack Bouvier. Cuando Mary murió, Bingham Morris telefoneó a Janet. Se reunieron varias veces en Nueva York, y poco después celebraron una pequeña ceremonia nupcial en Newport. Por acuerdo mutuo, el esposo de Janet se quedó con su casa de Southampton, y la pareja sólo vivía junta seis meses al año.

Cosa increíble, Jackie con cincuenta años, silueta esbelta y atlética, cabellera reluciente y cara fotogénica, parecía mucho más joven, salvo por algunas arrugas alrededor de los ojos. Se le había ocurrido la idea de hacerse un lifting diez años antes. El Dr. Lax la convenció entonces de que ese procedimiento sería inútil. Luego volvió a encarar el tema, y Lax recomendó, «a lo sumo una pequeña cirugía estética alrededor de los ojos; una cirugía facial [en esta etapa de su vida] es demasiado radical y evidente».

Lax la remitió a un destacado cirujano plástico de Nueva York, John Conley. Éste le explicó que el procedimiento no sería muy doloroso. Se hace una incisión en el pliegue de los párpados superiores y debajo de la línea de las pestañas de los párpados inferiores. A través de las incisiones se elimina el excedente de piel, tejido y grasa. Luego se suturan las incisiones para ocultar todo rastro de cirugía. La operación dura más o menos una hora y media. El proceso de recuperación es de unas seis semanas. Hasta entonces, la región de los ojos queda enrojecida, y a menudo negra y azulada. La hinchazón y los hematomas varían, según el paciente. Se recomienda que éste limite sus actividades físicas durante el período posoperatorio y evite exponerse al sol. En general, los beneficios cosméticos de un lifting duran de diez a quince años.

Jackie decidió operarse en el Hospital St. Vincent, en Greenwich Village. Ingresó en el hospital por la mañana temprano, llevaba un pañuelo de seda sobre la cabeza, gafas de sol, y ni una gota de maquillaje. Se registró bajo un nombre falso y permaneció allí varios días, después de la intervención quirúrgica. Terminó el proceso de rehabilitación en su casa. El Dr. Conley, cuyo hobbie era escribir versos, compuso un poema para Jackie y se lo envió. Dos meses después de la operación, ella volvía a aparentar 35 años. Lo que más le gustó fue que ni un solo periodista, fotógrafo o columnista de chismorreos había descubierto su pequeño secreto. Los rumores acerca de su cirugía estética circularían más tarde, pero nunca surgieron a la luz los detalles concretos de dónde, cuándo y cómo. El 16 de agosto de 1979, el Dr. Conley envió al Dr. Lax una breve nota en la cual confirmaba que Jackie estaba maravillosa y parecía muy feliz... «y que eso nos complace a ambos».

Su primera aparición pública después de la intervención fue la tan esperada inauguración, el 20 de octubre de 1979, de la Biblioteca Presidencial John F. Kennedy, de Boston. El corresponsal de Capitol Hill, Sam Donaldson, que cubría la noticia para ABC News, recordó la presencia de Ted Kennedy, las hermanas de Ted, sus respectivos esposos, los hijos de Jackie, lady Bird Johnson e incontables dignatarios de Camelot. «Por supuesto, Jackie estaba ahí, y tenía un aspecto espectacular. Jimmy Carter seguía siendo presidente, y pronunció el discurso. Cuando terminó, se acercó a Jackie y le dio un gran beso. Creo que ni siquiera se conocían personalmente. Jamás olvidaré la expresión de su cara. Juro por Dios que pensé que iba a derribarlo. Estaba furiosa.»

Poco después del acto, Jackie asistió a una actuación de la compositora Sylvia Fine Kaye, esposa del actor cómico Danny Kaye, en el «Y» de la Calle 92, en Manhattan. Arthur Kirson, maestro y ex colaborador de Robert Kennedy durante la campaña, acudió a la misma función. «Siempre había querido conocer a Jackie, y nunca pude —dijo—. Pero en esa función, no porque ella o yo lo decidiéramos, estábamos uno junto al otro. Después del recital se celebró una recepción en una antesala adyacente al auditorio, y me encontré de pie al lado de ella. Me asombró su aspecto juvenil y vibrante. Conversamos un rato, muy por encima. Mientras lo hacíamos, alguien pasó cerca de nosotros, una mujercita indescriptible, y al reconocer a Jackie se detuvo y le dijo: "¿Por qué no trata de compartir su dinero con todos nosotros?" Jackie se sintió avergonzada. En realidad, quedó boquiabierta. No esperaba algo por el estilo en ese ambiente, y se quedó sin habla. Yo no supe qué decir, de modo que miré a Jackie y dije: "¿Puedo traerle una copa?" Ella respondió: "Sí, por favor." La mujer miró a Jackie con furia, durante varios segundos, y por último se alejó mientras yo iba en busca de la bebida. Pero cuando eso sucedió, Jackie no supo qué decir, adónde mirar, qué hacer. Nada de eso tenía sentido para ella. Se sintió turbada. La cogió por sorpresa.»

Jackie decidió construirse una mansión al estilo Cape Cod, de diecinueve habitaciones, compuesta de una casa principal, con trece cuartos, más otra para invitados, con seis. La propiedad de 375 acres daba al mar y se encontraba en la aldea de Gay Head, en Martha's-Vineyard. (Más tarde agregaría otro terreno de 50 acres, convirtiéndose así en la terrateniente de una de las fincas privadas más grandes de la isla.) Para diseñar su casa de vacaciones recurrió al mejor especialista, y abordó a I. M. Pei, sólo para recibir la respuesta de que él no se dedicaba a residencias privadas. Por último contrató los servicios de Hugh Jacobson, un arquitecto de la alta sociedad de Washington, quien presentó sus planos para la casa (completa, con tejas, una chimenea de ladrillos, solario de madera de teca, toalleros con calentador e inodoros con agua caliente) ante la junta de planificación de Gay Head.

Tras seis meses de negociaciones con un contratista general, Jackie y su abogado, Alexander Forger, a cuyo nombre estaban registrados los títulos de propiedad, contrataron al equipo de Harry Garvey y Frank Wangler para que llevasen a la práctica el diseño de Jacobson. Según Wangler, «Jackie se presentaba en el lugar de la construcción los fines de semana, muchas veces con Bunny Mellon, para enterarse de cómo avanzaba la casa y planear los jardines. También llevaba consigo a Caroline y John. Yo solía sentarme a conversar con John. No era posible hacer lo mismo con su hermana. Ella se mostraba amistosa, pero no sociable. Tuve la sensación de que consideraba a la gente de la construcción como criados.

»Surgió una serie de problemas durante la construcción de la casa. Para nombrar apenas unos pocos, había un techo de acero inoxidable debajo de las tejas, que nadie se había molestado en conectar a tierra. Por lo tanto la casa, ubicada lejos de cualquier edificio alto, quedaba expuesta a los rayos. Además, no funcionaba el sistema de ventanas con alambre tejido para impedir la entrada de los insectos. En lugar de quedar colocadas en forma permanente, caían sobre el alféizar cuando se cerraba la ventana, y subían al abrirla. Un día recibí una llamada telefónica de Jackie, a las siete de la mañana. Se disculpó por haber llamado a esa hora, pero dijo que se había producido una catástrofe en la casa. Cuando llegué, las paredes estaban cubiertas de insectos. Parecía que hubiesen salpicado con pintura verde todo el cielo raso. Tuve que entrar con una aspiradora y sacar los insectos. Debimos instalar ventanas de alambre tejido convencionales en toda la casa.

»Construimos un granero y un silo a unos sesenta metros de la casa, que servían de vivienda para John. En el dormitorio del tercer piso había una gran cama en forma de corazón. Pero el problema consistía en que el silo superaba la altura máxima impuesta por las leyes locales de construcción. Tuvimos que acortar un metro la estructura y bajar todo el silo con una grúa.

»En otro momento, los planos de la casa fueron divulgados en la prensa. El abogado de Jackie se sintió muy molesto. Sospechamos de uno de los albañiles, pero el hombre juró que no había tenido nada que ver con eso. Incluso dijo que el *National Enquirer* lo había abordado para ofrecerle 10.000 dólares si les proporcionaba "una foto de Jackie en el rellano delantero de la casa", cosa que él se negó a hacer.

»Jackie no se preocupaba mucho de la seguridad. Tenía un vigilante, Albert Fisher, y un criado griego, Vasily Terrionios, que había sido criado de Aristóteles Onassis y que luego trabajó para Cristina Onassis. Pero Jackie insistía en mantener sin llave el portón principal. En una ocasión, varios desconocidos llegaron a caballo por el camino de acceso de más de 600 metros, para echar una mirada. Ella se les acercó, dijo "Hola", y conversó con ellos durante diez minutos.

»Cuando la casa ya estaba casi terminada, en el verano de 1981, Jackie quiso introducir una serie de cambios, unos pequeños, otros grandes. Una de las modificaciones pequeñas consistía en eliminar una cantidad de espejos que se habían instalado en su cuarto de baño. Me llevó allí y me dijo: "Frank, sé que mucha gente considera que soy una extravagante y una chiflada y una loca, y una actriz de Hollywood y todo eso, y que me agrada mirarme, pero no es así. ¡Sácalos!"

»En cuanto a los cambios grandes, quería que bajasen todos los cielo raso de tres a dos metros y medio y como había destinado una serie de habitaciones para Bunny Mellon, ésta también quiso que se hicieran cambios. Bunny era dueña de un DC-10 Whisperjet, muy elegante por dentro, que puso a disposición de Jackie, y que usó para transportar sus muebles nuevos al Vineyard.

»Jackie tiene una embarcación SeaCraft, de 30 pies, *MS-109*, que amarra en Menemsha Pond y usa principalmente para practicar esquí acuático. Se compró un Jeep Wagoneer, igual al mío, y un Chevrolet Blazer, azul-grisáceo. Tiene un video en casa y una videoteca con los rótulos de "Hyannis", "Jack", "Rose", lo que fuere, que guarda en una estantería de su dormitorio. En una ocasión me dijo: "Ya he visto lo peor de todo, también he visto lo mejor de todo. Pero no puedo reemplazar a mi familia."

»Cuando se eliminaron todos los defectos, llevó a siete u ocho personas que habían participado en la construcción de la casa a cenar en la

Charlotte Inn, en Edgartown. La comida consistió en chuletas frías, quesos, frutas frescas, cuatro o cinco tipos distintas de cerveza y vino. Fue agradable y Jackie parecía encantada con su nueva vivienda. "Mi casita —la llamaba—. Mi maravillosa casita." Junto con los terrenos, la construcción de la casa le había costado unos 3,5 millones de dólares.»

Entre los primeros y más frecuentes visitantes de Martha's Vineyard se contaba Maurice Tempelsman. Figura política un tanto esquiva, aunque poderosa, Tempelsman conocía a Jackie desde hacía años... primero como amigo, más tarde como su asesor financiero y en fecha más reciente como pretendiente y compañero. En Maurice, según parecía, ella había encontrado por fin el equilibrio y la tranquilidd mental que buscaba desde hacía tanto tiempo y que no había encontrado en ninguno de sus matrimonios. «Admiro la fuerza y el éxito de Maurice —decía a sus amigos—. Espero de veras que mi notoriedad no lo obligue a salir de mi vida.»

A simple vista, Tempelsman no parecía el compañero ideal para Jackie. Nacido en el seno de una familia judía ortodoxa de Amberes, Bélgica, en 1929 (el mismo año que Jackie), él, su hermana menor y sus padres huyeron de Europa en 1940, para escapar de la invasión de los nazis. Tras pasar dos años en la isla caribeña de Jamaica, la familia llegó a Nueva York. A los 15 años, él asistía a unos cursos nocturnos de Administración Comercial en la Universidad de Nueva York, y trabajaba durante el día para su padre, Leon, vendedor de diamantes. A los 21 años Maurice incorporó la firma de la familia, Leon Tempelsman e hijo al mercado global, al convencer a unos funcionarios del Gobierno de Estados Unidos de que comprasen diamantes industriales para la acumulación de materiales estratégicos para las emergencias nacionales. Ganó millones como intermediario en la operación, y compró los diamantes a proveedores africanos. Más tarde actuó como intermediario en una transacción que introdujo uranio en Estados Unidos, a cambio de excedentes agrícolas.

Además de sus ganancias, los negocios de Tempelsman lo convirtieron en una figura familiar en los círculos selectos de Washington. Contrató al abogado Adlai Stevenson. (Su abogado actual es Ted Sorensen.) Según los archivos del Departamento de Justicia de Estados Unidos, se convirtió en representante clave y socio de Harry Oppenheimer, dueño-director de Anglo-American y DeBeers, los mayores productores y distribuidores de oro y diamantes de todo el mundo. También trabó amistad con varios potentados africanos, entre ellos el más destacado, el presidente Mobutu Sese Seko, de Zaire, mientras ampliaba sus operaciones en Zaire, Sierra Leona y Gabón. El imperio actual de Tempelsman abarca intereses mineros, ventas de diamantes y minerales, compañías distribuidoras, la segunda corporación de fabricación de perforadoras de petróleo en todo el mundo, y una amplia red de empresas afines. La amistad de Maurice con Jackie databa de finales de la década de los cincuenta. Los archivos del Departamento de Justicia sobre Tempelsman contienen los datos esenciales: «Tempelsman fue el hombre que organizó la reunión entre Harry Oppenheimer y John Kennedy, cuando éste era presidente electo. El encuentro se llevó a cabo en el Hotel Carlyle.» Oppenheimer y Tempelsman habían efectuado generosas contribuciones al fondo de campaña de Kennedy. Éste (y otros jefes de Estado) buscaba a Tempelsman para pedirle asesoramiento e información cada vez que tenía que tratar con dirigentes africanos. Tempelsman y su esposa, Lily, casados en 1949, visitaban con frecuencia la Casa Blanca, tanto durante los años de Kennedy como en administraciones posteriores. Asistieron a la cena de gala del presidente de Pakistán, Mohammed Ayub Khan, que los Kennedy ofrecieron en Mount Vernon en 1961.

A pesar de sus considerables logros y riqueza, muchas personas consideraban a Maurice Tempelsman algo así como un «Aristóteles Onassis de los pobres». Lo mismo que Onassis, Tempelsman era de baja estatura, rollizo, aparentaba más años de los que tenía; ambos fumaban cigarrillos Dunhill y coleccionaban piezas de arte poco comunes. Los dos eran magos de las finanzas. Su otro denominador común era el amor por el mar; los dos eran dueños de barcos, aunque el *Relemar**, la goleta de moderadas dimensiones de Maurice, no podía compararse con el *Cristina*. Pero en 1980, el año en que sus relaciones se hicieron más serias, Maurice y Jackie navegaron en el *Relemar* por la costa oriental, desde Savannah, Georgia, hasta Beaufort, California del Sur. Fue el primero de muchos cruceros por el estilo. Eran inseparables, y muy pronto se los vio en los restaurantes de mayor categoría, en obras de Broadway, en tranquilas caminatas por el Central Park. Se los fotografió paseando del brazo por una galería de arte de Nantucket. Incluso Maurice la acompañó cuando ella realizó una serie de presentaciones políticas apoyando la candidatura de Ted Kennedy, en 1980, para la nominación presidencial del Partido Demócrata.

«Se puede tener la certeza de que Maurice Tempelsman le hace muchos regalos a Jackie —dijo Truman Capote—. Lo que es más, no sólo Jackie, sino también Lee, han ganado mucho dinero gracias a los consejos de Tempelsman, sobre cuándo comprar y vender en los veleidosos mercados de la plata y el oro. Las chicas como Jackie no cambian.» Pero algunos creían que había cambiado, y que Maurice era el catalizador de ese cambio.

---

* El *Relemar* recibió su nombre de los tres hijos de Maurice: Rena, León y Marcee. Los tres están ahora casados y tienen sus propios hijos. León, graduado en la Escuela de Comercio de Harvard, trabaja con su padre.

Nancy Bastien, una artista que pasa parte del año en Martha's Vineyard, también ha considerado siempre a Jackie como una «Cenicienta cargada de lujo». Ésa fue su impresión cuando leyó algo acerca de Jackie en la prensa. «De modo que me asombré —dijo— cuando vi a esa persona vestida con sencillez, discreta. Solía ir a Aquinnah, un gran bar, cercano a su casa, donde pedía hamburguesas y helados. O bien visitaba la Feria de la Sociedad Agrícola del Martha's Vineyard, en West Tisbury, e iba de puesto en puesto, con todos los demás.

»En otras ocasiones, especialmente cuando Tempelsman estaba allí, parecía preferir la intimidad. Mi amigo y yo llegamos una vez cuando Jackie y Tempelsman observaban los pájaros en una cala. Era una reserva de aves muy aislada y remota. Contemplaban a una majestuosa garza azul con unos prismáticos de campaña que compartían. Cuando nos acercamos a ellos, Jackie se puso de prisa las gafas de sol que llevaba sobre la cabeza. Luego señaló la garza azul y dijo: "Ahí va." Y con eso se alejaron pisoteando los altos pastos.»

La prima de Maurice Tempelsman, Rose Schreiber, señaló que si Jackie se había casado con su primer esposo por motivos de jerarquía, y con el segundo por dinero, su última pareja se basaba en el respeto y la amistad mutuas. Era una relación madura, cómoda, íntima, pero que sin duda, excitaba a ambas partes. En muchos sentidos, era la relación más sana que Jackie había tenido.

«Aunque Maurice parece ser manso y discreto, es una figura encantadora, mundana —observó su prima—. Viste bien, le agrada leer, y le encanta viajar e ir a la ópera. Tiene *savoir faire*. También disfruta con los sencillos placeres que ofrece la naturaleza, cosa que probablemente comparte con Jackie. Al mismo tiempo, puede ser muy efervescente y vivaz. Las mujeres siempre se han sentido atraídas por él. Las he visto perseguirlo en las fiestas. Casi tiene que apartarlas a un lado.

»Lo único malo en todo esto es su matrimonio. Su esposa, Lily, también es belga, aunque Maurice la conoció en Estados Unidos. Él tenía 17 años cuando se conocieron, y 20 cuando se casaron. Se casó muy joven. Sus padres querían que se casara con la hija del socio comercial de su padre en ese entonces, pero Maurice se negó. Lily y él eran amigos muy íntimos, y hablaban de todo, incluidos sus negocios.

»Un aspecto importante del matrimonio tenía que ver con los compromisos religiosos. Lily es una judía de gran rigor, estrictamente ortodoxa. De hecho, me dijo que no le agradaba ir a la Casa Blanca con Maurice, porque él nunca pedía comidas *kosher*. Tanto Lily como los padres de él mantenían la disciplina *kosher*. En uno u otro momento, sus tres hijos iban a Ramaz, una escuela diurna judía. Pero al cabo de un tiempo Maurice dejó de acudir a la sinagoga. Lily iba, y él salía a remar en bote. Esta deserción gradual molestaba mucho a Lily.

»Tal vez utilizó este problema para racionalizar el asunto de Jackie. Lily es asesora matrimonial de la sinagoga. Cuando los hijos crecieron, ella volvió a la escuela para conseguir su *master*, y así poder ejercer. Existe cierta ironía en el hecho de que se convirtiese en una asesora matrimonial en el mismo momento en que su propio matrimonio comenzaba a desmoronarse.

»En noviembre de 1982 Lily pidió a Maurice que se marchara de casa. Él habría continuado con ella. Pero las cosas habían llegado a tal punto que cada vez que ella abría el periódico, se topaba con una foto de Maurice con Jackie. Se separaron de forma amistosa, y continúan casados.»

Maurice se mudó del piso en el Normandy, en las calles 86 y Riverside Drive, a un cómodo apartamento de hotel en el East Side, y pasaba varias noches por semana en el piso de Jackie; el número de noches fue aumentando con el tiempo. John Kennedy trabajó todo un verano para Tempelsman, en Zaire y los hijos mayores de Maurice fueron a visitar a Jackie, y se alojaron en la casa para huéspedes del Martha's Vineyard. Todo parece indicar que Jacqueline entendió que las posibilidades de formalizar su relación con Maurice eran, en el mejor de los casos, muy escasas. «No podemos casarnos porque su esposa no le concede el divorcio», informó al Dr. Lax. «No tienen que casarse para estar juntos», respondió él. Lo más probable es que ella lo prefiriese así... A la larga había llegado a apreciar su independencia.

33

Jacqueline Kennedy Onassis se las arreglaba para salir mucho. Los neoyorquinos la encontraban por todas partes. Earl Blackwell, que se gana la vida catalogando las complicaciones de los ricos y famosos, escribe en su último *Celebrity Register* (1986), citando a un observador anónimo: «Yo había ido al Metropolitan. Era un martes por la tarde. Salí temprano para ver la exhibición del Vaticano... Me detuve en una cafetería de Madison. Una cafetería modesta, un grasiento lugar donde se comen hamburguesas, y en ese momento ella entró. ¡A comer! ¡Ante el mostrador! Con un ejemplar de la revista *New York*. Todo se interrumpió, hasta las hamburguesas dejaron de crepitar. Comió una hamburguesa, vestía un impermeable de color tostado y pantalones blancos, y llevaba, creo, un bolso de Gucci y un reloj de Cartier...»

Sí, Jackie Onassis sale mucho. Ahí estaba comiendo una hamburguesa, y luego merodeaba entre las figuras literarias, en un acto benéfico para la Biblioteca Pública de Nueva York. Había fotos de prensa de ella en fiestas de editoriales, en ceremonias públicas, en la entrada de restaurantes, en museos. Pasó de Valentino a la moda más tranquila de Carolina Herrera. Dejó a Kenneth y apareció en la peluquería de Thomas Morrissey, ex empleado de Kenneth. Era un período de transiciones personales. Si la década de los setenta fue de consolidación y recuperación de su peligrosa pérdida de reputación como esposa de Aristóteles Onassis, la de los ochenta representó una década de progreso. A pesar de la fama y la fortuna, resultaba claro que Jackie, pasados los cincuenta años, había logrado desprenderse por lo menos de cierta parte de su imagen como integrante de la *jet set* internacional, como miembro de los ricos ociosos, y había logrado una posición independiente de recolectora de fondos y mujer de carrera.

En muchos sentidos, parecía más turbulenta, más alegre, más feliz que nunca. Rosey Grier recordó el alborozo juvenil con que derramó una taza de café tibio, por la ventana de su sala, a los transeúntes de abajo.

El Dr. Sanford Friedman, cardiólogo de Nueva York, estuvo sentado detrás de ella, en una función de la Compañía Metropolitana de Ópera, una noche en que ella se comportó más como una adolescente inquieta que como una mujer madura. «Maurice Tempelsman estaba sentado a su lado —recordaba el médico—. Jackie no podía quedarse quieta. Movía la cabeza, la apoyaba en el hombro de él, le susurraba al oído y reía entre dientes, hablaba en voz alta, se movía en el asiento. Era molesto, pero no era posible decirle a Jacqueline Onassis que tuviese la amabilidad de callarse. ¿Qué dijo Norman Mailer acerca de ella? No era una simple celebridad, sino una leyenda; no una leyenda, sino un mito... No, no sólo un mito, sino más bien un arquetipo histórico, virtualmente un demiurgo. No sé, ¿se puede hablar con un demiurgo?»

Vincent Roppatte, director del Salón de Belleza Enrico Caruso, conoció a una Jacqueline un tanto menos demiúrgica. «Yo solía peinar a Lee Radziwill, pero también conocí a Jackie porque iba al Caruso para hacerse tratamientos faciales con Cyclax... un producto inglés utilizado por la Reina y la Reina Madre. A Jackie le encantaba. Todavía se puede obtener en Londres, pero resulta difícil encontrarlo en Estados Unidos.

»De todos modos, un día fue para un tratamiento facial, y cuando salió pasó ante mí, junto al escritorio de delante, y se detuvo para conversar. Habíamos estado en la misma fiesta la noche anterior. Yo estaba allí con Liza Minnelli, a quien peino para sus fotos de promoción. De modo que Jackie me dijo: "Oh, ayer por la noche le vi con Liza Minnelli." "Oh, ¿sí?", respondí, y ella dijo: "Sí." Y entonces ella advirtió que yo llevaba una camisa de seda negra, italiana, con un escote bajo. "Dios mío —señaló—, vaya escote tiene esa camisa. —Se interrumpió y luego agregó—: Pero es evidente que tiene el cuerpo adecuado para llevarla."»

En 1981, cuando Nancy Reagan, la nueva Primera Dama, fue objeto de un ataque de publicidad negativa, Jackie la llamó para ofrecerle consejos en cuanto a la manera de encarar a la prensa. Nancy, quien hacía tiempo había seguido los consejos de Jackie en materia de moda, sólo llegó a reunirse con ella en 1985, cuando la editora Katharine Graham las invitó a una pequeña cena en su finca de Martha's Vineyard, no lejos de la casa de Jackie. En la reunión se encontraban presentes la directora del *Newsweek*, Meg Greenfield, y el ayudante de la Casa Blanca, Michael K. Deaver. Deaver, al igual que Vincent Roppatte, descubrió muy pronto el aspecto humorístico, coqueto, de Jackie. Mientras ambos metían las manos en una caja de bombones de dos kilos y medio que Deaver había comprado para

Kay Graham, Jackie le dijo: «¿Cómo puede comer estas golosinas y seguir siendo tan delgado? Es tal esbelto... Parece un Fred Astaire joven.» Aunque en general se mostraba más satisfecha y tranquila, Jackie demostró muy pronto que seguía teniendo tendencia a excesos de furia y a la necesidad de venganza. El 21 de julio de 1981, al salir del cine Hollywood Twin, en la esquina de la Octava Avenida y la Calle 47 (donde había ido a ver una reposición de *Muerte en Venecia*), se topó con su antiguo enemigo Ron Galella. En el primer enfrentamiento en los tribunales, nueve años antes, Galella había recibido una orden judicial que le prohibía acercarse a menos de diez metros de la señora Onassis. De pronto Galella se encontró directamente en su camino, con la cámara preparada. «Se hallaba por lo menos a treinta centímetros —dijo Jackie al tribunal, en diciembre de 1981, después de entablar juicio contra Galella por segunda vez—. Traté de llamar a un taxi... en medio de la Octava Avenida, rodeada de coches. Él bailoteaba a mi alrededor, por delante y detrás, y siempre muy cerca, de modo que ningún taxi pudiese verme. Cada vez que levantaba el brazo, él estaba delante de mí.

»Me sentía asustada y confundida. Asustada, por dos motivos. Uno, por la posibilidad de ser arrollada por un coche que viniese de cualquier dirección; el otro, por la cantidad de gente más bien extraña que salía de los edificios de la Octava Avenida... Y todos me señalaban y gritaban "Oh, mira, es Jackie. Eh, Jackie", y algunos de ellos se dirigían hacia mí.

»Empezaron a burlarse de mí y a seguirme. Por lo tanto mis reacciones fueron de confusión, miedo y desesperación.»

El siguiente encuentro de Jackie con el fotógrafo, según su declaración ante el tribunal, ocurrió en Martha's Vineyard, durante el fin de semana del Día del Trabajador. En esa ocasión, ella y Maurice Tempelsman habían salido en bote, y descubrieron que Galella no sólo los había seguido hasta allí, sino que también había sacado un bote.

«Remamos desde la costa de Menemsha Pond en un bote, hasta mi embarcación, que es una especie de pesquero con un motor fuera borda —declaró ella—. Tratábamos de subir a bordo. Vimos una lancha de motor más pequeño, un poco más lejos, con gente. Se acercaron. Cuando nos vieron tratando de pasar del bote a la embarcación más grande, llegaron a toda velocidad y provocaron una ola para asustarnos. El motor de nuestra embarcación se atascó. No pudimos ponerlo en marcha. Reconocí a Galella.»

Varias semanas más tarde, la noche del 23 de septiembre, Harry Garvey (el contratista responsable de la casa de Jackie en Martha's Vineyard), su esposa Twanette, Jackie y Maurice Tempelsman, vieron actuar a la Compañía de Danza de Twyla Tharp en el Winter Garden Theater, en el centro de Manhattan. Twanette y Twyla eran hermanas, y los Garvey tenían cuatro entradas gratuitas. Ron Galella y otros dos fotógrafos esperaban al grupo cuando la limousine de Tempelsman se detuvo ante el teatro. Galella y sus compañeros pasaron ante las personas que tenían billetes y entraron en el teatro, en un esfuerzo por apostarse delante de Jackie. Cuando ésta y su grupo salieron del teatro después de la función, Galella los siguió y saltó a un coche para seguir la limousine. La cacería terminó cuando Jackie y Maurice, después de dejar a los Garvey, se dirigieron a la comisaría de la Calle 60 Este e hicieron una denuncia formal.

En el segundo juicio, que se desarrolló ante el mismo Irving Ben Cooper que había presidido el primero, Galella admitió que había violado el interdicto de 1972, pero que lo había hecho porque creía que violaba sus derechos según la Primera Enmienda. «Todo el caso fue una violación de mis derechos —dijo en una fecha posterior—. Me di cuenta de que mi defensa no se consideraría adecuada en ese tribunal. Pero así lo sentía entonces, y así lo siento todavía.

»Jackie es al mismo tiempo una manipuladora y una hipócrita. Estoy seguro de que disfrutó con la publicidad que yo le di. Fingió demostrar lo contrario pero le agradó. Una criada a quien conozco y con quien salí una vez para obtener información sobre Jackie, me dijo que tenía álbumes de recortes... uno para ella, dos para los chicos, y que se sentaba en su cama durante horas y repasaba todas las revistas europeas, recortando fotos de sí misma.

»Creo que fue Maurice Tempelsman quien alentó a Jackie a entablar un juicio contra mí por segunda vez. Y por motivos válidos: tenía una esposa, y en esa época todavía vivía con ella. No quería que rondara por ahí, tomando fotos. Mi esposa Betty y yo nos encontrábamos delante del edificio de Jackie, una mañana temprano, cuando apareció nada menos que Maurice Tempelsman. Salió del edificio llevando lo que parecían ser pantalones de pijama debajo del traje. Nos vio y salió volando, como alma que lleva el diablo.

»Mi abogado Marvin Mitchelson, famoso por su participación en juicios por pensiones alimenticias, me salvó de ir a la cárcel. En cambio me obligaron a pagar 10.000 dólares por daños, directamente a Jackie, y me prohibieron que volviese a tomar otra foto de ella. Eso es justicia, yo dándole dinero a Jackie Onassis. Betty extendió el cheque, "Tendrá que hacer un recibo, por lo menos tendremos su autógrafo", me dijo Betty. Pero ni siquiera nos dio esa satisfacción: hizo que Nancy Tuckerman lo firmara en su nombre.»

Tras haber derrotado a Ron Galella, Jackie volvió a aparecer en los tribunales. Sus oponentes eran Christian Dior Inc., Landsdowne Advertising Inc., el fotógrafo Richard Avedon, Barbara Reynolds, que esporádicamente trabajaba como modelo, y Ron Smith Celebrity Look-Alikes. El juicio era contra Barbara Reynolds, una mujer que se parecía a Jackie y que había posado para un anuncio de Christian Dior en el que se hacía ver que la propia señora Onassis actuaba como modelo fotográfica para Dior, recomendaba sus productos y participaba en la campaña publicitaria de Dior. Con la pretensión de que se prohibiera el uso del anuncio —que ya había aparecido en *Harper's Bazaar, Womens Wear Daily, The New York Times Magazine* y *The New Yorker*—, y la creación de nuevos anuncios de estilo similar, Jackie se quejó de que era molesto e inquietante para ella, y ofensivo para su reputación. «Jamás he permitido que el valor publicitario de mi nombre, mi persona o mis fotos fuesen usados para promover productos comerciales», decía su acusación.

Richard A. Kurnit, abogado de Barbara Reynolds y Ron Smith, tomó directamente de Jackie una declaración anterior al juicio. «Los abogados tienden a mostrarse más deferentes con Jackie que con otros —señaló—. Lo mismo ocurre con los jueces. Es evidente que eso se debe a que se trata de ella. Es impresionante. No atestiguó en el juicio del "parecido", pero estaba ahí, sentada ante el juez.

»Perdimos el caso, al igual que la apelación, y todavía me siento desconcertado. Si un anuncio publicitario es equívoco, si se ofrece un falso mensaje, me parece muy bien que se ataque. Pero éste no era el caso: la persona del anuncio representaba a Jackie y se encontraba de pie al lado de Charles De Gaulle, que ya está muerto, y representado por un actor. Jackie afirmó que sus amigos creían que se trataba de ella, pero Barbara Reynolds, la modelo del anuncio, estaba vestida, resultaba claro, como para personificar a una Jackie Kennedy 25 años más joven, cuando era la Primera Dama.»

Richard de Combray, un escritor norteamericano, tan hermoso como un modelo y dueño de casas en Nueva York y París, tuvo con Jackie una experiencia que demuestra su necesidad de autoprotección. «Lo que ocurrió fue muy sencillo —explicó De Combray—. Jacqueline Onassis era mi editora en Doubleday, y como en el caso de la mayoría de los escritores, se creó entre nosotros, no una amistad, sino una relación agradable. Nos presentó Mike Nichols, el director. Al principio pensábamos hacer un libro sobre la famosa escritora francesa Colette. La primera vez que almorzamos juntos, su coeditora apareció allí. El libro sobre Colette no resultó, pero terminamos trabajando en una novela [*Goodbye Europe*, 1983].

»Una noche, Jackie, Maurice Tempelsman, Claudette Colbert, Mike Nichols y Alan Pryce Jones fueron a cenar a mi piso en Nueva York. El apartamento da a un jardín, y comimos al aire libre. Para seguridad de Jackie, tomé las medidas necesarias para que los vecinos no nos vieran mientras comíamos en el jardín.

»Muy pronto descubrí que poseía el secreto del encanto, que consiste en que la otra persona se sienta encantadora y magnífica. No se trata del encanto fingido de una actriz, que hace que uno se sienta maravilloso al instante; es un encanto que se comunica a la persona que acompaña a la otra, y todos se sienten encantadores. Es un don precioso, y muy pocas personas lo poseen. Ya lo había encontrado en Noël Coward, y ahora también en Jackie.

»Poco tiempo después ella y yo volvimos a salir a almorzar, en esta ocasión solos. Cuando salimos del restaurante un fotógrafo se acercó y comenzó a tomar fotos. Por primera vez me di cuenta de que uno puede sentirse muy molesto con un fotógrafo. "Váyase de aquí, deje de sacarnos fotos." Nos metimos en una librería, y finalmente el fotógrafo se alejó. Pero nuestra foto apareció en la primera plana del *New York Post*.

»Entonces, salí de la ciudad y fui a California, a visitar a Lilliam Hellman. Una periodista me siguió la pista y me entrevistó por teléfono. Por lo que me dijo, supuse que me entrevistaba en relación con *Goodbye Europe*, que acababa de editarse. Pero, en realidad, lo único que le importaba era Jacqueline Onassis: qué sentía por ella, y qué ocurría entre nosotros, que nos fotografiaban juntos. El problema intrínseco en cualquier clase de amistad con Jacqueline Onassis consiste en que se la somete a un estudio demasiado intenso. Eso crea una tremenda presión. Un periodista o un fotógrafo ve a dos personas sentadas juntas, y una de ellas es Jackie, y en el acto supone que se trata de algo más que una simple relación editor-autor.

»De modo que durante esa entrevista telefónica dije que Jackie me parecía maravillosa, y así lo pienso. La periodista dijo algo como: "Bien, ¿es un romance o un matrimonio?" Pensé que se trataba de una broma, y respondí: "No lo pensamos para nada." Cuando se publicó el artículo, la respuesta decía: "No lo pensamos en este momento." Ahí comenzaron los problemas. Las cosas se magnificaron más allá de toda proporción. Los periodistas comenzaron a llamar. Llamaron a amigos míos. Me di cuenta, porque todo eso era nuevo para mí, de lo que ocurre cuando uno es considerado siquiera un amigo potencial de Jacqueline Onassis. Se le persigue de esa manera implacable: recorren con rayos X todo lo relacionado con uno, e incluso revisan los archivos. Para mí fue una experiencia muy penosa. Era horrible levantar el teléfono y oír al otro extremo la voz de un periodista o de algún amigo que llamaba para hacer preguntas. Me volví totalmente paranoico, pensé que tal vez mi teléfono estaba intervenido. ¿Por qué me molestaba la prensa? Todo eso se volvió espantoso. Jackie también se sentía molesta, porque, supongo, el temor de que ocurra algo así siempre está presente en ella. Esto lesionó nuestra amistad. Después de eso nos volvimos muy sensibles, temíamos salir y almorzar juntos. Jackie hacía todo lo posible para eludir la publicidad. No quiere tener nada que ver con la prensa. Es un fenómeno interesante: se ha vuelto demasiado famosa. Yo era tan ingenuo... No había entendido la cualidad letal de la prensa. Son capaces de lanzarse sobre cualquier cosa si eso produce una noticia excitante. Y si es necesario, deforman las palabras que uno pronuncia.»

Dada la facilidad con que reconocían a Jackie, ésta protagonizó un incidente que se produjo en un acto de recolección de fondos de 1984. Se acercó al famoso escritor Isaac Bashevis Singer, y le dijo: «También yo soy escritora.» No se presentó, y el venerable y anciano novelista no la reconoció a primera vista. La atisbó a través de sus gruesas gafas y le dijo: «Eso está muy bien, niña, sigue trabajando y estoy seguro de que llegarás a alguna parte.» Jackie llegó a alguna parte, no como escritora, sino como editora. Continuó produciendo enormes libros ilustrados, muy poco rentables, pero también se concentró en adquirir obras más comerciales. De tal modo que mientras se encargaba de un lujoso libro de grabados sobre Versalles, con la fotógrafa británica de moda Deborah Turbeville y un texto de historia francesa de su primo político Louis Auchincloss, también se ocupaba de una serie de autobiografías de celebridades como Gelsey Kirkland y Michael Jackson. Pero su mayor éxito lo logró en el área de las obras de ficción. Esta idea surgió durante un almuerzo, un día de finales de 1978, con la agente literaria Roslyn Targ.

«Mientras comíamos, yo lanzaba ideas para libros —dijo Targ—. Mencioné una biografía de Leonardo da Vinci, cosa que produjo muy poco impacto en Jackie. Luego mencioné *Call the Darkness Light*, de Nancy Zaroulis, la saga de la lucha de una mujer por abolir la esclavitud en las tejedurías de Nueva Inglaterra en el siglo xix. El libro le pareció adecuado; ella había soportado una gran tragedia y salido triunfante. Es una superviviente. Sus experiencias la han hecho madurar, y lo mismo ocurre con el personaje principal de esta obra de ficción. Era la primera novela que conseguía para Doubleday y se convirtió en un importante éxito.»

Jackie adquirió la novela para Doubleday, pero trabajó muy poco en ella; delegaron esta responsabilidad en otro editor. Pero la participación de Jackie en el proyecto ayudó a la promoción de éste. El editor ofreció una recepción para el autor en una habitación ubicada encima de la Librería Doubleday, de la Calle 53 y la Quinta Avenida, seguida por un banquete para 14 invitados en un apartamento privado del Hotel St. Regis. Setenta y cinco fotógrafos irrumpieron en la recepción y sólo aceptaron irse si se les concedían cinco minutos para tomar fotos de Jackie. «¿Y qué hay de Nancy Zaroulis, autora del libro?», gritó un ejecutivo de Doubleday. La prensa aceptó tomar fotos de Nancy, pero sólo si Jackie posaba con ella. Así lo hizo, y se lanzó la novela.

Aunque muchos empleados de Doubleday seguían considerando a Jackie como «una colaboradora a tiempo parcial, tres días por semana», la firma la ascendió en 1982 a editora de plena dedicación, el más alto cargo editorial de su departamento. También recibió un aumento de salario, y la trasladaron a una oficina más amplia. Lo primero que hizo fue encargar a Gelsey Kirkland y a su esposo, Greg Lawrence, que escribiesen *Dancing on my Grave,* un relato de las escapadas sexuales de la bailarina y sus experiencias personales con las drogas. El mayor triunfo comercial de Jackie se produjo cuando ella y su ayudante, Shaye Areheart, viajaron a Los Angeles, en el otoño de 1983, para tratar de convencer a Michael Jackson de que escribiese sus memorias. La primera reunión, fijada en un elegante restaurante de Hollywood, nunca se produjo. Jackson, conocido por su timidez tanto como por su único guante blanco, le dio plantón a Jackie. A ella le molestó, pero también le brindó una oportunidad para demostrar su entusiasmo. Se convino otra cita, esta vez en la mansión de Jackson en Encino. «Parecía una escena de *Té para dos* —afirmó un testigo del histórico encuentro—; ambos se arrullaban como aves enamoradas, con esas vocecitas frágiles, susurrantes que tienen.» El siguiente contacto para el libro, que implicaba un anticipo de 400.000 dólares, resultó ser el golpe editorial de la temporada. Los colegas de Jackie le enviaron un gran ramo de flores. Jackson cerró el contrato y llevó a Jackie a una gira personal por Disneylandia.

Moonwalk, escrito para Jackson por Robert Hilburn, crítico musical de *Los Angeles Times,* se publicó en 1988 y trepó hasta el primer lugar de las listas de ventas. En una breve introducción del libro, Jacqueline Onassis formula una pregunta retórica: «¿Qué se puede decir acerca de Michael Jackson?» No gran cosa, en apariencia. Si bien fue un gran éxito financiero, el libro tenía muy poco que ofrecer en términos de contenido.

Bertelsmann A. G., el grupo editorial de Alemania Occidental que adquirió Doubleday en 1986, consideró adecuado recompensar a Jackie aumentándole una vez más el salario. Según los íntimos de la compañía, ahora ella ganaba 45.000 dólares por año, y se la consideraba en general como la más agresiva buscadora de celebridades de la firma. Entre aquellos a quienes abordó para pedir autobiografías se encontraban Elizabeth Taylor, Brigitte Bardot, Greta Garbo, Ted Turner, Prince, Barbara Walters y Rudolf Nureyev. Carly Simon, vecina de ella en Martha's Vineyard, aceptó escribir la historia de su vida para Jackie. Y a finales de 1988 ésta arregló las cosas para que Doubleday fuera el editor norteamericano de las novelas del autor egipcio Naguib Nahfouz, ganador del Premio Nobel de Literatura de 1988.

El escritor en ciernes Tom Carney rompió a la larga sus relaciones con Caroline Kennedy porque no quería que se lo llegase a conocer como «el esposo de Caroline Kennedy». Esta designación correspondería a un pretendiente posterior, un autor-artista, pretendido renacentista, llamado Edwin Arthur Schlossberg, quien, como Maurice Tempelsman, tenía antecedentes judíos ortodoxos. El padre de Schlossberg, fundador de Alfred Schlossberg Inc., una compañía textil de Manhattan, era presidente de la Congregación Rudolph Sholom y contribuía con fuertes sumas de dinero a las causas judía y sionista. Como otras familias judías enriquecidas últimamente, los Schlossberg compraron una casa de vacaciones en Palm Beach y entraron en relaciones sociales con la clase de las personas en ascenso; enviaron a su hijo Edwin a la progresista Escuela Birch Wathen, en Nueva York, y después a la Universidad de Columbia. Edwin volvió a Columbia como estudiante graduado, y en 1971 logró el título de Doctor en Filosofía, en las ramas de Ciencias y Literatura. Aunque elogiado a menudo por su inteligencia y su ingenio, Schlossberg también tenía sus detractores. Si Maurice Tempelsman era un ministro sin cartera. Ed Schlossberg daba la impresión de ser algo así como un trepador sin cuerda.

Su disertación para el título de Doctor en Filosofía —una conversación imaginaria entre Albert Einstein y Samuel Beckett— era una polémica pedante, presuntuosa, a menudo desconcertante, que ni aclaraba ni despejaba dudas. Después de su graduación y de una breve etapa de enseñanza universitaria en la Universidad de Illinois del Sur, Schlossberg comenzó a producir libros de novedades e instructivos tales como *El libro de juegos para calculadoras de bolsillo,* o el *Manual del ordenador personal.* Escribió poesía de vanguardia, diseñó remeras, experimentó con dibujos pintados en aluminio y plexigláss. El mundo del arte no cayó de espaldas. Tampoco el mundo de la arquitectura cuando se presentó como especialista en diseño de museos y exposiciones y ambientes educacionales. Su principal empresa —el Museo Infantil de Brooklyn— quedó a la larga en manos de otro diseñador, Brent Saville, quien describió a Schlossberg como un individuo pomposo, egocéntrico, con más energía que entendimiento, más suerte que intuición. Otros lo encontraron oportunista, vacío y falso. Fuesen cuales fueran los defectos de Schlossberg, atrajo a Caroline Kennedy. Ella lo conoció en una cena a finales de 1981, y lo invitó a la fiesta de Navidad de su madre. Alto, robusto, y prematuramente canoso, Schlossberg produjo una muy buena impresión en Jacqueline. Ésta lo tomó de la mano y lo presentó a sus invitados como «el nuevo amigo de mi hija, Ed Schlossberg». Ed tenía trece años más que Caroline. Después de la fiesta, Jackie preguntó a su hija si no lo encontraba *demasiado* viejo; Caroline, en broma, recordó a su madre que sus dos esposos habían sido mucho mayores que ella. Aunque Caroline ocupaba su pequeño piso en la Calle 78 Este, empezó a pasar la mayor parte de su tiempo en el desván lujosamente amueblado de Ed, en la calle Wooster, en Soho. Durante los fines de semana viajaban a menudo en coche a Chester, Massachusetts, donde los padres de él tenían un granero renovado, con una espléndida vista del Berkshire circundante. Un amigo de Caroline insistió en que si bien era tranquilo, «Ed tiene un gran sentido del humor. Caroline y él nunca discuten. En ese aspecto se parecen mucho a Jackie y Maurice Tempelsman. Recuerdo una fiesta en la cual éste disertó acerca del arte egipcio antiguo, mientras Ed Schlossberg ofrecía a alguien un rápido resumen sobre el arte conceptual. Resultó ser una yuxtaposición divertida».

Ed Schlossberg representaba una nueva orientación para Caroline. A ella le parecía leal, ingenioso, vivaz, cálido, y le daba apoyo. En abril de 1984, cuando David Kennedy, de 28 años, fue hallado muerto por una sobredosis de drogas en su habitación del Hotel Brasilian Court en Palm Beach, fue Schlossberg quien ayudó a Caroline a superar la depresión posterior.

«Por otro lado —dijo el periodista Harrison Rainie—, el hecho de estar con un hombre de edad casi mediana significaba tener que abandonar a amigos de siempre, de su propia edad y procedencia. Era otra pequeña rebelión por parte de Caroline, una manera de dejar de ser aplastada por la boca de la familia. No cabe duda de que una de las razones por la cual a Caroline le gustaba Schlossberg consistía en que éste era tan diferente de su primo Kennedy: no atlético, intelectual, artístico. Tal vez era por eso que Jackie también lo apreciaba.»

Las atenciones de Schlossberg y la creciente madurez de ella fueron factores que incidieron en el deseo de Caroline, de mejorar por fin su aspecto general. Comenzó a vestirse con el mismo gusto elegante que su madre, y por primera vez invirtió sumas importantes en joyas, llegando a pagar hasta 6.000 dólares por un reloj nuevo. Se impuso una dieta rígida y recurrió a peluqueros profesionales. En la fiesta de su vigésimo séptimo cumpleaños, se puso un traje de noche, negro y amarillo, transparente, que le había elegido Ed. Dijo a los admiradores de la vestimenta que él elegía la mayor parte de su ropa. Había adquirido nuevas responsabilidades, entre ellas su designación en la Junta de Fideicomisarios de la Biblioteca John F. Kennedy. Se convirtió en administradora y productora-coordinadora de su división del Museo de Arte Metropolitano. Luego, en 1985, sorprendió a la gente al renunciar a su puesto para inscribirse en la Escuela de Abogacía de la Universidad de Columbia. Un año más tarde, su hermano se inscribió en la Escuela de Derecho de la Universidad de Nueva York. La madre de ambos, generalmente imperturbable, se mostró jubilosa porque sus dos hijos habían optado por la carrera de leyes.

Los rumores acerca de una boda entre Ed y Caroline comenzaron a emerger ya en enero de 1984, fecha en la cual también se rumoreaba que existía una oposición de la familia a semejante unión. Los motivos citados más a menudo tenían que ver con la aparente negativa de Schlossberg a firmar el acuerdo prenupcial redactado por los abogados de la familia Kennedy para proteger la herencia de Caroline; y también estaba el molesto problema religioso. Los Kennedy eran considerados como uno de los principales clanes irlandeses católicos de Norteamérica, y el hecho de que Schlossberg fuese judío tenía que provocar dudas en ciertos miembros de la familia.

Una situación paralela surgió en relación con el prolongado romance de María Shriver con el fisioculturista convertido en actor, Arnold Schwarzenegger. Aunque no era judío, Schwarzenegger era una celebridad que hablaba con franqueza, republicano frenético y extranjero de acento alemán pronunciado, a veces molesto. No se trataba tanto de cómo hablaba, sino más bien de lo que decía. Arnold mostraba tendencia a pronunciarse en forma demasiado parecida a los belicistas hombres mecánicos que tan a menudo interpretaba en la pantalla plateada. Los impedimentos y obstáculos para ambas relaciones fueron superados poco a poco. El matrimonio de Maria Shriver con un actor pareció menos objetable cuando ella misma se convirtió en comentarista de noticias en la televisión, y por lo tanto en una personalidad pública. Y si los Kennedy estaban a punto de aceptar a Arnold Schwarzenegger, ¿podía quedar Ed Schlossberg muy atrás?

En una tranquila declaración en el *New York Times* de marzo de 1986 Jacqueline Onassis anunció el compromiso de su hija con Schlossberg, y los planes para una boda en Hyannis Port, para el 19 de julio, con lo cual puso en segundo plano las nupcias, en abril, de Shriver-Schwarzenegger. La fecha habría podido ser elegida con más cuidado: se daba el hecho de que era el 17.º aniversario de Chappaquiddick, el día en que Ted lanzó un coche fuera del camino, provocando la muerte de Mary Jo Kopechne, su acompañante.

La ceremonia de boda de Caroline, de 28 años, con Ed Schlossberg, de 41, reunía todas las características de cualquier extravagancia de los Kennedy: guisos de almejas, carreras de yates, encuentros de fútbol. Pero si bien los aspectos generales eran parecidos, los detalles menores de esta boda fueron un tanto diferentes. Las invitaciones informales (Jackie las odiaba) se componían de una acuarela con retoques al pastel, de los terrenos Kennedy, coronados por el dato esencial de que la ceremonia se realizaría a las tres de la tarde, en la Iglesia de Nuestra Señora de la Victoria, en Centerville, Massachusetts. Limousines Cadillac blancas y doradas llevaban a los principales personajes a la recién pintada iglesia de campo, repleta de flores. El diseñador de modas Willi Smith había ataviado a los padrinos con chaquetas de hilo de color violeta y pantalones blancos, y a las madrinas con vestidos de dos piezas, con faldas que llegaban hasta los tobillos, de color espliego y blanco, y con adornos florales: y al novio con un ablusado traje azul y corbata plateada. Carolina Herrera creó un vestido de organza de raso blanco para Caroline, con una cola de siete metros y medio, con el justillo y las mangas cortas, exhibiendo apliques de tréboles (o aleluyas... nadie pudo determinar qué se suponían que eran). Había 425 invitados (21 de ellos de Ed, y los otros de los Kennedy), 2.500 espectadores, centenares de fotógrafos de prensa y una fuerza de seguridad de más de un centenar de hombres.

Mary Tierney, que cubría la ceremonia para el *Chicago Tribune*, señaló que «Ed Schlossberg parecía raro en su enorme traje. Daba la impresión de ser una bolsa de trapos. Al salir de la iglesia, Caroline parecía desgarbada. Su cola era demasiado larga. Los vestidos de las madrinas eran poco atractivos y no les sentaban bien. Jackie tenía muy buen aspecto, pero como me dijo alguien: "Si una masajista te golpeara tantas horas por día también tú estarías así." Salió de la iglesia del brazo de Teddy Kennedy. Estaba llorosa... y eran lágrimas de felicidad. Se la veía más atractiva que a su hija, aunque su hijo es un Adonis. Era el padrino, y Maria Shriver la dama de honor. Mae Schlossberg, la madre de Ed, tropezó al salir de la iglesia. El tobillo se le hinchó, y tuvo que irse temprano de la recepción.

»Pero había algo de drásticamente erróneo en la ceremonia de la boda. No se veía rabino alguno. ¿Por qué no habrían de tener allí a un rabino? La fe religiosa del novio habría debido estar representada. No hubo una misa de boda formal, pero ésa fue la única concesión que hicieron los Kennedy. En esa época y ese día, una podía esperar una señal reconocible de que no se trataba sencillamente de un católico casándose con otro católico.

»Supongo que fue una concesión para Rose Kennedy, pero ésta no asistió a la ceremonia. A los 96 años, había "salido a almorzar". Está convencida de que Jack y Bobby Kennedy siguen con vida. Hace años que chochea.»

El abogado Eugene Girden, amigo de Alfred y Mae Schlossberg, confirmó que éstos se sentían molestos por la organización de la ceremonia: «El padre de Ed tuvo palabras muy bonitas para referirse a Jackie. Le tiene afecto. Pero hubo una desilusión inicial respecto del matrimonio con Caroline, a causa del problema religioso, y en especial porque se trató de una boda católica. Eso les molestó mucho.»

En el prado de los terrenos Kennedy habían levantado dos enormes tiendas. Una larga tienda blanca era para la recepción posterior a la ceremonia; la otra, redonda, fue donde se sentaron los invitados para la cena con champán. Entre las tiendas, bajo sombrillas blancas de playa, había sillones de mimbre blanco y mesas donde los invitados podían sentarse y alternar.

La iluminación en la tienda de la cena la proporcionaban parpadeantes farolillos japoneses colgados de largas varas de bambú. Por todas partes había cestos fragantes y arreglos florales. Ted Kennedy ofreció los brindis: primero a Rose Kennedy (quien observó parte de la recepción desde un sillón de ruedas, en la galería de su casa); luego a los Schlossberg de más edad, en tercer término a la novia y al novio, y en cuarto lugar a Jackie, «esa valiente mujer extraordinaria, el único amor de Jack. Él se habría sentido tan orgulloso de ti en este día».

Después de la cena, el baile, la música, las canciones (ofrecidas por Carly Simon), las lágrimas y los brindis, los huéspedes se dirigieron al manicurado estrado para presenciar el número especial preparado por George Plimpton para la noche: una compleja exhibición de fuegos artificiales.

«La primera parte —explicó Plimpton— consistía en tributos para algunos de los parientes e invitados. Había unos quince: una rosa china para Rose Kennedy, un velero para Ted Kennedy, una larga columna para el desgarbado John Kenneth Galbraith, una corbata de lazo para Arthur Schlesinger Yo quería que los fuegos artificiales sugiriesen la esencia de cada persona. Y después estaba el cuerpo principal del espectáculo, que denominé "Lo que hace Ed Schlossberg". En este caso existió un problema, porque para el momento en que se llevó a cabo la exhibición un banco de niebla había llegado desde el océano. Traté de llevar más adentro el espectáculo para adelantarme a esas nubes, que sin ninguna duda llegaban desde el mar, pero el agente de Carly Simon no la dejó cantar antes de lo estipulado. De modo que ella cantó, y la neblina llegó en su momento. Y ésa es una de las cosas que arruinan los fuegos artificiales. Cuando éstos ascienden en medio de una nube, se disipan. Son como los relámpagos de verano, se ven nada más que los colores, y por lo general borroneados por la bruma. Me sentí muy desilusionado, pero ocurrió que a todos les encantó, porque sintieron que tipificaba el tema. Representaba con fidelidad "Lo que hace Ed Schlossberg". Y es que lo que hace parece ser un misterio para todos. Es una especie de teórico conceptual, o algo por el estilo. De modo que el efecto oscurecedor, en este caso, funcionó para beneficio del espectáculo.»

En cuanto los últimos fuegos artificiales se disiparon en el cielo, Ed Schlossberg y su esposa partieron en la limousine blanca y dorada, rumbo al Hotel Ritz-Carlton de Boston, para iniciar una luna de miel de un mes de duración, en Hawai y Japón. Luego volvieron a Nueva York y se mudaron a un edificio no muy lejano del de la casa de Jackie; más tarde, con el anuncio del embarazo de Caroline, pasaron a otro edificio y pagaron 2,65 millones por un piso de doce habitaciones, en una undécima planta, en Park Avenue, en la Calle 78. Fiel a sus hábitos, Schlossberg se puso en manos de un decorador de interiores; Caroline se concentró en la tarea más inmediata de completar sus estudios en la Escuela de Leyes. Consiguió graduarse en junio de 1988, y posó para la prensa de birrete y capa, al lado de su orgulloso esposo, de su radiante madre y de su contemplativo tío, el senador Edward Kennedy. Nancy Tuckerman y el ama de llaves Martha también asistieron a las ceremonias de graduación, que se llevaron a cabo bajo una tienda levantada en Ancell Plaza, en los claustros de la Universidad de Columbia. El último invitado de la familia fue Maurice Tempelsman, quien se sentó varias filas más atrás de los otros, y no se unió a ellos hasta que los fotógrafos de prensa terminaron de tomar fotos y desaparecieron de la vista.

«Tenemos una especie de broma en la familia —dijo Bouvier Beale, el primo de Jackie—, que dice más o menos así: si Jackie no se hubiera casado con el irlandés, nos habríamos hundido todos en una decadente elegancia, y nadie se habría dado por enterado. Quiero decir que es muy molesto que el foco de la publicidad se concentre en una situación muy corriente, y sólo a consecuencia del acto de un matrimonio.»

Es muy probable que haya habido períodos, en especial en los últimos años, en que Jackie habría coincidido con esta evaluación. Para su inmenso desagrado, su vida íntima continuó siendo un territorio de interminable fascinación para la prensa. Aunque Maurice Tempelsman se había convertido en un elemento permanente en su vida, la prensa insistía en inventarle nuevos compañeros. Un simple almuerzo en Le Cirque con el viudo William Paley hacía que los reporteros de las columnas de chismorreos zumbaran durante semanas enteras.

En 1982, cuando viajó a China durante varios días, como invitada de I. M. Pei, para asistir a la inauguración de un hotel que éste había diseñado, en un balneario que se hallaba ubicado a 40 kilómetros de Pekín, se dio por entendido, en forma maquinal, que pronto se convertiría en la esposa del arquitecto. Después de la muerte de la princesa Grace, una publicación francesa popular, *Ici París*, predijo que «es probable que el príncipe Rainiero se case con Jackie Onassis...» A Jackie y al príncipe Rainiero se los había visto juntos en París, pero la publicación olvidaba mencionar que el objetivo del encuentro era analizar la posibilidad de que Rainiero escribiese su autobiografía para Doubleday.

El más absurdo de los «romances periodísticos» de Jackie tenía que ser el que la vinculaba con Ted Kennedy, de resultas, en gran medida, del hecho de que se habían encontrado en Londres, en enero de 1985, para asistir al funeral, en Gales del Norte, de lord Harlech, David Ormsby-Gore. Lo que más molestaba a Jackie respecto del rumor era que ella y Joan Kennedy habían hecho buenas amigas. Cuando Joan advirtió la magnitud de su problema alcohólico, recurrió a Jackie en busca de ayuda. Volvió a recurrir a ella después de la muerte repentina del banquero John J. McNamara, un hombre con quien había pensado mucho en casarse después de su divorcio con Ted.

Llamó a Jackie después del funeral de McNamara y le abrió su corazón. Jackie invitó a Joan a visitarla en Nueva York... y ésta lo hizo al cabo de una semana, más o menos. Joan se derrumbó en cuanto vio a Jackie.

—¿Cuándo termina la congoja? —preguntó—. Por fin me encuentro con un hombre decente, y me es arrebatado. No es justo.

—Joan, ¿de veras esperas que la vida sea justa después de todo aquello por lo que hemos pasado? —preguntó Jackie—. Queda en tus manos apoderarte de toda la felicidad que puedas encontrar. Y tendrás que seguir adelante, te guste o no.

—Eres la única que entiende, en esta familia —dijo Joan.

El mayor momento de comprensión de Jackie llegó en marzo de 1985, con el fallecimiento de su hermanastra, Janet Auchincloss Rutherford, de 39 años.

«Jackie era una amiga muy íntima de Janet —dijo Yusha Auchincloss—. Compartían los mismo intereses en materia de arte y literatura. Janet se alojaba en casa de Jackie cada vez que viajaba desde Hong Kong para hacer una visita. Caroline Kennedy era madrina de uno de los hijos de Janet. Ésta llegó en una visita en septiembre de 1984, y se quejó de un dolor de espalda. No parecía grave. Yo le sugerí que viese a un traumatólogo, pensando que se había lesionado mientras jugaba con los chicos. Resultó que era cáncer. Le hicieron tratamientos de transplante de médula. Solía internarse en el Hospital Peter Bent Brigham, de Boston, al cual yo la conducía cuando se convirtió en paciente externa. Jackie pasaba mucho tiempo con ella. Janet fue mejorando. Creo que entró en una remisión, pero después tuvo una complicación con una pulmonía aguda. Jackie se hallaba a su lado cuando falleció en el Hospital Beth Israel, en Boston.»

«Cuando Janet estaba enferma, en el hospital —dijo Eileen Slocum—, Jackie la ayudó. Pasó con ella cada momento de los últimos días de su enfermedad. Tuvo un comportamiento sencillamente soberbio. Ésas fueron sus obras más grandes.»

Sylvia Blake, la amiga de Jackie, coincidió en ese aspecto. «Fue un punto culminante en la vida de Jackie, su manera de ocuparse de Janet Rutherford, cuando ésta agonizaba de cáncer. Permanecía con Janet día y noche. Jackie posee esa cualidad de mantenerse firme en los momentos difíciles. No se oye hablar de ella durante períodos prolongados, pero entonces ocurre algo y ahí está, al lado de una. No habría podido ser más bondadosa y considerada, afectuosa y dulce.»

Janet fue incinerada y sus cenizas dispersadas en Nueva York, Newport y Hong Kong. Un servicio privado, en memoria de Janet, se llevó a cabo en Hammersmith Farm. El retratista de Newport, Dick Banks, se quejó de que a los amigos de Janet no se les permitió concurrir a los servicios. «Fue una decisión de Jackie —dijo—. Ella [afirmó que] no quería crear un ambiente de feria. Por lo tanto se nos excluyó de la ceremonia.

»Después del fallecimiento de Janet, su madre sufrió los primeros síntomas de la enfermedad de Alzheimer. Debo admitir que cuando eso ocurrió, Jackie comenzó a ocuparse de atenderla. La visitaba con frecuencia, salía con ella todo lo que le resultaba posible. Desapareció cualquier animosidad que hubiese podido existir entre ellas.»

Janet Auchincloss tenía días buenos y días malos. «Las manifestaciones de la enfermedad parecen ir y venir —dijo Dorothy Desjardins, portavoz de los nuevos dueños de Hammersmith Farm—. Los actuales dueños le permitieron usar la casa principal para los servicios en memoria de Janet. Después de eso, Janet iba de vez en cuando a la casa y acomodaba los muebles. Si los libros no estaban bien apoyados contra la pared, le parecía que estaban "mal", y los empujaba hacia atrás. En los mejores días la he visto montar a caballo. En los días peores se la veía muy mal.»

La madre de Jackie recordaba detalles de su borroso pasado: el nombre de un perro que tuvo de niña, la fecha en que Black Jack Bouvier y ella se divorciaron; los nombres y los sucesos más recientes se le escapaban muy a menudo. Cuando se le hacía una pregunta acerca de John F. Kennedy, miraba a su interlocutor y decía: «¿Quién es John F. Kennedy?»

Alan Pryce-Jones sentía que Jackie habría podido tomar mejores disposiciones en relación con su madre: «Puede que haya establecido un fondo de fideicomiso de un millón de dólares para Janet, pero no hizo gran cosa para salvar Hammersmith Farm. La gente abordaba a Jackie y decía: "Si inviertes 800.000 dólares, más o menos, tendrás una propiedad que valdrá seis o siete veces más." Ella se encogía sencillamente de hombros. No quería molestarse en hacerlo. En apariencia no le importaba si la vendía o no, ni por cuánto ni a quién. De manera que se la vendió en menos de su valor, y se convirtió en una empresa comercial, y ahora se la exhibe a los turistas como "la casa en la cual creció Jackie en su adolescencia".

»Siempre sentí que a Janet no le importaba mucho que Jackie fuese la

Primera Dama, y de todos modos se trataba de una invasión de la intimidad de Janet. Era muy dura con Jackie y Lee, más amable con el segundo grupo de chicos. Una le preguntaba por Jackie y Lee, y ella agitaba la mano y decía: "Ah, Jackie. Está bien, está muy bien." Con los demás no entraba en mayores detalles respecto de lo que hacía. Daba la impresión de haber sido herida por Jackie y Lee a lo largo de muchos años, y que nunca les perdonó del todo la forma en que la trataron. Cuando se le preguntaba por qué se desprendía de Hammersmith Farm, Jackie dijo una vez: "No quiero hablar de eso." Eso debe de haber dejado sentimientos lastimados en Janet. Por tratarse de alguien tan interesado en el dinero como parece ser Jackie, cualquiera habría creído que Hammersmith Farm habría constituido una inversión prudente.

»Cuando Janet enfermó y quedó sin energías para luchar, Jackie le prestó más atención. Tengo que creer que la muerte de Janet hija, a tan temprana edad devastó a su madre y ablandó a Jackie. Es una suposición, porque ninguna de las dos habló de ello.»

Si bien los días de Jackie parecían más tranquilos, si alcanzó una confianza en sí misma y una suavidad de las cuales antes carecía, todavía continuaba tratando con aspereza a cualquiera que en su opinión la hubiese traicionado, incluidos los miembros de su propia familia. A su hermanastro Jamie Auchincloss nunca se le perdonó el haber hablado con Kitty Kelley, cuando ésta escribió su versión sobre la vida de Jackie. «Resulta imposible estar relacionado con alguien tan famoso como Jacqueline Onassis —dijo Jamie en su propia defensa—. La revelación que le molestó de veras fue la de que su vestido de boda había sido depositado en una caja, con la fecha de la boda escrita en la tapa, y su vestido color rosa, del momento del asesinato, fue colocado en otra caja, también con la fecha, y las dos cajas quedaron depositadas en el desván de la madre, en Georgetown, una encima de la otra.

»Después de eso no volvimos a hablar mucho. No teníamos muchos motivos para hablarnos o reunirnos, de manera que no resultaba muy evidente el hecho de que dos personas de la familia no se hablaran. Aun así, tampoco era como para romper, sobre todo porque yo sentía afecto y amistad por Jackie. Terminé escribiéndole una carta de disculpa que debe de haber resultado una de las muestras más tontas de simpleza y parloteo que jamás se hayan conocido. Es que, sencillamente, no sabía qué decir.

»Resulta extraño, pero creo que llegué a conocer a Caroline y John, y aun a Jack Kennedy, mejor de lo que conozco a Jackie. Pienso que puede establecer amistades, pero me parece que todos sienten, sin excepciones, que también hay en ella una condición de soledad y reserva.»

John Davis, primo de Jackie, cuyos retratos de familia de los Bouvier y los Kennedy disgustaban inmensamente a Jackie, recibió un tratamiento parecido. «Eso no me molestó en modo alguno —dijo Davis—. Lo que me incomodó fue que también castigó a mi madre.»

El trato a que sometió Jackie a Maude Davis y Michelle Putnam, las hermanas mellizas de su padre, fue de una crueldad flagrante. En una demostración de su hostilidad hacia John, no se presentó en Connecticut para la fiesta del octogésimo cumpleaños de sus tías, festejo al cual asistieron todos los demás miembros de la familia. Luego agravó el insulto al no invitar a ninguna de las dos tías a la boda de Caroline. Cuando Michelle Putnam murió en septiembre de 1987, Jackie concurrió al funeral, en St. Vincent Ferrer, en Nueva York, pero apenas dirigió la palabra a Maude Davis y ni habló con John.

«No sólo no habló con John Davis, sino que se negó a estrecharle la mano —dijo Marianne Strong, quien también estuvo en el funeral—. No creo haber visto nunca nada como eso. Le dio la mano a todo el mundo. Miró a través de John; alrededor de él, por detrás de él, pero no a él. Para ella, John no existía.»

La incoherencia de Jackie también se transparentó en otras cosas. Donó dinero a Canal 13, la estación de televisión pública de Nueva York, pero se negó a darlo para la Ópera Judía de Tel Aviv, cuando se lo solicitó la prima de Maurice Tempelsman, Rose Schreiber. Fue a Albany a protestar por un proyecto de ley que eliminaba la calificación de monumentos públicos de las propiedades religiosas (caso que se centró en torno de si a la Iglesia St. Bartholomew de Nueva York se le permitiría levantar una torre residencial encima de su oficina principal). En cambio, se negó a participar en un simposio sobre las Mujeres y la Constitución, patrocinado por otras cuatro Primeras Damas en el Centro Presidencial Jimmy Carter, de Atlanta, Georgia. Hizo una ruidosa campaña contra los planes de Mort Zuckerman, de construir rascacielos de 58 y 68 pisos en Columbus Circus («proyectarían una larga sombra sobre Central Park»), pero no dijo una palabra cuando la familia Kennedy anunció su intención de construir un edificio en torre del Merchandise Mart en Times Square, con lo cual quedarían eliminados decenas de pequeños comerciantes. Concurrió a la cena de Marietta Tree para la marchante Harriet Crawley y al estreno de gala de la Compañía de Danza de Martha Graham, en su temporada número 61, a la vez que declinaba invitaciones a veintenas de otras cenas y noches de estreno de gala. Viajó a Cambridge, Massachusetts, para la inauguración de un parque dedicado a John F. Kennedy, en lo que habría sido el septuagésimo cumpleaños del difunto presidente, pero se negó a ceder el Centro de Arte Dramático JFK a la cadena ABC, que quería presentar una retrospectiva filmada, como recordatorio de los 25 años transcurridos desde el asesinato de Jack Kennedy, y de los veinte que iban desde el asesinato de su hermano Robert. A la familia Kennedy le hubiera encantado, pero la voz de Jackie tenía más peso que la de ellos. Cuando Norman Mailer le pidió que ayudase a la promoción de la celebración de 1986 del PEN Internacional, aceptó; los resultados, según Jane Yeoman, coordinadora de la reunión, fueron menos espectaculares de lo esperado: «Jackie prestó su nombre al comité y donó 1.000 dólares, pero no concurrió a las reuniones y no volvimos a tener noticias de ella.»

La gente se preguntaba si Jackie había cambiado, o si sólo habían imaginado un cambio. En 1986 redujo su carga de trabajo en Doubleday a tres días y medio por semana. Pasaba casi tanto tiempo en el salón de belleza en tratamientos faciales y peinados, como en la oficina. Seguía haciendo psicoterapia una vez por semana, y había pasado a un nuevo consultorio de Park Avenue, a 150 dólares por sesión. Seguía practicando la equitación y hacía cabalgatas con sabuesos en el Club de Caza Essex, en Nueva Jersey. En 1985 ganó su segundo trofeo seguido de lady Ardmore en salto de vallas. Varias veces por año cabalgaba con Charles S. Whitehouse, el hermano de Sylvia Blake, en las carreras de punta a punta, de fin de semana, en Piedmont Hunt, Middleburg, Virginia, y se alojaba con Bunny Mellon (o a veces sola) en la Posada Red Fox.

Muy cautelosa con la prensa, concurrió sin embargo al baile anual de gala del Comité de la Campaña Senatorial, en noviembre de 1985, organizado ese año en el Club Metropolitan por Louette Samuels, y posó de buena gana con todos los hombres de negocios que habían donado 1.000 dólares para participar en el acontecimiento. Mimi Kazon, en la cobertura para su periódico, describió a Jackie como «un sueño de vestido de cuello alto y mangas largas, rojo, que le llegaba hasta las rodillas. Medias negras transparentes, zapatos sencillos de charol y un bolsito negro destacaban el negro de la cintura de su vestido. Enormes diamantes redondos orlados de negro le adornaban las orejas. Llevaba puesto un cintillo de oro sin adornos, de boda, su única otra joya.

»Lo más divertido eran esos hombrecitos de frac, con copas en la mano, que se formaron en fila y luego posaron con Jackie, uno tras otro; la parte superior de las respectivas calvas le llegaban a la línea del hombro. Los más audaces trataban de abrazarla, de tomarla del brazo, de pasarle el brazo por la cintura. Era como el puesto de los besos en una feria de atracciones de un pueblecito, donde los tipos pagaban un dólar cada uno para besar a la reina local de la belleza. Jackie lo aguantó todo con afabilidad. Sonrió durante todo el tiempo, en lo que debe de haber sido una dura prueba para ella. Hay que suponer que esos empresarios hicieron ampliar sus fotos con Jackie a tamaño natural, para ponerlas en las paredes de sus respectivas oficinas.»

Charlotte Curtis encontró que Jackie era «un poco remilgada y mojigata en esas reuniones públicas. Recuerdo haberla escuchado disertar, delante de uno de esos gentíos de bebedores de cócteles, acerca de que en esas funciones, en realidad, nadie hacía nada. Viniendo de alguien cuya carga de trabajo no representaba exactamente la faena de una esclava, el comentario sonaba un tanto extraño. Cuando alguien, en la fiesta, señaló que la mayoría de las personas presentes trabajaban por su sueldo, Jackie dijo: "Pero son tan aburridos..."

»Después fue codirectora en una cena de la Sociedad Municipal de Artes para el famoso escultor japonés-norteamericano Isamu Noguchi. La fiesta se llevó a cabo en una tienda levantada en un aparcamiento frente al Museo Jardín Isamu Noguchi, en la ciudad de Long Island, Queens. Entre quienes se encontraban sentados a la mesa de Jackie estaban Philip Johnson, Elizabeth de Cuevas, William Walton, Martha Graham y el propio Isamu Noguchi. Jackie hablaba en voz tan baja que nadie lograba oírla. Comía tan poco, que a los demás les parecía descortés repetir cualquier plato. No hacía más que quitarse y ponerse las gafas para leer. Se le cayó un pendiente y una docena de hombres corretearon de un lado a otro para recuperarlo. Noguchi la llevó en un recorrido personal por su jardín de esculturas. Mientras lo seguía, no hacía más que repetir: "Qué bonito" y "Qué hermoso". Muy pocas veces he visto una mayor falta de inspiración.»

Los chismorreos periodísticos afirmaban que Jackie se enfureció con una criada que había puesto su nuevo vestido de Christian Lacroix, de 10.000 dólares, en una pila de vestidos que serían donados a una tienda de caridad, de saldos, de Manhattan. Cuando se descubrió el error, Nancy Tuckerman, frenética, telefoneó a la tienda, pero ya era demasiado tarde.

El vestido había sido arrebatado por 100 dólares, por una cliente con vista de águila. Jackie tuvo mejor suerte cuando una docena de miniaturas indias, desmontadas por el momento de sus marcos, fueron incluidas por error en la basura. Un astuto empleado del Departamento de Sanidad dejó a un lado los valiosos cuadros y esta vez, cuando Nancy Tuckerman llamó, pudo recuperarlos.

Cada año, entre 1982 y 1985, Jackie hacía una visita a la India. En 1985 fue con S. Cary Welsh, conservador del Centro de Arte Islámico e Indio Posterior en el Museo Fogg de la Universidad de Harvard. «El viaje tuvo relación con el Festival de la India, que entonces se realizaba en todo Estados Unidos —explicó Welsh—. El Museo Metropolitano había programado una exposición, lo mismo que el Instituto de la Indumentaria. Doubleday, en conjunción con el museo, publicó un libro, *A Second Paradise: Indian Courtly Life 1590-1947*, escrito por Naveen Paitnak y editado por Jacqueline Onassis. Yo escribí la introducción. Mi esposa y yo la acompañamos a la India. Fuimos a Delhi, Baroda, Jaipur, Jodhpur, Hyderabad y varios otros distritos. Viajamos casi siempre en avión y coche, y nos hospedábamos en los palacios.

»Jackie es muy popular en la India. Consiguió que las familias principescas prestaran su ropa para usarla en la exposición del Insituto de la Indumentaria. Aunque la reconocen en la calle, no fuimos molestados por la prensa. Casi siempre podíamos vagar como si Jackie fuese una persona vulgar y corriente, cosa que no siempre puede hacer en Estados Unidos. Sospecho que ésa es una de las razones de que la India le agrade tanto. Nadie la molesta.»

Jackie concurrió a una cantidad de reuniones sociales vinculadas con el Festival de la India, y ofreció una fiesta a su vez. En la lista de invitados se contaban S. Cary Welsh, el poeta Mark Strand, el príncipe Miguel y la princesa Marina de Grecia, Hayne Wrightsman y la maharani de Jaipur. La comida, según Welsh, fue impecable, la conversación igualmente atractiva.

«Para gran excitación de las chicas —escribió *Vanity Fair*—, John Kennedy llegó para dejar su mochila. Para gran desilusión de las chicas, se fue al cabo de diez minutos.»

La anfitriona disfrutó de la gran fiesta lo bastante como para organizar otra reunión masiva el año siguiente, en esta ocasión en su casa de Martha's Vineyard, para dos docenas de sobrinos y otras tantas de amigos de éstos.

El festejo aumentó la popularidad de Jackie en el seno de la joven generación, pero no produjo efecto alguno en la forma en que la miraban los Kennedy mayores.

Richard Zoerink, conocido de Pat Kennedy Lawford, dijo: «Existen dos cosas que se me dijo que nunca mencionara cerca de Pat: los asesinatos y la persona de Jacqueline Kennedy Onassis. Esos dos temas son *verboten*. He jugado al Trivial con Pat, y siempre cae en el amarillo, que es historia, según creo. Y casi todas las preguntas sobre historia se refieren a los Kennedy. Y si tenían algo que ver con Jacqueline Onassis o el asesinato, no se formulaba la pregunta. Se me ordenó que dijera: "Oh, se me han confundido las cartas." Y sacaba otra.

»Un día estábamos jugando y ella cayó en amarillo y era algo que tenía que ver con Jacqueline Onassis. Una pregunta acerca de su apellido de soltera... Bouvier. Y yo dije: "Oh, tengo las cartas mezcladas". Y ella respondió: "Creo que debería contestar ésa". Y yo reí y dije: "De acuerdo", y se la leí. Y ella contestó la pregunta. Pero en general uno sabía que eso no se le preguntaba.

»Eso no significaba que Pat hablase alguna vez de Jackie en forma negativa, por lo menos en público. Tiene mucho cariño a los hijos de Jackie. La familia es importante para Pat. Se protegen mucho, unos a otros. Cualquier cosa que Pat pudiese decir, que lesionara a Jacqueline Kennedy Onassis, también heriría a su sobrina y su sobrino. Mi impresión es que si bien Pat no tiene mucho aprecio por Jackie, nunca diría o haría algo que pudiera perjudicar a Caroline o a John.»

Después del matrimonio de Caroline con Ed Schlossberg, hubo considerables conjeturas en cuanto a qué clase de abuela podría resultar Jackie. La respuesta se conocería muy pronto. Para la primavera de 1988, Caroline había encargado el ajuar de su bebé en Cerutti, en la avenida Madison, la misma tienda en la cual había sido vestida ella de pequeña. Mientras, seguía las lecciones Lamaze con su esposo y completaba las exigencias de su título de abogada.

Caroline voló a Boston, en varias ocasiones, para seguir de cerca el diseño de una estatua de su padre que se levantará delante de la State House, con su cúpula dorada, de la calle Beacon. A diferencia de su madre, tuvo un embarazo fácil. También visitó a Rose Kennedy en Hyannis Port y a su madre en Martha's Vineyard.

Desde principios de junio, la frase más repetida por Jackie a sus amigos llegó a ser: «Voy a ser abuela... imagínate eso.»

Cuando los síntomas del parto de Caroline empezaron el viernes 24 de junio, telefoneó a su médico, el Dr. Frederick W. Martens, y se le dijo que comenzara a cronometrar sus contracciones. Cuando éstas llegaron a los intervalos de tres minutos, la limousine de Maurice Tempelsman recogió a los futuros padres y los llevó al Centro Médico Cornell del Hospital de Nueva York. Para proteger su intimidad, Caroline figuró como la «Sra. Sylva» en el séptimo piso del hospital. Ante la puerta de su habitación privada, de 720 dólares diarios, había un par de guardias de seguridad. Fue preparada para su alumbramiento en una habitación de partos privada.

El proceso duró menos de 24 horas. A las 3.30 de la mañana del sábado 25 de junio, dio a luz un bebé de poco más de tres kilos y medio, llamado Rose por la abuela de Caroline, la matriarca de la familia Kennedy, un mes antes que ésta cumpliese sus 98 años.

Según fuentes publicadas, Jackie era un puñado de nervios en las últimas horas del parto de Caroline, mientras montaba guardia en el hospital con John. Se paseó y se mordió las uñas hasta el frenesí, y también para frenesí de John, que no cesaba de repetir a su madre que se tranquilizara.

El nacimento de su sobrina, para el cual se había armado de cigarros de calidad, señaló el comienzo de un período promisorio para John. En esos momentos trabajaba como socio, durante el verano, por 1.100 dólares semanales, en la firma de abogados de Los Angeles de Manatt, Phelps, Rothenberg y Philips. Su hermana había ocupado el mismo puesto, el verano anterior, en Paul Weiss Rifkind Wharton y Garrison, en Manhattan.

John ingresó en la política nacional al presentar al senador Ted Kennedy en la Convención Demócrata Nacional de 1988 en Atlanta, y si bien lo que dijo era prescindible, ofreció un aspecto notable; tanto, que la revista *People* le otorgó el título de «El hombre más sexy». Cuando estaba acabando su tercer curso, el último, en la Escuela de Derecho, anunció su intención de comenzar su carrera como ayudante del fiscal de distrito de Manhattan, Robert Morgenthau.

Después de tomar a una nodriza de tiempo completo, que dormiría en la casa, Caroline Kennedy planeaba dividir el año entre la presentación ante las juntas examinadoras del Estado de Nueva York y la preparación de un libro sobre un problema legal relacionado con casos jurídicos, para William Morrow. Luego de ceder a la presión de la familia para que bautizara a su niña como católica, insistió en que Rose Kennedy Schlossberg fuese bautizada en la iglesia St. Thomas More, en Manhattan. Maude Davis, entonces la única Bouvier que quedaba de la generación de Black Jack, no fue invitada.

¿Y qué fue de Lee Radziwill? Después de terminar con otro romance —con el arquitecto de Nueva York Richard Meier— y de lanzarse a otra carrera —directora de acontecimientos especiales del diseñador de moda Giorgio Armani—, Lee anunció su intención de casarse con el director de Hollywood Herbert Ross, también de ascendencia judía. Por primera vez, Lee llevó un plan a su concreción. Reunión privada, reducida, la boda se llevó a cabo en casa de Lee, en Manhattan, y fue seguida por una recepción en el salón de Jackie. Entre los invitados figuraban Rudolf Nureyev, Bernadette Peters, Steve Martin, Daryl Hannah y el decorador Mark Hampton.

En cuanto a la «Abuela O.», el nuevo apodo de Jackie para la prensa, conmemoró el vigésimo quinto aniversario del asesinato de JFK concurriendo, a las 8'30 de la mañana, a una misa privada en St. Thomas More, con la compañía de Caroline y John. Jackie no concurrió a ninguna ceremonia pública y no emitió ninguna declaración.

En su sexuagésimo cumpleaños (el 28 de julio de 1989), Jacqueline Kennedy Bouvier Onassis sigue siendo un misterio perdurable. «Soy más feliz cuando estoy sola», dijo en una ocasión. A su manera, muy individualista, es tan elegante y regia como siempre. Continúa odiando la publicidad... o por lo menos finge odiarla. Pero cuando se trata de la celebridad es nuestra estrella reinante, si bien su reputación parece ascender y caer según el humor de los tiempos. Continúa siendo blanco de más murmuraciones e insinuaciones que diez leyendas hollywoodenses juntas, pero poco a poco ha aprendido a hacer frente al clamor, a esquivarlo. Sigue en pie un interrogante: ¿Cómo es Jackie en realidad? Y la respuesta: es muy posible que nunca lo sepamos.

APÉNDICE DE REFERENCIAS

Donde y cuando ha sido posible, el autor ha intercalado notas sobre fuentes en el cuerpo del texto. Las notas de capítulos que siguen se incluyen para complementar las referencias textuales. Y aunque no son necesariamente una lista completa de fuentes, ofrecen al lector interesado cierta idea en cuanto a la metodología del autor. También se ofrecen comentarios ocasionales de naturaleza ajena al texto, pero informativa.

CAPÍTULO 1

El abuelo de Jackie Bouvier, el Comandante, fue orador invitado en la ceremonia de dedicatoria, en 1931, del Puente George Washington. «Ese día yo estaba en la escuela —recuerda Miche Bouvier—, pero concurrieron otros miembros de la familia, entre ellos el padre de Jackie. El Comandante era un magnífico orador. Todos los Cuatro de Julio pronunciaba el discurso del Día de la Independencia en East Hampton. Era una figura local muy conocida y sumamente respetada.»

Cuando llegó a Primera Dama, Jackie escribió a *The Nutley Sun* para explicar la temprana relación de su familia con Nutley, Nueva Jersey. «Los Bouvier salieron de Nutley cuando mi padre era muy joven. Pero recuerdo que mi abuelo y mi padre hablaban siempre de allí, y tenía una idea muy clara en la imaginación, por ser el lugar en que había crecido mi adorado padre. Nunca viví allí, sólo pasé por la ciudad, de pequeña, y mi padre me señalaba las cosas —lo que más recuerdo es un estanque al cual iba a patinar sobre hielo—, pero entonces yo tenía apenas seis años.»

La carta de Black Jack Bouvier «a un amigo», durante la Primera Guerra Mundial, fue escrita a Tom Collier, el 12 de julio de 1918.

Los detalles sobre el préstamo de 80.000 dólares a Black Jack, en 1922, fueron ofrecidos por Herman Darvick. El convenio del préstamo fue vendido en subasta por el señor Darvick: Herman Darvick Autograph Auctions, Venta núm. 4, 4 de septiembre de 1986, Hotel Squire de Sheraton City, Nueva York.

Antes de casarse con Emma Louise Stone, Bud Bouvier había mantenido relaciones con Edna Woolworth Hutton, madre de Barbara Hutton, heredera de las «tiendas de cinco y diez centavos», en una época en la cual Edna estaba casada con el corredor de Bolsa Franklyn Laws Hutton. Edna se suicidó no mucho después de la desintegración de su romance con Bud, ingiriendo veneno mientras se alojaba en el Hotel Plaza, en Nueva York.

En 1962, la iglesia St. Philomena, de East Hampton, donde se casaron los padres de Jackie, cambió su nombre por el de Santísima Trinidad. La junta de dirección de la iglesia cambió el nombre porque una investigación de El Vaticano reveló la existencia de dudas en cuanto a la autenticidad textual de Philomena. Pero los antiguos habitantes de East Hampton todavía se refieren a la iglesia por su nombre primitivo.

Los dos volúmenes que resultaron más valiosos como fuentes de datos sobre la familia Bouvier fueron: Kathleen Bouvier, *To Jack With Love... Black Jack Bouvier: a Remembrance*, Nueva York, 1979; John H. Davis, *The Bouviers: A Portrait of an American Family*, Nueva York, 1969. Vale la pena mencionar que los dos autores son miembros de la familia Bouvier.

La información básica sobre East Hampton y las familias Bouvier y Lee proviene de muchas fuentes, entre ellas la sala Long Island de la Biblioteca Gratuita East Hampton, los archivos de *The East Hampton Star* y volúmenes publicados por el autor, tales como Jeanette Edwards Rattray, *Fifty Years of the Maidstone Club, 1891-1941*, distribuido en 1941 a los·socios del club. Para este capítulo se llevaron a cabo entrevistas personales con: Janet Auchincloss, John H. Davis, Miche Bouvier, Michelle Putnam, Marianne Strong, Tom Collier, Herman Darvick, John Ficke, Louis Ehret, Edie Beale, Truman Capote, Peter Bloom, Jim Divine.

CAPÍTULO 2

Dos volúmenes de singular utilidad sobre la primera juventud de Jackie son: John H. Davis, *The Kennedys: Dynasty and Disaster, 1848-1983*, Nueva York, 1984; Mary van Rensselaer Thayer, *Jacqueline Bouvier Kennedy*, Garden City, 1961. También fueron útiles los archivos periodísticos de *The New York Times*, del *Daily News* de Nueva York, del *Wall Street Journal* y de *The Last Hampton Star*. La Biblioteca John F. Kennedy, Columbia Point, Boston, Massachusetts, ofreció otros materiales periodísticos sobre la primera parte de la vida de Jacqueline Bouvier Kennedy Onassis.

Richard Newton, Esq., Maestro de Sabuesos Zorreros de las Cacerías Suffolk, era, según Queenie Simmonds-Nielsen, «un gran favorito de Janet Bouvier. Caballero de pies a cabeza, siempre que alguien no pasara por accidente, a caballo, por delante de uno de sus sabuesos: entonces Newton llamaba al jinete y lo censuraba con un lenguaje que habría avergonzado a un marinero. Newton siempre iba a la cacería en su coche tirado por cuatro caballos de colas recortadas, aunque en esa época no estaban permitidas.

Uno de los primeros poemas de Jackie, publicado con frecuencia cuando llegó a Primera Dama, se titulaba «Alegría del mar»:

> Cuando bajo a la arenosa orilla
> No se me ocurre nada que más quiera
> Que vivir junto al resonante mar azul
> Mientras las gaviotas aletean a mi alrededor.
>
> Puedo corretear cuando la marea baja
> Con el viento y la arena y el mar en derredor
> Y las gaviotas que revolotean y se zambullen
> Oh... vivir junto al mar es mi único deseo.

La acusación de bisexualidad contra Black Jack Bouvier ha sido emitida desde distintos lugares. Véase Charles Schwartz, *Cole Porter: A Biography*, pág. 176: «Algunas de las relaciones más intensas de Cole eran con hombres de familias distinguidas... Por ejemplo, se decía que Cole se había sentido muy atraído en cierto momento por "Black Jack" Bouvier. Llamativo y hermoso, John Vernou Bouvier III era, como Cole, hombre de Yale, de la clase de 1914, y más tarde padre de Jacqueline Kennedy Onassis. Se supone que Cole se habría exaltado ante sus más íntimos amigos, en el apogeo de su relación con Bouvier: "Estoy loco por Jack". Una entrevista de este autor con Schwartz no aportó más informaciones. Schwartz afirmó que ya no podía recordar sus fuentes para esa acusación. Pero nuevas investigaciones por parte de este autor revelan que varios miembros de la familia Bouvier tenían conocimiento de una relación sexual entre Black Jack y Cole Porter. Un miembro de la familia asegura: Jack era *muy* bi. De vez en cuando acompañaba a Cole y al actor Monty Wooley en sus búsquedas de VARONES de la clase trabajadora. ¡Y no precisamente para jugar al bridge!»

Para este capítulo se llevaron a cabo entrevistas personales con Louis Ehret, Edie Beale, Miche Bouvier, Michelle Putnam, Peter Bloom, Janet Auchincloss, Martin Simmonds, Queenie Simmonds-Nielsen, Samuel Lester, John H. Davis, Marianne Strong, Judith Frame, Antony Cangiolosi, Franklyn Ives, Alexandra Webb.

CAPÍTULO 3

Los problemas financieros de Black Jack Bouvier en el momento de su separación de Janet se analizan en detalle en John H. Davis, *The Bouviers*. El autor obtuvo más detalles de Peter Bloom, ex empleado de James T. Lee, y de John Ficke, tenedor de libros de Black Jack duante un tiempo.

Una copia de la carta de 1937, de Jack Bouvier a James T. Lee, fue ofrecida por Herman Darvick, quien la vendió en subasta el 4 de septiembre de 1986, como parte del lote núm. 203.

En el archivo periodístico del *Daily Mirror* de Nueva York se pueden hallar detalles de los acontecimientos inmediatos que condujeron al divorcio de Jack y Janet Bouvier. Hay más informaciones sobre la audiencia del divorcio y los acuerdos resultantes, en archivos tribunalicios: Caso núm. 65098, Bouvier vs. Bouvier, 22 de julio de 1940, Oficina del Escribano del Distrito Washoe, Segundo Tribunal Judicial de Distrito, Reno, Nevada. La hipocresía intrínseca del típico caso de divorcio en Reno, con la exigencia de una residencia de seis semanas, resulta evidente en el siguiente testimonio ofrecido por Janet Bouvier durante la fase de interrogatorio directo de su audiencia de divorcio:

P. ¿Dónde reside en Distrito Washoe, Nevada?
R. En el Lazy A Bar Ranch.
P. Cuando llegó a Nevada, ¿lo hizo con el fin de establecerse permanentemente?
R. En efecto.
P. ¿Y se ha mantenido en esa intención desde entonces?
R. Sí.
P. ¿Y sigue siendo ésa su intención?
R. Sí.

La misma hipocresía se advierte en la cláusula de divorcio núm. 9, entre Jack y Janet Bouvier, que establecía lo siguiente:

Dado que las partes creen que el amor y el respeto de cada hijo por sus padres deben ser mantenidos y fortalecidos, cada una de las partes conviene en no decir, hacer o permitir que se haga o diga, de manera directa o indirecta, nada que tienda a disminuir el amor y el respeto de cada uno de los hijos hacia sus padres; y cada una de las partes se abstendrá de hablar con cada hijo, y de comentar ante cada hijo, lo relacionado con el carácter o la conducta de la otra parte, salvo, en su caso, para hablar en términos de elogio destinados a acrecentar el amor y respeto de cada hijo hacia el padre mencionado.

Para este capítulo se realizaron entrevistas personales con Peter Bloom, John Ficke, Judith Frame, Martin Simmonds, Elisabeth Draper, Fanny Gardiner, Earl T. Smith, Herman Darvick, Franklin d'Olier H., Winifred d'Olier, Edie Beale, Bouvier Beale.

CAPÍTULO 4

Los antecedentes y la información histórica sobre la familia Auchincloss provienen de los archivos del *Washington Post* y del *Washington Times Herald*, así como de la Sociedad Genealógica y Biográfica de Nueva York. Estos últimos contenían una serie de documentos de familia, entre otros: Charles C. Auchincloss, *Family Charts and Notes*, 1934; Joanna Russell Auchincloss y Caroline Auchincloss Fowler, *The Auchincloss Family*, Freeport, 1957.

Las siguientes entrevistas publicadas con el autor Gore Vidal resultaron valiosas como fuentes de información en relación con Hugh D. Auchincloss: Stephen Schiff, «Gore's Wars», *Vanity Fair*, junio de 1987; Rudy Maxa, «Gore Vidal's Washington», *Washington*, julio de 1987. En lo que respecta a las inclinaciones de Hugh Auchincloss por la pornografía, Jamie Auchincloss dijo al autor: «La primera vez que me encontré con Gore Vidal, me dijo que papá tenía la más grande colección de pornografía del mundo. Más tarde me dijo que papá era el tipo más aburrido del mundo. Le contesté que mentía. Papá no podía tener la colección de pornografía más grande del mundo y al mismo tiempo ser el hombre más aburrido del mundo.» Cuando se le preguntó acerca de esa conversación, Vidal respondió: «Me asombra que Jamie crea que el gusto por la literatura porno excluya el hecho de que una persona sea aburrida... *vide* el marqués de Sade.» Jamie Auchincloss confirmó que su padre poseía una gran colección de material pornográfico.

El autor fue conducido en un recorrido personal de Hammersmith Farm, Newport, Rodhe Island, por Dorothy Desjardins, representante de los dueños actuales de Hammersmith, Camelot Gardens, Inc. La casa y la propiedad se han mantenido intactas en esencia. El investigador del autor en Washington, Tony Mazzaschi, fue guiado en un recorrido por Merrywood, en McLean, por Michael Kay, hijo de los actuales dueños de esa finca. Jamie Auchincloss, quien creció en Merrywood, acompañó a Mazzaschi en el recorrido y proporcionó útiles reminiscencias.

La Escuela Holton-Arms, antes situada en Hillyer Place, en Washington, se encuentra hoy ubicada en los claustros Granger, zona boscosa de 36 hectáreas, en Bethesda.

Las informaciones históricas sobre la escuela de la señorita Porter fueron encontradas en la Biblioteca Pública de Hartford y en la Biblioteca Pública de Farmington. Además, el autor consultó números atrasados de *Salmagundy*, la publicación estudiantil entre cuyo personal trabajaba Jackie, proporcionados por cortesía de Rachel Phillips Belash, directora de la escuela. La serie regular de caricaturas de Jackie en *Salmagundy* se titulaba «Frenética Frieda», una especie de derivación de *Los peligros de Pauline*. La «Canción del sereno» es típica de las contribuciones poéticas de Jackie al periódico, y comienza así:

> *Camino por la ciudad bajo la lluvia*
> *De arriba abajo, en solitaria ronda.*
> *Los focos callejeros hacen brillar los charcos*
> *Y escucho el eco de mis pasos.*
>
> *En la neblina los edificios se desdibujan*
> *Enhebrados en hilos de luces de neón,*
> *huelo el guiso irlandés de Cohans*
> *Pero no puedo detenerme a probarlo...*

La carta de Jackie (a la escuela de la señorita Porter) de su abuelo Bouvier figura en Mary van Rensselaer Thayer, *Jacqueline Bouvier Kennedy*, páginas 64-65.

La leyenda completa de Jackie en el anuario de la escuela de la señorita Porter dice lo siguiente:

JACQUELINE LEE BOUVIER
«MERRYWOOD»
MC LEAN, VIRGINIA
«Jackie»

Canción favorita: «Lime House Blues.»
Siempre dice: «Después, toquen una rumba.»
Más conocida por: Su ingenio.
Aversión: A la gente que le pregunta si su caballo todavía vive.
Dónde se la encuentra: Riendo con Tucky.
Ambición: No ser ama de casa.

Para este capítulo se hicieron entrevistas personales con Jamie Auchincloss, Fanny Gardiner, Iusha Auchincloss, Dick Banks, Gore Vidal, Winifred d'Olier, Edie Beale, John H. Lavis, Michael Kay, Nancy Dickerson, Wyatt Dickerson, Nina Auchincloss Steers Straight, Dorothy Desjardins, Louis Ehret, Miche Bouvier, Elisabeth Draper, Lily Pulitzer, Eilene Slocum, Noreen Drexel.

CAPÍTULO 5

Las historias de familia de los Bouvier y los Kennedy, por John H. Davis, resultaron útiles para este capítulo, lo mismo que *To Jack With Love*, de Kathleen Bouvier, y *Jacqueline Bouvier Kennedy*, de Mary Thayer.

La evaluación escrita de Igor Cassini sobre Jackie como «Debutante del Año» se publicó primero en el *New York Journal-American*.

La carta de Black Jack Bouvier a Jackie («Supongo que no pasará mucho tiempo...») puede encontrarse en Thayer, *JBK*, pág. 74.

«Una mujer puede tener fortuna...»: pasaje citado literalmente por Edie Beale. Misivas parecidas pueden hallarse en Davis, *The Kennedys*, págs. 197-199.

Carta de Jackie a Yusha Auchincloss («Es una familia maravillosa...»): Thayer, *JBK*, pág. 80.

Entrevistas personales realizadas con Janet Auchincloss, George Gardner, Jerome Zerbe, Zylvia Whitehouse Blake, Igor Cassini, Charlotte Curtis, Selwa «Lucky» Roosevelt, John H. Davis, Iusha Auchincloss, Jonathan Isham, Peter Reed, Chris O'Donnell, Nuala Pell, Edie Beale, Bouvier Beale, John Ficke.

CAPÍTULO 6

Se llevaron a cabo entrevistas personales para este capítulo con John Sterling, Elaine Lorillard, Frank Waldrop, John G. W. Husted h., Mary deLimur Weinmann, Cecilia Parker Geyelin, Betty Fretz, Estelle Gaines, Jack Kassowitz, Selwa «Lucky» Roosevelt, John B. White, Godfrey McHugh, Charles Bartlett, Lewis Buck, John Sherman Cooper, Lem Billings.

CAPÍTULO 7

La declaración de Dinah Bridge, amiga de la familia, respecto a Jackie, procede de una entrevista conservada en la colección de historia oral que figura en la Biblioteca John F. Kennedy, Boston.

Las vidas de Joe Kennedy, h., Kathleen Kennedy y Rosemary Kennedy han sido plenamente documentadas en numerosos libros y artículos. Joe hijo, hermano mayor de Jack Kennedy, perdió la vida en agosto de 1944, cuando se ofreció como voluntario para volar en un bombardero Liberator de la Armada, cargado de explosivos, desde Inglaterra hasta unos pocos kilómetros de una base alemana de bombas V, donde debía saltar del avión, que sería guiado por control remoto durante el resto del trayecto. Un defecto de funcionamiento hizo que el avión estallara mucho antes de llegar a su punto de destino.

Para la familia resultó igualmente devastadora la muerte, cuatro años más tarde, de Kathleen. Criada como devota católica, la hermana de Jack se rebeló contra su familia y su religión al casarse con un noble protestante fuera de la Iglesia (el marqués de Harrington), y más tarde, como viuda joven, inició una relación con un hombre casado (Peter Fitzwilliam). En muchos sentidos, la vida de Kick fue tan romántica como la de cualquier heroína cinematográfica, pero terminó en forma desdichada y prematura.

Si Kick fue la más rebelde, audaz y predestinada de las hermanas Kennedy, Rosemary fue la más hermosa y tal vez la más trágica integrante del clan. Diagnosticada como «niña con problemas» y de «aprendizaje lento», más tarde fue considerada una retardada mental, no sólo peligrosa para los demás, sino para sí misma. En 1941, Joe Kennedy, sin el conocimiento de su esposa, ordenó que se practicase a Rosemary una lobotomía prefrontal. La operación culminó en un triste fracaso. Como ya no podía funcionar por sí misma, fue enviada a un convento remoto, donde se convirtió en un lamentable recordatorio, para la comunidad psiquiátrica, de un bárbaro procedimiento médico abandonado desde hace tiempo.

Para este capítulo se realizaron entrevistas personales con John H. Davis, Ralph G. Martin, Frank Waldrop, Estelle Gaines, Lem Billings, David Horowitz, Louis Ehret, James Rousmaniere, Cass Canfield h., Aileen Bowdoin Train, John P. Marquand h.

CAPÍTULO 8

Respecto a los encuentros de fútbol de la familia. Antes de dejar el deporte, Jackie preguntó una vez a Ted Sorensen: «Cuando reciba la pelota, ¿hacia dónde corro?»

Jack Kennedy tenía conciencia de que no estaba a la altura de las expectativas sociales de Janet Auchincloss para Jackie. Al llegar a Hammersmith Farm, en coche, con un grupo de ruidosos conocidos, a las tres de la mañana, les recordó que todavía cortejaba a Jackie, y luego agregó: «Dejémoslo correr, muchachos. No estoy en muy buenas relaciones con la familia y es posible que traten de expulsarme.»

Los relatos sobre las nupcias de JFK-Jackie aparecieron en numerosos periódicos, entre ellos *The New York Times, Washington Post, Boston Globe* y *Miami Herald*. Los archivos de recortes de estas y otras publicaciones fueron consultados a todo lo largo de la redacción de este libro. Véase también John H. Davis, *The Kennedys*, págs. 221-222.

«Las presiones de la vida pública...»: las declaraciones de Red Fay aparecen en su libro *The Pleasure of His Company*, pág. 163.

Para la elaboración de este capítulo se realizaron entrevistas a Larry O'Brien, Janet Auchincloss, Estelle Gaines, Lois K. Alexander, Red Fay, Mary DeLimur Winmann, John H. Davis, Marianne Strong, Michelle Putnam, John B. White, Sylvia Blake, George Smathers, Evelyn Lincoln, Yusha Auchincloss, Eilene Slocum.

Para este capítulo se llevaron a cabo entrevistas con Selwa «Lucky» Roosevelt, Jeanne Murray Vanderbilt, Lem Billings, el juez James Knott, George Vigouroux, Marianne Strong, Doris Lilly, Oleg Cassini, Slim Aarons, Langdon Marvin.

CAPÍTULO 9

Una versión distinta de la historia de los cuadros de los Kennedy aparece en Collier y Horowitz, *The Kennedys: An American Drama*, p. 195.

CAPÍTULO 10

Truman Capote, afecto a repetir versiones, describió la cena de 1955 en Nueva York, no sólo al autor, sino también a Lawrence Grobel, quien la usó en su libro *Conversations with Capote*, págs. 180-181.

El asunto Inga Arvad se describe en detalle en documentos contenidos en los archivos del FBI, puestos a disposición del autor según la Ley de Libertad de Información. El caso también se describe a fondo en Joan y Clay Blair, h., *The Search of JFK*, que resultó útil para seguir la pista de una cantidad de aventuras amorosas de JFK, incluida su frustrada persecución de Olivia de Haviland, que también se describe en este capítulo. Otros libros consultados para los fines de este capítulo son: Kitty Kelley, *Jackie Oh!*; Gene Tierney y Mickey Herskowitz, *Self-Portrait*; Ralph G. Martin, *A Hero for Hour Time*; Nancy Dickerson, *Among Those Present.*

Los archivos del FBI sobre Joseph P. Kennedy, muchos de los cuales resultan disponibles por primera vez, también fueron útiles. Entre otros datos significativos, los archivos revelan que Joe Kennedy era mucho más que un Contacto de Servicio Especial para el FBI. En 1956, el presidente Eisenhower le pidió que sirviese en una misión especial para analizar las actividades de inteligencia extranjera del gobierno, cargo que lo puso en estrecho contacto con la CIA, entonces dirigida por Allen Dulles. Los archivos del FBI indican que Joe Kennedy se reunía en forma regular con J. Edgar Hoover, en ese período, para «discutir» las actividades de la CIA. En efecto, hacía el papel de «topo» personal de Hoover, recogía datos muy reservados de la CIA y los comunicaba al FBI.

El título completo de la genealogía que describe el supuesto matrimonio JFK-Durie Malcolm es: *The Blauvelt Family Genealogy, a Comprehensive Compilation of the Descendants of Gerritt Hendricksen (Blauvelt), 1620-1687, who came to America in 1683.* Fue escrita por Louis Blauvelt y publicada por la Asociación de Descendientes de Blauvelt en Orange Este, Nueva Jersey. El caso Alicja Purdom Clark, tal como se encuentra documentado en los archivos del FBI (revelado a este autor, completo, por primera vez), indica que en julio de 1963 un hombre identificado como Robert Garden abordó al entonces senador John G. Tower con materiales del supuesto legajo tribunalicio sellado del «pleito» de Purdom contra JFK. Garden, quien se identificó como investigador privado, quería, es evidente, vender ese material a Tower y dijo al representante de éste que también quería venderlo al líder de camioneros Jimmy Hoffa. Hoffa era un blanco conocido de los Kennedy, y es de suponer que habría podido usar el material con fines extorsivos.

La entrevista con la señora Alicja Corning Clark fue realizada por la periodista Sharon Churcher, de *Penthouse*, para su columna («USA Confidential»).

Las afirmaciones de John Sharon son de su historia oral conservada en la Biblioteca JFK. La entrevista se realizó el 7 de noviembre de 1967.

Para este capítulo se efectuaron entrevistas personales con Truman Capote, George Smathers, James Rousmaniere, Langdon Marvin, Susan Imhoff, Edward Folger, Frank Waldrop, John Hersey, Lucio Manisco, Nancy Dickerson, Margaret Louise Coit, Lem Billings, Earl E. T. Smith.

CAPÍTULO 11

Los dos volúmenes más útiles para este capítulo son Ralph G. Martin, *A Hero for Our Times*, y Hugh Sidey, *John F. Kennedy, President.*

Carta de Jackie a Bernard Baruch, 9 de noviembre de 1954: «Trabajos de Bernard Baruch», Biblioteca de la Universidad de Princeton, Nueva Yersey.

Carta de Jackie al presidente Dwight Einsenhower, 17 de noviembre de 1954, Biblioteca Presidencial Dwight D. Eisenhower, Abilene, Kansas.

La exposición más completa sobre la controversia *Profiles in Courage* - Premio Pulitzer puede encontrarse en Herbert S. Parmet, *Jack: The Struggles of John F. Kennedy*, págs. 320-333. Aparte de las fuentes y personas entrevistadas, mencionadas en el texto de *Una mujer llamada Jackie*, este autor usó las transcripciones de Cass Canfield que figuran en la Colección de Historia Oral, Bibliotecas de la Universidad de Columbia, Nueva York.

Tempest Storm describe su relación con JFK en su autobiografía, *Tempest Storm: The Lady is a Vamp*, págs. 157-160.

La carta de Jackie a lady Bird Johnson: esta carta y otras 150, más o menos, de Jackie Kennedy Onassis a Lyndon y/o lady Bird Johnson (y de los Johnson a Jacqueline) han quedado disponibles por primera vez. La correspondencia se encuentra en la Biblioteca Lyndon Baines Johnson, Austin, Texas. Once de las cartas son todavía inaccesibles. Las otras se pusieron a disposición del autor por el difunto James E. O'Neill, director de las Oficinas de Bibliotecas Presidenciales, Archivos Nacionales, Washington.

Jackie a Bess Furman, 24 de noviembre de 1952: carpeta de correspondencia de Bess Furman Armstrong, Biblioteca del Congreso, Washington.

Para este capítulo se entrevistó a Ralph G. Martin, Helen McCauley, Langdon Marvin, Charles Bartlett, George Smathers, Herbert S. Parmet, Margaret Louise Coit, Blair Clark, Tom Hailey, Jules Davids, Angele Gringras, Evan W. Thomas, Clark Clifford, Janet Travell, Truman Capote, Cleveland Amory, Philip Nobile, James E. O'Neill, Emile de Antonio, Ormande de Kay.

CAPÍTULO 12

Informaciones sobre los hábitos de mujeriego de JFK durante este período, en Ralph G. Martin, *A. Hero*, pág. 113; V. de Foggia (Philip Nobile), «JFK and the Teenager», *Forum*, julio de 1985.

Cuando Bobby y Ethel Kennedy se trasladaron a Hickory Hill, Jackie pintó, como regalo de inauguración de la casa, un cuadro de la familia de RFK en Hyannis Port. El cuadro muestra a los chicos corriendo, enloquecidos, colgados del techo deslizándose por los pasamanos de las escaleras, así como a una cocinera extenuada que sale por la puerta trasera, mientras una nueva entra por la principal.

La descripción de la fiesta por Igor Cassini fue presentada durante una entrevista con este autor; una descripción parecida figura en su libro *I'd Do It All Over Again*, pág. 174.

Pueden encontrarse descripciones completas de la muerte y el funeral de Black Jack Bouvier con John H. Davis, *The Bouviers*, págs. 313-317; Kathleen Bouvier, *To Jack With Love*, págs. 275-280.

Se llevaron a cabo entrevistas para este capítulo con George Smathers, Elaine Lorillard, Charles Bartlett, Janet Auchincloss, Peter Lawford, Lem Billings, Igor Cassini, Lyle Stuart, Elisabeth Draper, Iusha Auchincloss, John H. Davis, Edie Beale.

CAPÍTULO 13

El testimonio de Bruce Gould es transcripción de su historia oral de la Biblioteca de la Universidad de Columbia. El encuentro Jackie-Dean Acheson se basa en materiales de varias fuentes, entre ellas las de la historia oral de Acheson que figura en la Biblioteca JFK. Véase también Walter Isaacson y Evan Thomas, *The Wise Men*, págs. 589-590. La carta de «¿Cómo es posible que alguien?», de Jackie a Acheson, 7 de marzo de 1958, se encuentra entre los trabajos de Dean Acheson, en la Universidad de Yale (Colección de Libros y Manuscritos Raros), New Haven, Connecticut. El resto de su correspondencia es de la misma fuente. La carta de Acheson a Harry S. Truman (nota con asterisco) es de la Biblioteca de Harry S. Truman, Independence.

Jackie sobre la señora John Sherman Cooper: Entrevista con Jacqueline Bouvier Kennedy Onassis, 13 de mayo de 1981. Colección del senador John Sherman Cooper, Biblioteca de la Universidad de Kentucky, Lexington, Kentucky.

Para este capítulo se llevaron a cabo entrevistas con George Smathers, Larry O'Brien, Lem Billings, Jacob K. Javits, Iusha Auchincloss, Mary Tierney, Joseph Cerrel, Nancy Dickerson, James Rousmaniere.

CAPÍTULO 14

Las atribuciones a Joe Alsop son paráfrasis de su transcripción de historia oral, una copia de la cual se encuentra entre sus trabajos de la división manuscritos, Biblioteca del Congreso, Washington. Joe Alsop también permitió que este autor tuviese acceso a los trabajos.

Comentarios de Elizabeth Gatov: entrevista de historia oral, Biblioteca John F. Kennedy.

Comentarios de Clara Shirpser: *One Woman's Role in Democratic Party Politics: National, State and Local, 1950-1973*, entrevista realizada en 1972-1973, Oficina Regional de Historia Oral, Biblioteca Bancroft.

Comentarios de Peter Lisagor: entrevista conservada en los archivos de historia oral, Biblioteca JFK.

Tarjeta del Día de San Valentín: trabajos de Arthur Krock, Biblioteca de la Universidad de Princeton.

Para este capítulo se realizaron entrevistas personales con Nancy Tenney Coleman, George Smathers, Peter Lawford, Dorothy Desjardins, Langdon Marvin, Slim Aarons, Larry O'Brien, Jerry Bruno, Charles Peters, Francis Lara.

CAPÍTULO 15

Buena parte del material de este capítulo es original, y el FBI, Departamento de Justicia, Washington, lo puso a disposición del autor.

La anécdota de Sofía Loren puede encontrarse en Maxine Cheshire, *Maxine Cheshire, Reporter*, págs. 71-72.

La sección sobre Janet DesRosiers se basa en parte en una entrevista con la persona, y en parte en un artículo publicado: Lloyd Grove, «Candidate JFK: Scribbles From the Trail», *Washington Post*, 29 de mayo de 1987.

Los fallos e incoherencias de Judith Exner: en las págs. 263-265 de *My Story*, el libro de Exner sobre su relación con JFK, afirma haber sido tratada con una serie de inyecciones de anfetaminas por el difunto doctor Max Jacobson de Nueva York. La viuda del doctor Jacobson, Ruth Jacobson, rechaza su afirmación, declara que Exner nunca fue paciente de su esposo y que no existe una hoja clínica de ella como tal paciente. Dice Ruth Jacobson: «Exner conocía a Tommy Jacobson, el hijo de Max, pero nunca fue tratada por mi esposo. Según parece, se enteró de los tratamientos por otros pacientes y luego se informó convenientemente acerca de la práctica médica de él. Cuando se publicó su libro, mi esposo, que todavía vivía, se asombró al leer que él la había tratado, que era una paciente regular suya. Lo negó en términos absolutos.»

Existe una gran discrepancia entre el libro de Exner y el artículo de la revista *People* respecto a la descripción de ella sobre los hechos que se produjeron el 6 de abril de 1960, en que ella afirma haber visitado a JFK en su casa de Georgetown, mientras Jackie se encontraba en Florida. En el libro de 1977 escribe: «Cuando entramos en la sala, un hombre corpulento se puso de pie y Jack nos presentó, pero nunca pude recordar su nombre... Entendí que era un representante del *lobby* de los ferrocarriles.» Once años más tarde (y veintiocho después del suceso), tiene un milagroso reavivamiento de la memoria; el artículo de la revista *People* dice: «Una tercera persona, un hombre llamado Bill, estuvo en la cena esa noche».

En el libro y el artículo nos enteramos que JFK y «Bill» hablaron esa noche de las próximas elecciones primarias de Virginia Oeste. En el libro describe la conversación (págs. 129-130) como sigue: «A Jack no le cabía la menor duda de que ganaría en Virginia Oeste, sin tener en cuenta el problema religioso. El espíritu Kennedy era indomable». Pero en *People* aparece diciendo: «[Bill] y Jack se pasaron la noche discutiendo la estrategia para las primarias de Virginia Oeste... Ésas eran las que le preocupaban de verdad, porque era católico y se enfrentaba a Hubert Humphrey, un protestante, en un estado en el cual el 95 por ciento de los habitantes eran protestantes.» Las dos evaluaciones no podrían ser más contradictorias.

Las diversas versiones de Exner no coinciden. Ovid Demaris, quien le ayudó a escribir *My Story*, dijo a este autor: «Exner me llamó un día, cuando ya se había publicado el libro, y me dijo: "Sabes, lamento no haberte dicho *toda* la verdad, porque no quería herir a Jack más de lo que ya había sido herido, pero Jack sabía que yo tenía relaciones con Giancana". En el libro, JFK ignoraba supuestamente la relación con Giancana». Exner había olvidado, en apariencia, su conversación con Demaris y contó una versión distinta a Kelley. En el artículo de *People* leemos: «Sólo cuando ya no se acostaba con Kennedy, dice, se permitió entrar en una relación con Giancana, quien era viudo. El asunto duró unos meses, hasta el otoño de 1962.»

Aunque es preciso mostrar un gran escepticismo en lo que se refiere a las afirmaciones de Exner, el reportero investigador Anthony Summers sugiere una interesante subtrama en *Goddess*, su biografía, de 1985, de Marilyn Monroe. A principios de 1961, escribe Summers (pág. 237), JFK estaba a punto de ser nombrado por Peter Fairchild como uno de varios codemandados en un juicio de divorcio contra su esposa, joven estrella de Hollywood, una mujer llamada Judith Meredith. Otros de los incluidos serían Dean Martin, Jerry Lewis y Frank Sinatra. Jerry Lewis, escribe Summers, pidió a Judith Exner, quien había trabajado para él en los Estudios Paramount, que indujese a San Giancana a intervenir con su sabueso privado, un conocido detective de Hollywood llamado Fred Otash, quien manejaba la investigación para el divorcio. Giancana así lo hizo, y quedó destruida la evidencia que vinculaba a JFK con Judy Meredith. Aunque, según parece, Otash confirmó la versión ante Summers, Judith Meredith no lo hizo así. Entrevistada por Summers, negó haberse acostado nunca con JFK.

Un giro más reciente del asunto JFK-Exner salió a la luz en julio de 1988, cuando la prensa informó de que cierto Richard Crummit (con la ayuda de la autora Frances Leighton) trataba de publicar un libro en el cual declaraba que es «el hijo del amor» de JFK y Exner. El principal problema consiste en que Crummit nació en la primavera de 1964, dos años después que Exner dejara de ver a JFK.

El príncipe Stanislas Radziwill se casó primero con la actual baronesa de Challot, esposa de un banquero suizo. Se divorciaron, y a la larga el matrimonio fue anulado. Su segunda esposa, la heredera de las líneas navieras Grace Kilin, es ahora la condesa de Dudley. La boda fue una ceremonia civil, no reconocida por la Iglesia, y se llevó a cabo antes de la anulación de la primera.

El casamiento de Lee Radziwill con Michael Canfield fue anulado el 15 de febrero de 1964, debido a que Canfield, «no católico, no abrigaba la intención de tener hijos cuando se casó con ella».

El presidente Dwight Eisenhower se mostró tan crítico de los Kennedy como éstos lo habían sido de él. En una entrevista de 1965 para la colección de historia oral de la Biblioteca Presidencial Herbert Hoover, dijo: «Todos los días aparece uno de los Kennedy en algún periódico. Robert o Teddy o Jackie, y si no pueden encontrar a ningún otro, bien, buscan al joven John o a cualquiera.»

En su historia oral para la Biblioteca JFK, Janet Travell analiza las precauciones que adoptó después del intento de robo del historial médico de JFK: «Respecto a su historial médico, fui a los lugares donde él había sido tratado, en el hospital de Nueva York, en Boston y en Palm Beach, a todas partes, y me dirigí al director o a alguien del personal a quien conociera. Todos sus antecedentes fueron puestos en cajas fuertes y bajo llave, en lugar de quedar en una oficina abierta. Encontré casi todo lo que existía.»

Comentarios de Betty Cason Hickman: entrevista para la historia oral, Biblioteca LBJ.

En cuanto a la resistencia de Jackie a hablar con la prensa, aceptó hacer una entrevista escrita con Fletcher Knebel, autor de *Siete días de mayo*, para un artículo destinado a una revista. Sus respuestas fueron humorísticas. Cuando se le preguntó si JFK recordaba los cumpleaños de los integrantes de su familia inmediata, escribió: «Vaya una pregunta aburrida».

La expresión de aguda desilusión de Tip O'Neill puede encontrarse en las memorias que escribió con la ayuda de William Novak, *The Life and Political Memoirs of Speaker Tip O'Neill*, pág. 101.

La victoria de JFK sobre Richard Nixon, en la carrera presidencial de 1960, no fue en modo alguno un dominio claro. JFK recibió 303 votos del colegio electoral, contra los 219 de Nixon. Obtuvo 34.227.096 votos populares frente a los 34.108.546 de Nixon.

Los comentarios de Jack Conway: véase Arthur Schlesinger, h., *Robert Kennedy and His Times*, pág. 220.

La carta de Jackie a Oleg Cassini, 30 de diciembre de 1960. Véase Oleg Cassini, *In My Own Fashion*, págs. 309-310.

La información sobre el caso de Richard P. Pavlick está tomada de archivos del FBI, el Servicio Secreto y el Departamento de Salud, puestos a disposición del autor bajo la Ley de Libertad de Información.

Las siguientes personas fueron entrevistadas para este capítulo: Bob Phillips, Toni Bradlee, Deirdre Henderson, Herbert Parmet, Russell Hemenway, Janet DesRosiers, David Blair McCloskey, Langdon Marvin, Blair Clark, Ovid Demaris, Peter Lawford, Joseph Cerrell, George Smathers, Larry Newman, Truman Capote, Lem Billings, Normal Mailer, Harris Wofford, Joan Braden, Mary Tierney, Betty Beale, Newton Steers, Iusha Auchincloss, Robert Green, Marty Venker, Ida Large, Gregg Dodge, Gladys Dise, Earl E. T. Smith, Irving Mansfield, Slim Aarons, Mary Bass Gibson, Thomas L. Souder, Oleg Cassini, Igor Cassini, tish Baldridge.

CAPÍTULO 16

El poema que Robert Frost escribió para la Asunción fue «Dedication». Cegado por el intenso resplandor del sol, recitó «The Gift Outright».

El almuerzo en el Hotel Mayflower y las actividades que siguieron se describen en detalle en John H. Davis, *The Kennedys*, págs. 260-263.

Para este capítulo se efectuaron las siguientes entrevistas: Sister Parish, Oleg Cassini, Halston, Rosemary Sorrentino, John H. Davis, Miche Bouvier, Edie Beale, Peter Lawford, Ken McKnight.

CAPÍTULO 17

Las dos fuentes más útiles para este capítulo fueron las memorias de J. B. West (escritas con Mary Lynn Kotz), *Upstairs at the White House: My Life With the First Ladies*, págs. 204-282, y los archivos sociales de la Casa Blanca, Biblioteca John F. Kennedy, que se usan aquí por primera vez. Estos archivos fueron abiertos y puestos a disposición del autor después de recurrir al director de Bibliotecas Presidenciales, en Washington. Los archivos sociales, que abarcan miles de metros cúbicos de correspondencia, memorándums, informes y recortes, ofrecen una visión «entre bambalinas» de la dirección por Jackie de este aspecto de la Casa Blanca. Muchas de los memorándums y buena parte de la información de este capítulo han sido tomados de esos archivos. También resultaron valiosos los archivos y registros de la Administración de Servicios Generales, 1961-1963, Biblioteca JFK, en su vinculación con determinados proyectos iniciados por la Primera Dama.

Comentarios de Herbert H. S. Feldman: Diarios de Herbert H. S. Feldman, vol. 7, Biblioteca William R. Perkins, Archivos de la Universidad Duke, división de manuscritos, Durham, Carolina del Norte.

Concierto de Pau Casals en la Casa Blanca: véanse archivos sociales de la Casa Blanca.

«Me hubiera dejado matar por el presidente Kennedy»: René Verdon al autor (carta), 22 de enero de 1986. Comentarios de Liz Carpenter sobre Verdon: entrevista con Elizabeth Carpenter para la historia oral, Biblioteca LBJ.

Jackie y Pierre Salinger: aparte de una entrevista con Salinger, el ex secretario de prensa puso a disposición del autor el manuscrito de un artículo que había escrito para su publicación en una revista alemana; todo, menos la primera nota de esta sección, pertenece a dicho artículo. La primera nota («... Tenía entendido que habías hecho un pacto») apareció en un artículo de Salinger, «Kennedy Remembered», *McCall's*, junio de 1988.

Para este capítulo se llevaron a cabo entrevistas con Sister Parish, Leonard Bernstein, Franklin D. Roosevelt h., Lem Billings, Sandy Fox, May Lynn Kotz, John Walker, Bernard L. Boutin, Rusty Young, Mary Gallagher, Tish Baldridge, Charlotte Curtis, Jean-Paul Ansellem, Zella West, Gladys Tartiere, Hebe Dorsey, José Ferrer, Roger Fessaguet, Craig Claiborne, Jamie Auchincloss, Pierre Salinger, Cecil Soughton, Garnett Stackleberg, Hope Ridings Miller, Esther van Wagoner Tufty.

CAPÍTULO 18

Una fuente importante para los materiales de este capítulo fue el Servicio Secreto, Departamento del Tesoro, Washington, quien puso a disposición del autor legajos hasta entonces cerrados, que documentaban, hora por hora, los movimientos de JFK, incluidos los registros de sus relaciones extramaritales, que hasta entonces sólo eran rumores.

El caso repetido a menudo, en relación con Dave Powers y la actriz de Hollywood, figuró primero en Traphes Bryant y Frances Spitz Leighton, *Dog Days at the White House: The Outrageos Memoirs of the Presidential Kennel Keeper*, pág. 37.

Philip Nobile: Véase V. de Foggia, «JFK and the Teenager», *Forum*, julio de 1985.

Para este capítulo se entrevistó a Marty Venker, la esposa de Barnard Lamotte, Doris Lilly, Peter Lawford, Leslie Devereux, Stanley Tretick, Howard Oxenberg, Lem Billings, Liz Smith, Marianne Strong, Purette Spiegler, Francis Lara, Philippe de Bausset, John Walker, Langdon Marvin, Pierre Salinger, Truman Capote, Toni Bradlee, Joe Acquaotta.

CAPÍTULO 19

Este capítulo se basa en gran medida en los archivos personales del difunto doctor Max Jacobson, puestos a disposición del autor por su viuda, Ruth Jacobson, que contienen registros médicos, libros de citas, cintas magnetofónicas, fotos, documentos de tribunales, cuadernos de viajes, así como la larga memoria inédita del doctor Jacobson, completada poco antes de su fallecimiento, en 1980.

El perro «espacial» enviado por Khruschev a la Casa Blanca fue denominado *Pushinka*. Se convirtió en el favorito de Caroline, además de sus ponies, *Macaroni* y *Tex*, y un par de loritos, Maybelle y Bluebelle.

Cuando comenzó la crisis de los misiles cubanos, Jackie, quien vivía en Glen Ora, regresó a la Casa Blanca. «Quiero estar con mi esposo», anunció, aunque habría podido optar por la relativa seguridad de la isla Peanut, el refugio presidencial contra bombardeos situado frente a Palm Beach. La presencia de su esposa impidió que JFK codiciara a otras mujeres. En *Tell It to the King*, el escritor Larry King relata una anécdota relacionada con una atractiva secretaria que había sido enviada a la Casa Blanca por el Departamento de Comercio, a trabajar para Robert McNamara. La secretaria se hallaba presente el día en que JFK y sus asesores esperaban a ver si Khruschev tenía la tención de acatar el ultimátum de Norteamérica, o si estaba a punto de iniciarse la tercera guerra mundial. De pronto JFK vio a la nueva secretaria: «¿Quién es ésa?», preguntó. «Está haciendo una suplencia», contestó McNamara. JFK se acercó más a McNamara. «Bob, quiero su nombre y su número —dijo—. Es posible que hoy frenemos la guerra aquí.» Para este capítulo se efectuaron entrevistas con Tom Jacobson, Ken McKnight, Michael Samek, Pat Suzuki, Chuck Spalding, Claude Pepper, Truman Capote, Alexandre, Hubert de Givenchy, Consuelo Crespi, Arthur Goldberg, Godfrey McHugh, Ruth Mòsse, John H. Davis.

CAPÍTULO 20

Los archivos, documentos, correspondencia, memorándums y otros materiales vinculados con el proyecto de restauración de la Casa Blanca se han obtenido de una gran cantidad de fuentes, entre ellas la Galería Nacional de Arte (Washington); la Smithsonian Institution (Washington); los archivos sociales de la Casa Blanca (Biblioteca JFK); Documentos Angier Biddle Duke (Biblioteca de la Universidad de Duke, Durham, Carolina del Norte), National Geographic Society (Washington); archivos de la Administración de Servicios Generales (Biblioteca JFK); Colección Franco Scalamandré (Nueva York); Colección Henry Francis du Pont, Museo y Jardines Winterthur (Greenville, Delaware), Documentos Bernard M. Baruch, Biblioteca de la Universidad de Princeton, así como Milton Lunin y Truman Capote, quienes proporcionaron al autor las copias de varias cartas pertinentes. Muchos de estos documentos aparecen aquí publicados por primera vez.

Entre otras fuentes valiosas se cuentan J. B. West, *Upstairs at the White House*, y la serie en seis partes, de Maxine Cheshire, sobre el proyecto de restauración, que se publicó en el *Washington Post* (agosto-septiembre de 1962).

«Localizar mobiliario auténtico...»: Archivos sociales de la Casa Blanca.

«Espero que no...»: James Fosburgh a Jackie, s/f, Documentos James Fosburgh, Biblioteca del Congreso. La anécdota sobre Walter Annenberg aparece en forma un tanto diferente en John Cooney, *The Annenbergs*, págs. 265-266.

«Tal vez sepa...»: Jackie a Bernard Baruch, Documentos Bernard M. Baruch, Bibliotecas de la Universidad de Princeton.

«Me gusta mucho la alfombra...»: Jackie a J. B. West, *Upstairs at the White House*.

«En realidad no me agradan...»: Jackie a Bernard Boutin, 7 de abril de 1963, archivos de la ASG, Biblioteca JFK.

«Querido Bernie...»: Jackie a Bernard Boutin, 8 de noviembre de 1963, archivos de la ASG.

«Cómo lamento...»: Chris Preuty Rosenfeld a David Finley, legajo de correspondencia de David Finley, Sociedad Histórica de la Casa Blanca, Biblioteca del Congreso.

«Importantes escritos norteamericanos» y otros extractos: Jackie a James T. Babb, 30 de abril de 1963, Biblioteca de la Universidad de Yale, New Haven, Connecticut.

«Todas las ex Primeras Damas...»: Memorándum para el Archivo, John S. D. Eisenhower, 7 de marzo de 1962, Biblioteca Dwight D. Eisenhower, Abilene, Kansas.

Para este capítulo se entrevistó a John Carl Warnecke, Angier Biddle Duke, Clement E. Conger, Lorraine Pearce, Truman Capote, Clark Clifford, Carson Glass, Conrad Wirth, Nash Castro, Robert L. Breeden, Donald J. Crump, Adriana Scalamandré Bitter, Harris Wofford, Blair Clark, Perry Wolf, Norman Mailer, Richard Goodwin.

CAPÍTULO 21

«Así pasamos nuestras veladas...»: véase *Newsweek*, 1 de enero de 1962.

Las referencias a J. B. West pertenecen a su libro *Upstairs at the White House*, pág. 234.

«Como no estaba aquí...»: Historia Oral, Charles R. Burrows, Biblioteca JFK.

«Como una esfinge...»: Jackie a Adlai Stevenson, 4 de febrero de 1963, Documentos Adlai E. Stevenson, Bibliotecas de la Universidad de Princeton.

«El presidente Kennedy confiaba...»: Arthur Schlesinger h., carta al autor, 7 de julio de 1986.

«Galbraith se defendió...»: John Kenneth Galbraith, carta al autor, 23 de marzo de 1987.

Tallas eróticas: véase Ralph G. Martin, *A Hero for Our Times*, pág. 337.

Diarios: véase Noel Coward, *The Noel Coward Diaries*, pág. 476.

C. L. Sulzberger: véase C. L. Sulzberger, *The Last of the Giants*, págs. 914-916.

August Heckscher: Historia Oral, August Heckscher, Biblioteca JFK.

«Por si alguien quiere saber...»: Letita Baldridge a Evelyn Lincoln, 27 de octubre de 1961, archivos sociales de la Casa Blanca, Biblioteca JFK.

«La gente que quiere dejar regalos...»: memorándum de Tish Baldridge a Angier Biddle Duke, 22 de mayo de 1963, archivos sociales de la Casa Blanca.

«La señora Ikeda...»: memorándum de Tish Baldridge a Angier Biddle Duke, 30 de junio de 1961, archivos sociales de la Casa Blanca.

Los excesivos gastos de Jackie son tratados con cierta profundidad por Mary Gallagher, *My Life With Jacqueline Kennedy*, y por Ben Bradlee, *Conversations With Kennedy.*

Arthur Schlesinger: véase Arthur M. Schlesinger, h., *Robert Kennedy and His Times*, págs. 594-596.

Versión de Gore Vidal: carta de Vidal al autor, 10 de mayo de 1986.

Para este capítulo se realizaron entrevistas con Jerry Bruno, Esther van Wagoner Tufty, Jane Suydam, Alice Gaither, la esposa de Anthony Hass, Oleg Cassini, Igor Cassini, Edie Beale, Truman Capote, Lem Billings, Ruth Montgomery, George Smathers, Ralph G. Martin, Kathy Tollerton, Charles Bartlett, Charlotte Curtis, David Ormsby-Gore (lord Harlech), Robert McNamara, Chester V. Clifton, Richard Goodwin, Joan Braden, Endicott «Chubb» Peabody, Hernry C. Lindner, Pat Suzuki, Jamie Auchincloss, Blair Clark, George Plimpton, Peter Morrison, Richard Zoerinck.

CAPÍTULO 22

Además de las relaciones de JFK mencionadas en este libro, en apariencia hubo otras. Ralph G. Martin, *A Hero for Our Time*, pág. 444, cita a Robert Pierpont, corresponsal de la CBS, quien habría visto a JFK salir de una cabaña en Palm Beach, una mañana, con una joven. Se abrazaron y luego se introdujeron en la limousine de JFK, donde «la mujer desapareció en brazos del presidente». Después Pierpont vio a una de las hermanas de JFK que llegaba en un descapotable, iba hasta el coche de su hermano y gritaba: «¡Vamos, Mildred!» Mildred dio al presidente un último beso prolongado, antes de dejarlo y unirse a su hermana.

«Kennedy jamás pensó...»: historia oral, India Edwards, 10 de noviembre de 1975, Biblioteca Harry S. Truman.

Ellen Rometsch: temeroso de que Rometsch «pronunciara nombres», incluido el de su hermano, el presidente, el fiscal general Robert Kennedy envió a La Vern Duffy, amigo íntimo e investigador del Senado, a Alemania (después de la deportación de Rometsch), par que hablase con ella y «la calmara». J. Edgard Hoover usó a Rometsch y otros escándalos sexuales para «extorsionar» a JFK de modo que le diese rienda suelta en casos tales como su ataque individual contra Martin Luther King.

El caso Profumo: el autor tuvo acceso a los archivos del FBI; además fueron consultados los siguientes libros: Stephen Dorril, *Honeytrap*, 1987; Phillip Knightley y Caroline Kennedy, *An Affair of State*, 1987.

Se realizaron entrevistas con Peter Lawford, Stanley Tretick, Ted H. Jordan, Tory Pryor, Mac Kilduff, Lem Billings, Toni Bradlee, James Angleton, Cord Meyer, h., Blair Clark.

CAPÍTULO 23

«Es uno de los favoritos...»: Jackie a Basil Rathbone, 1 de abril de 1963. El texto de esta carta aparece en el catálogo de 1970: Casa de Subastas Paul Richards, Boston, Massachussets.

«¿Quiere que le diga...?»: Jackie a Basil Rathbone, 2 de abril de 1963, catálogo de la Casa de Subastas Richards.

«Tantas personas...»: entrevista Jackie, colección de historia oral de la Universidad de Kentucky.

Frances Parkinson Keyes a lady Bird, 1 de mayo de 1963, archivos sociales de la Casa Blanca.

Virginia Livingston Hunt a Betty Beale, 30 de marzo de 1963, archivos sociales de la Casa Blanca.

Memorándum de Tish Baldridge a Jackie, 4 de marzo de 1963, archivos sociales de la Casa Blanca.

Memorándum de Tish Baldridge a Jackie, 12 de abril de 1963, archivos sociales de la Casa Blanca.

«...No sólo había jugado con...»: historia oral RFK, Biblioteca JFK.

«No puedo decirle...» El texto completo de esta carta puede encontrarse en Louis Nizer, *Reflections Without Mirrors*, págs. 414-416. Nizer representó a Igor Cassini en su caso legal.

«Ich bin ein Berliner...»: véase Joel Makower, *Boom! Talking About Our Generation*, 1985.

Barry Goldwater: véase Larry King con Peter Occhiogrosso, *Tell It to the King*, 1988.

Villa Serbelloni: véase Thomas J. Schoenbaum, *Waging Peace and War: Dean Rusk in the Truman, Kennedy and Johnson Years*, pág. 282.

«Esa boca petulante, suficiente...» La franca reacción de Jackie ante el gobernador John Connally es uno de los muchos fragmentos que más tarde obligó a William Manchester a eliminar de su libro, *Death of a President* (Muerte de un presidente). Muchos de tales fragmentos fueron publicados más tarde en la prensa, durante la prolongada escaramuza legal respecto del contenido del libro.

Para este capítulo se entrevistó a Eilene Slocum, Key Lepercq, Betty Beale, Purette Spiegler, Barbara Coleman, Oleg Cassini, Igor Cassini, Doris Francisco, Lois Wright, Edie Beale, John B. White, Iusha Auchincloss, Sylvia Blake, Claiborne Pell, Nuala Pell, Franklin D. Roosevelt, h., Suzanne Perrin Kloman, George Smathers, Larry O'Brien, Hervé Alphand, Sarah McClendon, Jessie Stearns, Godfrey McHugh, George-Michael Evica.

CAPÍTULO 24

En un informe del FBI presentado el 3 de agosto de 1964 por el agente especial M. C. Clements, se dice que Jack Ruby habría afirmado que mató a Lee Harvey Oswald «para salvar a la señora Kennedy de asistir al juicio de Oswald en Dallas». Ruby negó después haber hecho tal comentario a un agente del FBI.

Carta (26 de noviembre de 1963) de Jackie a LBJ, y de éste a Jackie (1 de diciembre de 1963): Biblioteca LBJ. Comentarios de De Gaulle sobre JFK: *Time*, 23 de noviembre de 1970.

Para este capítulo se realizaron entrevistas con Mac Kilduff, Godfrey McHugh, Chester V. Clifton, Jack Valenti, Cecil Stoughton, Larry O'Brien, Robert McNamara, Janet Auchincloss, Angier Biddle Duke, Ramsey Clark, John H. Davis, Edward Jay Epstein, John Hersey, Teddy White, George-Michael Evica.

CAPÍTULO 25

«No se deje asustar...»: lady Bird Johnson, *A White House Diary*, pág. 11.

«Recuerdo haber ido...»: entrevista de historia oral con Jacqueline Onassis Kennedy, 11 de enero de 1974, Biblioteca LBJ.

«Tuve la extraña sensación...»: historia oral de Liz Carpenter, Biblioteca LBJ.

«Las diversas señoras Kennedy...»: historia oral de Arthur Krock, Biblioteca LBJ.

«Era Lyndon...»: Una versión un tanto alterada de su relato aparece en Robert Parker, *Capitol Hill in Black and White*, pág. 133.

Billy Baldwin: véase Billy Baldwin, *Billy Baldwin Remembers*, págs. 109-113.

Evelyn Lincoln: esta anécdota reaparece en varios libros, incluido el de John H. Davis, *The Kennedys*, pág. 509.

Boby «dominaba a su cuñada...»: historia oral de Neil MacNeil, Biblioteca Presidencial Herbert Hoover, West Branch, Iowa.

Joan Braden y RFK: véase «The Braden Proposal», *Washington Post*, 8 de septiembre de 1987.

Dorothy Schiff y Jackie: véase David Porter, *Men, Money and Magic: The Story of Dorothy Schiff*, págs. 290-298.

«Creo que la gente sabe...»: Jackie a Bennett Cerf, 1 de octubre de 1964, Documentos de Bennett Cerf, Bibliotecas de la Universidad de Columbia, Nueva York.

Telefoneó a Cerf: historia oral de Bennett Cerf, Bibliotecas de la Universidad de Columbia.

«Debes de haber abandonado...»: Jackie a LBJ, 30 de noviembre de 1965, Biblioteca de LBJ.

«Fue un día tan emotivo...»: Jackie a LBJ, 16 de mayo de 1965, Biblioteca LBJ.

Para este capítulo se efectuaron entrevistas personales con Judy White, Bernard Boutin, Franklin D. Roosevelt, h., John H. Davis, Robert McNamara, Michelle Putnam, Lem Billings, Jacqueline Hirsch, William Joyce, Richard Goodwin, Samuel H. Beer, Philip Johnson, Jerry Bruno, Pierre Salinger, Orville Freeman, Rosemary Sorrentino, Phyllis Cerf Wagner, Joan Braden, Marty Venker, Charles Addams, Norman Mailer, Kay Lepercq, Dick Banks, Flora Whitney Miller, Peter Lawford, Stanley Tretick, George Plimpton, Claiborne Pell, Nuala Pell, Bev Bogert, C. Douglas Dillon.

CAPÍTULO 26

«Una sola palabra de advertencia...»: Jackie a lady Bird, abril de 1966, Biblioteca LBJ.

JFK, h., quemaduras: informe de los archivos del Servicio Secreto, 6 de julio de 1966.

«Los cambios acerca de los cuales hablo...»: carta de Jackie a William Manchester, 28 de noviembre de 1966, por cortesía de Harold Matson.

«Y cuando aceptamos...»: historia oral de William Atwood, Bibliotecas de la Universidad de Columbia. Se consultaron numerosas fuentes adicionales en relación con la controversia sobre el libro de Manchester, entre ellas *Time, Newsweek, The New York Times* y *Chicago Tribune*. También resultó útil William Manchester, *Controversy and Other Essays in Journalism, 1950-1975*, 1976. Extraña nota a pie: véase Arthur M. Schlesinger, h., *Robert Kennedy and His Times*, pág. 898.

«Después de haber estado en Irlanda...»: Jackie a Thomas T. Hendrick, 7 de agosto de 1967, Biblioteca Harry S. Truman, Independence, Missouri.

«Por favor, ten piedad...»: Adlai Stevenson a Jackie, 30 de mayo de 1984, Bibliotecas de la Universidad de Princeton.

«¡Bienvenida a Nueva York!...»: Stevenson a Jackie, 16 de septiembre de 1964, Princeton.

«¿Querrías ir...?»: Stevenson a Jackie, 17 de diciembre de 1964.

«¿Querrías ser...?»: Stevenson a Jackie, 3 de marzo de 1965.

Robert Lowell y Jackie: véase C. David Heymann, *American Aristocracy: The Lives and Times of James Russell, Amy and Robert Lowell*, así como Ian Hamilton, *Robert Lowell: A Biography*. La correspondencia de Lowell con Jackie se encuentra en la Biblioteca Houghton, Universidad de Cambridge, Cambridge, Massachussetts.

Se llevaron a cabo entrevistas personales, para este capítulo, con Charles Bartlett, Toni Bradlee, Charles Addams, John B. White, Monique van Vooren, Paul Oskar Kristeller, Ken McKnight, Ruth Jacobson, George Plimpton, Ivo Lupis, C. Douglas Dillon, Lewis Murdock, Sharon Churcher, Bev Walter, Patricia Shea, Scott Shea, Jay Rutherford, Angier Biddle Duke, Cleveland Amory, Dick Banks, Truman Capote, William Manchester, Richard Goodwin, Evan W. Thomas, Harold Matson, Paul Mathias, May DeGrade, David Susskind, Thoms Moorer, Thomas T. Hendrick, Blair Clark, Roswell Gilpatric, Agnes Ash, Madelin Gilpatric, Marianne Strong, Helene Gaillet.

CAPÍTULO 27

Renee Luttgen, ex empleada y compañera del doctor Henry Lax, proporcionó al autor ejemplares de correspondencia, diarios, fotos y otros recuerdos pertenecientes a Lax.

Pete Hamill y Shirley MacLaine: véase Jean Stein y George Plimpton, *American Journey: The Times of Robert Kennedy*, págs. 158-159.

Para este capítulo se llevaron a cabo entrevistas con Renee Luttgen, Bernard Fensterwald, Roswell Gilpatric, Larry Newman, Truman Capote, Jonathan Tapper, Helene Gaillet, Lynn Alpha Smith, Doris Lilly, Lilly Lawrence, Maria Papastamou, Jerome Zerbe, Charlotte Curtis, Selwa «Lucky» Roosevelt, Sylvia Blake, Pierre Salinger, Edie Beale.

CAPÍTULO 28

El retratista Aaron Shikler completó hace poco los retratos oficiales, para la Casa Blanca, de Ronald y Nancy Reagan.

«Como sabrá, la idea...»: Jackie a Pat Nixon, publicado por primera vez en Julie Nixon Eisenhower, *Pat Nixon: The Untold Story*, pág. 309.

«En una proposición de un libro que nunca se escribió...»: la proposición para el libro de Johnny Meyer fue preparada por éste con la ayuda del difunto George Clifford. La esposa de Gerry Clifford lo puso a disposición de este autor.

El papel de Johnny Meyer en el matrimonio Christina Onassis-Joe Bolker se describe en detalle en el libro propuesto por Meyer-Clifford.

Para este capítulo se realizaron entrevistas con Costa Gratsos, Lynn Alpha Smith, Roswell Gilpatric, Marie-Helene Rothschild, Jacques Harvey, Maia Calligas, Rosemary Sorrentino, Alexis Miotis, William Joyce, Doris Ford, Angelo Katopodis, Yvette Bertin, la señora de J. Boyer, Guyot de Renty, John Rigas, Roger Viard, Truman Capote, Robert David, Lyon Gardiner, Helga Wagner, John Karavlas, Renee Luttgen, Fanny Warburg, Carol Rosenwald, Sally Bitterman, Marjorie Housepian Dobkin, Marty Venker, James Kalafatis, Ruth Jacobson, Ron Galella, Niki Goulandris, Aaron Shikler, Roger Bentley.

CAPÍTULO 29

Una versión de la visita de Andy Warhol al Museo de Brooklyn, con Jackie y Lee, apareció en su libro, *Andy Warhol Exposures*, 1978.

Para este capítulo se realizaron entrevistas con Ron Galella, James Kalafatis, Costa Gratsos, Roy Cohn, Lynn Alpha Smith, Carol Selig, Jacques Harvey, Beny Aristea, Edie Beale, Bouvier Beale, William J. vanden Heuvel, Doris Francisco, Lilly Lawrence, Cindy Adams, Helene Rochas, Pat Suzuki, Ruth Jacobson, Chuck Spalding, Helene Gaillet, Pierre Salinger, Peter Beard, Jonas Mekas, David Maysles, Andy Warhol.

CAPÍTULO 30

«Maldito dinero»: véase L. J. Davis, *Onasis, Aristotle and Christina*, pág. 182.

El libro correspondiente sobre Atget fue *Atget's Gardens*, de William Howard Adams, publicado por Doubleday en 1979. Jackie escribió una introducción al libro.

A María Callas se le permitió una última visita llorosa: los últimos años de Callas fueron solitarios y carentes de sentido. Había abandonado, en mayor o menor medida, su carrera de cantante, y rechazó el ofrecimiento de reconciliación de su esposo Meneghini después de la muerte de Ari. Callas murió de un ataque cardíaco en septiembre de 1977, dos años después que Ari.

Se hicieron entrevistas personales con Costa Gratsos, Susan Panopoulos, Paul Mathias,

Cornell Capa, Helen Vlachos, Roy Cohn, Jack Anderson, Les Whitten, Jacques Harvey, Renee Luttgen, Ezio Petersen, James Brady, Christina Onassis, Truman Capote.

CAPÍTULO 31

R. Sargent Shriver, h., participó en dos campañas políticas. En 1972 remplazó al senador Thomas Eagleton como compañero de fórmula de George McGovern durante la elección presidencial. Eagleton se había retirado de la fórmula demócrata después de revelarse que había sido objeto de un reciente tratamiento psiquiátrico, que incluía una terapia de electroshock. En 1976 Shriver anunció su candidatura a la presidencia, obtuvo mediocres resultados en cuatro elecciones primarias (New Hampshire, Vermont, Massachussetts e Illinois) y se retiró. Jackie donó 25.000 dólares para su campaña de 1976.

Las entrevistas con Don Cook y Sarah Lazin aparecieron primero en un perfil de Jackie para la revista *People*: Giola Dillberto, «A Working Woman», *People*, 18 de junio de 1984.

Para este capítulo se llevaron a cabo entrevistas con Franklin D. Roosevelt, h., Lillian Biko, Michelle Putnam, Thomas H. Guinzburg, Barbara Burn, Linda Grant de Pauw, Muffie Brandon, Bryan Holme, Candace Fischer, Audrey del Rosario, Rod Gibson, Andy Warhol, Rosey Grier, Aileen Mehle, Irving Mansfield, Richie Berlin, Rosamond Bernier, Gloria Steinem, Gloria Emerson, Doris Francisco, Edie Beagle, Sandy Richardson, Mimi Kazon.

CAPÍTULO 32

«Me temo que cuando crezca será marica...»: véase Bill Adler, *The Kennedy Children*, págs. 83-114. El libro de Adler también contiene información sobre la noche en que JFK, h., se vio obligado a dormir en la cama de su difunto padre en la Casa Blanca.

«Surgió una serie de problemas durante la construcción de la casa»: en cuanto a su decisión de no poner en práctica el techo de acero inoxidable de Jackie, el arquitecto Hugh Jacobson dice: «Eso es demencial, infantil... como si yo hubiese inventado el acero inoxidable. El acero es superior al cobre. El cobre es mejor conductor de electricidad. En ninguno de mis edificios ha caído nunca un rayo.» En cuanto al sistema de alambre tejido abolsado, dijo: «No se trata de un error arquitectónico. Eso se llama naturaleza. Si se pone un alambre tejido contra insectos, que los mantenga alejados, no se puede mirar por la ventana porque el tejido es muy denso. Es algo que yo he diseñado y que usé en unas veinte casas.» En lo referente al silo, dijo: «Si un granjero construyese un silo más alto que la cumbrera del granero y los buenos Padres de la Ciudad aparecieran y dijesen "Sáquelo", ¿le parece que el agricultor lo haría? Nunca.»

Maurice Tempelsman: entre las fuentes publicadas que consultó el autor se cuentan las siguientes: Edward Jay Epstein, *The Rise and Fall of Diamonds: The Shattering of a Brilliant Illusion*; Jonathan Kwinty, *Endless Enemies: The Making of a Unfriendly World*; Maxine Cheshire, «VIP: Jackie Onassis American Tycoon», *Washington Post*, 25 de junio de 1980; Paul Gibson, «De Beers: Can a Cartel Be Forever?», *Forbes*, 28 de mayo de 1979; Louis Kraar, «Maurice Tempelsman's African Connections», *Fortune*, 15 de noviembre de 1982.

El legajo del Departamento de Justicia sobre Tempelsman: Legajo Maurice Tempelsman (Núm. 60-143-13), 12 de septiembre de 1974, fue compilado como parte de una investigación antitrust del Departamento de Justicia, en 1974, acerca de las operaciones internacionales con diamantes, y se prestó una atención especial a De Beers.

Para este capítulo se efectuaron entrevistas con Betty McMahon, Harrison Rainie, Tom Carney, Tracey Dewart, Mimi Kazon, Christina Goodman, David Kennedy, Nye Heron, Carl Killingsworth, Joy Gross, Richard Meryman, John Marquand, h., Newton Cope, Renee Luttgen, Sam Donaldson, Arthur Kirson, Bill Adler, Frank Wangler, Hugh

Jacobson, George Goulart, Jon Klingensmith, Mike Rotando, Steven de Felice, Steven Granowski, Rose Schreiber, Nancy Bastien, Jonathan Kwitny, Edward Jay Epstein, Truman Capote, Renee Vago.

CAPÍTULO 33

Nancy Reagan y Jackie en la casa de Katherine Graham, en el Viñedo de Martha: véase Michael K. Deaver, con Mickey Herskowitz, *Behind the Scenes*, págs. 118-119.

Ron Galella: el testimonio ante el tribunal proviene de una transcripción del juicio que se llevó a cabo el 13-16 de diciembre de 1981 en la Corte del Distrito de Estados Unidos, Distrito Sur de Nueva York, caso núm. 70 civ. 4348.

«Para gran excitación...»: «Parties», *Vanity Fair*, diciembre de 1985.

Para este capítulo se efectuaron entrevistas personales con Earl Blackwell, Phillip Johnson, Rosey Grier, Sanford Friedman, Vincent Ropate, Ron Galella, Betty Galella, Barbara Reynolds, Ron Smith, Richard A. Kurnit, Richard de Combray, Roslyn Targ, John H. Davis, Marianne Strong, Eugene Girden, Tom Carney, Ronald Feldman, Brent Saville, Harrison Rainie, Sharon Churcher, Mary Tierney, George Plimpton, Bouvier Beale, Iusha Auchincloss, Eilene Slocum, Sylvia Blake, Dick Banks, Dorothy Desjardins, Alan Pryce-Jones, Jamie Auchincloss, Michelle Putnam, Rose Schreiber, Casey Hughes, Fletcher Hodges, Norman Mailer, Jane Yeoman, Mimi Kazon, Charlotte Curtis, S. Cary Welch, Richard Zoerinck, Peter Evans.

AGRADECIMIENTOS

Una mujer llamada Jackie no hubiera sido posible sin la ayuda de innumerables personas e instituciones. El primer agradecimiento debe ir a Lyle y Carole Stuart, editores originales de este libro. A continuación quisiera agradecer a mi editor, Allan Willson, así como a David Goodnough por su cuidadosa lectura del manuscrito. Saludo también a mi agente, Georges Borchardt, y a la agente especialista en relaciones públicas, Marianne Strong, por su ánimo y consejo. Debo además mi gratitud a Steven Schragis, Bruce Bender, Maryl Earl, y Sandy Bodner por su ayuda y apoyo en este proyecto.

Estoy particularmente agradecido a un buen equipo de investigadores y entrevistadores que incluía a Tracey Dewart, Sean Kelly, Pat Maniscalo, Linda McCurdy, Madeleine Nicklin, Mark Padnos, Luis Rivera, Patricia Schaefer, Mary Lynn Soini y Pat Vasquez. Roberta Fineberg dirigió la investigación en Europa, a cuyo objeto realizó cientos de entrevistas y recorrió miles de kilómetros. Estoy especialmente agradecido a Anthony J. Mazzaschi, quien no sólo colaboró en la dirección y coordinación de la investigación y las entrevistas en Estados Unidos, sino que aportó su inapreciable apoyo siempre que fue necesario. Debería también agradecer a Patricia Stareck y a Marilyn Tamielewicz su ayuda en la transcripción de cientos de horas de cintas con entrevistas.

Hubo una serie de personas útiles por la información que aportaron o porque me facilitaron el contacto con algunos entrevistados. Entre ellos, quisiera agradecer a los siguientes:

Joseph Alsop, Rachel Phillips Balash (directora de la escuela de miss Porter), Terry L. Birdwhistell (director del programa de historia oral de la

Biblioteca de la Universidad de Kentucky), Peter Brennan, Cissy Cahan (Museo Metropolitan), Margaret Carson, Jimmy Carter, Frank Como, Fleur Cowles, Kenneth Davies, Philippe de Gaulle, Angier Biddle Duke (por el permiso para leer los papeles de Angier Biddle Duke en la Biblioteca William R. Perkins de la Universidad Duke), Peter Edelman, Lois Gilman, Jim Haynes, Paul B. Hensley (Museo y Jardines Winterthur), Nancy Horne (I. M. Pei & Partners), Burke Marshall, Judith McNally, Larry Nathan, Richard E. Neustadt, James E. O'Neill (Bibliotecas Presidenciales y Archivos Nacionales), Dan Rapoport, Mario Sartori, Lillian Smith (Phil Donahue Show), Stephen E. Smith, Jeanne Toomey, Charles E. Treman, Jr., Diana Trilling, John Walters, Elizabeth Webber y David S. Van Tassel (Bibliotecas Presidenciales y Archivos Nacionales).

Numerosas organizaciones e instituciones aportaron documentos, correspondencia, archivos orales y material escrito de cada descripción. Dado que no es posible agradecer a las personas de cada una de estas instituciones, quisiera expresar mi gratitud a las siguientes organizaciones:

Biblioteca de la Amherst College, The Amistad Reachers Center, Archidiócesis de Boston, Bibliotecas de la Universidad de Arkansas, Biblioteca de la George Arents Research (Universidad de Siracusa), Assasination Archives and Research Center (Washington, D.C.), oficinas de la Associated Press y de la UPi (Atenas), Regional Oral History Office, Biblioteca Bancroft (Universidad de California, Berkeley), Institute for Oral History de la Universidad de Baylor, Biblioteca Histórica Bentley (Universidad de Michigan), Biblioteca Pública de Boston, BBC, Biblioteca de la Universidad de Brown, Centro Presidencial Jimmy Carter, CIA, Colección de Historia Oral de la Universidad de Columbia, Bibliotecas de la Universidad de Cornell, Ministerio de Cultura de Francia, Biblioteca del Darmouth College, Biblioteca Pública de East Hampton (Colección Long Island), Biblioteca Dwight D. Eisenhower, Universidad de Emory, FBI, Biblioteca Gerald R. Ford. Biblioteca Gelman (Universidad George Washington), Biblioteca de la Universidad de Georgetown, Biblioteca de la Escuela de Derecho de Harvard, Biblioteca Jean and Alexander Herad (University de Varderbilt), Biblioteca Presidencial Herbert Hoover, Biblioteca Houghton (Universidad de Harvard), Sociedad Histórica del Estado de Illinois, Bibliotecas de la Universidad de Iowa, Biblioteca Lyndon Baines Johnson, Biblioteca John F. Kennedy, Biblioteca de la Universidad del Estado de Kent, Bibliotecas de la Universidad de Kentucky, Biblioteca del Congreso (división de manuscritos), Universidad de California, Los Angeles (Biblioteca de la Universidad, departamento de colecciones especiales), Sociedad Histórica de Maryland, Maysles Films, Inc., Biblioteca Andrew Mellon (Choate Rosemary Hall), Museo Metropolitan, Sociedad Histórica de

Minnesota, Bibliotecas de la Universidad de Minnesota, Escuela de miss Porter, Biblioteca Mugar Memorial (Universidad de Boston), Fundación Histórica Educacional Karl E. Mundt, Archivos Nacionales, Galería Nacional de Arte, Sociedad Geográfica Nacional, Departamento de la Armada (Naval War College y Naval Intelligence Command), Sociedad Genealógica y Biográfica de Nueva York, Biblioteca Pública de Nueva York, Bibliotecas de la Universidad del Estado de North Texas, Sociedad Histórica de Ohio, Fundación Benéfica-Pública Alexander S. Onassis, Biblioteca de la Universidad de Oregón, Colección Histórica y de Museo de Pennsylvania, Biblioteca William R. Perkins (Universidad Duke), Biblioteca Phillips Memorial (Providence College), Biblioteca de la Universidad de Princetown, Centro de Investigación Humanística Harry Ransom (Universidad de Texas at Austin), Biblioteca y Ateneo de Redwood (Newport, R. I.), Biblioteca Walter P. Reuther (Universidad del Estado de Wayne), Biblioteca Franklin D. Roosevelt, Biblioteca Richard B. Russell (Universidad de Georgia), Biblioteca Arthur and Elizabeth Sclesinger de la Historia de la Mujer en América (Radcliffe College), Smithsonian Institute, Biblioteca del Condado de Somerset (New Jersey), Biblioteca de la Sorbona, Bibliotecas de la Universidad Stanford, Biblioteca de la Universidad Texas at Arlington, Biblioteca de la Universidad de Toronto, Departamento de Estado, de los servicios secretos de Estados Unidos, Biblioteca Harry S. Truman, Instituto Naval de Estados Unidos, Biblioteca del Vassar College, Administración de Veteranos (departamento de medicina y cirugía), Biblioteca de la Universidad de Virginia, Bibliotecas de la Universidad de Washington, Oficina de Contabilidad del Condado de Washoe (Nevada), Sociedad de la Reserva Histórica Occidental, Colección Histórica de Virginia del Oeste (Universidad de Virginia del Oeste), Oficina del Conservador de la Casa Blanca, Museo y Jardines Winterthur, Sociedad Histórica Estatal de Wisconsin, Universidad de Wisconsin y Biblioteca Stevens Point, Biblioteca Robert W. Woodruff (Universidad de Emory), Biblioteca de la Universidad de Yale.

Finalmente, debo mencionar a las 825 personas que accedieron a ser entrevistadas para este libro, o que contestaron por escrito a mis preguntas. Aunque algunas quisieron quedar en el anonimato, no fue así con la mayoría. Entre ellas: George Allen («Slim») Aarons, Bess Abell, Joe Acquaotta, Cindy Adams, Charles Addams, Bill Adler, Jerome Agel, Lois K. Alexander, Alexandre (Louis Robert Alexandre Rimon), Hervé Alphand, Cleveland Amory, Paul Anastasi, Claudia Anderson, Jack Anderson, James J. Angleton, Jean-Paul Ansellem, Beny Aristea, Agnes Ash, Brooke Astor, Mrs. Ray Athertn, Hugh Dudley Auchincloss III, Jamie Auchincloss, Janet Lee Bouvier Auchincloss.

Carlos Baker, Letitia («Tish») Baldridge, Richard («Dick») Banks, Donald Barnes, Helen Barry, Charles Bartlett, Allen Bassing, Nancy Bastien, Betty Beal, Bouvier Beale, Mrs. Bouvier Beale, Edith («Edie») Beale, Peter Beard, Orren Beaty, Samuel H. Beer, Lee Belser, Roger F. Bentley, Brigit Berlin, Richie Berlin, Rosamond Bernier, Leonard Bernstein, Yvette Bertin, Lillian Biko, Dr. F. Tremane Billings, K. LeMoyne («Lem») Billings, Adriana Scalamandré Bitter, Sally Bitterman, Earl Blackwell, William McCormack Blair, Sylvia Whitehouse Blake, G. Robert Blakey, Peter Bloom, Beverly («Bev») Bogert, Joseph Robert Bolker, Bernard Bosque, Bernard Boutin, Michel («Miche») Bouvier III, Frank Bowling, Mrs. J. Boyer, Joan Braden, Toni Bradlee, Frank Brady, James Brady, Muffie Brandon, Susan Braudy, Robert L. Breeden, John Bross, David Brown, Jerry Bruno, Lewis Buck, Barbara Burn, Ed Byrne.

Gordon Caldwell, Maia Calligas, Cass Canfield Jr., Anthony Cangiolosi, Laurie Cannon, Marian Cannon, Cornell Capa, Mortimer M. Caplin, Truman Capote, Ari Caratsas, Thomas R. Carney, George Carpozzi Jr., Igor Cassini, Oleg Cassini, Nash Castro, Joseph Cerrell, Sharon Churcher, Countess Marina Cicogna, Craig Claiborne, Blair Clark, Ramsey Clark Esq., Clark M. Clifford Esq., Mrs Garry Clifford, Maj. Gen. Chester V. («Ted») Clifton, Roy Cohn Esq., Margaret Louise Coit, Barbara Coleman, Nancy Tenney Coleman, Thomas Collier, Charles Collingwood, Frank Comerford, Clement E. Conger, Peter Conrad, Lady Diana Cooper, Senator John Sherman Cooper, Newton Cope, Edward J. Costello, Mel Cottone, Roderick Coupe, Countess Consuelo Crespi, Count Rudi Crespi, Jason Croy, Donald J. Crump, Eloise Cuddeback, Halter Cunningham, Audrey Cunow; Kent Cunow, Charlotte Curtis.

Herman Darvick, Lester David, Bob Davidoff, Jules Davids, Deborah Davis, John H. Davis, Emile de Antonio, Philippe de Bausset, Richard de Combray, John W. Dee, Jean-Louis de Faucigny-Lucinge, Steven DeFelice, Hubert de Givenchy, Mary DeGrace, Ormande de Kay, Audrey del Rosario, Ovid Demaris, John Dempsey, Couve de Murville, Robert DeNesha, Linda Grant DePauw, Robin Derby, Baron Alexis de Rédé, Countess Claude de Renty (Mme. Bernard de Bigault du Granrut), Countess Guyot de Renty, Jan DeRuth, Count Adalbert de Segonzac, Dorothy Desjardins, Janet DesRosiers, Leslie («Dawn») Devereax, Tracey Dewart, Nancy Dickerson, Wyatt Dickerson, C. Douglas Dillon, Gladys Dise, Jim Divine, Marjorie Housepian Dobkin, Gregg Sherwood Dodge, Franklin d'Olier Jr., Winifred d'Olier, Mary Woolworth Donahue, Sam Donaldson, Humphrey («Hop») Donnelly, Jack Donnelly, Shannon Donnelly, Isabelle D'Orléans et Bragance, Hebe Dorsey, Elisabeth Draper, Noreen Drexel, Jaqueline Duhème, Angier Biddle Duke, William L. Dunfey, Ralph Dungan.

Louis Ehret, Gerald Ehrlich, Gloria Emerson, John F. English, Edward Jay Epstein, Peter Evans, Rowland Evans Jr., George-Michael Evica.

Douglas Fairbanks Jr., Paul B. («Red») Fay Jr., Ronald Feldman, Janet Felton, Bernard Fensterwald Jr., José V. Ferrer, Roger Fessaguet, John Ficke, Candace Fischer, James Fleming, Edward Folger, Doris Ford, Molly Fowler, Sanford («Sandy») Fox, Judith Frame, Doris Francisco, Suzanne Freedman, Orville Freeman, Susan French, Elizabeth McNamara Fretz, Grace Lee Frey, Sanford («Sandy») Friedman, M.D.

Helene Gaillet, Estelle Gaines, Alice Gaither, John Kenneth Galbraith, Betty Galella, Ron Galella, Mary Gallagher, Barbara Gamarekian, Fanny Gardiner, Robert David Lyon Gardiner, George Gardner, Joseph Gargan Esq., Romain Gary, Wilson R. Gathings, Louise Gault, George Gazis, Nissarion Gazis, Peter Gazis, Cecilia Parker Geyelin, Mary Bass Gibson, Rod Gibson, Madelin Gilpatric, Roswell Gilpatric Esq., Mary Gimbel, Angele Gingras, Eugene Girden Esq., Carson Glass Esq., Michel Glotz, Arthur Goldberg Esq., Christina Goodman, Richard N. Goodwin, Niki Goulandris, George Goulart, Steven Gramkowski, Joseph Grandmaison, Robert Granger, Lucy Grant, Constantine («Costa») Gratsos, Robert Green, Roosevelt («Rosey») Grier, Anthony («Tony») Gronowicz Jr., Joy Gross, Thomas H. Guinzburg.

Tom Hailey, David Halberstam, Kay Halle, Halston, Ila Schenck Hamilton, Alfred Hantman Esq., Linda Harrell, W. Averell Harriman, Jacques Harvey, Mrs. Anthony Hass, Ellen Hawkes, Ken Hechler, Russell D. Hemenway, Deirdre Henderson, Thomas T. Hendrick, Samuel Herman Esq., Nye Heron, John Hersey, Lloyd Hezekiah, Jacqueline Hirsch, Gerri Hirshey, Fletcher Hodges, Bryan Holme, Nora Horan, David Horowitz, Horst P. Horst, Casey Hughes, Conover Hunt, Louisa Hunter, John G. W. Husted Jr.

Susan Imhoff, Walter Isaacson, Jonathan T. Isham, Franklyn Ives, Hugh Jacobsen, Ruth Jacobson, Thomas E. Jacobson, M. D., Michael James, Morton L. Janklow Esq., Senator Jacob K. Javits, Philip Johnson, Colonel Cloyce H. Johnston, Ted H. Jordan, William Joyce Esq., Larry Juris.

James Kalafatis, John Karavlas, Stanley Karnow, Blair Karsch, Jack Kassowitz, Angelo Katopodis, Michael Kay, Mimi Kazon, David Kennedy, Iris Kessler, James Ketchum, Judy Bowdoin Key, Malcolm («Mac») Kilduff, Carl Killingsworth, Arthur Kirson, Jon Klingensmith, Suzanne Perrin Kloman, Elizabeth I. Knight, Judge James Knott, Nicholas («Nick the Greek») Kominatos, Mary Lynn Kotz, Jay Kramer Esq., Charles Kriss, Paul Oskar Kristeller, Richard A. Kurnit Esq., Jonathan Kwitny.

Eleanor Lambert, Mrs. Bernard Lamotte, Paul Landis, Lester Lanin, Lew Laprade, Francis Lara, Ida Large, Mary Lasker, Kwan Lau, Peter

Lawford, Lily Lawrence, Wayne Lawson, Timothy Leary, Jane T. Lee, general Curtis LeMay, Kay Lepercq, Samuel Lester, David Lev, Russell Levine, Francis («Frank») Levy, Mort R. Lewis, Doris Lilly, Anne H. Lincoln, Evelyn Lincoln, Thomas R. Lincoln Esq., Anne Morrow Lindbergh, Henry C. Lindner, Henry Cabot Lodge Jr., Elaine Lorillard, Clare Boothe Luce, Milton Lunin, Nettie Lunin, J. M. A. H. Luns, Ivo Lupis, Renee Luttgen.

Phyllis Brooks MacDonald, Norman Mailer, William Manchester, Lucio Manisco, Irving Mansfield, Senator Mike Mansfield, Peter Manso, George Markham, Jim Marley, John Marquand Jr., Bill Martin, John Bartlow Martin, Louis E. Martin, Ralph G. Martin, Susan Martins; Langdon P. Marvin Jr., Christina Mason, Paul Mathias (Mathias Polakowitz), Harold Matson, Peter Matthiessen, David Maysles, Dennis V. N. McCarthy, Senator Eugene McCarthy, Helen McCauley, Sarah McClendon.

David Blair McCloskey, Frank McGee, Senator Gale McGee, Senator George McGovern, Mrs. Earl McGrath, Godfrey McHugh, F. Kenneth McKnight, Marianne McLane, Betty McMahon, Robert S. McNamara, Aileen («Suzy») Mehle, Jonas Mekas, Louise Melhado, Richard Meryman, Cord Meyer Jr., Bess Meyerson, Flora Whitney Miller, Hope Ridings Miller, Scott Milne, Alexis Miotis, James H. Mitchell, Cheryl Moch, Ruth Montgomery, Admiral Thomas Moorer, Robert Morey, Peter H. Morrison Esq., Ruth Mosse, Maura Moynihan, Lewis C. Murdock, Bess Myerson, Al Nault, Larry Newman, Philip Nobile, Noël Noël.

Lawrence F. («Larry») O'Brien, Chris O'Donnell, Kenneth P. O'Donnell, Christina Onassis, James E. O'Neil, Ambassador Alejandro Orfilia, Sir David Ormsby-Gore (Lord Harlech), Howard Oxenberg.

Susan Panopoulos, Maria Papastamou, Providencia («Provi») Parades, Mrs. Henry («Sister») Parish II, Estelle Parker, Herbert S. Parmet, Governor Endicott («Chubb») Peabody, Lorraine Pearce, Senator Claiborne Pell, Mrs. Nuala Pell, Senator Claude Pepper, Lester Persky, Charles Peters, Ezio Petersen, Donald Peterson, Martha Phillips, Robert («Bob») Phillips, George Plimpton, Edgar Poe, Dave Powers, Walter I. («Bill») Pozen, Polly Pritchie, Hester Provenson, Alan Pryce-Jones, Victoria («Tory») Pryor, Michelle Bouvier Putnam.

Susan Radmer, Harrison Rainie, Ben Reed, Peter Reed, Cary Reich, Janine Reiss, Edmund Remington, Barbara Reynolds, Stewart («Sandy») Richardson, John Rigas; Governor Dennis J. Roberts, Eleanor Roberts, Hélène Rochas, Franklin D. Roosevelt Jr., Esq., Ambassador Selwa («Lucky») Roosevelt, Vincent Roppatte, Carol Rosenwald, Mike Rotando, Philip Roth, Baroness Marie-Hélène Rothschild, Dovey Roundtree Esq., James A. Rousmaniere, Lilly Pulitzer Rousseau, Noreen Rowse, Alan Rubenstein, Dean Rusk, Jay Rutherford.

Pierre Salinger, Michael J. («Mike») Samek, Mary Sanford, Brent Saville, Edward Savwoir, Raymond Lewis Scherer, Fifi Fell Schiff, Arthur M. Schlesinger Jr., Richard Schotter, Judy Schrafft, Rose Schreiber, Charles M. Schwartz, Carol Selig, Tom Seligson, Carolyn Hagner Shaw, Patricia Shea, Scott Shea, Walter Sheades, Tony Sherman, Aaron Shikler, Hugh Sidey, Martin Simmonds, Queenie Simmonds-Nielsen, Eilene Slocum, Senator George Smathers, Earl E. T. Smith, Liz Smith, Lyn Alpha Smith, Oliver Smith, Ron Smith, Sandy Snaty, Theodore («Ted») Sorensen Esq., Rosemary Sorrentino, Thomas L. Souder, Charles («Chuck») Spalding, Helen Bowdoin Spaulding, Helen Speronis, Purette Spiegler, Chris Spirou, Nikki Sporadis, John Springer, Baroness Garnett Stackleberg, Jessie Stearns, Newton Steers, Gloria Steinem, John Sterling, Mrs. Sandy Stewart, Cecil Stoughton, Nina Auchincloss, Steers Straight, Phil Strider, Marianne («Mimi») Strong, Lyle Stuart, David Susskind, Jane Suydam, Pat Suzuki, Herbert B. Swope.

Senator Robert Taft Jr., Taki (Taki Theodoracopoulos), George Tames, Garvin Tankersley, Jonathan Tapper, Roslyn Targ, Gladys Tartiere, Michael Teaque, John Theadoracopoulos, Evan Thomas, Evan W. Thomas, Phillip Thomas, Gert Thorne, Mary Tierney, Kathy Tollerton, Robert Tracy, Aileen Bowdoin Train, Janet G. Travell. M. D., Marietta Tree, Stanley Tretick, Susanna Tschanz, Esther van Wagoner Tufty, Alice Tyne.

Stewart L. Udall, Fred Ullman, Jesse M. Unruh, Renee K. Vago, Jack Valenti, William J. vanden Heuvel Esq., Jeanne Murray Vanderbilt; Jean Van-Egroo, Peter van Ness, Monique van Vooren, Martin («Marty») Venker, Michael Ventresca, René Verdon, Roger Viard, Gore Vidal, Alejo Vidal-Quadros, Marie Charlotte Vidal-Quadros, George Vigouroux, Helen Vlachos, Susan Vogelsinger, Diana Vreeland.

Helga Wagner, Phyllis Cerf Wagner, Frank Waldrop, Gillian Walker, John Walker, Beverly («Bev») L. Walter, Frank Wangler, Fanny Warburg, Andy Warhol, John Carl Warnecke, Alexandra Webb, Joan Weekly, Mary de Limur Weinmann, S. Cary Welch, Zella West, John B. White, Judy White, Theodore H. («Teddy») White, Les Whitten, Conrad Wirth, David Wise, Harris Wofford, Perry Wolff, Lois Wright.

Jane Yeoman, Elmer L. («Rusty») Young, Apostolos Zabelas, Louis Zanelotti, Jerome Zerbe, Henry Zerman, Richard Zoerink, Angelo Zucotti.

Mi amor y gratitud definitivos van dedicados a las damas de mi vida: Renee, Jeane y Chloe.

C. DAVID HEYMANN
14 de enero de 1989

ÍNDICE ONOMÁSTICO